Österreichische Galerie
Wien III.,
Prinz Eugenstraße Nr. 27

ad 1927

WIENER JAHRBUCH FÜR KUNSTGESCHICHTE, BAND XXV

FESTSCHRIFT
FÜR
OTTO DEMUS
UND
OTTO PÄCHT

WIENER JAHRBUCH FÜR KUNSTGESCHICHTE

Herausgegeben vom
Institut für österreichische Kunstforschung
des Bundesdenkmalamtes Wien
und vom Kunsthistorischen Institut
der Universität Wien

BAND XXV

1972

HERMANN BÖHLAUS NACHF. WIEN-KÖLN-GRAZ

Das Wiener Jahrbuch für Kunstgeschichte setzt folgende Zeitschriften fort: Jahrbuch der kaiserl. königl. Central-Commission zur Erforschung und Erhaltung der Baudenkmale (Jg. I/1856–IV/1860); Jahrbuch der k. k. Zentral-Kommission für Erforschung und Erhaltung der Kunst- und historischen Denkmale (NF I/1903–NF IV/1906); Kunstgeschichtliches Jahrbuch der k. k. Zentralkommission für Erforschung und Erhaltung der Kunst- und historischen Denkmale bzw. Jahrbuch des Kunsthistorischen Institutes der k. k. Zentral-Kommission für Denkmalpflege bzw. Jahrbuch des Kunsthistorischen Institutes (Bd. I/1907–Bd. XIV/1920); Jahrbuch für Kunstgeschichte (Bd. I [XV]/1921 f.). Es erscheint unter dem Titel Wiener Jahrbuch für Kunstgeschichte seit dem Band II (XVI)/1923.

REDAKTION

Für das Institut für österreichische Kunstforschung des Bundesdenkmalamtes Wien:
Dr. Eva Frodl-Kraft

Für das Kunsthistorische Institut der Universität Wien:
Univ.-Prof. Dr. Gerhard Schmidt

ISBN 3 205 08115 3

Alle Rechte vorbehalten. © 1972 by Hermann Böhlaus Nachf. Gesellschaft m. b. H., Graz
Klischees: Patzelt & Co., Wien / Druck: R. Spies & Co., Wien / Bindung: H. Scheibe, Wien

VORWORT

Im Abstand von nur wenigen Wochen feiern die beiden gegenwärtigen Häupter der Wiener Schule der Kunstgeschichte und Vorstände des Kunsthistorischen Instituts der hiesigen Universität ihren 70. Geburtstag: Otto Pächt am 7. September, Otto Demus am 4. November 1972.

Das Wiener Jahrbuch für Kunstgeschichte als gemeinsames Organ des Kunsthistorischen Instituts der Universität, der Wirkungsstätte beider Jubilare, und des Österreichischen Bundesdenkmalamtes, dem Prof. Demus durch nahezu zwei Jahrzehnte vorgestanden ist, bildet den geradezu selbstverständlichen Rahmen für die Festgaben der Freunde und Schüler. Ihre außerordentlich große Zahl – bedingt durch die Persönlichkeit beider Gelehrter, die Breite und Differenziertheit ihrer Fachgebiete und schließlich auch ihrer Wirksamkeit außerhalb Österreichs – machte es indessen unmöglich, allen, die sich mit einem Beitrag einzustellen wünschten, im Wiener Jahrbuch Raum zu geben. Hier sind daher nur die Wiener Freunde und Schüler vertreten, und auch diese nur, soweit ihre Beiträge rein kunstgeschichtliche Themen behandeln. Die Fachkollegen aus jenem Arbeitsgebiet, auf dem der Ruf von Otto Demus ganz eigentlich begründet ist, der Byzantinistik, kommen im „Jahrbuch der Österreichischen Byzantinistik" zu Wort; seine ehemaligen Mitarbeiter aus der Denkmalpflege widmen ihm – wie schon zum 60. Geburtstag – eine Nummer der Österreichischen Zeitschrift für Kunst und Denkmalpflege; der ausländische Freundeskreis Otto Pächts aber findet sich in einer eigenen Festschrift zusammen. Insgesamt wird es also vier Festschriften geben, und dies unterstreicht überzeugender als eine wortreiche Laudatio – die sich die beiden Gefeierten im übrigen gewiß verbäten – die Bedeutung von Otto Demus und Otto Pächt innerhalb der Kunstgeschichtsforschung der Gegenwart.

Jene Freunde schließlich, die sich nicht unter den Autoren einer der vier Festschriften finden, und jene wissenschaftlichen Institute, die durch Glückwünsche ihrer Verbundenheit mit beiden Forschern oder mit einem von ihnen Ausdruck geben wollen, vereinigt die beiliegende Tabula Gratulatoria. Auch in ihr sind aus Platzmangel die Mitarbeiter der Institute nicht gesondert angeführt; für sie steht der Name der betreffenden Institution bzw. der ihres Leiters. Die Redaktion ist sich bewußt, daß dennoch zweifellos eine ganze Anzahl von Freunden und Schülern unter den Gratulanten fehlt, weil sie aus äußeren Gründen nicht erfaßt werden konnte. Die Jubilare und sie selbst mögen dies nachsehen!

Mit allen Gratulanten aber verbindet sich die Redaktion in dem Wunsch, die bevorstehenden, von der aktiven Lehr- und Verwaltungstätigkeit unbelasteten Jahre mögen für beide Gelehrte zu einer Epoche fruchtbaren Schaffens werden.

Die Redaktion

INHALTSVERZEICHNIS

Norbert Wibiral, Zur Bildredaktion im Neuen Testament (Abbildung 1–12)   9

Viktor Griessmaier, Nikolaus von Verdun (Abbildung 13–28)   29

Eva Frodl-Kraft, Zu den Kirchenschaubildern in den Hochchorfenstern von Reims – Abbildung und Abstraktion (Abbildung 29–45)   53

Ernst Bacher, Der Bildraum in der Glasmalerei des 14. Jahrhunderts (Abbildung 46–59)   87

Gerhard Schmidt, Bemerkungen zur Königsgalerie der Kathedrale von Reims (Abbildung 60–83)   96

Gustav Künstler, Jan Van Eycks Wahlwort „Als ich can" und das Flügelaltärchen in Dresden (Abbildung 84–91)   107

Renate Wagner-Rieger, Die Bautätigkeit Kaiser Friedrichs III. (Abbildung 92 bis 96)   128

Vinzenz Oberhammer, Zu Pachers St.-Michael-Altar für die Pfarrkirche in Bozen (Abbildung 97–107)   154

Erika Doberer, Die Portalschauwand an der Südseite der Stiftskirche von Innichen (Abbildung 108–114)   177

Artur Rosenauer, Ein nicht zur Ausführung gelangter Entwurf Domenico Ghirlandajos für die Cappella Sassetti (Abbildung 115–119)   187

Konrad Oberhuber, Ein Holzschnitt Jörg Breus des Jüngeren und ein Entwurf Raffaels (Abbildung 120–125)   197

Karl M. Swoboda, Frühe Bilder des Abendmahls von Jacopo Tintoretto (Abbildung 126–130)   205

Rudolf Distelberger, Beobachtungen zur Wanddekoration der Galleria Farnese (Abbildung 131–135)   211

Manfred Leithe-Jasper, Eine Bronzestatuette aus dem Umkreis des älteren Artus Quellinus (Abbildung 136–144)   218

Werner Kitlitschka, Hans van Milderts Stellung innerhalb der niederländischen Plastik des Frühbarock (Abbildung 145–152)   222

Jörg Garms, Graphische Blätter für Charles de Rostaing (Abbildung 153–177)   231

Gertraut Schikola, Ludovico Burnacinis Entwürfe für die Wiener Pestsäule (Abbildung 178–184)   247

Hermann Fillitz, Die Kollegienkirche in Salzburg (Abbildung 185–192) . . .   259

Günther Heinz, Die Allegorie der Malerei von Jacob van Schuppen (Abbildung 193–198)   268

Fritz Novotny, Die „Große" und die „Kleine" Form in der Malerei des Naturalismus (Abbildung 199–205)   276

Herbert Fux, Ein tibetisches Rollbild mit der Darstellung des „Großen Wunders von Śrâvastî" (Abbildung 206–211)   285

ZUR BILDREDAKTION IM NEUEN TESTAMENT
SOCRUS PETRI

VON NORBERT WIBIRAL

Es ist bekannt, daß die Bilddarstellungen zur Bibel bereits in frühchristlicher Zeit zu reichhaltigen Zyklen ausgebildet wurden, teilweise sogar schon vorhanden waren, und daß die Entwicklung nicht geradlinig vom Einfachen zum Komplexen hin verlaufen ist. Gerade das sehr transzendental ausgerichtete frühe Mittelalter hat mit seinem Vorlagewesen und Kopistentum an dem von der Spätantike überlieferten Bestand Reduktionen und Abstraktionen in großem Ausmaß vorgenommen. Das gilt weniger für die Grabes- und die Monumentalkunst mit ihren von vornherein mehr auf das Symbolische ausgerichteten Bildaussagen als vor allem für die Illustration der biblischen Texte in Rolle und Buch. Die in der vorchristlichen Antike entstandene narrative Darstellungsform entnimmt dem in der Zeit ablaufenden Wortbericht Elemente dieses Mediums, indem sie viele Phasen der Gesamterzählung kontinuierlich und streifenförmig reiht. Hinsichtlich des Alten Testamentes wissen wir heute, daß die frühchristlichen Bildkünstler bereits eine ausgebildete jüdische Tradition des narrativen Darstellungstypus vorgefunden haben[1], aber auch für das Neue Testament läßt sich erschließen, daß schon in den ersten Jahrhunderten ausführliche Illustrationszyklen geschaffen worden sein müssen[2].

Die narrativen Zyklen der Buchmalerei haben demnach von früher Zeit an eine hohe Dichte der Verbildlichung biblischer Inhalte erreicht. Das textliche Substrat für die fließende, vielteilige Bilderzählung lieferten die einzelnen Bücher der Bibel mit dem vollen, kontinuierlichen Wortlaut. Für den christologischen Zyklus ist es das Evangeliar mit den ausgeschriebenen vier Evangelien (Tetraevangelion)[3]. Hingegen bringt das später für den kultischen Gebrauch entwickelte Lektionar mit seinen Untertypen, dem Epistolar und Evangelistar, nur noch aus dem Gesamtzusammenhang herausgelöste Textabschnitte des Alten und des Neuen Testamentes, die nach dem Festzyklus des Kirchenjahres zusammengestellt wurden, um bei der Messe verlesen zu werden[4]. Vom Wesen her mußte dieser Typus des liturgischen Buches mit seinen Perikopen aus dem Fluß des Volltextes auf dem Sektor der Illustration eine allgemeine

---

[1] K. WEITZMANN, Die Illustration der Septuaginta, in: Münchner Jb. der bild. Kunst, 3. F., Bd. III/IV (1952/53), S. 96–120. – O. PÄCHT, Ephraimillustration, Haggadah und Wiener Genesis, in: Festschrift K. M. Swoboda, Wien-Wiesbaden 1959, S. 213–221. – DERS., The Rise of Pictorial Narrative in Twelfth Century England, Oxford 1962, S. 1 ff. – M. CAGIANO DE AZEVEDO, Il patrimonio figurativo della Bibbia all'inizio dell'alto medioevo, in: Settimane di Studio del Centro Italiano di studi sull'alto medioevo, X, Spoleto 1963, S.341 ff. – K. HOLTER, Das Alte und Neue Testament in der Buchmalerei nördlich der Alpen, ebenda, S. 413 ff.

[2] K. WEITZMANN, The Narrative and Liturgical Gospel Illustrations, in: New Testament Manuscript Studies, M. M. Parvis and A. P. Wikgren, eds., Chicago 1950, S. 151–219.

[3] St. BEISSEL, Entstehung der Perikopen des Römischen Meßbuches (Ergänzungsheft zu den „Stimmen aus Maria-Laach", 96), Freiburg i. Br. 1907, S. 10.

[4] C. VOGEL, Introduction aux sources de l'histoire du culte chrétien au moyen âge, Spoleto 1965, S. 279 ff.

Entwicklung begünstigen, die von der kontinuierlichen Streifenerzählung zur kompositorischen Verselbständigung des Einzelereignisses im Bild führte[5]. Sie war nicht auf das Lektionar beschränkt. Weitzmanns Definition einer illustrierten Handschrift, die ihre Vorlagen aus verschiedenen Büchern mit Basistexten übernimmt und verarbeitet, als polyzyklisch, trifft ja nicht nur auf das Lektionar zu, sondern auch auf Homiliare, Florilegien, teilweise auch auf den Psalter und andere. Das neue Arrangement des z. B. vom Evangeliar in ein Lektionar transferierten szenischen Typus brauchte vorerst auch nur in der Reduktion der Szene auf die Hauptfiguren und in deren Verwendung als Randminiatur zu bestehen. Allgemein setzte sich aber mit der Zeit doch neben der Selektion eine intensivere Formung des aus dem Fluß der Streifenerzählung herausgelösten Einzelbildes durch[6]. Demus hat aufgezeigt, daß diese Entwicklung zur Dominanz des autonomen, vertikal komponierten Szenenfeldes in der Buchkunst der Jahrhunderte vor und nach der Wende des ersten Jahrtausends nicht nur im Osten, sondern auch im Westen stattgefunden hat, wo ebenfalls die friesartige Anordnung auf Enklaven zurückgedrängt worden ist[7].

Die Bilderzählung war jedenfalls durch ihre unübertroffene Dichte in der Darstellung von früher Zeit an das große eidetische Reservoir auch für die anderen Kunstgattungen, die sich seiner mehr oder weniger frei bedienten. Es ist sehr wahrscheinlich, daß auch Werke der Monumentalkunst, dort wo sie narrativen Charakter hatten, aus diesem Vorrat eine Auswahl trafen und somit umfangmäßig die Epitome eines Vorlagenzyklus der Buchkunst boten[8].

Aber abgesehen davon, daß sich in der Ausstattung des Kirchenraumes mit Mosaik und Wandmalerei infolge der ganz anderen Voraussetzungen eigene Programmtraditionen entwickelt haben, muß festgestellt werden, daß von Anfang an die isolierte Erfassung der Szene vorhanden gewesen ist. Das beste Beispiel hierfür bietet der alttestamentarische Mosaikzyklus im Langhaus von S. Maria Maggiore in Rom, wo volle Bildfelder neben solchen stehen, die durch übereinander angeordnete Streifen zweizonig gegliedert sind[9]. Er ist besonders geeignet, in Erinnerung zu rufen, daß die streifige Bilderzählung in der antiken Kunst nur ein Sonderfall neben dem selbständigen Szenenfeld gewesen ist, eine Tatsache, die sich auch auf dem Sektor der altchristlichen Buchmalerei belegen läßt, wie das Evangeliar des hl. Augustinus in Cambridge zeigt[10].

Dichte bei der Darstellung des Geschehensablaufes gibt es in der niemals ganz verdrängten und immer wieder auflebenden narrativen Bildkunst aber nicht nur im extensiv Zyklischen, sondern auch in der gestalterischen Bewältigung des Einzelereignisses. Der festumgrenzte Vorgang einer biblischen Perikope kann, dem Text mehr

---

[5] H. BUCHTHAL, The Miniatures of the Paris Psalter, London 1938, S. 56 ff.

[6] K. WEITZMANN, Illustrations in Roll and Codex, Princeton 1947, S. 130 ff. und 193 ff. – DERS., zit. Anm. 2, S. 152 ff.

[7] O. DEMUS, Byzantine Art and the West (The Wrightsman Lectures, III), New York 1970, S. 90 ff.

[8] K. WEITZMANN (zit. Anm. 1), S. 100.

[9] R. BIANCHI BANDINELLI, Continuità ellenistica nella pittura di età medio e tardo–romana, in: Riv. dell'Istit. Naz. di Archeol. e Storia dell'Arte, n. s. II (1953), Rom 1954, bes. S. 59 ff. (estratto). – DERS., Hellenistic-Byzantine Miniatures of the Iliad (Ilias Ambrosiana), Olten 1955, bes. S. 146 ff.

[10] Cambridge, Corpus Christi College Library, Ms. 286, fol. 125 und 129ᵛ. – F. WORMALD, The miniatures in the Gospels of St. Augustine, Cambridge 1954, S. 14: zur Datierung ins 6. Jh.

oder weniger folgend, in einzelnen Phasen verbildlicht werden und so eine außerordentliche Intensität erlangen. Hier lag seit früher Zeit das reichhaltige Material für die Formung der mittelalterlichen Bildtypen, nicht nur in den späteren Werken der Buchmalerei, sondern auch der anderen Gattungen. Die vorliegende Studie stellt sich die Aufgabe, diesem Vorgang am Beispiel eines seltener dargestellten christologischen Bildthemas – der Heilung der Schwiegermutter Petri – nachzugehen. Freilich muß dabei klar sein, daß der überlieferte Bestand lückenhaft ist, der untersuchte keinen Anspruch auf Vollständigkeit erhebt und daß schließlich ein Typenstemma nicht einer Stilfiliation gleichgesetzt werden kann und soll.

Die Erzählung von der Socrus Petri findet sich bei den Synoptikern[11] in verschiedenen Ablaufzusammenhängen. Das vorangehende Ereignis ist bei Marcus und Lucas der Daemoniacus in Synagoga[12], bei Matthäus der Servus centurionis[13], während als Folgegeschehen allen drei Evangelien die Sanationes sub vesperum[14] gemeinsam sind. Alle gehören sie zum Wirken Jesu in Galiläa[15]. Das Neue Testament kennt weitere Andeutungen, daß Petrus verheiratet war, und in der apokryphen und patristischen Literatur finden sich auch Hinweise auf sein Weib und seine Kinder[16], die er wie Fischernetz und Haus verließ, als der Herr ihn rief. Das Haus, in dem Christus die Socrus vom Fieber heilte, besaß er mit seinem Bruder Andreas in Capharnaum. Es wird auch im apokryphen Ebionäerevangelium[17] bei der Berufung der ersten Jünger erwähnt.

In den Meßlesungen östlicher und westlicher Liturgien nimmt das Ereignis keinen hervorragenden Platz ein. Die griechischen Synaxarien bringen den Vorgang aus allen drei Evangelien an verschiedenen Wochentagen des Jahres, wobei die Leseperikope in der Regel auf die Folgeereignisse übergreift[18]. Diese Einbettung der Socrus-Heilung in das folgende evangelische Geschehen kennen auch die ältesten erhaltenen Typen des römischen und römisch-fränkischen Capitulare Evangeliorum. Es sind auch hier immer Wochentage; im römisch-fränkischen Mischtyp der Karolingerzeit wurde unter anderem Luc. 4, 38–43 bei einer der Messen Sabbato in XII lectiones ad sanctum Petrum nach Pfingsten gelesen[19]. Die Perikope Luc. 4, 38–44, welche außer der Socrus Petri noch die Folgeereignisse der Heilungen am Abend, der Abreise von Capharnaum und der Reisetätigkeit in Galiläa enthält, hat dann auch in der Neu-

---

[11] Matth. 8, 14–15; Marc. 1, 29–31; Luc. 4, 38–39.

[12] Marc. 1, 23–28; Luc. 4, 33–37.

[13] Matth. 8, 5–13.

[14] Matth. 8, 16–17; Marc. 1, 32–34; Luc. 4, 40–41.

[15] Die griechischen Paralleltexte in: Synopsis quattuor evangeliorum, ed. K. ALAND, 5. Aufl., Stuttgart 1968, Nr. 36, 37, 38, 85, 87 und 88.

[16] Die Quellen zusammengestellt bei: W. BAUER, Das Leben Jesu im Zeitalter der neutestamentlichen Apokryphen, Darmstadt 1967 (Nachdruck der Ausgabe Tübingen 1909), S. 437 f.

[17] E. HENNECKE - W. SCHNEEMELCHER, Neutestamentliche Apokryphen in deutscher Übersetzung, 1. Bd., 4. Aufl., Tübingen 1968, S. 102.

[18] St. BEISSEL (zit. Anm. 3), S. 13 ff., bes. S. 15, 17 und 18.

[19] Matth. 8, 14–17 bzw. 8, 14–22 und Luc. 4, 38–43 bzw. 4, 38–44; Marcus fehlt. Vgl. die Stellung dieser Perikopen in den Listen bei TH. KLAUSER, Das römische Capitulare Evangeliorum. Texte und Untersuchungen zu seiner ältesten Geschichte (Liturgiegesch. Quellen und Forschungen, Heft 28), Münster i. W. 1935, passim, bes. S. 154, Nr. 164.

zeit in das Missale Romanum für den Donnerstag in der dritten Fastenwoche und für den ersten Samstag nach Pfingsten Eingang gefunden. Es ist daher nicht verwunderlich, daß eine Verbildlichung des Gegenstandes in Perikopenbüchern nur selten vorkommt. Die weitaus überwiegende Anzahl von Darstellungen des Themas findet sich in Handschriften anderen Charakters, vor allem in Evangeliaren mit dem vollen biblischen Text. Die Monumentalkunst hat aber ebenfalls einen Anteil aufzuweisen.

Zuerst erhebt sich die Frage, ob die altchristliche Kunst, welche die Bildformeln für den größten Teil der Heilungs- und Erweckungswunder Christi schuf, auch zur Ausbildung unserer Szene beigetragen hat. Merkwürdigerweise scheint sie in der Sepulkralkunst nicht auf[20]. Die These Chéramys, daß eine der Wandmalereien im Cubiculum A des am Viale Manzoni in Rom entdeckten Hypogaeums der Aurelier den Gegenstand darstellen könnte, ist unseres Wissens von keinem anderen Forscher geteilt worden und hat kaum Aussicht auf Anerkennung. Wenn wir den Autor recht verstehen, meint er die Darstellung in der Lünette der Rückwand der Kammer. Man sieht dort auf einem rechteckigen, von Säulenhallen umgebenen Platz oder Hof eine dichtgedrängte Menge von Männern und Frauen, die einen in der Mitte erhöht sitzenden Mann mit Stab umgibt. Die Darstellungen dieser offenbar gnostischen Katakombe haben innerhalb der letzten Jahrzehnte die verschiedensten Deutungen erfahren und werden um 240 n. Chr. datiert. Die genannte Szene ist unter anderem als „Himmlisches Jerusalem" (Cecchelli) und als „Predigt eines Apostels oder Messias auf dem Forum einer Stadt" (Wirth) gedeutet worden. Eine Komposition dieser Art dürfte als altchristliche Darstellung unseres Themas ausscheiden[21].

Für Alt-St. Peter in Rom hat Wilpert das Vorhandensein der Socrus Petri angenommen. Einmal in einem Mosaikzyklus an der an die Apsis anstoßenden nördlichen Querhauswand (bei Wilpert irrtümlich: Apsiswand), wo der päpstliche Notar J. Grimaldi noch unkenntlich gewordene Szenen aus dem Leben Petri vor der Zerstörung ausnahm[22]. Diese These scheint uns durch A. Weis klar widerlegt worden zu sein: Er setzt die Mosaiken in das 7. Jahrhundert und erschließt hier unter Beiziehung bekannter Petruszyklen einen Archetypus, in welchem die Socrus Petri fehlt, da sie in den Verband des christologischen Zyklus gehört[23].

---

[20] J. Wilpert, Die römischen Mosaiken und Malereien der kirchlichen Bauten vom 4. bis 13. Jahrhundert, II, Freiburg i. Br. 1917, S. 819 f. – G. Wilpert, I sarcofagi cristiani antichi, vol. II, testo, Rom 1932, S. 292 bis 305.

[21] G. Bendinelli, Il monumento sepolcrale degli Aureli al viale Manzoni in Roma, in: Monumenti antichi pubblicati per cura della R. Accad. Naz. dei Lincei, vol. XXVIII (1922), S. 290 ff., bes. Taf. XI (Farbtafel). – H. Chéramy, L'hypogée de viale Manzoni à Rome, in: Revue archéol., ser. V, tome XIX (1924), S. 405–409, bes. 407. – G. Wilpert, Le pitture dell'Ipogeo di Aurelio Felicissimo presso il viale Manzoni in Roma, in: Atti della Pont. Acc. Rom. di Archeolog. (Serie III), Memorie, vol. I (parte II: Miscell. Giov. Batt. De Rossi), Rom 1924, S. 1–43, bes. S. 40 ff. und Taf. XXII und XXIII. – C. Cecchelli, Ipogeo eretico degli Aureli, in: Quaderni di Studi Romani, VI (1928), S. 1–77, bes. S. 35 ff. und Abb. auf S. 36. – P. Mingazzini, Sul presunto carattere eretico del sepolcro degli Aureli presso il Viale Manzoni, in: Rendic. della Pont. Accad. Romana di Archeol., XIX (1942–1943), S. 355 ff. – G. Matthiae, Pittura Romana del medio evo, vol. I, Rom 1965, S. 16 und 27. – F. Wirth, Römische Wandmalerei vom Untergang Pompejis bis ans Ende des 3. Jahrhunderts, Darmstadt 1968, S. 177 f. und 185 ff. und Taf. 48.

[22] Wilpert, 1917 (zit. Anm. 20), I, 1916, S. 367–369.

[23] A. Weis, Ein Petruszyklus des 7. Jahrhunderts im Querschiff der Vatikanischen Basilika, in: Festschr. E. Kirschbaum, II (Röm. Quartalschr., 58, 1963), S. 230–270, bes. S. 243 und Anm. 47.

Die zweite Annahme Wilperts scheint eine gewisse Möglichkeit auszusprechen. Sie bezieht sich auf die Malereien an den Hochwänden des Mittelschiffes [24]. Bekanntlich hat Grimaldi Anfang des 17. Jahrhunderts hier noch den östlichen Teil des alten Langhauses mit seiner Ausstattung bis zum muro divisorio an der elften Säule vor dem Abbruch sehen und darüber Aufzeichnungen machen können: zwischen den Fenstern stehende Propheten und Heilige, darunter szenische Bilder in zwei Registern und unter diesen Papstporträts in Medaillons.

Die Szenen an der rechten Wand zeigten Darstellungen aus dem Alten Testament, die an der linken einen christologischen Zyklus. Grimaldi konnte in diesem Restraum allerdings gerade auf der Seite des Neuen Testamentes nur sechs Gegenstände erkennen: eine monumentale Kreuzigung, welche insgesamt vier Bildfelder in beiden Registern einnahm, ferner im oberen Register die Taufe Christi und die Auferweckung des Lazarus, im unteren die Anastasis, den ungläubigen Thomas und die Erscheinung Christi unter den Aposteln. Es lassen sich aber 44 (nach den Rekonstruktionsplänen Garbers 46) Bildfelder für jede Langhauswand als ursprünglicher Bestand erschließen. Wilpert ermittelt aus dem Mosaikzyklus in S. Apollinare Nuovo in Ravenna und aus anderen überlieferten altchristlichen Bildgegenständen ein Szenenreservoir von nahezu sechzig Themen als mögliche Darstellungsinhalte für die neutestamentlichen Bildfelder der Langhauswand von Alt-St. Peter, darunter die Heilung der Schwiegermutter Petri. Er datiert den Zyklus in die Zeit des Liberius, Garber [25] und Ladner [26] in die Zeit Leos I. Gestützt auf die Nachricht im Chronicon des Benedictus von S. Andrea auf dem Monte Soracte (zweite Hälfte des 10. Jahrhunderts) sowie auf ikonographische und stilistische Überlegungen, hat neuerdings Waetzold [27] den Vorschlag gemacht, die Entstehung des neutestamentlichen Zyklus überhaupt in die Zeit des Papstes Formosus zu verlegen. Seine Argumentation überzeugt bezüglich der Rahmengliederung der Bildfelder – soweit den Skizzen Grimaldis hier Vertrauen geschenkt werden kann – und vor allem hinsichtlich der Betonung der sich über vier Bildfelder erstreckenden Kreuzigungsdarstellung, welche für die altchristliche Zeit höchst unwahrscheinlich ist. Auch die Anastasis läßt sich in den überlieferten Darstellungen nicht vor dem 8. Jahrhundert nachweisen [28]. Hingegen ist die Erscheinung Christi unter den Aposteln ein schon der altchristlichen Kunst bekanntes Thema: Unter den Mosaiken des Langhaus-Obergadens von S. Apollinare Nuovo in Ravenna, dem ersten und einzigen aus dieser Periode erhaltenen Christuszyklus der Monumentalkunst, sind der Gang nach Emmaus und die Erscheinung in Emmaus vor den Jüngern dargestellt [29]. Auch die Taufe Christi und die Auferweckung des Lazarus sind altchristliche Bildthemen.

---

[24] WILPERT, 1917 (zit. Anm. 20), I, S. 376–386, bes. S. 385 f.

[25] J. GARBER, Wirkungen der frühchristlichen Gemäldezyklen der alten Peters- und Pauls-Basiliken in Rom, Berlin-Wien 1918, bes. S. 65 f., Pläne III und IV.

[26] G. B. LADNER, Die Papstbildnisse des Altertums und des Mittelalters, Bd. I (Monumenti di Antichità II. Ser., IV), Città del Vaticano 1941, S. 38–59, bes. S. 56.

[27] ST. WAETZOLD, Die Kopien des 17. Jahrhunderts nach Mosaiken und Wandmalereien in Rom, Wien-München 1964, S. 69–71 und Abb. 485 und 485a. – Vgl. auch: G. MATTHIAE (zit. Anm. 21), S. 57 ff.

[28] E. LUCCHESI PALLI, s. v. Anastasis, in: Reallex. zur byzant. Kunst, I, Stuttgart 1966, Sp. 142 ff.

[29] F. W. DEICHMANN, Ravenna, Hauptstadt des spätantiken Abendlandes, I, Wiesbaden 1969, S. 174, 188–189, und III, Wiesbaden 1958, Taf. 208–213.

Entscheidend ist die Frage, ob die Renovierung, über die das Chronicon des Benedictus[30] und, ihm folgend, der Liber Pontificalis[31] berichten, als Wiederherstellung und wohl auch teilweise Veränderung eines schon vorhandenen Zyklus oder aber als vollkommene Neuschöpfung von Wandmalereien in der eben dadurch erneuerten Kirche verstanden werden soll. An sich sprechen die Texte eher für die letztere Annahme. Andererseits ist Benedictus, der nach den neuesten Untersuchungen seine Chronik wahrscheinlich gar nicht selbst geschrieben, sondern diktiert hat, ein unsicherer Gewährsmann, und es muß bezweifelt werden, ob sich ein fast hundert Jahre nach dem Ereignis berichtender mittelalterlicher Autor eines solchen Unterschiedes überhaupt bewußt war. Die von Garber und Ladner für das Vorhandensein eines alttestamentlichen und christologischen Zyklus des 5. Jahrhunderts in St. Peter vorgetragenen Argumente haben zwar keine hinreichende Beweiskraft, sind aber auch nicht restlos zu negieren, wenn eine die Anlage und das Programm teilweise verändernde Renovierung unter Formosus eingeräumt wird. In einem solchen Zyklus könnte auch die Existenz unseres Bildgegenstandes nicht ausgeschlossen werden. Allerdings gibt der Umstand sehr zu denken, daß er der frühchristlichen Kunst des Abendlandes sonst offenbar nicht geläufig gewesen ist.

Daß jedoch die östliche Monumentalkunst dieser Epoche das Thema schon dargestellt hat, bezeugt uns der Rhetor Chorikios von Gaza. Er war ein Zeitgenosse des Bischofs Markianos, der in der ersten Hälfte des 6. Jahrhunderts zwei heute nicht mehr existierende Kirchen in Gaza errichtet hat: S. Sergius und S. Stephanus. Chorikios hat in zwei Lobreden[32] auf diesen Bischof beide Kirchen und ihre Ausstattung beschrieben. S. Sergius wurde vor 536 errichtet und besaß einen an Wunderszenen reichen musivischen Christus-Zyklus, in dem auch unser Gegenstand enthalten war.

In der Beschreibung[33] fallen Akzentverschiebungen gegenüber den evangelischen Texten auf: Von Petrus, der ohne Namensnennung bloß als einer der Jünger Christi bezeichnet wird, heißt es eigens, daß er die Tochter der kranken Frau geheiratet hatte

---

[30] Rom, Bibl. Vat., Cod. Chig. F. IV. 75, c. 50 A: „renovavit Formosus papa ecclesia principis apostolorum Petri picture tota". Zitiert nach der letzten Edition von G. ZUCCHETTI, in: Fonti per la storia d'Italia, 55, Roma 1920, S. 156 und Anm. 4; vgl. die Ed. von G. H. PERTZ in: Mon. Germ. Hist., Scriptores, III, 1839, S. 714. – Zu den Fehlern, zu Orthographie und Grammatik Benedikts sowie zur Entstehungsgeschichte der Chronik: ZUCCHETTI, S. XLVI ff., und J. KUNSEMÜLLER, Die Chronik Benedikts von S. Andrea, Inaugural-Diss., Univ. Erlangen 1961, S. 12 ff., 24 ff., 49 ff.

[31] Liber pont., ed. L. DUCHESNE, Paris 1886–1892, II, S. 227, zu Formosus: „Hic per picturam renovavit totam ecclesiam beati Petri principis apostolorum"; zur Redaktion des 15. Jhs. ebenda, S. 277, nota.

[32] CHORICII GAZAEI opera, ed. R. FOERSTER - E. RICHTSTEIG, Bibl. Teubneriana, Leipzig 1929, S. 1–26: Laudatio Marciani I (hier § 17–77 über S. Sergius); S. 26–47: Laudatio Marciani II (hier § 28–51 über S. Stephanus). – Zu Gaza und zu Chorikios: K. B. STARK, Gaza und die philistäische Küste, Jena 1852, S. 626 ff. – C. WATZINGER, Denkmäler Palästinas, II: Eine Einführung in die Ikonographie des Heiligen Landes, Leipzig 1935, S. 140 ff. – C. IHM, Die Programme der christlichen Apsismalerei vom 4. Jahrhundert bis zur Mitte des 8. Jahrhunderts, Wiesbaden 1960, S. 193 f. – A. GRABAR, Christian Iconography. A Study of its Origins, Princeton 1968, S. 100 f.

[33] CHORICII GAZAEI laudatio Marc. I, § 59:

Προιὼν γοῦν γυναῖκα νόσῳ παλαιᾷ τρυχομένην, ἧς ἐγεγαμήκει θυγάτριον τῶν αὐτοῦ τις ὁμιλητῶν, οὗτος ὁ τὸ γύναιον περιέπων, αὐτοῦ δεηθέντος ἰᾶται τὴν ἄνθρωπον οὐ χρώμενος ἐπῳδαῖς οὐδ' ἤπια φάρμακα πάσσων, τὴν χεῖρα δὲ μόνον ὀρέγων.

CHORICII GAZAEI opera (zit. Anm. 32), S. 18. – Für freundliche Hilfsbereitschaft bei der Auswertung griechischer Texte dankt der Verfasser Herrn Prof. Dr. Walter Baatz, Wien.

und sich um letztere sorgte und daß schließlich die Heilung auf seine Bitte erfolgt ist; von dem Dienen der Socrus nach ihrer Heilung ist nicht die Rede. Millet hat den Text dahingehend interpretiert, daß das Ereignis in Gaza in zwei Szenen dargestellt war: die erste wäre die Bitte des in Sorge befindlichen Petrus, die zweite die Heilung durch Christus gewesen. Wiewohl diese Hypothese im Zusammenhang mit der Deutung einer Darstellung in der Pariser Sacra-Parallela-Handschrift erfolgte, deren Problematik weiter unten aufgezeigt werden soll, gebührt ihr trotzdem Beachtung und ein gewisser Wahrscheinlichkeitsgehalt. Freilich muß einschränkend bedacht werden, daß Chorikios vom Berufe her ein Schönredner gewesen ist und manches von dem, was man geneigt wäre, als Beschreibung zu akzeptieren, in Wahrheit bloß weitschweifige und ausschmückende Erzählung sein könnte. Immerhin macht aber gerade diese Stelle den Eindruck einer unmittelbaren Bildwiedergabe, und da Chorikios unser einziger zeitgenössischer Gewährsmann ist, werden sein Text und die Interpretation Millets weiterhin als Arbeitshypothese dienen müssen[34]. Der vermutlich größere christologische Mosaikzyklus Justins II. (565–578) in der ebenfalls zerstörten Apostelkirche von Konstantinopel ist nicht einmal durch Wortzeugnisse in seinem ursprünglichen Zustand überliefert; unter den Szenen, die Konstantinos Rhodios und Nikolaos Mesarites Jahrhunderte nach der Entstehung beschrieben haben[35], fehlt unser Thema jedenfalls. Das gleiche gilt für die 26 erhaltenen christologischen Szenen in S. Apollinare Nuovo in Ravenna.

Die erste sichere Nachricht über die Existenz unseres Bildgegenstandes weist also nach dem altchristlichen Osten und in den Bereich der Monumentalkunst. Dann gibt es aber in der Überlieferung eine Lücke von über einem Vierteljahrtausend, nämlich bis zum 9. Jahrhundert, in dem die frühesten erhaltenen Beispiele in der Buchmalerei auftreten. Ausgehend von der narrativen Zweiphasigkeit, die wir mit Millet für Gaza supponieren, sind aber gerade diese abbreviierten Darstellungen für eine Vorstellung darüber, wie die frühen Verbildlichungen des Themas ausgesehen haben mögen, ungeeignet. Wir müssen Zeugnisse aus Handschriften heranziehen, die evangelische Szenen in großer Dichte enthalten und offenbar sehr reichhaltige frühchristliche Rezensionen neutestamentlicher Bildzyklen mehr oder weniger getreu widerspiegeln bzw. Vorlagen dieser Art kopiert oder verarbeitet und dabei teilweise schon abbreviiert haben.

Dies gilt in besonderem Maße von zwei mittelbyzantinischen Tetraevangelia, dem Ms. Plut. VI, 23 der Laurenziana in Florenz (im folgenden: Laurentianus) und dem Ms. gr. 74 der Pariser Nationalbibliothek (im folgenden: Parisinus). Beide repräsentieren einen kalligraphisch kleinfigurigen Stil und ordnen ihre jeweils Hunderte von evangelischen Szenen in kontinuierlicher Streifenerzählung in die Textseiten. Der Parisinus ist sicher in Konstantinopel entstanden, wurde in den folgenden Jahrhunderten mehrfach kopiert und gehört stilistisch zu einer hauptstädtischen Handschriften-

---

[34] G. Millet, Recherches sur l'iconographie de l'Évangile, 2. ed., Paris 1960, S. 599. – Vgl. auch S. der Nersessian, Manuscrits arméniens illustrés du XIIe, XIIIe et XIVe siècles de la Bibliothèque des Pères Mekhitharistes de Venise, Paris 1936/1937, Textb., S. 97 f.

[35] A. Heisenberg, Grabeskirche und Apostelkirche, II, Leipzig 1908, S. 9–96 u. 172–268; zum Problem der Überlieferung mit Bibliographie: V. Lazarev, Storia della pittura bizantina, Torino 1967, bes. S. 66 und 95, Anm. 2.

gruppe um den Londoner Psalter von 1066 (Brit. Mus., Add. 19.352), während der Laurentianus in der Datierung zwischen der zweiten Hälfte des 11. und der zweiten Hälfte des 12. Jahrhunderts schwankt. Für unseren Zusammenhang genügt die Feststellung, daß beide Handschriften mittelbyzantinische Redaktionen der Evangelien sind und verschiedene präikonoklastische Vorlagen, offenbar auch in verschiedener Weise, verarbeiten. Charakteristisch für die beiden Codices ist ferner, daß jedes Evangelium voll illustriert wird, der gleiche Gegenstand also entsprechend dem Text auch mehrmals vorkommen kann.

Im Laurentianus [36] wird die Heilung der Schwiegermutter Petri in enger Anlehnung an den Wortlaut der Synoptiker dreimal dargestellt. Matthäus berichtet den Vorgang am lapidarsten. Über dem Text des Evangelienberichtes (Abb. 1) [37] verläuft die Streifenerzählung von links nach rechts: Im Hause des Petrus, welches durch ein Architekturfragment angedeutet ist, schreitet Christus zu der auf einer Bettstatt liegenden Kranken und ergreift ihren Arm mit seiner Rechten, während die Linke eine Rolle hält. Hinter ihm steht Petrus [38] und beobachtet die Handlung des Thaumaturgen mit einer Gebärde des Erstaunens. Rechts vom Hausfragment, welches hier außer seiner gegenständlichen Bedeutung noch die Funktion eines „Satzzeichens" zwischen den Teilereignissen des Gesamtvorganges der narrativen Streifenkomposition hat [39], wiederholt sich die Szenerie mit dem Unterschied, daß auch die Socrus jetzt steht: Vom Fieber geheilt, hat sie sich vom Lager erhoben und bedient Christus durch die Darreichung von Speise.

Das älteste und kürzeste der Evangelien bringt merkwürdigerweise die ausführlichste Erzählung des Vorganges, und die zugehörige Streifenkomposition des Laurentianus (Abb. 2) [40] folgt dem Text. Links verläßt Christus die Synagoge, gefolgt von Petrus und Andreas; dahinter in kurzem Abstand zwei weitere Personen, vielleicht nachblickende Juden, möglicherweise aber auch die beiden in diesem Bericht zusätzlich genannten Apostel Johannes und Jacobus. Beim folgenden Heilvorgang mit Handerfassen sind Petrus sowie zwei der Jünger hinter Christus anwesend, während die Zahl der Jünger bei der dritten Szene, in der die Socrus Christus bedient, indem sie Speisen in einer Schlüssel anbietet, um eine weitere Person vermindert, das heißt auf zwei Jünger beschränkt ist; das Bett ist bei diesem Schlußereignis weggelassen. Von

---

[36] Florenz, Bibl. Laurenziana, ms. Plut. VI, 23. G. MILLET (zit. Anm. 34), passim, bes. S. 8 ff., 128 ff., 555 ff. – Ph. SCHWEINFURTH, Die byzantinische Form, Berlin 1943, S. 59–63. – V. N. LAZAREV, Istorija vizantiiskoj živopisi, I, Moskau 1947, S. 115, 216 u. 318, Anm. 51. – K. WEITZMANN (zit. Anm. 6), bes. S. 87–88, 129 und 184. – DERS. (zit. Anm. 2), bes. S. 155 ff. – K. M. SWOBODA, Kunstgesch. Anzeigen, N. F. 5 (1961/62), S. 90. – G. CAMES, Byzance et la Peinture Romane de Germanie, Paris 1966, S. 30, 94–102, 134–137, 140–141 und 160–161. – V. LAZAREV (zit. Anm. 35), S. 360 und 430, Anm. 167. – T. VELMANS, Le Tetraévangile de la Laurentienne Florence, Laur. VI. 23 (Bibliothèque des Cahiers Archéologiques, hg. v. A. Grabar u. J. Hubert, vol. VI), Paris 1971, S. 12 ff., datiert und lokalisiert den Codex mit Vorbehalt um 1100 und nach Konstantinopel.

[37] Fol. 15v zu Matth.: VELMANS (zit. Anm. 36), S. 23, Fig. 22.

[38] Vgl. diese Reihenfolge der Figuren bei dem Lektionar der zweiten Hälfte d. 11. Jhs. in Venedig, S. Giorgio dei Greci, fol. 71v, zu Matth. Zum Codex: K. WEITZMANN, The Constantinopolitan Lectionary Morgan 639, in: Studies in Art and Literature for Belle de Costa Greene, Princeton 1954, S. 365.

[39] Über diese Gebäudeabbreviaturen als „insertion motifs" K. WEITZMANN (zit. Anm. 6), S. 88 und 129.

[40] Fol. 64v, zu Marc.: VELMANS (zit. Anm. 36), S. 34, Fig. 130.

der Reduktion der Apostelzahl spricht der Evangelist nicht, sie lag allein im Ermessen des Künstlers. Ebenso wird das bei Marcus und Lucas erwähnte Sprechen und Bitten der Apostel nicht dargestellt.

Das bringt erst die Miniatur beim Lucas-Text (Abb. 3) [41] sinnfällig zum Ausdruck, indem sich hier Petrus beim Gang von der Synagoge in sein Haus sprechend und einladend zu Jesus zurückwendet. Das mittlere Teilereignis hält sich streng an Lucas, der nicht vom Handerfassen, sondern lediglich von der Bedrohung (Bannung) des Fiebers spricht. Sie wird durch die imperative Gebärde des hinzutretenden und sich über das Krankenlager beugenden Christus verdeutlicht. Das Schlußereignis der Bedienung ist in der bereits bekannten Kontrapostierung des von Petrus begleiteten Christus zu der eine Speiseschüssel präsentierenden Socrus gegeben.

Der Laurentianus hat also bei der Illustration zu Marcus und Lucas dreiphasige Darstellungen. Hingegen bringt der Parisinus zwar ebenfalls zu allen Evangelienstellen Miniaturen [42], aber in größerer Freiheit gegenüber dem Text; er greift auf die Zweiteiligkeit zurück, indem er den Gang von der Synagoge zum Haus des Simon wegläßt. In der letzten Darstellung wird schließlich auch auf das Dienen der Socrus verzichtet und allein die Heilung gegeben, der links im gleichen Bildstreifen die Heilungen am Abend folgen.

Von besonderem Interesse sind im Parisinus die Illustrationen zu den beiden ersten Synoptikern. Gerade die zu Matthäus (Abb. 4) ist an Personen reicher als die zu Marcus (Abb. 5) – im Widerspruch zu den Evangelientexten, an die sich die Bildredaktion des Laurentianus strenger hält. Ein zweiter wesentlicher Unterschied besteht darin, daß die Streifenerzählung in der Pariser Handschrift umgekehrt verläuft: links das chronologisch spätere Teilereignis des Dienens (Mahl) und rechts die Heilung. Drittens schließlich stehen die Teilnehmer am Mahl mit Ausnahme der Socrus nicht mehr, sondern sind um eine ovale Tafel gruppiert, wobei Christus (fol. 66 r) und auch Petrus (fol. 15 r) auf einem mit Matratzen versehenen Lager ruhen, das offenbar eine mißverstandene Interpretation des Stibadiums altchristlicher Abendmahlsbilder darstellt und sich vom Krankenbett der Socrus kaum unterscheidet [43].

Die beiden Handschriften besitzen die größten evangelischen Bildzyklen der byzantinischen Kunst, wobei der Laurentianus sein Pariser Gegenstück bei diesem Gegenstand an Phasendichte übertrifft. Das Verhältnis kann aber auch umgekehrt sein, z. B. bei der Illustration zur Heilung des Blindgeborenen am Teiche Siloah: Dort

---

[41] Fol. 111r, zu Luc.: VELMANS (zit. Anm. 36), S. 41, Fig. 194.

[42] Paris, Bibl. Nat., gr. 74, fol. 15r, zu Matth.: H(enry) O(MONT), Bibliothèque Nationale, Département des manuscrits, Évangiles avec peintures byzantines du XIe siècle. Reproduction de 361 miniatures du manuscrit grec. 74 de la Bibliothèque Nationale, Paris o. J., Taf. 15 (2); fol. 66r zu Marc.: OMONT, Taf. 61 (1); fol. 114v zu Luc.: OMONT, Taf. 102 (1). – Zur Handschrift V. LAZAREV (zit. Anm. 35), S. 187 f., 192, 248, Anm. 2 (Bibliographie). – Ferner: S. DER NERSESSIAN, Two slavonic parallels of the greek tetraevangelia Paris 74, in: Art Bull., IX (1926/27), S. 225 ff. – PH. SCHWEINFURTH (zit. Anm. 36), S. 59 ff. – O. DEMUS, The Mosaics of Norman Sicily, London 1949, bes. S. 274. – WEITZMANN, 1947 (zit. Anm. 6), S. 105, 115, 116, 153, 180. – DERS., 1950 (zit. Anm. 2), S. 155 ff., 168 ff. – O. PÄCHT, in: O. PÄCHT - S. R. DODWELL - Fr. WORMALD, The St. Albans Psalter (Albani Psalter), London 1960, S. 60 und 62. – CAMES, zit. Anm. 36.

[43] Vgl. die kompositionell ähnliche Miniatur auf fol. 132r des gleichen Codex mit der Darstellung Jesu im Hause von Martha und Maria, zu Lucas; OMONT (zit. Anm. 42), II, S. 4 und Taf. 117 (1); ebenso fol. 193r zu Johannes; OMONT, ebenda, S. 9 und Taf. 166 (1).

bringt die Pariser Handschrift allein zehn Phasen des Ereignisses nach Joh. 9, 1–38, die Florentiner nur vier, wobei eine davon in gr. 74 nicht enthalten ist, so daß Weitzmann mit ursprünglich mindestens elf Darstellungsphasen des Gegenstandes rechnet[44]. Aber auch hier ist der Parisinus straffer in der Komposition und preßt die Anwesenden stärker zu Kollektivfiguren zusammen, die den Vorgang wuchtig akzentuieren. Er ist hieratischer in der Komposition als der Laurentianus mit seinem mehr eurhythmischen Geschehensablauf und läßt eine stärkere Verarbeitung des Vorlagenmaterials in Richtung auf eine spezifisch mittelbyzantinische Redaktion hin erkennen[45].

Soweit wir übersehen, kennt keine Bildredaktion des Ostens oder des Westens die Dreiphasendarstellung dieses Themas, wie sie der Laurentianus hat, und auch die Zweiteiligkeit ist sehr selten. In Gaza fehlt die Phase des Dienens, das justinianische Mosaik scheidet hier also für einen Vergleich aus. Dichotomie in der Art dieser beiden Codices haben im Osten zwei armenische Evangeliare des 13. Jahrhunderts[46], welche die Illustration zu Matthäus im Laurentianus weitgehend übernehmen, und das Evangeliar des bulgarischen Zaren Ivan Alexander von 1356, das die Redaktion des Parisinus ziemlich getreu kopiert[47]. Im Westen können wir sie bei zwei Miniaturen fassen: Die ältere ist auf einem der vier Blätter enthalten[48], die jetzt in verschiedenen Sammlungen liegen und wahrscheinlich den Rest eines großen biblischen Zyklus darstellen, der einst eine englische Psalterhandschrift aus der Mitte des 12. Jahrhunderts (vielleicht den Eadwine-Psalter) einbegleitete. Dort wird in einer zweizonigen Anordnung oben die Heilung und unten das Mahl gegeben, wobei der Maler oder der Redaktor des Zyklus für die irrtümliche Darstellung eines Mannes statt der Socrus verantwortlich zu machen ist. Daß dem so ist, scheint uns ziemlich eindeutig aus den beiden nebeneinander angeordneten, kompositorisch aber sehr ähnlichen Szenen eines weiteren, in Paris verwahrten englischen Psalters vom Ende des 12. Jahrhunderts[49]

---

[44] WEITZMANN (zit. Anm. 2), S. 157. – Abbildungen bei OMONT (zit. Anm. 42), Taf. 159–161, und MILLET (zit. Anm. 34), Fig. 663.

[45] Hiezu im besonderen: PÄCHT (zit. Anm. 42), S. 61–63.

[46] Baltimore, Walters Art Gallery, n. 539, fol. 39^v zu Matth.: DER NERSESSIAN (zit. Anm. 34), Textb., S. 97 f. – DIES., Armenian gospel illustration as seen in manuscripts in American collections, in: New Testament Studies, M. M. Parvis and A. P. Wikgren, eds., Chicago 1950, S. 142. Hiezu kommt die Miniatur in: Erivan, Matenadaran, Ms. 7651. – L. A. DOURNOVO, Miniatures arméniennes, Paris 1960, Farbt. auf S. 111. Es ist nachgewiesen, daß das Florentiner Tetraevangelion im 13. Jh. in armenischen Händen gewesen sein muß: MILLET (zit. Anm. 34), S. 569.

[47] London, Brit. Mus., Add. 39627: fol. 25^r zu Matth., fol. 90^v zu Marc., fol. 149^v zu Luc. B. FILOV, Les miniatures de l'évangile du roi Jean Alexandre à Londres, Sofia 1934, S. 37, Taf. 14 (31), 45 (115) und 74 (198). Zu den weiteren Kopien, die hier nicht im einzelnen herangezogen werden (saec. XVI u. XVII), vgl. DER NERSESSIAN (zit. Anm. 42), S. 223 ff.

[48] London, Brit. Mus., Add. 37472, no. 1^v: M. R. JAMES, Four leaves of an English Psalter, 12th Century, in: Walpole Society XXV, Oxford 1936/1937, S. 7 f., Taf. IV. – C. R. DODWELL, The Canterbury School of Illumination, Cambridge 1954, S. 99 ff., stellt die These auf, daß die Blätter ursprünglich den Eadwine-Psalter einleiteten. Zur Frage der Schulzugehörigkeit bzw. des Stils: O. PÄCHT (zit. Anm. 42), S. 75, 158, Anm. 3 u. 169.

[49] Paris, Bibl. Nat., lat. 8846, fol. 3^r. H. OMONT, Psautier illustré (Bibl. Nat. MS. lat. 8846), Paris o. J., S. 8 f., Taf. 6. – F. WORMALD, in: L'Art Roman, Catalogue Expos. Barcelona et Santiago de Compostela 1961, Nr. 171, mit weiterer Literatur. – DODWELL (zit. Anm. 48), S. 100, spricht sogar von einer Kopie dieser Szene beim Pariser Psalter aus dem Londoner Blatt, mit Verkehrung der Reihenfolge.

hervorzugehen, in dem nach Art des Parisinus zuerst das Mahl und dann die Heilung, hier richtig die der Frau, gegeben ist (Abb. 6). Ein analoger Fall dieser merkwürdigen Personenverwechslung scheint übrigens auch bei einer Heilung im Perikopenbuch von St. Erentrud (Salzburg, um 1140) vorzuliegen, für die schon Swarzenski auf Grund der Zugehörigkeit der Miniatur zur Perikope „Surgens" die wahrscheinlich richtige Deutung vorgeschlagen hat[50].

Der Eadwine-Psalter, zu dem die vier Blätter nach Dodwell als einleitender biblischer Zyklus gehören könnten, ist bekanntlich, genauso wie der in Paris, der auch Darstellungen dieser Art als Einleitung besitzt, eine Kopie nach dem karolingischen Utrecht-Psalter. Der ikonographische Konnex der vier losen Blätter zum spätantiken Evangeliar des hl. Augustinus (Cambridge, Corpus Christi College Library, Ms. 286), welches sich damals mit dem Utrecht-Psalter in Canterbury befand, ist bekannt[51]. Auch der Zyklus der einleitenden Blätter des Pariser Psalters (Abb. 6) weist eine Dichte in der Erzählung auf, hinter der man ausführliche biblische Illustrationen vermuten darf: Allein auf dem Blatt mit der zweiteiligen Socrus-Historie sind die Hochzeit von Kana auf drei, die Versuchungen Christi auf fünf Szenenfelder aufgeteilt[52].

Hingegen überwiegt in den Darstellungen die einteilige Komposition mit dem Hauptereignis der Heilung weitaus. Die lapidarste Formulierung besteht dabei im alleinigen Visavis Christi zur Kranken. Möglicherweise besitzen wir in einem der kleinen Medaillons auf einem Kanonbogen des karolingischen Lorscher Evangeliars die älteste erhaltene Darstellung des Themas; nach Art antiker Gemmen sind sie in die großen Arkaden eingesetzt und zeigen figurale Darstellungen: Auf einem davon ergreift eine von rechts hereineilende, offenbar männliche Figur, die wohl mit Christus zu identifizieren ist, die Hand einer auf einer Matratze liegenden Gestalt[53]. Dieser Zweifigurentypus hat sich, wenn auch selten, durch das ganze Mittelalter gehalten[54]. Wird mit Braunfels eine Totenerweckung angenommen, scheiden unseres Erachtens Lazarus und der Jüngling von Nain aus, wohl aber käme die Erweckung der Tochter des Jairus in Frage, da unter den das Ereignis erzählenden Synoptikern Matthäus das Alleinsein mit der zu Erweckenden und das Handerfassen ausdrücklich erwähnt. Im ottonischen Codex Egberti wird das z. B. so dargestellt, daß Christus allein

---

[50] München, Staatsbibl., Clm. 15.903, fol. 70ʳ: G. Swarzenski, Die Salzburger Malerei, 2. Aufl., Stuttgart 1969, S. 86, Nr. 38 (hier fälschlich „Simeon"), und S. 192, Nr. 170; Tafelband, LIX (187).

[51] M. Rickert, Painting in Britain the middle ages (The Pelican History of art 25), Melbourne-London-Baltimore, 1954, S. 81 f. – Pächt (zit. Anm. 42), S. 169.

[52] Die Publikation von Fr. Bucher über die etwa zeitgleichen Pamplona-Bibeln konnte nicht mehr herangezogen werden. Vgl. die Ankündigung bei Fr. Bucher, The Pamplona Bibles, 1197–1200 A. D., in: Stil und Überlieferung in der Kunst des Abendlandes (Akten des 21. Intern. Kongr. f. Kunstgeschichte in Bonn 1964), Bd. I., Berlin 1967, S. 131–139.

[53] Bukarest, Nationalbibl., Codex Aureus, S. 17: W. Koehler, Die Hofschule Karls des Großen (Die karolingischen Miniaturen, 2), Berlin 1958, S. 91 f., Taf. 101 (a), gibt keine Deutung. – W. Braunfels, Das Lorscher Evangeliar, Faksimile-Ausgabe, München 1967, S. 10, Farbt. S. 17, spricht von einer Totenerweckung. Zu den Formproblemen der Kanontafeln der Hofschule: F. Mütherich, Die Buchmalerei am Hofe Karls d. Gr., in: Karl der Große, Lebenswerk und Nachleben, Bd. III: Karolingische Kunst, hg. v. W. Braunfels und H. Schnitzler, Düsseldorf 1965, S. 27 ff.

[54] Vgl. die hochgotische Bibel in London, Brit. Mus., Add. 47682, fol. 23ᵛ. M. R. James, An English Bible-picture book of the fourteenth century (Holkham MS. 666), in: The Walpole Society, XI (1922–1923), S. 19 u. Taf. XII (a).

im Gemach mit der auf einer Matratze liegenden Tochter des Synagogenvorstehers ist und ihre Hand erfaßt, während Apostel und Seniores draußen stehen[55]. Wie oben bereits angedeutet, könnte im Lorscher Codex aber auch unser Gegenstand gemeint sein, da die Einzelelemente der Darstellung auch auf ihn zutreffen[56]. Ähnliche Deutungsschwierigkeiten ergeben sich beim Vorhandensein bloß zweier Personen, z. B. im Odbert-Psalter[57]. Sicheren Boden bietet hier erst die eindeutige Textbezogenheit, wie sie etwa die Randminiaturen der Pariser Sacra-Parallela-Handschrift[58] und eines Pariser Evangeliars[59] (9. und 10. Jahrhundert) aufzuweisen haben.

Die Regel ist die Anwesenheit der Apostel[60]. Marcus nennt sie mit Namen, und er und Lucas bezeugen, daß sie Christus von der Socrus erzählten bzw. ihn ihretwegen baten. Es ist einleuchtend, daß dabei Petrus, der ja auch bei anderen Ereignissen fast durchwegs eine bevorzugte Position innerhalb der Darstellung einnimmt, hier noch akzentuierter in Erscheinung tritt. Er steht nicht nur an der Spitze dieser Gruppe, sondern kann auch mit Christus und der Kranken allein sein oder, von der Gruppe losgelöst, eine besondere Stelle im Bild einnehmen. Darüber weiter unten.

Im Zusammenhang mit dem Heilungsvorgang steht die Apostelgruppe – mit oder ohne Petrus – meist hinter dem Thaumaturgen, ohne gegenseitige Blickverbindung, wobei das Reden oder Erstaunen bloß durch die Gestik der Hände zum Ausdruck kommt. Ein direkter „Sprechkontakt" durch Zuwenden ist selten. Wir sahen oben, daß der Laurentianus in der letzten seiner Darstellungen das Problem so löst, daß das Bitten – nicht ganz in Übereinstimmung mit dem Text – bereits auf dem Weg von der Synagoge in das Haus Petri erfolgt, wo sich Simon als einer der beiden vorangehenden Apostel zu Christus zurückwendet (Abb. 3).

Eine, soweit wir sehen, unikale Komposition bringt das Evangeliar Ottos III. (Abb. 7)[61]: Christus steht etwa in der Hausmitte und wendet sich aus einer fast frontalen Haltung zur Apostelgruppe mit Petrus an der Spitze rechts, während er die Rechte zur gegenüberliegenden Kranken hinstreckt. So wird die Bitte der Apostel mit der Heilung, die nach dem Lucas-Text ohne Armerfassen vor sich geht, zusammengefaßt. Boeckler hat dafür die überzeugende Erklärung gegeben, daß Christus hier gleichzeitig zu der unterhalb dargestellten, im evangelischen Text anschließenden „Heilung

---

[55] Trier, Stadtbibl., Ms. 24, fol. 25ᵛ zu Matth. H. SCHIEL, Codex Egberti der Stadtbibliothek Trier. Voll-Faksimile-Ausgabe, Basel 1960, Textb. S. 123, Tafelbd. fol. 25ʳ.

[56] R. SZENTIVANYI, Der Codex Aureus von Lorsch, in: Stud. und Mitt. zur Gesch. des Benediktinerordens, N.F. 2 (1912), S. 131–151, bes. S. 140, hält die Socrus Petri als Darstellungsgegenstand für möglich.

[57] Boulogne, Bibl. Municip., Ms. 20, fol. 67ʳ, zu Psalm 63 (62); nordfranz., um 1000. V. LEROQUAIS, Les psautiers manuscrits latins des Bibliothèques Publiques de France, Mâcon 1940–1941, Bd. I, S. 100.

[58] Paris, Bibl. Nat., cod. gr. 923, fol. 211ʳ zu Matth. Zum Codex siehe weiter unten und Anm. 104 und 105.

[59] Paris, Bibl. Nat., gr. 115, fol. 44ʳ zu Matth. Zum Codex: H. BORDIER, Description des peintures et autres ornements contenus dans les manuscrits grecs de la Bibliothèque Nationale, Paris 1883, S. 137, Nr. XXXIV. – MILLET (zit. Anm. 34), S. 8 ff. – K. WEITZMANN (zit. Anm. 6), S. 115 und Fig. 102 (zum vorangehenden Blatt).

[60] So auch im sogen. Malerbuch vom Berge Athos; Manuel d'iconographie chrétienne grecque et latine, ed. M. DIDRON, Paris 1845, S. 169.

[61] München, Bayer. Staatsbibl., Clm. 4453, fol. 149ᵛ. Reichenau, Ende des 10. Jhs. A. BOECKLER, Ikonographische Studien zu den Wunderszenen in der ottonischen Malerei der Reichenau, in: Abhandlungen der Bayer. Akad. d. Wiss., phil.-hist. Klasse, N. F., Heft 52, München 1961, S. 8 f., Abb. 2; vgl. auch die Feststellungen bei O. DEMUS (zit. Anm. 7), S. 90 ff.

von Besessenen am Abend" gehört. Zweifellos wird durch diese Doppelfunktion in einer zweizonigen Komposition die Haltung Christi weitgehend erklärt. Es handelt sich um eine jener ottonischen Handschriften, welche zweizonige Bildfelder und Vollbilder nebeneinander enthalten.

Die Darstellung in diesem Evangeliar ist übrigens auch eine der ganz wenigen, bei denen die Bewegungsrichtung des Geschehens von rechts nach links verläuft und das Lager der Socrus auf der linken statt auf der rechten Bildseite ist wie bei den meisten Darstellungen. Aber auch im Osten, für den Boeckler den „Normaltypus" ganz in Anspruch zu nehmen scheint[62], gibt es den Verlauf der Handlung von rechts nach links: z. B. im Chicagoer Rockefeller-McCormick New Testament 2400[63] und im Karahissar Evangeliar[64], beide zu einer Gruppe von Handschriften aus der Zeit der Entstehung des Paläologenstils gehörend[65], ferner in einigen armenischen Codices.

Im evangelischen Text nicht verankert ist der Austausch der Apostel durch Profanpersonen. Er scheint auch nur ganz selten vorzukommen, so in den ottonischen Evangeliaren der Hitda von Meschede (Abb. 12)[66] und von Echternach (Gothanus)[67]. In beiden Fällen stehen drei Männer hinter der Socrus, und beide Male gibt es Tituli, welche diese Personen als *circumstantes* bzw. *plebs* ausweisen. Im Gothanus bittet die *plebs* um die Austreibung des Fiebers. Boecklers Annahme[68], daß eine teilweise verdorbene Vorlage der Grund für die Hereinnahme dieser Laien gewesen sei, scheint uns weniger wahrscheinlich. Eher bietet sich eine andere Erklärung an, die aus dem Titulus auf der Zierseite neben der Darstellung im Kölner Evangeliar ableitbar ist. Eigentlich sind es zwei: der erste bezieht sich auf die Heilung der Socrus, der zweite auf die Heilungen im Anschluß daran[69]. Es ist also möglich, ja sogar wahrscheinlich, daß hier eine Kontamination zweier aufeinanderfolgender Bildthemen vorliegt, die man sich am ehesten aus einer narrativ illustrierten Vorlage entnommen vorstellen könnte. Für den Titulus im Gothanus würde dies bedeuten, daß er nicht einen neuen Darstellungstypus schafft, sondern eine in Bildformeln vollzogene Phasenverschmelzung mißverständlich interpretiert.

---

[62] BOECKLER (zit. Anm. 61), S. 9.

[63] Chicago, Univ. Libr., Rockefeller McCormick, Cod. 2400, fol. 15r zu Matth.: E. J. GOODSPEED - D. W. RIDDLE - H. R. WILLOUGHBY, The Rockefeller McCormick New Testament, Chicago 1932, vol. I, fol. 15r, vol. III, S. 38–39.

[64] Leningrad, Öffentl. Staatsbibl., gr. 105, fol. 23r zu Matth.: E. C. COLWELL and H. R. WILLOUGHBY, The Four Gospels of Karahissar, Chicago 1936, vol. II, Taf. XXI.

[65] Zu den Datierungsproblemen der Handschriften: O. DEMUS, Die Entstehung des Paläologenstils in der Malerei, in: Ber. zum XI. Int. Byz.-Kongr., IV/2, München 1958, S. 18 ff. – LAZAREV (zit. Anm. 35), S. 273 ff.

[66] Darmstadt, Hessische Landes- und Hochschulbibl., Cod. 1640, fol. 77r. Köln, um 1000–1020. P. BLOCH - H. SCHNITZLER, Die ottonische Kölner Malerschule, Bd. I, Düsseldorf 1967, S. 48–49 u. Taf. 141; Bd. II, Düsseldorf 1970, S. 104–105 u. Abb. 368.

[67] Nürnberg, Germ. Nat.-Mus., Goldenes Evangelienbuch, fol. 53v: A. BOECKLER, Das Goldene Evangelienbuch Heinrichs III., Berlin 1933, S. 56 und Anm. 6, Abb. 176; S. 80 datiert er den Codex in die zwanziger Jahre des 11. Jhs. – DERS., in: Ars Sacra, München 1950, Nr. 106. – P. METZ, Das Goldene Evangelienbuch von Echternach, München 1956, S. 59 u. 102, datiert Hauptteil des Codex 1053–1056.

[68] A. BOECKLER, 1933 (zit. Anm. 67), S. 56, Anm. 3. Der Titulus lautet: *Plebs hic pro febre rogavit.*

[69] Es sind dies die Krankenheilungen und Dämonenaustreibungen am folgenden Abend: Matth. 8, 16–17, Marc. 1, 32–34 u. Luc. 4, 40–41; Zum Titulus und seiner Deutung: BLOCH - SCHNITZLER (zit. Anm. 66), Bd. I, S. 48 u. Taf. 138, Bd. II, S. 104; er lautet: *Verbo et tactu XPI/fugit febris a socru petri./ et varius parit(er) morbus / circu(m)stantes deserit homines.*

Unterschiedlich ist die Position Christi zur Socrus. Matthäus und Marcus sagen, daß er ihre Hand berührte bzw. sie erfaßte, bei Marcus gibt es noch zusätzlich die Bemerkung, daß er sie damit aufrichtete. Lucas hingegen berichtet, daß er zu ihr hintrat und das Fieber bedrohte bzw. ihm gebot. Es gibt also vom Text her drei Möglichkeiten:

Die Socrus liegt auf einem Lager, das ein Bett, aber auch eine meist schräg liegende Matratze sein kann, und Christus erfaßt ihre Hand;
Christus erfaßt die Hand der Kranken und richtet sie auf;
Christus streckt lediglich den Arm aus und gebietet dem Fieber.

Alle drei Varianten sind verbildlicht worden. Es überwiegt die liegende Kranke, deren Hand bzw. Arm Christus entweder erfaßt, oder aber er streckt bloß seine eigene Hand mit imperativer Geste der Frau entgegen, ohne daß eine Berührung erfolgt. Beides ist in West und Ost vertreten, aber mit dem Unterschied, daß in den überlieferten Darstellungen die Berührung im Osten, die Gebärde hingegen im Westen überwiegt. Von den wenigen Beispielen für das Handerfassen finden sich die prominentesten im Medaillon des karolingischen Lorscher Evangeliars [70], allerdings mit der schon oben gemachten Einschränkung, daß die Gegenstandsbestimmung hier nicht eindeutig ist, und im ottonischen Hitda-Codex (Abb. 12) [71]. Im Osten sind sie von Anfang an zahlreich, so im 9. Jahrhundert im Pariser Codex der Homilien des Gregor von Nazianz (Abb. 10) [72] und in der „Sacra Parallela" (Abb. 11) [73]. Der Typus ist also sowohl in der metropolitanen als auch in der provinziellen Produktion vertreten. Der Parisinus bringt das Motiv in allen Miniaturen (Abb. 4 u. 5) [74], während sich der Laurentianus (Abb. 1–3) [75] streng an die Evangelientexte hält und bei Lucas die ausgestreckte Hand Christi gibt.

Diese Haltung zeigt auch das Mosaik in Monreale [76]. Im Westen hat der ottonische Stil mit seinem Hang zur „Gebärdefigur" die dem Lucas-Text folgende Haltung Christi besonders bevorzugt. Wir nennen den Codex Egberti (Abb. 8) [77], das Evangeliar Ottos III. (Abb. 7) [78] und den Gothanus [79].

---

[70] Zit. Anm. 53.   [71] Zit. Anm. 66.

[72] Paris, Bibl. Nat., gr. 510, fol. 170r. H. OMONT, Fac-similés des miniatures des plus anciens manuscrits grecs de la Bibliothèque Nationale du VIe au XIe siècle, Paris 1902, S. 22, Taf. XXXVI. Zum Codex: K. WEITZMANN, Die byzantinische Buchmalerei des 9. und 10. Jahrhunderts, Berlin 1935, S. 2 ff. – LAZAREV (zit. Anm. 35), bes. S. 136 f.

[73] Vgl. die Anm. 104 und 105.

[74] Zit. Anm. 42.

[75] Zit. Anm. 36, 37, 40 u. 41.

[76] O. DEMUS (zit. Anm. 42), S. 120, 278 f. und Taf. 86 B. – E. KITZINGER, I mosaici di Monreale, Palermo 1960, Taf. 67 (farbig). Einige Jahrzehnte älter (um 1157/58) wäre die Darstellung in der Klosterkirche Spas-Mirožskij zu Pskow. Die Wandmalerei ist allerdings hier fragmentiert und der Gegenstand wahrscheinlich bis jetzt nicht eindeutig identifizierbar. Vgl. M. N. SOBOLEVA, Stenopis-Spaso-Preobraženskogo sobora Mirožskogo monastira v Pskove, in: Drevne-russkoje iskusstvo. Chudožestvennaja kultura Pskova, red. von V. N. LAZAREV u. a., Moskau 1968, S. 7–50, bes. S. 12 f. mit Schema der Szenenverteilung und Szenennummer 69.

[77] Trier, Stadtbibl., Ms. 24, fol. 22v zu Luc.: H. SCHIEL (zit. Anm. 55), Textb. S. 121; Faksim.-Bd. fol. 22v. Im Comes der Handschrift kommt das Ereignis nach Lucas und Matthäus an drei Wochentagen im Jahre vor: Nr. 25, 115 und 199 in der Perikopenliste bei SCHIEL, S. 155, 161 und 167; illustriert ist lediglich die Perikope zu Feria IV nach dem dritten Sonntag nach Epiphanie (Luc. 4, 38–43).

[78] Zit. Anm. 61.   [79] Zit. Anm. 67.

Das Handerfassen mit Aufrichten der Socrus, die dann auf ihrem Lager sitzt, kommt in datierten koptischen Handschriften vor, so z. B. im Evangeliar von Damiette (1179–1180)[80] und in der koptisch-arabischen Handschrift um 1250[81], aber auch in zwei byzantinischen Codices der frühen Paläologenzeit (Abb. 9)[82], wo eine weibliche Assistenzperson hinzutritt. Unter den Handschriften des Westens ist die merkwürdige Darstellung im Perikopenbuch von S. Erentrud[83] sowie im Pariser Psalter (Abb. 6)[84] anzuführen. Eine Sonderstellung nimmt der Hitda-Codex (Abb. 12)[85] ein, wo Christus sitzt und den Arm der auf ihn zuschreitenden Socrus mit seiner Rechten ergreift. Bloch und Schnitzler haben die Frage aufgeworfen, ob hier nicht etwa, „auf die knappste Formel gebracht", die Heilung mit dem darauffolgenden Aufstehen der Socrus (um zu bedienen) zusammen dargestellt werden sollte. Es lägen dann, wenn das oben Gesagte in Erinnerung gerufen wird, zwei Kontaminationen vor: Heilung und Geheiltsein mit Aufstehen zum Zwecke des Dienens einerseits sowie andererseits die Aufnahme der am folgenden Abend geheilten Kranken als *circumstantes* an Stelle der Apostel ins Bild.

Es wurde schon erwähnt, daß fallweise eine zweite Frau auftritt, deren Anwesenheit die Evangelien nicht erwähnen. Das älteste erhaltene Beispiel scheint im Osten das Chambéry-Diptychon[86] zu sein, wo man sie beim Kopfende der liegenden Kranken stehen sieht. Ähnliche Positionen nimmt sie in Monreale[87] – dort offenbar als Dienerin hinter einem Türvorhang hervorschauend – und schließlich in den zwei oben erwähnten Evangeliaren des 13. Jahrhunderts ein: Das frühere[88] ist ein wichtiges hauptstädtisches Dokument der Entwicklung des Paläologenstils, das in der Ikonographie auch auf Vorlagen des 10. und 11. Jahrhunderts zurückgreift, das zweite eine etwas spätere provinzielle Kopie (Abb. 9)[89] mit griechischem und lateinischem Text. Beide Miniaturen illustrieren Marcus und stimmen in den wesentlichen Zügen überein: links Petrus, Johannes und Jacobus hinter Christus, der die Socrus bei der rechten Hand faßt und emporrichtet, so daß sie sitzt, am Kopfende des Lagers die stehende

---

[80] Paris, Bibl. Nat., Ms. Copte 13, fol. 20. H. BUCHTHAL - O. KURZ, A hand list of illuminated orient christian manuscripts, London 1942, S. 55, Nr. 268. – M. CRAMER, Koptische Buchmalerei, Recklinghausen 1964, S. 17. – BOECKLER (zit. Anm. 61), Abb. 7.

[81] Paris, Inst. Cathol., Cod. copte-arabe 1, fol. 5ʳ: BUCHTHAL - KURZ (zit. Anm. 80), S. 58, Nr. 287. – CRAMER (zit. Anm. 80), S. 123 u. Abb. 138.

[82] Zit. Anm. 88 u. 89.

[83] Zit. Anm. 50.

[84] Zit. Anm. 49.

[85] Zit. Anm. 66.

[86] Chambéry, Kathedrale, Schatzkammer: Elfenbeindiptychon mit Szenen aus dem Leben Christi; unsere Darstellung auf dem linken Flügel, drittes rechteckiges Feld rechts über der Theotokos; wohl 12. Jh. A. GOLDSCHMIDT u. K. WEITZMANN, Die byzantinischen Elfenbeinskulpturen des 10.–13. Jahrhunderts, II, Berlin 1934, S. 78–79, Nr. 222a, Taf. LXXII. – W. F. VOLBACH, in: Zeitschr. f. Bild. Kunst, 65 (1931/32), S. 111 und Abb. S. 103.

[87] Zit. Anm. 76.

[88] Athos, Iviron n. 5, fol. 141ʳ zu Marc. Abgeb. bei BOECKLER (zit. Anm. 61), Abb. 6.

[89] Paris, Bibl. Nat., gr. 54, fol. 114ᵛ zu Marc. Zu dieser und der vorangehenden Handschrift: K. WEITZMANN, Constantinopolitan book illumination in the period of the latin conquest, in: Gaz. des Beaux-Arts, XXV (1944), S. 193 ff., bes. S. 202 ff. – DEMUS (zit. Anm. 65), S. 19 ff. – LAZAREV (zit. Anm. 35), S. 279 ff. und 333, Anm. 29 u. 30.

zweite Frau. Das vermutlich im frühen 14. Jahrhundert entstandene Wandgemälde im Catholicon von Chilandari[90] auf dem Berge Athos zeigt sie an der gleichen Stelle, neben ihr Petrus und schließlich den die Hand der Socrus ergreifenden Christus.

Die Stellung dieser Frau am Kopfende des Krankenlagers scheint im Westen auch in einer Miniatur im Brüsseler Evangelistar auf, welches um die Mitte des 11. Jahrhunderts im Echternacher Skriptorium entstanden ist. Sie könnte durchaus unseren Bildgegenstand darstellen und ist doch nach der Intention offenbar eine Illustration zur Perikope „Filia Jairi"[91]. Die Möglichkeit zur Kontamination ablaufmäßig ähnlicher evangelischer Ereignisse wird hier besonders deutlich.

Spätere Darstellungen im Westen scheinen auf neu entwickelten Bildtypen zu beruhen: es wird nämlich die Frau vom Kopfende des Bettes weg zu Christus bzw. zu den Aposteln versetzt. Besonders klar zeigt dies z. B. der Pariser Psalter lat. 8846 (Abb. 6)[92]: Neben dem durch Armerfassen heilenden Christus steht Petrus an der Spitze dreier weiterer Apostel und wendet sich zu der neben ihm stehenden Frau zurück. Noch reicher bringt die große, auf Oxford, Paris und London aufgeteilte Bible Moralisée[93] des 13. Jahrhunderts den Vorgang: Die Darstellung im Medaillon ist dichotom; links begibt sich Christus hinter der sich zu ihm zurückwendenden Frau und, gefolgt von Petrus, zum Lager der Fiebernden, wo er, ein zweites Mal dargestellt, ihr Haupt mit der Rechten berührt.

Das Nebeneinander von Christus, Petrus und der stehenden Frau oder gar die Zwiesprache Petri mit ihr, wie sie der Pariser Psalter zeigt, legt die Vermutung nahe, daß sie hier nicht als bloße Assistenzfigur oder Dienerin zu verstehen ist, sondern als Weib des Simon. Die Evangelien erwähnen ihre Anwesenheit zwar nicht, und sie ist auch in keinem der bekannten Beispiele durch eine Überschrift bezeichnet, wie fallweise die Socrus, Petrus und die Apostel. Trotzdem ist ihre Existenz gerade durch diesen Wunderbericht aus den kanonischen Evangelien erschließbar, und die Annahme, daß sie mit der Darstellung der stehenden Frau zumindest teilweise auch wirklich gemeint ist, wäre nicht seltsamer als etwa das Vorhandensein apokrypher Elemente in evangelischen Zyklen. Auch die Beschreibung des justinianischen Mosaiks in Gaza läßt durchaus die Möglichkeit offen, daß dort die Tochter der Socrus in einer der beiden Bildphasen dargestellt war.

Schließlich kann Petrus selbst, den wir meist in der Gruppe der Jünger, wenn auch in der Regel an ihrer Spitze, dem Wunder beiwohnen sahen, mit Christus und der Socrus eine Dreiergruppe von Personen bilden, die sich von den übrigen Assistenzfiguren abhebt oder überhaupt allein im Bild ist. Dabei sind jene Kompositionen interessant, wo Petrus am Bett der Socrus steht und offenbar für sie bei Christus bit-

---

[90] G. MILLET, Monuments de l'Athos, I: Les peintures, Paris 1927, S. 22 und Taf. 77 (2); zum Datierungsproblem der stark verrestaurierten, den alten Bildaufbau aber erkennen lassenden Malereien: V. R. PETKOVIČ, La peinture Serbe du moyen âge, II, Beograd 1934, S. 19. – V. S. DJURIČ, Fresques médiévales à Chilandar, in: Actes du XIIe Congrès Intern. d'études byzant., Ochride 1961, Bd. III, Beograd 1964, S. 59 ff.

[91] Brüssel, Bibl. Royale, Ms. 9428, fol. 37r. Zum Codex: BOECKLER, Das Goldene Evangelienbuch (zit. Anm. 67), bes. S. 76 f. – C. GASPAR et F. LYNA, Les principaux manuscrits à peintures de la Bibliothèque Royale de Belgique, I, Paris 1937, S. 41. Eine Nachprüfung im Comes des Codex war dem Autor nicht möglich.

[92] Zit. Anm. 49.

[93] London, Brit. Mus., Harley 1527, fol. 25r: A. DE LABORDE, La Bible moralisée, illustrée, conservée à Oxford, Paris et Londres, tome III, Paris 1915, Taf. 496, links oben.

tet. Nirgends ist dieses in den Evangelien nicht eigens erwähnte Bitten Petri signifikanter dargestellt als im Egbert-Codex (Abb. 8)[94], wo er hinter dem Lager der Kranken steht, die Linke an ihr Haupt legt und die Rechte zu Christus hinstreckt. Die Dreiergruppe mit dem bittenden Apostel kommt auch im 13. Jahrhundert in der französischen Kathedralplastik vor – wo allerdings die Wunderszenen selten sind –, so z. B. an der Innenseite des linken Seitenportals der Hauptfront der Kathedrale von Reims[95].

Es scheint, daß die Dreiergruppe ebenfalls in der ostchristlichen Kunst ihre Wurzel hat. Wir finden sie schon im 9. Jahrhundert in der Pariser Gregor-Handschrift (Abb. 10)[96], wo sie in der mittleren Reihe der dreistreifigen Wundererzählung rechts dargestellt und durch Beschriftung gekennzeichnet ist. Petrus steht hier am Bett und nimmt eine zentrale Stellung zwischen den beiden Protagonisten der Handlung ein; so auch in einer der Darstellungen der Handschrift Paris gr. 74 (Abb. 5)[97] und ihrer bulgarischen Kopie[98] sowie in einem armenischen Evangeliar des 13. Jahrhunderts[99], während das Rockefeller McCormick New Testament[100] einen Jünger hinzunimmt und die Bewegungsrichtung verkehrt.

In diesen Zusammenhang gehören auch drei interessante Lösungen der Monumentalkunst des späteren Mittelalters: Im Fresko in der Hagia Sophia von Trapezunt (um 1260) legt der sorgenvolle Simon ähnlich die Hand auf das Haupt der Kranken[101] wie im Egbert-Codex. Das Mosaik im inneren Narthex der Kariye Djami in Konstantinopel (1315–1321)[102] zeigt ihn neben dem Krankenlager, er ist mit Sprechgestus zu Christus gewandt. Die reichste Ausbildung des einphasigen Vorganges bietet schließlich die Wandmalerei in der Klosterkirche von Dečani (zweites Drittel des 14. Jahrhunderts): Petrus steht hinter der Socrus und stützt die Emporgerichtete, deren rechte Hand Christus erfaßt. Beidseitig gibt es hinter dieser zentralen Dreiergruppe je einen Personenchor: links neun barhäuptige Apostel, darunter Johannes, rechts hinter Petrus noch Andreas und Jacobus und schließlich eine Menge von jüdischen Männern und Frauen mit Kopftüchern[103].

---

[94] Zit. Anm. 77 und H. Schiel (zit. Anm. 55), Textband S. 121 und S. 71 ff., Faks.-Bd. fol. 22ᵛ.
[95] E. Mâle, L'art religieux du XIIIᵉ siècle en France, Paris 1898, S. 232 und Anm. 1.
[96] Zit. Anm. 72.   [97] Zit. Anm. 42.
[98] Zit. Anm. 47.
[99] Venedig, Bibl. d. Congreg. Armena, Cod. 888, fol. 147ᵛ zu Luc.: der Nersessian (zit. Anm. 34), Textb., Paris 1936, S. 97 f., und Album, Paris 1937, Taf. XXXVIII (80): datiert s. XIII; Miniature armene. Bibl. dei Padri Mechitaristi di San Lazzaro, I (S. der Nersessian u. a.), Venezia 1966, S. 36 ff. und Taf. LIV (c) (farbig): hier wird die Handschrift in das XI. Jh. hinaufdatiert. Auch das aus dem 13. Jh. stammende Evangeliar in der Freer Gallery of Art in Washington, Ms. 32.18, p. 42 (zu Matth.), bringt die Dreiergruppe, doch steht dort Petrus hinter Christus; S. der Nersessian, Armenian Manuscripts in the Freer Gallery of Art, Washington 1963, S. 27 und Taf. 33, Fig. 63.
[100] Zit. Anm. 63.
[101] D. T. Rice (ed.), The Church of Haghia Sophia at Trebizond, Edinburg 1968, S. 133, 167 f., Fig. 95 u. Taf. 55 B; zur Datierung ebenda, S. 243 f.
[102] P. A. Underwood, The Kariye Djami, New York 1966, Bd. I, S. 145 f. (Nr. 136), Bd. II, Taf. 264–267; zur Datierung ebenda, I, S. 14 ff.
[103] V. R. Petković, Monastir Dečani, II, Beograd 1941, S. 38 und Taf. LXXXIV. V. R. Petković (zit. Anm. 90) erwähnt S. 51 und 61 noch Darstellungen des Gegenstandes in den Kirchen von Ljuboten und Sisojevac.

Um die Erörterung der Dreiergruppe abzuschließen, wäre noch auf die These Millets einzugehen, daß die Handschrift Paris gr. 923 das Ereignis in zwei Randminiaturen übereinander darstellt (Abb. 11): zuerst Petrus in Sorge und als Bittender an der Bettstatt in der Dreiergruppe – es wäre dies die zweite Darstellung von oben – und darunter Christus, allein heilend[104]. Zur Stützung dieser Deutung verweist Millet auf die oben besprochene Zweiteiligkeit in Gaza.

Der Codex[105] gehört zur sogenannten Goldgewandgruppe und wird allgemein in das 9. Jahrhundert datiert, wobei neuerdings sogar noch ein Ansatz vor dem Ende des Bilderstreites erwogen worden ist. Unter den Lokalisierungsvorschlägen hat sich der in den syrisch-palästinensischen Kreis durchgesetzt. Inhalt ist die „Sacra Parallela", eine Sammlung von Zitaten aus dem Alten und Neuen Testament, verschiedener Autoren der patristischen und profanen Literatur und anderer mehr, deren Zuschreibung an Johannes Damascenus neuerdings wieder in Zweifel gezogen worden ist[106]. Über 1300 Porträtbüsten und 300 bis 400 Randszenen enthält diese bilderreichste Handschrift der byzantinischen Buchmalerei, doch rangiert ihr Typenmaterial für neutestamentliche Szenen nach Dichte und Ausführlichkeit hinter den Illustrationen evangelischer Bücher in der Art der eingangs besprochenen Tetraevangelien. Wie bei den Randpsalterien sind die szenischen Darstellungen als Marginalillustrationen zum Textspiegel auf ein Minimum an Personen und Kompositionselementen von oft primitiv-drastischer Aussagekraft reduziert, wobei aber eine Episode durchaus in mehreren signifikanten Phasen erzählt werden kann. Wie Weitzmann aufgezeigt hat, liegt hier ein Beispiel polyzyklischer Illustrationsweise vor, wobei reichere Vorlagen aus illustrierten Büchern des Alten und des Neuen Testamentes stark reduziert übernommen worden sein müssen[107]. Gerade das Vorkommen der trotz Abbreviierung mehrphasigen narrativen Darstellungsweise spräche ja für Millets Deutungsvorschlag.

Nun sind die Darstellungen als Randillustrationen zum Text dieses Florilegiums zu verstehen, der in alphabetisch geordnete Kapitel und Unterabschnitte zerlegt ist, an deren Anfang in der Regel goldunterlegte Titelrubriken stehen. Das auf diese Darstellungen Bezug nehmende Kapitel ist dem Buchstaben I zugeordnet und handelt von den Heilungen Christi und der Propheten im Text und in der begleitenden Randminiatur. Gerade vom Text her erfährt aber die These Millets keine Stützung, denn er enthält die vier Wunderperikopen „Leprosus"[108], „Servus Centurionis"[109], „Socrus Petri"[110] und „Duo caeci"[111], eine Tatsache, auf die Millet nicht eingeht. Dieses Ver-

---

[104] Paris, Bibl. Nat., gr. 923, fol. 211ʳ: MILLET (zit. Anm. 34), S. 599 und Fig. 621–622. Dieser These folgen DER NERSESSIAN (zit. Anm. 34), S. 97, und BOECKLER (zit. Anm. 61), S. 9.

[105] K. WEITZMANN (zit. Anm. 72), S. 80 f. (mit der älteren Literatur). – A. GRABAR, L'iconoclasme byzantin, Paris 1957, S. 192 u. 248. – K. WEITZMANN, Islamische und koptische Einflüsse in einer Sinai-Handschrift des Johannes-Klimakus, in: Festschrift Ernst Kühnel: Aus der Welt der islamischen Kunst, Berlin 1959, bes. S. 302–304. – LAZAREV (zit. Anm. 35), S. 113 und 120, Anm. 38.

[106] J. M. HOECK, Stand und Aufgaben der Damaskenos-Forschung, in: Orientalia christiana periodica, 17, Rom 1951, S. 5 ff., bes. S. 29 f. u. Anm. 6. – H.-G. BECK, Kirche und theologische Literatur im byzantinischen Reich, München 1959, S. 482 u. Anm. 4.

[107] WEITZMANN (zit. Anm. 1), S. 105 ff. [108] Matth. 8, 1–3.
[109] Matth. 8, 5–8.   [110] Math. 8, 14–15.
[111] Matth. 9, 27–30; zu diesen Stellen im Text der Sacra Parallela vgl. J.-P. MIGNE, Patrol. gr. 96, 54.

hältnis Text–Bild beherrscht die Handschrift[112]. Und so sollen die vier Darstellungen der Seite, von oben nach unten, wohl verstanden werden. Die zweite wäre demnach nicht die Bitte Petri am Krankenlager seiner Schwiegermutter, sondern die Heilung des Knechtes des Hauptmanns von Capharnaum, wobei man sich die Liegefigur als Mann vorzustellen hätte[113].

Gegen die Heilung des Knechtes des Hauptmanns spricht indessen vorerst der evangelische Text. Weder Matthäus, dessen Perikope auf diesem Blatt steht, noch Lucas sagen etwas von einer Begegnung Christi mit dem Kranken. Wie bei der Tochter der Kananäerin handelt es sich um eine Fernheilung. Trotzdem hat eine Bilderzählung existiert, bei der eine Zueinanderordnung dieser beiden Personen gegeben worden ist. Das belegen die beiden Darstellungen des Gegenstandes im 11. Jahrhundert im Gothanus[114] und im Parisinus[115], wo Christus an das Lager des Knechtes tritt. Fraglich bleibt allerdings, ob man bei dem hier allein eindeutigen Parisinus von einem dem Text gegenüber freien Typus sprechen kann oder ob es sich nicht eher um eine mißverständliche Kontraktion im Einzelfall beziehungsweise in einer Vorlage handelt.

Millets These ließe sich also nur dann begründen, wenn schlüssig nachgewiesen werden kann, daß in diesem Fall, gewollt oder ungewollt, Text- und Bildredaktion nicht zusammenhängen bzw. daß die Darstellung der Heilung des Knechtes einer dichotomen Randillustration der Socrus Petri aus Platzgründen weichen mußte. Natürlich gibt es auch offenkundige Irrtümer in der Zuordnung von Text und Bild. So scheint es sich auf dem Blatt des Pariser Gregor neben der Socrus-Szene zu verhalten (Abb. 10): Man sieht hier einen Soldaten, der eine vergoldete Rüstung trägt und sich zu Christus wendet; hinter ihm eine Gruppe von Kriegern und im Anschluß daran ein Haus, in dem eine Person auf einer Kline liegt und eine zweite stehend einen Wedel schwenkt. Alles deutet darauf hin, daß die Heilung des Knechtes des Hauptmannes dargestellt ist. Die Überschriften sprechen aber vom Archisynagogos (Jairus) und seiner Tochter[116]. An einer anderen Stelle im gleichen Codex, wo eindeutig die Erweckung der Tochter Jairi dargestellt ist, fehlt hingegen eine Beschriftung[117]. Der Schreiber hat hier offenbar seine Aufschriften irrtümlich über die falsche Szene gesetzt.

Ein solcher Fall, der in der Praxis der Bild- und Textredaktion sicherlich nicht vereinzelt dastehen dürfte, wäre also ein weiteres Indiz zur Stützung der Millet'schen

---

[112] Vgl. z. B. das folgende Blatt fol. 212r; dazu WEITZMANN (zit. Anm. 6), S. 115 f. und Fig. 103.

[113] Vgl. den ohne Textbeziehung nicht so ohneweiters als Mann identifizierbaren Ezechias im gleichen Codex, fol. 252v; WEITZMANN (zit. Anm. 72), Abb. 543.

[114] Nürnberg, Germ. National-Museum, Goldenes Evangelienbuch, fol. 52v zu Marc.; P. METZ (zit. Anm. 67), S. 59, Abb. 49, zweiter Bildstreifen, rechts.

[115] Paris, Bibl. Nat., gr. 74, fol. 14r u. 14v; OMONT (zit. Anm. 42), S. 4, Taf. 14 (2) und 15 (1). Die Darstellung zu Lucas auf fol. 120r und fol. 120v; OMONT, II, S. 3, Taf. 106 (2) und 107 (1), hält sich hingegen an die vom Text geforderte Fernheilung.

[116] Paris, Bibl. Nat., gr. 510, fol. 170r; H. OMONT (zit. Anm. 72), S. 22, Taf. XXXVI; OMONT beschreibt die Szene nach der Inschrift. Zum Verhältnis von Text und Bild in dieser Handschrift: S. DER NERSESSIAN, The Illustration of the Homilies of Gregory of Nazianzus: Paris Gr. 510, in: Dumbarton Oaks Papers, 16 (1962), S. 195 ff.

[117] Paris, Bibl. Nat., gr. 510, fol. 143v; OMONT (zit. Anm. 72), S. 21 und Taf. XXXIII.

These, hätte aber wohl nur dann entscheidendes Gewicht, wenn das Kompositionsschema von Christus und Knecht als mögliche Bildvorlage nicht nachweisbar wäre, eine Alternative, die, wie oben gezeigt wurde, ausgeschlossen werden muß. Es erscheint also zweckmäßiger, die Randminiaturen des Blattes als Illustration zum Text anzusehen.

Zusammenfassend: Die geläufigste Komposition des Themas, die in Ost und West am weitesten verbreitete und interessanterweise auch in den ältesten, seit dem 9. Jahrhundert erhaltenen Beispielen vorkommende, ist die einphasige Darstellung des Wunders. Christus allein mit der Socrus oder mit Petrus in einer Dreiergruppe, zu der dann die Apostel und auch die Menge hinzutreten können. Die reichste Ausformung zeigt in der spätmittelalterlichen Monumentalkunst die Massenszene in Dečani.

In der Position Christi zur Kranken werden alle Varianten der Berichte der Synoptiker durchgespielt. Es treten auch vom Text nicht geforderte oder ihm sogar widersprechende Szenenelemente auf: so eine zweite Frau, die zumindest in einigen Darstellungen nicht als Magd oder Dienerin gemeint gewesen sein kann und als Weib des Petrus zu identifizieren ist; ferner das Stehen der Socrus im Hitda-Codex, welches wahrscheinlich auf eine Kontamination verschiedener Phasen im Vollbild hinweist. Das Ineinanderschieben der Socrus-Heilung mit dem evangelischen Folgevorgang belegt die zweizonige Anordnung des Evangeliars Ottos III.

Dem einphasigen Typus müssen aber ältere mehrphasige vorangegangen sein, die ihren Ursprung in der altchristlichen Kunst des Ostens zu haben scheinen. Überhaupt dürfte es sich hier mit großer Wahrscheinlichkeit um das Entstehungsgebiet der bildlichen Darstellung dieses Themas handeln. Jedenfalls liefert die Nennung des Gegenstandes unter den Mosaiken von S. Sergius in Gaza durch Chorikios den frühesten Beleg aus justinianischer Zeit. Möglicherweise noch älter sind die ostchristlichen Archetypen zum Laurentianus und zum Parisinus. Der zweiteilige Typus des letzteren hat nicht nur in den Kopien der Handschrift, sondern auch in reichen Bibelzyklen romanischer Handschriften des Westens weitergelebt. Wie aber der Laurentianus zeigt, muß es ursprünglich mindestens drei Phasen in der Verbildlichung des Gegenstandes gegeben haben. Für das Mosaik in Gaza nehmen wir mit Millet eine zweiteilige Darstellung, vielleicht sogar in gesonderten Szenenfeldern an, wobei der Umstand, daß es sich hier nicht um eine Textillustration, sondern um ein Werk der Monumentalkunst handelte, eine freiere Verarbeitung supponierbarer Vorlagen aus der Buchmalerei bewirkt haben mag. Zu dieser älteren Überlieferungsschicht der Bilddarstellung in mehreren Phasen scheint auch ein Szenenfragment unter den Wandmalereien des 11. Jahrhunderts in Lambach[118] zu gehören.

Abbildungsnachweis. Biblioteca Laurenziana, Florenz: Abb. 1, 2, 3; Bibliothèque Nationale, Paris: Abb. 4, 5, 6, 9, 10, 11; Bayer. Staatsbibliothek, München: Abb. 7; Reproduktion aus H. Schiel, Codex Egberti der Staatsbibliothek Trier, Voll-Faksimile Ausgabe, Basel 1960: Abb. 8; Reproduktion aus P. Bloch und H. Schnitzler, Die ottonische Kölner Malerschule, Bd. I, Düsseldorf 1967: Abb. 12.

---

[118] N. Wibiral, Die Wandmalereien des 11. Jhs. im ehemaligen Westchor der Stiftskirche von Lambach, in: Alte und moderne Kunst, 13, Wien 1968, Heft 99, S. 1 ff., bes. S. 11 f. – O. Demus, Romanische Wandmalerei, München 1968, S. 202 ff., bes. S. 204, Taf. XCIII u. 230 (linkes Detail des Fragments).

NIKOLAUS VON VERDUN
ÜBERLIEFERUNG UND WIRKLICHKEITSERLEBNIS

VON VIKTOR GRIESSMAIER

Dem Geheimnis der künstlerischen Schöpferkraft können wir uns nur asymptotisch nähern, ganz erfassen werden wir es nie. Da es uns während der ehrfurchtlosen Analyse zu verblassen droht, werden wir gut daran tun, wenn wir uns seiner immer erneut und vertieft bewußt werden.

Nikolaus von Verdun wird von Otto Demus als der größte Künstler des späten 12. Jahrhunderts bezeichnet und mit den Pisano und Michelangelo in ideelle Beziehung gesetzt[1]. Seine Madonna in der Geburtsdarstellung des Klosterneuburger Ambos wird mit den Grazien des Parthenon verglichen[2]. Man nennt ihn den Giganten der Maas- und Rheinregion[3].

Worin besteht nun das Neue, Einzigartige, Persönliche dieser Kunst, das zu einer so hohen Schätzung führt? Es ist, um an erster Stelle jenen Wert zu nennen, der alle andern noch zu nennenden bestimmt, die neue Menschlichkeit, die uns aus den Werken des Verduners so erregend anspricht. Sie ist das übergeordnete Prinzip, das seinen neuen Faltenwurf bestimmt; seine neue Bildgestaltung, die oft nur durch scheinbar kleine Korrekturen übernommener Schemata bewirkt ist; seine von neuem Lebensgefühl durchpulsten Figuren; seine Bereicherung der Themen durch niemals aufdringliche, aber immer sinnvoll belebende genremäßige Züge.

Nikolaus gehört nicht zu jenen Künstlern, die ein Vorbild übernehmen und es nur in einer anderen Formensprache, sei es eine neue „Stilmode" oder ein persönlicher „Manierismus", abwandeln, ein Vorgang, der im Mittelalter die Regel war und der selbstverständlich kein Werturteil über die so erzielten Leistungen enthält. Er gehört vielmehr zu den im Mittelalter sehr seltenen Künstlern, die alles neu überlegen und vor allem neu erleben; zu jenen Künstlern, von denen Ernst Kitzinger sagt, daß ihre Vorbilder für sie nicht mehr waren als Rohmaterial, das sie durch frische und unabgestumpfte Beobachtung neu formten[4].

---

[1] O. DEMUS, Byzantine Art and the West: The Wrightsman Lectures, New York University Press, New York 1970, S. 180 (im folgenden zitiert: Demus, BAW). – DERS., Nicola da Verdun, in: Enciclopedia Universale d'Arte, vol. IX, Venedig-Rom 1963, Sp. 917–922 (im folgenden: Demus, N. d. V.).

[2] E. S. GREENHILL, French Monumental Sculpture, in: The Year 1200, II, A Background Survey, New York 1970, S. 35.

[3] W. D. WIXOM, The Greatness of the so called Minor Arts, in: The Year 1200 (zit. Anm. 2), S. 97.

[4] E. KITZINGER, Early Medieval Art, Indiana University Press, 1968, S. 41 f. Kitzinger prägt diese Formulierung zur Charakterisierung der Kunst unter Karl dem Kahlen, der Meister des Utrecht-Psalters und des Lothar-Kristalls, die nicht Kunst aus zweiter Hand sei, sondern Neuerlebnis der biblischen Erzählungen. – Ähnlich charakterisiert W. BRAUNFELS den hypothetischen Leiter der Hofschule Karls des Kahlen: „Es war ein Meister, in dem man einen der ganz unabhängigen Geister des Jahrhunderts erkennen möchte, der seinen Gegenstand nicht nur souverän gestaltet hat, sondern auch menschlich nachempfinden und theologisch neu durchdenken konnte." (In: Die Welt der Karolinger und ihre Kunst, München 1968, S. 22.)

Die Fragen, die sich aus dieser Feststellung ergeben, sind: Wie sieht dieses „Rohmaterial" aus, das der Künstler verarbeitet, das heißt, woher nimmt er seine Vorbilder und Anregungen; welcher Art ist die Neuformung dieses „Rohmaterials", und – vielleicht am wichtigsten, wenn auch am schwersten zu beantworten – welches sind die Triebfedern, die zu einer solchen Neuformung führen, ja zwingen?

O. Demus hat, von seinem Thema – der Bedeutung der byzantinischen Kunst für die Entwicklung der westlichen Kunst – ausgehend, die Genesis des Stiles von Nikolaus von Verdun folgendermaßen skizziert[5]: Er verarbeitete byzantinische Vorbilder der Mitte des 12. Jahrhunderts in der Art der Capella Palatina in Palermo, bereicherte sie aber bereits durch Züge des späteren Komnenenstils, der ungefähr gleichzeitig mit dem ersten Hauptwerk des Meisters, dem Ambo von Klosterneuburg von 1181, in Monreale herrschend wird. Er kennt aber auch die byzantinische Kunst des 6. Jahrhunderts in der Art der Maximianskathedra von Ravenna. Das Studium dieser Vorbilder führt ihn, den genialen Künstler, aber nicht zur Nachahmung, sondern zum Bewußtwerden ihrer klassischen, das heißt griechischen und römischen Grundlage, die ja in Byzanz immer bestimmend bleibt. Ein Studium der römischen Kunst selbst wird daneben als leicht möglich angenommen. Daß damit nicht alle Quellen der Kunst des Verduner Meisters genannt sind, ist Demus natürlich voll bewußt. Er führt auch die Möglichkeit einer Beeinflussung des werdenden Künstlers nicht nur durch die Kunst des Maas-Tales, sondern auch durch die englische und flämische Buchmalerei der Zeit von 1160–1170 an[6] und hält für die Propheten des Dreikönigs-Schreines in Köln ein Studium karolingischer Buchmalerei nicht für unmöglich[7].

An dieser Einordnung des Künstlers in ein Koordinatensystem der Entwicklung fällt zweierlei auf: die Vielfalt und die weite zeitliche und örtliche Streuung der Vorbilder sowie die ganz besondere Kraft zur Synthese, zur Fähigkeit, daraus einen vollkommen einheitlichen, durchaus persönlichen Stil zu bilden, die dem Meister zugeschrieben wird. Sie ist als ein weiteres Zeichen seiner Größe zu werten.

Was die Kunst des Nikolaus, wie sie uns am Klosterneuburger Ambo entgegentritt, am auffallendsten von der seiner Vorgänger und auch seiner Zeitgenossen unterscheidet, ist der Faltenwurf seiner Figuren. Läßt man die fünfundvierzig Darstellungen des Ambos an sich vorüberziehen, dann erliegt man leicht dem Eindruck, daß es sich bei dem Werk überhaupt nur um eine gewaltige Variationenreihe über das Thema Faltenwurf handle, so erdrückend ist schon das rein quantitative Überwiegen dieses Kunstmittels. Man vergißt, wenn man sich diesem Eindruck allzu willig überläßt, freilich, daß dabei unbewußt auch die Ausdruckskraft dieses Faltenwurfs, ein qualitativer Wert also, entscheidend mitspricht.

Der Faltenwurf ist bei Nikolaus zwar oft von bezaubernder Kalligraphie, er ist aber niemals ornamental, womit er sich von der breiten Kunstübung des Mittelalters grundsätzlich unterscheidet. Er ist vielmehr immer funktionsbedingt, immer bestimmt von der Haltung und Bewegung der Personen, die er in erstaunlicher Differenziert-

---

[5] O. Demus, BAW (zit. Anm. 1), S. 187.

[6] O. Demus beschäftigt sich eingehender mit der Herkunft des Stils von Nikolaus von Verdun in einem ungedruckten, in Dumbarton Oaks gehaltenen Referat, für dessen Überlassung ich ihm sehr dankbar bin.

[7] O. Demus, BAW (zit. Anm. 1), S. 182.

heit klärt und deutlich macht. So reich er auch ist, überwuchert er doch nie die Körperlichkeit der Figuren, sondern betont sie vielmehr aufs stärkste.

Neben der Aufgabe, Körperhaftigkeit und räumliche Beziehung der Gestalten zu klären, wofür jede Tafel des Werkes als Beispiel angeführt werden könnte, hat der Faltenwurf bei Nikolaus aber noch eine weit wesentlichere und höhere Aufgabe zu erfüllen, die neu in der mittelalterlichen Kunst ist: er ist Ausdruck von Charakter und seelischer Gestimmtheit der Personen. Man vergleiche etwa die Figur der Maria in der Verkündigungsdarstellung (Abb. 13) mit der Königin von Saba vor Salomon (Abb. 19), die beide das gleiche Standmotiv zeigen. An der zarten, schmalschultrigen Maria, die schon die Würde der Gottesmutter zu fühlen scheint, fließt das Gewand sanft und schlicht herab; es läßt zwar den Körper spüren, aber nur verhalten und keusch. Die Königin von Saba zeigt ihren Körper kaum deutlicher, aber die jäh vom Boden zu den Hüften aufrauschenden Diagonalfalten, die vom Busen im Gegenschwung zu den Hüften gleitenden und dort weich aufgestauten Parallelfalten unterstreichen die bewußt ausgespielte Fraulichkeit der Königin. Die mütterliche Maria in der Geburtsszene (Abb. 23), die „in trüber Vorahnung des Geschickes ihres Kindes vor sich hinzuträumen scheint"[8], wird von wohllautenden Faltenschwüngen geradezu eingehüllt; es ist, als ob eine sanfte, gedämpfte Musik die Stille tönend mache. In der Kreuzigungsdarstellung[9] mit ihrer versteinerten Trauer tropfen die Falten schwer und senkrecht herab. Man staunt hier, wie die notgedrungen auch vorhandenen Querfalten in ihrer Wirkung zurückgehalten und dem Eindruck lastender Schwere untergeordnet sind. An der Figur des Melchisedech bei seiner Begegnung mit Abraham strahlen die Falten von der Ellbogenbeuge radial über den ganzen Körper und hüllen den König in priesterliche Distanziertheit. Nikolaus hat das Motiv noch zweimal verwendet: bei Aaron, der das Manna in die Bundeslade legt, und beim Moses im Durchzug durch das Rote Meer (Abb. 22), der dadurch in seiner Rolle als priesterlicher Führer von der Gruppe der ihm folgenden Männer abgehoben wird. Bei dem asketischen Johannes in der Taufe Christi (Abb. 20) wird der sonst oft üppig schwingende Faltenwurf zu karger Schlichtheit gedämpft, während am Samson, der die Tore von Gaza den steilen Berg hinanträgt, die in einer Diagonale gebündelten Faltenzüge die geballte Kraft des athletischen Mannes unterstreichen. Die Beispiele ließen sich leicht vervielfachen.

Wie läßt sich nun erklären, daß der Faltenwurf bei Nikolaus von Verdun eine so beherrschende Rolle als künstlerisches Ausdrucksmittel spielt? Der Künstler wird, was den Ambo von Klosterneuburg betrifft, immer als Emailleur bezeichnet. Sicher beherrscht er die Kunst des Emails virtuos, aber ein Emailkünstler im wahren Sinne

---

[8] O. DEMUS, Die zwei Darstellungen der Geburt Christi am Klosterneuburger Ambo, in: Gedächtnisschrift für Prälat Josef Hoster, in Druck. Demus hat in dieser Studie die mit geringsten Abänderungen alter ikonographischer Schemata erzielte neue Bildauffassung des Verduner Meisters besonders feinfühlig beschrieben.

[9] C. DREXLER - Th. STROMMER, Der Verduner-Altar, ein Emailwerk des XII. Jhs. zu Klosterneuburg, Wien 1903. Die Lichtdrucke dieses Tafelwerkes sind, wenn sie auch den Materialcharakter des Werkes nicht zur Geltung bringen, immer noch am deutlichsten und daher am besten zum Vergleich verwendbar. Um den Text nicht zu überladen, wird auf eine Angabe der Tafelnummer bei den Hinweisen auf Darstellungen verzichtet. Diese sind ja bei ihrer chronologisch-typologischen Anordnung leicht auffindbar. Vgl. eventuell auch die Abbildungen bei F. RÖHRIG: Der Verduner Altar, Wien-München 1955.

des Wortes ist er trotzdem nicht. Es ist ja kein Zufall, daß er von der in Limoges, an der Maas und auch am Rhein überwiegend geübten Technik, die Figuren ganz in Email auf glatten oder gemusterten Goldgrund zu setzen, abgeht, seine Figuren vielmehr in Gold auf Emailgrund setzt und so das Email in eine nur noch dienende Rolle drängt. Nur als Hintergrund und in Requisiten – bei diesen auch nicht konsequent – sowie zur Ausschmelzung der Innenzeichnung der Figuren[10] macht er vom Email Gebrauch. Nikolaus ist vielmehr eindeutig Plastiker, und nur als Übertragung plastischer Figuren in Graphik sind die Platten des Klosterneuburger Ambos zu verstehen. Aus seinem plastischen Denken erklärt sich die Flachheit seiner Darstellungen – es sind im Grunde Reliefs – und auch die Beschränkung der Bildinhalte auf so wenige Personen wie möglich.

Diese knappen Bildgestaltungen sind aber dafür so exakt durchgezeichnet, daß sie wie ausgefeilte, letzte Vorlagen für getriebene Reliefs wirken. Wie diese Reliefs aussehen würden, kann man sich an einem Beispiel gut vorstellen: Die Szene der Beschneidung Christi am Ambo (Abb. 14) – bezeichnenderweise auf nur zwei Personen reduziert – hat ihr plastisches Gegenstück in der getriebenen Wiedergabe der Darbringung Christi – auch sie auf zwei Personen beschränkt – am Marienschrein von Tournai, dem 1205 datierten letzten Werk des Meisters[11]. Daß ein Plastiker von Gottes Gnaden – und als solcher erweist sich Nikolaus vor allem an den Propheten des Kölner Dreikönigs-Schreines – durch einen Auftraggeber veranlaßt wird, ein gewaltiges Werk in einer Flächentechnik auszuführen, hat sich noch einmal in der Kunstgeschichte ereignet, als Papst Julius II. Michelangelo zwang, die Arbeit an seinem Grabmal zu unterbrechen und dafür die Decke der Sixtina zu malen.

Nikolaus von Verdun war allerdings besser daran als Michelangelo, denn die von ihm gewählte Technik, der Grubenschmelz, noch dazu in der besonderen Ausführung am Ambo, ist der Skulptur insofern verwandt, als es auch hier darum geht, das Werk durch Wegnehmen des Überflüssigen, Verhüllenden aus dem amorphen Grundstoff zu befreien. Denn wie der Bildhauer die Steinschichten, die das geschaute Werk verdecken, wegschlagen muß, so muß der Künstler, der in der Technik des Grubenschmelzes arbeitet, das Kupfer wegmeißeln, das die gewollte Zeichnung umgibt[12]; beiden legt die Technik äußerste Präzision nahe. Wir kennen zwar von Nikolaus nur getriebene Plastiken, und bei dieser Technik geht es ja wieder darum, der amorphen Gold- oder Silberplatte etwas, nämlich die Rillen und Stege, hinzuzufügen, aber den-

---

[10] Nur eine einzige der vielen Gestalten des Verduner Altares, der Apostel, der Christus beim Einzug in Jerusalem begleitet, ist seltsamerweise in flächenhaftem Email wiedergegeben. Er wirkt wie ein unerklärlicher Fremdkörper und verdeutlicht mit seiner plumpen Faltengebung die ungemeine Überlegenheit der anderen Technik.

[11] O. DEMUS, BAW (zit. Anm. 1), Fig. 205. Zum beruhigten Faltenstil dieses Spätwerkes vgl. DEMUS, BAW, S. 185, und DERS., N. d. V. (zit. Anm. 1), Sp. 918.

[12] O. DEMUS hat in seinem Aufsatz „Neue Funde an den Emails des Nikolaus von Verdun in Klosterneuburg", in: Österr. Zeitschr. f. Denkmalpflege, V, 1951, S. 13 ff., eine glücklicherweise erhaltene unvollendete Darstellung von der Hand des Nikolaus publiziert (Abb. 26). Sie zeigt die Frauen am Grabe Christi und befindet sich auf der Rückseite der Darstellung des Höllenrachens. Erst die Umriß- und Binnenzeichnung in Tremolierstich ist durchgeführt, das Ausheben der Furchen für den Faltenwurf und das Wegmeißeln des Grundes wurde noch nicht in Angriff genommen; beide Prozesse zeigt nebeneinander die Rückseite einer Ornamentplatte bei DEMUS, Neue Funde ..., Abb. 30.

noch ist anzunehmen, daß dem Plastiker auch das Gravieren und Herausmeißeln gemäßer war als das Malen in flächenhaftem Email. Die Arbeit eines Meisters des Grubenschmelzes, und besonders die des Nikolaus von Verdun mit seiner Verwendung eines dichten Faltengefüges, weist somit eine starke Verwandtschaft mit der eines Kupferstechers auf. Von der in Anm. 12 angeführten, in Tremolierstich ausgeführten „Vorzeichnung" der Frauen am Grabe Christi könnte man unschwer einen Abzug auf Papier herstellen, ein Vorgang, der ja auch im 15. Jahrhundert zur Ausbildung des Kupferstiches geführt hat. Tatsächlich hat man z. B. noch 1864 von den Gravierungen des Aachener Kronleuchters, einer Stiftung Kaiser Friedrichs I., direkte Abzüge hergestellt und für die Tafeln des Werkes über den Leuchter von F. Bock verwendet[13].

Bei aller Verwandtschaft der Gravierungen eines Grubenschmelzmeisters mit dem Kupferstich besteht aber technisch und ästhetisch auch wieder ein grundlegender Unterschied: Während der Kupferstecher im wesentlichen mit dünnen Linien arbeitet und dunkle Flächen durch enge oder gekreuzte Strichlagen wiedergeben muß, kann der Grubenschmelzmeister seine Linienzüge beliebig anschwellen lassen und Flächen wirklich homogen wiedergeben. Sein Werk wird daher kraftvoller, kontrastreicher und monumentaler wirken[14].

Tatsächlich ließe sich ja unter Umständen vorstellen, daß ein so überreich verwendeter und so einheitlich durchgeführter Faltenstil, wie wir ihn am Werk des Verduner Meisters antreffen, auf die Dauer gleichförmig und ermüdend wirken müßte. Aber gerade das Gegenteil ist der Fall, man wird nicht satt, die immer neuen Variationen des „Themas" staunend zu genießen[15].

Nikolaus wirkt der Gefahr der Gleichförmigkeit sehr bewußt entgegen, indem er seine Faltenzüge ungemein differenziert, und besonders dadurch, daß er in jedem größeren und einheitlichen Faltenkomplex starke, dunkle Akzente setzt, die natürlich als Schatten gemeint sind. So entgeht er dem ermüdenden Gleichmaß der gehäuften parallelen Rillenfalten, und sein Werk wirkt niemals „kunstgewerblich", sondern immer groß und lebendig.

In diesem reichen „Sprachgefüge" gibt es natürlich das, was man bei einem Dichter Lieblingswörter oder Lieblingsfügungen nennen würde, das heißt Faltenanordnungen, die immer wiederkehren. Nikolaus ist freilich ein so ausgezeichneter „Stilist", daß er seine Lieblingswendungen weder unverändert noch unweigerlich überall dort anwendet, wo sie anzubringen wären. Er verwendet sie vielmehr wie Leitmotive im symphonischen Gefüge einer unendlichen Melodie.

---

[13] F. Bock, Der Kronleuchter Kaiser Friedrich Barbarossas im Karolingischen Münster zu Aachen, Leipzig 1864. Vgl. dazu V. Griessmaier, Zu den Gravierungen des Aachener Kronleuchters, in: Josef-Strzygowski-Festschrift zum 70. Geburtstag, Klagenfurt 1932, S. 72–75.

[14] Man darf freilich nicht übersehen, daß die Photographie den graphischen Charakter der Platten stark übertreibt, weil sie die sehr entscheidend mitwirkende Farbe nicht zu Wort kommen läßt. Das Schwarz des Hintergrundes ist ja tatsächlich ein sattes Dunkelblau, die Faltenzeichnung ist im wesentlichen auch dunkelblau oder dunkelrot, dazu kommen die starken Farben vieler Requisiten, des Bodens, der Wolken usw. Das Weiß der Reproduktion aber ist leuchtendes Gold mit starken, wechselnden Glanzlichtern. Der Gesamteindruck des Originals verschiebt sich daher eindeutig von der Graphik zum Goldschmiedewerk.

[15] Das wird besonders deutlich beim Vergleich mit Werken, die einige Jahrzehnte jünger sind, wie die Miniaturen des Ingeborg-Psalters oder gar das Skizzenbuch des Villard d'Honnecourt.

Eine Anzahl solcher Faltenmotive sei zur Verdeutlichung genannt: Zwischen den Beinen stehender oder sitzender Figuren bringt Nikolaus gern eine Kaskade V-förmiger Falten an, z. B. bei der Madonna der Verkündigung (Abb. 13), beim Priester der Beschneidung (Abb. 14), beim Joseph der Geburtsszene (Abb. 23), bei einem der drei Engel, die von Abraham begrüßt werden, bei einem der Posaunenengel des Jüngsten Gerichts und einem der Engel neben dem Pantokrator sowie bei dem Gottvater, der Hennoch entrückt. Selbst bei Figuren, die nur mit einem kurzen Kittel oder einer Tunika bekleidet sind, so daß das Motiv funktional nicht leicht zu rechtfertigen ist, findet es sich. So beim linken der Brüder Josephs in der Brunnenszene oder beim Samson des Löwenkampfes (Abb. 25).

Unter den Borten der Obergewänder werden die Untergewänder der Figuren fast immer durch Draperien senkrechter Falten angedeutet, wobei daß Gleichmaß regelmäßig durch breite Schattenbahnen gelockert wird. Beispiele dafür anzugeben erübrigt sich, so häufig ist das Motiv. Der Engel in der Verkündigung des Samson und Melchisedech bei seinem Opfer seien zur Verdeutlichung genannt. Oft schwingen diese Draperien in heftiger Bewegung nach einer Seite und enden in einem Zipfel; so bei einem der beiden Traubenträger oder beim Samson des Löwenkampfes (Abb. 25).

Besonders eindrucksvoll verwendet Nikolaus, wenn auch nicht allzu häufig, diagonale Faltenschwünge; oft nur zwischen den Beinen der Figuren, wie bei der Madonna mit den Heiligen Drei Königen, gelegentlich in mächtigem Schwung über den ganzen Körper, wie bei der Königin von Saba (Abb. 19) oder dem Weltrichter. Verwandt mit diesem Motiv ist das der von einem Punkt ausstrahlenden Radialfalten, die den ganzen Körper einhüllen. Es findet sich an den Gestalten des Melchisedech, des Aaron und des Moses (Abb. 22).

Gern verleiht Nikolaus seinen Figuren einen monumentalen, geschlossenen Umriß, indem er eine Körperkontur durch eine einzige Faltenbahn, einen Mantelsaum etwa, begleiten läßt; so beim Vater des Samson in dessen Geburts- und Beschneidungsszene (Abb. 16 u. 18), oder beim Abraham mit den drei Engeln sowie beim Abraham in der Beschneidungsszene seines Sohnes (Abb. 17). Das Volumen seiner Figuren betont Nikolaus oft durch gehäufte Kurvenzüge, die suggestiv über die Kontur nach hinten führen. Gerade dieses Motiv wird sehr feinfühlig und unschematisch verwendet; die Maria der Geburtsdarstellung (Abb. 23) sowie Christus beim Einzug in Jerusalem (Abb. 21) geben davon eine gute Vorstellung.

Als letztes dieser Motive sei der durch Schürzung des Gewandes über der Hüfte entstehende Faltenkomplex genannt, der an der Königin von Saba (Abb. 19), dem Schreiber des Tau, an einem der Josephsbrüder in der Brunnenszene und an einem der drei Schiffer in der Jonasszene besonders deutlich auftritt. Die hier erwähnten Faltenkomplexe treten bei Nikolaus von Verdun nicht herausgehoben und isoliert, nicht „solistisch" auf, sie sind vielmehr teils untereinander, teils durch weniger prägnante Faltenzüge verbunden und ergeben so einen strömenden, rauschenden Fluß, vergleichbar etwa einer vielstimmigen, reich kontrapunktierenden und imitierenden Musik. So unverwechselbar und persönlich aber der Gesamteindruck dieses Faltenstiles ist, keines der eben genannten Motive ist etwa eine Erfindung des Künstlers; sie alle – und im übrigen auch sehr viele seiner damit verknüpften Haltungsmotive – sind bereits vorgebildet in der antiken Kunst und sind von dort in vielerlei Abwandlungen und

Verformungen, oft möchte man sie Maskierungen nennen, in die verschiedenen zeitlichen und örtlichen Stile der folgenden Jahrhunderte übergegangen. Das Erregende ist, daß es Nikolaus von Verdun gelungen ist, über alle diese oft sehr weitgehenden Umformungen hinweg oder durch sie alle hindurch einen so engen Anschluß an die Antike wiederzugewinnen, daß er fähig war, mit ihrem Faltenstil souverän ganz andere Aufgaben zu lösen. Hat er antike Kunstwerke tatsächlich gekannt oder hat er die Transformierungen späterer Zeiten mit genialer Kraft zurücktransformiert zu deren Urbildern?

Bei männlichen Sitzfiguren des Nikolaus, vor allem bei den beiden Darstellungen Christi im Jüngsten Gericht, denkt man etwa an Plastiken wie die sitzende Kaiserfigur im Vatikanischen Museum mit dem Abguß eines Nerva-Kopfes[16]. Ihre tiefen Parallelfalten, die sich teilweise verästeln, ihre gelegentlichen Muldenfalten und die Faltenbögen, die über die linke Kontur nach hinten ziehen, ergeben eine sehr ähnliche Wirkung; aber die Figur des Titus in derselben Sammlung[17], sehr ähnlich und von besserer Qualität, ist mit ihrer kantigeren Faltenbildung schon weit weniger ähnlich. Der „Gute Hirt" auf dem Hirtensarkophag in der Villa Doria Pamfili in Rom[18], obwohl nur mit einer Tunika bekleidet und ruhig stehend, zeigt zwischen den Beinen die von Nikolaus so häufig verwendete Folge von V-Falten; aber viele andere „Gute Hirten" oder verwandte Figuren auf Sarkophagen weisen ganz andere Faltenmotive an dieser Stelle auf. Diese beiden, ohne besondere Absicht gewählten Beispiele ließen sich leicht vermehren, besonders wenn man nicht nur die Steinskulpturen und selbstverständlicherweise auch die spätantike und frühchristliche Kunst heranzöge. Es wäre tatsächlich nur eine Aufgabe des Fleißes, eine Art von Katalog herzustellen, der für jedes Faltenmotiv und für viele Körperhaltungen bei Nikolaus von Verdun Gegenbeispiele angäbe, wobei diese Parallelen in vielen Fällen nur einzelne Details aus größeren, geschlossenen Kompositionen wären, Kompositionen, die als solche nicht als vorbildhaft angesprochen werden könnten.

Aber dürfen wir uns den künstlerischen Werdegang eines Meisters wie Nikolaus überhaupt so vorstellen? Ist es denkbar, daß er seinen Stil formte, indem er unzählige solche Einzeleindrücke summierte? Entspricht dieses Zusammensuchen von weit gestreuten vorbildhaften Motiven überhaupt grundsätzlich der Erlebnisweise eines Künstlers? Und wie hätte es sich rein äußerlich vollziehen sollen, da er doch auf Originale angewiesen war und nicht das „Musée imaginaire" der modernen Abbildungswerke zur Verfügung hatte, das dem Forscher das Aufsuchen solcher Parallelen so sehr erleichtert? Erliegen wir nicht, wenn wir uns das Reifen einer Künstlerpersönlichkeit als eine Addition von diskreten Details vorstellen, der Versuchung, das in jedem Einzelfall immerhin noch Mögliche deswegen auch schon als das Tatsächliche anzunehmen?

Viel eher scheint es doch der besonderen Erlebnisfähigkeit eines Künstlers zu entsprechen, daß er sich von einzelnen Werken oder Werkgruppen beeindrucken läßt, die unter Umständen allein durch ihren äußeren Umfang – wie Fresken- oder Mosaik-

---

[16] W. AMELUNG, Die Sculpturen des Vaticanischen Museums, Berlin 1903–1908, Bd. I, Taf. 4, Nr. 20.
[17] Ebenda, Bd. I, Taf. 4, Nr. 26.
[18] F. GERKE, Die christlichen Sarcophage der vorkonstantinischen Zeit (Studien zur spätantiken Kunstgeschichte, Bd. 11), Berlin 1910, Taf. 3, Nr. 2.

zyklen –, aber nachhaltiger sicher durch ihre Qualität oder durch ihre stilistische Neuheit seine Aufmerksamkeit erregen, eine Neuheit, die auch relativ, das heißt nur für ihn vorhanden sein mag. Sicher darf man annehmen, daß er sich dabei selektiv verhalten, also nur das aufnehmen wird, was seiner persönlichen Disposition entspricht, wobei dieser Begriff nicht nur sein künstlerisches Temperament, sondern auch seine Schulung und sein Milieu mit umfaßt.

Nun war Nikolaus von Verdun ein Goldschmied, er gehörte jenem Kunstzweig an, der im vorgotischen Mittelalter eine so bedeutende, ja oft führende Rolle spielte, daß der Ausdruck „Kunstgewerbe" eine schlechte Bezeichnung dafür ist, da von Gewerbe kaum die Rede sein kann[19]. Wenn man auch mit Recht seine künstlerische Aufgeschlossenheit gegenüber allen Teilgebieten der Kunst sehr hoch veranschlagen mag, ist doch wohl anzunehmen, daß sein Interesse in erster Linie den Werken jener Kleinkunst galt, aus deren handwerklicher Tradition er ja selbst kam und in der er auch verblieb. Kirchen- und Klosterschätze mit ihren Prunkhandschriften und deren Einbänden, mit ihren Reliquiaren und ihrem liturgischen Gerät dürfte er wohl eingehend studiert haben, und Gelegenheit dazu hatte er damals weit mehr als wir, die wir uns mit zufällig erhaltenen Resten begnügen müssen.

Hier aber mußte er fast zwangsweise auf Werke einer Kunstrichtung stoßen, die ihm mit ihrer bewußten Nachahmung der Antike Anregungen dieser Art in gehäufter Zahl verschaffen konnte: auf Werke der karolingischen Kunst, vor allem auf Elfenbeinschnitzereien.

Bereits ein relativ so frühes Werk wie der Deckel des Dagulf-Psalters im Louvre[20] der zwischen 783 und 795 als Geschenk für Papst Hadrian V. geschaffen wurde, zeigt die teilweise eng anliegenden Gewänder[21], das Motiv der gehäuften V-Falten, den tiefen, schattenwerfenden Schnitt usw. An den Werken der Hofschule findet man diese und andere Einzelheiten, die für den Stil des Nikolaus bezeichnend sind, immer wieder, aber sie sind dort vereinzelt und nicht unmittelbar für den Gesamteindruck bestimmend. Das ändert sich aber grundsätzlich in der sogenannten zweiten karolingischen Renaissance, das heißt beim Wiederaufnehmen der Bestrebungen Karls des Großen unter Karl dem Kahlen. Es ist vor allem die von A. Goldschmidt so genannte Liuthard-Gruppe von Elfenbeinen, die auf die Kunst des Verduner Meisters einen entscheidenden Einfluß ausgeübt haben könnte.

Diese mit dem einzigartigen Utrecht-Psalter in engstem Zusammenhang stehenden Elfenbeinschnitzereien vollbringen die meisterliche Leistung, die nervöse Federzeichnung ihres Vorbildes bei zum Teil wörtlicher Übernahme der Darstellungen in Plastik zu übertragen; in eine Technik des Abtragens, Wegnehmens und Gravierens, verwandt jener des Grubenschmelzes, die eine weit höhere Präzision auferlegte als das Spiel der widerstandslos hingleitenden Zeichenfeder. An Werken dieser Gruppe konnte Nikolaus von Verdun nicht nur ein immer wieder verwendetes Vokabular

---

[19] Zur großen Rolle der „Minor Arts" vgl. Wixom (zit. Anm. 3), S. 93–133.

[20] J. Hubert - J. Porcher - F. Vollbach, Die Kunst der Karolinger (Universum der Kunst, hrsg. v. A. Malraux u. A. Parrot), München 1969, Abb. 208.

[21] Der englische Terminus „damp fold style" und sein deutsches Gegenstück sind nicht sehr glücklich gewählt, da sie eine contradictio in adjecto enthalten: das Bezeichnende an dem Stilmittel ist ja, daß die nassen Gewänder dort, wo sie dem Körper aufliegen, keine Falten werfen!

bestimmter antiker Faltenmotive finden, sondern dieses Vokabular war noch dazu vorgetragen sozusagen in einem von nordischem Geist geprägten Dialekt, das heißt bereits transformiert von einem mächtigen Bedürfnis nach seelischem Ausdruck, das dem seinen sehr gemäß sein mußte. Er konnte hier jene Verbindung von körperlichem Volumen und expressiver Linearität finden, die für sein eigenes Werk so charakteristisch ist, und ebenso die von Willen und Gefühl innervierte freie, oft sogar heftige Bewegung, die er selbst seinen Figuren verlieh.

Schon eine einzige der kleinfigurigen Szenen am Hauptwerk der Gruppe, dem Einband zum Psalter Karls des Kahlen in der Pariser Nationalbibliothek, der ca. 860–870 entstanden ist [22], zeigt die stilbestimmende Häufung jener Elemente, die auch für das Klosterneuburger Werk des Nikolaus wesentlich sind. Es ist die wörtlich vom Utrecht-Psalter übernommene Szene, in welcher der Prophet Nathan voll heiligem Zorn dem König David in Gegenwart der Bathseba seinen Ehebruch und den Tod des Uria vorwirft (Abb. 28). Bathseba ist mit wundervoller Erfassung des transitorischen Moments wiedergegeben. In komplizierter Drehung wendet sie sich mit dem Oberkörper zurück zu dem eifernden Propheten, ihr sprechender Gesichtsausdruck zeigt ihr Schwanken zwischen Neugier und Fluchtverlangen. Der Faltenwurf bringt Diagonalfalten vor den Beinen, darunter tiefe Rillenfalten, darüber V-Falten. Das wohlige Schwingen der Kurven und die betonte Fraulichkeit machen diese Bathseba zu einer nahen Verwandten der Königin von Saba am Klosterneuburger Ambo (Abb. 19).

Nathan stürmt in ekstatischer Erregung vorwärts. Sein Körper, der gespannt ist wie ein Bogen, wird von Faltenzügen umsponnen, die von der rechten Hüfte zum linken Fuß und zur linken Schulter radial ausstrahlen wie bei den Mantelfiguren des Nikolaus; der Moses beim Durchzug durchs Rote Meer biegt sich ähnlich, wenn auch nicht so ekstatisch (Abb. 22). Eine Zwischenstellung nimmt ein Elfenbein der Metzer Schule aus dem 9. bis 10. Jahrhundert im Louvre ein [23], wo auf der Flucht nach Ägypten Joseph seiner Familie in der gleichen Haltung voranschreitet wie der Moses in der eben genannten Darstellung. Über dem Propheten hängt vom Bogen der rahmenden Architektur ein Vorhang wie bei der Beschneidung des Samson (Abb. 18) oder der Geburt Christi (Abb. 23).

David trägt seinen Mantel wie üblich so, daß die Fibel, die ihn hält, auf der rechten Schulter sitzt und der Arm freibleibt, die Brust aber von den Falten bedeckt ist. Die linke Kontur des Mannes wird vom senkrecht fallenden Mantel gebildet. So sind viele Männer bei Nikolaus gekleidet, und bei manchen findet sich auch die konturbildende Mantelfalte. Die Tunika des David weist auch eine betonte V-Falte auf.

Der Akt des toten Uria, der, obwohl er liegt, fast Stand- und Spielbeinhaltung zeigt – wie sein als stehend anzunehmendes antikes Vorbild –, läßt mit seiner vollen Körperlichkeit an den Christus in der Taufszene des Ambos denken.

Auch die Architektur, welche die drei Personen umschließt, erinnert mit ihren dünnen Säulchen und den Kelchkapitälen, mit ihren Zierkämmen auf First und Giebel und mit der Wiedergabe der Dachziegel an die Architekturen des Nikolaus von Ver-

---

[22] A. GOLDSCHMIDT, Die Elfenbeinskulpturen aus der Zeit der karolingischen und sächsischen Kaiser, Berlin 1914, Bd. I, Taf. XIX, 40 a, b. Beide Deckel farbig und die Nathan-Szene in aufschlußreicher Vergrößerung bei HUBERT - PORCHER - VOLLBACH (zit. Anm. 20), Abb. 230–232.

[23] GOLDSCHMIDT (zit. Anm. 22), Bd. I, Taf. XLI, 95 c.

dun. Die gerippte Kuppel mit dem Palmettenknauf in der Geburt des Isaak (Abb. 15) wieder gibt es bereits auf Elfenbeinen der ersten Hofschule, aber auch auf dem Buchdeckel im Schweizer Landesmuseum in Zürich[24]. Die Bodenstreifen der Elfenbeine der Liuthard-Gruppe – gekennzeichnet durch ihre oft sehr ornamentalen tiefgeschnittenen Ausnehmungen – haben ihr Gegenstück in den seltsamen Bodenstreifen auf vielen Platten des Klosterneuburger Ambos.

Der zweite Deckel des Psalters zeigt Männer, deren Tuniken wieder das Motiv der V-Falten aufweisen. Hier findet sich rechts unten auch ein Mann mit einer Picke, der das Bewegungsmotiv des Samson im Kampf mit dem Löwen vorwegnimmt (Abb. 25), auch dieses natürlich ein Erbe der Antike; es findet sich übrigens, ruhiger durchgeführt, auch in einer Miniatur desselben Psalters, die David mit Musikanten darstellt[25]. Der rechte der Musikanten hat diese Haltung, seine Tunika schwingt auch mit einem Zipfel nach links und weist V-Falten auf wie bei Samson oder gegengleich beim ersten Träger der Traube aus dem gelobten Land.

Natürlich trifft man dieses Inventar von Falten- und Figurenmotiven auch an andern Werken der Gruppe und ihrer Ausläufer immer wieder an. Die beiden, Gegenstücke bildenden Buchdeckel im Bayerischen Nationalmuseum in München bzw. im Weimarer Museum für Kunst und Kunstgewerbe[26] vom Ende des 9. Jahrhunderts berauschen sich geradezu am Motiv der V-Falten bei stehenden und sitzenden Figuren; dazu zeigt der Engel am Grab Christi den konturenbildenden Mantel, während der Christus der Himmelfahrt ein Gegenstück bildet zu der Gestalt Gottvaters, der den Hennoch entrückt, am Klosterneuburger Ambo. Freilich ist der Faltenwurf bei Nikolaus nicht einfach kopiert, sondern funktioneller durchgearbeitet. Das Haltungsmotiv, in Elfenbeintafeln der Liuthard-Gruppe immer wieder variiert, leitet sich natürlich auch vom Utrecht-Psalter her.

Auf der Elfenbeintafel im Musée des Antiques in Lyon, die nach Goldschmidt zwischen der Liuthard- und der Metzer Gruppe steht und ins 9. bis 10. Jahrhundert zu datieren ist[27], finden sich die meisten der genannten Faltenmotive vereint, und zwar in Verbindung mit einem übertriebenen „Nassen Gewandstil", so daß sie mit exemplarischer Deutlichkeit, fast graphisch scharf, ins Auge springen. Auch Nikolaus von Verdun neigt zu einer starken Betonung des Körpers unter dem Gewand. Bei manchen seiner Figuren, etwa beim Aaron mit dem Mannagefäß, glaubt man fast, den nackten Körper von durchsichtigen Gewändern nur schwach verhüllt zu sehen, selbst das reichgeschürzte Lendentuch des Gekreuzigten läßt das linke Bein noch deutlich spüren. Das Reliquiar im Schatz der Stiftskirche in Quedlinburg und die Fragmente eines gleichen Kästchens im Kaiser-Friedrich-Museum in Berlin sowie im Bayerischen Nationalmuseum in München, beide Ausläufer der Liuthard-Gruppe und ins 10. Jahrhundert zu datieren[28], bilden mit ihren Apostelreihen etwas wie ein Inventar freier und immer wieder neu variierter Steh- und Sitzhaltungen in Verbindung mit Faltenkomplexen, verwandt denen des Nikolaus.

---

[24] HUBERT - PORCHER - VOLLBACH (zit. Anm. 20), Abb. 228.
[25] BRAUNFELS (zit. Anm. 4), Abb. 307; farbig bei HUBERT - PORCHER - VOLLBACH (zit. Anm. 20), Abb. 134.
[26] GOLDSCHMIDT (zit. Anm. 22), Bd. I, Taf. XXI, 44 u. 45.
[27] Ebenda, Bd. I, Taf. XLIX, 110.
[28] Ebenda, Bd. I, Taf. XXIV u. XXV, 58–62.

Eine Besonderheit stellt ein Buchdeckel in der Pariser Nationalbibliothek dar (cod. lat. 9454), von Goldschmidt als Ausläufer der Ada-Gruppe bezeichnet und ins 10. Jahrhundert datiert [29]. Er deckt ein Lektionar des 10. bis 11. Jahrhunderts, das für eine Kirche der Kölner Diözese geschrieben wurde, und mag also zugehörig sein. Sein Innenfeld weist statt figürlicher Szenen drei prächtige ornamentale Rosetten auf, sein Rahmen aber zeigt in kreisrunden Medaillons auf Palmettengrund sechzehn Köpfe, vermutlich die Apostel und Evangelisten. Man denkt natürlich dabei an die einzigartigen Zierleisten am Dreikönigs-Schrein in Köln, die ebenfalls Köpfe, oft an geschnittene Steine der Antike oder an Münzen erinnernd, in Kreismedaillons auf Palmettengrund aneinanderreihen [30].

So sehr nun die Häufung der Parallelen, die sich ja nicht nur auf Faltenmotive beschränken, sondern viele Züge der stilistischen Grundhaltung mit einschließen, eine tatsächliche Beziehung zwischen der karolingischen und der Kunst des Verduner Meisters nahelegt, eine Beziehung, die durch das gleiche künstlerische Milieu, das der „Minor Arts", sehr einleuchtet, so wäre es natürlich doch falsch, darin mehr zu sehen als eine unter den vielen Formanten seines Stils. Auch wenn man der Kenntnis karolingischer Kunst eine wesentliche Rolle bei der Bildung dieses Stils zubilligt, bleibt immer noch der Wunsch nach direkteren Quellen für seine ungemeine Nähe zur Antike. Freilich kann man auch hier, wie es O. Demus für die byzantinischen Voraussetzungen tut, annehmen, daß Nikolaus kraft seines Genies fähig war, hinter den karolingischen Vorbildern deren eigene Vorbilder aus der Antike zu sehen, was hier sogar vielleicht noch leichter gewesen sein mochte.

Sicher ist jedenfalls, daß Nikolaus gegenüber seinen Vorbildern, den karolingischen wie den andern, immer eine reflektierende, selektive Haltung eingenommen hat. Er hat ja auch von seinen karolingischen Vorbildern das weggelassen, was seiner in den Anlagen vorgeformten künstlerischen Persönlichkeit nicht entsprach: ihre „malerische" Komponente, darunter die lockere Kompositionsweise, und ihre ekstatische Expressivität. Die eine widersprach seinem plastischen Empfinden, die andere seinem Temperament, das zwar stark, dabei aber immer gebändigt ist. Das „Malerische" verwandelte sich in freie Bewegtheit, die Ekstatik in Ausdrucksintensität, die oft bis an die Grenze der Drastik geht.

Der Faltenwurf ist für Nikolaus das Mittel, die äußeren Aspekte des Mensch-Seins seiner Gestalten zu klären, ihr Körpervolumen, ihre räumlichen Beziehungen, ihre von Charakter und Situation bestimmte Haltung. Andere Mittel setzt er ein, um das innere Leben seiner Figuren fühlbar zu machen. Denn das ist das Neue an seiner Kunst, daß die Vorgänge, die er schildert, von Menschen getragen werden, die nicht mehr, wie in der Romanik, nur die Gesten ihrer Emotionen vorführen, sondern diese selbst miterleben lassen. Mit Gestalten des Nikolaus verglichen, wirken solche der Romanik wie unbegabte Schauspieler, denen ein Regisseur mühsam beigebracht hat, wie sie sich in der jeweiligen Situation zu verhalten haben; manche vollführen den geforderten Gestus steif, manche outriert. Bei Nikolaus scheinen alle Vorgänge in unsere nächste Nähe gerückt, scheinen sich dicht vor uns zu vollziehen, wir sind von ihm

---

[29] Ebenda, Bd. I, Taf. XVII, 38.
[30] The Year 1200 (zit. Anm. 2) II, Abb. 116.

gewissermaßen in den Vorgang mithineingenommen. In Wahrheit zwingt er uns nur, alles sich Ereignende mit seinen Augen zu sehen, und er erlebt eben alles, was er darstellt, überaus intensiv.

Dieses Neuerleben alter, immer wiederholter Darstellungsinhalte ist undenkbar ohne eine starke direkte Beziehung zur sichtbaren Umwelt und zum Leben selbst in seinen vielfachen Äußerungen. Nikolaus von Verdun war kein Mönch, der weltabgeschieden in einem Skriptorium saß und hingebungsvoll seine Vorbilder nachahmte, er war, wofür O. Demus überzeugende Gründe geltend gemacht hat[31], ein Laie, ein Wanderkünstler, der am Sitz seines jeweiligen Auftraggebers unter dessen Oberaufsicht arbeitete. Man kann sich vorstellen, daß allein schon diese andere, beweglichere soziale Stellung ihn in einen weit engeren Kontakt zur Wirklichkeit brachte. Die Kühnheit seiner Leistung besteht darin, daß er dieses Wirklichkeitserlebnis in sein Werk übernommen hat. Es ist hier auf Schritt und Tritt, wenn auch natürlich in verschiedenem Maße und auf verschiedenen Ebenen, zu erkennen[32].

Es ist besonders faszinierend, an den Tafeln des Verduner Altares zu sehen, wie eine Kunst, die ikonographisch sowohl im ganzen wie im Detail oft noch sehr stark gebunden ist und ihre Vorbilder nicht verleugnen kann, eine Kunst ferner, die formal unglaublich geschlossen und bruchlos ist, sozusagen heimlich und vielschichtig „unterwandert" wird von einer Lebensnähe, die etwas völlig Neues an einem mittelalterlichen Kunstwerk ist und die doch nicht als Fremdkörper wirkt. Die Spannweite dieser Lebensnähe reicht vom reizenden, ja erheiternden genremäßigen Einfall in Nebendingen über die Beseeltheit einzelner Hauptfiguren bis zur Neuinterpretierung, ja Neuschöpfung ganzer Szenen.

Eine Fundgrube von Genremotiven ist die Darstellung des Durchzugs durch das Rote Meer (Abb. 22). Zugleich ist sie ein glänzendes Beispiel dafür, wie Nikolaus einzelne Motive aus ihrem ursprünglichen Zusammenhang löst und wie frei er mit diesen Motiven dann schaltet. In der Capella Palatina in Palermo und im Dom von Monreale findet sich das Motiv, daß auf der Flucht nach Ägypten nicht Maria auf dem Maultier das Kind hält, sondern daß der voranschreitende Joseph das Kind auf der Schulter trägt[33]. Auf dem Mosaik der Palatina reitet der Knabe auf der linken Schulter des Nährvaters, der das Bein des Kindes mit festem Griff beider Hände hält; in Monreale sitzt der kleine Jesus auf der rechten Schulter Josephs, mit beiden Beinen nach vorn, und lehnt sich an den Kopf des Mannes. Die würdevolle Haltung des segnenden Kindes, die in Monreale zu einem richtigen Thronen geworden ist, kontrastiert in der Palatina seltsam mit dem realistischen Zugriff Josephs.

Am Verduner Altar ist die Flucht nach Ägypten nicht dargestellt, aber Nikolaus übernimmt das Motiv dennoch und fügt es seiner Darstellung des Durchzugs durchs Rote Meer ein, ja noch mehr: er variiert es zweimal, wenn man will sogar dreimal, und verleiht ihm statt der symbolträchtigen Feierlichkeit des Mosaiks pralle Lebensnähe. Der erste Mann hinter Moses trägt zwei nackte Kinder, eines auf dem linken

---

[31] O. Demus, N. v. V. (zit. Anm. 1), Sp. 917, und Ders. (zit. Anm. 8).
[32] The Year 1200, I, A Centennial Exhibition at the Metropolitan Museum of Art, Catalogue; hrsg. v. Konrad Hoffmann. Vgl. S. XXXIX ff. über den kulturellen Hintergrund der Zeit und ihre visuelle Sensibilität.
[33] O. Demus, The Mosaics of Norman Sicily, London 1949, Abb. 18 u. 65 A.

Arm, das sich an seinen rechten Unterarm klammert, das andere auf seinen Schultern reitend. Wie in der Palatina hält auch er mit festem Griff das Bein des Knaben, der sich seinerseits mit einer Geste an der Stirn des Vaters festhält, die jedem vertraut ist, der Kinder in dieser Situation gesehen hat. Auch der zweite Mann, teilweise vom ersten überschnitten, hat zwei Kinder bei sich, das eine trägt auch er auf der Schulter, und zwar sitzt es nur auf der rechten und schmiegt sich vertrauensvoll an seinen Kopf. Den zweiten Knaben zieht er links mit einer prächtig wiedergegebenen Rückwärtswendung des Oberkörpers komplizierterweise am linken Händchen nach sich. Das Kind, nach Art der Kleinkinder am Geschehen unbeteiligt, führt seine rechte Hand spielerisch zum Gesicht. Ähnlich unbekümmert verhält sich auch das Kind, das Moses auf dem Weg nach Ägypten vor sich auf dem Maultier sitzen hat: Es hält sich mit der rechten Hand an der Mähne des Reittieres fest und führt mit der linken eine Frucht zum Mund (Abb. 24). Der dritte Mann, fast ganz überschnitten, variiert das Motiv noch einmal, nun auch gegenständlich: Er trägt kein Kind auf der Schulter, sondern einen prallgefüllten Sack, auf dem vergnügt ein Hündchen sitzt, das eine Note von Humor in die Szene bringt.

Was in dem Motiv an Möglichkeiten zu – um es mit einem musikalischen Terminus auszudrücken – Formalvariationen steckt, das zeigen deutlich die beiden genannten Varianten in Palermo. Was Nikolaus von Verdun hier tut, fällt nicht mehr unter diesen Begriff, sondern ist, um in der musikalischen Terminologie zu bleiben, schon als freie Fantasie über ein gegebene Motiv zu bezeichnen. Genremäßige Züge sind als Detail im Werk des Meisters immer wieder zu finden, nur zwei seien noch angeführt: In der Anbetung der Könige hat der kniende König seine Krone bereits ehrfürchtig abgenommen und sie, erstaunlich frei und lebensnah, auf sein freies linkes Knie und nicht etwa auf den Boden gesetzt! In der Darstellung der Ankunft der Taube mit dem Ölzweig sind in den Fenstern der Arche viele Tiere dargestellt, wilde und zahme. Den Burgfrieden, den man unter ihnen doch wohl annehmen muß, bricht leider die Katze, die selbst in dieser Ausnahmesituation das Mausen nicht lassen kann.

Der scharfe Blick für die Wirklichkeit führt Nikolaus oft zu erstaunlichen Veränderungen an ikonographischen Überlieferungen. Bei der Wiedergabe des Einzuges Christi in Jerusalem (Abb. 21) war er gebunden an ein festes ikonographisches Schema, das sich für diese Szene als Beginn der Passion und als bedeutendes Kirchenfest entwickelt hatte, trotzdem verfährt er auch hier mit großer Freiheit. Nicht nur, daß er die Personenzahl aufs äußerste beschränkt, wie es seinem Verlangen nach Monumentalität entsprach, er kombiniert die Darstellung auch mit der Zachäus-Episode, die – nur von Lukas berichtet – ebenfalls auf dem Weg nach Jerusalem spielt. Das Erstaunlichste ist aber die Wiedergabe Christi. In der Palatina reitet der Erlöser im Damensitz, wobei sich seine Füße in der Bauchlinie des hochbeinigen Reittieres befinden, in Monreale[34] sitzt er nach der rechten Seite des Tieres, wie auf einem Thron; seine Füße befinden sich ebenfalls in Bauchhöhe des Tieres. In beiden Fällen ist die Würde des segnenden Gottessohnes aufs stärkste betont. Nikolaus aber wußte sehr genau, daß ein erwachsener Mann auf einem Esel unmöglich würdevoll aussehen kann. Sein

---

[34] O. DEMUS, ebenda, Abb. 20 B (Palatina) u. 68 (Monreale). Das Mosaik von Monreale ist der Darstellung des Nikolaus gegenübergestellt, in: The Year 1200 (zit. Anm. 2), II, Abb. 237 u. 238.

Christus, der im Herrensitz reitet, hat die Beine angezogen, und dennoch schleifen seine Füße fast auf dem Boden, wobei die Zehen des linken Fußes von der Unterseite zu sehen sind[35]! Zum fast bestürzenden Realismus dieser Auffassung fügt sich gut, daß Nikolaus das nur von Matthäus erwähnte Füllen mit in die Darstellung aufgenommen hat, und auch, wie gewissenhaft er sich über die komplizierte Haltung des Zachäus und des Kindes im Baumgeäst Rechenschaft gibt; das Kind in der Palme findet sich übrigens genau so im Mosaik in Monreale. Den realistischen Eselritt hat Nikolaus beim Moses auf dem Weg nach Ägypten noch einmal variiert.

Ein anderes Beispiel für den Realismus in der Szenengestaltung ist die Darstellung der Himmelfahrt des Elias (Abb. 26). Es liegt eine unüberbrückbare Kluft zwischen den Wiedergaben des Ereignisses auf vorkonstantinischen Sarkophagen[36] und der Auffassung des Nikolaus. Auf den Sarkophagen steht der Prophet wie ein antiker Wagenlenker auf der Quadriga; trotz der heftigen Bewegung ist sein Oberkörper frontal gegeben, den Mantel hält er wie eine Siegestrophäe. Bei Nikolaus von Verdun vollzieht sich der Vorgang als magisches Ereignis in Abgeschiedenheit. Auf einer Lichtbahn zieht das schon entschwindende Pferdepaar den Wagen zum Himmel, gerade noch kann Elias dem Elisäus den Mantel hinwerfen, den seine Hand schon losläßt. Seine von innen gesehene Rechte hängt schlaff im festen Griff der Hand Gottes. Die kühne Überschneidung der Pferde und die unter dem Zugriff Gottes gespannte Gestalt des Propheten verleihen der Szene eine unerhörte Dramatik und unterstreichen das Momentane des Ereignisses. Ein Realismus im kleinsten Detail, wie die schlaffe Hand des Elias oder die von unten gesehenen Zehen des Christus im Einzug in Jerusalem findet sich bei Nikolaus oft. So ist z. B. die linke Hand des Moses bei der Gesetzesübergabe so gedreht, daß Daumen und Zeigefinger noch von außen, die drei übrigen Finger aber von innen gesehen sind. Oft werden Füße so im Profil dargestellt, daß nur die große und die nächste Zehe sichtbar sind. Das Motiv des Sich-Aufstützens auf dem Sarkophag wird in der Auferstehungstafel viermal höchst lebensnah variiert, und im Höllenrachen wagt Nikolaus die Kühnheit, von einem der Verdammten nur das Gesäß darzustellen.

Genrehafte Motive und Detailrealismus, für die hier Proben angeführt wurden, sind Zeugnisse für das Eindringen von Seherlebnissen des Künstlers in seine Kunst. Auf einer weit höheren Ebene befinden wir uns, wenn wir die Beseeltheit auf uns wirken lassen, die er manchen seiner Figuren verleiht. Die Maria der Verkündigung (Abb. 13) ist eine solche Gestalt. In ihrem Stehen spüren wir noch das Sich-Erheben der Überraschten. Das alte Motiv des Orantengestus ist lebensvoll variiert, indem die Hände nicht zur gleichen Höhe erhoben sind. Demut und Würde zugleich sprechen aus der schlanken vornehmen Frau.

---

[35] Das Reiten im Herrensitz findet sich schon auf altchristlichen Sarkophagen, so z. B. auf dem Sarkophag Nr. 125 des Lateran Museums oder dem der Adelphia im Archäologischen Museum in Syrakus, dort sogar mit tiefhängenden Füßen; Abb. bei W. NEUSS, Die Kunst der alten Christen, Augsburg 1926, Abb. 59 u. 60. Es ging dann auch in die karolingische Kunst über, vgl. GOLDSCHMIDT (zit. Anm. 22), Bd. I, Taf. XLVIII, 103, Taf. XLIX, 107, und findet sich auch späterhin; vgl. GOLDSCHMIDT, Bd. II, Taf. XVII, 53, Taf. XXXIV, 104. Meist trachtet man dabei, durch Verkürzung der Unterschenkel das bodennahe Hängen der Füße zu vermeiden.

[36] GERKE (zit. Anm. 18), Taf. 9, Nr. 1 u. 2, Taf. 10, Nr. 1 u. 2.

Ihr Gegenbild ist die Königin von Saba (Abb. 19). Während bei Maria alles Frauliche keusch verhalten ist, spielt diese bezaubernde dunkelhäutige Schönheit ihre Reize vollbewußt aus. Mit der betonten S-Kurve ihres anmutigen Körpers ist sie eine Ahnin unzähliger gotischer Frauenfiguren. Meisterhaft ist die Aufgabe gelöst, mit wenigen Goldlinien auf Schwarz den Liebreiz eines beseelten Gesichtes darzustellen, und schlechthin bewundernswert ist der Gestus des Sich-Aufstützens auf der Schulter des knienden Dieners wiedergegeben: wie frei streckt sich dieser Arm, und wie leicht liegt die grazile Hand! Nur beste Werke der Antike lassen sich dieser schönsten Frauengestalt des Nikolaus an die Seite stellen.

Die schönste Männergestalt des Verduner Meisters ist zweifellos der Christus in der Darstellung der Taufe (Abb. 20). Die seit frühchristlicher Zeit immer wieder dargestellte Szene hat bei Nikolaus eine völlig neue, ihre Bedeutung zutiefst erhellende Interpretation gefunden, für die keine der früheren Wiedergaben Vorbild gewesen sein kann. Abgesehen davon, daß Christus hier nicht wie üblich in der Mittelachse steht und zu beiden Seiten von anderen Personen begleitet wird[37], ist das Neue darin zu sehen, daß er mit Körper und Seele an dem Vorgang teilnimmt, statt eine Zeremonie über sich ergehen zu lassen, und daß zwischen ihm und dem Täufer eine wirkliche menschliche Beziehung besteht. Der Erlöser unterwirft sich demütig der bedeutungsvollen Handlung, er hebt die Hände im lebendigen Orantengestus, wie Maria bei der Verkündigung, und neigt sein Haupt unter dem Wasser, das Johannes aus einer Flasche ausgießt, während er den Herrn zugleich segnet. Der Täufer selbst – sein härenes Gewand ist gewissenhaft angegeben – ist völlig von der Bedeutung seiner Handlung erfüllt, ja selbst der dienende Jüngling weiß sichtlich darum. Wie immer wurde bei Nikolaus aus dem „Lebenden Bild" früherer Darstellungen eine neu erfühlte „Handlung". Ihren besonderen Glanz erhält sie von der makellosen Aktfigur Christi. Sie hat mit ihrem eleganten Standmotiv, welches das Gewicht des Körpers so sicher und lebendig ponderiert, ihre Vorbilder in der Antike, übertrifft diese aber alle dadurch, daß sie zum Ausdruck eines seelischen Vorganges wird. Man muß bis zur griechischen Plastik zurückgehen, um, so wie hier, den Körper als Sprache der Seele zu finden. Meisterhaft ist auch hier die Sicherheit, mit der die reine Konturenzeichnung im Unterkörper Christi gehandhabt wird, und die Kühnheit, mit welcher dieser Unterkörper durch die Farbe – ein Grün mit weißlichen Flecken – vom Wasser des Jordan, das Schattierungen von Blau zu Weiß zeigt, abgehoben wird.

Eine gleiche seelische Vertiefung in der Beziehung der handelnden Personen zueinander zeigt die Darstellung Christi in der Vorhölle (Abb. 27). Christus bevorzugt als der gezeugte zweite Adam den geschaffenen ersten Adam, der voll tiefem Vertrauen die Hände bittend erhebt, indem er ihn brüderlich gütig mit der Linken am Nacken umfängt, während er die gealterte und verhärmte Eva erst als zweite an ihrer Rechten aus der Höllenpforte zieht.

Die Beseeltheit der Gestalten von Maria und Joseph in der Geburtsszene hat O. Demus dazu geführt, von einem „Andachtsbild" zu sprechen[38]. Dasselbe könnte man

---

[37] Verwandt in der Beschränkung der Personen, hier sogar auf nur zwei, ist die Darstellung der Taufe auf dem Gregorius-Tragaltar in Siegburg; vgl. O. v. FALKE - H. FRAUBERGER, Deutsche Schmelzarbeiten des Mittelalters, Frankfurt a. M. 1904, Taf. XXVII.

[38] O. DEMUS, Die zwei Darstellungen der Geburt Christi am Klosterneuburger Ambo.

von der Darstellung der Beschneidung Christi sagen (Abb. 14). Nikolaus war hier nicht an eine feste Ikonographie gebunden, da die Szene selten dargestellt wurde und auch die Evangelien keine Anhaltspunkte geben. Er hat auch die Anregungen, die eventuell von Gestaltungen der Darbringung im Tempel zu gewinnen gewesen wären, nicht verwendet. Vielmehr hat er die Szene bewußt abgehoben von ihren Typen am Ambo, von der Beschneidung des Samson sowohl wie des Isaak, und ihr eine Fassung gegeben, die Monumentalität und Intimität meisterhaft vereinigt. Er beschränkt sich auf zwei Personen, die sitzende Madonna und den greisen Beschneider, der vielleicht nicht der Mohel ist, dem ja kein Nimbus zusteht, sondern Joseph selbst; Gesicht, Haartracht und Bart entsprechen jedenfalls völlig dem Joseph in der Geburtsszene. Zu Joseph würde auch der kummervolle, mitleidende Gesichtsausdruck angesichts der schmerzlichen Operation passen. Zartes Mitleid prägt auch das Antlitz der Madonna, die das Haupt liebevoll dem Kind zuneigt, das sie innig an sich drückt. Das Kind aber blickt mit einem so rührenden Ausdruck der Angst zu Joseph und wendet sich so hilfesuchend zur Mutter, daß man über die Gefühlsinnigkeit gotischer Madonnen hinweg an solche der Renaissance, des Giovanni Bellini etwa, erinnert wird. Das Göttliche wird uns so nahe gebracht, daß wir ihm unsere menschliche Anteilnahme nicht versagen können.

Ist man sich der tiefen Menschlichkeit im Nacherleben und der großen Freiheit im Gestalten überlieferter Bildthemen bei Nikolaus von Verdun bewußt, dann wird man sich mit Recht fragen, wie sich die Schöpferkraft des Künstlers erst dann auswirken wird, wenn er aus Mangel an einer Überlieferung zur völligen Neuschöpfung einer Szene gezwungen, besser gesagt berechtigt ist. Gleich zwei Paare von Darstellungen geben darüber beredte Auskunft.

Weder für die Geburt noch für die Beschneidung des Isaak bzw. des Samson gab es Vorbilder. Beide Ereignisse bekommen ihre Bedeutung ja erst in einer so ausgebildeten Typologie, wie sie der Klosterneuburger Ambo zum Thema hat; auch die Heilige Schrift berichtet über beide Ereignisse nichts. Nikolaus hat zwei Variationenpaare geschaffen, welche tiefe Einblicke in den Schaffensvorgang ermöglichen. Allen vier Szenen aus dem Leben der beiden Typen Christi ist gemeinsam, daß der lyrische Andachtston der Christusszenen einer wesentlich profaneren Stimmung Platz gemacht hat, einer Stimmung freilich, die an Menschlichkeit und Lebensnähe nicht weniger reich ist. Gemeinsam ist den beiden Paaren auch, daß jeweils die Szenen mit dem nicht mehr erhofften Spätling Isaak zarter, die mit dem künftigen Helden Samson robuster aufgefaßt sind. Die beiden Geburtsszenen (Abb. 15 u. 16) entsprechen einander weitgehend, zeigen aber besonders deutlich die Variationsfreude und -kunst des Meisters. Sowohl Abraham wie Manoah sitzen links, abgetrennt von dem Bogen, der die Wöchnerin und ihre Dienerin umschließt; beide Väter zeigen deutlich ihren Stolz über das neugeborene Söhnchen, Abraham feierlich und gehalten, Manoah, der jüngere, freier und offener. Die alte Sarah stillt das Kind, das sie schützend umfaßt, sie selbst ist auf dem Ruhelager müde in sich zusammengesunken und neigt das runzelige Gesicht sorgenvoll zur späten Frucht ihres Leibes. Ihre Dienerin hingegen ist jung und aufrecht, sie hält das Tuch bereit, um den gesättigten Knaben aufzunehmen. Die junge Mutter des Samson, deren Namen uns die Bibel verschweigt, sitzt dagegen aufrecht auf dem Lager und nimmt gelassen den kräftig strampelnden Knaben entgegen. Hier ist nun die Dienerin alt, gebeugt und besorgt, vorsichtig hält sie das Kind an der rechten Schulter und am linken Füßchen. Der Rollentausch der beiden Frauen in beiden Szenen könnte nicht konsequenter durchgeführt sein. Für die Genauigkeit, mit der Nikolaus seine Szenen komponiert, spricht, daß er die Füße beider Dienerinnen gewissenhaft unter dem Ruhelager sehen läßt.

Auch die Beschneidung des Isaak (Abb. 17) ist zu einer innigen Familienszene umgedeutet. Sarah sitzt auf einem Hocker, dessen vasenförmiger Mittelteil an eine antike Urne denken läßt. Ihr Gesicht ist schmerzlich verzerrt, da sie ängstlich der genau geschilderten unangenehmen Operation zusieht, die an ihrem Söhnchen vollzogen wird; auch sie faßt, gleich der Dienerin in der Geburt Samsons, behutsam das rechte Füßchen des Kleinen, der sich ungebärdig gegen den schmerzlichen Vorgang wehrt. Der Mohel, ein junger Mann, vollzieht ungerührt und aufmerksam sein Amt. Um so rührender ist die ängstliche Anteilnahme Abrahams, der sich, auf seinen Krückstock gestützt, mitleidig zu der Handlung niederbeugt. In der Beschneidung des Samson (Abb. 18) sind alle drei Personen stehend um einen altarähnlichen Tisch wiedergegeben. Möglicherweise haben hier Darstellungen der Darbringung im Tempel zum Vorbild gedient. Besorgtheit der Eltern gibt auch hier den Grundton ab. Der noch jugendlichere Mohel wendet sich jäh zurück zu Manoah, der ihm Anweisungen zu geben scheint. Das Kind strebt ängstlich zur Mutter, aber allein die Tatsache, daß es die Ärmchen nicht, wie das Christkind in der gleichen Situation, in hilfloser Parallelität, sondern divergierend wegstreckt, gibt seiner Geste einen kräftigeren Ausdruck: Es flieht nicht, sondern es drängt energisch zur Mutter, die mit größerer Gelassenheit das Notwendige geschehen läßt.

Die vier eben besprochenen Darstellungen mit ihrer fast privaten Intimität, ihrer beinahe profanen Atmosphäre könnten dazu verleiten, Nikolaus von Verdun Fabulierlust zuzuschreiben. Einer solchen Annahme widerspricht freilich zunächst schon allein die Tatsache, daß sich der Meister in seinen Bildgestaltungen fast immer auf ein so geringes Personal beschränkt, wie es die Darstellung gerade noch erlaubt. In Wirklichkeit wendet sich seine innere Anteilnahme seinen Themen in sehr verschiedenem Grad zu, und dementsprechend verschieden ist auch der Grad der in allen spürbaren Lebensnähe. Die Christusszenen sind alle von tiefem menschlichem und religiösem Miterleben geprägt, die typischen Szenen hingegen konnten nicht alle in gleichem Maße seine Anteilnahme erregen. Die Einbringung des Osterlammes, das Opfer des Melchisedech, die Verwahrung des Manna haben reinen Symbolcharakter, entbehren jeder emotionellen Anregung. Nikolaus gibt sie daher knapp, sachlich, trotzdem aber mit genauem Eingehen auf die Angaben der Heiligen Schrift wieder [39]. Ähnlich verhält es sich mit den Darstellungen der Traube aus dem gelobten Land, der Josephs- und Jonaslegende. Für die Traubenszene ebenso wie für die Jonasszene gab es sehr alte Vorbilder [40], die

---

[39] Der Jude, der das Lamm ins Haus bringt, deutet z. B. auf den zunehmenden Mond, denn am zehnten Tag des ersten Monats mußte das Lamm ins Haus genommen werden, um am vierzehnten Tag geschlachtet zu werden, womit der Bezug auf den Einzug Christi in Jerusalem und seinen folgenden Kreuzestod gegeben war.

[40] Die beiden Traubenträger finden sich, auch mit dem Motiv des Zurückblickens des ersten – er ist der Vertreter des Alten, der zweite der des Neuen Testamentes –, schon auf einem Goldglas des Museums Olivieri di Pesaro (R. GARUCCI, Storia del arte Christiana nei primi otto secoli della chiesa, Prato 1872–1880, Bd. 3,

Nikolaus, da ihn die Themen nicht innerlich berührten, einfach wörtlich übernahm, wobei er nur bedacht war, die Vorlagen seinem starken Wirklichkeitsbewußtsein entsprechend zu verlebendigen, was oft zu einer betonten Drastik der Handlungen führte.

Für die Josephsszene gab es kein derart verpflichtendes Vorbild, Nikolaus läßt daher wieder seine Begabung für die freie Variation spielen und formt die Jonasszene entsprechend um: Er behält die Dreizahl für seine Auswahl unter den vielen Brüdern Josephs, setzt den Brunnen für den Fisch ein und variiert die Bewegungsmotive der Männer, wobei er jenes des mittleren Seemannes gewissermaßen aufspaltet und auf zwei Gestalten gegenläufig verteilt.

Die beiden Samsonszenen wiederum scheinen Nikolaus sehr angesprochen zu haben. Samson greift den Löwen nicht, wie in früheren Darstellungen, von hinten, sondern in erbittertem Nahkampf von vorn an. Diese neue Auffassung findet sich zwar schon fast völlig gleich auf einer Emailplatte der Maas-Schule, wo Samson sogar dem Löwen mit dem rechten Bein einen Tritt versetzt [41], aber wie befangen und ruhig wirkt trotz dieser Drastik die Platte gegenüber der wilden Aktion, die Nikolaus gibt. Ähnlich verhält es sich mit dem Gaza-Abenteuer des Helden. Auch hier zeigt eine Emailplatte der Maas-Schule [42] die Kluft, die zwischen Nikolaus und dem Durchschnitt seiner Zeitgenossen besteht. Der Samson des Maas-Emails ist schlank, zart und modisch elegant mit einem fußlangen Mantel bekleidet; obwohl er gehend gedacht ist, steht er eigentlich mit Stand- und Spielbein, die Tore trägt er leicht und parallel unter den Armen. Der athletische Samson des Nikolaus steigt mit festem Tritt den steilen Berg hinan – man vergißt fast, daß das Haltungsmotiv uralt ist, so spontan und motiviert wirkt es –, die schweren Tore trägt er mit sichtlicher Anstrengung auf der linken Schulter und kann sie nur mühsam im Gleichgewicht halten, der Faltenwurf seiner schlichten Kleidung ist bedingt durch seine Bewegung.

Die so verschiedene innere Beteiligung des Künstlers an seinen einzelnen Themen könnte man vielleicht als Schwäche des Gesamtwerkes deuten, wäre sie nicht von der stets gleich sorgsamen äußeren, visuell beherrschenden Gestaltung der Handlung und der sie tragenden Figuren überspielt. So wirkt sie, wenn man sie einmal erkannt hat, nur als Äußerung der souveränen Einstellung des Meisters gegenüber seiner Aufgabe, nur als weiterer Beweis seiner inneren Freiheit, welche die tiefste Grundlage seiner Größe ist.

Die Persönlichkeit des Nikolaus ist so groß, sein Werk so selbständig und bedeutend, daß wir zum erstenmal bei einem Künstler des Mittelalters nicht zufrieden sind, seine entwicklungsgeschichtliche Stellung zu fixieren, sondern das Verlangen haben, seine künstlerische Leistung, ja sein Mensch-Sein so zu erfassen, beides so als Einheit

---

Taf. 172, Nr. 107). Sie sind auch ein beliebtes Motiv der Maas-Schule. Vgl. dazu: V. GRIESSMAIER, Six Enamels at St. Stephens' Vienna, in: The Burlington Magazine, Vol. LXIII, 1933, S. 108–112. Auch die Jonasszene findet sich schon auf einem Goldglas aus Müngersdorf bei Köln im Wallraf-Richartz-Museum, auf dem Sarkophag Nr. 119 des Lateran-Museums und auf dem Elfenbeindiptychon von Murano im Museum von Ravenna, immer mit der Beschränkung auf drei Seefahrer, mit der charakteristischen Schräghaltung des nackten Jonas und mit der gleichen Schiffsform (NEUSS, zit. Anm. 35, Abb. 158, 62 u. 152).

[41] Abgebildet in M. H. LANDAIS, Essai de groupement de quelques émaux autour de Godefroid de Huy, in: L'Art mosan, journées d'études, hrsg. v. P. Francastel, Paris 1953, Pl. XXII, 3.

[42] The Year 1200 (zit. Anm. 32), I, Nr. 175.

zu sehen, wie es uns für einen großen Künstler ab der Renaissance etwa selbstverständlich ist. Aber Nikolaus ist ein Künstler des 12. Jahrhunderts, wir haben keinerlei Nachricht über sein Leben, nur sein Werk kann uns als Quelle dienen. Und dieses Werk wieder ist so dicht, so vielschichtig und dabei so rätselhaft geschlossen, daß es sich nur sehr widerstrebend der Analyse erschließt. Was wir daraus entnehmen können, ist immer mehr Vermutung als Gewißheit, zerfällt immer wieder in isolierte Einzelheiten.

Der Versuch, die drei eingangs gestellten Fragen: nach den Vorbildern und Anregungen, nach der Art ihrer Verarbeitung und nach den Kräften, welche diese Verarbeitung lenken, zu beantworten, heißt das Wagnis unternehmen, Nikolaus von Verdun, den überragenden, „modernsten" Künstler seiner Zeit, nach Werdegang und Wesen zu umreißen. Daß es sich dabei nur um einen vorläufigen Versuch handeln kann und daß dieser Versuch notwendigerweise persönlich gefärbt sein wird, versteht sich von selbst. Handelt es sich dabei doch darum, aus Bruchstücken einer noch immer erst zu fordernden Erkenntnis, aus Bruchstücken, deren Wahrheitsgehalt sehr oft nicht über die Grenze des Anscheinenden hinausgeht, ein geschlossenes Bild zu formen, ein Verfahren, vergleichbar dem des Kriminalisten, der aus einander zum Teil ergänzenden, zum Teil widersprechenden Augenzeugenberichten durch Übereinanderkopieren ein Phantomporträt des Gesuchten erzeugt, von dem er hofft, daß es diesem wenigstens einigermaßen ähnlich sei.

Herausgewachsen ist Nikolaus von Verdun wohl sicher aus dem Milieu der Maas-Kunst. Dafür spricht nicht nur die innere Wahrscheinlichkeit, da ja Verdun an der Maas liegt, dafür sprechen auch viele Züge seiner Kunst, die freilich in ihrer Wirkung durch seinen persönlichen, antikischen Stil überdeckt werden. So hat er ein typisches Merkmal der Maas-Goldschmiedekunst in die ornamentale Rahmung des Klosterneuburger Ambos übernommen: die napfartigen Muldenplatten, die mit ihrer effektvollen Reflexion eine Art von optischem Ersatz für große Edelsteine abgeben. Der Emailaltar von Stavelot, den wir nur in einer Nachzeichnung aus dem 17. Jahrhundert im Archiv zu Lüttich kennen, zeigt sie in der gleichen Verwendung, ebenso der auch nur in einer Nachzeichnung erhaltene, seither radikal veränderte Schrein des hl. Alban aus Nesle-la-Reposte[43]. Das Prinzip dieser Reflexionswirkung wird aber oft auch in variierter Form in Werken der Maas-Goldschmiedekunst angewendet.[44] Auch die Technik des Nikolaus ist die der Maas-Emailkunst. Die Aussparung der Figuren in graviertem und vergoldetem Metall aus einem Emailgrund ist zwar dort nicht die Regel, findet sich aber immer wieder[45]. Wie um einen Beweis dafür zu liefern, daß er auch die üblichere Art: die Figuren in Email auf Gold zu setzen, beherrsche, hat Nikolaus eine einzige Gestalt, den hl. Petrus im Einzug Christi in Jerusalem (Abb. 21), in dieser Technik wie-

---

[43] Abgebildet in FALKE - FRAUBERGER (zit. Anm. 37), Pl. 80, bzw. bei L. PRESSOUYRE, Réflexions sur la sculpture du XIIème siècle en Champagne, in: Gesta; International Center of Medieval Art, Vol. IX/2, 1970, S. 16 ff., Fig. 3.

[44] Vgl. das Triptychon von Hanau-Stavelot in der Pierpont Morgan Library in New York (The Year 1200, II, A Background Survey, Abb. 223) oder das Triptychon von Alton Towers im South Kensington Museum in London (FALKE - FRAUBERGER, zit. Anm. 37, Pl. 79).

[45] Vgl. etwa den Tragaltar von Stavelot in den Musées Royaux d'Art et d'Histoire in Brüssel (farbig abgeb. in F. ROUSSEAU, L'Art mosan, 2. Aufl., Gembloux 1970, Fig. 1).

dergegeben. Schließlich haben auch gerade ungewöhnlichere Bildgestaltungen des Nikolaus, wie etwa Samsons Löwenkampf oder Isaaks Opferung, ihre genauen Entsprechungen in der Maas-Kunst [46].

Aber die künstlerischen Anlagen des Nikolaus von Verdun waren zu vielseitig und reich, als daß sie ihn hätten allzulange und allzueng an das Milieu seiner Herkunft binden können. Er muß daneben auch mit der angelsächsischen Buchmalerei bekannt geworden sein. Zunächst scheint freilich von der bizarren Expressivität, vom Manierismus etwa des Masters of the Leaping Figures der Winchester Bibel [47] oder des Meisters des Psalters im British Museum in London (Cotton Ms. Nero C IV) [48] kein Weg zur Kunst des Verduners zu führen. Macht man sich aber frei vom magischen Bann seines klassischen Faltenwurfes und wendet man sein Augenmerk der Muskelzeichnung seiner Figuren, vor allem der Tiere, zu, dann findet man dort die gleichen stählernen Kurven und seltsamen ornamentalen Gebilde wieder, vor allem das Motiv der Fischblase, welche die genannten Miniaturen auszeichnen. Sie stehen in der Mitte zwischen der keltischen Ornamentik und dem Maßwerk des „stil flamboyant" als immer wieder sich durchsetzende Konstante. In den Buchmalereien beherrschen sie den Faltenwurf, aber Nikolaus hat sie bezeichnenderweise nicht an der gleichen Stelle, sondern in der Muskelzeichnung verwendet, mit jener inneren Freiheit der Wahl, die für ihn so bezeichnend ist. Der Höllenrachen, der Löwe auf der Samsonplatte (Abb. 25) bzw. jene in der Darstellung der Weissagung Jakobs, der Walfisch des Jonas oder der Esel im Einzug Christi (Abb. 21) bzw. in der Reise des Moses nach Ägypten (Abb. 24) sind voll von solchen Bildungen. Aber auch am menschlichen Körper wendet Nikolaus sie an, so z. B. am Jonas oder an dem linken Knaben im Durchzug durchs Rote Meer (Abb. 22). Besonders kühn ist die halbkreisförmige Kurve, die in der Anastasis (Abb. 27) von der Lendenbeuge der Eva bis zu ihrem Knöchel führt.

Auch das rätselhafte Fragment einer Emailplatte mit der Geburt Christi, das Nikolaus besessen und am Klosterneuburger Ambo wieder verwendet hat, weist ja stilistisch am ehesten nach England [49]. Vielleicht ist die Platte also doch ein Frühwerk des Meisters, was am besten erklären würde, daß er sie zwar aufgehoben, dann aber doch wiederverwendet hat. Die Haltung der Madonna zeigt übrigens im Zusammenspiel der Hand, der Arme und des Kopfes schon ein so hohes Maß von bewußter Innervierung, der Faltenwurf ist trotz der ornamentalen Haltung bereits so bewußt funktionalisiert, daß sich ein älterer Meister kaum als Autor vorstellen läßt. Ob dieses Fragment, das eine Art von Schlüsselposition einnimmt, aber nun ein Frühwerk des Nikolaus oder ein Werk seines Lehrers ist – wer aber sollte dieser gewesen sein und wie sollte uns von ihm mit seinem so isolierten Stil nur dieses Fragment erhalten

---

[46] Zum Löwenkampf Samsons vgl. Anm. 41; zur Isaakszene vgl. etwa die Darstellungen auf dem Warwick- und dem Balfour-Ciborium (CH. OMAN, Influences mosanes dans les émaux anglais, in: L'Art Mosan, hrsg. P. Francastel, Paris 1953, Pl. XXV), für die, wenn auch nicht sehr überzeugend, u. a. ein englischer Ursprung angenommen wurde.

[47] Vgl. W. OAKESHOTT, The Artists of the Winchester Bible, London 1946.

[48] KITZINGER (zit. Anm. 4), Pl. 46.

[49] Vgl. OAKESHOTT (zit. Anm. 47), Pl. XXIX; der Adam in der Initiale, gemalt vom Master of the Morgan Leaf über einer Vorzeichnung des Masters of the Leaping Figures, zeigt dieselbe Restriktion des Manierismus der Vorzeichnung im Sinne eines erstarkenden „Realismus" wie die Platte des Ambos. Der Master of the Amalekite behält in gleicher Situation den Manierismus der Vorzeichnung noch ungedämpft bei; vgl. Pl. XXV.

sein? – oder schließlich nur aus Interesse von ihm erworben und aufbewahrt wurde, sicher ist auf jeden Fall, daß es ihm etwas bedeutet hat; wir dürfen in dieser Platte wohl doch einen deutlichen Reflex seines eigenen Frühstils sehen.

Dann aber, vielleicht als sich Nikolaus aus der Werkstatt seines Lehrers gelöst hatte, muß sein Erlebnis der Antike eingesetzt haben, das diesen Frühstil so weitgehend verdrängen sollte. Einen fernen Klang aus der Welt der Antike konnte er schon im Milieu der Maas-Kunst vernommen haben, die ja bereits seit dem Ende des 11. Jahrhunderts und in steigendem Maße im Verlauf des 12. Jahrhunderts unter byzantinischen Einfluß geriet[50]. Aber auch in der westlichen Kunst war die Erinnerung an die Antike niemals völlig verdrängt worden, wenn sie auch oft überdeckt wurde von Stilprägungen, deren treibende Kraft im wesentlichen immer das nordische Verlangen nach Expression und Abstraktion war. Voll zutage kam dieses antike Element in einem Werk, das Nikolaus tief beeindruckt haben muß, da er es in seiner Platte mit dem „Ehernen Meer" wiedergegeben hat: dem Taufbecken des Reiner von Huy in Lüttich, das zwischen 1107 und 1118 entstanden ist. Hier fand er bereits jenes Gleichgewicht zwischen prallem Körpervolumen und ausdrucksvoller, aber nicht selbstherrlich ornamentaler Linearität des Faltenwurfs, das so maßgebend sein eigenes Schaffen beherrschen sollte. Daß Nikolaus dieses großartige Werk eingehend studiert hat, zeigt deutlich ein Vergleich seiner Taufe Christi mit der des Reiner[51]: Da ist ein verwandter Ernst, eine schon spürbare Beseeltheit der Auffassung; auch bei Reiner bewegen sich die Gestalten schon aus eigenen Impulsen und stehen in innerer Beziehung zueinander. Allein die Übernahme des Motivs, daß das haarige Innere des Mantels des Johannes am Saum wie ein Zopf dargestellt ist, zeigt den Einfluß des älteren auf den jüngeren Meister. Auch die Bäume des Taufbeckens kehren ganz ähnlich am Ambo wieder.

Wie sehr muß den jungen Goldschmied das Problem beschäftigt haben, den Stil des Bronzegießers mit seinen fast vollplastischen, teilweise ajour gearbeiteten Figuren und mit dem schlichten, großzügigen Faltenwurf zu transformieren gemäß den technischen Notwendigkeiten der Treibarbeit, die große Ausbuchtungen und freie Flächen eher meiden muß, um die Dauerhaftigkeit des Werkes, seinen Widerstand gegen Verformungen nicht zu gefährden! Das Resultat solcher innerer Auseinandersetzungen mag man im Faltenwurf des Nikolaus am Klosterneuburger Ambo sehen, dessen „Dichte" der Notwendigkeit der Treibtechnik entspricht und der doch immer wieder bemüht ist, soviel wie möglich von der grandiosen Wucht des Vorbildes zu bewahren. Man vergleiche daraufhin nur die Mantelfiguren etwa des Melchisedech, des Aaron oder des Moses mit den Figuren des Taufbeckens!

In die gleiche Richtung muß Nikolaus durch das Studium karolingischer Elfenbeinschnitzereien geführt worden sein, wie eingangs ausführlicher zu zeigen versucht wurde. Übrigens ist ja auch die Kunst des Reiner von Huy ohne Kenntnis und Einwirkung der karolingischen Kunst kaum vorstellbar.

Wenn bisher noch einigermaßen tragfähige Grundlagen für das Phantomporträt des Meisters verwendet werden konnten, so begeben wir uns völlig auf das Gebiet der Vermutungen bei der Frage nach unmittelbaren antiken Vorbildern seiner Kunst.

---

[50] Dazu ausführlich O. DEMUS in dem in Anm. 6 erwähnten Referat.
[51] Vgl. F. ROUSSEAUX (zit. Anm. 45), Fig. 13.

Wurden ihm für diese, die er vielleicht zum Teil noch in seinem heimatlichen Lebensbereich hat sehen können, da es sie zu seiner Zeit noch gegeben haben mag, die Augen erst durch die eben genannten Anregungen geöffnet und ist damit die Nähe seines Stiles zur Antike erklärt, die ja über diese Anregungen weit hinausgeht?

Einer bestechenden inneren Logik entspräche es, wenn nach der endgültigen Formierung seines persönlichen Stiles, die mit der Absorbierung der genannten Anregungen erreicht sein mochte, Nikolaus von Verdun seinen Gesichtskreis durch Reisen erweitert hätte. Vor allem durch Reisen in Italien, die ihm zur Kenntnis antiker, frühchristlicher und byzantinischer Kunst verholfen hätten. Mit der Postulierung solcher Reisen verlassen wir allerdings völlig den Boden einigermaßen noch gesicherter Erkenntnis. Andererseits darf man allerdings auch nicht übersehen, wieviel gerade auch in den kirchlichen Kreisen des Maas-Tales in dieser Zeit gereist wurde[52]. Auf einer solchen Reise könnte Nikolaus auch die großen Mosaikzyklen der normannischen Könige kennengelernt haben, zumindest die der Capella Palatina, da Monreale ja fast gleichzeitig mit dem Klosterneuburger Ambo ist. Freilich genügen zur Erklärung seiner Übernahmen aus diesem Kreis auch entsprechende Musterbücher, die zu seiner Kenntnis gelangt sein konnten und deren zeichnerischer Stil ihm die Transformierung aus der Mosaiktechnik erspart hätte.

Jedenfalls spricht die Freiheit der Auswahl und die Transformierung sizilianischer Anregungen dafür, daß sie nicht von einem werdenden Künstler vorgenommen wurden, sondern von einem, der seinen Stil und sein künstlerisches Wollen bereits zur Reife entwickelt hatte. Es handelt sich ja auch nicht um ein bloßes Übernehmen von ikonographischen Formeln, von einzelnen Figuren, Motiven und dergleichen, sondern von einem Einfluß viel tieferer Art. Nikolaus hat auch Gesichtstypen, die freie Bewegtheit und vor allem die gefühlsbetonte Lyrik dieser Kunst erlebt. Er hat sie in sein Werk aufgenommen und so persönlich verarbeitet, daß dieses Werk in keiner Weise „byzantinisch" wirkt[53].

Das „Phantomporträt" mußte bisher, wie zu erwarten war, blaß und unscharf bleiben. Bei so vielen Vorbildern und Anregungen würde man ein eklektisches, unselbständiges, ja in sich widerspruchsvolles Werk erwarten und nicht das einheitliche und unverwechselbare, das jede Zuschreibung nur verwandter Werke mit Sicherheit ausschließt[54]. Was dieses Werk weit über den Durchschnitt erhebt, was seinen Schöpfer zum bahnbrechenden, überragenden Künstler macht, ist die ungeheure Intensität des Schaffensprozesses. Der mittelalterliche Künstler setzt im allgemeinen nur seine ästhetische, seine künstlerische Begabung, eventuell auch noch sein Temperament ein, Nikolaus setzt sein ganzes Mensch-Sein an das Werk. Er geht an jede der vielen Darstellungen des Klosterneuburger Ambos so heran, als würde er sie als erster gestalten, das heißt, er erlebt sie nach ihrem geistigen Gehalt, nach ihrer rein menschlichen, emotionalen Seite und nicht zuletzt auch nach ihrem Aspekt als reale, wirklichkeitsnahe Aktion.

---

[52] Ebenda, S. 28 ff.
[53] Vgl. dazu O. DEMUS, BAW, S. 172 f.
[54] Zur Kritik der vielen versuchten Erweiterungen des Oeuvres von Nikolaus von Verdun vgl. DEMUS, N. d. V. (zit. Anm. 1), Sp. 919 f.

Der „Naturalismus", besser gesagt die Lebensnähe der Kunst des Verduner Meisters ist im Grunde kein geringeres, kein weniger erregendes Problem als sein neuer Faltenstil. Zum Teil mag auch für Nikolaus stimmen, was E. Kitzinger vom mittelalterlichen Künstler im allgemeinen sagt, daß er nämlich zum Naturalismus nicht durch das Studium der Realität komme, sondern nur durch das Kopieren antiker naturalistischer Kunst[55]. Aber eben nur zum Teil, und gerade solche Übernahmen machen nicht das Wesentliche seiner neuen Lebensnähe aus, unterscheiden ihn nicht von andern. Was ihn unterscheidet sind seine eigenen in seine Kunst einfließenden Beobachtungen der Wirklichkeit, die vom winzigen realistischen Detail über die genrehafte Zugabe bis zur tiefen Erfassung des Seelischen in seiner Ausprägung in Gesichtsausdruck, Gebärde und Haltung reichen; dafür gab es keine Vorbilder. Sie erklären sich nur aus einer offenen Hingabe an das Leben, die eine besondere Charakteranlage zur Voraussetzung gehabt haben muß. Dieses Aufgeben vorgeformter Stilprägungen, dieses Amalgamieren eigener Wirklichkeitserlebnisse mit der Lebensnähe antiker Kunst und deren Nachwirken in späteren Kunstepochen muß ein so komplizierter Prozeß gewesen sein, wohl nur zum geringeren Teil bewußt gelenkt, daß wir kaum hoffen können, ihn jemals in seine einzelnen Phasen zu zerlegen. Es ist kaum vorstellbar, daß sich dieser Prozeß nur im Intellekt, nur im Erleben vollzogen hat, er muß an künstlerische Betätigung gebunden gewesen sein. Was würden wir geben, wenn uns diese Werke der Vorbereitung, die ja schließlich zur Berufung nach Klosterneuburg geführt haben, bekannt wären. Welche Aufschlüsse müßten sie uns geben, und wie sehr würden sie das mühsam und undeutlich gezeichnete „Phantomporträt" schärfer umreißen und vielleicht entscheidend korrigieren!

Nikolaus von Verdun ist einer von jenen Künstlern, für die Kunst nicht Beruf, sondern innere Berufung ist; bei denen die Kunst nicht neben dem Leben einhergeht, sondern mit dem Leben eins ist. Diese leidenschaftliche Hingabe des gesamten Menschen an die Kunst ist ja das eigentliche Signum jeder großen Künstlerpersönlichkeit.

Entzieht man sich der allzugroßen Versuchung, das Werk des Nikolaus von Verdun nur als dauernden Anreiz für die Suche nach Vorbildern, Anregungen, Parallelen, Einflüssen usw. anzusehen, gibt man die Analyse des Werdens seiner Kunst auf und versucht man, dieses Werk als eine Gegebenheit zu betrachten, und zwar von einem Standpunkt aus, der gestattet, es in seiner Gesamtheit zu sehen, was läßt sich dann zusammenfassend zur Charakterisierung seines Wesens sagen?

Die Kunst des Nikolaus von Verdun ist eine Summe oder – da wir nur die großen Summanden erkennen und auch diese unscharf, dabei aber ahnen, wieviele kleine und kleinste es dazu noch geben muß –, besser gesagt, eine Integration fast alles dessen, was es vor ihm auf dem Gebiet der abendländischen Kunst gab. Eine Integration, die mittelbar und unmittelbar, bewußt und unbewußt vollzogen wurde. Vollzogen von einem Künstler, dessen starke Vitalität gebändigt wurde von einem ebenso starken Intellekt, von einem Künstler, der in allen Wesenszügen seiner Kunst bis an die Grenze ging, eine Grenze, die er niemals überschritt und die gegeben war durch das Bestreben, keinem dieser Wesenszüge die Vorherrschaft über die anderen zuzuteilen.

---

[55] KITZINGER (zit. Anm. 4), S. 16 u. 41.

4*

Es ist eine Kunst des schwebenden Gleichgewichts zwischen Gegensätzen. Der lebensnahen, bewußt innervierten Körperlichkeit der Gestalten steht ihre Beseeltheit und Vergeistigung gegenüber. Die große Monumentalität verzichtet nicht auf das reiche und liebevoll behandelte Detail. Die latente Dynamik des Stils wird gebändigt durch Gehaltenheit und Würde. Die Sachlichkeit in der Durchführung der Aktionen vollzieht sich im Rahmen ausgewogener und vielfach verschränkter kunstvoller Flächenkompositionen [56]. Künstlerische Form und geistiger Gehalt sind eine harmonische Einheit geworden [57].

Ein solches harmonisches Gleichgewicht aller Wesenszüge eines Kunstwerkes aber ist das Merkmal einer „klassischen" Kunst im Sinne H. Wölfflins, als deren Prototyp die Hochrenaissance anzusehen ist. Mit dieser hat die Kunst des Nikolaus von Verdun mehr gemeinsam, als man bei einem Künstler des Mittelalters vermuten würde: neben der starken Hinneigung zur Antike unter anderem den zentrierten, geschlossenen Bildaufbau [58], die Konzentration auf den Menschen, auf das Gewächs seines Körpers, das Näherrücken des Göttlichen an den Bereich des Irdischen. Eine solche Kunst des Ausgleichs, des Maßhaltens, der Bändigung von überströmendem Temperament und Gefühl durch Form, der zur Selbstherrlichkeit drängenden Form wieder durch Lebensnähe ist immer nur von relativ kurzer Dauer. Auch die vorgotische Renaissance entging diesem Schicksal nicht, sie dauerte nur rund vierzig Jahre. An ihrem Beginn steht sogleich ihr größter Künstler, Nikolaus von Verdun. Ihr größter, weil ihm die Synthese von Überlieferung und neuem Lebensgefühl am reichsten, vollkommensten und persönlichsten gelungen ist.

Abbildungsnachweis. Bundesdenkmalamt Wien: Abb. 13–27; Bibliothèque Nationale, Paris: Abb. 28.

---

[56] Soviel über Nikolaus von Verdun schon geschrieben wurde, eine eingehende Analyse seiner grandiosen Kompositionskunst steht noch immer aus.

[57] Vgl. zum Verhältnis von Form und Gehalt im Mittelalter Kitzinger (zit. Anm. 4), S. 14 u. 96.

[58] Die Posaunenengel des Jüngsten Gerichtes oder die beiden Engel neben dem Pantokrator am Klosterneuburger Ambo erinnern mit ihrer bewußt bereicherten und gelockerten Symmetrie an die Assistenzfiguren einer Santa Conversazione.

ZU DEN KIRCHENSCHAUBILDERN IN DEN HOCHCHORFENSTERN VON REIMS — ABBILDUNG UND ABSTRAKTION

VON EVA FRODL-KRAFT

I

Die Hochchorverglasung der Kathedrale von Reims aus der ersten Hälfte des 13. Jahrhunderts – eine geschlossene Folge von elf Fensterpaaren mit ebensoviel Rosen darüber – ist von der Glasmalereiforschung bisher in auffallender Weise vernachlässigt worden[1]. Dies liegt nicht etwa an ihrer mangelnden künstlerischen Qualität; die großen Figuren der Reimser Fenster behaupten vielmehr durchaus jenen Rang, für den Architektur und Plastik der Krönungskathedrale den Maßstab bilden. Ebensowenig ist ein besonders schlechter oder zweifelhafter Erhaltungszustand – der etwa eine Beschäftigung mit den Langhausfenstern in situ fast aussichtslos erscheinen läßt – für das zögernde Interesse verantwortlich zu machen. Die Ursachen sind anderswo, vor allem in der unsicheren Ausgangsbasis zu suchen: Die Vielzahl der gegensätzlichen Meinungen in der Baumeisterfrage und damit in der Periodisierung der einzelnen Bauetappen ist ein schwerer Ballast, der einer isolierten Untersuchung der Glasmalereien anhängt bzw. sie zum Scheitern verurteilt[2]. Gewiß kann es nicht Sache der Glasmalereiforschung sein, das Hindernis wegzuräumen und zu den ungelösten Fragen der Baugeschichte Stellung zu beziehen. Andererseits aber gibt die Glasgemäldefolge Rätsel auf, die nur eine genaue Kenntnis des Bauvorgangs zu lösen vermöchte; sie seien hier zunächst nur kurz angedeutet.

Die Folge ist stilistisch nicht einheitlich; schon eine flüchtige Betrachtung enthüllt Unterschiede, nicht nur in Haltung, Kopfbildung und Faltengebung der Figuren, sondern auch hinsichtlich ihres Verhältnisses zur verfügbaren Fläche. Ist dieses in manchen Bahnen frei und harmonisch, so sind in anderen die Figuren eng in das Mittelfeld zwischen den breiten Borten gepreßt; erstaunlicherweise aber halten sie gelegentlich auch an dieser Bindung an ein imaginäres schmales Mittelfeld fest, obwohl das tatsächlich zur Verfügung stehende Feld eine freiere Entfaltung gestatten würde. Die

---

[1] Wichtigste Literatur: M. AUBERT, Le vitrail en France, Paris 1946, S. 30 f., T. XVI, XVII. – M. AUBERT u. a., Le vitrail français, Paris 1958, S. 140, Abb. 107. – H. REINHARDT, La cathédrale de Reims. Paris 1963, S. 183–187, T. 42–45. – Für freundschaftlichen Rat bei den Anfängen dieser Studie habe ich Prof. Louis Grodecki zu danken.

[2] Bekanntlich rühren die Schwierigkeiten daher, daß von den meisten Forschern die nicht im Original erhaltenen Inschriften des Labyrinths zum Ausgangspunkt der Periodisierung genommen werden. Die Diskussion hat sich an der von Reinhardt in seiner Monographie (zit. Anm. 1) gebotenen Interpretation neu entfacht. Vgl. vor allem: W. SAUERLÄNDER in: Kunstchronik, Okt. 1964, S. 270–292. – R. HAMANN-MACLEAN, Zur Baugeschichte der Kathedrale von Reims, in: Gedenkschrift E. Gall, München-Berlin 1965, S. 195–234. – F. SALET, Le premier colloque international de la Société française d'archéologie (Reims, 1–2 juin 1965), Chronologie de la cathédrale, in: Bull. monumental 125 (1967), S. 345–394.

kompositionellen Varianten sind also nicht die Folge von Unterschieden der Bahnbreiten, die in der Tat bestehen. Es muß vielmehr „etwas geschehen sein" – ein Wechsel des Konzepts, der Planung, muß stattgefunden haben, während die Verglasung schon in Arbeit war. Die Stilunterschiede im eigentlichen Sinn setzen ebenfalls eine längere Verglasungsdauer voraus. Vor allem aber ist es das ikonographische Programm, dessen Abwicklung über die zweiundzwanzig Fensterlanzetten (vgl. Fig. 1) untrüglich von

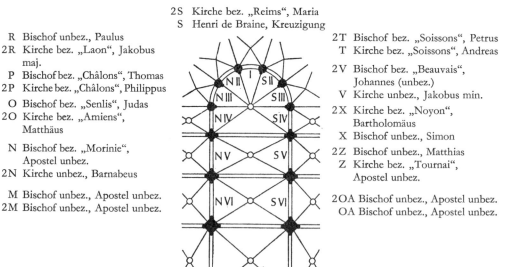

R   Bischof unbez., Paulus
2R   Kirche bez. „Laon", Jakobus maj.
P   Bischof bez. „Châlons", Thomas
2P   Kirche bez. „Châlons", Philippus
O   Bischof bez. „Senlis", Judas
2O   Kirche bez. „Amiens", Matthäus
N   Bischof bez. „Morinie", Apostel unbez.
2N   Kirche unbez., Barnabeus
M   Bischof unbez., Apostel unbez.
2M   Bischof unbez., Apostel unbez.

2S   Kirche bez. „Reims", Maria
S   Henri de Braine, Kreuzigung

2T   Bischof bez. „Soissons", Petrus
T   Kirche bez. „Soissons", Andreas
2V   Bischof bez. „Beauvais", Johannes (unbez.)
V   Kirche unbez., Jakobus min.
2X   Kirche bez. „Noyon", Bartholomäus
X   Bischof unbez., Simon
2Z   Bischof unbez., Matthias
Z   Kirche bez. „Tournai", Apostel unbez.
2OA Bischof unbez., Apostel unbez.
OA   Bischof unbez., Apostel unbez.

Fig. 1: Reims, Kathedrale, Fensterschema im Hochchor

Störungen und Planänderungen gezeichnet ist. Ohne die Annahme nachträglicher Störungen sind die Anomalien innerhalb des Programms überhaupt nicht erklärbar. Grundsätzlich ist das Programm nicht nur in seinem gedanklichen Aufbau sehr klar konzipiert, sondern in der Verknüpfung der thematischen Zonen in einem anagogischen Sinn von großer Subtilität, wobei anagogisch in der Bedeutung, die Abt Suger dem Begriff gegeben hat – nämlich als Mittel, sich aus der materiellen in die immaterielle Sphäre zu erheben –, zu verstehen ist.

Die Lanzetten der zweibahnigen Fenster sind der Höhe nach in zwei Hälften geteilt. Die obere Zone – mit Ausnahme des Achsenfensters – ist als Einheit behandelt: eine Apostelreihe umzieht gleichmäßig den Chor[3]. In der unteren Zone, die den eigentlichen Gegenstand des vorliegenden Versuchs bildet, sind dagegen (mit Ausnahme der westlichen Fensterpaare) beide Bahnen thematisch differenziert: die eine enthält jeweils die Darstellung einer Kirchenfassade, die andere eine Bischofsfigur.

Das Thema der Apostelreihe bleibt im Rahmen der für Chorverglasungen geläufigen Programme (z. B. in der Kathedrale von Bourges), es erhält aber hier, wie gleich zu zeigen sein wird, einen zusätzlichen Sinnbezug. In der unteren Zone nämlich ist jenes Bildprogramm entwickelt, das unmittelbar den Ruhm und die vor allen übrigen Kathedralen Frankreichs herausgehobene Stellung der *ECCLESIA REMENSIS*, der

---

[3] Auch die Rosen über den Lanzetten sind in das Apostelprogramm einbezogen (szenische Darstellungen aus der Apostelgeschichte); da ihre Betrachtung aber vom eigentlichen Thema dieses Versuchs ablenken würde, werden sie hier ausgeklammert.

Krönungskathedrale der französischen Könige, verkündet. Die Repräsentation der Kirche und gleichzeitig der Erzdiözese von Reims nimmt den zentralen Platz – das Achsenfenster – ein; als Trabanten reihen sich zu beiden Seiten die Suffraganbistümer im Bild ihrer Kathedralen und Bischöfe an – an der Nordseite Laon, Châlons, Senlis, Amiens und Morinie (Therouanne), an der Südseite Soissons, Beauvais, Noyon und Tournai. Hier ist vorweg festzuhalten, daß die eindrucksvolle Aneinanderreihung ehrwürdiger Bistümer, die sich um Reims scharen, nicht oder zumindest nicht in erster Linie der Manifestation der kirchenpolitischen Macht der Krönungskathedrale dient. Die Reihe steht nicht für sich, sondern ist – und dies ist in der „klassischen" Kathedrale nicht anders zu erwarten – auf einen theologischen Sinnzusammenhang bezogen, der sich erst aus dem Gesamtthema bzw. aus der Verknüpfung der unteren mit der oberen Fensterhälfte erschließt. Das Abbild der Kirche von Reims dient der Gottesmutter als Sockel, mit der die *ECCLESIA REMENSIS* in einem doppelten Sinn zu identifizieren ist; einmal im besonderen dadurch, daß die Kathedrale Maria geweiht ist, und zum anderen durch die Gleichsetzung von Ecclesia und Maria schlechthin[4]. Die Abbilder der Suffragankathedralen bzw. ihrer Bischöfe aber sind den Darstellungen der Apostel untergeordnet; der zeitliche Episkopat ist also in einem typologischen Sinn auf das Hirtenamt der Apostel bezogen. Und auch dieses ist nicht isoliert zu betrachten: die Reihe der Apostel ist auf die Mitte, die thronende Maria und den gekreuzigten Christus (den zweiten Patron der Kathedrale, über dem Bischof von Reims) hingeordnet; damit ist zugleich der Zuordnung der Suffraganbistümer zum Erzbistum Reims ihr eigentlicher, nämlich ihr anagogischer Sinngehalt gegeben.

Angesichts eines so einprägsamen und so streng gegliederten Programms erhebt sich die Frage, auf welche Weise es mit den vorgefundenen Gegebenheiten, also mit der verfügbaren Fensterzahl konform geht bzw. mit ihnen fertig wird. Es ist von vornherein klar, daß die Reihe der zwölf Apostel nicht mit der Zahl der zu füllenden Fensteröffnungen – ohne das Achsenfenster sind es zwanzig Lanzetten – zur Deckung gebracht werden kann. Hier hat man sich mit einer Verlegenheitslösung geholfen, indem sowohl zwischen die namentlich oder durch Attribute bezeichneten Apostel, vor allem aber an die Enden der Reihe (Fenster Nord VI und Süd VI) anonyme Gestalten geschoben wurden, die in ihrem Habitus völlig den Apostelfiguren gleichen.

Etwas anders verhält es sich in der unteren Zone. Folgt man Reinhardt, der sich als erster ausführlicher mit dem Programm und seinen Anomalien auseinandergesetzt hat (vgl. Anm. 1), dann stünde die Abwicklung in der unteren Zone grundsätzlich mit der Fensteranzahl in perfekter Übereinstimmung, sie wäre sozusagen von Anfang an darauf zugeschnitten: Zehn Suffraganbistümer entsprächen zehn Fenstern, wobei jedes Bistum doppelt repräsentiert wäre: in der einen Lanzette durch seine Kathedrale, in der anderen durch seinen Bischof. Tatsächlich ist dieses Schema nicht nur bei der Metropolitankirche selbst (im Achsenfenster), sondern auch in Fenster Süd II (Bahn T, 2 T[5]) eingehalten: beide Darstellungen sind hier durch die gleiche Beschriftung

---

[4] Zu Parallelbeispielen für die Identifizierung von Maria mit einer konkreten Kirche vgl. E. PANOFSKY, Early netherlandish painting, Cambridge (Massachusetts) 1966, S. 145 f., Textabb. 54.

[5] Die Numerierung der Bahnen folgt dem Schema der Photodokumentation der Archives photographiques des Monuments Historiques, während die Fenster selbst um der größeren Übersichtlichkeit willen nach den für das Corpus Vitrearum Medii Aevi gültigen Richtlinien (vom Achsenfenster symmetrisch nach beiden Seiten aus-

(„Soissons") ausdrücklich auf dasselbe Bistum bezogen. Dennoch ist die These falsch, weil ihre historische Voraussetzung nicht stimmt: In der fraglichen Zeit nämlich, der ersten Hälfte des 13. Jahrhunderts, hat Reims nicht zehn, sondern elf Suffraganbistümer besessen. Den in den Fenstern ausdrücklich durch Inschriften identifizierten neun Bistümern, die oben aufgeführt wurden, sind noch Arras und Cambrai hinzuzufügen [6]. Unter der Voraussetzung, daß das Achsenfenster mit dem Erzbistum Reims selbst besetzt werden sollte, ergibt sich also, daß es – ähnlich wie bei der Apostelreihe – schlechterdings nicht möglich war, alle elf Bistümer nach dem gleichen Schema doppelt zu repräsentieren. In der Tat scheint der Tatsache, daß ein Fenster zu wenig vorhanden war, dadurch Rechnung getragen, daß in einem Fenster (Nord IV, Bahn O, 2 O) ausdrücklich Kirche und Bischofsdarstellung auf verschiedene Bistümer bezogen sind („Amiens" und „Senlis"). Dennoch geht die Rechnung nicht auf, denn die Anomalien gehen weiter: So ist z. B. einmal nur die Kirchendarstellung, das andere Mal nur die Bischofsfigur mit dem Namen des Bistums bezeichnet, so daß unklar bleibt, ob beide auf dasselbe Bistum zu beziehen sind (allerdings sind hinsichtlich der Inschriften auch nachträgliche Veränderungen in Rechnung zu stellen). Vor allem aber ist die untere Zone der beiden westlichsten Fenster des Chores Nord VI und Süd VI (M, 2 M; OA, 2 OA) insofern gar nicht in das Darstellungsschema einbezogen, als es hier überhaupt keine Kirchenmodelle, sondern ausschließlich Bischöfe – in jeder Bahn einen, also insgesamt vier – gibt, die, ebenso wie die darüber befindlichen Apostel, anonym bleiben. Diese beiden Fenster erwecken zunächst den Eindruck, man habe aus formalen Gründen sowohl die Apostel- als auch die Bischofsreihe einfach fortgesetzt, ohne sie einem bestehenden, in sich geschlossenen Programm integrieren zu können oder zu wollen. Dies heißt nicht, daß die Figuren dieser beiden Fenster notwendig jünger sein müssen als die übrige Chorverglasung, wovon nicht die Rede sein kann; ihr mangelndes Verhältnis zu den tatsächlichen Fenstermaßen – in einen schmalen Mittelstreif gepreßt, „schwimmen" sie im Grisaillegrund – zwingt vielmehr zu dem Schluß, daß sie ursprünglich nicht für diese Fenster bestimmt waren; dies hat Reinhardt zu der Hypothese geführt, die beiden Westfenster könnten den Rest eines vorangehenden, für den Chor bestimmten Zyklus darstellen [7].

Was immer sich für das Verhältnis der Westfenster zur übrigen Chorverglasung auf Grund einer eingehenden Analyse des gesamten Bestandes ergeben wird (sie ist nicht Aufgabe dieser Skizze), so haben die voranstehenden Beobachtungen doch zweierlei klar gemacht: das Programm in seiner differenzierteren definitiven Form steht in keiner

---

gehend) gezählt sind. – Für wertvolle Hilfe bei der Beschaffung der Photos habe ich zu danken: Mme Françoise Perrot, Paris, Mlle Jeanne Vinsot, Archives photographiques de la Direction des Monuments Historiques, und Mlle Livin, Caisse Nationale des Monuments Historiques. Der Direktion der Caisse Nationale danke ich für ihr besonderes Entgegenkommen.

[6] Mme C. Grodecki, Paris, hatte die große Freundlichkeit, die Belege dafür in der für mich schwer erreichbaren einschlägigen Literatur zusammenzustellen: A. Mirot, Manuel de géographie historique de la France, 2e ed., Picard 1950, Bd. II, S. 322. – L. Duchesne, Fastes épiscopaux de l'ancienne Gaule, 1915, Bd. III, S. 76 bis 152. – G. Marlot, Histoire de la ville de Reims, métropole de la Gaule Belgique, 1843–46, I, S. 212–725.

[7] Reinhardt (zit. Anm. 1), S. 185. Für die Beurteilung dieser Frage ist es wichtig festzuhalten, daß die Anordnung in diesen Fenstern – in jeder Bahn ein sitzender Apostel über einem thronenden Bischof – getreu das Programm und die Anordnung von Saint-Remi in Reims wiederholt (vgl. Les Monuments Historiques de la France, 5 (1959), Tafel auf S. 21).

eindeutigen Beziehung zu den baulichen Gegebenheiten; die heutige Chorverglasung ist das Ergebnis mehrerer, einerseits vielleicht steckengebliebener, andererseits vielleicht verworfener Ansätze.

Einer davon, der offensichtlich bereits auf das dann definitiv verwirklichte Programm festgelegt war, hat sich an anderem Ort (nämlich im südlichen Querhausarm) erhalten; es ist die oben beschnittene Füllung einer Lanzette mit der thronenden Gottesmutter über der ECCLESIA RENENSIS (sic!) METROPOLIS. In Thema und kompositionellem Konzept ein genaues Analogon zum gegenwärtigen Achsenfenster, ist diese Fassung, wie sich aus dem Vergleich der beiden Madonnen ergibt, zweifellos die der anderen vorangehende[8]. Grodecki hat diesen Bruch innerhalb der Chorverglasung bzw. den zu vermutenden Neubeginn mit den aus dem Baubefund abzulesenden Modifikationen im Aufbau des Chores in Verbindung gebracht, die nach der durch die Meuterei der Bürgerschaft verursachten Unterbrechung um 1236 stattgefunden haben müssen[9]. Reinhardt, der die Planänderung nicht zur Kenntnis nimmt, hat infolgedessen auch diesen Erklärungsversuch nicht aufgegriffen. Was immer der unmittelbare Anlaß für den Austausch des Achsenfensters gewesen ist, die erstaunliche Tatsache, daß es in zwei nahezu identischen Versionen existiert, bleibt bestehen.

Sie führt uns unmittelbar auf das eigentliche Thema dieser Studie hin, während die vorangehenden Bemerkungen nur dazu bestimmt sind aufzuzeigen, wo die allgemeinen Probleme der Chorverglasung liegen.

In beiden Fassungen des Achsenfensters ist die Kirche von Reims, die den gleichen – in der definitiven Fassung sogar einen etwas größeren – Raum beansprucht wie die thronende Maria darüber, im Bild ihrer Fassade gegeben (Abb. 29, 30, Fig. 5, 11). In beiden Fassungen erscheint die Fassade schmal, hochgezogen, mit betontem Mittelteil; beide Fassaden sind von einer ähnlichen Gesamtvorstellung geprägt, ohne daß sie indessen ein bestimmtes Klischee wiederholen. Jede hat vielmehr ihren eigenen Charakter und wirkt bis zu einem gewissen Grad als Architektur überzeugend.

Ähnliches gilt auch für die übrigen acht Kirchendarstellungen: In allen ist vom Traditionstypus des attributhaften, perskeptivisch wiedergegebenen „Kirchenmodells" abgegangen; die Architektur ist nicht als Simile, als allgemeine Chiffre für „Kirche" aufgefaßt; es ist vielmehr jedesmal eine neue individuelle Lösung geboten, wenngleich der Grad ihrer architektonischen Überzeugungskraft variiert. (Hingegen ist für die Bekrönungen der Figuren durchwegs am traditionellen „Stadtbaldachin" festgehalten.)

Gewiß ist die Anfertigung der Chorfenster – in welchen Etappen sie sich im einzelnen auch vollzogen haben mag – über eine längere Zeitspanne dem nach 1211 begonnenen und 1241 jedenfalls vollendeten Chorbau selbst parallel gegangen. Ebenso gewiß ist die Werkstätte, der sie anvertraut war, in irgendeinem Konnex mit der Bauhütte gestanden. Es ist durchaus wahrscheinlich, daß die Glasmaler, deren Entwürfe und „Kartons" genau auf die Dimensionen der – in natura zunächst noch gar nicht existierenden – Fenster abgestimmt sein mußten, Einsicht in das Planmaterial der Hütte hatten, das übrigens sicher nicht nur auf die für Reims selbst bestimmten Risse beschränkt war. In dem Augenblick, in dem im Bildfenster an die Stelle des allgemeinen Ideenbildes

---

[8] Die Zugehörigkeit der Bischofsfigur in der linken Lanzette dieses Fensters ist jedoch ebensowenig gesichert wie die Zusammengehörigkeit des Bischofs und des darüber befindlichen Johannes d. T.

[9] In: Le vitrail français (zit. Anm. 1), S. 140.

„Kirche" ein individueller Fassadenaufriß trat, mußten konkrete architektonische Lösungen am ehesten in jener zeichnerischen Umsetzung, die sie in den Rissen gefunden hatten, fruchtbar werden.

Tatsächlich läßt sich auch an den Schaubildern von Kirchenfassaden in den Reimser Chorfenstern die Verarbeitung rezenter architektonischer Lösungen, die Aufnahme spezifischer Motive, unmittelbar ablesen. Diesen Aperzeptionen soll wenigstens an einigen Beispielen hier nachgegangen werden. Die eigentliche Fragestellung aber ist eine andere. Die zehn Abbilder von Kirchenfassaden in monumentalem Maßstab wurden geschaffen, als die Westfassaden von Laon (1190–1205), von Notre Dame in Paris (Untergeschoß um 1200, Fenstergeschoß um 1220) und von Amiens (1220 begonnen, 1236 bis über die große Rose hinaus gediehen) bereits standen oder der Vollendung nahe waren und an einem Konzept für die Westfassade von Reims in der dortigen Bauhütte gearbeitet wurde. Der Typus der klassischen kathedralen Doppelturmfassade war also bereits geprägt. Die Frage drängt sich auf – und die Antwort könnte Bereiche des Denkens der Zeit aufschließen, zu denen es sonst wenig Zugang gibt –: Ist diese sozusagen unter den Augen der Glasmaler vollzogene Neuschöpfung der klassischen Fassade auch tatsächlich in ihr Bewußtsein eingedrungen, und wie spiegelt sie sich darin? Es muß möglich sein, aus den zehn Schaubildern herauszulesen, was ihren Schöpfern als typisch und charakteristisch für eine Kirchenfassade erschienen ist. Erinnern wir uns kurz an das Wesen der klassischen kathedralen Doppelturmfassade, das ohneweiters zu definieren ist, wenn auch die Einzelzüge dieses Wesens in den einzelnen Fassaden verschieden weit vorgetrieben sind[10]: Die Fassade ist als ein einheitliches Ganzes aufgefaßt, aus dem sich die Turmkörper erst oberhalb einer abschließenden Galerie herauslösen (hier ist zu berücksichtigen, daß in der Ausführung auf die geplanten Turmhelme zumeist verzichtet wurde); gleichwohl ist die Einheit dreigliedrig, wobei die drei Teile die räumliche Gliederung des Inneren zum Ausdruck bringen (die Dreigliedrigkeit ist auch in Paris durchgehalten, wo die Fassade ein fünfschiffiges Langhaus abschließt). Der Mittelteil ist nicht in erster Linie durch seine Dimensionierung, sondern durch den sich nach der Mitte steigernden Rhythmus der drei von Giebeln überhöhten Portale, vor allem aber durch das zentrierende Motiv der großen Fensterrose gegenüber den Seitenteilen hervorgehoben. Die Verklammerung aller drei Teile geschieht – außer in Laon, wo die rhythmische Staffelung die ganze Fassade ergreift – durch waagrecht über die Fassade hinweggeführte Elemente, die Galerien. In der schließlich ausgeführten Westfassade von Reims hat dieses gemeinsame, aber mit unterschiedlicher Akzentsetzung verwirklichte Konzept dann bekanntlich seine reifste Form gefunden.

Eine Untersuchung des Verhältnisses der Schaubilder zur klassischen Fassade und eine Fixierung der äußersten Annäherung an eine konkrete architektonische Gesamtvorstellung erfordert aber zunächst eine Reihung und Klassifizierung aller Schaubilder, denn es ist augenscheinlich, daß es zwischen ihnen beträchtliche Unterschiede gibt, weniger was die Architekturelemente an sich als was ihr Verhältnis zur Gesamtvorstellung „Fassade" angeht.

---

[10] Für unsere Zwecke genügt es, auf die kurze und prägnante Zusammenfassung von H. JANTZEN, Kunst der Gotik, in: Rowohlts deutsche Enzyklopädie, Reinbek b. Hamburg 1957, S. 93–108, zu verweisen.

Fig. 2: Reims, Kathedrale, Fenster Nord IV, Bahn 2 0, Schaubild von „Amiens", Nachzeichnung

Fig. 3: Reims, Kathedrale, Fenster Nord III, Bahn 2 P, Schaubild von „Châlons", Nachzeichnung

Fig. 4: Reims, Kathedrale, Fenster Süd III, Bahn V, Schaubild von „Beauvais" (?), Nachzeichnung

Die Darstellung von „Amiens" in der Bahn 2 O des Fensters Nord IV mag den einen Pol verdeutlichen (Fig. 2): Drei signifikante Einzelmotive – Portalgruppe, Zwillingsfensterpaar, Giebel mit Turmgruppe – sind rein additiv aneinandergefügt, wobei auf „reale" Maßverhältnisse keine Rücksicht genommen ist. So etwa nehmen alle drei Türme bis zum Ansatz nicht einmal die Höhe der drei Portale ein, und auch die Zwillingsfenster sind in Relation zu den Portalen und Türmen unverhältnismäßig groß wiedergegeben. Dessenungeachtet lassen die Einzelmotive, vor allem die Fenstergruppe (vgl. den Außenaufriß der Reimser Chorkapellen in der Zeichnung Villard de Honnecourts)[11], aber auch der Giebel mit dem Arkadenmotiv[12], durchaus nicht die Beziehung zur Wirklichkeit der gebauten Architektur vermissen. Diese Beziehung ist allerdings ganz offensichtlich keine ganzheitliche, sondern kommt über den Begriff vom signifikanten Einzelnen – Portal, Fenster, Bekrönung – zustande. Im Einzelmotiv ist die Einbruchsstelle, an der hier die Wirklichkeit in das idealistische System eindringt, ohne es freilich zunächst ganz erfassen zu können. Für den Entwerfer dieses Schaubildes stellt sich Architektur als Summe von Bedeutungsträgern – das Portal, das Fenster, der Turm – dar, nicht etwa als eine durch ein bestimmtes Proportionsverhältnis der Teile zum Ganzen gegliederte optische Einheit.

„Châlons" in der Bahn 2 P des Fensters Nord III (Fig. 3) und eine unbezeichnete Fassade in der Bahn V des gegenüberliegenden Fensters Süd III (Beauvais?, Fig. 4, Abb. 39[13]) variieren zwar in den Motiven gegenüber der Darstellung von „Amiens", sind aber von der gleichen additiven Auffassung geprägt[14].

Sie wird um so klarer, wenn wir sie mit ihrem Gegenpol in den Fassaden von „Noyon" (Bahn 2 X in Süd IV, Fig. 6), „Tournai" (Bahn Z in Süd V, Fig. 8), „Soissons" (Bahn T in Süd II, Fig. 13, Abb. 32) und einer unbezeichneten Fassade in Bahn 2 N in Nord V (Morinie?, Fig. 7) konfrontieren. Greifen wir zunächst „Noyon" (Fig. 6) heraus. Es ist eine Doppelturmfassade, deren klare Gliederung durchaus überzeugend wirkt. Erst bei näherem Zusehen enthüllt sich eine gewisse Übersteigerung in den Maßverhältnissen zweier Zonen: Das Mittelportal erscheint gegenüber den Seitenportalen wie gegenüber der ganzen Fassade etwas überbetont, und auch die dreiteiligen Turmhelme sind im Verhältnis zu den schlanken Türmen übergewichtig. Im übrigen enthalten sowohl die Proportionierung von Mittel- und Seitenteilen wie die Gliederung des Mittelteils der Fassade in das große Rosengeschoß und die Galerie darunter unmittelbare Entsprechungen zu konkreten architektonischen Realisationen.

[11] H. R. HAHNLOSER, Villard de Honnecourt, Wien 1935, T. 61.

[12] Für das Arkadenmotiv im Giebel vgl. z. B. die Fassaden von Le Puy und von Petit Palais (F. DE LASTEYRIE, L'Architecture religieuse en France à l'époque gotique, Paris 1918, Fig. 460 und 582).

[13] Der Einfachheit halber werden im folgenden auf die unbeschrifteten Kirchenfassaden immer die Bistumsbezeichnungen der nebenstehenden Bischofsgestalten übertragen, ohne daß jedoch damit eine Gleichsetzung behauptet werden soll (siehe oben).

[14] Die beiden Fassaden gehen allerdings in zwei Richtungen über „Amiens" hinaus. Einmal ist die dortige Dreiturmgruppe, die letzten Endes nichts anderes ist als die Traditionsformel des „Stadtbaldachins", durch zwei seitliche Türme bzw. Turmhelme, die mit der Realität der gebauten Architektur besser in Einklang stehen, ersetzt. Zum anderen weisen die beiden Fassaden in Übereinstimmung mit allen weiteren schon das ikonographisch bedeutsame Motiv des Bekrönungsengels über dem Giebel auf, dessen Platz in „Amiens" der Mittelturm einnimmt (die kleine Figur darüber ist ein hockender Thronträger). In dem Auftauchen des Engelmotivs im Zuge der Arbeit an der Verglasung besteht eine Analogie zum Chorbau von Reims, dessen erste südliche Kapelle allein keine Engelstatuen an den Strebepfeilern aufweist (vgl. SALET, zit. Anm. 2, S. 378).

KIRCHENSCHAUBILDER IN DEN HOCHCHORFENSTERN VON REIMS 61

Fig. 5: Reims, Kathedrale, Fenster I, Bahn 2 S, Schaubild von „Reims" (Nachzeichnung)

Fig. 6: Reims, Kathedrale, Fenster Süd IV, Bahn 2 X, Schaubild von „Noyon", Nachzeichnung

Versucht man, die Entsprechungen näher zu präzisieren, kommt man allerdings zu einem überraschenden Ergebnis: Tatsächlich existieren Doppelturm-Fassadenlösungen mit ähnlicher Akzentuierung in der Vertikalen – dominierende Portalgruppe unten, dominierende Rose über der Galerie (vgl. Amiens); bei diesen wie bei allen anderen „klassischen" Fassaden aber steht der Mittelteil in einem anderen, nämlich dem oben beschriebenen Verhältnis zu den Türmen. Die hier gegebene Proportion (in den übrigen Schaubildern ist sie nicht ganz so extrem) – der dominierende Mittelteil wird von den zwei schlanken Türmen gleichsam in die Zange genommen – ist in der gebauten Architektur selten anzutreffen. Gleichwohl lassen sich auch dafür Beispiele anführen, z. B. Saint-Georges in Saint-Martin-de-Boscherville (um 1100, Türme nach 1200 erhöht); es ist jedoch charakteristisch, daß sie der romanischen Architektur angehören. Mit romanischen Fassadenlösungen ist das Schaubild von „Noyon" auch durch die klare Trennung der Turmkörper von der eigentlichen Fassade verbunden, die ihrerseits in dem mächtigen unverschleierten Giebel einen Akzent erhält, der den Turmhelmen ein Gegengewicht bietet. Es braucht kaum daran erinnert zu werden, daß der giebelbekrönte Mittelteil dieses Fassadentypus in der Realität (vgl. z. B. Caen, Sainte-Trinité) als Gliederungselement erst übereinandergesetzte Fensterreihen, aber nicht im entferntesten jene Differenzierung kennt, wie sie die Schaubilder in den Chorfenstern von Reims aufweisen.

Der in ihnen verwirklichte Gedanke, die Reihung durch eine hierarchische Ordnung zu ersetzen und die Fassade in dem dominierenden Motiv der Rose sozusagen kulminieren zu lassen, setzt vielmehr Lösungen wie Laon, Paris, die Chartreser Querhausfassaden und Amiens voraus. In den vorhergehenden Fassadenlösungen – man vergleiche jene von Saint-Denis bis zur Collegiale von Mantes – beginnt man sich der Möglichkeiten des Motivs erst sukzessive bewußt zu werden. Die Glasmaler, die die Schaubilder von „Noyon", „Tournai" und das von „Morinie" (?) schufen (Fig. 6, 8, 7), haben die dominierende Rolle der Rose sogar überstiegen, indem sie sie – und damit haben sie die Wirklichkeit der gleichzeitigen französischen Architektur, zumindest was die Westfassaden anlangt, wieder verlassen – unmittelbar in den großen Giebel gesetzt haben. (Sie haben sich damit einer charakteristischen italienischen Fassadenlösung genähert[15].) Abgesehen von dieser Einzelheit aber, ist im Mittelteil des Schaubildes von „Noyon", um wieder zu diesem Beispiel zurückzukehren, mit der beherrschenden Portalgruppe, der Rose und dem die Mauer verschleiernden Motiv der Galerie die Vision einer klassischen Fassade beschworen. Die „Modernität" dieses Mittelteils wird im übrigen unmittelbar evident, wenn man das Schaubild von „Noyon" mit der realen, um 1205 begonnenen Westfassade dieser Kathedrale vergleicht[16].

Es ist aber festzuhalten, daß die „Modernität" nicht die Fassade in ihrer Gesamtheit erfaßt; in ihr sind vielmehr zwei entwicklungsgeschichtlich deutlich voneinander unterschiedene Phasen vereinigt: die aus klar artikulierten Körpern aufgebaute dreiteilige Baumasse und der motivisch reich differenzierte, in einer hierarchischen – gotischen – Ordnung gegliederte und als Einheit für sich gesehene Mittelteil. Derartige Lösungen wären in der realen Architektur nur dort anzutreffen, wo sich tatsächlich zwei Bau-

---

[15] Zur Entwicklung der Rose vgl. E. Panofsky, Gothic Architecture and Scholasticism, Latrobe, Pennsylvania, 1951, S. 70–74.
[16] Vgl. The Pelican History of Art, Z. 19, P. Frankl, Gotic Architecture, 1962, Abb. 58.

Fig. 7: Reims, Kathedrale, Fenster Nord V, Bahn 2 N, Schaubild von „Morinie" (?), Nachzeichnung

Fig. 8: Reims, Kathedrale, Fenster Süd V, Bahn Z, Schaubild von „Tournai", Nachzeichnung

phasen überlagern, wo also etwa eine romanische Doppelturmfassade in der ersten Hälfte des 13. Jahrhunderts einen neuen Mittelteil erhalten hätte[17].

Jedenfalls zeigt sich, daß die Glasmaler nicht einfach reproduzierend, sondern sehr bewußt selektiv vorgegangen sind.

Man könnte hier einwenden, daß zumindest ein Zug, der dem Großteil der Schaubilder eigen ist und der sie sowohl von der „klassischen" Fassade als auch von der üblichen romanischen Doppelturmfassade trennt, nämlich die Schlankheit der Türme im Vergleich zum dominierenden Mittelteil, durch die Proportion der Fenster selbst bzw. durch den darin für das Schaubild zur Verfügung stehenden Raum bedingt sei.

Dies trifft insofern natürlich zu, als der für die Kirchendarstellung verfügbare Platz und damit das Verhältnis von Höhe und Breite ungefähr feststanden: damit war auch die Streckung der Proportionen vorgezeichnet. Der Glasmaler, der eine Doppelturmfassade realisieren wollte, war infolgedessen gezwungen, die Türme bzw. die Turmhelme beträchtlich über die Fassade hinauszuführen (die in einem mehr peripheren Verhältnis zur „Wirklichkeit" stehenden Fassaden von „Châlons", Fig. 3, und „Amiens", Fig. 2, ziehen die Fassaden selbst hoch); keineswegs war ihm dagegen das Verhältnis von Seitenteilen und Mitte zueinander vorgegeben, sofern er sich von der Bindung an die Gliederung durch das Eisenskelett der Fenster löste, was er tatsächlich getan hat (die senkrechten Eisen schneiden mitten durch die Türme und meistens auch durch die Portale hindurch). Ein realistischeres Verhältnis zwischen Mittelteil und Türmen, wie es allein in der oberen Hälfte von „Tournai" (Fig. 8) angedeutet ist, wäre durchaus zu verwirklichen gewesen, aber es hätte für den Mittelteil nicht nur einen Verzicht auf Details, sondern vor allem auch auf Signifikanz bedeutet. Übrigens gab die Breite des Mittelteils auch die Möglichkeit, einen weiteren Bedeutungsträger, die Engelsfigur über dem Giebel, zu entsprechender Größe auszubilden (vgl. die „Frühform" von „Châlons" und „Beauvais" (?), Fig. 3, 4, Abb. 33, 34, mit dem voll entwickelten Motiv im Achsenfenster, Fig. 5, Abb. 37, in „Morinie" (?), Fig. 7, Abb. 36, in „Soissons", Fig. 13, oder in „Noyon", Fig. 6, Abb. 38). Dem kommt entgegen, daß nicht so sehr die Turmkörper selbst wie die Turmhelme hochgeführt sind; ihre kräftige Verjüngung schafft den Engeln Raum.

Das vielschichtige Verhältnis zur Realität mag ein weiteres Beispiel, das Schaubild von „Laon" in der Bahn 2 R des Fensters Nord II (Fig. 9, Abb. 31), verdeutlichen. Der Fassadentyp weicht insofern von dem der eben geschilderten Doppelturmfassade ab, als sich hier die Türme erst im bzw. über dem Rosengeschoß aus der durchlaufend gegliederten Front lösen[18]. Diese zerfällt in vier Hauptzonen: Das sehr komplexe Portalgeschoß ragt mit dem überdimensionierten Giebelfeld, von dem noch zu sprechen sein wird, in das Fenstergeschoß hinein, über dem eine Galerie hinläuft, die ihrerseits, den

---

[17] Tatsächlich besteht eine generelle Vergleichbarkeit des Schaubilds von „Noyon" mit der Westfassade der Kathedrale von Chartres, bei der diese Situation teilweise gegeben ist (Hinzufügung des Rosengeschosses zu einer Fassade aus der Mitte des 12. Jhs.); aber auch in der Westfassade von Notre-Dame-en-Vaux in Châlons-sur-Marne (Turm und unterer Teil der Fassade erste Hälfte des 12. Jhs., oberer Teil zweite Hälfte des 12. Jhs.; vgl. Lasteyrie, zit. Anm. 12, Bd. I, 1926, Fig. 543) treffen zwei Stilphasen analog zusammen.

[18] Das Schaubild ist wahrscheinlich seitlich etwas beschnitten (man hat sich die im Rosengeschoß sichtbaren seitlichen Strebepfeiler, sich verbreiternd, nach unten fortgesetzt zu denken); es mag also ursprünglich für eine breitere Öffnung bestimmt gewesen sein.

Fig. 9: Reims, Kathedrale, Fenster Nord II, Bahn 2 R, Schaubild von „Laon", Nachzeichnung

Fig. 10: Limburg an der Lahn, Ansicht von Südwest Ausschnitt; nach Dehio-Bezold

unteren Teil der großen Rose verschleiernd, die Mitte des nächsten Geschosses ganz einnimmt. Ein mächtiger Giebel bildet den Abschluß dieses Mittelteiles.

Greifen wir zunächst den Mittelteil heraus, so fällt auf, daß die Hauptelemente seiner oberen Hälfte – Giebel, Rose, Fensterreihe – in der nämlichen Anordnung und Proportionierung (und zum Teil sogar mit identischen Details) an einem realen Bau begegnen, nämlich an der Westfassade des Domes von Limburg an der Lahn (Fig. 10). Dort gibt es das an sich seltene dreigliedrige Arkadenmotiv im Giebel (allerdings verdoppelt), die große, die Begrenzung des Mittelfelds nahezu tangierende Rose und übrigens auch die Dreipaßöffnung des giebellosen Portals. Ungeachtet der Ähnlichkeit der Motive ist aber der Gesamteindruck, der von beiden Fassaden ausgeht, durchaus verschieden. Die Fassade von Limburg hat, obwohl ebenfalls bereits im 13. Jahrhundert errichtet, rein romanisches Gepräge; das Schaubild hingegen verdankt die entscheidende Verschiebung seines Stilcharakters bestimmten Hinzufügungen, die zum Teil schon erwähnt worden sind: Die zarte, der Rose vorgelegte Galerie [19] und der die Fensterreihe überschneidende Giebel haben beide den Zweck, die einfache Flächengliederung in eine mehrschichtige zu verwandeln (in Limburg nimmt die Stelle der körperhaften Galerie ein flacher Blendarkadenfries ein!). Überdies sind die Fenster (mit Ausnahme der äußeren unter den Türmen) „moderner", nämlich als Zwillingsöffnungen mit Vierpässen darüber, gegliedert [20]. Während also Limburg den französischen Prototyp – Laon – ins Romanische zurücktransponiert, geschieht im Reimser Schaubild der Fassade von „Laon" genau das Gegenteil: Die zu den altertümlichen Hauptbauelementen (vgl. die aus einfachen Kreisöffnungen komponierte Rose [21]) neu hinzugefügten Züge bewirken eine größere Nähe zur „klassischen" Kathedralfassade, als sie dem Prototyp selbst eignet [22].

Vollends entfernt sich die untere Hälfte des Schaubilds von so einfachen Lösungen, wie sie romanische Fassaden bieten. Die Front ist hier in fünf Öffnungen von rhythmisch wechselnder Höhe aufgelöst, wobei die große mittlere und die schmalen, aber hohen seitlichen Öffnungen durch die eingezeichneten Türflügel als Portale gekennzeichnet sind, während die niedrigeren Öffnungen dazwischen leer gelassen und daher eher als Nischen bzw. Durchbrechungen der Wand (richtiger der Strebepfeiler zwischen den Portalen) aufzufassen sind. Auch diese Gliederung entspringt nicht der Phantasie, sondern hat ihr reales Gegenstück in der südlichen Querhausfassade von Chartres [23]. Erst von diesem Vorbild her werden auch die Elemente über den Seitenportalen verständlich: Es sind nicht Rudimente einer Arkatur, sondern, wie die Giebel bzw. Helme darüber klarmachen, in dreifache Arkaden aufgelöste Tabernakel. Nur sind sie hier

---

[19] Vgl. dafür das Querhaus der Kathedrale von Amiens.

[20] In Limburg begegnet das Motiv bzw. ein analoges ebenfalls, aber charakteristischerweise nicht an der Fassade, sondern am stärker aufgelockerten Turm (Nordturm).

[21] Sie kommt identisch außer in Limburg auch in Gelnhausen vor (G. Dehio - G. Bezold, Die kirchliche Baukunst des Abendlandes, Stuttgart 1892–1901, T. 224/2).

[22] Daß sich für das Schaubild von „Laon" über Limburg eine gewisse Beziehung zur realen Fassade von Laon (vgl. Fig. 14) ergibt, ist gewiß ein Zufall, denn Porträthaftigkeit im eigentlichen Sinn spielt nicht die geringste Rolle in diesen Fassadendarstellungen.

[23] In der nördlichen sind bekanntlich die Pfeiler zwischen den Portalen zweifach durchbrochen (gut vergleichbar in: W. Sauerländer - M. Hirmer, Gotische Skulptur in Frankreich 1140–1270, München 1970, T. 76 und 106).

durch den übergroßen Mittelgiebel von ihrem organischen Platz an den Strebepfeilern zwischen den Portalen über die Seitenportale abgedrängt worden.

Da die Querhausfassaden von Chartres keinem verbreiteten Typus folgen, sondern originale Lösungen sind, kann wohl mit Sicherheit angenommen werden, daß der Glasmaler sich in diesem Fall tatsächlich an einem realen – und überdies rezenten – Vorbild inspiriert hat.

Um so befremdlicher wirkt die empfindliche Durchbrechung des wenigstens annäherungsweise eingehaltenen Maßstabs durch den übergroßen Portalgiebel. Die Einheitlichkeit und damit die Illusionskraft des Fassadenbildes ist dadurch mit einem Schlage wieder aufgehoben. Der Zweck der Vergrößerung ist klar: Das Giebelfeld beherbergt die Darstellung des zwischen zwei Kerzenleuchtern thronenden Weltenherrschers, die in einem kleineren Maßstab nicht mehr lesbar wäre (Abb. 42). Aber ist tatsächlich ein Portalgiebel gemeint? Das ungleich einem Portalgiebel unten gerade begrenzte Feld greift seitlich weit über das Mittelportal hinaus und steht mit diesem in keiner struktiven Beziehung, was angesichts der sonstigen relativ genauen Angaben über das Verhältnis der Teile zueinander erstaunt. Wohl aber besitzt das Bildfeld zum Mittelportal enge Formverwandtschaft: es wiederholt nämlich getreu dessen Dreipaßbogen (eine für einen Portalgiebel ungewöhnliche Form) und könnte als das herausvergrößerte Tympanon des Mittelportals gesehen werden. Das Thema der Darstellung – die Majestas Domini – tut ein übriges, um diese Deutung zu unterstützen; erscheint doch der Weltenrichter nicht nur in einer ganzen Reihe von Westportaltympana (z. B. in Laon, Paris, Amiens, Bourges), sondern in Reims selbst gerade an einem Bauteil, der für die Chorverglasung noch in anderer Hinsicht als Anregung in Frage kam, nämlich am Nordquerhaus, und zwar im Tympanon des Gerichtsportals [24].

Es soll hier keineswegs behauptet werden, daß die Interpretation dieses Bildelements als herausvergrößertes Tympanon und damit die simultane Darstellung eines einzigen Architekturglieds in zwei verschiedenen Maßstäben absolut eindeutig und erwiesen ist. Es ist im Gegenteil viel wahrscheinlicher, daß der Glasmaler die Sache bewußt in der Schwebe lassen wollte, daß eine gewisse Ambivalenz dieses Architekturteils beabsichtigt ist: Er soll gleichzeitig als Giebel und als Tympanon, das heißt als Träger einer inhaltlich bedeutsamen Darstellung gesehen werden können [25].

Und das wirft wiederum ein bezeichnendes Licht auf die grundsätzliche Einstellung des Glasmalers zum Architekturbild: Einerseits bestrebt, es nicht nur mit einer allgemeinen Wahrscheinlichkeit, sondern auch mit ganz konkreten „modernen" und architektonisch interessanten Zügen auszustatten, ist er andererseits doch sofort bereit, die Wahrscheinlichkeit und innere Einheit des Architekturbilds um der Bedeutung – im mittelalterlichen Sinn – willen preiszugeben.

Besonders augenfällig ist die unbekümmerte Anwendung des „Bedeutungsmaßstabs" in der *ECCLESIA REMENSIS* des Achsenfensters (Abb. 29, Fig. 5), also in

---

[24] SAUERLÄNDER - HIRMER (zit. Anm. 23), T. 236.

[25] In dieser Doppeldeutigkeit liegt eine grundsätzliche Parallele zum Prinzip der mittelalterlichen „perspektivischen" Darstellung mit ihrer Gleichzeitigkeit von Auf- und Unter-, von Axial- und Schrägansicht.

Im übrigen darf auch nicht übersehen werden, daß die neue Lösung für die Reimser Westportale, in denen der Skulpturenschmuck aus dem nicht mehr existenten bzw. in Maßwerk aufgelösten Tympanon in den Giebel hinaufgewandert ist, vielleicht damals schon in Betracht gezogen wurde.

jenem Schaubild, dem die höchste sakrale Würde innewohnt. Ganz offensichtlich ist es der Mittelteil, und in diesem sind es wiederum nur zwei Architekturglieder – Portal [26] und Rose –, die als Bedeutungsträger gewertet und daher groß ins Bild gesetzt werden; alle anderen, sonst mit solcher Freude am motivisch interessanten Detail wiedergegebenen Partien des Mittelteils (Fenster, Galerie, Giebel) sind hier um der Signifikanz willen weggelassen. Hinzugefügt ist lediglich ein Element (das schon der Vorgänger dieses Schaubilds im Querschiff, vgl. Abb. 30, Fig. 11, aufgreift): der Zinnenabschluß des Rosenfeldes. Seine Bedeutung ist klar: er transponiert die irdische Fassade in ein Abbild des Himmlischen Jerusalem, dessen Zinnen die Engel beschirmen (vgl. die Zinnen auf der Fassade von Saint-Denis).

Zum kompletten Begriff „Kirchenfassade" gehören aber die beiden Türme; daher sind sie beibehalten, auch wenn sie, eben um der Signifikanz des Mittelteils willen, in ihrer Breitenausdehnung ganz verkümmert sind. Zu der Vernachlässigung dieser wichtigen Bauteile im Gesamteindruck steht ihre minutiöse Darstellung in eklatantem Widerspruch: Alle Details, wie Verstrebung und Wasserschläge, sind mit der Genauigkeit eines Baurisses wiedergegeben. Diese Genauigkeit ist auch im Mittelteil dort angewendet, wo sie der unmittelbaren Vergegenwärtigung des Bedeutungsmotivs dient. So ist das Portal durch die Hintereinanderstaffelung der Säulen als Gewändeportal, ferner durch die Beschläge der Türflügel als verschlossen gekennzeichnet. Vor allem aber stellt das in seiner Struktur vollkommen klar wiedergegebene Rosengeschoß eine direkte Verbindung zu individuellen architektonischen Lösungen her. Die Rose selbst reproduziert in allen Details getreu einen Typus des 12. Jahrhunderts, der in Saint-Etienne in Beauvais (um 1135) vertreten ist [27]. Entscheidend aber ist das Rahmenmotiv, denn es knüpft direkt an eine im Reimser Bau gefundene Lösung an; es ist die Umfassung des auf Säulen ruhenden Kreises mit einem Spitzbogen bei völliger Eliminierung der Wandfläche dazwischen.

Das Motiv, wohl aus der kompakten Vorstufe an der Fassade von Saint-Remi entwickelt, wird zuerst am Querhaus der Kathedrale verwirklicht, um schließlich in der einzigartigen Lösung der Westfassade zu kulminieren. Gewiß ist es von den Zeitgenossen als für Reims ebenso charakteristisch empfunden worden wie die von Villard de Honnecourt in seinem Skizzenbuch festgehaltene Fensterlösung.

Und sicher hat es auch der Glasmaler in diesem Sinn in das Schaubild der *ECCLESIA REMENSIS* übernommen: Weil diese modernste und einmalige Lösung geeignet war, dem Rosengeschoß, als dem wesentlichen Bedeutungsträger, Aplomb zu verleihen, keineswegs aber um einer nicht gesuchten, weil nicht empfundenen Porträthaftigkeit willen [28].

---

[26] Zur symbolischen Bedeutung von Portal-Stadttor vgl. G. BANDMANN, Mittelalterliche Architektur als Bedeutungsträger, Berlin 1951, S. 94.

[27] Es ist der Typus des „Glücksrads"; vgl. dazu: H. J. Dow, The Rose-Window, in: Journal of the Warburg and Courtauld Institutes, XX, 1957, S. 71, und V. BEYER, Rosaces et roues de Fortune à la fin de l'art roman et du début de l'art gothique, in: Revue Suisse d'Art et d'Archéologie, 22, fasc. 1/3 (1962).

[28] Für eine einmal zu schreibende chronologische Geschichte der Verglasung in ihrer Beziehung zu den Bauphasen ist es übrigens wichtig festzuhalten, daß im Achsenfenster bereits jene Lösung geboten ist, die in der Realität erst an der Westfassade verwirklicht wurde, während im verworfenen Schaubild von „Reims" (jetzt im Querschiff, Fig. 11) das Rosengeschoß in der Konfiguration wiedergegeben ist, die es tatsächlich an der Querhausfassade erhalten hat: durchbrochener Spitzbogen, aber massive Kreiszwickel unten; vgl. SAUERLÄNDER-

Fig. 11: Reims, Kathedrale, südliches Querschiff, Westwand, Bahn O E, Schaubild von „Reims", Nachzeichnung

Fig. 12: Reims, Kathedrale, Querschnitt; nach Dehio-Bezold

Es ist aufschlußreich, das verworfene Schaubild von „Reims" (Fig. 11) mit dem definitiv im Achsenfenster eingebauten (Fig. 5) zu vergleichen. Ungleich jenem und dem Gros der übrigen Schaubilder, gibt es die Kirche nicht im Bild einer Doppelturmfassade, sondern als schmalen, durch den doppelten Zinnenkranz turmartig wirkenden und zwischen kräftiges Strebewerk eingespannten Mittelteil. Eine mächtige dreitorige Vorhalle – ihr Dach hebt sich deutlich von der Fassade ab – legt sich vor die gesamte Breite der Fassade und gibt ihr, zusammen mit der Rose, den bedeutungsmäßigen Akzent.

Entzieht sich dieser Fassadentyp fürs erste dem gebräuchlichen Klischee, so zeigt sich doch, daß auch er keineswegs ad hoc erfunden ist. Vielmehr begegnet er in Bauten der ersten Hälfte des 13. Jahrhunderts: So waren sowohl die Fassade der zerstörten Abteikirche von Royaumont (Asnières-sur-Oise; gew. 1235) als auch die ebenfalls nicht mehr existierende von Saint-Etienne in Brie-Comte-Robert (Seine-et-Marne; nur auf einer Seite Strebewerk) und die Fassade von Longpont (Aisne)[29] nicht nur hinsichtlich des Verhältnisses von Mittelteil und Strebewerk, sondern auch in der Anordnung von Portalgruppe, Galerie und Rose darüber durchaus vergleichbar. Aber auch das System der Verstrebung – doppelte, unverbundene und mit Krabben besetzte Bogen, von Fialen bekrönte, schlanke Strebepfeiler – ist durchaus modern, und es entspricht – indem es von Chartres (durch Arkaden verbundene Bogen) und auch von Amiens abweicht – weitgehend dem in Reims selbst entwickelten Strebewerk (vgl. Fig. 12 und die Zeichnung des Villard de Honnecourt[30]).

Auch in diesem Schaubild von „Reims" zeigt sich also, ebenso wie in dem definitiven des Achsenfensters, die Vertrautheit des Glasmalers mit den architektonischen Gedanken seiner Zeit und darüber hinaus eine genaue Kenntnis dessen, was in der Bauhütte von Reims gleichzeitig ins Werk gesetzt wurde. Es zeigt sich aber auch, daß er frei mit diesem Fundus umgeht, ohne sich an bestimmte Vorbilder ganz zu binden; das heißt, er setzt Motive oder Motivkombinationen ausschließlich im Hinblick auf ihre Aussagekraft ein. So fügt der Glasmaler des Schaubilds im Achsenfenster (Fig. 5) in das höchst „moderne" Rosengeschoß einen um hundert Jahre älteren und längst überholten Rosentyp ein, weil dessen klare Form im kleinen Maßstab ausdrucksvoller ist als die komplexen Bildungen seiner eigenen Epoche (wie denn auch sämtliche übrigen Rosen mit einer Ausnahme archaische Formen haben).

Das realistische Motiv ist hier, wie in den übrigen Fassadendarstellungen, nur da, um das Idealbild „Kirche" einerseits glaubhafter zu machen und ihm andererseits ausdrucksmäßige Akzente zu verleihen.

In einem Schaubild aber verdichten sich die Fäden, die es an ein bestimmtes ausgeführtes Bauwerk binden; es ist die *ECCLESIA SVGSSIONENSIS*, die Kirche von Soissons (Fig. 13, Abb. 32)[31]. Nur in dieser Fassade sind die Turmkörper bis zur Höhe

---

Hirmer (zit. Anm. 23), T. 258. Die Vorstufe von Saint-Remi, nämlich die Spitzbogeneinfassung ohne Durchbrechung, hat übrigens ebenfalls ihren Niederschlag in einem der Schaubilder, und zwar in jenem von „Tournai" (Fig. 8), gefunden.

[29] Abb. in: Dictionnaire des Églises de France, IV, 1968, D 6 und D 26; Lasteyrie (zit. Anm. 12), Bd. I, 1926, Fig. 505.

[30] Jantzen (zit. Anm. 10), Fig. 37 und 34.

[31] Das Schaubild ist bis zur Höhe des zweiten Geschosses seitlich beschnitten, bzw. es ist an den Beschnitt ein durchlaufender seitlicher Randstreif angesetzt, offenbar um einen Anschluß an das zweite Turmgeschoß herzustellen bzw. die Architektur vom Grund abzuheben.

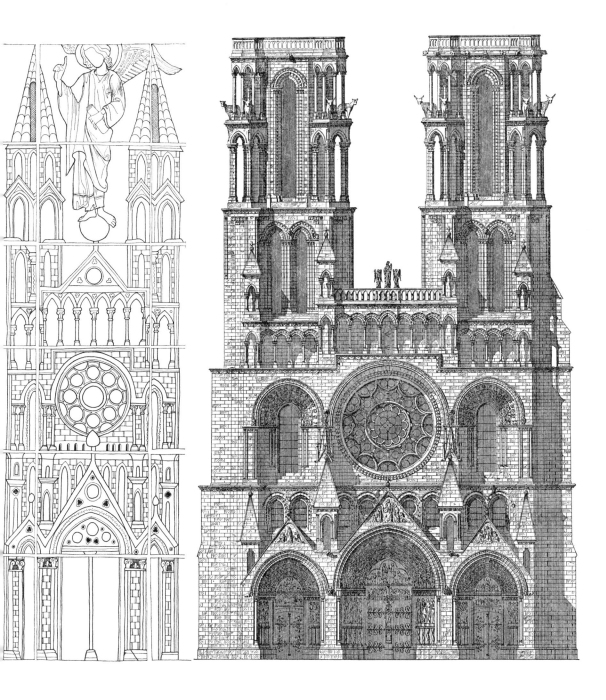

Fig. 13: Reims, Kathedrale, Fenster Süd II, Bahn T, Schaubild von „Soissons", Nachzeichnung

Fig. 14: Laon, Kathedrale, Aufriß der Fassade; nach Dehio-Bezold

der Galerie tatsächlich der Fassade eingebunden, und sie sind es auf ganz spezifische Weise; so nämlich, daß daraus eine rhythmische Gliederung der Fassade erwächst. Hinter den drei das erste Geschoß verschleiernden Portalgiebeln geht die Fensterreihe und über ihr ein waagrechtes Gesims noch über die ganze Fassade durch, im Geschoß darüber aber ist bereits durch die unterschiedlichen Scheitelhöhen von Seitenfenstern und Rose, aber auch durch die Abtreppung des Gesimses jene Steigerung nach der Mitte eingeleitet, die im Galeriegeschoß durch eine parallele Abtreppung bekräftigt wird. Diese Fassadenlösung ist unverwechselbar: es ist die der Kathedrale von Laon (Fig. 14). Einzig ihr Rhythmus ist, der gestreckteren Gesamtproportion im Schaubild entsprechend, etwas übersteigert. Die Entsprechung betrifft auch so charakteristische Motive wie die doppelgeschossigen Tabernakel von Laon; allerdings sind sie aus dem Galerie- bzw. ersten Turmgeschoß, in dem sie sich am ausgeführten Bau finden, über die Portale übertragen, wobei auf die Ausbildung der Helme aus Platzmangel verzichtet werden mußte. Im Rosengeschoß folgt dagegen die Darstellung (abgesehen von den maßstabbedingten Vereinfachungen) der realen Fassade von Laon mit nahezu vollkommener Treue; sogar das charakteristische Motiv der Flankierung der beiden Fenster durch Doppelsäulen ist beibehalten.

Die eigentliche Entsprechung endet mit dem ersten Turmgeschoß. Das zweite, das in Laon durch die berühmten, auch von Villard de Honnecourt festgehaltenen Ecktabernakel ausgezeichnet ist, zeigt im Schaubild zwei von Giebeln bekrönte Öffnungen; die Darstellung ist jedoch – in Analogie zu jener der Baurisse – zweifellos räumlich zu lesen [32]; die beiden Elemente sind also übereck gestellt zu denken. Damit ist insofern wiederum eine Analogie zu der Turmlösung von Laon hergestellt, als der Aufriß der beiden oberen Turmgeschosse – im ersten Geschoß zwei, im zweiten drei Öffnungen – (abgesehen von dem Giebelmotiv [33]) dem eines einzigen doppelgeschossigen Ecktabernakels in Laon entspricht.

Aber selbst wenn die letztere Interpretation nicht zwingend ist, so hat das Vorausgegangene doch wohl deutlich gemacht: Die reifste und architektonisch am besten durchdachte Fassadenlösung innerhalb der Chorfenster von Reims, eben die *ECCLESIA SVGSSIONENSIS*, ist ohne Anlehnung an eine konkrete Fassadenzeichnung von Laon nicht zu denken.

Hier also sind nicht nur charakteristische Einzelheiten, sondern ist eine gebaute Architektur als Ganzheit in das Bewußtsein des Glasmalers eingegangen. Allerdings nicht die epochemachende der unmittelbaren Gegenwart, die „klassische" Fassade, sondern ein vor- bzw. frühklassisches Werk, dessen Bau schon etwa ein halbes Jahrhundert früher (um 1190) begonnen bzw. dessen Vollendung eine Baumeistergeneration zurücklag. Ist dies ein Zufall, oder können daraus Schlüsse gezogen werden?

---

[32] Zur projektiven Raumdarstellung in der Glasmalerei vgl. den Beitrag von E. BACHER, Der Bildraum in der Glasmalerei des 14. Jahrhunderts, in diesem Band. Es ist aufschlußreich, unsere Darstellung mit jener des Villard zu vergleichen, die nicht eine Vorlage wiederholt, sondern den vom Bauwerk ausgehenden Eindruck unmittelbar reproduziert. Villards Zeichnung des Turmes ist infolgedessen keine Projektion, sondern arbeitet mit „perspektivischen" Mitteln (vgl. HAHNLOSER, zit. Anm. 11, T. 19).

[33] Das Giebelmotiv erleichtert die räumliche Lesung des Motivs; es ist aber darüber hinaus erwähnenswert, daß es sowohl in den Westtürmen der Kathedrale als auch an jenen von Saint-Nicaise (zerstört) in Reims dann tatsächlich auftritt.

Gewiß nicht allzu weitgehende. Schon aus praktischen Gründen ist anzunehmen, daß das Anschauungsmaterial, das dem Glasmaler in diesem Fall zur Verfügung stand, nicht in ausgesprochenen Werkzeichnungen bestanden hat, sondern seinerseits bereits ein Schaubild war [34]. Derartige Schaubilder werden in der Hütte gewiß nicht beliebig vorhanden gewesen sein. Daß es gerade eines von Laon war, das dem Glasmaler zu Gebote stand, ist aber andrerseits nicht unwichtig – bezeugt dies doch wiederum den außerordentlichen Widerhall, den dieser Bau gefunden hatte, und zwar nicht nur jenseits des Rheins und im Zeugnis des Villard de Honnecourt, sondern – wofür auch anderes zeugt – ebenso in der Hütte von Reims.

Bei der bisherigen Charakterisierung der Schaubilder in den Hochchorfenstern sind wir so vorgegangen, als ob es sich um reine Fassadenzeichnungen handelte; dies ergibt sich sozusagen zwangsläufig, wenn man der Beurteilung Schwarzweißphotos bzw. die nach diesen und Diapositiven hergestellten Umzeichnungen zugrunde legt. Die Annahme ist freilich eine Fiktion, die sich dem vollen Verständnis dieser Architekturdarstellungen in den Weg stellt. Im unmittelbaren Eindruck nämlich tritt das zeichnerische bzw. struktive Gerüst vielfach – wenn auch bei den verschiedenen Schaubildern in unterschiedlichem Maß – hinter dem autonomen Farbgefüge zurück. Seine Selbständigkeit ist eine doppelte: Einmal besteht sie darin, daß ein einheitliches Architekturglied, etwa ein Turmkörper, in ein farbiges Flächenmuster aufgelöst werden kann, wobei seine struktive Einheit im optischen Eindruck untergeht (so in den Türmen des Schaubilds von „Noyon"); zum anderen – und dies ist vielleicht noch wichtiger – besitzt die Farbe selbst eine gewisse Freiheit gegenüber ihrer gegenstandsbezogenen Funktion. Diese Freiheit ist keine völlige, und sie ist auch nicht Willkür. So hat z. B. Weiß die stärkste Bindung an die Realität, es wird unmittelbar zur Materialbezeichnung eingesetzt: Wo Weiß auftritt, bedeutet es Stein bzw. Mauerwerk; aber nicht überall, wo Stein oder Mauerwerk gemeint ist, wird es in Weiß gegeben. Diese Unterscheidung kann der struktiven Verdeutlichung dienen wie im Fall des Schaubilds von „Tournai" (Fig. 8), wo die Zweifarbigkeit des Mauerwerks im Portalgeschoß – gelb an den Seiten, weiß über dem Mittelportal – die einzige Möglichkeit bietet, das risalitartige Hervortreten des Mittelteils (vgl. die Fassade von Saint-Remi vor der Restaurierung des 19. Jahrhunderts) zur Darstellung zu bringen, ohne auf Schattengebung oder perspektivische Hilfsmittel zurückgreifen zu müssen.

Jedenfalls unterstreicht Weiß den Realitätscharakter eines Architekturelements und verleiht ihm dadurch einen zusätzlichen Akzent – nicht zufällig sind sämtliche Rosen bis auf eine weiß wiedergegeben!

Andrerseits aber kommt dem Weiß die Aufgabe zu, das lineare Gerüst in der Fläche hervortreten zu lassen; daher sind die wichtigeren Umgrenzungslinien der Architekturglieder weiß herausgefaßt. Dies kann freilich zu Verunklärungen der architektonischen Zusammenhänge führen; so entsteht, wenn etwa weiße Arkaden ein blaues Wandstück tragen, wie im Schaubild von „Amiens", im optischen Eindruck eine räumliche Schichtung, die im architektonischen Konzept gar nicht enthalten ist.

---

[34] Solche Schaubilder haben sich freilich nördlich der Alpen und aus dem 13. Jh. nicht erhalten, aber sie müssen – um die Kontinuität in Anbetracht der langen Bauzeiten zu sichern – gewiß existiert haben.

In analoger Art wie Weiß ist auch Gelb häufig gegenstandsbezogen, es bedeutet dann Gold: als Schmuckteile empfundene Architekturelemente, wie Gesimse, Kapitelle, Wasserschläge, sind gelb gegeben (diese goldschmiedehafte Interpretation der Architektur ist übrigens bis in die Spätgotik zu beobachten).

In höherem Maß frei, das heißt nicht a priori gegenstandsbezogen, sind nur die bunten Hauptfarben, vor allem Rot und Blau, wobei dem Blau wiederum eine Sonderstellung zukommt; ist es doch die Farbe des Raumgrundes. Die Fassaden sind als Ganzes (mit einer Ausnahme) „vor" den blauen Grund gestellt; wenn ferner innerhalb der Fassade z. B. eine Arkadenreihe auf Blau steht, so wird dies Blau ganz selbstverständlich ebenfalls als Raumgrund gelesen – die Bogen öffnen sich in den Freiraum; wenn aber umgekehrt eine Partie der durch die Angabe der Fugenteilung ausdrücklich als kompakte Materie gekennzeichneten Mauer blau wiedergegeben ist, dann entsteht eine Ambivalenz: eindrucksmäßig verbindet sich dies Farbfeld dem Raumgrund, bedeutungsmäßig gehört es zu dem davor aufgerichteten Bauwerk. Diese Ambivalenz kann eine neue Dimension in das Bild hineintragen; so wird das ohnedies in seiner Bedeutung schon schillernde Giebelfeld mit dem Weltenherrscher im Schaubild von „Laon" (Abb. 42, Fig. 9, vgl. oben, S. 65) noch mehrdeutiger: Es ist von dem intensiven Blau des Hintergrunds erfüllt, aber – in Abweichung von den seitlich anschließenden Partien der Fassade – nicht ausdrücklich als Mauerwerk gekennzeichnet (vgl. dagegen das blaue Giebelfeld in „Tournai"); die Gestalt des Weltenherrschers, auch farbig in den Gegenfarbenklang Purpurviolett-Grün zur in sich ruhenden Einheit geschlossen, scheint in voller Körperlichkeit vor dem Raumgrund zu thronen und löst sich damit aus ihrer abbildhaften Funktion als Teil des architektonischen Ensembles. Die Farbgebung des Giebelfelds verleiht der Majestas Domini eine unmittelbare Präsenz, die weit über ihre Bedeutung für das Architekturgefüge hinausgeht, und rückt sie bedeutungsmäßig in eine Reihe mit dem Engel über dem Giebel, der schon vom größeren Maßstab her nicht mehr als bloßer Teil der Architektur, sondern als unmittelbar gegenwärtiger himmlischer Wächter zu verstehen ist.

Auch die Farbgebung der Architektur unterwirft sich also, gleich dem zeichnerischen Entwurf, in hohem Maß den Forderungen, die der Sinngehalt stellt.

Es zeigt sich allerdings, daß die farbige Interpretation der Fassaden im ganzen durchaus nicht in allen Schaubildern die gleiche ist. Sie ist es ebensowenig hinsichtlich des Farbgefüges als solchem wie auch im Hinblick auf das Verhältnis der Farbe zum Realitätscharakter der Architektur, wobei das eine das andere bedingt.

Die Spannweite reicht vom dichten, gesättigten Farbgewebe, in dem sich die Architektur, mit dem Hintergrund verschmelzend, auflöst (im Schaubild von „Noyon", übrigens dem einzigen, das nicht blauen, sondern rot-blau gemusterten Hintergrund hat), zu farbiger Beschränkung und klarer Absetzung der Farben voneinander, unter denen Weiß eine Hauptrolle zukommt. Wird in einem Fall der Realitätscharakter der Architektur durch die farbige Abstraktion in Frage gestellt, so wird er im anderen Fall unterstrichen: Das weiße Mauerwerk der Fassade hebt sich klar aus dem blauen Grund, während die Öffnungen in der Fassade selbst (Portal, Fenster, Rose) mit Rot hinterlegt sind und sich dadurch als nicht dem Raumgrund zugehörig zu erkennen geben. So konsequent ist diese realistische und zugleich farbig karge Interpretation der Architektur nur in dem verworfenen Schaubild von „Reims" im Querschiff verwirklicht (Abb. 30,

Fig. 11)³⁵; andere Fassaden nehmen eine Mittelstellung ein, wie die von „Tournai"
(Fig. 8), in der die Farbgebung einesteils die architektonische Struktur betont (siehe
oben), andernteils sie wiederum auflöst (in den Türmen).

In jenen beiden Schaubildern aber, die auch als architektonische Konzeptionen unser
Interesse besonders beanspruchen, in dem von „Laon" (Abb. 31, Fig. 9) und dem von
„Soissons" (Abb. 32, Fig. 13), ist der in der verworfenen Fassade von „Reims" so folge-
richtig und eindeutig eingeschlagene Weg zu einer die Realität zwar nicht in allen
Stücken abbildenden, aber ihr konformen Farbigkeit wohl nicht verlassen, jedoch in
einer ganz bestimmten Richtung abgebogen.

Die Farbgebung der Fassade von „Soissons" bringt das besonders klar zum Aus-
druck. Die weißen Flächen sind einem Schrumpfungsprozeß unterlegen; das Weiß hat
sich vom kompakten Mauerwerk auf jene Teile zurückgezogen, die das architektonische
Gefüge erläutern: Gesimse als Geschoßteilungen, Portalumrahmungen, Strebepfeiler,
Tabernakeleinfassungen in den Türmen. Zugleich sind dies im wesentlichen die stein-
metzmäßig bearbeiteten Glieder der Architektur, wozu natürlich auch die Rose gehört.
Die gesamten kompakten Mauerflächen (mit Ausnahme des obersten Geschosses der
Türme) aber sind blau und verfließen nahtlos mit dem Raumgrund, der im oberen Teil
überall zwischen den Säulchen der Galerie und durch die Turmtabernakel hindurch-
scheint. Im optischen Eindruck verwandelt sich so die zeichnerisch in ihren Baumassen
klar herausgearbeitete Fassade in ein dünnes weißes, nur spärlich mit Farben angerei-
chertes Gitterwerk, das dem Raumgrund körperlos aufliegt³⁶.

Man sieht: dort, wo die Annäherung an eine abbildhafte Architekturdarstellung am
größten ist, da tragen die Glasmaler zugleich Sorge, den Abbildcharakter, wo nicht auf-
zuheben, so doch umzudeuten zum Bild einer unkörperlichen Himmelsarchitektur.

Indem wir den Absichten der farbigen Interpretation wenigstens an einigen Beispielen nachgehen konnten, haben wir zugleich einen möglichen Einwand entkräftet:
nämlich den, daß Ausführung und Entwurf getrennte Wege gehen; in diesem Fall
hätte die Verwirklichung in Farbglas keinerlei Rücksicht auf das im zeichnerischen
Entwurf zum Ausdruck gebrachte Konzept genommen. Wir haben jedoch gesehen, daß
im Gegenteil die Beziehung der Farbe zum Entwurf eine äußerst differenzierte ist,
wobei die Farbigkeit ihre Aufgabe jeweils von einem übergeordneten Konzept erhält,
in dem die Gewichte zwischen Abstraktion und Darstellung verteilt werden.

II

Ohne daß wir uns aus den eingangs geschilderten Gründen auf eine chronologische
Ordnung der Schaubilder eingelassen haben, sind wir dennoch nicht darum herum-
gekommen, die Unterschiede zwischen ihnen im Sinn einer zeitlichen Entwicklung zu
deuten, in der die Gruppe im Chorhaupt, vor allem das Schaubild von „Soissons" im
Fenster Süd II, den äußersten erreichten Punkt darstellt. Dies ist so lange eine subjek-
tive Hypothese, als wir nicht wenigstens versuchen, die Architekturdarstellungen aus

---

³⁵ Die Architektur wirkt dadurch besonders kompakt. Dies ist es, was REINHARDT zweifellos empfunden
hat, wenn er von dem „style pesant et sobre" dieses Fensters spricht (zit. Anm. 1, S. 186).

³⁶ Im definitiven Schaubild von „Reims" (Abb. 29, Fig. 5) ist zwar das Weiß in der gleichen Weise zur Bildung
eines dünnen Stabgerüsts eingesetzt, da dieses aber – ebenso wie im verworfenen Schaubild – größtenteils mit
Rot hinterlegt ist, behält die Fassade eine gewisse flächige Kompaktheit.

dem luftleeren Raum, in den wir sie bisher versetzt haben, wieder in das lebendige Ensemble, dessen Teil sie sind, zurückzuführen; mit anderen Worten: die Betrachtung auf die Figuren wenigstens so weit auszudehnen, daß sich von ihnen aus eine Kontrolle unserer Gruppierung ergibt.

Für die monumentalen Bischofs- und Apostelgestalten hat Reinhardt den Versuch einer stilistischen Reihung bereits unternommen, wobei er die zum Teil nur aus den Darstellungsformeln gewonnenen Entwicklungsstufen jeweils mit einer Phase bzw. einem Atelier der Reimser Plastik gleichgesetzt hat [37]. Die Gleichsetzung, auf Analogien allgemeinster Art gegründet und von Reinhardt stillschweigend von den Figuren auf die ganzen Fenster ausgedehnt, erscheint aber nicht nur vom Ergebnis, sondern schon von der Methode her zweifelhaft.

Vor allem ist es nicht zulässig, von vornherein anzunehmen, daß die obere und die untere Zone jedes Fensters aus einem Guß sind; wo und bis zu welchem Grad dies der Fall ist, kann sich vielmehr erst aus einer Analyse der Einzelelemente ergeben.

Eine grundsätzliche Schwierigkeit, die sich einem direkten Vergleich der Figuren in den Fenstern mit den Skulpturen entgegenstellt, liegt darin, daß die Glasmalerei ihren eigenen figuralen Monumentalstil entwickelt hat, an dem der Zeitstil im allgemeinen nicht so direkt ablesbar ist wie an den auf Nahsicht berechneten freieren Figuren der „vitraux légendaires"; vielmehr wird er durch die dem Monumentalstil eigenen – auf Prägnanz und Ausdruckskraft in der Fernwirkung berechneten – stereotypen Darstellungsformeln gleichsam gefiltert. Aus den in stilistischer Hinsicht mehrschichtigen großen Aposteln, vor allem aber aus den Bischöfen der Reimser Chorfenster, muß also jeweils erst der eigentliche Zeitstil herausgeschält werden, bevor sie mit den Skulpturen verglichen werden können.

Dennoch erscheint Reinhardts Gedanke, die Reimser Skulptur zum Bezugpunkt für den Figurenstil der dortigen Glasmalerei zu wählen, aus mehreren Gründen fruchtbar: Als Werke der Glasmalerei sind die Reimser Bildfenster isoliert; in der Champagne haben sich weder gleichzeitige noch – außer in Orbais aus dem ersten Viertel des Jahrhunderts [38] – zeitlich nicht allzuweit vorangehende Glasmalereien erhalten. Die Figuren in den Bildfenstern aber sind außerordentlich verschieden voneinander (vgl. z. B. Abb. 40, 41 und 42); sie sind es nicht nur im Hinblick auf die Darstellungsformeln, vielmehr wandelt sich die gesamte Auffassung von der menschlichen Figur, und schon ein flüchtiger Blick lehrt, daß dieser Wandel der Auffassung jenem antwortet, der die Skulptur in Reims nach 1211 bis zur Mitte des Jahrhunderts ergriffen hat. Denn es ist zweifellos die Skulptur, die in Reims über eine Generation hinweg der unbestrittene Motor der künstlerischen Entwicklung ist, der immer wieder seine starke Ausstrahlungskraft beweist.

Wenn auch die Chronologie der Reimser Plastik noch keineswegs fixiert ist und sich infolgedessen über sie keine absolute Reihung der Reimser Chorfenster gewinnen läßt, so ist ihre Geltung als relatives Bezugssystem doch nicht zu bezweifeln: Eine Figur im Bildfenster, die „modernere" Züge – im Sinne der Reimser Skulpturentwicklung – zeigt als eine bestimmte Phase der Reimser Plastik, ist kaum als vor jener entstanden anzunehmen.

---

[37] REINHARDT (zit. Anm. 1), S. 187.
[38] Vgl. GRODECKI in: Le vitrail français (zit. Anm. 1), S. 117 f., Abb. 94.

Der Versuch, die Figuren der Bildfenster auf die Skulptur zu beziehen, ist also, sofern er nicht überspitzt wird, wohl gerechtfertigt. Eine Überspitzung wäre es, von Einzelmotiven, etwa gewissen Gewanddrapierungen, auszugehen; ebenso wären die Möglichkeiten des Vergleichs überfordert – das hat Reinhardts Versuch gezeigt –, wenn er verbindlich Beziehungen zu bestimmten Einzelwerken herstellen wollte. Das Individuelle hat außer Betracht zu bleiben, nur das im Sinne der Entwicklung Relevante kann den Vergleichsmaßstab abgeben.

Man wird also auf die in ihren künstlerischen Zielen klar voneinander unterschiedenen Phasen bzw. Ateliers (wofern es sich um Stildifferenzen handelt, die gleichzeitig auftreten) der nach 1211 geschaffenen Reimser Plastik zu blicken haben: auf die von Chartres ausgehende Phase des fließenden, antikisierenden Gewandstils in ihren vielfachen Schattierungen, von denen diejenige des „Visitatio-Meisters" am nachdrücklichsten in das allgemeine Bewußtsein gedrungen ist; ferner auf jenes Atelier, das – Anregungen des mittleren Westportals von Amiens aufnehmend und verarbeitend – die feinen Fältelungen und parallelen Querraffungen der fließenden Gewänder zugunsten mächtigerer Faltenzüge aufgibt, die scharfkantig und vielfach gerade eingeschnitten sind und ebenso endigen – für diese Phase sei hier nur auf die Königsfiguren in den Strebepfeilertabernakeln der beiden Querhäuser verwiesen; schließlich wird man auch die letzte Phase noch in die Betrachtung einbeziehen müssen, die sich möglicherweise unter dem Eindruck der Pariser Plastik geformt hat und für die wiederum meist ein einziger Meister, der „Josephsmeister", stellvertretend genannt wird. Während eine einheitliche Gewand- und Körperauffassung diese Phase kennzeichnet – ein Wechsel zarter und schwer fallender Gewandteile, wellender Säume, feiner Knickungen und mächtiger Draperien –, ist sie jedoch keineswegs zur Gänze auf die überspitzt-lebendige Steigerung des Ausdrucks verpflichtet, die den „Josephsmeister" kennzeichnet.

Unter solchen, lediglich auf die markanten Wendepunkte der Gesamtauffassung gerichteten Gesichtspunkten ergibt sich eine Ordnung der Figuren in den Bildfenstern zwanglos. Und nur um eine solche Ordnung im großen, nicht etwa um stilistische Ableitungen im eigentlichen Sinn, die innerhalb der Glasmalerei selbst geleistet werden müßten, kann es hier gehen.

Um aber die Schwierigkeiten, die der stärker chiffrierte Stil der Monumentalgestalten bietet, fürs erste zu vermeiden, seien zunächst jene Figuren herangezogen, die sich durch ihre enge Verbindung mit den hier primär betrachteten Architekturen dazu in erster Linie anbieten. Es sind die Engel über den Kirchenfassaden (Abb. 33 bis 38) und die Majestas Domini im Giebelfeld des Schaubilds von „Laon" (Abb. 42). Auf diese Weise umgeht man wenigstens zum Teil die schwierige Frage nachträglicher Umstellungen in den Fenstern, denn die Giebelengel gehören grundsätzlich zum Konzept der Kirchenfassaden. Freilich ist das Problem auch in diesem Teil der Fenster nicht ganz auszuschalten.

Es hat den Anschein, daß der Gedanke, die Architekturen mit Engeln zu bekrönen, erst während der Ausführung der altertümlicheren Gruppen von Kirchenfassaden aufgetaucht bzw. aus der realen Architektur übernommen worden ist (vgl. Anm. 14; ikonographisch allerdings folgen die Engel, die mit zwei Ausnahmen sämtlich Tuba blasend dargestellt sind, eher dem Typus des Gerichtsengels). In den Schaubildern von „Châlons" (Abb. 33, Fig. 3) und „Beauvais" (?) (Abb. 34, Fig. 4) ist der Engel im Gegensatz zu „Amiens" bereits da, aber seine Einführung hat dem Glasmaler sichtlich noch Schwierigkeiten bereitet. Klein und nichtssagend in „Châlons", ist er in „Beauvais" (?) zwar größer ausgebildet, aber zwischen die Turmhelme eingeklemmt (vgl. dagegen z. B. „Noyon", Fig. 6).

Die offenkundige Schwäche dieser beiden Lösungen hat Reinhardt zu der Annahme verführt, daß die Engel hier „après coup" hinzugefügt seien; sie ersetzten Kreuze gleich jenem in der ersten Fassung des Schaubilds von „Reims" im Transept (Fig. 11), das ebenfalls keinen Engel aufweist [39]. Dies trifft für „Beauvais" (?) schon deshalb nicht zu, weil sich der Engel ebenso wie z. B. in „Soissons" ohnedies über einem großen Kreuz erhebt, während er in „Châlons" entsprechend der Mehrzahl der übrigen Darstellungen auf einer Kugel steht. Tatsächlich deutet nichts auf eine nachträgliche Hinzufügung der Engelsfiguren hin [40].

Wohl aber entspricht die stilistische Spannweite zwischen diesen Bekrönungsengeln, vor allem jenem über „Beauvais" (?) (Abb. 34) [41] einerseits und dem über „Morinie" (?) (Abb. 36) andererseits, mindestens der zwischen den betreffenden Architekturdarstellungen (Fig. 4 und 7) und geht über Unterschiede der persönlichen Ausdrucksweise weit hinaus. In den beiden Figuren kommen tatsächlich ganz verschiedene Stilgrundlagen zu Wort.

In allen übrigen Engeln aber zeigt sich gegenüber jenen der Schaubilder von „Châlons" und „Beauvais" (?) nicht nur eine bessere Bewältigung der formalen Aufgabe, sondern auch eine Vergrößerung des Maßstabs, die mit einer Bedeutungssteigerung Hand in Hand geht. Diese gipfelt in der Engelsgestalt über der *ECCLESIA REMENSIS* des Achsenfensters (Abb. 37) – auch das Motiv des Engels (als einziger hält er ein Kreuz) hat also am bedeutungsmäßigen Primat dieses Fensters teil [42]. Übrigens bedeutet die Übersteigerung des Maßstabs des Engels gerade in jenen Schaubildern, in denen sich die Darstellung dem „Abbild" zu nähern scheint, eine Gegenbewegung, die eine Ordnung wiederherstellt, die nicht der Realität, sondern nur dem Sinngehalt verpflichtet ist.

Gehen wir – wie wir dies bereits bei der Betrachtung der Architekturen getan haben – von den polaren Lösungen aus, also von dem Engel über „Beauvais" (?) (Abb. 34) einerseits und jenem über „Morinie" (?) (Abb. 36) andererseits. Trotz seiner relativen Kleinheit – er ist fast zur Gänze in einem Feld untergebracht – ist der Engel über „Beauvais" (?) nicht vereinfachend wiedergegeben, vielmehr hat gerade er exakt ausgeführte und verhältnismäßig komplizierte Gewanddrapierungen. In ihnen begegnen einander zwei im Grund widerstreitende Tendenzen: In den weich fließenden

---

[39] REINHARDT (zit. Anm. 1), S. 186.

[40] Eine gewisse Unklarheit bezüglich des Verhältnisses von Engel und Fassade besteht allerdings im Schaubild von „Morinie" (?) (Abb. 36; der Engel besitzt hier sein eigenes Hintergrundfeld), worauf weiter unten zurückzukommen sein wird.

[41] Der Engel über „Châlons" (Abb. 33) ist zu klein und formal zu wenig prägnant, um eine wirklich eindeutige stilistische Beurteilung zu gestatten. Es sei aber doch angemerkt, daß er allein in seiner Gewandung den in den Engelsstatuen am Chor der Kathedrale vorherrschenden Typus – einfache hemdartige Tunika – aufnimmt.

[42] Wieweit der von REINHARDT (zit. Anm. 1, S. 186) vorgeschlagenen Gleichsetzung der abgebildeten neun (!) Suffragankirchen von Reims und ihrer Bekrönungsengel mit den sieben (!) Kirchen Kleinasiens ein realer Kern innewohnt, bliebe noch zu untersuchen.

Linien der in engen Parallelen geführten Falten verrät sich unzweifelhaft eine Berührung mit dem antikisierenden Gewandstil, wie er für die ganze erste Phase der Reimser Plastik nach 1211 charakteristisch ist; aber der Glasmaler gibt sich diesem Stil sozusagen nicht mit voller Überzeugung hin: die Draperiemotive – der stolaartig wegflatternde Mantelzipfel, das ausfächernde Untergewand – beanspruchen eine Selbständigkeit, die dieser Figurenstil eigentlich verweigert. Auch fehlt jede Andeutung einer Unterscheidung von Stand- und Spielbein und damit einer organischen Körperauffassung (vgl. das Standmotiv!). In solchen Manierismen verraten sich noch Leitbilder, die vor dem großen (zunächst in Sens und Laon vollzogenen) Umbruch zum gotischen Körper liegen; sie müssen etwa von der Art der Skulpturen des Westportals von Senlis oder der Collegiale von Mantes gewesen sein [43].

Jedenfalls also hat sich in dem Glasmaler, der die Aufgabe hatte, das Schaubild von „Beauvais" (?) mit einem Engel zu bekrönen, die Vorstellung von der menschlichen Figur noch nicht zu jenem einheitlichen Stilbild verfestigt, das ihm die antikisierende Phase der Reimser Plastik liefern konnte.

Demgegenüber bietet der Engel über „Morinie" (?) (Abb. 36) einen stilistisch geschlossenen und eindeutigen Eindruck, in dem auch das anders gewordene Faltenvokabular seine klar umrissene Funktion hat. Hier ist es tatsächlich der Körper, der die Formung des Gewandes bestimmt; leicht durchgebogen, wird er von der gegürteten Tunika artikuliert, während der locker drapierte Mantel ihn nicht verhüllt, sondern umspielt. Ungeachtet des Umstands, daß die Figur keine Standfläche besitzt, ist ihr Stehen dennoch überzeugend. Ist ihre statuarische Auffassung durch Gelöstheit und freie Beherrschung der Ponderation gekennzeichnet, so schließt sich die Silhouette mit dem leicht geneigten Haupt zu einer anmutig fließenden Linie, während die Falten nur in den großen Zügen einem tektonischen Duktus gehorchen, indessen die Binnenformen mit ihren schnörkelhaften Mulden ein ornamentales Eigenleben besitzen.

Es herrscht genau jene schwebende und wohllautende Ausgeglichenheit zwischen dem statuarischen Gesetz und der spielerischen Freiheit in der Behandlung des Stofflichen, welche die Apostel der Sainte-Chapelle in die Pariser Plastik eingeführt haben (vgl. die Gruppe im Cluny-Museum, vor allem den Johannes) [44].

In Reims selbst besteht eine Affinität weniger zu den in Ausdruck und Gestik pointierten Gestalten, wie sie für den „Josephsmeister" charakteristisch sind, als zu den beruhigteren Heiligen mit den harmonisch wellenden Gewandsäumen vom rechten Gewände des linken Westportals [45].

Es fällt schwer, den Engel über „Morinie" (?) vor diesen Figuren, die neuerdings um 1245–1255 angesetzt werden, entstanden zu denken. Die allgemeine Nähe zur Plastik der Jahrhundertmitte findet übrigens auch noch in anderen Beispielen Bestätigung.

Unter den Bekrönungsengeln ist der Stil dieses Engels isoliert; aber er begegnet noch ein zweites Mal mit identischen Merkmalen in der Majestas-Darstellung des Giebelfelds von „Laon" (Abb. 42). Dieselbe Lockerheit und „Natürlichkeit", die das Standmotiv des Engels über „Morinie" (?) auszeichnet, bestimmt auch das Sitzen dieser

---

[43] SAUERLÄNDER - HIRMER (zit. Anm. 23), T. 42–48.
[44] Ebenda, T. 184, Mitte.
[45] Ebenda, T. 207.

Figur; unter der üppigen Manteldrapierung (die sich unter den Schenkeln in weichen Faltenschnörkeln staut) besitzt der Körper plastische Gestalt.

Allerdings gelingt es nicht, für diese Sitzfigur, die so unmittelbar einer Tympanon-Skulptur nachempfunden scheint, ein direktes Vergleichsobjekt zu finden; dies nicht zuletzt deshalb, weil die Darstellungen in den Tympana der Portale vielfach einem anderen ikonographischen Typus, dem des Weltenrichters mit entblößtem Oberkörper und einseitig bis unter das Knie hinaufgezogenem Manteltuch, folgen (dies gilt auch für den Weltenrichter im Tympanon des Gerichtsportals am Nordquerhaus von Reims[46]. Die im Bildfenster wiedergegebene Tympanon-Skulptur des Weltenherrschers hält dagegen jenen Typus fest, der z. B. in der Chartreser Glasmalerei mehrfach begegnet. Gerade die Vergleichbarkeit bzw. die Zusammengehörigkeit in ikonographischer Hinsicht – z. B. mit dem segnenden Christus im Scheitel des Fensters 58 im Seitenschiff des nördlichen Querhauses (Parabel vom verlorenen Sohn)[47] oder auch mit dem Weltenrichter in dem nach Grodecki der spätesten Phase angehörigen Fenster 40 (hl. Pantaleon)[48] – macht den stilistischen und auch zeitlichen Abstand der Reimser Darstellung deutlich. Ein ausgereifter Spätstil hat die Herrschergebärde zur verbindlich-schönen Geste gewandelt. Das ist das gleiche Sentiment, das hinter der Umbildung der mächtigen, blockhaften Engelskulpturen vom Reimser Chorhaupt zum „ange au sourire" oder zu seinem Gegenstück am linken Westportal zu spüren ist.

Eine ähnlich freie Haltung der locker und üppig drapierten Körper begegnet auch an den Sitzfiguren in den Archivolten der Westportale[49].

Angesichts dieses gemeinsamen Stilniveaus wird man die Majestas-Darstellung nicht vor der Mitte der vierziger Jahre des 13. Jahrhunderts entstanden denken können.

Zugleich warnt das Beispiel des Weltenherrschers, in dem eine Beziehung zur Plastik nur im sehr allgemeinen Sinn einer Phasengleichheit festzustellen ist, davor, dem Vergleich zuviel zuzumuten[50].

Zwischen die beiden Bekrönungsengel von „Beauvais" (?) und „Morinie" (?), welche die am weitesten auseinanderliegenden Punkte der stilistischen Entwicklung bezeichnen, schiebt sich – von ihnen durch eine ebenfalls scharf umrissene Eigenart unterschieden – der große Engel über der *ECCLESIA REMENSIS* des Achsenfensters (Abb. 37).

Noch deutlicher als in allen anderen Engeln setzt sich in der klaren Gewandbehandlung dieser Figur, der Unterscheidung von Stand- und Spielbein, der durchaus plastisch

---

[46] Ebenda, T. 236.

[47] Y. Delaporte - E. Houvet, Les vitraux de la cathédrale de Chartres, Chartres 1926, T. CLIII; vgl. auch Fenster 17 (Zodiakus) und 135 (T. CCXLIII), wo die Anordnung mit den beiden Leuchtern zu seiten des Thrones der im Reimser Bildfenster gleicht.

[48] L. Grodecki, Chartres, Paris 1963, Farbt. auf S. 171, rechts; Delaporte - Houvet (zit. Anm. 46), T. CXVII.

[49] Sauerländer - Hirmer (zit. Anm. 23), T. 214, 221.

[50] Man könnte hier fragen, warum überhaupt die Plastik bemüht und warum nicht besser die vermutete Pariser Quelle dieses Stils gleich in der Pariser Glasmalerei aufgesucht wird, von der wir in der Sainte-Chapelle ein ebenso hervorragendes wie vielgestaltiges Dokument besitzen. Der Stil der Sainte-Chapelle ist aber – ungeachtet der Unterschiede der Malerpersönlichkeiten – bereits das Ergebnis einer vereinheitlichenden Stilabschleifung für die besonderen Erfordernisse der Aufgabe. In unserem Fall, wo es überhaupt erst um eine Fixierung innerhalb einer relativen Chronologie geht, ist die Skulptur, wie oben schon dargelegt wurde, das verläßlichere Bezugssystem.

empfundenen Faltenkaskade rechts, eine statuarische Auffassung durch. Die feierliche Frontalität der Figur – bedingt durch ihre bedeutungsmäßige und kompositionelle Sonderstellung – schafft eine innere Nähe zu Monumentalgestalten. In der Tat besitzt die Stilstufe dieses Engels eine sehr genaue Entsprechung in der Skulptur von Reims. Man vergleiche etwa die Christusstatue am Trumeau des Gerichtsportals [51].

Entscheidend sind nicht motivische Ähnlichkeiten der Gewanddrapierung (wenngleich der Trumeau-Christus sich dieser besonderen Ähnlichkeit wegen zum Vergleich eher anbietet als einige grundsätzlich ebenso vergleichbare Königsfiguren in den Tabernakeln der Querhaus-Strebepfeiler, etwa der sogenannte „hl. Ludwig"), sondern nur die bestimmende Einstellung zu Körper und Gewand. Es ist jener Augenblick in der Entwicklung der Reimser Plastik, in dem die Begegnung mit der Antike zwar nachwirkt – ihr verdankt die Figur die Ponderierung, die Unterscheidung von Stand- und Spielbein und die ruhige Gelassenheit des Ausdrucks –, in dem aber zugleich das Gewand eine selbständige Sprache mit neuen Vokabeln zu sprechen beginnt; die Sprache stereometrischer Formen, die scharfgratige Drapierungen und jene mit geraden Röhrenfalten besetzten Untergewänder hervorbringt, welche wie kannelierte Säulen wirken.

Dieser Augenblick der Ausgeglichenheit im sich anbahnenden Stilumbruch spiegelt sich in der Engelsfigur des Achsenfensters genauso deutlich wie im Trumeau-Christus vom Gerichtsportal. Den Prüfstein dafür, daß wir keiner subjektiven Interpretation nachgeben, sondern daß zwischen diesen beiden Äußerungen verschiedener Kunstgattungen tatsächlich eine besondere innere Verwandtschaft und Phasengleichheit besteht, bildet der Vergleich einerseits mit Werken der eigentlich antikisierenden Richtung, andererseits mit den Statuen des mittleren Westportals von Amiens. Der Engel im Achsenfenster ist gegenüber beiden Gruppen von der gleichen unverwechselbaren Andersartigkeit wie der Reimser Trumeau-Christus, und die Charakterisierung dieser Andersartigkeit durch Sauerländer kann vom Christus wörtlich auf den Engel übertragen werden [52].

Wie verhält es sich aber mit den vier übrigen Engelsfiguren? Ikonographisch (abgesehen vom Engel über „Soissons") auf dasselbe Motiv – das Blasen der Tuba – verpflichtet, bietet ihr Stil unterschiedliche Abwandlungen und Übergänge zwischen den beiden Polen, die durch den Engel über „Beauvais" (?) (Abb. 34) einerseits und den über „Morinie" (?) (Abb. 36) andererseits markiert sind. Obwohl erstaunlicherweise jeder der vier Engel – ebenso wie die drei schon betrachteten – seinen individuellen Stil besitzt, der sich innerhalb der Chorlanzetten nicht wiederholt, schließen sie sich doch zu Gruppen zusammen, die eine gewisse Beziehung zur topographischen Abfolge der Fenster erkennen lassen.

Auf die beiden altertümlichsten Engel bzw. Schaubilder „Châlons" und „Beauvais" (?) in den beiden westlichen Chorschrägen (Nord III und Süd III; zu ihnen gehört auch

---

[51] Die vor 1914 von der noch vollständigen Statue gemachten Aufnahmen zeigen die Details stark durch die Restaurierung des 19. Jhs. entstellt. Zum Vergleich empfiehlt sich die Frontalansicht bei SAUERLÄNDER - HIRMER (zit. Anm. 23), T. 236.

[52] Es ist im übrigen durchaus möglich, daß es in dem noch unveröffentlichten Bestand der im Ersten Weltkrieg so schwer in Mitleidenschaft gezogenen Reimser Plastik Skulpturen gibt, welche, über die stilistische Phasengleichheit hinaus, auch noch unmittelbare ikonographische Entsprechungen zum Engel des Achsenfensters bieten.

noch „Amiens" in Nord IV, das keinen Bekrönungsengel besitzt) folgen nämlich auf der Südseite, gegen Westen fortschreitend, zwei Engelsfiguren, die bei aller Verschiedenheit voneinander doch eine gemeinsame Tendenz erkennen lassen. In beiden Engeln, nämlich jenem über „Noyon" in Süd IV (Abb. 38) und jenem über „Tournai" in Süd V (Abb. 35), tritt das überkommene Vokabular der Muldenfalten nicht mehr in den ihnen adäquaten fließenden Zusammenhängen, sondern innerhalb eckiger und zusammenhangloser Formen auf.

In analoger Weise bilden die drei östlichsten Fenster eine Gruppe, in der freilich der bereits betrachtete Engel über „Reims" im Achsenfenster (Abb. 37) die beiden anderen (Abb. 31 und 32) an formaler Prägnanz und Ausdruckskraft überragt. Gemeinsam ist allen drei Engeln die Stilgrundlage der voluminösen und zugleich eckig gebrochenen Faltengehänge; im linken Engel der Chorschlußgruppe, jenem über „Laon" (Abb. 31), scheint allerdings der Augenblick der statuarischen Ausgeglichenheit, die den Engel des Achsenfensters auszeichnet, schon überschritten; sie weicht hier einer gewissen Auszehrung und zugleich Abschleifung der Formen. Es ist dies eine Tendenz, die gegen die Jahrhundertmitte in der Glasmalerei auch in der Sainte-Chapelle beobachtet werden kann und die sich in den beiden folgenden Jahrzehnten in manieristischer Weise steigert (vgl. die großen Engelsgestalten in Amiens von 1269 [53]). Es fällt aber auf, daß zwischen dem Engel über „Laon" und der Majestas-Darstellung im Giebelfeld dieses Schaubilds (Abb. 42) keine unmittelbare Stileinheit besteht; wie eine Engelsfigur auszusehen hat, der die zugleich freie und üppige Gewandauffassung des Weltenherrschers eignet, lehrt – worauf wir schon oben eingegangen sind – der im vorletzten Fenster der Nordseite (Nord V) das Schaubild von „Morinie" (?) bekrönende Engel (Abb. 36). Er befindet sich dort einer altertümlichen Gruppe benachbart, und auch sein Gegenstück im Fenster Süd V (Abb. 35), das er erstaunlicherweise ikonographisch getreu seitenverkehrt wiederholt, gehört, wie wir gesehen haben, einer früheren Stilphase an. Dagegen entsprechen die Schaubilder der beiden gegenüberliegenden Fenster Nord V und Süd V, „Morinie" (?) (Fig. 7) und „Tournai" (Fig. 8) einander auch stilistisch sehr weitgehend; der Engel von Nord V ist also in dieser Fenstergruppe ein Fremdkörper, und tatsächlich gibt es ein Indiz dafür, daß er wirklich „après coup" hinzugefügt ist (vgl. Anm. 40); er besitzt nämlich sein eigenes Hintergrundmuster, das von dem übrigen Hintergrund dieses Fensters ganz abweicht, entbehrt aber dafür die übliche Stand-„Fläche" (Kugel oder Kreuz). Eine zwingende Erklärung für die nachträgliche Einfügung gibt es nicht; da wir den Stil dieses Glasmalers aber, wie oben dargelegt wurde, auch in einem der östlichen Chorfenster antreffen, wird die Hinzufügung bzw. Auswechslung wohl noch vor dem Abschluß der Chorverglasung erfolgt sein. Bei der Beurteilung dieser Frage ist der mutmaßliche Umfang des Reimser Ateliers zu berücksichtigen, haben wir doch einen wichtigen Teil der Chorverglasung – die Rosen –, ebenso wie die gewiß schon vor dem Abschluß der Arbeiten am Chor begonnenen Langhausfenster, überhaupt nicht in unsere Untersuchung einbezogen.

---

[53] Farbige Abb. in: E. v. WITZLEBEN, Licht und Farbe aus Frankreichs Kathedralen, Augsburg 1967, T. XXV. Der Engel über „Soissons" scheint übrigens ziemlich ergänzt zu sein, sein Kopf könnte eine moderne Paraphrase des originalen Engelkopfes über „Morinie" (?) (Abb. 32, 36) sein.

Die Einbeziehung der mit den Schaubildern verbundenen Bekrönungsengel in die Betrachtung hat zwar die offenen Fragen nicht zu lösen vermocht, aber dem Bild doch klarere Züge verliehen. Nun, da wir seine wesentlichen Umrißlinien kennen, ist es auch möglich, den Platz der monumentalen Apostelgestalten in der oberen Fensterhälfte, die nicht notwendig zum unteren Teil gehören müssen, sowie den der Apostel in den Nebenbahnen zu fixieren. (Von den thronenden Bischofsgestalten kann, weil sie stärker schematisiert und formal unfreier sind, bei dieser ersten annäherungsweisen Befassung abgesehen werden.)

Tatsächlich finden wir in den Aposteln die stilistische Aussage der Engelsfiguren fast durchwegs bestätigt, in einigen Fällen sogar schärfer artikuliert. Matthäus über „Amiens" in Fenster Nord IV (Abb. 40) und Jacobus über „Beauvais" (?) in Fenster Süd III (Abb. 39) kennzeichnen die gleiche manierierte Spielart des antikisierenden Gewandstils, die wir schon am Engel über „Beauvais" (?) (Abb. 34) aufgezeigt haben: Die Parallelfalten verdichten sich zu kompakten, um die Körper geschlungenen Wülsten – Motive, die im ersten Jahrzehnt des 13. Jahrhunderts auch in den Gewändefiguren des mittleren Nordportals von Chartres gelegentlich aufklingen (vgl. Moses [54]), aber dort in eine wesentlich klassischere Gesamthaltung eingeschmolzen sind. In diesen beiden Fenstern besteht also eine Parallele zwischen der Altertümlichkeit des Figurenstils und der Altertümlichkeit der Architekturdarstellungen. Im Apostel Philippus über „Châlons" in Fenster Nord III (die Apostel über den Bischöfen in den Nachbarbahnen gehören ebenfalls dieser Stilstufe an) machen sich dagegen nicht nur Anzeichen einer Beruhigung, sondern in der Knickung der Borte auch solche einer Verhärtung des Gewandes bemerkbar, und das gleiche dürfte bei der Madonna über der *ECCLESIA RENENSIS* des verworfenen, jetzt im Querschiff eingebauten Achsenfensters der Fall sein, sofern ihre starke Erneuerung nicht den Eindruck verfälscht.

Diese Verhärtung steigert sich vor allem in den beiden Aposteln des Fensters Süd IV, nämlich Bartholomäus über „Noyon" (Abb. 43) und Simon in der Nachbarbahn, zu einer nervösen Sprödigkeit, die geradezu an den zackbrüchigen Stil erinnert, sich aber erstaunlicherweise für die Binnenformen noch immer der Chiffren des Muldenfaltenstils bedient, wobei sich die Schlingen zu eckigen Häkchen umbilden. Mit dem gleichen Stilmaterial geben sich Markus über „Tournai" (Abb. 44) und Matthias in der anderen Bahn des Fensters Süd V etwas weniger expressiv. Die nämlichen Stilbrechungen waren aber auch an den Bekrönungsengeln von „Noyon" und „Tournai" (Abb. 38, 35) zu beobachten. Die Erscheinung hat übrigens eine Parallele in der Reimser Plastik, und zwar am Gerichtsportal; dessen beide innerste Gewändefiguren, die Apostelfürsten Petrus und Paulus, bilden den Stil der engen weichfließenden Falten in gleicher Weise zu expressiven, unruhigen Formen um, ohne indessen seine Grundlagen ganz zu verlassen [55].

In den Figuren über den Schaubildern der drei Ostfenster I, Nord II und Süd II

---

[54] SAUERLÄNDER - HIRMER (zit. Anm. 23), T. 82.
[55] SAUERLÄNDER - HIRMER (zit. Anm. 23), T. 240, 244, S. 165. – REINHARDT (zit. Anm. 1, S. 187) hat schon auf die Verwandtschaft des „2. Stils" der Chorfenster mit den beiden Apostelskulpturen hingewiesen; er subsummiert unter dem „2. Stil" mit Ausnahme der Bahn mit der Darstellung von „Noyon" jedoch andere Fenster, als wir hier in Vergleich gesetzt haben.

– im Achsenfenster nimmt eine Maria mit Kind den Platz des Apostels ein – wird das Vokabular des Muldenfaltenstils mit seinen Querraffungen endgültig verlassen; das Gewand, das an Volumen gewonnen hat, fällt senkrecht in Schüsselfalten oder ondulierenden Kaskaden. Allerdings – und darin finden die schon an den Bekrönungsengeln abgelesenen Phasenunterschiede eine Bestätigung – fixieren die Monumentalfiguren der drei Ostfenster verschiedene Stadien des Prozesses der Umbildung zur hochgotischen Gewandfigur. Der Apostel Andreas über „Soissons" in Fenster Süd II besitzt zwar, ebenso wie Petrus in der rechten Bahn dieses Fensters, bereits das neue Volumen von Körper und Gewand – seitliche Draperiekaskaden, senkrechte Faltenbahnen –, aber in diesen sind noch – freilich höchst unorganisch – Rudimente der traditionellen Muldenfalten angebracht. In diesem Fenster erweist sich der Bekrönungsengel fortgeschrittener als die beiden Apostel.

Die Aneignung eines Vokabulars, das als Ausdrucksmittel dem neuen Figurenstil gerecht wird, ist in den Monumentalfiguren des Achsenfensters (links Maria, rechts Kreuzigung[56]) und in den Aposteln des Fensters Nord II vollzogen.

Dennoch bestehen auch zwischen ihnen charakteristische Unterschiede, die hier freilich nur angedeutet werden können. Das eigentliche Pendant zur inneren Monumentalität und ausgewogenen Statuarik des Engels über der *ECCLESIA REMENSIS* (Abb. 37) bildet der Apostel Paulus in der rechten Bahn des Fensters Nord II (Abb. 45), dessen „natürlich" fallende üppige Faltenbäusche durch zahlreiche Sprungbleie beeinträchtigt sind. Im Apostel Jacobus der linken Bahn dieses Fensters, über „Laon", setzt sich dagegen eine ähnliche Verdünnung der organischen Form und eine Angleichung des Kontures an eine Gerade durch wie im Bekrönungsengel dieser Bahn (Abb. 31).

Es scheint, daß auch St. Barnabeus, über „Morinie" (?) in Fenster Nord V, diese Phase vertritt, wenngleich seine ursprüngliche Faltenführung in der verunklärenden Notverbleiung (ebenso wie beim Nachbarapostel in diesem Fenster) kaum mehr lesbar ist.

Die Isolierung des Bekrönungsengels über „Morinie" (?) (Abb. 36) bleibt also bestehen. Ehe versucht werden kann, aus diesem Befund Schlüsse auf die Hochchorverglasung im ganzen abzuleiten, ist noch zu fragen, ob die Apostel in den beiden westlichsten Fenstern Nord VI und Süd VI, die keine Schaubilder besitzen, sich dem gewonnenen Bild einfügen oder ob sie es nach irgendeiner Richtung erweitern (dafür ist die Frage ihrer ursprünglichen Bestimmung irrelevant).

Die vier Apostel gehören, ungeachtet von Unterschieden der Handschrift, aufs engste zusammen (zwei davon – jener in Bahn M von Nord VI und jener in Bahn 2 O A von Süd VI – sind sogar nach einer Schablone, jedoch seitenverkehrt gearbeitet). Sie vertreten die an der Antike orientierte Phase zum Teil in einer „klassischeren", das heißt weniger durch manierierte Wulst- und Schlängelfalten umgedeuteten Schattierung als die Apostel über den Kirchenschaubildern. Die innere Verwandtschaft zur Skulptur ist enger als bei jenen. In dem Apostel der Bahn OA des Fensters Süd VI etwa (Abb. 41) scheinen nicht nur der Gewandstil, sondern auch das Sentiment der Apostel

---

[56] Gesamtabbildung der Fenster bei REINHARDT (zit. Anm. 1), S. 43; Kreuzigung abgebildet in: M. AUBERT, Le vitrail en France, Paris 1946, T. XVI.

Jacobus major und Johannes vom rechten Gewände des Gerichtsportals[57] ihre unmittelbare graphische Übersetzung gefunden zu haben, wobei wohl dem Maler die in ihrer Ausgeglichenheit gültigere Lösung gelungen ist.

Im gegenwärtigen Stadium unseres Wissens um die Zusammenhänge wäre es verfrüht, eine Meinung darüber äußern zu wollen, in welchem absoluten zeitlichen Verhältnis diese „klassische" Phase des Figurenstils zu jener steht, in der stilistisch noch ältere formale Elemente mitschwingen, wie in der Engelsfigur über „Beauvais" (?) (Abb. 34); es wäre dies um so müßiger, als sich in den Aposteln (vgl. den Jacobus minor über „Beauvais" (?), Abb. 39, z. B. mit jenem der Bahn 2M des Fensters Nord VI) die Stilmerkmale überlagern, die Unterschiede verwischen.

Wohl aber hat sich gezeigt, daß der Figurenstil in der Hochchorverglasung von Reims tatsächlich die nämlichen Phasen durchläuft, die gleichen Stilumbrüche mitmacht wie die Reimser Skulptur in der Spanne von der Aufnahme der Arbeit bis zu den reifsten Statuen an den Westportalen[58]. Damit bestätigen die Figuren die zeitliche Erstreckung einer Entwicklung, die wir schon unabhängig aus den Architekturschaubildern, denen hier primär unser Interesse gilt, abgeleitet haben. In der Zeitspanne, die mit einem Vierteljahrhundert ungefähr umrissen sein dürfte, wird in den Architekturschaubildern von Reims tastend jener Weg betreten, der schließlich dorthin führt, wo die „Wirklichkeit" zwar nicht der einzige, aber ein wesentlicher Maßstab der Darstellung wird.

Wir können leider nicht mehr rekonstruieren, an welcher genauen Stelle der Reihe der zehn Schaubilder die verworfene *ECCLESIA RENENSIS* (Fig. 11, Abb. 30) zeitlich einzufügen ist (gerade hier komplizieren die heute mit dem Schaubild verbundenen Figuren die Frage mehr, als daß sie sie klären); in dieser Kirchenfassade ist es aber jedenfalls, wo man sich dem Neuen am vorbehaltlosesten überantwortet hat – hier allein wird der Wirklichkeitsgehalt des Motivs auch von einer „realistischen" Farbgebung unterstützt. Es scheint aber – und dies ist an jenen Schaubildern klar abzulesen, die zeitlich dem verworfenen Schaubild von „Reims" zweifellos nachfolgen –, daß man vor den Konsequenzen des dort getanen Schritts erschrak, oder auch nur, daß zu fremd anmutete, was dort begonnen war.

So werden wir zu Zeugen eines komplizierten Prozesses: Die Wirklichkeit, einmal zugelassen, kann nie mehr ausgeschlossen werden; im Gegenteil – an der Krücke der konkreten Bauhüttenzeichnung lernt man, sich ihr auf eine subtilere und zugleich umfassendere Art zu nähern. Aber gleichzeitig wird ängstlich darauf geachtet, daß die Wirklichkeitsnähe des Vorwurfs das idealistische System selbst nicht antastet (die Darstellung ihrerseits ist – gleich der Architektenzeichnung – ohnedies bereits eine abstrahierende „Übersetzung" realer Sachverhalte[59]). Zum Mittel, das idealistische System aufrechtzuerhalten, wird, nebst dem Bedeutungsmaßstab, ein eigenes, in sich logisches farbiges System.

---

[57] SAUERLÄNDER - HIRMER (zit. Anm. 23), T. 241.

[58] Dieses Ergebnis steht im wesentlichen mit der von GRODECKI in: Le vitrail français (zit. Anm. 1), S. 140, vorgeschlagenen stilistischen und zeitlichen Ordnung in Übereinstimmung, versucht sie jedoch etwas näher zu präzisieren.

[59] Raummangel verbietet hier, dem Zusammenspiel der vorwaltenden projektiven und der beschränkt ebenfalls vorhandenen „perspektivischen" Darstellungsformen nachzugehen.

So ist ein Weg gefunden, der eine fast beliebige Annäherung an die Wirklichkeit gestattet, ohne doch die Basis allen mittelalterlichen Denkens zu untergraben [60].

Abbildungsnachweis. E. Frodl-Kraft, Wien: Abb. 2; sämtliche übrigen Abbildungen: Archives photographiques des Monuments Historiques, Paris. – Sämtliche Nachzeichnungen (nach Farbdiapositiven der Verf. bzw. den Photomontagen der Monuments Historiques, Paris) von Dipl.-Ing. G. Masanz und Dipl.-Ing. G. Polansky.

---

[60] Das Ende unseres Versuchs wäre erst der Beginn der eigentlichen Untersuchung der Reimser Hochchorverglasung. Sie hätte das zu leisten, was hier nicht einmal angeschnitten werden konnte, nämlich die Behandlung der Bildfenster im Zusammenhang der Glasmalerei. So haben wir z. B. zwar die Rolle der Chorfenster von Saint-Remi für die Entwicklung des Programms erwähnt, aber nicht danach gefragt, wieweit diese Verglasung als unmittelbare Stilquelle in Betracht kommt. Über die Wurzeln des reifsten Reimser Figurenstils wiederum, jenes des Bekrönungsengels über „Morinie" (?), wird wohl am ehesten die Auseinandersetzung mit der spätesten Chartreser Phase im Nordquerhaus (vgl. vor allem die thronende Maria in der Rose) Klarheit bringen können. Schließlich wird für eine Fixierung des Stils im engeren Sinn der verwendeten Stilformeln die Identität des Formulars zu berücksichtigen sein, die vor allem zwischen den Apostelfiguren der beiden westlichsten Fenster Nord VI und Süd VI (vgl. Abb. 41) und einer Gruppe von Figuren im Skizzenbuch des Villard de Honnecourt besteht (vgl. z. B. den „Sitzenden"; HAHNLOSER, zit. Anm. 11, T. 49).

Alle diese Fragen aber können natürlich nur im Zusammenhang mit den Glasmalereien der Rosen und vor allem erst auf Grund einer exakten Aufnahme des Bestandes behandelt werden.

DER BILDRAUM IN DER GLASMALEREI
DES 14. JAHRHUNDERTS

VON ERNST BACHER

Das Bild der mittelalterlichen Glasmalerei wird durch eine ganze Reihe spezifischer Kompositionsformen bestimmt, Bildformen, in denen die figürlichen Darstellungen oft nur einen verhältnismäßig kleinen Raum einnehmen und der Gesamtzusammenhang eine etwas andere Rolle spielt als in den gleichzeitigen Bildkompositionen der Wand- oder der Tafelmalerei. Es ist üblich, und man ist im allgemeinen daran gewöhnt, als Kriterien für eine stilistische Beurteilung in erster Linie die figürlichen Darstellungen heranzuziehen und dementsprechend entwicklungsgeschichtliche Zusammenhänge vorwiegend im Rahmen des Figurenstils und seiner Veränderungen zu sehen. Der vorliegende Beitrag ist im Gegensatz dazu hauptsächlich jenen Teilen und Aspekten der Bildkomposition gewidmet, die bei einer solchen Betrachtungsweise meistens zu kurz kommen, nämlich den Bildformen als Ganzes, dem weiteren, größeren Zusammenhang, dem die figürlichen Darstellungen eingeschrieben sind. Innerhalb dieses Rahmens soll darüber hinaus ein Gesichtspunkt in den Vordergrund gestellt werden: die Gestaltung des Bildraumes.

Der in dieser Hinsicht interessanteste Entwicklungsabschnitt innerhalb der mittelalterlichen Glasmalerei ist das 14. Jahrhundert, denn ebenso wie für die Wand- oder Tafelmalerei bedeutete auch für die Glasmalerei der Einfluß, der von der italienischen Malerei des frühen 14. Jahrhunderts ausging, einen entscheidenden Wendepunkt in der Entwicklung. Ebenso wie dort hatten auch hier die Impulse, die von der Kunst Giottos und seiner Nachfolger ausgingen, eine schrittweise Umbildung der Bildkompositionen zur Folge, war die Rezeption trecentesker Formulierungen für lange Zeit eine Art Maßstab für die Modernität der Darstellungsweise.

Um diesen ganzen Entwicklungszusammenhang besser zu verstehen, müssen wir uns zuerst mit der Ausgangssituation, mit den Bildfenstern des frühen bzw. der ersten Hälfte des 14. Jahrhunderts auseinandersetzen und die Kompositionsformen bzw. die Darstellungsweise der hochgotischen Glasmalerei unter diesem Gesichtspunkt näher betrachten. Dabei gerät man nun gleich in gewisse Schwierigkeiten mit der Verwendung des Begriffes Bildraum; es ist ja im allgemeinen üblich, diesen Terminus im engeren Sinn erst im Zusammenhang mit der anschließenden, von der trecentesken Malerei geprägten Entwicklungsphase zu verwenden, das heißt erst ab dem Augenblick davon zu sprechen, da die tiefenräumliche Ausdehnung einer Bildkomposition anschaulich dargestellt ist, wo also der illusionistische Charakter des Bildraumes die Anwendung dieser Bezeichnung eigentlich erst erlaubt. Im Gegensatz dazu weisen nun aber die Bildkompositionen der ersten Hälfte des 14. Jahrhunderts bekanntermaßen kaum Andeutungen derartiger Gestaltungsmittel auf, im Gegenteil, sie scheinen besonders daraufhin angelegt, jede Andeutung eines tiefenräumlichen Zusammenhanges zu vermeiden. Das heißt nun aber nicht, daß hier auf jede Intention eines Bildraumes verzichtet ist, denn bei näherer Betrachtung zeigt sich, daß diese Dimension im Konzept solcher Kompositionen sehr wohl vorhanden ist, nur eben in einer besonderen Art und Weise, die mit der geläufigen Vorstellung eines Bildraumes nichts zu tun hat, ja dieser geradezu entgegengesetzt ist. Zum Verständnis dieser Darstellungsweise, die für uns besonders interessant ist, weil sie die unmittelbare Vorstufe und eine Art Voraussetzung für die folgende Entwicklungsphase, für die Entstehung des Bildraumes im engeren Sinn, bildet, müssen wir etwas weiter ausholen und näher darauf eingehen.

Wie schon erwähnt, fällt bei der Betrachtung der Bildfenster des 14. Jahrhunderts das Schwergewicht, häufig sogar das Übergewicht, auf, das gewisse „Rahmenformen" vor der eigentlichen Bilddarstellung besitzen. Es handelt sich dabei entweder um Medaillon- oder Paßformen, häufiger aber um architektonische Rahmengerüste, die zumeist ganze Fenster oder zumindest größere Einheiten zu einer Komposition zusammenfassen (Abb. 46, 48, 51). Alle diese Bildformen gehen in der Art, wie sie in der ersten Hälfte des 14. Jahrhunderts auftreten, auf eine längere Tradition zurück. Ihre Herkunft und Funktion im Verlauf ihrer Entwicklung bis zu dieser Form lassen sich nur aus einem speziellen Wesenszug der Glasmalerei verständlich machen, ein Wesenszug, der uns auch im weiteren noch beschäftigen wird, das ist der enge strukturelle Bezug der Glasmalerei zur Architektur, zu dem Gesamtorganismus, dem sie als ein adäquater Teil eingeordnet ist. Es ist in diesem Zusammenhang nicht notwendig, auf die vorausgehende Entwicklung, deren Ausgangspunkt die umfassende Einheit der gotischen Kathedrale des frühen 13. Jahrhunderts bildet, näher einzugehen, es soll nur die dort verankerte Gebundenheit der Glasmalerei an den übergeordneten Gesamtorganismus der Architektur hervorgehoben werden, eine Beziehung, die für das Verständnis der verschiedenen Bild- und Kompositionsformen und der damit verbundenen Darstellungsweise unbedingt notwendig ist. Von diesem Gesamtzusammenhang her gesehen, hatten diese Rahmenformen – um bei diesem nicht ganz zutreffenden Begriff zu bleiben – die Aufgabe, die eigentlichen Bildkompositionen, also die figürlichen Darstellungen, in den Wandaufriß einzubinden, das heißt, sie stellten sowohl in formaler als auch in gedanklicher Hinsicht gewissermaßen das Medium zwischen den beiden Realitätsebenen des Bildes auf der einen und der umgebenden Architektur auf der anderen Seite dar. Diese Funktion war von Anfang an ein bestimmendes Moment für die Form dieser Rahmenmotive, ausgehend von den einfachen Figurentabernakeln oder bekrönenden Baldachinen bzw. den streng geometrisch durchorganisierten Medaillonformen des frühen 13. Jahrhunderts bis zu den aufwendigen Bildarchitekturen und vielschichtigen Medaillon- und Paßformen der ersten Hälfte des 14. Jahrhunderts[1]. Da die Medaillon- und Paßformen im weiteren 14. Jahrhundert immer mehr an Bedeutung verlieren, wollen wir sie hier von der Betrachtung ausklammern und uns in erster Linie mit jenen Rahmenmotiven beschäftigen, die jetzt im Vordergrund stehen: den viel-

---

[1] Zur Entwicklungsgeschichte dieser Bild- und Kompositionsformen siehe E. FRODL-KRAFT, Architektur im Abbild, ihre Spiegelung in der Glasmalerei, in: Wr. Jahrbuch für Kunstgesch., 17 (1956), S. 7 ff. – R. BECKSMANN, Die architektonische Rahmung des hochgotischen Bildfensters. Untersuchungen zur oberrheinischen Glasmalerei von 1250 bis 1350. Forschungen zur Geschichte der Kunst am Oberrhein, Bd. 9/10, Berlin 1967. – E. BACHER, Studien zu den Bild- und Kompositionsformen der österreichischen Glasmalerei vom Ende des 13. bis zum Beginn des 15. Jhs.; phil. Diss., Wien 1967. In diesen Arbeiten finden sich auch die weitere Literatur und die Hinweise auf das Bildmaterial zu diesem Thema.

gestaltigen architektonischen Rahmengerüsten. Alle diese mehrgeschossigen Tabernakeltürme und fassadenartigen Schauwände, die der Glasmalerei der ersten Hälfte des 14. Jahrhunderts ihr charakteristisches Gepräge geben, lassen sich nun, fragt man nach ihrer Herkunft, auf den ersten Blick von den vielen ähnlichen Formzusammenhängen innerhalb der Architektur und der Bauplastik ableiten, denn die Beziehung dazu ist so eng, daß man sie quasi als flächige Abbildungen, als aufrißhafte Gegenstücke solcher architektonisch-plastischer Zusammenhänge ansehen kann. Aus dieser Relation läßt sich nun auch die eingangs erwähnte Darstellungsweise besser verständlich machen, nämlich insofern, als man das Verhältnis zwischen der plastisch-dreidimensionalen Form auf der einen und der flächig projektiven Form auf der anderen Seite für die Interpretation des hier gemeinten räumlichen Zusammenhanges auswerten kann. Den eigentlichen Schlüssel dazu bieten die mittelalterlichen Architekturzeichnungen. Ihre Darstellungsweise beruht – soweit man dies von den erhaltenen gotischen Baurissen[2] ablesen kann – im wesentlichen auf zwei Prinzipien: auf der Gesetzmäßigkeit weniger geometrischer Grundformen, aus denen sowohl für den Gesamtzusammenhang als auch für die einzelnen Motive alle Formen und Proportionen entwickelt und abgeleitet werden, sowie auf einem Projektionsverfahren, das es im Zusammenhang mit diesem konstruktiven System ermöglicht, fast alle zur Demonstration eines architektonischen Formzusammenhanges notwendigen Angaben – darunter auch, und das ist in diesem Zusammenhang besonders wichtig, dessen tiefenräumlich-plastische Ausdehnung – in der Fläche darzustellen. Das heißt, es ist bis zu einem gewissen Grad möglich, aus einem Aufriß, aus der flächigen Darstellung der Schauseite eines Motivs, z. B. eines Tabernakels, auch alle wesentlichen Angaben über den Gesamtzusammenhang abzulesen, da sich ja durch die Verbindlichkeit dieses strengen, auf Symmetrie und Wiederholung aufgebauten Formkanons die weiteren Daten und Anhaltspunkte gewissermaßen von selbst ergeben[3]. Wenn also in einer Architekturzeichnung ein Tabernakel durch einen solchen Aufriß ausreichend bestimmt ist und aus der orthogonalen Projektion einer Schauseite auch der Gesamtzusammenhang, also auch seine tiefenräumliche Ausdehnung hervorgeht, kann man annehmen, daß es sich auch bei den ganz ähnlich dargestellten Rahmengerüsten in den Bildfenstern um projektive Formen räumlich gedachter Zusammenhänge handelt; daß damit nicht nur der gezeigte flächige Aufriß gemeint ist, sondern der daraus ableitbare dreidimensionale Aufbau, also eine räumlich plastische Form[4] (Abb. 46–49). Demzufolge kommt diesen flächigen Motiven sozusagen eine Doppelwertigkeit zu: Der bildhafte Aufriß steht gleichzeitig für einen räumlichen

---

[2] Das umfangreichste, unter diesem Gesichtspunkt praktisch unbearbeitete Material befindet sich in der Akademie der bildenden Künste in Wien. Siehe dazu die erste vollständige Publikation dieses Materials bei H. KOEPF, Die gotischen Planrisse der Wiener Sammlungen. Studien zur österreichischen Kunstgeschichte, Bd. 4, Wien 1969.

[3] Natürlich brauchen größere und kompliziertere architektonische Zusammenhänge zu ihrer vollständigen gegenständlichen Fixierung auch Grundrisse, Schnitte usw., aber davon ist hier nicht die Rede; hier handelt es sich ja immer nur um relativ einfache architektonische Motive.

[4] Selbstverständlich liegt, da es sich in der Glasmalerei nie um Bau- oder Werkzeichnungen im eigentlichen Sinn handelt, bei all diesen Darstellungen das Schwergewicht nicht auf der tektonisch-konstruktiven Richtigkeit, sondern auf der anschaulichen Demonstration der gemeinten Gegenstände, und verschiedene Veränderungen und Vereinfachungen, die auf Grund der Bedingungen von Material und Technik der Glasmalerei notwendig sind, verstehen sich von selbst.

Zusammenhang, der aber durch keine bildmäßigen Hinweise, sondern nur über den Schlüssel dieses Darstellungsprinzips lesbar wird – eine Darstellungsweise, die dem mittelalterlichen Menschen wahrscheinlich selbstverständlich war und die nur uns schwer verständlich ist, weil unsere Raumvorstellung so sehr an die Perspektive gewöhnt ist, daß wir den Blick für diese Art der Raumdarstellung verloren haben. So gesehen lassen sich nun aber alle derartigen Bildkompositionen der Glasmalerei, bei denen die figürlichen Darstellungen, Bildszenen oder Einzelfiguren in aufwendige architektonische Rahmengerüste eingeschrieben sind, nicht nur motivisch, sondern auch in bezug auf ihre räumliche Struktur unmittelbar mit all den plastischen Gegenständen vergleichen, die sich sowohl innerhalb des Bauverbandes selbst als auch in dessen vielgestaltigen Einrichtungsgegenständen bis hinab in den architektonischen Mikrokosmos der Goldschmiedearbeiten finden (Abb. 46–49, 51–54). Es braucht nicht besonders betont zu werden, daß die Entwicklung, die zu diesen Bildformen geführt hat, daß der ganze Prozeß, in dessen Verlauf sich die figürlichen Darstellungen schrittweise aus dem architektonischen Verband lösen und dabei – sowohl aus formalen wie aus bedeutungsmäßigen Gründen – quasi ein Stück dieses architektonischen Zusammenhanges als Bekrönung oder Rahmung mitnehmen, in erster Linie von der Architekturplastik ausgegangen ist; denn nur hier, im Bereich der dreidimensionalen Sphäre der plastischen Bildwerke, läßt sich eine solche Entwicklung sinnvoll erklären, da ja bei einer Übersetzung in die Fläche gerade das für diesen ganzen Prozeß konstitutive Moment, die schrittweise Verselbständigung der Figur durch die Veränderung ihrer räumlich plastischen Struktur, nur in projektiver Form darstellbar ist. Die Bildformen der Glasmalerei können daher nur als Niederschlag dieser Entwicklung verstanden werden, wobei der eigenständige Anteil daran mehr oder weniger auf das System der Übersetzung, also auf die Darstellungsweise in der Fläche beschränkt bleibt. Das Prinzip der hochgotischen Bauhütte, die für die Architektur und alle darin enthaltenen Bildwerke „ihre Hauptformen mikroskopisch durchdividierend bis in die untergeordneten hinunter durchklingen ließ"[5], war also nicht nur für die Bildformen der Glasmalerei als solche, sondern auch für die Darstellungsweise verbindlich, eine Tatsache, die zeigt, wie eng die verschiedenen Kunstgattungen an die Tradition der Bauhütte gebunden waren.

Es ist nun interessant, daß diese flächige Darstellungsweise, welche die architektonischen Bildmotive auszeichnet, in gewissem Maße auch in der Gestaltung der figuralen Darstellungen ihren Niederschlag gefunden hat. Verfolgt man nämlich den Entwicklungsprozeß der architektonischen Rahmenmotive von der Mitte des 13. bis in die erste Hälfte des 14. Jahrhunderts, so kann man feststellen, daß in demselben Maß, in dem diese an Bedeutung gewinnen, sich auch die körperlich plastische Struktur der darin eingeschriebenen figuralen Darstellungen verändert, und zwar dahingehend, daß diese immer mehr der flächig-aufrißhaften Projektion der Rahmenteile angeglichen werden (Abb. 50, 51). Auf ähnliche Weise wie die architektonischen Motive, ausgehend von den „villes sur arcatures", den spätromanischen Arkadenbekrönungen, mehr und mehr zu flächenhaften Einheiten zusammengefaßt und systematisch auf eine in der Bild-

---

[5] W. PINDER, Die deutsche Plastik vom ausgehenden Mittelalter bis zum Ende der Renaissance, 1. Band, Wildpark-Potsdam 1924, S. 114.

ebene liegende Ansicht reduziert werden, verändert sich auch der Aufbau der Figuren, werden z. B. die vielteiligen Faltenkonfigurationen, die kleinteiligen Draperiereliefs durch großformatigere, geschlossenere und vorwiegend bildparallel ausgerichtete Formzusammenhänge ersetzt. Und obwohl der formale Aufwand zur Demonstration körperlichen Volumens nun eigentlich geringer ist, kommt die Körperhaftigkeit der Figuren durch die bildmäßige Geschlossenheit ihres Aufrisses stärker zur Geltung. Dieser Prozeß, der ganz allgemein den Übergang von der spätromanischen zur frühgotischen Malerei charakterisiert, tritt im Bereich des Zackenstils am auffälligsten in Erscheinung, weil hier der Gegensatz in der Darstellungsweise besonders kraß hervortritt[6]. Sehr anschaulich läßt sich diese Veränderung etwa an der Art und Weise ablesen, wie die Figuren stehen, wie sie auf ihre Standfläche gesetzt sind. Während dort ihre Gravität, das Gewicht ihres körperlichen Volumens, häufig durch üppige Faltenstauungen, denen breite, perspektivisch dargestellte Sockelformen unterschoben sind, angedeutet wird, ist der Aufbau der Figuren hier dahingehend verändert und auf ihren Umraum bezogen, daß sie auch ohne diese zeichenhaften „Standmotive" als in ihre Gehäuse eingestellt erscheinen. Das Projektionssystem der Architekturzeichnung, der architektonischen Bildmotive, scheint also in gewissem Maße auch auf die figürlichen Darstellungen ausgedehnt, so daß die ganze Bildkomposition den Charakter eines Aufrisses bekommt. Die Preisgabe aller bis dahin geläufigen und gebräuchlichen perspektivischen Darstellungsmittel, wie einfache Auf- und Untersichten, die verschiedenen Schrägstellungen usw.[7], bedeutete zwar einen Verzicht auf ein sehr wirksames Verfahren zur Demonstration körperlichen Volumens und räumlicher Teileinheiten, ermöglichte es aber, wenn auch auf unanschauliche und gewissermaßen abstrakte Weise, zum erstenmal, einen Bildzusammenhang als ein räumliches Ganzes zusammenzufassen, ein Schritt, der im Hinblick auf die weitere Entwicklung von großer Bedeutung war. Diese besteht nun darin – und damit kehren wir wieder zum Ausgangspunkt unserer Betrachtung zurück –, daß in dem Augenblick, da die geschilderte flächigaufrißhafte Bildgestaltung ihren Höhepunkt erreicht, jene Impulse aus der trecentesken Malerei wirksam werden, von denen zu Beginn die Rede war. Die ersten Ansätze einer Verräumlichung des Bildzusammenhanges zeigen sich – wie auch in der Wand- oder Tafelmalerei[8] – naturgemäß dort, wo eine solche am leichtesten und wirksamsten dargestellt werden konnte, nämlich in erster Linie in den architektonischen Bildmotiven. Daher werden zuerst neben den üblichen Versatzstücken innerhalb der Bildszenen selbst, die häufig wörtlich aus der trecentesken Malerei übernommen werden, die architektonischen Rahmenmotive, von denen bisher die Rede war, davon betroffen. Dabei

---

[6] Durch die Phasenverschiebung in der Stilentwicklung der Malerei vollzieht sich dieser Prozeß in den verschiedenen europäischen Kunstlandschaften nicht ganz gleichartig und auch mit verhältnismäßig großer zeitlicher Differenz.

[7] Wenn in diesem Zusammenhang immer wieder der Begriff Perspektive verwendet wird, dann nie in seiner eigentlichen, engeren Bedeutung als Konstruktionsverfahren der darstellenden Geometrie, sondern immer im weiteren Sinn als das in der gesamten mittelalterlichen Malerei gebräuchliche Projektionsverfahren zur Veranschaulichung der räumlichen Ausdehnung körperhafter Bildgegenstände. Denn wenn hier auch ähnliche Mittel eingesetzt werden, so sind diese nie strenger geometrischer Gesetzlichkeit verpflichtet, sondern immer vom – im Entwicklungsablauf der Malerei ständig wechselnden – Gesichtspunkt der „optischen Richtigkeit" eines räumlichen Bildzusammenhanges bestimmt.

[8] Siehe – um ein prägnantes Beispiel herauszugreifen – die Rückseiten des Verduner Altars in Klosterneuburg.

zeigt sich aber gleich die Schwierigkeit, daß sich diese Aufrisse für eine Verräumlichung schlecht eignen, weil sich die vielgliedrigen und filigranen gotischen Baldachin- und Tabernakelformen nur sehr schwer anschaulich räumlich-plastisch darstellen lassen[9]. Um dieser Schwierigkeit aus dem Weg zu gehen, beginnt man daher bald, dieses komplizierte Vokabular gegen ein einfacheres, gegen eine Art Baukastenarchitektur auszutauschen, die aus ähnlichen Elementen besteht wie die kulissenhaften Bildbühnen und Versatzstücke in der Wand- und Tafelmalerei. Von den traditionellen Baldachinen und Tabernakeln bleiben nur jene Motive erhalten, die sich auf einfache Weise auch räumlich darstellen lassen, oder verschiedene Einzelformen, wie Wimperge, Fialen, Maßwerkformen, die mit dem neuen Vokabular leicht zu verbinden sind und diesen Aufbauten noch in gewissem Maße das Gepräge einer gotischen Architektur, und zwar einer Art Profanarchitektur, verleihen. Dieser Prozeß der Umbildung, der Auswechslung des Vokabulars, der im zweiten Viertel bzw. gegen die Mitte des 14. Jahrhunderts beginnt, setzt sich in den folgenden Jahrzehnten bis in das erste Viertel des 15. Jahrhunderts schrittweise fort. Zunächst sind es einzelne Bekrönungsmotive oder einzelne gehäuseartige Raumzellen, die durch den Einsatz einfacher perspektivischer Mittel gewonnen und gegen die aufrißhaften Bildeinheiten ausgetauscht werden (Abb. 55, 56). Mit der zunehmenden Veränderung des architektonischen Vokabulars wird es dann im weiteren möglich, diese Einheiten mehr und mehr miteinander so zu verbinden, daß die einzelnen Raumkompartimente ineinander übergehen und daraus größere bildmäßige Zusammenhänge entstehen[10] (Abb. 59). Natürlich verändert sich im Verlauf dieses Prozesses auch der Realitätscharakter dieser Rahmenformen; denn da nun anstelle der konstruktiven Richtigkeit die Raumhaltigkeit im Vordergrund steht, werden in erster Linie nur dafür besonders geeignete Motive verwendet und ohne Rücksicht auf ein verifizierbares, tektonisch richtiges Konzept mehr oder weniger willkürlich zusammengesetzt. Die abbildhaften Aufrisse der ersten Jahrhunderthälfte werden also wiederum gegen eine Art Phantasiearchitektur ausgewechselt, die an die spätromanischen Arkadenbekrö-

---

[9] Sehr schön läßt sich das zögernde Eindringen räumlicher Elemente in den Fenstern der Klosterkirche von Königsfelden verfolgen (Abb. 48). Siehe z. B. das Fenster n IV; vgl. E. MAURER, Das Kloster Königsfelden, Die Kunstdenkmäler der Schweiz, Die Kunstdenkmäler des Kantons Aargau, III, Basel 1954, Abb. 139 ff.; Maurer geht in diesem Zusammenhang auch ausführlich auf die Raumdarstellung und die in unserem Aufsatz behandelten Probleme ein (siehe S. 328 ff.). Welche Schwierigkeiten sich bei dem Versuch einer Verräumlichung der vielgliedrigen hochgotischen Tabernakeltürme ergeben, zeigen z. B. auch die Reste der Chorverglasung der ehemaligen Dominikanerkirche in Straßburg. Siehe R. BECKSMANN (zit. Anm. 1), S. 126 ff., Abb. 45–51.

[10] Besonders gut läßt sich dieser Entwicklungsprozeß in der österreichischen Glasmalerei von der Mitte des 14. bis in das erste Viertel des 15. Jhs. verfolgen, wo – bedingt durch den verhältnismäßig reichen Denkmälerbestand – alle einzelnen Phasen gut vertreten sind. Siehe A. KIESLINGER, Gotische Glasmalerei in Österreich bis 1450, Wien 1928, sowie E. FRODL-KRAFT, Die mittelalterlichen Glasgemälde in Wien, Corpus Vitrarum Medii Aevi, Österreich I, Wien 1962 (mit der weiteren Literatur).

Bedingt durch die allgemeine Situation der Malerei in der 2. Hälfte des 14. Jhs., liegt der Schwerpunkt dieser Entwicklung naturgemäß im östlichen Mitteleuropa, wobei aus dem Zentrum, nämlich von der böhmischen Glasmalerei, leider nichts erhalten geblieben ist. Einen Eindruck davon können daher nur die im näheren und weiteren Ausstrahlungsbereich dieses Zentrums entstandenen Werke vermitteln; hier wären neben der Wiener bzw. österreichischen Glasmalerei vor allem die Werkstätten in Erfurt, Nürnberg und Regensburg zu nennen. Siehe dazu H. WENTZEL, Meisterwerke der Glasmalerei, Berlin 1954, S. 46 ff. – H. GOERN, Die gotischen Bildfenster im Dom zu Erfurt, Dresden 1961. – G. FRENZEL, Nürnberger Glasmalerei der Parlerzeit, phil. Diss., Erlangen 1954. – A. ELSEN, Der Dom zu Regensburg, Die Bildfenster, Berlin 1940.

nungen erinnert[11]. Gerade im Vergleich mit diesen äußerlich ähnlichen Formulierungen zeigt sich aber der – wenn man so sagen darf – Fortschritt in der perspektivischen Darstellungsweise. Während in der spätromanischen Malerei – vom System der Perspektive her gesehen – die Bildkompositionen aus einer ganzen Reihe unzusammenhängender perspektivischer Einheiten bestehen, weil gewissermaßen jedes Bildmotiv seinen eigenen Betrachterstandpunkt hat, liegt nun dem System der Verkürzung doch ein ganzheitlicheres Prinzip zugrunde. Erst jetzt kann man eigentlich von einer perspektivischen Darstellungsweise im engeren Sinn sprechen, denn nun erst werden die einer räumlichen Projektion zugrunde gelegten Bezugspunkte soweit koordiniert, das heißt auf wenige, optisch gleichzeitig erfaßbare Horizontal- und Vertikalachsen verteilt, daß eine Bildkomposition als räumliches Ganzes erscheint[12]. Von diesem Gesichtspunkt aus betrachtet, wird nun auch die entwicklungsgeschichtliche Bedeutung der flächigen Darstellungsweise der ersten Jahrhunderthälfte besser verständlich, denn sie ermöglichte es zum erstenmal, einen Bildzusammenhang als eine räumliche Einheit aufzufassen, die – auch wenn sie in dieser Form noch unanschaulich blieb – eine Voraussetzung für die Entstehung jener bildräumlichen Zusammenhänge bildete, die ein zentrales Thema der gotischen Malerei des späteren 14. und des 15. Jahrhunderts darstellte.

Versucht man nun, die Auswirkungen der trecentesken Welle auf die Glasmalerei im Rahmen der Gesamtentwicklung zu sehen, so zeigt sich, daß ein Vergleich mit dem parallelen Entwicklungsprozeß in der Wand- und Tafelmalerei nur bedingt möglich ist, weil für die Glasmalerei aus zwei Gründen eine spezielle Situation gegeben war, die sie in diesem Zusammenhang zu einer gewissen Außenseiterrolle verurteilte. Der erste Grund ist der, daß durch die enge Verbindung mit dem übergeordneten architektonischen Rahmen der innere bildmäßige Zusammenhang nie jene Autonomie gewinnen konnte wie in der gleichzeitigen Wand- oder Tafelmalerei, die als eigentliche Träger dieser Entwicklung angesehen werden müssen. Der zweite Grund besteht darin, daß die Glasmalerei nun zum erstenmal mit der allgemeinen Entwicklung der Malerei nicht ganz Schritt halten konnte, weil ihr auf Grund der besonderen Bedingungen von Material und Technik[13] gerade jene Darstellungsmittel nicht oder nur beschränkt zur Verfügung standen, die nun eine wichtige Rolle spielten, vor allem die Technik der plastischen Modellierung, der Einsatz von Licht und Schatten zur Demonstration körperlichen Volumens.

---

[11] Siehe auch E. FRODL-KRAFT (zit. Anm. 1), S. 10 f. Hier ist der ganze Entwicklungsablauf unter dem Gesichtspunkt der motivischen Veränderung dieser Bekrönungs- und Rahmenarchitekturen skizziert. Der vorliegende Beitrag stellt als Untersuchung der räumlichen Struktur dieser Bildkompositionen daher in gewisser Hinsicht eine Ergänzung dieser Arbeit dar. Aus diesem Grund kann zur Illustration des Gesagten auch auf das ganze dort zusammengestellte Abbildungsmaterial verwiesen werden.

[12] Man könnte diese Form der perspektivischen Darstellung etwa als zentralperspektivische Fluchtachsenkonstruktion bezeichnen, wobei es aber nicht sinnvoll erscheint, derartige perspektivische Darstellungsmittel – wie es in der Literatur häufig geschieht – in einem unmittelbaren entwicklungsgeschichtlichen Zusammenhang mit der perspektivischen Konstruktionslehre des Quattrocento und der Dürerzeit zu sehen. Unter diesem Gesichtspunkt müßte diese Darstellungsweise notgedrungen als primitive Vorstufe einer „richtigen" perspektivischen Konstruktion angesehen werden, eine Interpretation, die an der Sache vorbeigeht, denn die verschiedenen Darstellungsmittel einer „Bildperspektive" sind – wie schon erwähnt – ausschließlich von der dem Bildzusammenhang unterlegten Raumvorstellung bestimmt, und das Verhältnis zur geometrischen Konstruktionslehre der Perspektive ist daher kein sinnvolles Kriterium für ihre Beurteilung.

[13] Siehe dazu E. FRODL-KRAFT, Die Glasmalerei. Entwicklung, Technik, Eigenart, Wien-München 1970.

Diese Voraussetzungen muß man berücksichtigen, wenn man die Bildfenster der zweiten Hälfte des 14. Jahrhunderts mit ihren aufwendigen, beinahe übertrieben räumlich formulierten Rahmenarchitekturen und den größtenteils gar nicht auf solche Bildbühnen angelegten figuralen Darstellungen betrachtet. Da sich mit dem mosaikartigen Nebeneinander von ungebrochenem farbigem Licht, dem eigentlichen Darstellungsmittel der Glasmalerei, kaum oder nur begrenzt ein so plastischer Effekt erzielen ließ wie durch die Modellierung der Lokalfarbe in der Wand- oder Tafelmalerei, wurde die Verräumlichung vorerst auf jene Teile beschränkt, die sich auch mit solchen Mitteln räumlich-plastisch darstellen lassen, das sind eben in erster Linie die vielfältigen architektonischen Rahmenformen. Die Entwicklung des Bildraumes in der Glasmalerei läßt sich daher nicht unmittelbar jener in der Wand- oder Tafelmalerei an die Seite stellen, da sie in sehr charakteristischer Weise von den besonderen Voraussetzungen dieser Kunstgattung und von den spezifischen Bedingungen ihres Materials und ihrer Technik geprägt ist. In welchem Maße diese Faktoren bestimmend waren, zeigt ein Vergleich mit der parallelen Entwicklung in der Wand- oder Tafelmalerei, vor allem eine Gegenüberstellung der architektonischen Bildmotive, die auch dort eine wichtige Rolle im Prozeß der Verräumlichung des Bildzusammenhanges spielen. Trotz aller äußerlicher Ähnlichkeiten besteht hier nämlich ein grundlegender Unterschied in der Funktion dieser Motive im Bildzusammenhang. Während in den Bildkompositionen von Wand- und Tafelmalerei alle architektonischen Motive immer als den figuralen Darstellungen gleichartige und gleichwertige Bildgegenstände aufgefaßt sind, die – auch wenn es sich dabei um aufwendige kastenartige Raumkulissen handelt – immer innerhalb einer bereits vorgegebenen Bildbühne erscheinen, sind die Bildarchitekturen der Glasmalerei nie auf einer solchen Bildbühne dargestellt, sondern repräsentieren diese selbst. Während dort die architektonischen Kulissen dazu verwendet werden, einen unabhängig von ihnen vorhandenen Bildraum zu veranschaulichen, sind sie hier zumeist ein mit dem Bildgeschehen nur äußerlich zusammenhängender, davon aber in gewissem Maße unabhängiger Rahmen. Anstelle der wechselseitig einander bedingenden Einheit figuraler und architektonischer Bildglieder, wie sie in Wand- und Tafelmalerei in der Regel gegeben ist, herrscht hier in den meisten Fällen ein additives Nebeneinander, das zumeist noch dadurch betont wird, daß die räumliche Konzeption der Bildszenen und das körperlich plastische Volumen der Figuren selten dem durch den Rahmen vorgegebenen Bildraum entspricht (Abb. 57–59). Im Verlauf des späteren 14. und des frühen 15. Jahrhunderts werden die aufwendigen architektonischen Rahmengerüste zwar immer mehr den Bildbühnen der Wand- und Tafelmalerei angeglichen, ihre eigenwertige Bedeutung als übergeordneter Rahmen verhindert aber die räumliche Integration architektonischer und figürlicher Bildmotive, wie sie dort vorhanden ist. Am ehesten lassen sich die Architekturprospekte der Glasmalerei mit jenen Rahmen- und Bekrönungsmotiven der Tafelmalerei vergleichen, die die einzelnen Bildtafeln oder Bildfelder zu einer größeren Einheit zusammenfassen, also dem Retabel, dem Altar als Ganzem, nur ist es so, daß dieser das ganze 14. Jahrhundert hindurch im großen und ganzen seine traditionelle Form und das Vokabular aus gotischen Bauformen beibehält (Abb. 58). Die Situation ist also gerade umgekehrt. Während hier die Verräumlichung innerhalb der einzelnen darin enthaltenen, mehr oder weniger autonomen Bildfelder einsetzt und der zusammenfassende, übergeordnete Rahmen die traditionelle Form beibehält, ist es in der

Glasmalerei der übergeordnete Rahmen, der in erster Linie Träger der neuen Entwicklung wird und, dem Bedürfnis nach einer tiefenräumlichen Ausdehnung des Bildzusammenhanges Rechnung tragend, eine Umbildung erfährt.

Der weitere Verlauf dieser Entwicklung im 15. Jahrhundert besteht naturgemäß darin, daß die Bild- und Kompositionsformen und die Darstellungsweise der Glasmalerei sich immer mehr der nun dominierend in den Vordergrund tretenden Tafelmalerei angleichen. Von den Bildformen als Ganzes her gesehen, ist der Schritt, der dazu notwendig ist, nicht sehr groß, denn die Auswechslung des baukastenartigen Vokabulars gegen ein solches aus dem Bauverband genügt, um die „trecentesken" Rahmengerüste den modernen Formen eines solchen Gesamtzusammenhanges, in erster Linie dem Flügelaltar, anzugleichen. Dieser Anschluß an die allgemeine Entwicklung, den die Glasmalerei nun auch in bezug auf die Darstellung des Bildraumes findet, gehört aber bereits einem weiteren Kapitel an, denn er wurde nur möglich durch die weitgehende Aufgabe fast aller jener Darstellungsprinzipien, die zum Wesen der mittelalterlichen Glasmalerei im engeren Sinn gehören.

Abbildungsnachweis. Bundesdenkmalamt: Abb. 46–48, 50, 52, 55, 56; Fribourg, Archives d'État: Abb. 49; Foto Ann Münchow, Aachen: Abb. 53; Kunsthist. Institut der Universität Wien: Abb. 57, 58; Landesbildstelle Württemberg: Abb. 51; Bildarchiv Foto Marburg: Abb. 54; Dr. E. Drachenberg, Berlin: Abb. 59.

BEMERKUNGEN ZUR KÖNIGSGALERIE DER KATHEDRALE VON REIMS

VON GERHARD SCHMIDT

Das umfangreiche Schrifttum über die Kathedrale von Reims und ihre Bildwerke hat, soweit ich es überblicke, die Statuen der Königsgalerie entweder gar nicht behandelt oder mit wenigen, meist unfreundlichen Worten abgetan. Schon Cerf tadelt ihre „exécution grossière"[1], und auch Demaison weiß von ihnen nicht mehr zu sagen, als daß sie „d'un art fort médiocre" seien[2]. Am schärfsten geht Paul Vitry mit ihnen ins Gericht[3]; von den Königsstatuen des Südturmes etwa heißt es: «Elles sont médiocres, corps maigres et vides, draperies sèches et de formule, têtes banales et sans expression.» Erst Hans Reinhardt urteilt gerechter, wenn er feststellt, ihre Ausführung sei zwar in den meisten Fällen schematisch, lasse jedoch gelegentlich schon einen neuen Realismus ahnen[4].

Diese vorwiegende Geringschätzung ist gewiß nicht allein durch den räumlichen (sowie den unbestreitbaren künstlerischen) Abstand zwischen den Figuren der Königsgalerie einerseits und den älteren Bildwerken der Portalzonen und Rosengeschosse an den drei Fassaden andererseits zu erklären; sie ist zugleich kennzeichnend für die Rolle, die zeitgebundene ästhetische Normen in der Kunstgeschichte überhaupt – und nicht zuletzt in der französischen – stets gespielt haben. Immerhin ist es verwunderlich, daß sich nicht einmal die für den „Expressionismus" spätgotischer Plastik sonst durchaus aufgeschlossenen deutschen Kunsthistoriker der zwanziger Jahre von den an Ausdruck wahrlich nicht armen Köpfen einiger dieser Könige (Abb. 78, 79, 81) betroffen gefühlt haben. Es mag sein, daß sie diese Statuen gar nicht kannten[5]; es mögen sie aber auch die Ungewißheit über deren Erhaltungszustand und die Schwierigkeit der stilistischen Einordnung abgehalten haben, sich näher mit ihnen zu befassen.

Auch diese Zeilen können keine erschöpfende Untersuchung aller chronologischen und stilistischen Probleme bieten, vor die uns die Königsgalerie der Reimser Kathedrale stellt. Von den in der Ausführung wirklich derben (wenn auch keineswegs uninteressanten) Statuen am Nordturm wird nur beiläufig zu sprechen sein; dasselbe gilt für die weitgehend erneuerten Figuren im Mittelstück der Westfassade, wo die Taufe

---

[1] Ch. Cerf, Histoire et description de Notre-Dame de Reims, Paris 1861, Bd. II, S. 167 ff.

[2] L. Demaison, La cathédrale de Reims, Paris o. J., S. 97.

[3] P. Vitry, La cathédrale de Reims: Architecture et sculpture, Bd. I, Paris o. J. (1919), S. 24.

[4] H. Reinhardt, La cathédrale de Reims, Paris 1963, S. 206.

[5] Gute Abbildungen der hier besprochenen Skulpturen sind m. W. nur in einem einzigen Werk publiziert worden: in dem von H. Jadart herausgegebenen und von L. Demaison mit einer „Notice historique" eingeleiteten „Album de la cathédrale de Reims", Reims o. J. (1902), Taf. 59–69. – Vitry (zit. Anm. 3) hingegen widmet ihnen in seinen zwei schönen Tafelbänden nur eine einzige, tatsächlich recht nichtssagende Textabbildung (S. 24, Fig. 15). – Auch die bei A. Gosset, La cathédrale de Reims: Histoire et monographie, Reims 1894, Taf. XII, wiedergegebene Zeichnung einiger Figuren vom Nordturm war kaum geeignet, das Interesse der Forschung zu erwecken.

König Chlodwigs durch den hl. Remigius dargestellt ist. In erster Linie sollen einige Beobachtungen zu den Königsstatuen des Südturms mitgeteilt werden, um die Diskussion über diese auf einem durchaus respektablen Niveau stehenden, zum Teil sogar höchst originellen Skulpturen zu eröffnen.

Die Nachrichten zur Baugeschichte der Kathedrale von Reims im 14. Jahrhundert sind dürftig. Aus der ersten Jahrhunderthälfte sind lediglich zwei Baumeisternamen überliefert – Robert de Couci († 1311) und Colard (erwähnt 1328) –, ohne daß man Konkretes über den Fortschritt der Arbeiten erführe. Ab den fünfziger Jahren leitete ein gewisser Gilles die Bauhütte; vermutlich ist noch jener „Gilles le maçon" mit ihm identisch, der 1383 als „maistre de l'œuvre Notre Dame" erwähnt wird. Erst 1389 hören wir von einem neuen Bauleiter, Jean de Dijon, der 1416 stirbt[6]. Aus den verstärkten Bemühungen um Geldmittel für die Fortsetzung des Baues, worüber Nachrichten von 1351, 1353 und 1372 vorliegen, hat man geschlossen, die Arbeiten an der Westfront hätten um die Jahrhundertmitte wieder eingesetzt; im einzelnen weiß man jedoch nichts über die von dieser neuen Kampagne betroffenen Partien der Kirche[7]. Die Aussagekraft von zwei Jahreszahlen (1381 und 1391), die Cerf am ersten Südturmgeschoß und an einer Pforte der südlichen Königsgalerie eingeritzt gefunden hatte, wurde von Demaison wohl mit Recht bezweifelt[8]. Übereinstimmung besteht nur darin, daß der südliche Westturm etwas früher fertiggestellt war als der nördliche; beider Vollendung fällt aber schon in die erste Hälfte bzw. die Mitte des 15. Jahrhunderts[9]. Sofern man für die Königsgalerie überhaupt Daten in Vorschlag gebracht hat, divergieren sie nicht nur untereinander, sondern lassen auch die evidenten Stilunterschiede innerhalb des Statuenzyklus außer acht: Demaison meint, dieser müsse gegen Ende des 14. Jahrhunderts ausgeführt worden sein, während Reinhardt ihn schon um die Mitte desselben Jahrhunderts entstanden denkt.

Auch wenn wir präzisere Nachrichten über den Gang der Bauarbeiten besäßen, ließen sich daraus kaum verläßliche Schlüsse auf die Entstehungszeit der Könige ziehen. Diese mehr als vier Meter hohen, durchwegs aus zwei Steinblöcken zusammengefügten und ohne Zweifel in der Hütte angefertigten Figuren müssen ja durchaus nicht synchron mit der nur langsam fortschreitenden Konstruktion der Türme entstanden sein; ebensogut mag man sie auf Vorrat gearbeitet oder auch erst im nachhinein geschaffen haben. Ihre Datierung wird sich daher auf stilistische Kriterien stützen müssen. Dabei sollte man sich vor allem jener älteren Photographien bedienen, die den Zustand dieser Bildwerke vor 1914 wiedergeben, denn viele der Figuren sind seither zerstört und durch moderne Kopien ersetzt oder stark beschädigt und teilweise ergänzt worden[10].

---

[6] DEMAISON, La cathédrale (zit. Anm. 2), S. 31 f.
[7] CERF (zit. Anm. 1), I, S. 44. – REINHARDT (zit. Anm. 4), S. 205 f.
[8] CERF (zit. Anm. 1), I, S. 45. – DEMAISON, Notice (zit. Anm. 5), S. 42 ff.
[9] CERF (zit. Anm. 1), I, S. 46. – VITRY (zit. Anm. 3), S. 13. – DEMAISON, Notice (zit. Anm. 5), S. 51, Anm. 2. – REINHARDT (zit. Anm. 4), S. 205 ff.
[10] Die diesbezüglichen Angaben bei J. G. PRINZ V. HOHENZOLLERN, Die Königsgalerie der französischen Kathedrale, München 1965, S. 47, sind ungenau. Nur die Archivbestände der Direction des Monuments Historiques in Paris, wo in der Regel das Entstehungsjahr jeder Aufnahme vermerkt ist, erlauben es, das Schicksal der Reimser Königsstatuen im Lauf der letzten hundert Jahre zu verfolgen. Ich darf an dieser Stelle Mlle

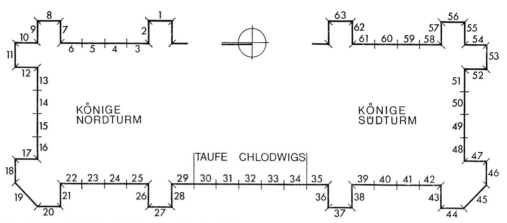

Fig. 1: Reims, Kathedrale. Schema der Königsgalerie

Betrachtet man die Königsgalerie als Ganzes, erkennt man bald, daß sich jeweils mehrere Statuen zu stilverwandten Gruppen zusammenschließen. Diese Gruppen wieder verteilen sich über Westfassade und Türme dergestalt, daß man vermuten darf, die Reihenfolge ihrer Entstehung stimme wenigstens in großen Zügen mit dem zu vermutenden Ablauf der Konstruktionsarbeiten überein[11]. Leider weisen die fünf Figuren (Nr. 30–34), die im Mittelteil der Westfront die Taufe Chlodwigs darstellen, sofern sie nicht vollständig erneuert wurden, sehr umfangreiche Ergänzungen auf; ihre stilistische Beurteilung stößt daher auf erhebliche Schwierigkeiten[12]. Aus ihren untersetzten Proportionen, ihrem blockhaft geschlossenen Umriß und manchen Elementen von Haartracht und Kostümierung läßt sich immerhin der Schluß ziehen, daß sie etwa im letzten Viertel des 14. Jahrhunderts entstanden sein werden (Abb. 60).

Die links, also nördlich, anschließenden Könige der Westseite tragen noch größere Köpfe und zugleich Gewänder, die von relativ dünnen Falten und komplizierten Saumgehängen wenigstens oberflächlich sehr reich gegliedert werden. Bei ihnen scheint es sich um Produkte einer Werkstatt zu handeln, deren Formengut in einer schwer definierbaren Weise mit dem „Weichen Stil" mitteleuropäischer Prägung zusammenhängt. Die schematischen und stellenweise spröden Draperien sowie die derbe Gesinnung, die aus den Physiognomien dieser Statuen spricht, lassen vermuten, sie seien erst gegen

---

Jeanne Vinsot herzlich dafür danken, daß sie meine Arbeit im Archiv stets in der liebenswürdigsten Weise unterstützt hat.

[11] Um jede einzelne Figur eindeutig bezeichnen zu können, bedienen wir uns jener durchgehenden Numerierung, die von der Pariser Direction des Monuments Historiques für ihre Archivphotos verwendet wird und die wir durch unsere Fig. 1 veranschaulichen: Die Zählung beginnt an der Südostecke des Nordturms (also bei den vermutlich jüngsten Königen) und endet an der Nordostecke des Südturms.

[12] Ihre radikale Restaurierung muß schon im 19. Jh. vorgenommen worden sein – vielleicht im Zusammenhang mit den Wiederherstellungsarbeiten von 1845 bis 1851; vgl. DEMAISON, La cathédrale (zit. Anm. 2), S. 62. Jedenfalls entsprechen die Statuen der Taufszene schon auf den ältesten Aufnahmen (vor 1900) etwa dem heutigen Zustand; Aufnahmen von 1943 lassen nur relativ geringfügige neue Schäden erkennen, die allerdings gerade die originalen Teile der Figuren (besonders bei Nr. 30, 32, 34) in Mitleidenschaft gezogen haben (vgl. HOHENZOLLERN, zit. Anm. 10, Abb. 19, für Nr. 30–32). Am besten erhalten ist hier die Statue des hl. Remigius (Nr. 33).

1425—1430 entstanden, zu einer Zeit also, da die Schönformigkeit der Internationalen Gotik bereits dem „Realismus" des zweiten Jahrhundertviertels zu weichen im Begriffe war.

Die folgenden Figuren an der Nord- und Ostflanke des Nordturms schließlich sind die ungeschlachtesten der ganzen Galerie (Abb. 61). Ihre plumpen Körper messen nur wenig mehr als vier Kopflängen; die breiten, oft bartlosen Gesichter tragen einen bekümmerten oder eigentümlich grimmigen Ausdruck. Obwohl man aus Unterschieden der Faktur und formaler Einzelheiten auf die Beteiligung mehrerer Kräfte schließen muß, dürfte diese ganze Gruppe (Nr. 1-18) doch einheitlich kurz vor dem Ende der Bauarbeiten, also etwa in den vierziger Jahren des 15. Jahrhunderts, entstanden sein[13]. Beweisen ließe sich diese Vermutung freilich erst, wenn man datierte Stücke von verwandtem Stilcharakter namhaft machen könnte; mir sind solche bisher nicht bekannt geworden. – Im ganzen gewinnt man jedenfalls den Eindruck, die Könige des Nordturmes seien in zwei Etappen und von zwei verschiedenen Ateliers geschaffen worden, wobei man, von der Südwestecke ausgehend, zuerst nach Norden und dann im Uhrzeigersinn um den Turm herum gearbeitet habe.

Eine ähnliche, wenn auch in der entgegengesetzten Richtung laufende Reihenfolge läßt sich für die Könige des Südturms postulieren. Wieder finden sich die altertümlichsten Figuren an der Westseite (Abb. 60). Ihnen folgen die der Südflanke (Abb. 67, 68, 71), die zu den relativ modernsten Statuen an der (östlichen) Rückseite des Turmes überleiten (Abb. 62, 73). Sie alle scheinen älter zu sein als die Skulpturen der mittleren Westfront und der Nordturmgalerie; wir werden feststellen können, daß sie sämtlich einem Zeitraum entstammen, dessen äußerste Grenzen einerseits in den zwanziger, andererseits in den siebziger Jahren des 14. Jahrhunderts liegen dürften.

Die Reimser Königsgalerie ist also an der Westseite des südlichen Turmes begonnen und an seiner Süd- und Ostflanke kontinuierlich fortgesetzt worden; das bestätigt indirekt die Vermutung der Bauhistoriker, daß dieser Turm als erster fertiggestellt wurde. Erst nachdem alle Figuren des Südturmes ausgeführt waren, nahm man das Mittelstück der Galerie an der Westfront in Angriff und schuf die Taufe Chlodwigs. Zuletzt entstanden dann die Könige des Nordturmes, wobei man wieder im Westen begann und nach Norden und Osten fortschritt. Insgesamt wurde mehr als hundert Jahre lang an den 63 Statuen der Königsgalerie gearbeitet, wobei sich etwa fünf, oft durch längere Pausen voneinander getrennte Produktionsphasen (und ebenso viele „Stile" der sie jeweils tragenden Bildhauertrupps) unterscheiden lassen.

In der vorliegenden Studie sollen, wie gesagt, nur die besonders qualitätsvollen und bis gegen 1900 großenteils noch vorzüglich erhaltenen Figuren des Südturmes näher untersucht werden. Wir vernachlässigen die Statuen 35 und 36, weil sie, ähnlich den Figuren der ihnen benachbarten Taufszene, weitgehend überarbeitet sind. Die nach Westen gewandten Südturmkönige 37 bis 45 waren schon zu Ende des vorigen Jahrhunderts stark abgewittert; die Nummern 40 und 41 sind deshalb bereits vor 1905

---

[13] Ausgenommen jene Statuen, die schon vor 1910 (vermutlich im mittleren 19. Jh.) vollständig erneuert worden sind. Das trifft etwa auf die Könige Nr. 12 und 14 zu, an der Nordwestecke des Nordturmes auch auf Nr. 20 und 21, die zu der Gruppe von ca. 1425–1430 gehören.

durch moderne Kopien ersetzt worden[14]. Alte Aufnahmen (Abb. 60) lassen immerhin erkennen, daß alle diese Statuen mit ihren graziösen Standmotiven und den dünnen, lose um die schlanken Körper spielenden Gewändern etwa derselben Stilschicht angehören wie die besser erhaltenen Könige 46 bis 55 an der Südflanke (Abb. 67, 68, 71). Auch die ersten drei Könige der Ostseite (Nr. 56–58) tragen noch immer einen verwandten Stil vor; erst die beiden Statuen 59 und 60 sind eindeutig als Nachzügler dieser umfangreichen und gewiß im Lauf mehrerer Jahre, wenn nicht Jahrzehnte, entstandenen Gruppe anzusprechen[15]. Sie setzen sich durch ihre kunstlosen Standmotive, die vereinfachten, nur oberflächlich modellierten Draperien und die besonders grämlichen Gesichter von ihren Vorgängern unverkennbar ab, denen sie andererseits in vieler Hinsicht noch verbunden bleiben. Vermutlich stammen sie von einer jüngeren Kraft, die allerdings im Rahmen des ersten Ateliers debütiert und dort ihre Ausbildung erfahren haben dürfte[16].

Übrigens ist auch die relativ geschlossene Gruppe an der West- und Südseite des Turmes in formalen Einzelzügen keineswegs so einheitlich, daß sie einem einzigen Meister zugeschrieben werden könnte: Die Variationsbreite sowohl der statuarischen Grundmotive und der Gewandbehandlung (Abb. 67, 68, 71) als auch und vor allem der Physiognomien (Abb. 63, 65, 66) verrät deutlich, daß hier eine größere Werkstatt tätig war, deren einzelne Mitglieder vielfach von sehr verschiedenen Voraussetzungen ausgegangen sein müssen. Immerhin wird sich zeigen lassen, daß alle diese Individualstile doch ein und derselben Zeitschicht angehören. Ihr historischer Ort müssen etwa die zwanziger bis dreißiger Jahre des 14. Jahrhunderts gewesen sein; nur die Könige 59 und 60 möchte man schon der Zeit um 1340—1350 zuweisen, während etwa ihr unmittelbarer Nachbar 58 noch eindeutig zu den altertümlicheren Figuren zählt (Abb. 62). Eine völlig neue Formensprache und bis dahin unerhörte Expressivität werden erst an den letzten drei Königen, Nr. 61–63, der Südturm-Ostflanke manifest (Abb. 73, 78, 79, 81); diese zweifellos einer späteren Ausstattungsphase angehörenden Figuren sind die künstlerisch bedeutendsten der ganzen Reimser Königsgalerie[17].

Die stilgeschichtliche Einordnung der Südturmkönige stellt uns vor eine nicht ganz einfache Aufgabe. Nordfrankreich hat im fraglichen Zeitraum nur wenige monumentale Statuenzyklen hervorgebracht: Nach dem Abklingen der gewaltigen Bautätigkeit des 13. Jahrhunderts ergaben sich ja derartige Aufgaben nur noch selten und – wenn über-

---

[14] Das Photo M. H. 30476 gibt die beiden Ersatzfiguren noch in der Bauhütte, wohl knapp vor ihrer Aufstellung, wieder; HOHENZOLLERN (zit. Anm. 10), Abb. 18, bildet sie in situ ab.

[15] Die Könige 56 bis 60 sind am besten wiedergegeben bei VITRY (zit. Anm. 3), Fig. 15.

[16] So scheinen die Köpfe von Nr. 56 und 57 (Abb. 65) schon von derselben Hand gearbeitet zu sein, die die Könige 59 und 60 als ganze ausgeführt hat; vgl. auch JADART (zit. Anm. 5), Taf. 65 links (Nr. 59) und 67 rechts (Nr. 56).

[17] Die Statuen an der Südturm-Ostseite sind heute zum größten Teil modern. Zwei Aufnahmen aus dem Jahr 1919 (L. P. 6290 und L. P. 6286) zeigen die Könige 58 bis 60 bzw. 61 und 63 in einem völlig devastierten Zustand; das Photo M.H. 124.788 von 1943 läßt dann erkennen, daß sie in der Zwischenkriegszeit durch relativ sorgfältige Kopien ersetzt wurden. (Die Originale befinden sich heute großteils in der Bauhütte.) Zur Illustration dieser Studie habe ich deshalb durchwegs Aufnahmen herangezogen, die schon vor 1900 angefertigt worden sind.

haupt – eher im profanen als im sakralen Bereich. Die zahlreich erhaltenen Kultbilder der Madonna und einzelner Heiliger sind schon infolge ihrer Bindung an bestimmte ikonographische Typen zum Vergleich wenig geeignet. Auch die ersten damals entstehenden Porträtfiguren an Stifterportalen oder im Rahmen dynastischer Zyklen waren künstlerisch zweifellos von ganz anderen Zielsetzungen determiniert als die idealtypischen Herrschergestalten in Reims. Diese könnten allenfalls gewisse Anregungen von seiten einer Statuenreihe der französischen Könige empfangen haben, die Philipp der Schöne zu Anfang des Jahrhunderts im Großen Saal seines Palais de la Cité hatte aufstellen lassen; ihre Zerstörung durch die Feuersbrunst von 1618 beraubt uns jedoch der Möglichkeit, eine solche Vermutung zu verifizieren. So bleiben schließlich nur einige Königsgräber und die keineswegs monumentalen Reliefskulpturen der Epoche als einigermaßen relevantes Vergleichsmaterial übrig – abgesehen von den zeitgenössischen Buchmalereien, in denen sich stilverwandte Figuren relativ häufig nachweisen lassen.

Daß die umfangreiche älteste Gruppe der Südturmkönige (Nr. 37–58) in der ersten Jahrhunderthälfte, und zwar ungefähr im Lauf der zwanziger bis dreißiger Jahre, entstanden sein muß, unterliegt denn auch kaum einem Zweifel. Ihre graziösen, zwischen belastetem und Spielbein deutlich unterscheidenden Standmotive gehören diesem Zeitraum ebenso an wie ihre schlanken, gewichtlosen Körper oder ihre dünnen Mäntel, deren zarte Falten und lose fallende Säume zwar auf vielfältige Weise gerafft oder quer vor den Leib gezogen, nie aber durch eine energische Aktion der Arme entschieden vom Rumpf emanzipiert werden (Abb. 60, 62, 67, 68, 71).

Figuren von verwandtem Körpergefühl und Bewegungsduktus begegnen uns in den Jahren um 1330 sowohl in der Malerei als auch in der Plastik, doch sind die mit erhaltenen Skulpturen durchführbaren Vergleiche nie so zwingend, daß sie eine präzise Ableitung der in Reims auftretenden Stilidiome zulassen würden. Bei den Königen 51 und 52 (Abb. 68) fühlt man sich an manche der nach 1318 entstandenen Reliefs an den südlichen Chorschranken der Notre-Dame zu Paris[18] erinnert; namentlich in den Feldern mit den Erscheinungen des Auferstandenen gibt es ähnlich breite Kopftypen mit kurzen, aus dichtverschlungenen Lockenwülsten gebildeten Bärten sowie gewisse Übereinstimmungen hinsichtlich der relativ schweren Körperproportionen und des weichen Faltenreliefs (Abb. 69). Andere Zusammenhänge mit Pariser Plastiken muß man für den König 49 annehmen, dessen Drapierung sowohl in ihren Hauptmotiven als auch in der Faktur jener der etwa 1327–1329 geschaffenen Liegefigur König Philipps V. in Saint-Denis nahesteht[19] (Abb. 70, 71).

Daneben lassen sich bei manchen der Reimser Könige auch Anklänge an niederländische und englische Alabasterbildwerke feststellen, so daß man vermuten möchte, die hier tätige Werkstatt habe keineswegs ausschließlich von hauptstädtischen Anregungen gezehrt. Die gelegentlich relativ weit vom Körper abstehenden und an ihrem tiefsten Punkt winkelig gebrochenen Schüsselfalten der Könige 48 oder 50 (Abb. 67, 71) sind den erwähnten Pariser Beispielen fremd; man findet sie hingegen sehr häufig an

---

[18] Vgl. M. Aubert, Les dates de la clôture du chœur de Notre-Dame de Paris, in: Mélanges Bertaux, Paris 1924, S. 20–26.

[19] Zu der Entstehungsgeschichte der Grabmäler Philipps des Schönen und seiner drei Söhne vgl. L. Courajod und P.-F. Marcou, Musée de sculpture comparée. Catalogue raisonné. XIVe et XVe siècles, Paris 1892, S. 20 ff., Nr. 629–630.

einer Gruppe maasländischer Marmorskulpturen der dreißiger bis vierziger Jahre [20], wofür hier ein etwa 50 cm hoher Epiphaniekönig als Beispiel genannt sei, der sich heute im Dayton Art Institute befindet (Abb. 72). Der Kopf des Königs 48 wieder verweist mit seiner unter den Reimser Figuren einzigartigen Haarbehandlung auf die ähnlich ornamentalen Bildungen am Grabmal Edwards II. in Gloucester (Abb. 63, 64), das in den frühen dreißiger Jahren geschaffen wurde [21]. Die klare Scheidung der einzelnen, schraubenförmig gedrehten Locken und ihre schwellende Elastizität, die goldschmiedehafte Präzision der Oberflächenbehandlung und die Subtilität, mit der hier das Hervorwachsen des Haares aus dem Fleisch der Lippen und der Wangen angedeutet wird – das alles spricht für unmittelbare Zusammenhänge zwischen diesen beiden Köpfen, die um so überraschender sind, als sich der relativ plumpe und blockhafte Körper Edwards II. radikal von dem des besonders zartgliedrigen Reimser Königs (Abb. 67) unterscheidet.

An dieser Figurenreihe muß also eine größere Zahl von Bildhauern mitgewirkt haben; es sind jeweils höchstens zwei bis drei Statuen, die sich einer und derselben Hand zuschreiben lassen, ja manche (wie die Könige 48 und 58, Abb. 62, 67) scheinen völlig für sich zu stehen. Die angeführten, vorwiegend aus den Jahren um 1330 stammenden Vergleichsbeispiele bekräftigen unsere schon geäußerte Vermutung, die Könige an der Südflanke des Turmes seien etwa im vierten Jahrzehnt entstanden. Die verwandten Statuen der Westseite mögen noch in den zwanziger Jahren, die beiden relativ fortschrittlichsten Stücke an der Ostflanke (Nr. 59, 60) erst in den vierziger Jahren geschaffen worden sein – länger als rund zwei Jahrzehnte dürfte man an diesen insgesamt 26 Figuren (Nr. 35–60) jedenfalls nicht gearbeitet haben.

Dann muß eine längere Pause eingetreten sein, denn die besonders qualitätsvollen Könige 61 bis 63 gehören bereits eindeutig der zweiten Hälfte des 14. Jahrhunderts an. Daß sie alle drei von einer Hand stammen und Werke eines einzigen, völlig unverwechselbaren Bildhauers sind, kann ebenfalls nicht bezweifelt werden (Abb. 73, 78, 79, 81). Jeder weitergehende Versuch aber, ihre Datierung oder das Bildungsmilieu ihres Schöpfers zu präzisieren, stößt auf überraschende Schwierigkeiten. (Man male sich nur einmal aus, welche Rätsel sie den Experten aufgegeben hätten, wenn sie nicht in Reims stünden, sondern ohne Provenienzangabe im Kunsthandel aufgetaucht wären. Ihre Herkunft aus der Champagne hätte man in diesem Fall wohl kaum in Erwägung gezogen.)

Zunächst könnte sich der Verdacht aufdrängen, der Schöpfer dieser Figuren sei aus einer Kunstlandschaft der europäischen Peripherie – aus Spanien, England oder dem östlichen Mitteleuropa – gekommen. Tatsächlich gibt es etwa im katalanischen Milieu, bei Jaime Cascalls oder Bartolomé Rubió, eine nicht unähnliche Verbindung ornamentaler und expressiver Züge [22]. In England wieder sind es vor allem die sitzenden Königsfiguren über dem Westportal der Kathedrale von Lincoln [23], die manche Übereinstim-

---

[20] W. H. Forsyth, A Group of Fourteenth-Century Mosan Sculptures, in: Metropolitan Museum Journal, 1, 1968, S. 41–59.

[21] L. Stone, Sculpture in Britain: The Middle Ages, Harmondsworth 1955, S. 160 f.

[22] Vgl. die einschlägigen Kapitel bei A. Durán Sanpere und J. Ainaud de Lasarte, Escultura gotica (Ars Hispaniae, Bd. VIII), Madrid 1956, S. 208 ff., 220 ff.

[23] A. Gardner, English Medieval Sculpture, Cambridge 1951, Fig. 444.

mungen mit den Reimser Statuen aufzuweisen scheinen. Einer genaueren Überprüfung freilich halten derartige Assoziationen in keinem Falle stand. Hingegen lassen sich in den Niederlanden, vor allem in Brabant, einige Werke namhaft machen, die zwar nicht den hohen künstlerischen Rang der drei jüngsten Könige des Reimser Südturmes besitzen, wohl aber ganz bestimmte stilistische und morphologische Eigenarten mit ihnen teilen.

Die besonders charakteristische Figur Nr. 62 etwa verrät mit ihrer C-förmigen, von den nach oben zu ein wenig divergierenden Umrißlinien begleiteten Schwingung sowie mit ihren relativ kurzen Beinen, deren rechtes leicht angehoben und im Knie abgewinkelt wird, ein sehr ähnliches Körpergefühl wie jener hl. Jakobus Maior, der aus Schuurhoven-lez-Saint-Trond in die Brüsseler Musées royaux d'art et d'histoire gelangt ist [24] (Abb. 73, 74). Reflexe der markanten Physiognomie unseres Königs mit seiner gewaltigen Hakennase und den zu engen Mäandern verschlungenen Bartlocken (Abb. 78) findet man an den geschnitzten Deckenbalken im Ratssaal zu Mecheln (Abb. 76, 77), für deren Herstellung Jan van Lokeren und Herman van Blankene in den Jahren 1375/76 bezahlt wurden [25]. Der Kopftypus des Königs 61 (Abb. 79) wieder scheint in einer Blattmaske vorbereitet, die den Zwickel eines Relieffragments aus der Notre-Dame de la Chapelle zu Brüssel (heute im Musée communal, Abb. 80) ausfüllt; nicht nur das krause Ornament der Haarsträhnen findet dort eine Entsprechung, sondern ebenso die überdeutliche Plastizität aller Einzelheiten: der Lippen und der Nase, der Lockenkringel und der Brauenwülste. Dieses Relief muß etwa in den fünfziger Jahren entstanden sein, wie sich aus den sehr genau wiedergegebenen Kostümen der knienden Stifterfiguren folgern läßt; der 1354 verstorbene Simonnet du Bois trägt auf seinem Ritzgrabstein in Bonport ein in allen Details übereinstimmendes Gewand (Abb. 80, 83).

Es wäre reizvoll, auch Belege aus der Malerei beibringen zu können, um den Stil unserer Könige noch schärfer einzugrenzen. Soweit ich sehe, läßt hier nur ein einziges und noch dazu relativ bescheidenes Werk einen Vergleich zu: die „Vierge ouvrante" im bretonischen Morlaix, die erst kürzlich von Charles Sterling bekanntgemacht und eingehend gewürdigt worden ist [26]. Sterling lokalisiert ihre Entstehung mit guten Gründen in das maasländisch-niederrheinische Gebiet und datiert sie – meines Erachtens ein wenig zu spät – gegen 1390. Es wäre zu überlegen, ob sich ihr Stil nicht letzten Endes von Malereien in Art jener Apokalypse-Handschrift in Manchester (John Rylands Library, Ms. 19) herleitet, die vielleicht in Flandern und jedenfalls schon um 1365—1370 entstanden ist [27]. Wie dem auch sei, die Bildchen im Inneren dieser Madonna zeigen die beweglichen, in schlauchartige Gewänder gehüllten Figuren der späten fünfziger und

---

[24] Vgl. den Katalog von A. JANSEN, Art chrétien jusqu'à la fin du moyen âge, Brüssel 1964, S. 56, Nr. 224. Die Höhe der in ihrer unteren Partie beschnittenen Holzfigur beträgt heute 112 cm. Die von Jansen vorgeschlagene Einordnung dieser Statue als „art mosan, vers 1330–1350" bedürfte noch der Begründung; mir scheint jedenfalls ein Datum vor den sechziger Jahren unwahrscheinlich.

[25] J. SQUILBECK, La sculpture de l'ancienne maison échevinale de Malines, in: Revue belge d'Archéologie et d'Histoire de l'Art, V, 1935, S. 329–333. – D. ROGGEN, Het Beeldhouwwerk van het Mechelsche Schepenhuis, in: Gentsche Bijdragen, III, 1936, S. 86–103.

[26] CH. STERLING, La Vierge ouvrante de Morlaix, in: Les Mon. Hist. de la France, XII, 1966, S. 139 ff.

[27] M. R. JAMES, A Descriptive Catalogue of the Latin Manuscripts in the John Rylands Library, Manchester-London 1921, vol. I, S. 57 f., vol. II, Taf. 41–45. Die hier gegebene Bestimmung der Handschrift (Nordfrankreich, erstes Drittel 14. Jh.) ist auf keinen Fall zutreffend.

sechziger Jahre, und diese lassen – in ihrem unruhig-tänzelnden Stehen auf schmaler Basis, mit ihren scharf charakterisierten Physiognomien und den in dichtgekräuselte Lockensträhnen aufgelösten Bärten und Frisuren – gelegentlich auch an unsere Könige, namentlich an die Nr. 62, denken (Abb. 73, 82).

Es dürfte also ein niederländischer Bildhauer gewesen sein, der die Reimser Könige 61 bis 63 geschaffen hat. Die Brüsseler Blattmaske aus den fünfziger Jahren, die Malereien der Madonna von Morlaix und der Jacobus aus Schuurhoven, beide aus den sechziger Jahren, scheinen seine Formensprache auf die eine oder andere Weise vorzubereiten, während in den Mechelner Balkenreliefs von 1375/76 bereits ein von ihm geprägter und möglicherweise aus seinem Werk derivierter Kopftypus Verwendung findet. Man wird daher vermuten dürfen, seine Tätigkeit in Reims sei in das späte siebente Jahrzehnt, vielleicht in die Jahre um 1370 gefallen.

Daß ein späteres Datum ausgeschlossen werden kann, bezeugt eine dem König Nr. 62 in vielem verwandte Grabfigur, die sich – überraschenderweise – in Polen findet (Abb. 73, 75). König Kasimir III., der letzte Piaste, starb im Jahre 1370; sein Grabmal im Dom auf dem Wawel zu Krakau dürfte ihm sein Schwiegersohn und Nachfolger, Ludwig der Große von Ungarn, nur wenig später errichtet haben[28]. Was an der Gestalt Kasimirs vor allem auffällt, ist nicht so sehr die entschiedene Wendung des Kopfes (sie kommt bei Nischen- oder an eine Wand angelehnten Baldachingräbern auch sonst gelegentlich vor), sondern das labile Standmotiv mit dem abgewinkelten und durch einen kleinen Faltenwirbel noch eigens betonten rechten Knie. Sieht man von der abweichenden Aktion ihres rechten Armes und einigen Details ihrer Tracht (wie der Knopfreihe des Untergewandes und dem schweren Ziergürtel) ab, entspricht die polnische der französischen Königsstatue hinsichtlich des zugrundeliegenden Typus in frappierender Weise: in Umriß und Haltung des ganzen Körpers, in der lockeren Beinstellung, in der energischen Rechtsdrehung des Kopfes und der angedeuteten Gegenbewegung der Schultern, in der Ornamentalisierung der Haarsträhnen, ja sogar im Gestus der linken, den Schaft eines Zepters wie spielerisch haltenden Hand. Eine so weitgehende Übereinstimmung kann kaum auf Zufall beruhen; eher wird man vermuten dürfen, der für eine Liegefigur so ungewöhnliche Typus Kasimirs III. gehe auf eine Vorlage zurück, die dem Reimser König verblüffend ähnlich gewesen sein muß.

Was den architektonischen Aufbau des Krakauer Baldachingrabes anlangt, hat man Analogien zu österreichischen Denkmälern aus der Regierungszeit Herzog Rudolfs IV. (1358–1365) festgestellt; eine überzeugende Ableitung des Stiles seiner figürlichen Teile steht allerdings noch aus. Daß sich sein Schöpfer diesbezüglich unmittelbar an der Reimser Königsgalerie inspiriert haben sollte, ist schon in Hinblick auf die unterschiedliche Formensprache hier und dort nicht sehr wahrscheinlich. Hingegen wäre es denkbar, daß die dennoch unbezweifelbare Verwandtschaft dieser beiden Skulpturen auf eine gemeinsame, vermutlich niederländische Quelle zurückzuführen sei.

Obzwar nicht bündig zu beweisen, scheint eine solche Hypothese doch der Überlegung wert. Auszugehen ist dabei wieder von jenem schon mehrfach erwähnten

---

[28] D. Frey, Die mittelalterlichen Königsgräber im Krakauer Dom (I), in: Pantheon, XXXI, 1943, S. 13–17. – E. Śnieżyńska-Stolot, Nagrobek Kazimierza Wielkiego w katedrze na Wawelu, ungedr. Diss., Krakau 1969.

statuarischen Grundmotiv, das beiden Figuren gleichermaßen eignet. Dieses fast tänzelnde Stehen auf leicht geknickten Beinen, deren unbelastetes leicht angehoben wird, so daß sich Knie und Oberschenkel deutlich durch das Gewand hindurch abzeichnen, tritt erstmals in den späten fünfziger Jahren des 14. Jahrhunderts auf, und zwar gleichzeitig in Paris und in Böhmen. Dort gehört es zum gemeinsamen Typenrepertoire der beiden ältesten Handschriften aus der Werkstatt des sogenannten „Maître aux boqueteaux", nämlich der Bibel des Jean de Sy in Paris und einer Bible historiale von 1357 in London [29]; hier wieder begegnet es uns mehrfach an den Figuren jenes genealogischen Freskenzyklus, den Karl IV. 1356/57 in seinem Schloß Karlstein anbringen ließ und der uns in relativ exakten Kopien des 16. Jahrhunderts überliefert ist [30]. Daß zwischen diesen Werken der französischen Buch- und der böhmischen Wandmalerei Zusammenhänge bestehen und daß sich diese am plausibelsten aus einer gemeinsamen niederländischen Wurzel erklären ließen (deren primäre Zeugnisse freilich dem Bildersturm der Reformation zum Opfer gefallen sein dürften), hat der Verfasser schon bei anderer Gelegenheit vermutet [31]. Ergänzend ist hier auf die einleuchtende Hypothese Sterlings zu verweisen, derzufolge die Erwerbung Brabants durch die Luxemburger (1356) den Anstoß zu diesem Austausch künstlerischer Errungenschaften zwischen West und Ost gegeben haben dürfte [32].

Derartige Hinweise klären zwar nicht die eigentlichen Stilprobleme des Krakauer Grabmals, wohl aber lassen sie das Auftreten eines westlichen Figurentypus in Polen weniger überraschend erscheinen. Ob das dem Kasimir zugrundeliegende Vorbild tatsächlich über das luxemburgische Böhmen vermittelt wurde, können wir nicht mit Bestimmtheit sagen, weil sich in dieser Landschaft (auch in der Prager Parlerplastik) keine überzeugenden Parallelen erhalten haben. Was einen solchen Gedankengang trotzdem nahelegt, ist unsere frühere Beobachtung, daß sich die wenigen eindeutigen Analogien zum Stil der drei jüngsten Reimser Südturmkönige gerade in Brabant feststellen lassen, also in jenem niederländischen Territorium, das durch dynastische Beziehungen mit dem östlichen Mitteleuropa am engsten verbunden war.

Aber nicht nur auf manche stilgeschichtliche Zusammenhänge ihrer Entstehungszeit vermögen die drei Reimser Statuen 61–63 neues Licht zu werfen; ebenso bedeutsam scheint ihr Zeugnis auch für eine alte ikonographische Streitfrage zu sein. Während die Autoren des 19. Jahrhunderts die Figuren der französischen Königsgalerien vorwiegend als „Könige von Juda" gedeutet haben, neigt man bekanntlich neuerdings wieder dazu, in ihnen die „Könige von Frankreich" zu sehen. Die eine Annahme ist vorläufig so unbewiesen wie die andere, doch sprechen für die zweitgenannte immerhin eine

---

[29] Paris, Bibl. Nat., Fr. 15397, und London, Brit. Mus., Royal 17 E VII. Vgl. etwa die Reproduktion bei M. MEISS, French Painting in the Time of Jean de Berry. The Late XIV Century..., London-New York 1967, Fig. 384.
[30] Vgl. besonders die Gestalten des Ylus und des Pharimundus, abgebildet bei A. FRIEDL, Mikuláš Wurmser, Prag 1956, Taf. 49, 52.
[31] Gotik in Böhmen (hrsg. von K. M. SWOBODA), München 1969, S. 190 f.
[32] STERLING (zit. Anm. 26), S. 144 f. – Natürlich ist das erwähnte Standmotiv nicht das einzige Merkmal der betreffenden Stilschicht. Ihre Werke setzen sich von denen der ersten Jahrhunderthälfte vor allem durch die gedrungeneren Figurenproportionen und die realistischeren, oft ausgesprochen häßlichen Gesichter ab.

Reihe von gewichtigen Indizien, vor allem der besondere „sakrale" Rang, den sich die französische Monarchie seit dem 13. Jahrhundert selbst zuzuschreiben pflegte [33].

Im Rahmen dieser Problematik scheint es nun keineswegs belanglos, daß unsere drei Reimser Statuen ungewöhnlich große und kräftig gekrümmte Nasen in ihren hageren Gesichtern tragen (Abb. 78, 79, 81). Es geht kaum an, diese Eigentümlichkeit bloß aus jener generellen Tendenz zur Verhäßlichung auch positiv gemeinter Personen zu erklären, die für die Anfänge des spätgotischen Realismus symptomatisch ist. Denn wenn auch eine gewisse karikaturistische Neigung im Kunstwollen des Bildhauers angelegt gewesen sein mag, so bleibt es doch unverständlich, warum sie sich ausschließlich in der Übersteigerung solcher physiognomischer Merkmale manifestiert haben soll, derer sich die Epoche ganz allgemein zur Kennzeichnung der Juden bediente [34].

Es hat also durchaus den Anschein, als habe der Schöpfer der Könige 61 bis 63 tatsächlich die Wiedergabe von Herrschergestalten des Alten Bundes beabsichtigt. In diesem Falle aber wären seine drei Statuen gleichsam als authentischer Kommentar zum Deutungsproblem der Königsgalerien an gotischen Kathedralen zu werten und verdienten es, in der diesbezüglichen Diskussion als solcher berücksichtigt zu werden.

Abbildungsnachweis. Archives photographiques, Paris: Abb. 60, 61, 62, 63, 65, 66, 67, 68, 71, 73, 78, 79, 81, 82; Photo Marburg: Abb. 69; Aufnahme des Verfassers: Abb. 70; The Dayton Art Institute, Dayton/Ohio: Abb. 72; A. C. L., Brüssel: Abb. 74, 76, 80; Deutscher Verein f. Kunstwissenschaft: Abb. 75; nach Gentsche Bijdragen III (1936): Abb. 77; nach J. Guibert, Les dessins d'archéologie de Roger de Gaignières: Abb. 83; nach L. Stone, Sculpture in Britain – The Middle Ages: Abb. 64.

[33] Zuletzt und am ausführlichsten ist diese Frage behandelt bei HOHENZOLLERN (zit. Anm. 10); daß sie bis heute nicht bündig beantwortet werden konnte, hat ein besonders kompetenter Autor erst kürzlich wieder betont – vgl. W. SAUERLÄNDER, Gotische Skulptur in Frankreich 1140–1270, München 1970, S. 35.

[34] Vgl. etwa den Leipziger Machsor oder die Darmstädter Haggada (Monumenta judaica, Katalog, Köln 1964, Nr. D 35 und D 61, m. Abb.) sowie die Beispiele bei B. BLUMENKRANZ, Le juif médiéval au miroir de l'art chrétien, Paris 1966, Fig. 19, 50, 90, 98, 105.

JAN VAN EYCKS WAHLWORT „ALS ICH CAN" UND DAS FLÜGELALTÄRCHEN IN DRESDEN

VON GUSTAV KÜNSTLER

Die Reihe der mit vollem Namen signierten und datierten Bilder von Jan van Eyck blieb, was diese dokumentarische Bestätigung seiner Leistung betrifft, innerhalb der abendländischen Malerei ohne Parallele im Schaffen anderer Künstler jener Zeit. Die Forschung mußte sogar den ihm der Stilart und der Entwicklungsstufe nach am nächsten stehenden flämischen Maler, nur weil dieser nicht signierte, mit einem Hilfsnamen belegen. Und falls auch dieser „Meister von Flémalle" mit Robert Campin aus Tournai zu Recht identifiziert wird, was sehr wahrscheinlich ist, hat sich nichts daran geändert, daß dessen Künstlerpersönlichkeit allein aus dem Charakter der ihm zugeschriebenen Werke und nicht dazu nach Signierungen gesichert werden kann. Weil die Bildsignierungen Jan van Eycks nicht stereotyp erfolgten, sondern eine jede von ihnen anscheinend einen jeweils für gemäß gehaltenen Wortlaut hat, werden sie anschließend alle abgedruckt, den Entstehungsjahren folgend. Es geschieht dies ausschließlich wegen ihres Inhalts. Deshalb darf ihre stark wechselnde Erscheinungsform unberücksichtigt bleiben: Schreibung in lateinischen oder gotischen Buchstaben, Majuskeln oder Minuskeln oder kalligraphischem Duktus, der Jahreszahlen in römischen oder arabischen Ziffern; auch werden nicht sofort verständliche Silbenkürzungen aufgelöst und die wenigen griechischen Buchstaben in lateinische transkribiert. Die Bilder und Inschriften gehören wie folgend angegeben zueinander, wobei die fünf Texte, in denen das Wahlwort „als ich can" vorkommt, durch ein Sternchen gekennzeichnet sind:

1432   Bildnis des „Tymotheos" (London). Bildinschrift:
Tymotheos | Leal Souvenir | Actu ano dni 1432   10 die octobris a Joh de eyck

1433   Die Madonna im Gemach (Melbourne). Bildinschrift:
**Completu ano D 1433 per Johem de Eyck Brugis | Als ich can*

1433   Bildnis eines Mannes mit rotem Turban (London). Rahmeninschrift:
* *Als ich can | Johes de Eyck me fecit ano 1433   21 octobris*

1434   Doppelbildnis des Ehepaars Arnolfini (London). Bildinschrift:
Johannes de eyck fuit hic | 1434

1436   Bildnis des Jan de Leeuwe (Wien). Rahmeninschrift:
Jan de (Löwen-Signet) op Sant Orsolen dach | dat claer eerst met oghen sach 1401 | Gheconterfeit nu heeft mi Jan | van Eyck wel blijct wanneert bega 1436

1436   Die Madonna des Kanonikus Van der Paele (Brügge). Rahmeninschrift:
Hoc opus fecit fieri magister Georgius de Pala huius ecclesiae canonicus per Johannem de Eyck pictorem: et fundavit hic duas capellanias de gremio chori domini 1434 completum Anno 1436

1437   Die heilige Barbara (Antwerpen). Rahmeninschrift:
Johes de Eyck me fecit   1437

1437 Flügelaltärchen (Dresden). Die 1958 aufgedeckte Rahmeninschirft:
Johannes de Eyck me fecit et complevit anno dm 1437 Als ich can
1439 Bildnis der Margarete van Eyck (Brügge). Rahmeninschrift:
Conjux meus Johes me complevit anno 1439   17 Junii | Aetas mea triginta trium annorum   Als ich can
1439 Die Madonna am Springbrunnen (Antwerpen). Rahmeninschrift:
Als ich can | Johes de Eyck me fecit complevit ano 1439

Diese zehn Inschriften, welche während der Jahre 1432–1439 entstandene Arbeiten Jan van Eycks namentlich bezeugen, gehören alle zu selbständigen Werken. In dem dreiteiligen Flügelaltärchen von 1437 läuft die signierende Textzeile in einer Hohlkehle des unteren Rahmenstücks der Mitteltafel und bezieht sich auch auf die beiden Flügel, das ganze Werk also (Abb. 84, 85). Die in diesen Inschriften hauptsächlich angewandte Formulierung der Signatur lautet im Grund: Johannes de Eyck me fecit. Es ist das eine Formel, die im mittleren Italien schon seit der ersten Hälfte des 13. Jahrhunderts an Einzelstücken der Tafelmalerei – es handelt sich meistens um die in Kreuzesform gemalten Kreuzigungsdarstellungen – zur namentlichen Nennung des ausführenden Malers diente. Sie wurde dort mehr oder weniger stereotyp während zweier Jahrhunderte beibehalten. Zahlreich sind solche Signierungen nicht, allerdings auch nicht die dafür in Betracht kommenden Stücke der Tafelmalerei vor deren starker und zunehmend freier werdenden Entfaltung erst im 15. Jahrhundert. Durch welche Anregung und auf welchem Weg Jan van Eyck zu der von südländischen Einzelgemälden her bekannten Art der Signierung gelangte und warum er sie übernahm, weiß man nicht. Allem Anschein nach hat er sich ihrer erst in seinem letzten, in Brügge verlebten Schaffensjahrzehnt bedient[1].

Ohne haarspalterisch vorgehen zu wollen, darf der Klärung wegen gefragt werden, wer eigentlich in solchen Signierungstexten die Mitteilung macht, vom namentlich genannten Maler geschaffen worden zu sein. Wie bei den italienischen Werken, von

---

[1] In vieler Hinsicht anders verhält es sich mit der vierzeiligen Versinschrift am Genter Altar, datiert 1432, die als der einzige Rest vom alten Rahmen Hubert und Jan van Eyck zwar als die Ausführenden nennt, dem Wortlaut nach aber von keinem der beiden stammen kann. Vgl. dazu neuerdings die ausführliche Untersuchung von A. AMPE, De metamorfozen van het authentieke Jan-Van-Eyck-kwatrijn op het Lam Gods. Een nieuwe filologische studie, in: Jaarboek van het Museum voor Schone Kunsten – Antwerpen, 1969, S. 7–60. Es wäre nicht angemessen, auf die vorgebrachten, revoltierend neuen Einsichten und Vermutungen des Autors hier einzugehen. Trotzdem muß eingewendet werden, daß die Jahreszahl 1434, die aus dem Chronogramm der vorgeschlagenen, durch versuchsweise Veränderungen zweier Textstellen sich ergebenden Rekonstruktion des vierten der leoninischen Hexameter resultieren würde, kunstgeschichtlichen Erwägungen nicht standhält. Doch wäre auch abgesehen davon zu argumentieren, daß die ursprünglich in einem Chronogramm mitgeteilte Jahreszahl gewiß immer traditionell „geheiligt" war und jedenfalls – auch für nachträgliche Textänderungen – als unantastbar gegolten haben muß, wenn nicht eine bestimmte Absicht bestand, den Zeitansatz zu verändern. Eine solche ist bei der Verschiebung um zwei Jahre nicht zu erkennen. Es besteht deshalb keine Ursache, das in dem erhaltenen Chronogramm mitgeteilte Jahr 1432 als das Datum der Fertigstellung des Altars anzuzweifeln. (Der Verfasser dankt Herrn Prof. G. Schmidt, Universität Wien, für den Hinweis auf diese Studie; Februar 1971.) – Es wurde hinsichtlich der Bildinschriften oben schon darauf hingewiesen, daß die von Jan van Eyck übernommene Signierungsformel vor allem in Mittelitalien, somit an toskanischen und umbrischen Werken vorkommt; wogegen beispielsweise die Venezianer – wahrscheinlich von der byzantinischen Malerei beeinflußt – sowohl objektgebunden sachlicher wie ausführlicher signierten, schon im 14. Jh. zum Malernamen meistens „pinxit" setzen und schon im 15. Jh. die Entstehung auch religiöser Bilder manchmal auf den Tag datieren.

denen die Formel sich herleitet, ist es z. B. auch bei Van Eycks Bild der hl. Barbara von 1437 oder der Madonna am Springbrunnen von 1439 das Werk selbst, aber nicht das Werk als Objekt; denn es besteht ein Unterschied zwischen jenen Mitteilungen, die über ein „opus" gegeben werden, was bei dem Madonnenbild von 1433 und der großen Madonnentafel von 1436 der Fall ist, und den aktiv von einem Bild selbst gemachten. Diese müssen wohl so verstanden werden, daß die Darstellung eines religiösen Inhalts ihr reales Entstehen als Leistung des Malers kundgibt. Was die Signierungen durch Jan van Eyck, als Gruppe genommen, über ihre kunstgeschichtliche Sonderstellung hinaus wichtig macht, ist aber im besonderen der Umstand, daß sich in einigen von ihnen der Übergang von abstrakten zu konkreten Bildinhalten erkennen läßt, und zwar als eine Veränderung innerhalb der Bezogenheit der das geschaffene Werk bedingenden Faktoren. Man begreift den Vorgang leicht an den als neue Gattung auftretenden Einzelbildnissen bestimmter Personen, die sich wörtlich als der Darstellungsgegenstand deklarieren. Wenn der Mann mit dem roten Turban von 1433 selbst mitteilt, Auge in Auge mit dem Betrachter, daß Jan van Eyck ihn dargestellt habe, dabei aber die namentliche Angabe seiner Identität unterläßt, so erweist dies zunächst eine Unzulänglichkeit der überlieferten Signierungsformel gegenüber der neuen Aufgabe, einen konkreten Bildinhalt zu klären; dann aber auch eine mindestens den beiden selbstverständliche, sehr nahe Beziehung zwischen Maler und Modell. Es ist das nicht viel anders, wenn in dem Bildnis von 1439 für die dargestellte Frau sich Ehemann und Maler zu einer einzigen Person verbinden, wodurch ein Maß von Vertrautheit verständlich wird, daß die Nennung bloß seines Vornamens zur Klärung des konkreten Bildinhalts ausreicht. Wenn die Frau hierauf ihr Alter mitteilt, betont sie damit ihre reale Existenz, ihr wirkliches Dasein außerhalb des Bildes. Vollkommen klar drückt sich die Eigenart eines solchen neuen Bildinhalts im Wortlaut der einzigen flämischen Inschrift aus, welche den Rahmen des Jan de Leeuwe-Bildnisses von 1436 vierzeilig umgibt. Der Dargestellte sagt von sich aus, am Ursulatag 1401 das Licht der Welt erblickt zu haben und jetzt – „wel blijct": wie man erkenne 1436 – von Jan van Eyck konterfeit worden zu sein. In diesem Text erfolgt auf einem Bild übrigens die einzige Nennung des Malers in der heute geläufigen Namensform, sonst erscheint diese immer latinisiert. Was das Bildnis des Jan de Leeuwe betrifft, so wird noch deutlicher als in dem der Gattin des Malers durch die Inschrift das wirkliche Sein der dargestellten Person als Voraussetzung des Abbilds ausgesprochen. Das heißt: zum Bildinhalt und zu dem ihn realisierenden Maler tritt als dritter das Bildwerk bewirkender Faktor jener Mensch, der im Porträt gegenständlich konkret sichtbar geworden ist. Nicht deutlich wird ein derartig konkreter Bezug in der Inschrift des ersten der signierten Bildnisse, desjenigen des „Tymotheos" von 1432. Vor allem ist in diesem Gemälde der Dargestellte nicht alleiniger Bildinhalt. So wichtig wie er selbst erscheint die ins Bild gemalte sichtlich uralte Steinplatte mit ihrer eingemeißelten Inschriftzeile „Leal souvenir". Was sonst auf dieser „tabula" steht, wirkt daneben akzidentiell, sowohl der in griechischen Buchstaben darüber leicht eingeschriebene Name „Tymotheos" als auch, darunter, die wie in einer Urkunde kalligraphierte Zeile mit dem genauen Datum und dem Namen Jan van Eycks.

So gut wie alles, was diesen Inschriftstein angeht, ist heute rätselvoll. Im Bildganzen, von dem er dem Ausmaß nach fast ein Fünftel einnimmt, behauptet er sich als eine Art von Stillebendarstellung, so deutlich sind im Materiellen Spuren der Zeit veranschaulicht und im Gegensatz dazu das scharf eingemeißelte Gedenkwort, in dem sich solcherart intendierter Sinn und sichtbar gemachte Dauerhaftigkeit verbinden. Dieser Stein ist als Mal für sich vorhanden. Der Mann oberhalb ist aber gleichfalls als eine Darstellung für sich gegeben; denn wenn man die Steintafel aus dem Bild hinwegdenkt, bleibt trotzdem die Figur in ungeschmälerter Wirkung bestehen. Der abgewinkelte linke Unterarm sieht nicht rudimentär aus, als würde ihn als Körperteil die Steintafel substanziell überdecken. Vielmehr fügt sich die Faltenzeichnung dieses Ärmelstücks mit der des Wamses zu einem Ganzen zusammen, wodurch im Bildeindruck der Unterarm in seiner Horizontalerstreckung zur Basis für das gespannte Aufragen des Oberkörpers wird. Die Geschlossenheit dieses Ensembles betonen noch der sprechende Kopf und die Geste der ein beschriebenes Papier vorweisenden rechten Hand. Das Bild als Ganzes betreffend, sind die zwei es ausmachenden gegenständlichen Einheiten, die Steintafel und der Mann, kaum in der Konsequenz raumperspektivischer Ordnung, sondern entschieden mehr in der von Bedeutung gebender Summierung miteinander verbunden. Vom Steinmal der Gedenkwürdigkeit spielt diese als solche, als Gedankliches über auf den abbildlich Dargestellten; und indem der Stein durch Zeichen seine Beständigkeit in langer Zeit erweist, symbolisiert er Dauer des Gedenkens an den gezeigten Mann, das am angegebenen Tag in Tat gesetzt wird. Die Nennung erfolgt geheimnisvoll verschlüsselt unter dem Namen „Tymotheos". Als den Auslöser dieser „memoria" bezeichnet sich hingegen offen Jan van Eyck. Solcherart ist der dargestellte Mensch hier nicht ganz in der Konkretheit als dritter bildbewirkender Faktor vorhanden wie in den anderen Einzelbildnissen des Malers, der Bildinhalt bleibt irgendwie abstrakt. Dazu stimmt, daß die des Malers Namen enthaltende, genau datierende Zeile nicht als Dokumentierung des faktischen Bildschaffens abgefaßt ist, sondern als die eines geistigen Tuns. Das Subjekt der von Jan van Eyck empfundenen Gedenkwürdigkeit wurde vielleicht vertraulich „Tymotheos" genannt; jedenfalls ist es der in Haltung und Gebärde eines antiken Orators dargestellte Mann. Auch in dem Doppelporträt von 1434 nannte sich Van Eyck inschriftlich nicht als der Maler des Bildes, sondern er bezeugt laut des kalligraphisch eingetragenen Textes nur seine Anwesenheit bei der Ringreichung [2]. So

---

[2] Siehe die beiden Abhandlungen von E. PANOFSKY, Who is Jan van Eyck's "Timotheos"?, in: Journal of the Warburg and Courtauld Institutes, XII, London 1949, S. 80–90; und, Jan van Eyck's Arnolfini Portrait, in: The Burlington Magazine, LXIV, 1934, S. 117–127. Was das „Tymotheos"-Bild betrifft, schreibt in der Katalogreihe der National Gallery London M. DAVIES, Early Netherlandish Schools, 1968[3], S. 54: "Panofsky claims that the inscription Tymotheos refers to the musician Timotheos of Miletos, and the sitter is therefore a musician, Guillaume Dufay (ca. 1400–1474) or preferably Gilles Binchois (ca. 1400–1460). The student is referred to Panofsky's texts for the justification of this suggestion, which is attractiv but not proved..." Weil sich an der letzten Feststellung nichts geändert hat, ist es wohl gerechtfertigt, die Frage nach der Person des Dargestellten erneut zu stellen, obwohl abermals nur Hinweise gegeben, nicht Lösungen geboten werden können. Besondere Aufmerksamkeit ist gewiß der Hand des Dargestellten zuzuwenden. Die Hände, was sie halten oder vorweisen, dienen in Van Eycks Einzelbildnissen immer zu personaler Kennzeichnung, so bei De Lannoy, De Leeuwe, Arnolfini und selbst der eigenen Gattin, an deren vom unteren Bildrand überschnittenen Hand noch der Trauring sichtbar wird. Die Art, wie „Tymotheos" eine beschriebene Papierrolle hält, läßt an einen antiken Redner denken, und an die Antike bindet gedanklich auch der in griechischen Buchstaben aufgeschriebene Name. Panofsky meint (S. 82): "...the Companion of St. Paul whom tradition considers as the first Bishop of Ephesus,... cannot be considered because the sitter does not belong to the high clergy..." Andererseits ist es kaum möglich, bei Nennung des Namens Timotheos – weil nicht eine besondere Spezifizierung erfolgt – an jemand anderen als den paulinischen Timotheos zu denken. Dann allerdings würde der Bezug nicht so sehr auf

werden weder das Ehepaar Arnolfini noch „Tymotheos" zu konkreten Bildinhalten; sie sind nicht Abbilder schlechthin, sondern Bildnisse in einer speziellen, mit Bedeutung geladenen Funktion.

Obschon auf verschiedene Weise, machen alle die inschriftlichen Signierungen eine Aussage über das Entstehen der Bilder. Bei dreien der Einzelbildnisse gibt dem Wortlaut nach der Abgebildete bekannt, daß Jan van Eyck ihn dargestellt habe. Es ist aber nicht gesagt, daß es im Auftrag des Dargestellten geschehen sei, und in dem Fall des Bildnisses der Gattin scheidet diese Möglichkeit sogar aus. Daß überhaupt, und wie etwa, der Besteller eines Bildes von Van Eyck genannt werden wollte, bezeugt die lange Inschrift der Van der Paele-Madonna von 1436. Der ganze Text ist als eine Urkunde zu verstehen, in der außer der Tatsache der Beauftragung durch den Kanonikus auch eine Stiftung desselben, ebenfalls für die Kirche seiner Wirksamkeit in Brügge, dem Gedächtnis überliefert wird. Als Ausführender der Bildtafel, in der Namenfolge selbstverständlich an zweiter Stelle, aber annähernd gleich wichtig wie der Besteller, ist der Maler Jan van Eyck genannt. Wenn hingegen in dem Flügelaltärchen von 1437, in dessen linkem Flügel gleichfalls ein knieender Stifter zu sehen ist, die Formulierung der Signierungszeile in der Weise erfolgt, daß der Malername an der Spitze steht und dem Wortlaut nach der abstrakte Bildinhalt, die religiöse Darstellung also ihre Entstehung mitzuteilen scheint, ohne jederlei Beziehung auf den Stifter, dann gibt die Unterlassung von dessen namentlicher Nennung gerade in diesem Fall Anlaß zum Nachdenken über den Grund solcher Verschiedenheit. Denn erstens entstanden die beiden Werke, die große Madonnentafel und das kleine Madonnenaltärchen, zeitlich einander sehr nahe, in aufeinanderfolgenden Jahren; und zweitens sind sie miteinander auch thematisch eng verwandt: für beide ist die thronende Madonna mit Kind und ein Stifter mit Patron in einem Kircheninnenraum der Gegenstand der Darstellung. Es fragt sich deshalb, warum in der Signierungszeile des Flügelaltärchens einzig der ausführende Maler genannt ist und warum dieser an deren Schluß das nur von ihm gebrauchte Wahlwort „als ich can" hinzugesetzt haben mag.

---

dessen Person wie auf dessen Funktion als Empfänger von Sendschreiben des Apostels oder gar auf diese selbst erfolgt sein. In Einschränkung auf die Präsentierung kann man den Mann am treffendsten unter dem französischen Begriff eines „homme de lettres" verstehen; unter Hinzuziehung des Aussehens der Steintafel und der griechischen Schrift als einen wissenschaftlich mit dem Altertum, im besonderen mit den Timotheos-Texten befaßten. Dies ist bereits spekulierend weitergedacht. Denkt man auf solche Weise fort, so könnte man sich einen Übersetzer oder Kommentator vorstellen, in der Art etwa wie damals ein gewisser Jehan de Chesne als Schriftsteller Julius Cäsar-Kommentare übersetzte und kopierte (vgl. L. E. COMTE DE LABORDE, Les Ducs de Bourgogne. Etudes sur les Lettres, les Arts et l'Industrie pendant le XVe siècle, Paris 1849). – Was die Formulierung der Aufforderung zu gebührendem Gedenken betrifft, Leal Souvenir, ist wegen der französischen Sprache nicht unbedingt eine besondere Nähe des Dargestellten zum Hof anzunehmen. Es kann sich ebensogut um einen Mann aus einer Stadt mit französischer Bevölkerung handeln, so wie bei De Leeuwe um einen aus dem flämischen Brügge. Denkt man in dieser Richtung weiter an eine Stadt, mit der Van Eyck vor seinem Seßhaftwerden in Brügge enger verbunden gewesen zu sein scheint, dann ließe sich Lille nennen, wo Baulduyn de Lannoy, den der Maler mit dem Kleinod des jenem schon 1430 verliehenen Ordens vom Goldenen Vlies geschmückt porträtiert hat, der Gouverneur war. Schließlich wird man in dem Umstand, daß Jan van Eyck sich als denjenigen nennt, der die „memoria" an den dargestellten Mann betrieben hat, keinen größeren Standesunterschied zwischen Modell und Maler annehmen dürfen, wohl aber eine vom Maler tief empfundene menschliche Zusammengehörigkeit der beiden. Ob es sich wegen des auf den Tag genau angegebenen Ansetzens des Gedenkens nicht um die Totentafel für einen Freund handelt? Dazu würde auch die vorstellbar mit römischen Grabsteinen zusammenspielende Verbindung von Porträtfigur und Inschrifttafel passen.

Die immer gleichartig, auch ohne Angleichung an den jeweiligen Schriftcharakter der Texte, in „semi-griechischen" Majuskeln eingetragene Wortfolge „ΑΛC IXH XAN" erscheint zwar nicht in allen, aber doch in der Hälfte der zehn Inschriften. Phonetisch würde sie allenfalls zu der einzigen Inschrift in flämischer Sprache passen. Doch kommt sie gerade auf dem Einzelbildnis von 1436 nicht vor und ebenso nicht in dem Bildnis von 1432, wo sie in den griechischen Buchstaben des Namens „Tymotheos" wenigstens ungefähr eine Entsprechung finden würde. Jedesmal mit einem lateinischen Text zusammengestellt, verharrt die markante kurze Wortfolge in schriftbildlicher und sprachklanglicher Isoliertheit. Es handelt sich um eine Aussage, die sich auch inhaltlich mit den Texten der Signierungen nicht verbindet. Ihren Platz findet sie vor deren Beginn oder nach deren Ende, von ihnen ganz abgehoben oder wenigstens durch einen merklichen Abstand geschieden, wobei sie sich aber trotzdem in eine dekorative Gesamtanordnung der Zeilenfolge einordnet. Nur im „Tymotheos"-Bildnis von 1432 und an dem Madonnenbildchen von 1433 stehen die signierenden Inschriften innerhalb der Bilddarstellungen, später sind sie immer auf die Rahmen gesetzt. Diese waren, wie das unvollendete Bild der hl. Barbara von 1437 es erkennen läßt, von vornherein mit der Darstellung zusammen geplant. Man versteht daher, daß die Inschriften auf den Rahmen mit Bedacht angeordnet sind. Daraus aber folgt, daß auch die vom Textinhalt unabhängige Wortfolge „als ich can" von Anfang an als gewissen Bildern zugehörig empfunden gewesen sein muß, für andere hingegen nie gedacht war.

Von den Bildinhalten her erschließt sich nicht die Möglichkeit zu einem Begreifen des Vorkommens der eigenartigen Wortfolge; denn diese steht auf Gemälden mit abstrakten und mit konkreten Inhalten, jedoch auch wieder nicht auf allen den neuartigen Einzelbildnissen. Sie fehlt in dem „Tymotheos"-Porträt von 1432; macht die Spitze des Rahmentextes am Bildnis des Manns mit dem roten Turban von 1433; sie fehlt im textreichen Rahmen des De Leeuwe-Bildnisses von 1436 und sie beendet die Rahmeninschrift des Bildnisses der Gattin von 1439. Aus solchem Vorkommen oder Nichtvorkommen allein läßt sich kein Grund für das eine oder das andere ersehen. Nimmt man die übrigen Bilder zur Hilfe, auf denen die Wortfolge „als ich can" vorkommt: das der Madonna im Gemach von 1433, das Flügelaltärchen von 1437 und die kleine Darstellung der Madonna am Springbrunnen von 1439, dann wird man feststellen, daß in deren Signierungen Jan van Eyck jedesmal als der das Gemälde initiativ Ausführende genannt ist; und ebenso verhält es sich bei den beiden Bildnissen, welche die bezeichnende Wortfolge in ihren Rahmentexten tragen. Die lakonischen Mitteilungen, welche auf der übernommenen Signierungsformel fußen, sind offenbar vom Maler selbst verfaßt worden, so sachlich bleibt ihre Aussage an ihn gebunden. Ganz anders ist das Gehaben des vierzeiligen Rahmenspruchs um das Bildnis von Jan de Leeuwe. Die Mitteilungen erfolgen emphatisch, wortreich und verspielt auf zwei sogleich aufgelöste Chronogramme hin angelegt. Sehr wahrscheinlich hat ein Versedrechsler den Text selber auf den Rahmen geschrieben. Wie die Zeilen das Bild umgeben, läßt es an die Art denken, wie Silberschmiede ein Gefäß oder einen Zierteller mit Schrift zu umsäumen pflegten. Anlaß zum Bildnis des Silberschmieds aus Brügge hat wohl sein Verlöbnis gegeben. Ein solches Halten und Vorweisen des Rings kennt man aus anderen Verlöbnisbildern der Spätgotik und Renaissance in den nördlichen Ländern; freilich müßte das Porträt De Leeuwes fast zu deren Prototyp aufrücken. Obwohl der dargestellte Kunsthandwerker die Anregung zum Entstehen des Gemäldes gegeben haben dürfte, ist aus dem Text nicht erwiesen, daß er schlechthin als der Besteller zu verstehen ist, so freundschaftlich vertraulich gebärden sich diese eher holprigen flämischen Verse. Von einer Auftragserteilung berichtet nur die Inschriftzeile der Madonnentafel des Kanonikus Van der Paele, in welcher auch der Maler gebührlich genannt wird. Er nimmt aber in den Inschrifttexten beider Gemälde die zweite Stelle ein, nicht die des initiativ Ausführenden wie in den fünf Bildern, die unter der gleichbleibenden Wortfolge „als ich can" zu einer Gruppe für sich zusammentreten.

Auf den Tag genaue Datierungen kommen nur in Einzelbildnissen vor, in allen außer dem des Silberschmieds. Man möchte annehmen, daß die angegebenen Tage für das Leben der Dargestellten oder für deren Beziehung zum Maler Bedeutung hatten; und als genaue Daten eines Ereignisses würde man sie gelegentlich in anderen Bildern sogar erwarten, ihr Fehlen in dem Verlöbnisbild De Leeuwe und in dem Hochzeitsbild Arnolfini überrascht immerhin. Was die Gruppe der fünf Bilder betrifft, für welche die dem Maler persönlich zugehörige kurze Wortfolge dessen besondere Verbindung bezeugt, so darf man wohl auch fragen, ob zwischen dem darin vorkommenden Wortgebrauch von „fecit" und „complevit" ein das Schaffen angehender Bedeutungsunterschied besteht. Sobald man zur Beantwortung auch andere der Inschriften heranzieht, scheinen zwei extrem gegensätzliche Beispiele der Anwendung darauf hinzudeuten. Das erste gibt das Madonnenbild von 1433. Sein in das Gemälde hineingeschriebener Text, die distanzierte Mitteilung, das Werk – das Wort „opus" ist in der sprachlichen Ellipse ausgelassen – sei von Jan van Eyck aus Brügge ausgeführt und vollendet worden, bezeichnet die Leistung des Malers nicht in dem Maße als initiatives Tun, wie es in den anderen Bildern geschieht, die gleichfalls die Wortfolge „als ich can" tragen. In Gegensatz dazu steht die überhaupt knappste Signierungsformel auf dem Bild der hl. Barbara von 1437: geschaffen habe er sie, sagt sie selbst aus. Das ist alles, es unterbleibt auch das persönliche Vor- oder Nachwort des Malers „als ich can". Allerdings ist dieses Bild nicht zu Ende gemalt, im Zustand der Untermalung stehengeblieben. Immerhin hat Van Eyck nicht Anstand daran genommen, es auch unvollendet mit der Jahreszahl versehen zu belassen. Man wird deshalb sagen dürfen, daß das Wort „fecit" mehr das künstlerische Konzept betreffen dürfte, das Wort „complevit" mehr die Ausführung, wozu noch die folgenden Überlegungen helfen. Was das Madonnenbild von 1433 angeht, wird man wohl daran zu denken haben, daß hier Jan van Eyck eine – in den zwei Fassungen in London und Leningrad erhaltene – Komposition des Meisters von Flémalle übernommen, obgleich nicht nachgeahmt hat; wogegen die hl. Barbara mit dem Turm, 1437, nicht bildmäßig zu Ende gemalt, als eigenartige Invention ganz seine persönliche Schöpfung bleibt. Wenn er dann auch in dem Bildnis seiner Frau von 1439 seine Leistung mit „complevit" bezeichnete, so wird man dieses wohl wieder vorausgegangenen Arbeiten zuschreiben können, gemalten in kleinerem Format oder bloß gezeichneten, die in dem Bildnis der Dreiunddreißigjährigen in gewissem Sinne einen Abschluß fanden. Gegensätzlich verhält es sich anscheinend mit dem Bildnis des Manns mit dem roten Turban von 1433, das wohl ohne eingehendere Vorbefassung, spontan geschaffen worden ist, wozu dem Maler das Wort „fecit" besser gestimmt haben dürfte. Ein solcher Schaffensvorgang würde bei dem kleinformatigen Porträt auch auf eine besonders nahe Beziehung zwischen dem Maler und dem Dargestellten deuten. Die immer wieder einmal auftauchende Vermutung, es handle sich um ein Selbstbildnis Van Eycks, müßte sich im Grund allein durch den Wortlaut der Signierungszeile erledigen, außer man würde ihn scherzhaft oder gar mystifizierend verstehen wollen. Eigenartigerweise wird die auf einen schon vor langem vorgenommenen, fachmännischen physiognomischen Vergleich basierende Annahme, der dargestellte Mann sei der Vater von Jan van Eycks Frau gewesen, oft außer acht gelassen, obwohl auch die vermerkte Jahreszahl, als die für die Eheschließung der beiden wahrscheinliche, eine bildliche Wiedergabe des Schwiegervaters durchaus wahrscheinlich macht.

In zweien der Rahmeninschriften ist die Tätigkeit Jan van Eycks mit beiden Bezeichnungen angegeben, „fecit et complevit" heißt es auf dem Flügelaltärchen von 1437 und fast ebenso auf dem Bildchen der Madonna am Springbrunnen von 1439, und auf einem jeden steht auch das Wahlwort „als ich can". Bei aller Vorsicht, nicht Wertungen nach heutigem Dafürhalten vorzunehmen, wird man trotzdem feststellen dürfen, daß dieses für den Maler signifikante Wort nicht seinen großen Werken vorbehalten blieb. Denn es muß auch zur Entstehungszeit die aufwendige Madonnentafel mit dem Stifter Van der Paele entschieden mehr gegolten haben als der kleine Madonnenaltar mit dem ungenannten Stifter. Man darf deshalb zu Recht vermuten, daß die gegenüber dem kleinen Bild der Madonna im Gemach gewiß großartigere Lucca-Madonna desselben Themas, in Frankfurt, die ohne alten Rahmen erhalten ist, auf einem vielleicht einst gleichzeitig mit dem Bild geschaffenen Rahmen nicht abermals die prägnante Wortformel getragen haben wird wie das frühere Stück. Damit ist die Frage nach der Bedeutung dieser Wortfolge auf einigen der Bilder Jan van Eycks nicht länger verschiebbar.

Namentlich genannt ist er in allen zehn signierten Spätwerken, achtmal eingebunden in den Schaffensvorgang und zweimal als derjenige, der Geistiges bewirkte oder Sakramentales bezeugen sollte. Mit seinem Ausspruch „als ich can" stellt er sich jedoch außerhalb des Geschaffenen und sagt über dieses etwas aus. Der volle Gehalt des Gemeinten wird wohl nicht mehr festzustellen sein; nicht ganz zutreffen können die am meisten verbreiteten Sinninterpretationen der Art wie: „die bekannte stolz-bescheidene Devise des Künstlers: ‚als ich can', wie ich es vermag"[3]. Wenigstens hätte dieses Wort nicht stolz zu klingen, sobald man, wie gesagt, die damit bezeichneten Bilder am Wert anderer, nicht damit bezeichneter mißt. Als stolz zu bezeichnen, im Sinne von selbstbewußter Haltung, ist nicht der Wortsinn, sondern die Tatsache, daß Van Eyck überhaupt ein solches Wahlwort für sich in Anspruch genommen hat, wie es die Fürsten und Großen am burgundischen Hof führten, meist zusammen mit dem Familienemblem[4]. Seit der Maler, ab 1430 bis zu seinem Tod 1441, in Brügge ansässig war, müssen sich

---

[3] So bei L. Baldass, Jan van Eyck, Köln 1953, S. 61. Ähnlich charakterisiert den Gehalt der Wortfolge Panofsky, Early Netherlandish Painting, Cambridge (Mass.) 1953, S. 179: "... pride is so inimitably blended with becoming humility ..." – Über die sprachliche und schriftbildliche Herkunft der Formel aus den Unterschriften der mittelalterlichen Kopisten, aus deren üblichen „Unfähigkeitsbeteuerungen" (E. R. Curtius) wie „ut potui (non sicut volui)", vgl. R. W. Scheller, „ALS ICH CAN", in: Oud Holland, Bd. LXXXIII, 1968, S. 135–139. (Der Verfasser dankt Herrn Direktor M. Davies, National Gallery London, für den Hinweis auf diese Studie; Frühjahr 1970.)

[4] Van Eyck folgte dabei offenbar dem Zug von Zeit und Umwelt. Vgl. darüber J. Huizinga, Namen und Zeichen für die burgundische Staatseinheit; in dessen Buch: Im Bann der Geschichte, Nimwegen 1942. Es heißt dort (S. 261), das 15. Jh. „ist wie kein anderes das Jahrhundert der Devisen, Embleme, Wahlsprüche und Wappenschilder. Und all dies ist für den Zeitgenossen etwas mehr als ein geistreiches Spiel".

seine engen Beziehungen zum Hof, zu den Hofkreisen, wennschon nicht zum Herzog, gelockert haben. Es ist kaum denkbar, daß er wegen seiner bürgerlichen Herkunft und handwerklichen Tätigkeit – Herzog Philipp der Gute hatte ihn in seinem Hofverband deshalb rangmäßig als „valet de chambre" eingefügt – auch den Aristokraten gegenüber eine Devise, durch die gleichbleibende griechische Schrift noch dazu in fast emblematischer Form, für sich in Anspruch genommen hätte; aber gut denkbar ist, daß er es – mit dem Brauch der Großen Welt vertraut – dann in seinem bürgerlichen Kreis auch aus einer Neigung zur Selbstnobilitierung heraus getan hat. Es verhält sich zweifellos so, daß das Wahlwort „als ich can" hinsichtlich der Bilder, die es tragen, nicht des Schaffenden stolze Bescheidenheit verstehen läßt, sondern daß es offenbar dessen intime persönliche Beziehung zu jedem einzelnen Stück ausdrückt. Es geht um zwei Familienporträts: das des Schwiegervaters – daran ist nach allem wohl nicht zu zweifeln [5] – und das der Frau, ferner um drei kleine Andachtsbilder, wenn man auch das Flügelaltärchen so kategorisieren darf. Von diesen ist die innige Darstellung der Madonna im Gemach – wie auch das Bildnis des Schwiegervaters – 1433 entstanden, dem vermutlichen Jahr der Eheschließung, und sie ist aufs engste der Gedanken- und Gefühlswelt der jungen Hausfrau angepaßt, die 1434 Mutter wurde. Das Täfelchen mit der Madonna am Springbrunnen, voll Anmut und märchenhaft lieblich, ließe als gleichfalls für den Familienkreis bestimmtes kleines Bild ungezwungen die Bedachtnahme auf das 1439 fünfjährige erstgeborene Töchterchen verstehen, damit aber auch die bei Van Eyck in solcher Süße sonst fremde Stimmung. Mit der Jahreszahl 1437 bezeichnet, tritt nun das Flügelaltärchen mit dem betenden Stifter hinzu. Wie dieser von dem ritterlichen Erzengel Michael der schwerttragenden hl. Katharina empfohlen zu werden scheint, empfängt die Szene eine männliche Akzentuierung trotz den nur geringen Maßen des Werks und seiner fast miniaturmalerischen Wirkung. Übrigens ist zu bedenken, daß dieser kleine Hausaltar gewöhnlich mit geschlossenen Flügeln zu sehen gewesen sein muß, auf denen in gemalter Imitation von Marmorfigürchen die „Verkündigung" dargestellt ist, der aus dem täglichen „Ave Maria"-Gebet Alt und Jung vertraute Vorgang.

Es ist selbstverständlich nicht auszuschließen, daß noch andere Bilder vorhanden waren, auf die Jan van Eyck sein Wahlwort geschrieben hatte. Trotzdem darf man annehmen, daß auch durch sie der Gruppencharakter nicht verändert worden wäre. Es kann nicht Zufall sein, daß die fünf bekannten alle in seinem letzten Lebensjahrzehnt entstanden sind, nachdem er sich in Brügge niedergelassen und dort Hausstand und Familie gegründet hatte. Und wegen der Unmöglichkeit, den Sinn des Wortes „als ich can" heute voll zu erfassen, läßt sich berechtigt wenigstens auf den Umstand hinweisen, daß der Maler nur Bilder für den engen Lebenskreis und privaten Gebrauch damit bezeichnet zu haben scheint, Bilder, die eigens dafür bestimmt waren und wohl in seinem Haus verblieben sind. Das versteht sich leicht bei den beiden Bildnissen von Schwiegervater und Frau und liegt nahe bei den beiden idyllischen Madonnenbildern, der hl. Jungfrau mit dem Kind im Wohnraum und der am Springbrunnen im Garten. Ein

---

[5] Vgl. die Argumente für dieses Verwandtschaftsverhältnis schon bei W. H. J. WEALE, Notes on some Portraits of the Early Netherlands School, in: The Burlington Magazine, Bd. XVII, 1910, S. 177. Abermals Cum gleichen Ergebnis gelangte ein Vierteljahrhundert später, nach neuerlicher physiognomischer Vergleichung, ZH. AULANIER, Marguerite van Eyck et l'Homme au turban rouge, in: Gazette des Beaux-Arts, 1936, II, S. 57.

mehr als schwieriges Problem wirft in diesem Zusammenhang dagegen der kleine Flügelaltar auf, wegen der darin eingegangenen Verbindung von religiöser und personaler Darstellung. Es geht um den im linken Flügel gezeigten betenden Stifter. Was soll dieser in einem Werk, das nach der vorgebrachten Erklärung Jan van Eyck für sich selber gemalt haben müßte. Wer sollte dieser Mann sein? Nach der herkömmlichen Meinung gibt die Antwort darauf ein seit alters vorhandenes Wappen, das rechts oben auf dem Rahmen des geöffneten rechten Flügels gemalt erscheint (Abb. 87). Es ist als das der Familie Giustiniani erkannt und auf den Stifter bezogen worden [6]. Die Frage lautet demnach: Warum hätte das Mitglied einer Genueser Familie einen kleinen Hausaltar in Auftrag gegeben und sich darauf porträtieren lassen, den der Maler aus Brügge mit allem Nachdruck des Hinweises als seine persönliche Leistung deklarierte? Die erst 1958 in einer Hohlkehle des unteren Rahmenstücks der Mitteltafel freigelegte, vorher unter einer Übermalung unbekannt gewesene Signaturinschrift (Abb. 85) ist in dieser Hinsicht sehr entschieden und läßt daran keinen Zweifel [7]:

Johannes de eyck me fecit et complevit Anno M'cccc'xxxvii' ΑΛC ΙΧΗ ΧΑΝ

Schon dadurch, daß diese Signierungszeile auch in ihrer Anordnung jene Sorgfalt erkennen läßt, die Van Eyck auf das Zusammenspiel von Bild und Rahmengestaltung legte, erweist sich das Wappen wegen seiner exzentrischen Unterbringung in dem Zwischenraum zwischen einer horizontalen und einer vertikalen Zeile mit religiösen Inschriften nunmehr als seltsam zufällig postiert. Viel wichtiger ist jedoch, daß der Rahmen damals wohl überhaupt nicht der für die Unterbringung eines Stifterwappens übliche Platz war, die Wappen gehörten anscheinend in das Bild hineingemalt. So geschah es ohne Störung des Bildvortrags in einem so bekannten zeitgenössischen Werk wie dem Mérode-Triptychon des Meisters von Flémalle, jetzt in den „Cloisters" in New York; es sind die Wappen als Scheiben in die Oberfenstergläser der Stube eingefügt, wo Maria die Verkündigung des Engels hört. In der großen Verkündigungstafel in Aix-en-Provence, dem 1445 vollendeten Werk des nach diesem Bild benannten Meisters, sieht man das Wappen in die Gläser eines Kirchenfensters eingesetzt; die Szene ist ein Kirchenraum. Doch wie dem auch sei: das Wappen befindet sich nun einmal auf dem Rahmen des Eyck-Altärchens, allerdings ohne seit Menschengedenken mit der heute wieder erkennbaren Signierungszeile in Konflikt zu geraten. Da fragt es

---

[6] Die klarste Stellung zu dem vermuteten Sachverhalt bezog seinerzeit A. SCHMARSOW, Hubert und Jan van Eyck, Leipzig 1924, S. 130: Das Klappaltärchen „trägt auf seinem Rahmen rechterhand das noch erkennbare Wappen der Giustiniani aus Genua, das doch wohl dem Stifter selbst gehört, der auf dem linken Flügel kniend erscheint und seinen Auftrag bei persönlicher Begegnung mit dem Maler erteilt haben muß, als er sich für diesen Zweck selbst konterfeien ließ. Dies könnte am besten auf einer Reise Jan van Eycks im Auftrag seines Landesherrn geschehen sein, die ihn im Jahr 1427... nach Katalonien und Valencia geführt hat, auf diesem Wege jedoch auch nach Genua gelangen ließ... Der Beginn der Arbeit liegt bei unserem Stück notwendig bei dem Bildnis des Stifters, der neben seinem Namensheiligen, dem Erzengel Michael, kniet und außer seinem Profilkopf jedenfalls seinen pelzbesetzten Rock mit Sackärmeln getreulich mit abgebildet sehen wollte; ein Michele Giustiniani ist in Genua urkundlich seit Anfang des Jahrhunderts überliefert". Die auf Grund stilkritischer Beurteilung erfolgenden Datierungen anderer Forscher lagen verschieden später. Doch erst die aufgedeckte Inschrift erweist die Entstehung des Altärchens im Jahre 1437, in der Spätzeit des Malers.

[7] Mitgeteilt von H. MENZ, Zur Freilegung einer Inschrift auf dem Eyck-Altar der Dresdener Gemäldegalerie, in: Jahrbuch 1959 – Staatl. Kunstslgn. Dresden, S. 28.

sich, warum diese zugemalt worden ist. Die Antwort kann nur sein, daß sie jemandem nicht zugesagt habe. Als sehr wahrscheinlicher Grund ließe sich denken, daß vor allem das Wahlwort des Malers „als ich can" für allzu persönlich und deshalb störend empfunden worden ist; und als der nächstliegende Anlaß, daß das Stück den Besitzer wechselte. Es werden darum das Zumalen der Signierungszeile mit dem auf den Eigenbesitz anspielenden Wahlwort[8] und das zwar geschickte, aber die Anordnung der das Bild rahmenden religiösen Inschriften beeinträchtigende Aufmalen des Wappens, das jedenfalls ein anderes Besitzerzeichen ist, gleichzeitig und unter gleicher Initiative erfolgt sein. Wann das geschah, ist vielleicht nicht mehr festzustellen und für das vorzubringende Problem irrelevant. Jedenfalls ist es gerechtfertigt und notwendig, die Frage nach der Person des im Bild sichtbaren Stifters losgelöst vom Konnex mit dem Wappen zu stellen, was allerdings folgenreiche Weiterungen hat.

Der Schluß aus den angeführten Voraussetzungen müßte nämlich lauten: Wenn der dargestellte Stifter wie üblich als der Auftraggeber und erste Besitzer des Altärchens zu verstehen ist, und wenn der Maler das kleine Werk für sich selbst geschaffen hat (wie das Wahlwort „als ich can" es erkennen läßt), dann müßte der dargestellte Stifter Jan van Eyck selbst sein; das bedeutet unter anderem auch, daß der in dem Altärchen dargestellte Beter als ein Selbstbildnis des Malers aufzufassen wäre. Alles das kommt so überraschend, daß im folgenden überhaupt erst die Möglichkeiten einer Selbstdarstellung in diesem Werk zu erläutern und darzulegen sein werden. Die diesbezüglichen Fragen sollen in drei Schichten laufen: die nächstliegende erste Frage hat auf die Überprüfbarkeit einer Porträtähnlichkeit zu zielen; die zweite wird es bereits mit dem Problem der wertenden Selbsteinstufung des Porträtierten in einen transzendentheiligen Vorgang zu tun haben; die dritte Frage endlich darf sich dem persönlichen Erlebnisgrund einer solchen Selbstdarstellung zuwenden.

Wie abstrakt sich diese Erwägungen auch anlassen, ist es dennoch möglich, sie ins Anschauliche überzuleiten. Dazu wird es allerdings nötig, wieder an jene von der zweiten Hälfte des 16. bis in den Anfang des 20. Jahrhunderts lebendige Tradition anzuknüpfen, die in einer der Figuren des Genter Altars die selbstbildnishaften Züge Jan van Eycks festgehalten wissen wollte. Es mag bedenklich stimmen, daß diese – nicht triftiger Gegenargumente, sondern bloß positivistischer Skepsis halber – fallengelassene traditionelle Annahme[9] den Anstoß zu ihrer Wiederbelebung aus einem puren Denkergebnis finden soll. Den Beginn muß wohl der Physiognomienvergleich machen. Man erinnert sich, daß ein bestimmter Reiter aus dem Zug der Gerechten Richter als das Porträt des Malers galt. Wenn man nun die beiden Gesichter, das des „Richters" im

---

[8] Die Signierungszeile erweist sich in der Rahmenleiste ein wenig zu weit nach rechts eingestellt, etwa um die Länge des Wahlworts. Gemacht haben muß auch dieses Jan van Eyck selbst. Als Grund verständlich wird am ehesten eine anders vorgesehene Unterbringung der drei Wörter. Als Beispiel dafür darf man diejenige in dem Bildnis des Mannes mit dem roten Turban von 1433 nehmen: das Wahlwort „als ich can" im Rahmenteil oberhalb des Bildes, die Signierungszeile im Rahmenteil unterhalb; ebenso verhält es sich bei dem Andachtsbildchen der Madonna am Springbrunnen von 1439. Vor der wohl beabsichtigten gleichen Aufteilung im Altarrahmen dürfte der Maler zurückgeschreckt sein. Als Ursache wäre denkbar, daß sein persönliches Wahlwort, zuoberst gerückt, allzu nahe dem heiligkeitsgradig höchsten Bildteil – Kopf der Madonna, Thronhimmel, Lichtgaden – erschienen wäre.

[9] Immerhin gedachte noch Friedländer (im „Thieme-Becker", XI, 1915, S. 219) „des um 1430 gemalten Kopfes im Genter Altar, der traditionell und wahrscheinlich richtig als Selbstporträt Eyck's angesehen wird".

Genter Altar und das des „Stifters" im Dresdener Flügelaltärchen, nebeneinander sieht (Abb. 89, 90), noch dazu nach Benutzung von nicht verfälschenden photographischen Angleichungen, so wird man vielleicht überrascht zugeben müssen, daß eine persönliche Identität der beiden Dargestellten durchaus möglich ist. Beträchtlich wirkt der Altersunterschied zwischen beiden Männern. Das Stifterbildnis ist, wie man jetzt weiß, 1437 entstanden, und was das Richterbildnis betrifft, gehört diese Tafel sicherlich nicht zu den letzten Arbeiten am Genter Altar. Daraus folgt, daß der Zug der Gerechten Richter schon vor 1430 entstanden sein wird, was im Fall der Identität der beiden Dargestellten einen Altersabstand um die zehn Jahre ausmachen könnte. Dadurch wäre eine Ursache merkbarer Verschiedenheit erklärt. Sonst zeigen die beiden runden Gesichter viel Ähnlichkeiten: die feinformigen Ohren; die nur kurz im Ansatz gegebenen Brauen; die flach liegenden, nur wenig eingehöhlten Augen; die leicht gebogenen mittellangen Nasen; die kleinen Münder; die zwar nur wenig vorspringenden, aber markant akzentuierten Kinne. Obwohl also die aufgezählten Ähnlichkeiten zwischen den beiden Gesichtern erstaunlich groß sind, wird eine Entscheidung, ob sie zur Agnoszierung ein und desselben dargestellten Menschen ausreichen, wie fast immer in solchen Fällen persönlichem Dafürhalten überlassen werden müssen. Um so wichtiger ist die Beantwortung der Frage, ob die zwei zwar porträtähnlichen, aber in völlig verschiedenen Vorgängen dargestellten Menschen überhaupt personalidentisch sein können, weil damals mit rein optischen Übernahmen, solchen von Erscheinungen ohne ihren besonderen Sinn, nicht zu rechnen ist, so weitgehend war das Objekt im Bild Träger von Bedeutungsgehalten.

Als erstes ist festzustellen, daß der „Richter" in der Menge der vielen Figuren der Komposition des unteren Teils des geöffneten Altars, in den auf die Anbetung des Mystischen Lamms zentrierten Szenen, eine Sonderstellung einnimmt. Er ist die einzige Figur, die sich aus dem Geschehensfluß herauswendet, und dabei blickt er auf den Betrachter. So macht er sich auffällig und wird suggestiver Vermittler zum Bildvorgang hin. Auf fast ideale Weise ist bereits erfüllt, was wenig später, 1436, Alberti den Malern als einen Rat für Gruppenkompositionen erteilt: „Es gefiele mir dann, daß Jemand aus dem Bild zur Anteilnahme an dem weckt, was man dort tut..."[10] Wie bei der aus Mittelitalien übernommenen Signierungsformel durch Jan van Eyck ist auch hier eine Herleitung der Anregung nicht bekannt. Sie ist jedoch als Faktum vorauszusetzen, weil der Rat des Theoretikers zweifellos auf Erfahrungen mit Monumentalgemälden basiert, bei denen der äußere Abstand vom Betrachter als solcher überhaupt erst erlebbar wird; und dadurch taucht das Problem von dessen innerer Überwindung für einen sensiblen Künstler erst auf. Bei Van Eyck verharrt diese appellierende Figur in strengster Einbindung nächst dem Anfang des szenischen Ablaufs. Während von rechts her an die im Mittelbild geschilderte Zeremonie der Anbetung des Lamms in zwei Tafeln die heiligen Eremiten und Pilger als die Repräsentanten des kontemplativen Lebens heranschreiten, reiten die Streiter Christi und die Gerechten Richter, die „vita activa" repräsentierend, von links her auf den zentralen Lebensbrunnen zu. Als die Gerechten Richter sind ohne Zweifel die „Richter" des Alten Testaments zu verstehen. Sie lebten historisch vor der Zeit der Könige, waren nicht Priester und sind, aus verschiedenen

---

[10] L. B. ALBERTI, Drei Bücher über die Malerei, in: Quellenschriften für Kunstgeschichte, Bd. XI, Wien 1877, S. 122.

Stämmen kommend, immer dann rettend aufgetreten, wenn das Volk Israel durch die Sünde der Vielgötterei ins Elend abgesunken war. Obschon der Maler auch einen König hineinversetzte, kann es den Sinnzusammenhang nicht beeinträchtigen, daß hier im äußersten Flügel nur Glaubensmänner gegeben sind, die nicht die Schwelle zu geweihtem Sein oder heiligmäßigem Leben überschritten. Deshalb wäre hier am ehesten der Platz, das eine oder andere Porträt einzufügen, wogegen man die vielen ausdrucksdrängenden Gesichter in den anderen Tafeln gewiß sämtlich als zu inhaltlicher Aussage gesteigerte, „spätgotische" Charakterköpfe aufzufassen hat. Einen Bezug von den gemalten „Richter"-Figuren auf den einen oder anderen der aus dem biblischen Buch der Richter persönlich faßbar hervortretenden Männer gibt es wohl nicht. Deshalb ist auch der nach der Tradition die Gesichtszüge Jan van Eycks aufweisende Reiter im Bild nur als ein glaubensstarker Mann weltlichen Standes vorhanden.

Die unserem modernen Denken unverständliche weil außerordentlich hohe Werteinstufung, die diesem einen bildnishaft wiedergegebenen zeitgenössischen Menschen, der als einer der Richter fungiert, aus dem Sinnganzen der auf Erden spielenden Szene des Altarretabels zukommt, kann nicht durch willkürliche Anmaßung erschlichen worden sein, sondern sie muß mit dem mystisch-theologischen Programm in Einklang stehen, und sie war ihrer Zeit zweifellos einsichtig. Es handelt sich wennschon nicht um den gleichen Grad der Einstufung, so doch um dieselbe Art der Einbeziehung lebender Menschen in überirdisch-geistige Sphären, die aus dem Madonnenbild des Kanzlers Rolin und aus dem des Kanonikus Van der Paele herauszulesen ist. Diese beiden Männer beten, oder richtiger: sie haben ihre himmlischen Erscheinungen in dem an morgenländische Formen anklingenden Burgsaal wie in dem anheimelnden Kirchenchor, wobei den wahren Gehalt dieser Innenräume jedesmal die Gottesmutter angibt, die in der „Himmelsburg" wie im Chor des Gotteshauses in Verbindung mit der phantasievoll geschilderten Architektur zum Symbol der „Kirche" erwächst, der zur Glaubensfestigung vorgenommenen Stiftung Jesu Christi. Der Kanzler wie der Kanonikus erscheinen als befähigt und begnadet, die „Ecclesia" mit innerem Auge zu schauen; denn keiner der beiden richtet seinen Blick auf Maria und das Kind, sondern diese beiden sind es, die ihre Verbundenheit mit den betenden Männern zeigen. Von den zwei Würdenträgern wird der Kanonikus von seinem Patron empfohlen, der Kanzler kniet allein. Ohne Förderung durch einen Patron vollzieht sich auch im Stifter des Mérode-Altars das abermals geistige Erlebnis der Verkündigung an Maria. Nicht ein weltlicher oder geistlicher Potentat, kniet der Handwerksmeister oder Handelsmann[11] bloß im Vorhof des Hauses der Madonna und des alten Zimmermanns Josef. Der „Naturalismus" des Meisters von Flémalle scheint wenigstens in diesem Fall auch sozial, vom Stand des Bestellers her graduiert zu sein, dessen Gesellschaftsschicht angemessen, gleich wie die Schilderungen von Burgsaal und Kirchenchor es für die beiden Mächtigen sind, den weltlichen und den geistlichen. Das heißt, daß auch die wirklichkeitsnahe Schilderung der profan-vulgären Umwelt nicht naiv abbildhaft erfolgte, sondern daß selbst sie zweifellos vom Bedeutungshaltigen ausgeht und dieses verständlich machen soll. Reziprok ähnlich verhält es sich mit den in die imaginierten

---

[11] Daß die zwischen dessen Rücken und dem linken Bildrand kniende Frau eingefügt wurde, ergab die Durchleuchtung des Werks in New York. Vgl. den Aufsatz von TH. ROUSSEAU jr., The Mérode Altarpiece, in: The Metropolitan Museum of Art, Bull. Bd. XVI, Dezember 1957, S. 117–129.

Vorgänge einbezogenen, ihrem wirklichen Aussehen nach abgebildeten Menschen. Trotz der oft haranguierenden Porträttreue und atmenden Erfülltheit hat der Einzelne wohl nicht so sehr als ein Individuum wie als Repräsentant einer Schicht, eines Standes verstanden zu werden, und diese Einstufung bestimmt sogar seine Position innerhalb des Vorgangs im Bild. So verhält es sich keineswegs nur in Werken der altniederländischen Maler, sondern, trotz dem formal deutlichen Einfluß von italienischer Renaissancekunst, beispielsweise auch noch bei Jean Fouquet, in dem „Stundenbuch" in Chantilly aus den fünfziger Jahren des Jahrhunderts. Gewiß ein im Rang hoher Besteller wie der „trésorier de France" Etienne Chevalier, kniet dieser betend, von seinem Patron, dem hl. Stephanus, protegiert, zwar in einem himmlischen Vorhof, dessen mit südländischen Formen geschmückten Wänden entlang sich Engel reihen, er verharrt aber in weitem Abstand von dem heiligen Symbol: der vor einer mächtigen Kathedralfront thronenden Madonna in der Doppelbedeutung von „Himmelspforte" und „Ecclesia". Ohne Zweifel hat auch die von Van Eyck in dem Flügelaltärchen von 1437 dargestellte Distanz zwischen der thronenden „Madonna-Ecclesia" hinten im Mittelschiff und dem vorne im linken Seitenschiff des Kirchengebäudes knieenden Stifter daran mitzuwirken, diesen gehörig einzustufen, nicht als einen der Großen, sondern merklich bescheidener; trotzdem erscheint er als ein zur inneren Schau Begnadeter, wie auf inhaltlich ganz andere Weise auch der sich dem Betrachter zuwendende Gerechte Richter im Genter Altar einer ist.

Der Stifter des Dresdener Altärchens wird vom hl. Michael empfohlen, den man allgemein für den Namenspatron hält. Solange in Verbindung mit dem Giustiniani-Wappen ein Michele dieses Namens für dargestellt gehalten werden durfte, mochte dies angehen; befreit davon fällt ins Gewicht, daß Michael im damaligen flämischen Land gewiß kein üblicher Taufname war und als solcher an dem Stifter nicht mehr notwendig hängt. Wenn aber nicht Namenspatron, so muß der hl. Michael entweder als Wahlpatron oder gar in einem inhaltlich komplizierteren Sinn zu verstehen sein. Das für den burgundischen Kreis berühmteste Beispiel von Wahlpatronen, welches Jan van Eyck genau gekannt haben muß, ist Claus Sluters gegen Mitte der neunziger Jahre des 14. Jahrhunderts vollendetes Portal in der Kirchenfront der Karthause von Champmol, dem Erbbegräbnis der burgundischen Herzöge. Die beiden protegierenden Patrone, der hl. Johannes und die hl. Katharina, sind nicht die Namenspatrone von Herzog Philipp dem Kühnen und Herzogin Margarete von Flandern. Sie müssen von diesen als Fürbitter eigens gewählt worden sein. Warum gerade sie, dafür wird ein Grund nicht ersichtlich. In wuchtigem Andringen empfehlen sie das herzogliche Paar der Madonna am Trumeau, die samt diesem Bauglied abermals die „Ecclesia" repräsentiert. Die hl. Katharina kommt auch in dem Eyck-Altärchen vor, an der Stelle des hl. Johannes aber – wie gut würde er hinter den Stifter, Jan van Eyck persönlich, als Namenspatron passen – steht der Erzengel Michael. Mit diesen Figuren, den beiden Heiligen und dem Stifter, tritt eine innerhalb der Symmetrie der gemalten Architektur der zwei Flügel beträchtliche Ungleichartigkeit der kompositionellen Aufteilung auf: links der weltliche Stifter mit dem hl. Michael, rechts allein die hl. Katharina anstatt ihrer mit einer weiblichen Stifterfigur, wie es bei verheirateten Leuten zu erwarten wäre. Schon dieser Umstand macht die übliche Annahme, St. Michael fungiere als Namenspatron, nicht glaubwürdig. Denn falls ein Stifter ohne Ehefrau lebte und sich deshalb allein darstellen lassen mußte, war dafür bereits ein eigener Gemäldetypus gebräuchlich, das Devotionsdiptychon. Van Eycks gleichfalls als die Ecclesia zu verstehende „Madonna in der Kirche"[12], in Berlin, war die linke Tafel eines solchen. Die dazugehörige Stiftertafel ist heute verloren, aber sie besteht vorstellbar weiter in einer Kopie des ganzen Werks in Antwerpen. Weil das Marientäfelchen genau nachgemalt ist, wird auch die Stiftertafel es kompositionell sein, bloß dem Bedürfnis des Bestellers als neuem Stifter angepaßt; denn diesmal ist der Abt Christian de Hondt dargestellt[13], der ohne Patron anbetend kniet. Es wird wohl auch der erste Stifter ein höherer Geistlicher gewesen sein. Wenn das dreiteilige kleine Malwerk in Dresden hingegen dem Typus des Flügelaltars folgt, kann das nicht anders erklärt werden, als daß der Maler eine über das reine Devotionsbild hinausreichende Aussage machen wollte.

Solcherart voreingenommen, werden manche Einzelheiten der Darstellung auffällig: daß weder der hl. Michael noch der Stifter vorne im linken Seitenschiff der Madonna hinten im Mittelschiff zugewandt sind, sondern durch dieses quer hinüber der hl. Katharina vorne im rechten Seitenschiff; daß die Stifterfigur im Verhältnis zur Figur des Erzengels zwar nicht auf mittelalterlich wertende Weise kleiner gegeben ist, trotzdem wegen ihrer knappen Einfügung in die Innenecke des schmalen Flügelfeldes sich sehr bescheiden einstuft; daß erst dadurch der ritterliche Engel das Gleichgewicht zu der höfisch gekleideten, eine prachtvolle Krone tragenden Märtyrerin erlangt; daß diese Krone der hl. Katharina den Stirnreifen der Madonna, welcher mit seinen Juwelen allerdings an den Sternenkranz zu denken nahelegt, bei weitem an Kostbarkeit zu übertreffen scheint; daß die in ihrem Gebetbuch lesende Heilige den Erzengel mit dem Stifter nicht beachtet, sondern daß alle Aufmerksamkeit von diesen zu ihr hingeht; daß die Heilige jedoch auch nicht auf Gottesmutter und Kind blickt, die zwar die geistige Mitte sind, das Zentrum der Komposition aber so verhalten abgeben, daß die offensichtliche Spannung unmittelbar vom linken zum rechten Altarflügel überzuspringen vermag. Eine entscheidende Aufgabe kommt dabei der dargestellten Architektur zu. Während diese sich in der Van der Paele-Tafel von 1436 mit den Figuren bloß inhaltlich verbindet, als erkennbarer Kirchenchor, ist sie im Altärchen von 1437, obwohl klarer gegeben, weniger Abbild eines dreischiffigen Kircheninnenraums als ein sinnfälliges Schema zur Kennzeichnung von Ordnung und Rang. Im Mittelschiff, das in vier Arkaden Tiefe bis zum geraden Abschluß zu sehen ist, erhebt sich in dem vom dritten und vierten Bogenschlag gesäumten Raumabschnitt der Thron mit der Gottesmutter, während nach vorne sich figurenfreier Respektraum ausdehnt. In den Seitenschiffen erscheinen die Figuren in den dem ersten Arkadenpaar entsprechenden Raumkompartimenten fixiert; hinter ihren Rücken öffnen sich, im rechten Winkel zur Tiefenerstreckung der Kirche, die Eingänge wohl zu je einer Kapelle für den Erzengel und für die Heilige. Diese beiden Sakralräume entsprechen einander, wie es vor ihren Eingängen die beiden Figuren tun, die somit auch durch den Raumschub von links und von rechts aufeinander bezogen werden. Das geschieht im Vordergrund der Kirche über deren Mittelschiff hinweg, das als der Sakralraum für die Madonna voll ausklingt. Dabei

---

[12] Siehe die Ausführungen bei PANOFSKY, Early Netherlandish Painting (zit. Anm. 3), S. 144–148.

[13] Die Kopie des Diptychons im Museum von Antwerpen wird dem „sogenannten Brügger Meister von 1499" zugeschrieben. Siehe den von K. H. Wirth verfaßten Artikel „Diptychon (Malerei)" im Reallexikon zur deutschen Kunstgeschichte, Bd. IV, 1958, Sp. 67 f. und die dazugehörige Abb. 3.

wirkt die Gottesmutter durch die orthogonale Verkürzung der Arkadenwände aber nicht in die Raumtiefe abgeschoben, sondern sie wird, im Gegenteil, dank deren perspektivischer Aktivität bedeutungsvoll nach vorne gedrängt; und die von Seitenschiff zu Seitenschiff aufeinander bezogenen Figuren werden durch die Dynamik des Mittelschiffs nicht auseinandergerissen, sondern der vom Mittelbild erzwungene Abstand führt sogar zu einer Steigerung der Zueinandergehörigkeit der Flügelbilder, die für sich genommen ein Diptychon ergeben würden. Alle die spannungsreichen, auf das Erlebnis der dargestellten Figuren bezogenen Verbindungen machen aus diesem kleinen Altarwerk ein Handlungsbild, wie auch andere als Zustandsschilderungen geltende Bilder Van Eycks in Wahrheit voll von virulentem Aktionspathos sind, was man über der Köstlichkeit der Wiedergabe von dinglich-stofflichen, nach der Wirklichkeit geschilderten Reizen leicht übersieht.

Schon der porträthaft wirkende, die Aufmerksamkeit des Betrachters erweckende Gerechte Richter im Genter Altar tut dieses nicht seiner selbst, sondern des religiösen Geschehens wegen, dessen Ablauf mit der motorischen Figur des imposanten Schimmelreiters vorne im Bild markant eingesetzt hat. Am wenigsten offensichtlich ist „Handlung" vielleicht in dem Madonnenbild mit dem Kanzler Rolin. Was vor dessen geistigem Auge erscheint, ist Maria als Himmelskönigin – ein Engel hält die Krone über ihrem Haupt – im himmlischen Burgsaal. Die inhaltliche Spannung setzt sich kompositionell in die Perspektive des Tiefenraums um. Aus dem Saal dringt der Blick in das ummauerte Blumengärtchen, den „hortus conclusus", von wo er mittels der zwei hinunter in die irdische Weite beobachtenden Rückenfigürchen auf die Stadt gelenkt wird. Trotz des scheinbar wirklichkeitsnahen Aussehens ist diese nicht als eine Vedute aufzufassen – beispielsweise von Lüttich, wie vermutet wurde –, weil es keinen Sinn ergäbe, sondern sie muß entsprechend dem vor Augen geführten Bedeutungsgefälle begriffen werden: als die höchste Gnadenstätte der Christenheit, die Stadt Jerusalem. In historischen Darstellungen, so in Golgathabildern mit dem Blick auf Jerusalem, zeigt die Stadt im Hintergrund in der Regel orientalisierende Bauwerke, was sie als „türkisch" kennzeichnet, und das bedeutete heidnisch-sündhaft. Aufreizend unverhüllt tritt diese zeitübliche Einstufung der Vorstellung von „türkisch" in den Schergen der vielen Darstellungen von Christi Marterungen hervor, welche als Türken gedacht waren und als Zerrbilder verwerflichsten Untermenschentums erscheinen. Völlig anders mußte die Vorstellung von Jerusalem als der Hauptstadt der Christenheit sein, jenem höchsten Wunschziel aller Gläubigen, das zu erreichen nur durch die Befreiung des Heiligen Landes aus der Herrschaft der Türken denkbar war. Weil der Fernblick auf die Stadt im Hintergrund der Rolin-Madonna die Idee des christlichen Jerusalem veranschaulichen sollte, wird dort statt auf Mohammedanisch-Heidnisches auf die heilige Jungfrau Maria angespielt, was nur in vertrauten Sinnbildern möglich war. Es geschieht dieses jedenfalls in den zentralen Symbolen der „Brücke" zwischen den Ufern und der von diesen nicht erreichbaren, uneinnehmbaren „Burg" mitten im Fluß[14]. Die betende Be-

---

[14] Vgl. dazu A. SALZER, Die Sinnbilder und Beiworte Mariens in der deutschen Literatur und der lateinischen Hymnenpoesie des Mittelalters, Linz 1886–1893, S. 287, und was die sichtbare Umsetzung solcher symbolischer Vorstellungen betrifft, die Ausführungen bei G. KÜNSTLER, Landschaftsdarstellung und religiöses Weltbild in der Tafelmalerei der Übergangsepoche um 1500, in: Jb. d. Kunsthist. Slgn. in Wien, Bd. 62, 1966, S. 132 f.

sinnung des Kanzlers hat auf solche Weise in einer Fixierung auf das Heilige Land verstanden zu werden, was auch programmatisch begreiflich ist zu einer Zeit, da die burgundische Politik mit der Planung eines Kreuzzugs dorthin befaßt war.

Mehr offensichtlich und schlichter ist eine Handlung, oder wenigstens ein Vorgang, in der Madonnentafel mit dem Kanonikus Georg van der Paele geschildert. Man übersieht leicht, daß der heilige Ritter, diesmal der Namenspatron, seinen Schützling nicht der Madonna präsentiert, sondern, abgezirkelt in gestischem Zeremoniell, dem fast bäuerlich schweren heiligen Märtyrer und Bischof Donatian. Er ist der Titelheilige der Kirche in Brügge gewesen, deren Kanonikus hier an den Thronstufen der Gottesmutter kniet, vor dem Chor. Unter dem der wirklichen Kirche müssen sich die Gebeine des Märtyrers befunden haben, und in ihm hat sich ein wesentlicher Teil des Priesterlebens abgespielt. Schon 1434 hatte der Kanonikus „zwei vom Chorkapitel zu erhaltende Kaplanstellen" gegründet, zweifellos zur Förderung des Heiligenkults, und 1436 ließ er für dieselbe Kirche von Van Eyck das Gedenkbild an den Heiligen malen. Die Gebeine dieses ersten Bischofs von Reims waren schon 863 nach Brügge überführt worden, „das seitdem der Mittelpunkt der Verehrung des Heiligen geworden ist"[15]. Und dieser Kirchenpatron, mit dem der alte Geistliche sich beinahe lebenslang aufs engste befaßte, steht nun überraschend vor ihm, als wäre er am Leben. Die Dominante ist natürlich wiederum die Gottesmutter als „Ecclesia". Aber auch in diesem Fall scheint der Naturalismus von Darstellung und Zustandsmalerei aus geistigem Kern hervorgewachsen zu sein.

Im Jahr nach der Van der Paele-Tafel, 1437, hat Van Eyck das Flügelaltärchen geschaffen. Bietet sich jene auch in ihren Dimensionen – Bildhöhe 1,22 m – als ein Werk offiziellen Charakters, so konnte dieses schon seiner Ausmaße wegen – Bildhöhe 27,7 cm – nur häuslicher Andacht dienen. Die vom Maler in den Rahmen gesetzte Signierungszeile – sie ist am Originalrahmen weniger zu sehen als die religiösen Inschriften – vermerkt den Schaffensvorgang in den Phasen von Invention und Exekution und wurde, ohne von ihm sonst angewendete Wortkürzungen, in sorgfältigsten gotischen Minuskeln geschrieben, wobei das die Zeile abschließende Wahlwort „als ich can" sich mit seinen griechischen Buchstaben eigens abhebt. Kaum weniger sorgsam ausgeführt sind jene um die äußerste Rahmenleiste von Mittelbild und Flügeln herumgeführten Schriftzeilen in lateinischen Majuskeln, welche in lateinischer Sprache Beiworte und Lobpreisungen der Muttergottes, des Erzengels Michael und der hl. Katharina enthalten. Trotz der kleinteiligen Zierlichkeit des Werks in seinem Gesamteindruck verharrt die auf den Figuren basierende Darstellung nicht in anmutiger Zustandsschilderung, was wegen der miniaturistisch feinen Wiedergabe vieler Details zunächst so erscheinen mag, sondern sie verdichtet sich zu pointierter geistiger Spannung. Die einzige Figur, die passiv bleibt, ist die beinahe monumental aufwachsende hl. Katharina. Es ist festzustellen, daß dem Maler bei ihr selbst und sogar ihrer räumlichen Einfügung eine von ihm schon früher einmal geschaffene Gestalt vorschwebte: die Kirchenmadonna, in Berlin (Abb. 88). Freilich ist deren starker Schwung kräftigerer Statuarik gewichen, im großen ganzen macht aber die Richtungsänderung – nun nach links anstatt vorher nach rechts – den Hauptunterschied in der Gesamterscheinung aus. Nimmt man dazu

---

[15] Zitierungen nach G. Busch, Die Madonna des Kanonikus Paele, in: Reclams Werkmonographien, Nr. 40, Stuttgart 1959, S. 21 ff.

noch, als die am stärksten auffallende annähernde Übernahme, die der herrlichen Krone der Gottesmutter in der Diptychontafel durch die jungfräuliche Märtyrerin im Altarflügel, dann ist unverkennbar, daß die hl. Katharina für Van Eyck, so wie er sie hier als dominierende Erscheinung dargestellt hat, viel von dem ihm sehr vertrauten Gehalt der Madonna-Ecclesia besessen haben muß. Das ist nicht ohne weiteres zu verstehen. Einen besonderen Akzent erhält die Gestalt der Heiligen noch durch den hinter ihr sich öffnenden schmalen Fensterausblick in landschaftliche Ferne (Abb. 86). Er gilt allgemein als ein Beweis für die vom Maler angestrebte Wirklichkeitsnähe, und in perspektivisch glaubwürdiger Verkleinerung erscheint alles tatsächlich richtig wiedergegeben. Trotzdem resultiert kein Sinn daraus, daß der durch Ausweitung seiner strengen Regelhaftigkeit zum Ordnungsschema und Maß der Bedeutung aufgerückte Kirchenbau in einer als wirklich abgebildeten Gegend liegen sollte. Der Fensterausblick erfolgt nur hinter der hl. Katharina – während hinter dem hl. Michael in dessen entsprechend gleicher architektonischer Situierung im linken Seitenschiff attributiv die Engelsflügel gegeben sind –, und er ist schon wegen seiner kleinen Dimensionierung im Bildganzen als eine ausschließlich ihr zugehörige Beifügung zu vermuten. Man erkennt einen in ansteigendem Gelände, das am Horizont mit einer Bergkette schließt, einsam gelegenen Bautenkomplex, der nur als eine Burg oder eine Klosterfestung verstanden werden kann. Wie jedoch die Stadt im Hintergrund des Madonnenbildes mit dem Kanzler Rolin nicht als irgendeine jener in Wirklichkeit der geschilderten Anlage ähnelnden Städte gemeint war, sondern Jerusalem als das religiöse Wunschziel der Christenheit symbolisiert, so kann in Verbindung mit Katharina von Alexandrien die in freier Landschaft gelegene wehrhafte Gebäudegruppe sinnvoll nur als das Sinai-Kloster verstanden worden sein. Es gehört attributiv zu dieser heiligen Jungfrau, weil der Legende nach der Leichnam der Märtyrerin von Engeln auf den „Katharinenberg" getragen worden ist, an dessen Fuß das vom byzantinischen Kaiser Justinian I. gegründete, der hl. Maria geweihte Kloster liegt. Noch heute eines der erstrebten Wallfahrtsziele in dem Land ältester Gottesoffenbarungen, führte es seit dem 14. Jahrhundert auch offiziell den Namen Katharinen-Kloster, was einer starken Zunahme des Kults der Heiligen zuzuschreiben ist. So wie diese nun aus dem Bild in einer enormen geistigen Höhung hervortritt, hat ihr wegen der kompositionellen Anordnung im linken Flügel auch im Gewicht seiner Bedeutung der Erzengel Michael zu entsprechen. Die feingliedrige Jünglingsfigur wird durch die prachtvollen bunten Schwingen in ihrer Existenz als Engelsfürst unterstrichen. Nicht aus der Darstellung erschließbar ist die Tatsache, daß der himmlische Ritter in dem feudalen herzoglichen Burgund sinnbildliche Geltung erlangt hat. Vor allem die neuere kulturgeschichtliche Forschung hat sich mit der Klärung befaßt, und schon die zwei folgend zitierten Sätze umreißen annähernd die gewonnene Einsicht: „Selbst Glaubensvorstellungen werden in den Bann der Ritteridee hineingezogen: ... der Erzengel ist der Ahnherr des Rittertums; als ‚milicie terrienne et chevalerie humaine' ist es eine Nachfolge der Engelscharen um Gottes Thron." „... Führt nun die hohe Erwartung, die man in die Pflichterfüllung des Adels setzt, zu einer genauen Formung der Ideen hinsichtlich der praktischen Obliegenheiten des Adels? Gewiß: die eines Strebens nach dem universellen Frieden, ... die Eroberung Jerusalems und Vertreibung der Türken."[16]

---

[16] HUIZINGA, Herbst des Mittelalters, Stuttgart 1939[5], S. 88, in dem Kapitel „Der Rittergedanke".

Wie immer Jan van Eyck die beiden Gestalten, die hl. Katharina und den Ritterengel, in getrennter und gemeinsamer Bedeutung aufgefaßt hat, müssen sie von ihm in Verbindung mit der in der burgundischen Politik virulenten Kreuzzugsidee verstanden worden sein, die sich ihm in der heiligen Märtyrerin als Symbol der „Kirche" im Heiligen Land und in dem Erzengel als Symbol der kampfbereiten Ritterschaft veranschaulicht hat. Denkt man hingegen an die reale historische Situation, dann ist es unmöglich, den Repräsentanten der Idee des Ritterkreuzzugs ins Heilige Land außer acht zu lassen, den Herzog von Burgund. Er ist von der Geschichtsforschung in seinem Wesen und Charakter skeptisch beurteilt worden, vor allem wurde die religiöse Echtheit des von ihm hervorgekehrten Kreuzzugs-Ideals angezweifelt. Doch sind in dem schwankenden Charakterbild durch besonnenere wissenschaftliche Befassung klärende Festigungen erfolgt: „Auch von seiner Frömmigkeit darf man sagen, daß sie auf seinen ritterlichen Gefühlen beruht. Die Frömmigkeit Philipps des Guten besteht aus Treue und Vertrauen. Seine Religion trägt feudales Gepräge."[17] Die Nennung des Herzogs, in dessen Diensten Jan van Eyck bis zum Tode stand, erfolgt hier aber auch sonst nicht unbegründet, weil für die Jahre 1435 und 1436 sowohl eine öffentliche Anerkennung des Künstlers durch ihn wie die abermalige Betrauung mit einer geheimen Reise für ihn, demnach das Andauern der persönlichen Verbindung zwischen beiden, überliefert sind. Ein bisher von der Forschung zu wenig beachtetes, jedenfalls nicht entsprechend gewertetes überliefertes Faktum bezeugt, daß die Verbindung zwischen dem Souverän und seinem Maler sich auch wechselseitig geistig ausgewirkt hat, und das in der Richtung eines Hauptinteresses des Herzogs. Das Büchlein „De viribus illustribus" des italienischen Chronisten Bartholomaeus Facius († 1457), der mit dem Hof von Neapel verbunden war und dessen Ausführungen auch als älteste Schriftquelle für die Kenntnis der altniederländischen Malerei wichtig sind, enthält eine in der folgenden Zitierung bereits erläuterte Nachricht: „Noch von einem Bilde Eycks, einer Mappa mundi, einer gemalten Weltkarte also, die Van Eyck für Herzog Philipp gemacht habe, berichtet uns Facius. Man sah auf dem Werk, von dem der Humanist berichtet, daß man es sich in seiner Zeit nicht genauer vorstellen könne, nicht allein die Orte und die Lage der Gegenden, sondern auch (ein bezeichnendes Lob für eine Weltkarte) die richtig abgemessene Entfernung der einzelnen Plätze."[18] Es ist undenkbar, daß diese Weltkarte nicht auch der praktischen Vorbereitung des Kreuzzugs in das Heilige Land gedient haben sollte, wo Landungen in syrischen Häfen vorgesehen waren; und auszuschließen ist, daß bei gemeinsamer Befassung mit dieser Weltkarte Herzog Philipp mit Jan van Eyck nicht von seinem größten kriegerischen Vorhaben, dem Kreuzzug sprach.

Hat man sich nach alldem den Maler als einen Mann zu denken, der nicht nur mit der Kreuzzugsidee, sondern auch mit Gedanken an deren praktische Ausführbarkeit vertraut war, so wird man vielleicht erstaunt feststellen, daß in dem Flügelaltärchen, das er für sich selbst schuf, nicht die Spur von einer realistischen Befassung mit dem gewaltigen Vorhaben und dessen konkreten Zielen enthalten ist. Dies sollte allerdings nicht

---

[17] HUIZINGA, Das Charakterbild Philipps des Guten in der zeitgenössischen Literatur, in: Im Bann der Geschichte (zit. Anm. 4), S. 361.
[18] BALDASS, Van Eyck (zit. Anm. 3), S. 72: „... in seiner Zeit..." – Facius berichtet in den Jahren gegen 1457. Über den hohen Grad der Zuverlässigkeit seiner Nachrichten vgl. J. SCHLOSSER-MAGNINO, La Letteratura artistica, Florenz-Wien 1956², S. 110.

überraschen im Hinblick auf eine Epoche, der ein Denken in Symbolen und Allegorien, also eine Verdinglichung von Ideen, noch durchaus geläufig war. „Die Funktion der symbolischen Gleichsetzung und der an die Gestalt gebundenen Vorstellungsweise war so entwickelt, daß sich jeder Gedanke beinahe von selbst in einen ‚Personnage‘, das heißt in ein Schauspiel umsetzen konnte. Wurde doch jede Idee als Wesen gesehen, jede Eigenschaft als Substanz, und der gestaltende Blick verlieh ihnen gleichwie körperlichen Wesen sofort persönliche Form."[19] Es ist deshalb nicht so sehr die symbolische Inszene das Eigenartige in der Darstellungsweise des kleinen privaten Altarwerks, das sich scheinbar herkömmlich mit Madonna, Heiligen und Stifterfigur gibt. Vielmehr ist es die vom Maler in der Selbstdarstellung als einem Anbetenden vermittelte Einsicht, woher ihm die übersinnlichen Erscheinungen zuteil geworden sind. Doch damit dringen die Fragen in die innerste Schicht des persönlichen Erlebnisgrundes vor.

Die Verbindung des „Stifters" mit dem Ritterengel ist bei näherer Betrachtung seltsam. Der hl. Michael begnügt sich, aufmerksam zur hl. Katharina hinüberblickend, mit einer leichten Berührung der Schulter des Knienden, der solcherart auf die wunderbare Erscheinung hingewiesen wird und Arme und Hände in eigenartiger, orantenhafter Haltung erhebt. Man hat diese Geste bemerkt und zu erklären versucht: „Seine ungewöhnlich schlanke und feingliedrige Figur ist eben im Begriff, die Hände betend zusammenzulegen."[20] Nicht ganz richtig erklärt, bloß als „ein momentaner Zug" nämlich, erweist sich die Händehaltung von tieferer Bedeutung, sobald man auch diese Gestalt als eine vom Künstler verwandelte Übernahme aus einem älteren eigenen Bild erkennt. Dort ist der gleichfalls rechtshin Kniende mit unmißverständlich geschehensbedingt erhobenen Händen die Hauptfigur; es handelt sich um die Darstellung der Stigmatisation des hl. Franziskus, in dem Bildchen in Philadelphia (Abb. 91). Man kann den Zusammenhang wohl nicht anders verstehen, als daß Van Eyck abermals – wie bei der Kirchen-Madonna, nun in eigener Sache und seinem persönlichen Vorstellungskreis angepaßt – eine Gestalt samt ihrer Bedeutung übernommen hat. Denn wie der hl. Franziskus beim Empfang der Wundmale bis in den Leib hinein von Christi Leidenserlebnis überwältigt wird, so stellt sich der wie ein Stifter in dem Flügelaltärchen Kniende als einen Menschen dar, dem in seiner erstarrten Betroffenheit überirdische Erscheinungen zukommen. Man könnte die vorgeführte Parallele als ungeheuerliche Anmaßung verurteilen, bliebe nicht eine gehörige Distanz bestehen zwischen der geschilderten unmittelbaren Erfüllung durch Gott, die der demütige Heilige erfährt, und der Apperzeption der Allegorie auf den Kreuzzug, zu welcher befähigt sich der Maler dank innerer Schau selbst darstellt. Wichtig ist deshalb die unmißverständliche Angabe, daß auch er der ihn überwältigenden Einsicht nur durch himmlische Gnade teilhaftig wird. Um dieses zu veranschaulichen, übernahm der Maler schließlich einen den zwei Madonnendarstellungen, der mit Rolin und der mit Van der Paele, gemeinsamen Zug in das für sich selbst bestimmte Andachtsbild: die Wendung von Gottesmutter und Kind zum Stifter hin. Unverkennbar erscheint dabei das göttliche Paar in dem Altärchen, dessen Mittelbild es allein im ausgedehnten Sakralraum zeigt, von viel höherer

---

[19] HUIZINGA, Herbst des Mittelalters (zit. Anm. 16), S. 303 f., in dem Kapitel „Niedergang des Symbolismus".

[20] BALDASS, Van Eyck (zit. Anm. 3), S. 46. – Für den oben sogleich folgenden Hinweis ist es vielleicht beachtenswert, daß das Figürchen des Stifters 122 mm und das des hl. Franziskus 110 mm hoch sind.

hierarchischer Distinktion als in den Darstellungen mit dem Kanzler und mit dem Kanonikus. In dem kleinen Hausaltar wenden sich nämlich die beiden in ihrer Himmelskirche thronenden Gestalten nicht nur und allein dem „Stifter" zu, sondern das Christuskind würdigt ihn sogar der Anrede. Auf dem Spruchband, das es ihm entgegenhält, liest man: „Discite a me quia mitis sum et humilis corde" – nach Matthäus, IX 29: Lernet von mir, denn ich bin sanftmütig und von Herzen demütig.

Ob dieses ganze Geschehen nicht auch einen bekennerischen privaten Zug enthält? Wenn die Van der Paele-Tafel der Bedeutung dieses einen Kirchenchors respondierte, so wird das Rolin-Bild dem Altar eines kleinen privaten Gebetsraums gedient haben. Auch nur ähnliches kann für das Flügelaltärchen nicht angenommen werden. Trotzdem ist es in seinem Bedeutungskern bei geöffneten Flügeln nicht einer profan-häuslichen Umgebung preisgegeben gewesen. Wie die Darstellungen von St. Michael, Sta. Barbara und der Madonna jede für sich durch die Textzeilen mit den Anrufungen festgehalten werden, ist dieser Rahmen nicht nur optisch wirksam, sondern es wird dadurch rein geistig eine Sakralzone für das Geschehen abgegrenzt. In beschwörendem Beten gehört der „Stifter" ihr an; durch die Art, in der er sich selber sieht, funktioniert er vollkommen in der symbolischen Gleichsetzung mit dem „Personnage", in diesem Fall einer Schaustellung der empfundenen Wahrheit, überirdische Gnade zu empfangen[21]. Die Gipfelung ist für ihn wohl die vom kleinen Jesus vorgetragene Demutsforderung, das schlichte Kindeswort. Vielleicht hat Jan van Eyck damit einen Hinweis auf seine persönliche Haltung geben wollen, eine Hinneigung zu der stillen volksreligiösen Strömung der „Nachahmung Christi".

Abbildungsnachweis. Staatliche Kunstsammlungen, Dresden: Abb. 84, 85, 86, 87, 89; Archiv des Verfassers: Abb. 88, 91; nach E. Durand-Gréville, Hubert et Jean van Eyck, Brüssel 1910: Lichtdruck-Abb. nach S. 24 (alte Aufnahme der ursprünglichen Tafel des Altars).

[21] Vgl. ergänzend auch zu diesen wie zu verschiedenen anderen Gedanken der vorliegenden Untersuchung die Ausführungen in einer noch nicht veröffentlichten Studie von G. Künstler, Das Aufkommen der Gattung des Einzelbildnisses in der Malerei des 15. Jahrhunderts.

DIE BAUTÄTIGKEIT KAISER FRIEDRICHS III.

VON RENATE WAGNER-RIEGER

Die Erforschung der spätgotischen Architektur hat sich vorwiegend mit Fragen nach deren stilistischer Beurteilung befaßt. Während die Einzeluntersuchung der Objekte eher in den Hintergrund trat, interessierte das Verhältnis der Spätgotik zur Hochgotik oder zur gleichzeitigen italienischen Renaissance, man diskutierte die barocken Qualitäten dieser Bauten und warf die Frage auf, wie weit man die spätmittelalterliche Kunst als eigenen Stil aufzufassen hätte. Innerhalb einer umfangreichen Fachliteratur[1] erfuhr die deutsche spätgotische Baukunst eine besondere Untersuchung und wurde dabei mit zwei Begriffen verbunden, die zunächst einer Würdigung dieser Kunst die Wege ebneten, sich auf die Dauer jedoch als eine Belastung erweisen. Der eine Begriff ist der zum Schlagwort gewordene von der „Deutschen Sondergotik", den Kurt Gerstenberg[2] in seinem gleichnamigen Werk 1913 vorlegte. So bedeutend diese Arbeit war und so sehr diese Theorie eine die Spätgotik als dekadent abwertende Anschauung zu überwinden half, so problematisch erweist sie sich als Grundlage einer weiteren, differenzierteren Forschung. Da unter diesem Begriff von Gerstenberg nur die spätgotischen Hallenkirchen von Schwäbisch-Gmünd bis Annaberg verstanden wurden, blieben all die anderen architektonischen Erscheinungen der Epoche, die sich den künstlerischen Prinzipien von Bewegung, Verschleifung oder Bildmäßigkeit entziehen, unberücksichtigt. Basilikale Raumformen, Krypten, Zweiturmfronten usw. paßten ungeachtet ihrer künstlerischen Qualitäten nicht in das Schema und schienen für den historischen Gestaltungsprozeß unwichtig und von geringer Bedeutung.

Die zweite Hypothek, welche die Erforschung der deutschen Spätgotik belastet, ist ihre Charakterisierung als „bürgerlich". Schon Gerstenberg hat die deutsche Sondergotik als Ausdruck des in seiner Macht wachsenden Bürgertums angesehen, und Pinder[3] ging darin noch weiter. Gewiß hat die Kunstgeschichte des Spätmittelalters mit dem Aufstieg des Bürgertums zu rechnen, aber dieser Stand wurde keineswegs ausschließlich der Träger jeder künstlerischen Tätigkeit. Das Spannungsverhältnis zur Bautätigkeit des Adels war außerordentlich fruchtbar und kann aus der Zeit nicht weggedacht werden. Überdies erweisen sich bei näherem Zusehen manche Eigentümlichkeiten der „bürgerlichen" Architektur des 15. Jahrhunderts als bodenständig und kommen oft in den volkstümlichen Dorfkirchen reiner zum Ausdruck als in den vom Bürgertum errichteten Stadtkirchen[4].

---

[1] J. Białostocki, Le gothique tardif: désaccords sur le concept, in: L'Information d'histoire de l'art, XIII, Paris 1968, S. 106 ff.; - E. Lehmann, Zur Entwicklung der kirchlichen Baukunst des 15. Jahrhunderts in Italien und Deutschland, in: Acta Historiae Artium, XIII, Budapest 1967, S. 62 ff.

[2] K. Gerstenberg, Deutsche Sondergotik, eine Untersuchung über das Wesen der deutschen Baukunst im späten Mittelalter, München 1913.

[3] W. Pinder, Die Kunst der ersten Bürgerzeit, Leipzig 1937.

[4] F. W. Fischer, Unser Bild von der deutschen spätgotischen Architektur des XV. Jahrhunderts (Mit Aus-

Zur Überwindung solch schematisierter Vorstellungen wird man sich vor allem um die realen historischen und künstlerischen Zusammenhänge bemühen müssen. Dabei ist für die Architekturgeschichte neben kunstgeographischen Gesichtspunkten die Frage nach dem Auftraggeber besonders fruchtbar, liegt hier doch ein sehr wesentlicher Schlüssel zur Erkenntnis kulturhistorischer Gegebenheiten, zur richtigen Beurteilung der Typen und der Zusammenhänge von Hütten und Schulen [5].

Angesichts der herrschenden Fixierung auf das bürgerliche Element spätgotischer Architektur ist ein Blick auf die Bautätigkeit des deutschen Kaisers zweifellos von Interesse. Der allgemeine Aufstieg des dritten Standes darf nicht darüber hinwegtäuschen, daß weder die Luxemburger noch die Habsburger im 14. und 15. Jahrhundert willens waren, die königliche und kaiserliche Herrscherwürde zu verbürgerlichen. Dies gilt in gleicher Weise von Friedrich III., obwohl man es allenthalben an Respekt vor seiner Person fehlen ließ. In seiner Bautätigkeit, die er – wie es dem mittelalterlichen Herrscher zustand – als „spezielle Tätigkeit seines Amtes" auffaßte [6], obwaltet ein ausgesprochen aristokratischer Zug, in dem er sich offenbar sehr traditionsbewußt vom Diktat einer ehrgeizig nach oben strebenden Gesellschaftsschicht distanzierte – ohne deshalb an künstlerischer Qualität einzubüßen oder altmodisch zu sein. Diese Haltung unterscheidet den Träger der römischen Kaiserkrone und Repräsentanten einer großen und alten Familie auch von jenen Herrscherhäusern, welche den Besitz des erst kürzlich erreichten Königsthrons durch ein besonders großartiges, modern ausgerichtetes Mäzenatentum zu legitimieren trachteten. Die Spannung zwischen dem „Spätgotiker" Friedrich III. und dem „Renaissancefürsten" Matthias Corvinus etwa hat hier eine Wurzel [7].

Das Verhältnis Friedrichs III. zur Kunst war bereits Gegenstand ausführlicher Untersuchungen [8], und auch die von ihm ins Leben gerufene, keineswegs geringe Bautätigkeit wurde dabei gewürdigt [9]. Standen aber dort die Schulzusammenhänge und

---

nahme der nord- und ostdeutschen Backsteingotik), in: Sitzungsber. der Heidelberger Akad. d. Wissenschaften, phil.-hist. Klasse, Jg. 1964, 4. Abh., Heidelberg 1964, S. 13.

[5] Im Zusammenhang mit der Spätgotik wurden solche Fragen vor allem von der jüngeren ungarischen, slowakischen und polnischen Forschung aufgegriffen: L. GEREVICH, Mitteleuropäische Bauhütten und die Spätgotik, in: Acta Historiae Artium V, Budapest 1958, S. 241; – E. MAROSI, Beiträge zur Baugeschichte der St.-Elisabeth-Pfarrkirche von Kassa, in: Acta Historiae Artium, X, Budapest 1964, S. 229; – DERSELBE, A kassai Szent Erzsébet templom és a későgótikus építészet, in: Különlenyomat az építés és közlekedéstudományi közlemények 1967. évi 3–4. számából, Budapest 1968. S. 565; – V. MENCL, Vztahy východného slovenska ku gotike sliezsko-pol'skey vetvy (Beziehungen der Ostslowakei zur Gotik der schlesisch-polnischen Richtung), in: Venované Prof. Dr. V. Wagnerovi, Bratislava 1965, S. 25 ff.; – J. BUREŠ, On the Beginnings of Late Gothic Architecture in Slovakia, in: Ars I, Bratislava 1968, S. 81 ff. sowie weitere Aufsätze von Bureš.

[6] E. SPRINGER, Der mittelalterliche Herrscher als Bauherr. Die fränkischen und deutschen Könige und römischen Kaiser in einer speziellen Tätigkeit ihres Amtes, ungedr. Dissertation, Wien 1967. – Zur Frage im allgemeinen: P. HIRSCHFELD, Mäzene, die Rolle des Auftraggebers in der Kunst, Berlin 1968.

[7] J. BALOGH, A művészet Mátyás király udvarában, 2 Bände, Budapest 1966.

[8] H. FILLITZ, Studien über Kunst und Künstler am Hofe Kaiser Friedrichs III., Hausarbeit am Institut für Österreichische Geschichtsforschung, Wien 1948. – „Friedrich III., Kaiserresidenz Wiener Neustadt", Ausstellungskatalog, Wiener Neustadt 1966.

[9] A. LHOTSKY, Bauwerke und Sammlungen Kaiser Friedrichs III. und seines Sohnes Maximilian I., in: Aufsätze und Vorträge, Bd. 2, S. 239, Wien 1971. Für die Erlaubnis, diesen Aufsatz vor der Drucklegung zu benützen, bin ich Frau Dr. Wanda Lhotsky und Herrn Prof. Dr. Hans Wagner zu Dank verpflichtet. –

die Abgrenzung der für den Kaiser tätigen Bauhütten im Mittelpunkt des Interesses, so geht es hier mehr um die Pläne, die er mit seinen Bauten verfolgte. Freilich liegen dafür wenig konkrete Aussagen der Zeit vor, und die Absichten können daher oft nur erschlossen werden. Dabei ist vor allem von der Person Friedrichs III. auszugehen, dessen eigenartige, über ein halbes Jahrhundert regierende Persönlichkeit die Zeitgenossen und Nachkommen vor eine Fülle von Rätseln stellte[10].

Friedrich kam als fünfter Habsburger dieses Namens 1415 in Innsbruck zur Welt. Sein Vater Ernst, der Eiserne genannt, der zusammen mit seinem in Tirol herrschenden Bruder Friedrich IV., dem älteren, „mit der leeren Tasche", die Leopoldinische Linie der Habsburger repräsentierte, führte die innerösterreichische Linie weiter, und auch Friedrich V. benützte die steirische Ländergruppe bis in die Spätzeit als bevorzugte Operationsbasis. Er beobachtete auch den seit dem 14. Jahrhundert von den Habsburgern eingeschlagenen Weg, Verbindungen mit den in Ungarn, Polen und Böhmen regierenden Herrscherhäusern anzuknüpfen[11]. Friedrichs Mutter, Cimburgis von Masowien, kam aus dem litauisch-polnischen Gebiet, das damals eine ungeheure Ausdehnung erlebte, und sie wird ihrem Sohn wohl ein gewisses Verständnis für diesen Bereich erschlossen haben. Schon die erste Frau Ernsts des Eisernen war aus Pommern gekommen; sein Bruder Wilhelm war eine Zeitlang mit Hedwig, einer Tochter Ludwigs des Großen, verlobt, die freilich dann, mit Wladislaw Jagello vermählt, den entscheidenden Anstoß zur Christianisierung von Litauen gab. Auch die Verehelichung Albrechts V. mit der Tochter Kaiser Sigismunds knüpfte enge Bande der Habsburger zu den östlichen Nachbarn, und nach dem Tode seines nachgeborenen Sohnes Ladislaus 1457 blieben die verwandtschaftlichen Beziehungen zu Polen durch dessen mit König Kasimir IV. vermählte Schwester Elisabeth aufrecht. Hinter dieser Heiratspolitik verbarg sich die Bestrebung der Habsburger, an der fluktuierenden Großmachtbildung im osteuropäischen Raum teilzuhaben, und nach 1526 wurden die Früchte dieser Bemühungen ja auch geerntet. Für die künstlerischen Zusammenhänge ist es bedeutungsvoll, daß das östliche Mitteleuropa als Gebiet mit relativ geringer Dichte an künstlerischer Tradition dem Einströmen neuer Kunstformen verschiedenster Herkunft stets aufgeschlossen war, und man scheint diesen Dingen dort auch ein besonderes, vom rein Künstlerischen ins Politische vorstoßendes Interesse entgegengebracht zu haben. Das Anknüpfen neuer Familienbande gab sicherlich die gerne wahrgenommene Gelegenheit zu einer politisch akzentuierten Kunsttätigkeit, und Friedrich III., dessen Regierung durch eine planvolle Heiratspolitik besonders gekennzeichnet war, hat solche Möglichkeiten sicherlich nicht versäumt. Die Verflechtung der Bautätigkeit in den habsburgischen Ländern mit jener des östlichen Mitteleuropas wäre demnach zu erwarten.

R. Feuchtmüller, Die kirchliche Baukunst am Hof des Kaisers und ihre Auswirkung, in: „Friedrich III." (zit. Anm. 8), S. 197 ff.; – U. Halbwachs, Kaiser Friedrich III. und seine Kloster- und Ordensgründungen in Wiener Neustadt, ungedr. Dissertation Wien 1969, bes. S. 129 ff.

[10] A. Lhotsky, Kaiser Friedrich III., sein Leben und seine Persönlichkeit, in: „Friedrich III." (zit. Anm. 8), S. 16 ff., neu abgedruckt in: Aufsätze und Vorträge Bd. 2, Wien 1971, S. 119; – Derselbe, Das Zeitalter Friedrichs III., in: Kulturberichte aus Niederösterreich, VIII, Wien 1966, S. 57; Derselbe, Die Ausstellung Friedrich III. Kaiserresidenz Wiener Neustadt, in: Österreich in Geschichte und Literatur, X, Wien 1966, S. 273.

[11] O. Halecki, Grenzraum des Abendlandes. Eine Geschichte Ostmitteleuropas, Salzburg 1952.

Diese in die Zukunft gebauten Brücken schlug Friedrich aber als Herrscher, der sich in der Verwurzelung in Tradition und Legitimität gesichert wußte. Aus den Aufzeichnungen in seinem Notizbuch[12] geht hervor, daß er die Bindung eines Landes an sein angestammtes Herzogshaus weitaus höher einschätzte als das in Ungarn, Böhmen und letztlich auch im Reich geübte Wahlkönigtum. Erklärt sich aus dieser Auffassung, daß Friedrich im Grunde immer nur eine österreichische und keine Reichspolitik betrieb[13], so versteht man auch, daß er mit verschiedenen Mitteln stets die *erblich herschaft* zu unterstreichen suchte. Dabei scheint er eine Kontinuität der habsburgischen Herrschaft in Österreich über die Anfänge des eigenen Hauses zurück bis zu den Babenbergern als gegeben betrachtet zu haben. Sein Einsatz für die Heiligsprechung des Markgrafen Leopold III.[14] liegt offenbar auf dieser Linie, und im Bereich der von ihm errichteten Bauten scheinen Rückgriffe auf das 13. Jahrhundert vom gleichen Gedanken getragen. Es ist für Friedrich bezeichnend, daß die Idee der Ausweitung der habsburgischen Herrschaft bei ihm nicht originär war, sondern daß diese schon früher in den Gedankengängen Rudolfs IV. auftauchte und Friedrich sich davon inspirieren ließ. Auch bei manch anderen Vorhaben war er ja vom Regierungskonzept seines genialen Großonkels ausgegangen, und er hat immer wieder alle Energie eingesetzt, um das von seinem jung verstorbenen Leitbild Begonnene zu vollenden. Im Bereich der Architektur führten solche Vorstellungen zwangsläufig zu einer retrospektiven Haltung, vor allem was die Bautypen und Aufgaben anlangt. Aber Friedrich hat sich auch als Träger des kaiserlichen Amtes, für das ihm von seinen Ahnen her kein Vorbild zur Verfügung stand, in mittelalterlichem Sinne der Tradition eingebunden gefühlt. Wenn er Thomas Ebendorfer den Auftrag gab, eine Kaiserchronik zu verfassen, so nicht nur, um sich über seine Vorgänger informieren zu können, sondern auch, um den eigenen Standort in dieser historischen Reihe zu fixieren – ein Gedanke, der noch bei dem Grabmal für Speyer mitschwingt, das Maximilian I. bei Hans Valkenauer in Auftrag gegeben hat[15]. Dieser Vorstellungswelt war es auch gemäß, daß Friedrich III. bei seiner Kaiserkrönung 1452 die altehrwürdigen Reichskleinodien und Gewänder dem neuen, prunkvollen Ornat vorzog, den er für den Fall bereitgestellt hatte, daß er die Herausgabe der alten Stücke nicht erreichen sollte – ein Vorgehen, welches dem Humanisten Aenea Silvio Piccolomini bezeichnenderweise unverständlich erschien[16].

Im Mittelalter war das Bauen des Fürsten ein Beweis seiner Kraft und Fähigkeit, das hohe Amt auszuüben. Glanz und Schönheit der Bauten wurde als Ausfluß des Glanzes des Herrschers gewertet, so daß sie nicht nur Ursache waren, ihn zu preisen,

---

[12] A. LHOTSKY, AEIOU. Die „Devise" Kaiser Friedrichs III. und sein Notizbuch, in: Mitt. d. Instituts f. österr. Geschichtsforschung, 50, Wien 1952 (Neufassung des Aufsatzes: Die sog. Devise Kaiser Friedrichs III. und sein Notizbuch cod. Vind. Pal. 2674, in: Jb. d. kunsthist. Slgn. N. F. 13, Wien 1943, S. 101), neu abgedruckt in: Aufsätze und Vorträge Bd. 2, S. 164; – DERSELBE, in: „Friedrich III." (zit. Anm. 10), S. 26.

[13] G. KOLLER, Das Kaisertum Friedrichs III., in: Österreich in Geschichte und Literatur, IX, Wien 1965, S. 523.

[14] F. RÖHRIG, Die Heiligsprechung Markgraf Leopolds III., in: „Friedrich III." (zit. Anm. 8), S. 226.

[15] PH. H. HALM, Hans Valkenauer und die Salzburger Marmorplastik, in: Studien zur süddeutschen Plastik, I. Bd., Augsburg 1926, S. 176 ff.; – Katalog: Ausstellung Maximilian I., Innsbruck (1968), Nr. 583.

[16] H. FILLITZ, Kaiser Friedrich III. und die bildende Kunst, in: „Friedrich III." (zit. Anm. 8), S. 187.

sondern eine reale Grundlage seines Ruhmes bildeten[17]. Als wahrer Urheber eines Werkes galt der Auftraggeber, der Bauherr, denn im Künstler sah man nur das ausführende Organ einer Idee, die ihm von dem, der das Werk bestellt und eine bestimmte Art der Ausführung gefordert hatte, eingegeben war[18]. Diese Auffassung bestimmt auch die oft zitierte Stelle in dem von Friedrich am 24. April 1437 angelegten Notizbuch, welche lautet[19]: *Pei belhem pau oder auff welhem silbergeschir oder kirengebant oder andern klainaten a e i o u der strich und die fünff puechstaben stend, das ist mein, herczog Fridreis des jungeren gebessen oder ich hab das selbig paum oder machen lassen.* Was immer Friedrich mit der Fünf-Vokal-Gruppe gemeint haben mag, sicher ist, daß er sie als einen Besitzvermerk auf jenen Werken angebracht wissen wollte, die für ihn besonders wichtig waren. Noch vor den Kleinodien, deren Bedeutung für Friedrich III. wiederholt hervorgehoben wurde, nennt er die Bauten. Hier gewinnt die „Devise" auch zweifellos eine größere Publizität, zumal der ihr eigentümliche Monogramm- oder Signaturcharakter das Werk aus der Anonymität heraushebt und den Ruhm des Schöpfers in einer Weise verkündet, die dem Hochmittelalter noch fremd war. Die Anbringung der Devise blieb keineswegs auf repräsentative Architektur beschränkt, sondern Friedrich ließ dieses Signum gleicherweise an Nutzbauten anbringen[20], die dem öffentlichen Wohl dienten und so ebenfalls den Ruhm des Herrschers kündeten[21]. Aus dieser Auffassung der Devise heraus kommt auch dem ihr verbundenen Datum Monumentcharakter zu. Die hier erscheinenden Jahreszahlen markieren viel eher signifikante Ereignisse im Leben des Regenten, als daß sie als Datierung des Baues gemeint sind[22].

Die häufige Rückwendung zur Vergangenheit, die im politischen Konzept Friedrichs III. beobachtet werden kann, ist nicht im Sinne eines Rückschrittes zu verstehen, sondern wird vom Gedanken der Re-form getragen, wobei *reformare* im mittelalterlichen Sinn als Neuordnung der Gegenwart gedacht ist, deren Schwierigkeiten aus der schuldhaften Vernachlässigung guter alter Normen abgeleitet wurde, die es wieder-

---

[17] E. SPRINGER (zit. Anm. 6), S. 106 ff.
[18] EBENDA S. 1 f.; – R. ASSUNTO, Die Theorie des Schönen im Mittelalter, 1963, S. 77.
[19] A. LHOTSKY, AEIOU (zit. Anm. 12).
[20] Einige Beispiele dafür nennt FEUCHTMÜLLER in: „Friedrich III." (zit. Anm. 8) S. 197; – In Wiener Neustadt ist die „Devise" – abgesehen von der Georgs-Kapelle, dem Neukloster und dem Dom – an folgenden Stellen nachweisbar: Brücke über den Wassergraben der Burg, am Brückenpfeiler, der nicht mehr existiert (AEIOU und 1447 in Dreipaß mit Wappenschild); an der Burggrabenmauer (einmal AEIOU und 1465, viermal AEIOU und 1445); an der „Zeiselmauer" genannten Ummauerung des kaiserlichen Tiergartens (im Westen AEIOU und 1449; im Süden dreimal AEIOU und 1450; im Norden – heute Gartenmauer des Stiftes Neukloster – AEIOU und 1444 und 1446); im Südtrakt der Burg (Schlußstein im Gerichtssaal mit AEIOU und 1438); eine St.-Ursula-Kapelle im Südtrakt der Burg (Schlußstein mit AEIOU und 1437); im von Bomben zerstörten Paulinerkloster befanden sich an der Außenmauer der Kirche ein Stein (AEIOU und 1479) und über der Klosterpforte in einem Dreipaß drei Wappenschilde, darüber AEIOU und 1490; an der Stadtmauer, Außenseite im Süden, nahe dem kaiserlichen Zeughaus (AEIOU und 1461); im Westen (AEIOU 1469); über dem Tor zum Turm im Kapuzinergarten (AEIOU und 1477); Außenseite des Wienertores (drei Wappen und 1488); Außenseite des Neunkirchnertores (vier Wappen, AEIOU und 1442); am Ungartor (AEIOU 1446). Die Quelle dieser Angaben ist das vierbändige Originalmanuskript des Wiener Neustädter Magistratsrates JOHANN NEPOMUK FRONNER, die 1836–1839 entstandenen „Monumenta Novae Civitatis Austriae eorundemque inscriptiones tum in arce caesarea, tum in templis, claustris aedificiis, in coemeterio, concinnata etc.". Für die Zusammenstellung bin ich Frau Archivdirektor Dr. Gertrud Gerhartl aufrichtig verbunden.
[21] E. SPRINGER (zit. Anm. 6), S. 106.
[22] So FEUCHTMÜLLER, in: „Friedrich III." (zit. Anm. 8), S. 204.

herzustellen galt [23]. Für die Kunst und insbesondere für die Architektur ergeben sich daraus oft Rückgriffe, die als bewußtes Historisieren betrachtet werden können – ein Historisieren, das freilich, von dem Begriff „*reformare*" ausgehend, einem anderen Konzept angehört als der Historismus des 19. Jahrhunderts.

Die Idee der Reform hat seit dem frühen 15. Jahrhundert besonders im klösterlichen Bereich eine große Rolle gespielt. Dabei fiel, gegenüber dem Hochmittelalter, dem Herrscher eine bis dahin unbekannte Bedeutung zu. Schon im 14. Jahrhundert zeichnete sich eine Entwicklung ab, die den Gedanken von der Verantwortlichkeit des Herrschers für das Seelenheil seiner Untertanen in den Vordergrund schob [24]. Aus dieser Verantwortlichkeit leitet sich die Verpflichtung des guten Herrschers zum Kirchenbau ab – eine Aufgabe, der sich Friedrich keineswegs entziehen wollte, wenn er auch oftmals andere dazu brachte, die finanziellen Fragen zu lösen, um die Baukosten nicht aus eigener Tasche tragen zu müssen [25]. Trotzdem wird er als der eigentliche Stifter angesehen, zumal der Landesfürst seit Albrecht V. zur zentralen Figur der Kirchenpolitik geworden war. In dieser Stellung hatte er die Entscheidung bei der Besetzung der Bistümer; ebenso war es der Landesfürst, der die Klöster zu reformieren begann. So erlangte Friedrich III. nach Albrecht V. eine nicht zu übersehende Rolle bei den Klosterreformen, die sich auch auf architektonischem Gebiet auswirkten. Neben den in Österreich von St. Dorothea in Wien aufgenommenen Erneuerungsbestrebungen der Raudnitzer Reform bei den Augustiner-Chorherren war es vor allem die von den Benediktinern getragene Melker Reform, die das bauliche Gefüge von Kirche und Kloster beeinflußte [26]. Ohne daß eine strikte Ordensbauweise oder gar ein Schulzusammenhang ausgebildet worden wären, ergibt sich im Kreise der Melker Reform, aus der neuen Wertschätzung des Buches, eine bis dahin ungebräuchliche Integration der Bibliothek in den Kirchenbau. Ferner wird der persönlichen Frömmigkeit des einzelnen Mönches durch die Einrichtung von Zellen anstelle der großen Gemeinschaftsräume, insbesondere der Dormitorien, Rechnung getragen. Insgesamt läßt sich bei den Kirchen der Melker Reform ein divisives Raumkonzept erkennen, demzufolge die meist kurzen basilikalen Langhäuser von schmalen, langen Chören abgesetzt werden; die Ausbildung von Krypten, räumlich getrennten Kapellen und Klosterräumen unterstreicht dies noch besonders.

Die Stiftskirche von Melk [27], die 1418 bis 1429 umgebaut wurde, scheint hier ein Paradigma abzugeben – obwohl die vorliegenden Unterlagen über den vorbarocken Bau noch manche Frage offen lassen und zumal die Weiterverwendung romanischer Bauteile ungeklärt bleibt. Sieht man von den Detailformen, etwa der Pfeiler, ab, so ergibt der Grundriß (Abb. 94) [28] – den die Ansicht der Kirche von Süden her im

---

[23] A. LHOTSKY, Das Zeitalter (zit. Anm. 10), S. 59. – DERSELBE, Die Ausstellung Friedrich III. (zit. Anm. 10), S. 274.

[24] G. KOLLER, Princeps in Ecclesia, Untersuchungen zur Kirchenpolitik Herzog Albrechts V. von Österreich, in: Archiv f. Österr. Geschichte, 124, Wien 1964.

[25] Beispiele dafür in Wiener Neustadt (vgl. HALBWACHS, zit. Anm. 9) oder das ehem. Augustiner-Chorherrenstift in Rottenmann (vgl. „Gotik in Österreich", Ausstellungskatalog Krems 1967, Nr. 360).

[26] Zur architektonischen Auswirkung der Melker Reform: R. WAGNER-RIEGER, Ebenda, S. 349 ff.

[27] EBENDA, S. 382.

[28] Der Grundriß Abb. 94 gibt die in Melk verwahrte Vorzeichnung zu dem Stich in Anselm Schramb, Chronicon Mellicense, 1702, wieder.

Stich von Pfeffel und Engelbrecht von 1702 ergänzt – ein dreischiffiges Langhaus mit nahezu gleich breiten Jochen und basilikalem Aufriß. Das Südschiff mit Fensterpaaren zwischen den Strebepfeilern und fünfteiligen Gewölben scheint an das Konzept der Zeit Rudolfs IV. für das Langhaus von St. Stephan anzuschließen [29]. Die genannte Ansicht zeigt das Langhaus von einem Westbau begrenzt, der zwar an romanische Lösungen dieser Art erinnern mochte, dem Grundriß nach jedoch kaum von hochmittelalterlichen Fundamenten abhängig war; jedenfalls haben die hier eingezeichneten Profile durchaus spätgotischen Charakter, was freilich die Weiterverwendung älterer Mauerzüge nicht ausschließt. Da auf dem Grundriß zwischen Langhaus und Chor 14 Stufen und südlich davon in doppeltem Knick eine Stiege eingezeichnet sind, ist das Vorhandensein einer Krypta anzunehmen. Wann sie entstand, steht nicht fest: Sie könnte vom romanischen Bau stammen, ihre Erscheinung aber auch durch Umbauten im Zuge der Melker Reform erhalten haben. Jedenfalls paßt eine Unterkirche in das Programm der divisiven Raumaufteilung, die der Melker Grundriß auch im Bereich der Chorkirche zeigt, wobei freilich zumindest die Abschrankung des Betchores in den östlichen Chorjochen eine Veränderung des 17. Jahrhunderts sein wird.

Trotz aller Einschränkungen besitzt der 1418 bis 1429 gestaltete Melker Kirchenbau mehrere für den Stil des frühen 15. Jahrhunderts recht altertümlich wirkende Elemente. Der basilikale Aufriß, die Unterkirche, die betonte Westpartie, ein divisives Raumkonzept – das alles sind Motive, die im Laufe des 14. Jahrhunderts etwa bei der Zisterzienserkirche von Neuberg, bei den Benediktinern in St. Lambrecht oder bei den Minoriten in Wien zugunsten eines einheitlichen Hallenraumes, der Langhaus und Chor möglichst wenig differenziert, überwunden wurden. Daß die Beschwörung solch altertümlicher Elemente aber nicht nur aus den spezifischen Gegebenheiten in Melk resultiert, sondern im Zusammenhang mit den Bestrebungen der Klosterreform stand, erhellen die Analogien in Mondsee, Nonnberg oder bei den Schotten in Wien, welche im Laufe der zweiten Reformwelle in der zweiten Hälfte des 15. Jahrhunderts gerade in den entscheidenden Punkten ähnliche Lösungen anstrebten [30].

Es ist offensichtlich, daß man bei der Melker Reform auf altertümliche Architekturgedanken zurückgriff. Das ist an sich bei Klosterreformen nicht ungewöhnlich und besonders bei jenen der Benediktiner wiederholt zu beobachten. Allerdings orientierte man sich häufig an der frühchristlichen Epoche, wobei als Vorbild Alt-St. Peter eine große Rolle spielte. Solche Zusammenhänge liegen den Bauten der Melker Reform sicherlich nicht zugrunde. Die ganze Konzeption zeigt vielmehr eine auffallende Verwandtschaft mit den mitteleuropäischen Klosterkirchen des 13. Jahrhunderts [31], von

---

[29] M. ZYKAN, Zur Baugeschichte des Hochturmes von St. Stephan, in: Wiener Jb. f. Kunstgesch. XXIII, Wien 1970, S. 64.

[30] Die Untersuchungen in Mondsee ergaben wider Erwarten, daß unter dem Langchor keine Unterkirche bestand, sondern dieser erst in der Barockzeit aufgeschüttet wurde. L. ECKHART, Zur gotischen und romanischen Stiftskirche von Mondsee, in: Jb. d. oö. Musealvereins, 115, Linz 1970, S. 115 ff.; – Die Schottenkirche in Wien wurde nach dem Erdbeben von 1443 verändert. Neben dem Chor könnte auch die romanische Westanlage umgestaltet worden sein. W. BRAUNEIS, Die Freilegung romanischer Bauteile in der Wiener Schottenkirche, in: Österr. Zs. f. Kunst und Dkpfl., 24, Wien 1970, S. 62 ff.

[31] Ein Versuch, die österreichische Baukunst des 13. Jahrhunderts zu charakterisieren, bei. R WAGNER-RIEGER, in: „Gotik in Österreich" (zit. Anm. 25), S. 332 ff.

denen besonders die Bettelorden das divisive Raumkonzept kennen, angereichert mit älteren Themen, wie Westanlage und Krypta.

Solch retrospektives Bauen war also im klösterlichen Reformbereich bereits eingeführt, als Friedrich selbst in die Lage kam, Bauherr zu sein. Daß er mit den entsprechenden Gedankengängen vertraut war, ergibt sich aus dem Verhältnis des Herrschers zur Klosterreform. Auf diesem Wege mag ihm wohl auch die Dignität bestimmter traditionsbeladener Bautypen bewußt geworden sein. Jedenfalls scheint Friedrich beim Bau des heutigen Grazer Domes [32], der als Hofpfarrkirche St. Ägydius von 1438 bis 1464 errichtet wurde, an Ideen dieser Art angeschlossen zu haben. Die Kirche, zufolge ihrer Stilqualitäten als Prototyp einer für das zweite Viertel des 15. Jahrhunderts typischen Verblockung angesehen [33], und demnach ein für die Entstehungszeit durchaus moderner Bau, vereinigt in sich gleichwohl eine ganze Reihe retrospektiver Elemente: so einen dem Quadrat angenäherten Langhausgrundriß mit dem langen, scharf abgesetzten Chor; die Stützen mit einer vom kantonierten Pfeiler abgeleiteten Form; die Artikulierung des Hallenraumes durch die Staffelung des Mittelschiffes, das allerdings ohne basilikale Durchlichtung und innerhalb des großen, geschlossenen Daches bleibt; die Netzgewölbe, die quergezogene Rippen gleich Gurtbogen besitzen und damit in der vereinheitlichten Wölbung doch noch die Jochgrenzen andeuten – all das sind Residuen einer im 13. Jahrhundert gebräuchlichen basilikalen, kreuzrippengewölbten Architektur, die hier mit der raumvereinheitlichenden Hallenlösung des 14. Jahrhunderts zu einer Synthese zusammentritt. Ob es sich bei den retrospektiven Elementen, zu denen man wohl auch das Statuenportal im Westen zählen darf, ausschließlich um ein künstlerisches Phänomen handelt, erscheint fraglich. St. Ägydius ersetzte die ehemalige Kastellkirche und war neben der neu errichteten Burg als Hofkirche, nicht aber als Burgkapelle gedacht. Der mächtige, durch einen Gang direkt mit der Burg in Verbindung stehende Bau hatte in Graz eine ähnliche Stellung wie in Wien die von Friedrich dem Schönen gegründete Augustinerkirche [34]. Diese Klosterkirche nahe der Burg führt die weit in das Mittelalter zurückreichende Tradition des Pfalzstiftes weiter. In Graz fehlt offenbar ein solches Kloster [35], doch wäre es nicht ausgeschlossen, daß Friedrich der Hofkirche eine solche Aufgabe zugedacht hatte. Vielleicht resultieren daraus die architektonischen Rückgriffe des heutigen Domes.

Auch St. Marein bei Knittelfeld [36] besitzt altertümliche Züge, die sich in der romanisierenden Ornamentik besonders deutlich offenbaren, ist aber stilistisch ein durchaus „moderner" Bau, der mit dem reichen Schmuckprogramm gleichsam Elemente des „kathedralen" Bauens einer zweischiffigen Hallenkirche einschmilzt. Dieser Neubau

---

[32] Ebenda Nr. 371.

[33] E. Petrasch, Die Entwicklung der spätgotischen Architektur an Beispielen der kirchlichen Baukunst in Österreich, ungedr. Dissertation Wien, 1949; – Derselbe, Weicher und eckiger Stil in der deutschen spätgotischen Architektur, in: Zs. f. Kunstgeschichte, 14, Berlin 1951.

[34] C. Wolfsgruber, Die Hofkirche zu St. Augustin in Wien, Augsburg 1888; – F. Rennhofer, Die Augustiner-Eremiten in Wien, Würzburg 1956.

[35] Friedrich errichtete gegenüber der Kirche eine Schule, deren Schüler zur verherrlichenden Teilnahme an den kirchlichen Feierlichkeiten herangebildet werden sollten. V. Thiel, Die landesfürstliche Burg in Graz und ihre historische Entwicklung, Graz 1927, S. 4, Anm. 3.

[36] G. Kodolitsch, Die Bauplastik von St. Marein im Paradiese, Restaurierung und Versuch einer Deutung, in: Österr. Zs. f. Kunst und Dkpfl., 21, Wien 1967, S. 16 ff.; – „Gotik in Österreich", (zit. Anm. 25) Nr. 372.

wurde an der Stelle der ursprünglichen Gründung des Augustiner-Chorherrenstiftes Seckau seit 1437 errichtet. Propst Andreas Ennstaler hat ihn geführt und auch finanziert. Trotzdem wird man die Inschrift auf dem Gurtbogen zwischen Langhaus und Chor, die *Herzog Albrecht zu Österreich* und *Khunig Friedrich zu 1447 Österreich* nennt, als eine Art Stifterinschrift zu werten haben. Während man durch den Architekten Niklas Velbacher und das von ihm angewandte Wandpfeilersystem auf Zusammenhänge mit Salzburg verwiesen wird, bleibt die reich ausgestattete nördliche Vorhalle ein Problem eigener Art. Die Anbringung von Konsolköpfen in den Ecken und ebenso die Wandnischen erinnern an das erhaltene Gewölbejoch der Gottesleichnamskapelle der Wiener Neustädter Burg [37], deren Ideen, auf ein jüngeres Stilniveau gebracht, angesichts des Reichtums der maßwerkbesetzten Rippenprofile, die auch in zwei Schichten hintereinander auftreten können, wiederum mit den Fensterlösungen der Wiener Burgkapelle zu vergleichen wären. Der stupende Reichtum der Vorhalle von St. Marein, der in dem ein eigenes Gewölbe umfassenden hängenden Schlußstein kulminiert, steht in der österreichischen Architektur der Zeit (abgesehen von Seefeld in Tirol) isoliert [38]. Sieht man sich nach europäischen Zusammenhängen um, wird man auch den Raum des östlichen Mitteleuropa einschließen müssen, wo sich vor allem bei den Portalen der Elisabethkirche zu Kaschau eine Fülle artverwandter Elemente in einer auch vergleichbaren Anwendung findet [39]. Mag sein, daß sich hier die bereits angedeutete Tendenz, mit dem östlichen Gebiete Mitteleuropas auch künstlerisch in Kontakt zu kommen, spiegelt.

Anders als bei den genannten Kirchen im steirischen Innerösterreich war die Situation für Friedrich III. als Bauherrn in Wien. Wohl hat man ihm in der Stadt manche Unbill zugefügt und er war Wien nicht gewogen, aber dies war für einen Fürsten seiner Art sicher kein Grund, auf eine Bautätigkeit zu verzichten, die ihm vorwiegend als ein Akt herrscherlicher Notwendigkeit und im politischen Konzept logisch erscheinen mußte. Wien war für Friedrich in zweifacher Hinsicht bedeutungsvoll: Hier befand sich seit den Tagen der Babenberger das Zentrum, um nicht zu sagen die Residenz [40], des von den Habsburgern regierten Gebietes, und hier hatten sich die Ideen von Friedrichs großem Vorbild, Rudolf IV., in Bauwerken verdichtet. Demnach erscheint es sinnvoll, daß er seine Bautätigkeit in Wien auf zwei Punkte konzentrierte, die im Programm Rudolfs IV. eine große Rolle gespielt haben und die es auszugestalten bzw. zu vollenden galt: auf die Hofburgkapelle und auf St. Stephan. Ein Anstoß dazu könnte jene Obödienzerklärung Friedrichs an Eugen IV. im Februar 1447 gewesen sein [41], welche eine Rekonstruktion der Papstkirche bedeutete und die noch einmal die „schwankenden Mauern der Kirche zu stützen vermochte". Dem König brachte dieses viel kritisierte Entgegenkommen die Verfügung über acht Bistümer, vor allem aber die Zusicherung der Kaiserkrönung ein. Dieser Gesichtspunkt läßt es

---

[37] J. JOBST, Die Neustädter Burg, Wien 1908, S. 152 ff.
[38] R. WAGNER-RIEGER (zit. Anm. 26) S. 354 ff.
[39] Vgl. die Arbeiten von E. MAROSI (zit. Anm. 5); – V. Mencl, Gotická architektura košic (Die gotische Architektur in Kaschau), in: Vlastivedny časopis, 15, 1966, S. 3; – Für den allgemeinen Überblick vgl. FISCHER (zit. Anm. 4) S. 27 ff.
[40] H. KOLLER, Die Residenz im Mittelalter, in: Jb. f. Geschichte der oberdeutschen Reichsstädte, 12, 1966.
[41] A. LHOTSKY, in: „Friedrich III." (zit. Anm. 8) S. 26.

verständlich erscheinen, daß Friedrich 1447 bis 1449 die Kapelle der Wiener Hofburg erneuern ließ [42], obwohl diese damals, zu Lebzeiten des Ladislaus Postumus, noch Sitz der Albertinischen Linie war und nicht in seiner uneingeschränkten Verfügungsgewalt stand. Friedrich hat diese Bautätigkeit offenbar nicht primär als Vormund des Ladislaus ausgeübt, sondern als deutscher König, der die Kaiserkrone in Aussicht hatte und für diese Würde eine entsprechende Kapelle in der Burg Albrechts I., Friedrichs des Schönen, Albrechts II. und Rudolfs IV. einzurichten gedachte. In diesem Sinne war wohl auch die vor dem Eingang der Burg angebrachte „Devise" zu verstehen. Friedrich baute jene Kapelle aus, die Albrecht I. vor 1296 gestiftet hat und die von Albrecht V. verändert worden war. Mit einem polygonal geschlossenen Chorteil, dessen Schrägen zu eigenartigen Einsatzkapellen ausgebildet sind und deren Bogen spitzenartiges Maßwerk ziert, zog er die Kapelle über die Flucht des Osttraktes hinaus und ließ die vorgeschobene Partie durch reiche Giebel, Maßwerkverzierung und Statuenbaldachine als Chorfassade ausgestalten. Auch verzichtete er nicht auf das für den Typus der Burgkapelle charakteristische Untergeschoß, dessen Außendekoration allerdings heute nur noch durch Bogenreste erkennbar blieb und über dessen Innengestaltung nichts auszusagen ist. Die Architektur der Kapelle mit einer heute verbauten, maßwerkgeschmückten Westfassade mit Türmchen [43], der reichen Innengliederung mit Figurenbaldachinen, interessanter Wölbung und vorzüglichen, obgleich stilistisch retardierenden Schlußsteinen [44] stellt mancherlei Probleme [45]. Wie schon bei der Kirche von St. Marein angedeutet, wird man für diesen Bau neben Zusammenhängen mit der Gottesleichnamskapelle von Wiener Neustadt – vor allem hinsichtlich der Fassade – auch solche mit dem mittel- und osteuropäischen Bereich [46] im Auge behalten müssen. Jedenfalls ließ Friedrich das Patrozinium dieser zunächst nur der hl. Maria geweihten Kapelle bei der Dedikation 1449 auf die Hl. Dreifaltigkeit und alle Heiligen ausdehnen. Damit verschmolz er die Marienkapelle des ersten hier residierenden Habsburgers mit jener Kapelle, die Rudolf IV. in seinem Geburtszimmer eingerichtet und allen Heiligen geweiht hatte. Bei dieser Kapelle wollte der Herzog ein Kapitel installieren, das auch vom Papst bewilligt worden war, hier jedoch nicht zur Durchführung gelangte. Erst nachdem Rudolf IV. die Allerheiligenkapelle nach St. Stephan übertragen konnte, hat er dort das Kollegiatskapitel eingerichtet, welches bei den Plänen, Wien von Passau loszulösen und hier ein Bistum zu begründen, eine große Rolle

---

[42] M. DREGER, Die Baugeschichte der k. k. Hofburg in Wien, in: Österr. Kunsttopographie 14, Wien 1914, S. 12 ff.; – H. KÜHNEL, Die Hofburg, Wien 1971, S. 14 ff.; – 3 Baupläne der alten Wiener Hofburg von A. KLAAR in: Forschungsergebnisse zur Geschichte der Wiener Hofburg II, Mitt. d. Kom. f. Burgenforschung Nr. 9, Anzeiger der phil.-hist. Kl. d. Österr. Akad. d. Wissenschaften, 1958, Nr. 20, Wien 1959. – W. OBERMAIER, Die Wiener Hofburg im Spätmittelalter, ungedr. Diss., Wien 1967, bes. S. 17 f.; – DERSELBE, Die spätmittelalterliche Wiener Burg als „Fester Ort", in: Burgen und Schlösser in Österreich, Zs. d. österr. Burgenvereines, 5 1969, S. 7 ff.

[43] A. LHOTSKY, Führer durch die Burg zu Wien, I. Die Gebäude, Wien, 1939, Taf. 1.

[44] J. ZYKAN, Die Schluß-Steine der Burgkapelle in Wien, in: Österr. Zs. f. Kunst und Dkpfl., 10, Wien 1956, S. 49.

[45] H. KOEPF, Die gotischen Planrisse der Wiener Sammlungen, Wien 1969, S. 7.

[46] Vgl. W. GROSS, Mitteldeutsche Chorfassaden um 1400, in: Kunst des Mittelalters in Sachsen, Festschrift Wolf Schubert, Weimar 1967, S. 117 ff.

spielte[47]. Nach 1359 wird die Allerheiligenkapelle in der Hofburg nicht mehr erwähnt. Wenn Friedrich 1449 wieder auf dieses Patrozinium zurückkommt, verrät er demnach eine genaue Kenntnis der Gedankengänge und Pläne seines Großonkels.

Aus dem gleichen Interesse – der Einrichtung eines Bistums in Wien, die Friedrich III. 1469 tatsächlich gelang – resultiert sein Einsatz für den Bau von St. Stephan, der größer gewesen sein muß, als man meist annimmt[48]. Rudolf IV. wollte offenbar bei Neugestaltung des Langhauses seit 1356 zwei Türme seitlich des Choransatzes errichten, wohl um mit dem für Domkirchen traditionellen Doppelturmmotiv seine Bistumspläne zu unterstützen. Wenn er zudem das Westturmpaar des in die Babenbergerzeit zurückreichenden Baues in seine Pläne einbezog, so liegt dies in der auch von Friedrich verfolgten Linie, die Kontinuität des legitimen Herrscherhauses möglichst weit zurückzuführen. Das rudolfinische Turmkonzept wurde offenbar um 1395 aufgegeben, als nach dem Tode Albrechts III. das Bürgertum einen immer stärkeren Einfluß auf den Bau von St. Stephan gewann. Man änderte den Plan zugunsten eines übersteigerten Einturmes, dem Symbol städtischen Selbstbewußtseins. Erst als dieser 1433 vollendet war, wandte man sich der Einwölbung des Langhauses zu, das zunächst um 1440 mit dem mächtigen Dachstuhl überdeckt wurde. Daß Friedrich in diesen Jahren an St. Stephan interessiert war, ist anzunehmen. So ließ er seine Devise und die Jahreszahl 1443 auf einem bei den Bauarbeiten gefundenen Schenkelknochen eines Mammuts anbringen, welchen man dann an der Kirche als Kuriosum aufgehängt hat[49]. Vielleicht hat er seinen Einfluß auch in anderer Hinsicht geltend gemacht; jedenfalls ist bemerkenswert, daß man bei Einwölbung des Langhauses – von dem für den rudolfinischen Bau anzunehmenden Hallenquerschnitt abweichend – zu einer Staffelung des Mittelschiffes gelangte, wie sie schon die Hofkirche in Graz zeigte. Sicher zwang die übersteigerte Höhe des Südturmes zu einer gesteigerten Höhenentwicklung des Kirchendaches, um eine entsprechende Proportionierung des Außenbaues zu erhalten[50]. Trotzdem besteht die Frage, ob das Wiederaufnehmen basilikaler Raumgedanken im Staffelkirchenbau neben stilistischen Gründen nicht auch noch andere Ursachen hatte. Friedrich, der die Bistumspläne Rudolfs IV. sehr genau kannte und sie auch zum Erfolg führte, mußte besonders an der Neugestaltung der Westempore (Abb. 93) interessiert sein, die im Zuge des Langhausausbaues die alte, in babenbergische Zeit zurückreichende Empore zwischen den Heidentürmen ersetzte. Hat doch Rudolf diese Empore zum Kapitelsaal für sein bei der Allerheiligenkapelle der Hofburg gegründetes aber erst nach der Übertragung nach St. Stephan effektuiertes Kollegiatskapitel bestimmt, mit dem er die Loslösung von Passau einleiten wollte. Diese Empore wurde durch einen Stützbogen überhöht, dem offenbar die Aufgabe zufällt, die beiden Westtürme im Gleichgewicht zu halten. Allerdings ließ sich kein eindeutiger

---

[47] Zu dem ganzen Fragenkreis: V. FLIEDER, Stephansdom und Wiener Bistumsgründung, Eine diözesan- und rechtsgeschichtliche Untersuchung, Wien 1968, bes. S. 137 ff. Hier auch die ältere Literatur. – Es ist in diesem Zusammenhang nicht uninteressant zu beobachten, daß auch Karl IV. bei der Burgkapelle zu Allerheiligen am Hradschin ein Priesterkapitel eingerichtet hat. K. M. SWOBODA, Peter Parler, Wien 1940, S. 18. – J. SOKOL, Parlérův kostil všech svatých na pražské em Hradě, in: Umění 17, Prag 1969, S. 574 ff.

[48] Zum Folgenden vgl. M. ZYKAN (zit. Anm. 29) und ihren Beitrag in: „Gotik in Österreich" (zit. Anm. 25), S. 406 ff.

[49] A. LHOTSKY, Die sog. Devise (zit. Anm. 12), S. 96 f.

[50] Vgl. die Argumente von M. ZYKAN (zit. Anm. 48).

Nachweis für die statische Notwendigkeit dieses Bogens erbringen[51], so daß angesichts seiner reichen Profilierung und der Verzierung mit einem Maßwerkfries die Möglichkeit einer anderen Bedeutung nicht ganz auszuschalten ist.

Schließlich wird man Friedrich III. eine wesentliche Initiative bei der Rückkehr zum rudolfinischen Zweiturmkonzept zuschreiben dürfen (Abb. 92). Da der Südturm durch die riesenhafte Steigerung dem Wesen nach zum Einzelturm geworden war, birgt die Idee seiner Verdopplung etwas Monströses in sich. Es müssen starke Gründe dafür gesprochen haben, sich darüber hinwegzusetzen, und man wird wohl wieder die Bistumspläne als Leitgedanken dafür verantwortlich machen dürfen. Der offensichtlich zögernde Baubeginn des von Hans Puchsbaum nach dem Vorbild des Südturmes gestalteten Nordturms wurde erst durch eine finanzielle Unterstützung des Kaisers 1466 überwunden[52], und bis zur Einstellung der Arbeiten 1511 hat man immerhin die Höhe des Mittelschiffes erreicht. Daß der Nordturm mit der Bistumsgründung zusammenhängt, erhellt daraus, daß man ihm dabei gewisse Funktionen einräumte; so wurden etwa die päpstlichen Bullen anläßlich der Promulgation des Bistums 1480 am Kirchentor des neuen Turmes angeheftet; auch diente dieses Portal als Eingangstor der Domherren in die Kathedrale[53].

Für die Stellung Friedrichs III. zu St. Stephan wird schließlich sein Entschluß zu berücksichtigen sein, nicht in Wiener Neustadt, sondern hier begraben zu werden. Offenbar nachdem seine Idee, den Georgs-Ritter-Orden mit dem Bistum Wiener Neustadt zu vereinen, gescheitert war[54], ließ er die 1479 mit großer Mühe von Passau über Wien nach Wiener Neustadt transportierte Tumbaplatte noch in den letzten Wochen seines Lebens 1493 nach Wien überführen, wo dann auch die Begräbnisfeierlichkeiten stattfanden[55] und das Grabmal schließlich aufgerichtet wurde[56]. Bei dieser Gelegenheit wurde der Kenotaph Rudolfs IV. aus der Mitte des Allen Heiligen geweihten Chores in den nördlichen Frauenchor verschoben[57], so daß die im Apostelchor aufgestellte Tumba Friedrichs dem Grabmal des Stifters symmetrisch und gleichrangig gegenübersteht, was – wenn nicht schon von Friedrich selbst gewünscht – so doch von Maximilian als richtig empfunden worden sein muß.

Zum Ausbau von St. Stephan wird man wohl auch noch die Errichtung des Heiltumstuhles[58] 1483 zählen dürfen, von dem aus die in der Reliquienkammer verwahrten Kostbarkeiten dem Volk vorgewiesen wurden. Die Anlage dieses Baues als ein über

---

[51] A. KIESLINGER, Die Steine von St. Stephan, Wien 1949, S. 117 ff.

[52] H. TIETZE, Geschichte und Beschreibung des St. Stephansdomes in Wien, Österr. Kunsttopographie Bd. 23, Wien 1931, S. 40.

[53] FLIEDER (zit. Anm. 47), S. 180 und 229 f.

[54] F. WIMMER und E. KLEBEL, Das Grabmal Friedrichs des Dritten im Wiener Stephansdom, Wien 1924, S. 16.

[55] H. P. ZELFEL, Ableben und Begräbnis Friedrichs III., ungedr. Diss. Wien 1970.

[56] J. JOSS – A. H. BENNA, Das Kaisergrab in St. Stephan – Kenotaph oder Grab Friedrichs III. Zu den Untersuchungen im März 1969, in: Wiener Geschichtsbll. 24, 1969, S. 493 und 25, 1970, S. 22; – A. KIESLINGER, Das Grabmal Friedrichs III., in: „Friedrich III." (zit. Anm. 8), S. 192.

[57] M. LOEHR, Archivalisches zu den Fürstengräbern im St.-Staphans-Dom, in: Österr. Zs. f. Kunst und Denkmalpfl., 6, Wien 1952, S. 128 ff.

[58] R. BACHLEITNER, Der Heiltumschatz der Allerheiligen Domkirche zu St. Stephan in Wien, Wien 1960; – R. FEUCHTMÜLLER, in: „Friedrich III." (zit. Anm. 8), S. 211; – W. BRAUNEIS, Zur Topographie des Stephansplatzes, in: Wr. Geschichtsbll., 26, Wien 1971, S. 161.

die Straße hinweggreifender Torbogen scheint auf die alte Triumphbogenidee zurückzugehen und erinnert wohl nicht zufällig an ältere Bauten dieser Art, etwa an die Lorscher Torhalle. Solche Zusammenhänge scheinen eine – freilich nicht erwiesene – Beteiligung Friedrichs an der Errichtung des Heiltumstuhles nahezulegen.

Für den Kaiser bedeutete der Ausbau von St. Stephan sicherlich ein wichtiges religionspolitisches Faktum. Rudolf IV. hat St. Stephan zu Wien als eine „Erzherzogskirche"[59] gestaltet und sie der Prager Kathedrale seines kaiserlichen Schwiegervaters Karl IV. entgegengesetzt. Friedrich III. führte das Konzept Rudolfs IV. in der Formensprache des 15. Jahrhunderts zu Ende und vermochte, da er Kaiser war, die zur Kathedrale erhobene Erzherzogskirche bedeutend aufzuwerten.

Von politischer Bedeutung muß für Friedrich auch der Ausbau der Propsteikirche von Maria Saal gewesen sein, da dieses Gotteshaus beim Belehnungsritus auf dem Zollfeld die Funktion einer Art „Krönungskirche" für Kärnten zu erfüllen hatte[60]. Friedrichs Anteil beschränkte sich allerdings auf die 1464 erfolgte Bestätigung von Rechten und Freiheiten, wobei er verfügte, daß beim Tod eines Kapitelmitgliedes ein Drittel von dessen Vermögen dem Bau des Heiligtumes zufließen solle. Es liegt nahe, daß der sich auf diese Weise um den Neubau besorgt zeigende Landesfürst auch auf den Typus des Gotteshauses Einfluß genommen hat. Wohl aus diesem Grunde erhielt der repräsentative Bau mit dem Querschiff, der zweitürmigen Westfront und der stattlichen Empore sowie der basilikalen Überhöhung des Mittelschiffes motivisch altertümliche Züge, die aber offenbar als der dieser Kirche zugewiesenen Aufgabe angemessen empfunden wurden.

Hier fällt auf, daß bei den mit Friedrich III. in unmittelbaren Zusammenhang zu bringenden Kirchen der kathedrale Umgangschor nicht vorkommt. Die „donauländische Reform der gotischen Kathedrale"[61], die im 15. Jahrhundert in Österreich noch beim Chor der Pfarrkirche von Salzburg (heute Franziskanerkirche), bei der Zisterzienserkirche von Baumgartenberg oder bei dem von Nikolaus Cusanus 1453 gebauten Brixener Domchor weiterwirkt, ist von Friedrich III. offenbar nicht übernommen worden[62].

Zweifellos die persönlichste Form der Bautätigkeit entfaltete Friedrich III. in seiner Lieblingsresidenz Wiener Neustadt. Die zahlreichen Klöster und Orden, die er hier ins Leben rief[63] und für die er nach dem Muster Rudolfs IV. Vorschriften für besonders dekorative Bekleidung durchzusetzen wußte, sollten einerseits der spätmittelalterlichen Frömmigkeit durch eine gesteigerte Zahl gottesdienstlicher Handlungen entsprechen, wurden aber andererseits auch als Erhöhung des Dekorums der Residenz empfunden. Wohl um mit geringstem Aufwand möglichst vielen Gründungen Raum zu schaffen, leitete Friedrich eine Art Kettentausch der vorhandenen Baulichkeiten

---

[59] Vgl. dazu H. SEDLMAYR, Die gotische Kathedrale Frankreichs als europäische Königskirche, in: Epochen und Werke, I. Bd., Wien 1959, S. 182.

[60] „Gotik in Österreich" (zit. Anm. 25), Nr. 343.

[61] V. MENCL, Podunajská reforma gotické katedrály (Die donauländische Reform der gotischen Kathedrale), in: Umění, 17, Prag 1969, S. 301.

[62] Die als Zentralraum ausgebildeten Chöre in Rottenmann und Fernitz, wo Friedrich III. als Stifter auftrat, sind so spät entstanden, daß man sie mit dem Kaiser kaum in Verbindung bringen kann; vgl. „Gotik in Österreich" (zit. Anm. 25) Nr. 354 und 360.

[63] U. HALBWACHS, Kaiser Friedrich III. und seine Klöster und Ordensgründungen in Wiener Neustadt, ungedr. Diss. Wien 1969.

ein, womit er freilich auch die Ansprüche gewisser Ordensgemeinschaften auf bestimmte Lösungen im Kirchen- und Klosterbau ad absurdum führte. Auf diese Weise konnte sich Friedrichs Bautätigkeit aber trotz der vielen Neugründungen auf verhältnismäßig wenige Objekte beschränken: auf die Burg; auf das Neukloster – ein ehemaliges Dominikanerkloster, das er mit Zisterziensern besiedelte; auf St. Peter an der Sperre, wohin die Dominikaner des Neuklosters verlegt wurden, indem sie ihrerseits einen Dominikanerkonvent verdrängten; auf die Pauliner und auf die Pfarrkirche Mariae Himmelfahrt.

Die Umgestaltung der Pfarrkirche[64], deren Erhebung zur Bischofskirche 1469 gleichzeitig mit Wien gelang, konzentrierte sich unter Friedrich vor allem auf die beiden Emporen, welche die ursprünglich hohen und schlanken Räume der Nebenapsiden seitlich des Hauptchores unterteilen. Die reichen Maßwerkbrüstungen dieser Einbauten tragen die Devise des Kaisers sowie die Jahreszahl 1449 und zwölf Wappen. Als Zweck dieser Emporen wird meist die repräsentative Unterbringung des Hofstates bei feierlichen Gelegenheiten angesehen; dann hätten die Einbauten den Charakter von Tribünen, wie man sie bei Festlichkeiten vorübergehend in den Kirchen immer wieder aufstellte. Als Loge, vom König bzw. Kaiser benützt, würden sie die Aufgabe der großen Westempore des frühgotischen Baues übernehmen und den Fürsten näher an den Altarbereich heranholen, was sich bei der gesteigerten Verantwortlichkeit des Landesfürsten für die religiösen Belange gut verstehen läßt. Vom Architektonischen her ist zu berücksichtigen, daß der Einbau der Emporen die beiden Nebenchöre jeweils zu einer Doppelkapelle unterteilte. Doppelkapellen hat aber schon Rudolf IV. in St. Stephan seitlich der Westempore errichten lassen, und an die Herzogskapellen könnte Friedrich in Wiener Neustadt gedacht haben, wo das Motiv mit dem der Empore verschmolz. Der Chor, der 1363 erstmals urkundlich erwähnt wird[65], wurde von Friedrich nur mit seinen Wappen und der Jahreszahl 1467 versehen, ist jedoch in seiner Bausubstanz 14. Jahrhundert.

Zu der ältesten Klostergründung Friedrichs in Wiener Neustadt kam es durch die Berufung von Zisterziensern – eines Ordens, der sich schon immer des Wohlwollens der Habsburger erfreut hatte – in die Stadt. Freilich widersprach eine städtische Niederlassung den Intentionen dieses sonst in abgelegenen Tälern Kulturarbeit leistenden Ordens, doch mag das, angesichts des nur noch geringen Wachstums der Zisterzienser im 15. Jahrhundert, nicht allzu schwer gewogen haben. Außerdem dachte man in Citeaux zunächst an einen Neubau für die Mönche, welcher auf deren Regel Bedacht nehmen sollte, während Friedrich den Konvent in dem nahe der Burg gelegenen Dominikanerkloster, dem Neukloster, einquartierte. Immerhin erfuhr die Kirche 1444 bis 1447 einen Umbau, bei dem durch Einziehung neuer Gewölbe über kantonierten Pfeilern ein Hallenraum entstand, wie er schon seit dem 13. Jahrhundert für die österreichischen Zisterzienser typisch geworden war. Friedrich, der seit 1441 den Ausbau des von Otto dem Fröhlichen gegründeten Zisterzienserklosters Neuberg[66] förderte,

---

[64] „Gotik in Österreich" (zit. Anm. 25), Nr. 343. Frau Dr. Gerhartl habe ich hier für freundliche Hilfe zu danken.

[65] G. NIEMETZ, Der Dom zu Wiener Neustadt, Kunstführer, 2. Aufl., Wiener Neustadt 1964, S. 2.

[66] O. PICHL, Das Kloster Neuberg am Vorabend und zur Zeit der Anfänge der Reformation (1428–1551), in: Zs. d. hist. Vereins f. Steiermark, 44/II, Graz 1963, S. 299.

damit *daz Münster . . . daz von unsern vordern kostperlich angefengt ist, geleichesweiß löblich volbracht und zyerlich volendt werde,* war dort mit dieser Raumform konfrontiert. In Wiener Neustadt trennt das tiefgelegte Mittelschiffgewölbe das Langhaus sehr betont von dem hohen, durchlichteten Chor des 14. Jahrhunderts, zudem wird man im Bereich des stark profilierten Triumphbogens eine gewisse Abschrankung annehmen dürfen. So entstand östlich des Hallenlanghauses eine Kapelle, und in sich geschlossene Kapellenräume wurden auch im Westen der Kirche angefügt, wo 1453 Friedrich und Albrecht VI. gemeinsam den Grundstein zur Barbarakapelle legten; diese und ihr Gegenstück, die Kreuzkapelle, bilden – der Lage nach wieder an die Herzogskapellen von St. Stephan erinnernd – vor der Fassade ein ehrenhofartiges Atrium [67].

Die Aufgabe, die Friedrich dem neuen Zisterzienserstift zugedacht hatte, war die eines Pfalzstiftes bzw. einer Hofkirche, also jene Funktion, die in Wien die Augustinerkirche erfüllte. Außerdem wurde die Kirche auch als Grablege für seine Familie verwendet. So wurde sein ältester Sohn Christoph, der 1456 starb, im Chor beigesetzt, und auch die 1467 verstorbene Kaiserin erhielt hier ihren Grabstein, obwohl damals die 1460 geweihte Georgskirche, die gelegentlich als kaiserliche Grabkirche gedeutet wird, bereits fertig war [68]. Friedrich wollte wohl auch sein eigenes Grab zunächst der Obhut der Zisterzienser anvertrauen. Wenn man 1466 den in Neustadt zu Besuch weilenden Leo von Rožmital *in monasterium novum* führte, wo der Kaiser sein Grab aufzurichten gedachte, so läßt sich diese Nachricht viel zwangsloser auf das Neukloster als auf die Georgskapelle in der Burg beziehen [69]. Vielleicht dachte Friedrich im Zusammenhang mit seinem Begräbnis an die Barbarakapelle, einen zwar kleinen, jedoch sehr edlen Raum, dessen Patrozinium auf eine solche Verwendung hinweisen würde. Es scheint, daß Friedrich erst seit der Verlegung des Georgs-Ritter-Ordens in die Burg, um 1478, diesen von ihm so geschätzten Orden als Grabwächter bestellen wollte.

Die dort für das Grab vorgesehene Georgskapelle erscheint heute als das künstlerische Kernstück der Burg zu Wiener Neustadt. Darüber hinaus kam ihr aber im gesamten Ausbau dieser Residenz Friedrichs III. besondere Bedeutung zu.

Obwohl Friedrich der Begriff einer zentralistischen Reichshaupt- und Residenzstadt noch fremd war, hat er doch verschiedene Städte im Sinne einer Residenz benützt und gefördert [70].

In Wien, wo die meisten Ansätze zur Residenzbildung vorhanden waren, haben die politischen Schwierigkeiten deren Ausbau verhindert. Anders war die Lage in Graz, wo Friedrich am Fuße des Schloßberges, des alten landesfürstlichen Burgsitzes, seit 1433 eine neue Residenz anlegte, indem er mit erstaunlicher Zähigkeit Häuser und Grundstücke nächst der Ägydius-Kirche an sich brachte und hier eine neue Wohnburg entstehen ließ [71]. Da er das feste Bergschloß vorwiegend zur Verwahrung seiner Schätze be-

---

[67] R. K. Donin, Die Bettelordenskirchen in Österreich. Zur Entwicklungsgeschichte der österreichischen Gotik, Baden b. Wien 1936; – Halbwachs (zit. Anm. 63), S. 91.

[68] Halbwachs (zit. Anm. 63), S. 76.

[69] Joss-Benna (zit. Anm. 56), S. 24.

[70] B. Sutter, Die Residenzen Friedrichs III. in Österreich, in: „Friedrich III." (zit. Anm. 8), S. 132.

[71] Ebenda S. 134; – V. Thiel, Die landesfürstliche Burg in Graz und ihre historische Entwicklung, Wien 1927; – F. Popelka, Geschichte der Stadt Graz, I. Bd., Graz 1928 S. 274; – H. Pirchegger, Beiträge zur Geschichte der Burgen in Graz, in: Bll. f. Heimatkunde, 41, Graz 1967, S. 2 ff.

nutzte, seine Wohnung jedoch in der neuen stadtnahen Residenz nahm, zeichnet sich hier jener für das Lebensgefühl der Renaissance so charakteristische Wandel ab, demzufolge das hochgelegene Bergschloß zugunsten einer bequemen Tallage aufgegeben wurde. Friedrich, der somit schon in den dreißiger Jahren diesen modernen Gedanken verfolgte, hat gleichwohl die „Friedrichsburg"[72], die zunächst entstand, als eine Art festes Haus errichten lassen und damit einen hochmittelalterlichen Bautypus in die Spätgotik übertragen. Der 1438 und 1451 datierte, turmartige Bau verlor aber noch zu Lebzeiten Friedrichs die Wohn- und Repräsentationsaufgabe und wurde mit Kriegsmaterial angefüllt, wohl weil der näher der Kirche gelegene Palast noch besser die repräsentativen Funktionen erfüllt zu haben scheint.

Der Bautypus, dem die Friedrichsburg in Graz angehört, taucht auch in der Linzer Burg[73] auf: Hier ist der Palas, der sogenannte große Stock, ebenfalls über rechteckigem Grundriß als zweigeschossiger, turmartiger Bau aufgeführt worden und erscheint so etwa im Greiner Stadtbuch um 1490. Von ihm aus führt eine Brücke zum Friedrichstor, das, als mächtiger Rundbau ausgebildet, den Charakter einer Barbakane besitzt. Durch einen Wappenstein 1481 datiert, stammt es in seinen Grundzügen aus der Zeit Friedrichs, wenn auch bei der Erneuerung der Burg unter Rudolf II. Veränderungen vorgenommen wurden; vor allem wird man mit einer Reduktion der Höhe des Turmes zu rechnen haben.

Werden die Residenzen in Graz und Linz ihrer Doppelaufgabe, Festung und Repräsentationsbau zu sein, mit Hilfe traditioneller und moderner Mittel gerecht, so scheint Wiener Neustadt für Friedrich darüber hinaus noch eine andere Bedeutung gehabt zu haben. Die Burg der babenbergischen Gründung, damals im steirischen Gebiet, aber nahe der niederösterreichischen Grenze gelegen, bot sich ihm offenbar weit mehr als die anderen Städte dazu an, sie als Denkmal der Glorie seines Hauses auszugestalten[74]. Der Plan dazu muß in den Vorstellungen Friedrichs erst nach und nach Gestalt gewonnen haben, wie denn das Konzept auch im Zuge seiner Realisierung ständig an die jeweiligen Gegebenheiten angepaßt wurde.

Wiener Neustadt war im ausgehenden 12. Jahrhundert als geplante Stadt angelegt worden; noch unter den Babenbergern entstand in der Südostecke der Stadtmauer eine Wasserburg mit vier Ecktürmen[75] (Fig. 1 und 2), ein im Grenzgebiet mehrfach anzutreffender Typus, wie ihn auch Wien oder Ebenfurth zeigen. Eine auffallende Regelmäßigkeit ist für diese Burgen charakteristisch. Die Leopoldiner, die im 14. Jahr-

---

[72] THIEL (zit. Anm. 71), S. 5 ff.

[73] A. HOFFMANN – F. PFEFFER, Baugeschichte der Linzer Burg, in: Alte Stadtbaukunst, Linzer Profanbauten, Linz 1947, S. 57 ff.; – K. OETTINGER, Schloß und Burg Linz im Mittelalter, in: Kunstjahrbuch der Stadt Linz, Linz 1964, S. 74; – N. WIBIRAL, Das Friedrichstor in Linz, ebenda S. 81; – A. LHOTSKY, Der Wappenstein am Friedrichstore der Burg zu Linz, ebenda S. 86.

[74] J. JOBST, Die Neustädter Burg und die Theresianische Militärakademie, Wien 1908; – A. KLAAR, Ein Beitrag zur Baugeschichte der mittelalterlichen Burg in Wiener Neustadt, in: Alma Mater Theresiana, Jahrbuch 1962, S. 53 und 1963, S. 52 ff.; – G. GERHARTL, Wiener Neustadt als Residenz, in: „Friedrich III." (zit. Anm. 8), S. 104; – FEUCHTMÜLLER (ebenda S. 203) spricht von einer Art Familienheiligtum.

[75] KLAAR, Ein Beitrag (zit. Anm. 74), 1962, S. 54. – Zu dem in Fig. 1 und 2 gebrachten Plan von A. Klaar vgl. A. KLAAR, Beiträge zu Planaufnahmen österreichischer Burgen, I. Burgenland, in: Mitt. d. Kom. f. Burgenforschung Nr. 14, Anz. d. phil.-hist. Kl. d. österr. Akad. d. Wissenschaften, 107. Jg., Wien 1970, Vorbemerkung S. 28 f.

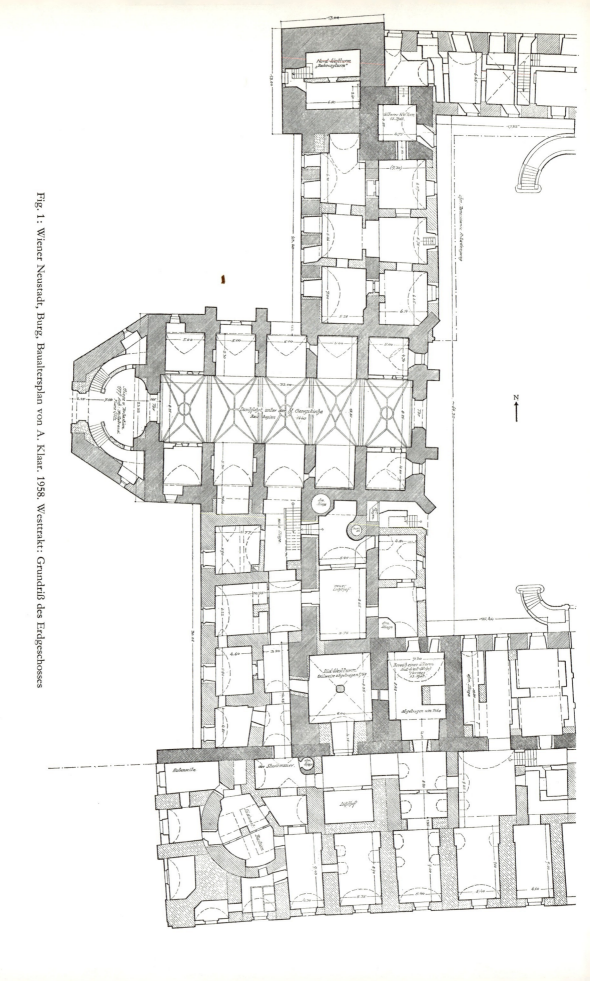

Fig. 1: Wiener Neustadt, Burg, Baualtersplan von A. Klaar. 1958. Westtrakt: Grundriß des Erdgeschosses

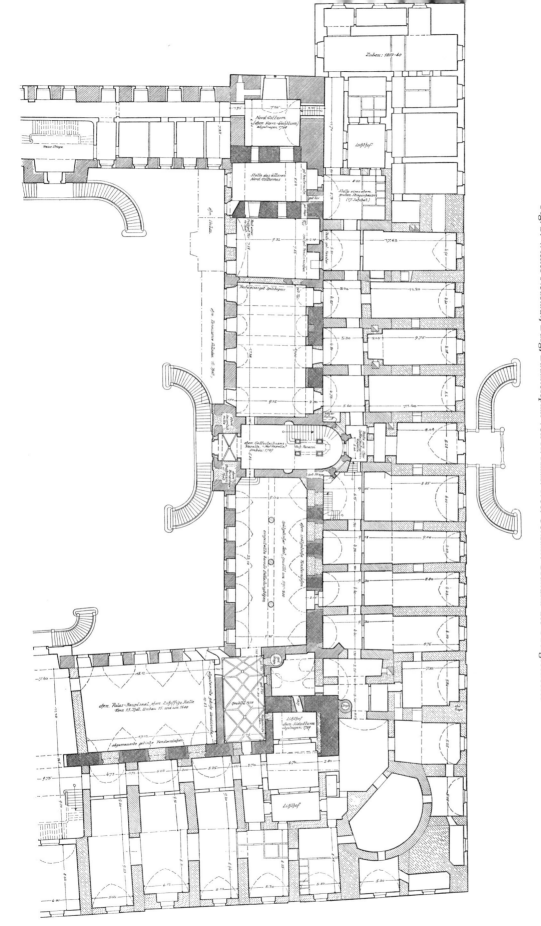

Fig. 2: Wiener Neustadt, Burg, Baualtersplan von A. Klaar. 1958. Osttrakt: Grundriß des Obergeschosses

hundert hier saßen, haben an der Burg gebaut, doch sind die Veränderungen dieser Periode nicht leicht faßbar. Sicher ist jedoch, daß die etwa in der Mitte des Osttraktes gelegene Burgkapelle ausgebaut wurde, so daß sie nach Osten aus der Mauerflucht hervortrat. Aus einer Urkunde Friedrichs von 1437[76] erfahren wir, daß Herzog Ernst († 1424) diese Kapelle hat *von newen erhebt, gepawet und in den ern goczleichnams weihen lassen*, daß er jedoch für den Gottesdienst der Kapelle nicht ausreichend vorgesorgt hätte, welcher Aufgabe sich nunmehr sein Sohn unterzieht. Es ist fraglich, wie weit Friedrich – der auch in Graz um 1440 eine Fronleichnamskapelle stiftete[77] – an der Gottesleichnamskapelle der Wiener Neustädter Burg Änderungen vornehmen ließ. Da sie dem Stiegenhaus Pacassis weichen mußte, blieben von ihr – abgesehen von den bei den Restaurierungsarbeiten nach dem Krieg festgestellten Ansätzen von drei Kreuzrippengewölben[78] – nur architektonische und plastische Teile eines als Vorhalle angesprochenen Joches erhalten[79]. Ein mit Maßwerkauflage geschmückter Bogen, Kopfkonsolen unter den Rippen und Baldachine lassen die Zerstörung der Kapelle und ihrer Fassade, über die eine jüngere Zeichnung Auskunft gibt[80], besonders bedauern. Sie erhob sich über der Leopoldinischen Gruftkapelle, deren Schlußstein von 1379 heute im Durchgang zum Gartenhof eingemauert ist[81]. Die Plastiken der genannten Vorhalle erlauben einen stilistischen Vergleich mit den Kopfkonsolen der Spinnerin am Kreuz von Wiener Neustadt, was eine Datierung noch vor dem Ausgang des 14. Jahrhunderts nahelegt[82]. Aus der Zeit Friedrichs blieb dagegen kein greifbarer Anhaltspunkt einer Bautätigkeit, wenn auch die bereits oben angedeuteten Zusammenhänge mit St. Marein bei Knittelfeld einerseits und der Wiener Burgkapelle andererseits festgehalten werden sollen.

Im selben Jahr 1444, in dem Friedrich die Zisterzienser in das Neukloster holte, richtete er an der Gottesleichnamskapelle der Burg ein Kollegiatsstift für weltliche Chorherren ein. Das Vorbild dafür lieferte wohl wieder Rudolf IV. Während diesem aber – wie oben dargelegt wurde – die Gründung des Kapitels bei der Allerheiligenkapelle der Wiener Burg erst mit deren Verlegung nach St. Stephan gelang, hat Friedrich seine Stiftung in der Burg tatsächlich effektuieren können. Damit war eine bis dahin nicht erreichte Verbindung von Weltlichem und Geistlichem, nämlich von Residenz und Kloster, gelungen, die noch in den österreichischen Barockklöstern weiterlebt. Vielleicht war dieses Konzept auch für die Ausbildung der Klosterresidenz des Escorial Philipps II. nicht ohne Bedeutung – des gleichen Königs, der Friedrichs kostbaren Ornat hat einschmelzen lassen. Für die historische Rolle Friedrichs ist es bezeichnend, daß er in der Realisierung einer alten, auf den Großonkel zurückreichenden Idee eine neue, in die Zukunft wirkende Lösung herbeiführte.

---

[76] JOBST (zit. Anm. 74), S. 292.

[77] Sie bildete die Keimzelle der nachmaligen Dominikaner- und heutigen Stadtpfarrkirche. Vgl. R. K. DONIN, Die Bettelordenskirchen in Österreich, Baden b. Wien 1935; – U. OCHERBAUER, Die Außenrestaurierung der Propstei-, Haupt- und Stadtpfarrkirche zum Heiligen Blut in Graz, in: Österr. Zs. f. Kunst und Denkmalpflege, 22, Wien 1968, S. 39.

[78] KLAAR, Ein Beitrag (zit. Anm. 74), 1963, S. 54.

[79] JOBST (zit. Anm. 74), S. 153 ff.

[80] EBENDA, S. 153 – „Friedrich III." (zit. Anm. 8), Nr. 38.

[81] JOBST (zit. Anm. 74), S. 158. – KLAAR, Ein Beitrag (zit. Anm. 74), 1963, S. 53.

[82] Diesen Hinweis verdanke ich Herrn Prof. Gerhard Schmidt.

Seit 1437 ließ Friedrich III. in der Wiener Neustädter Burg Umbauten vornehmen, die sich bis 1461 hinzogen. Dazu muß die Gestaltung einer St.-Ursula-Kapelle im Südtrakt gehört haben, deren Schlußstein mit „AEIOU" und „1437" die Umschrift „Ursulae virgini" trägt[83]. Auch die den Heiligen Christoph und Florian geweihte Kapelle[84], die 1458 und 1461 mit Ablässen bedacht wurde, hat man damals eingerichtet – beides Kapellen, die offenbar den privaten Bedürfnissen des Fürstenpaares entsprachen. Außerdem erhielt besonders der Südtrakt den Charakter eines kaiserlichen Palastes durch Prunkräume mit reicher Wölbung; überdies war er mit einem rund 39 m langen und 11 m breiten zweischiffigen Saal ausgestattet, der als Thronsaal angesprochen wird (Fig. 2). Die gegen den Burghof gerichteten Wände der einzelnen Trakte scheinen durchwegs mit Wandmalereien auf Goldgrund geschmückt gewesen zu sein[85].

Im Zuge der Neugestaltung der Burg hat Friedrich – wie A. Klaar aufzeigte – den Typus des 13. Jahrhunderts beibehalten, den Bau jedoch vergrößert. Dabei wurden jeweils neue Ecktürme unmittelbar an die alten Türme angebaut, so daß schließlich einerseits die mit hohen Türmen bewehrte Vierkantburg des 13. Jahrhunderts in neuen Dimensionen wieder zu erstehen schien, andererseits aber dank ihrer stärker ausgeprägten Regelmäßigkeit sowie durch das risalitartige Vortreten der vier Ecktürme in einen Schloßtypus der Renaissance verwandelt wurde. Die Verwendung von Buckelquadern bei den Mauern des Außenbaues läßt sich in diesem Zusammenhang nicht nur als Rückgriff auf eine hochmittelalterliche Mauertechnik verstehen, sondern wird auch als Parallele zur Rustika italienischer Renaissancepaläste und dem damit zum Ausdruck gebrachten repräsentativen Anspruch zu betrachten sein[86]. So führt der Wunsch Friedrichs III. nach Legitimation der eigenen Stellung durch den Hinweis auf die seit der Babenbergerzeit bestehende Kontinuität zu einer architektonischen Gestaltungsweise, die nicht in der Einzelform, wohl aber im Prinzipiellen den Vorstellungen der Renaissance entspricht[87].

Besonderes Interesse gebührt der bei der Neugestaltung anstelle der westlichen Wehrmauer 1449 bis 1460 angelegten Georgskapelle[88], die zunächst der hl. Maria geweiht war. Sie nimmt die Mitte des neuen Traktes ein und betont ihn durch ihren stark vortretenden Westteil, so daß die zur Stadt gewendete Front der Burg durch zwei Seitenrisalite und einen in die Tiefe gestellten Baukörper gegliedert erscheint. Da die Burg bereits eine stattliche Burgkapelle besaß, nämlich die Gottesleichnamskapelle, drängt sich die Frage auf, welche Aufgabe Friedrich III. diesem neuen Gotteshaus zu-

---

[83] S. WEDENIG, Das Museum der Militärakademie, in: Alma Mater Theresiana, Jahrbuch 1965, S. 51 ff. (Hinweis von Dr. G. Gerhartl).

[84] JOBST (zit. Anm. 74), S. 159.

[85] KLAAR, Ein Beitrag (zit. Anm. 74), 1963, S. 55 f. – GERHARTL (zit. Anm. 74), S. 116.

[86] L. HEYDENREICH, Il bugnato rustico nel quattro e nel cinquecento, in: Bolletino del centro internazionale di studi d'architettura Andrea Palladio, II, 1960, S. 40. – DERSELBE, Über den Palazzo Guadagni in Florenz, in: Festschrift Eberhard Hanfstaengl zum 75. Geburtstag, München, 1961, S. 43, bes. Anm. 5.

[87] Auch in der französischen Schloßbaukunst gibt es eine autochthone Entwicklung, die, von Antike und italienischer Renaissance unabhängig, unmittelbar aus der Spätgotik hervorgeht und diese überwindet. V. HOFFMANN, Das Schloß von Ecouen, Beiträge zur Kunstgesch. Bd. 5, Berlin 1970.

[88] „Gotik in Österreich" (zit. Anm. 25) Nr. 398. 1459/60 richtet Friedrich hier ein Augustiner-Chorherrenkloster ein. HALBWACHS (zit. Anm. 63), S. 58.

gedacht hat. Die Quellen sprechen von der *Kirche ob dem tor*, und tatsächlich bildet sie zusammen mit der breit gelagerten, gedrückten und nahezu kryptenartigen Torhalle eine architektonische Einheit. Solche Anlagen gab es in der Geschichte der deutschen Architektur schon sehr viel früher – nämlich bei den karolingischen Westwerken[89]. Geht man auf diesen zunächst weit hergeholt erscheinenden Vergleich näher ein, so lassen sich noch weitere Parallelen feststellen: Wenn auch die Aufgabe der Westwerke noch keineswegs geklärt ist, so spricht doch sehr viel dafür, daß sie den Charakter von Eigenkirchen besaßen[90], dementsprechend mit Herrschaftsemporen ausgestaltet waren und auch Pfarrfunktionen erfüllten. Die Georgskapelle entspricht dem insofern, als die reich ausgestatteten Fürstenemporen die Funktion als Herrschaftskapelle demonstrieren; da hier vermutlich Maximilian I. getauft wurde, übernahm sie – wenigstens fallweise – auch die Aufgabe einer Pfarrkirche. Dagegen ist das Westwerk weder als Mausoleum noch als Ort des Reliquienkultes bezeugt. Beide Funktionen sind für die Kapelle, solange sie Maria geweiht war, auch nicht nachweisbar. Erst 1478, mit der Verlegung des Georgs-Ritter-Ordens und dem damit zusammenhängenden Patroziniumswechsel[91] taucht die Idee auf, das Kaisergrab hier zu errichten, und gegen Ende der siebziger Jahre kommt es auch zur Aufstellung eines vergoldeten Reliquienschreines auf vier Bronzesäulen inmitten der Kirche[92]. Hier zeichnet sich offenbar eine Veränderung des ursprünglichen Konzeptes ab.

Das karolingische Westwerk war kein für sich bestehender Bau, sondern nur Teil eines umfangreichen Kirchengebäudes. Dieses besaß im Osten eine Chorkirche, die sich über einer Krypta erhob und daher ebenfalls zwei Geschosse aufwies. Führt man den Vergleich mit der Burg von Wiener Neustadt weiter, so würde die Gottesleichnamskapelle über dem leopoldinischen Gruftraum die Stelle der östlichen Choranlage einnehmen. Chor und Westwerk waren im Karolingischen durch das Langhaus miteinander verbunden, das bedeutungsmäßig gegenüber den beiden Polen des Kirchenbaues etwas zurücktrat. In der Neustädter Burg übernahm der Hof die Verbindung der in einer Achse liegenden Kapellen. So entstand ebenso wie im früh- und hochmittelalterlichen deutschen Sakralbau eine Zweipoligkeit, für die man das Spannungsverhältnis von Kaiser und Papst ins Treffen geführt hat[93]. Auf diese beiden das Abendland mitgestaltenden Kräfte auch noch im Spätmittelalter hinzuweisen, wäre gerade bei Friedrichs III. Auffassung vom Amt des Kaisers, zumal er überdies durch die Obödienzerklärung das Papsttum noch einmal in seiner alten Stellung gefestigt hat, bedeutsam. Wie sehr sich freilich die Situation gegenüber dem Investiturstreit gewandelt hatte, erhellt daraus, daß Pius II. sich gelegentlich als „kaiserlichen Papst" *(papam*

---

[89] Einen Zugang zur umfangreichen Literatur zu diesem Thema bietet die Zusammenstellung über die Deutungen des Westwerkes bei E. LEHMANN, Kaisertum und Reform als Bauherren in hochkarolingischer Zeit, in: Festschrift für Peter Metz, Berlin 1964, S. 93, Anm. 55.

[90] In diesem Zusammenhang ist die Bemerkung von H. WIESFLECKER, Friedrich III. und der junge Maximilian, in: „Friedrich III." (zit. Anm. 8) S. 52 interessant, daß Maximilian – angesichts der Schloßkapelle und der Hofgeistlichkeit – die Kirche insgesamt als väterliches Eigentum, als „Eigenkirche" zu erleben lernte.

[91] HALBWACHS (zit. Anm. 63), S. 95.

[92] JOBST (zit. Anm. 74), S. 123. – GERHARTL (zit. Anm. 74), S. 127. Im Zusammenhang mit der Aufbewahrung der Reliquien gewinnt die über dem Tor gelegene Georgs-Kapelle einen gewissen Zusammenhang mit dem Wiener Heiltumstuhl (s. o.).

[93] F. UNTERKIRCHER, Der Sinn der deutschen Doppelchöre, ungedr. Diss. Wien 1942.

imperialem) ⁹⁴ bezeichnete. Die Übertragung der symbolbeladenen Zweipoligkeit aus dem Kirchenbau in den Bereich einer kaiserlichen Burg gäbe dieser Verlagerung der Kräfte sichtbaren Ausdruck.

In diesen weit gespannten Rahmen stellt Friedrich nun noch ein Monument, das ausschließlich seinem Hause gewidmet ist, nämlich die sogenannte Wappenwand (Abb. 96). Es handelt sich um die Chorfassade der Georgs-Kapelle, deren großes Mittelfenster von 93 phantastischen Wappen gerahmt wird, die – wohl auf die Chronik des Leopold Steinreuther zurückgehend – einen umfangreichen Machtanspruch demonstrieren möchten. Oben von der Statuengruppe der Madonna zwischen zwei Heiligen abgeschlossen, besitzt die Wappenwand unter dem Hauptfenster eine Nische mit dem Standbild Friedrichs, der hier zwischen 14 Wappen der habsburgischen Länder, seiner „Devise" und der Jahreszahl 1453 mit den Insignien des Herzogs erscheint – und das, obwohl er im genannten Jahr bereits gekrönter Kaiser war. Die Wappenwand soll offensichtlich die Bestätigung des rudolfinischen Privilegium Maius, die der Kaiser am Dreikönigstag 1453 vornahm, bekräftigen⁹⁵; durch die Unterschrift des Kaisers hat diese Fälschung unantastbare Gültigkeit erlangt und haben die Habsburger als Erzherzöge eine Nobilitierung erfahren, die den Nichtbesitz der Kurwürde wettmachte. So wie Friedrich hier einen Gedanken Rudolfs IV. verwirklichte, so schloß er auch im Formalen an ein Werk dieses Vorfahren an: Die Wappenwand bildet offenbar das Architektursystem um, welches die Rückseite des rudolfinischen Reitersiegels (Abb. 95) zeigt. Der Herzog erscheint hier in einem baldachinartigen Rahmen, den Felder mit Wappen flankieren, wobei im architektonischen Aufbau gleicherweise Vorstellungen von einem Triumphbogen wie von einem Altarretabel anzuklingen scheinen. Die Wiener Neustädter Wappenwand monumentalisiert dieses Siegelbild und konkretisiert die Triumphtoridee durch die Anbringung über der Durchfahrt. Maximilian wird diese Lösung beim Innsbrucker Wappenturm und beim großen Holzschnittwerk seines Triumphbogens weiterbilden.

Wenn wir recht sehen, verbinden sich in der von Friedrich erneuerten Burg von Wiener Neustadt eine ganze Reihe altertümlicher Elemente: der Burgtypus des 13. Jahrhunderts, das karolingische Westwerk und Vorstellungen aus der Epoche Rudolfs IV. Diese sind nun in eine sehr regelmäßige, „renaissancemäßige" Form gebracht, nämlich in die eines vierflügeligen Palastes mit risalitartigen Ecktürmen, bei dem in der Mittelachse Sakralräume aufeinanderfolgen, die neben ihrer religiösen Aufgabe auch einen politischen Anspruch repräsentieren. Trotz des Historisierens, des Zusammenfügens bestimmter, von der Geschichte mit Bedeutung beladener Bauteile⁹⁶ entstand ein durchaus zeitgemäßer Bau, der in seiner neu geschaffenen Einheit nicht veraltet ist, sondern in die Zukunft weist. Diese aus dem Geist des „re-formare" erwachsene Leistung besitzt auch ganz konkrete Parallelen in der Renaissancearchitektur südlich der Alpen. Hier sei nur auf den Palastentwurf des Giuliano da Sangallo für Ferdinand I. von Neapel verwiesen, der, 1480 bis 1488 entstanden, eine vierflügelige Anlage um den quergelagerten Hof zeigt, die eine durch Mittel- und Seitenrisalite gegliederte

---

⁹⁴ A. LHOTSKY, in: „Friedrich III." (zit. Anm. 8), S. 26.
⁹⁵ A. LHOTSKY, Privilegium Maius, Die Geschichte einer Urkunde, Wien 1957.
⁹⁶ H. KELLER, Das Geschichtsbewußtsein des deutschen Humanismus und die bildende Kunst, in: Historisches Jahrbuch, 60, 1940, S. 664.

Front besitzt und die Abfolge repräsentativer Räume in die Mittelachse verlegt, während die Seitentrakte der Privatsphäre vorbehalten bleiben[97]. Auch dieser Palastentwurf ist nicht als „Invention", als voraussetzungslose Erfindung zu betrachten, sondern läßt sich als Versuch begreifen, das römische Haus der Antike neu erstehen zu lassen. Es ist, wie Biermann betont, eine „historische Architektur", die da entstand, und wenn sie auch mit der Wiener Neustädter Burg sicherlich keinerlei Zusammenhang besitzt, so sind doch die Mittel und Wege zur Erreichung des künstlerischen Zieles erstaunlich verwandt. Das Reformare des Nordens und das Rinascere des Südens liegen nahe beisammen.

Damit erscheint aber die architektonische Bedeutung der Neustädter Burg immer noch nicht erschöpft. Ihre Erneuerung, die um 1437 einsetzte, ließ einen hochragenden Bau entstehen, der trotz seines Regelmaßes auf mittelalterliche Kampfmethoden eingerichtet war und daher dem sich im 15. Jahrhundert durchsetzenden Gebrauch der Feuerwaffen nicht mehr entsprach[98]. Nun zeigt die Burg im Süden und im Osten eine Abfolge von Kasematten mit darüber hinziehender Galerie und war überdies an den vier Ecken mit niedrigen vorgelagerten Bastionen verstärkt, die allgemein in das 16. Jahrhundert datiert werden. Nur jene der Südseite sind noch erhalten (vgl. Fig. 1 und 2). Sowohl die Kasematten wie auch die Eckbastionen erscheinen im Vergleich mit den Befestigungen, die seit Ferdinand I. zufolge der Türkengefahr allenthalben an der Ostgrenze des Reiches meist von Italienern ausgeführt wurden, schmächtig und zaghaft. So erhebt sich die Frage, ob diese Befestigungsanlage nicht schon auf ein Konzept Friedrichs III. zurückgeht, dessen Ausführung sich allerdings – wie ja auch der übrige Ausbau der Burg – bis in die Zeit Maximilians hineingezogen haben muß.

Für die Anlage der Kasematten an den exponierten Seiten der Burg im Süden und Osten in Friederizianischer Zeit spricht die Tatsache, daß die Torhalle unter der Georgs-Kapelle seitlich von zwei Reihen quergestellten Tonnenräume abgestützt wird, die ihnen durchaus entsprechen. Aber auch die niedrigen, relativ kleinen Eckbastionen könnten sehr wohl schon im 15. Jahrhundert konzipiert worden sein. Die Anlage gemahnt an die Bastionen der Engelsburg in Rom[99], von denen Nikolaus V. drei hat ausführen lassen – übrigens nachdem um 1400 der antike Grabbau Hadrians durch eine kasemattenartige Galerie bereits verstärkt worden war. Nikolaus V., jener Papst, der Friedrich III. 1452 zum Kaiser krönte, hat bei dessen Herannahen die Befestigungen Roms verstärken lassen und mag durch diese Aktivität sein Interesse besonders erregt haben. Auch die übrige Bautätigkeit des von Leon Battista Alberti beratenen Papstes könnte auf den Kaiser von Einfluß gewesen sein, etwa der mächtige, nach Nikolaus benannte Torrione im Vatikan. Jedenfalls wird man mit einem persönlichen Engagement Friedrichs an solchen wehrtechnischen Fragen rechnen müssen. Dafür spricht nicht nur seine Aufgeschlossenheit für die politische Realität, sondern auch die schwierige und oft kriegerische Situation, in der sich der Habsburger immer wieder befand. In der Auseinandersetzung mit Matthias Corvinus ließ der Kaiser um 1480

---

[97] H. BIERMANN, Das Palastmodell Giuliano da Sangallos für Ferdinand I., König von Neapel, in: Wr. Jb. für Kunstgeschichte, 23, Wien 1970, S. 154.

[98] C. H. CLASEN, Bastion und Burg, in: Reallexikon zur deutschen Kunstgeschichte, Bd. II, Sp. 170 und 1508. – Vgl. die Grundrisse bei Jobst (zit. Anm. 74).

[99] E. LAVAGNINO, Castel Sant'Angelo, Roma 1950.

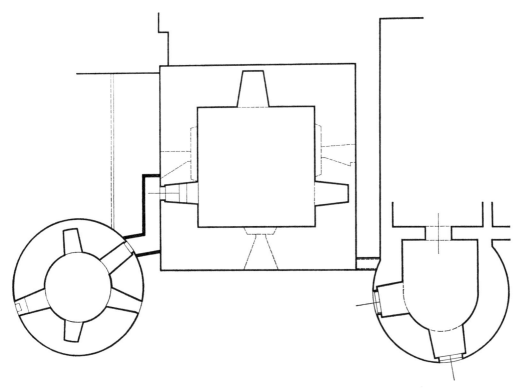

Fig. 3: Krems, Steiner Tor, Grundriß. Bauaufnahme Gattermann, 1971

verschiedene Orte (wie Wiener Neustadt, Linz oder Krems) gegen die Truppen der Ungarn befestigen, und zwar – wie sich dies besonders in Krems gut zeigen läßt[100] – in außerordentlich fortschrittlicher Weise. Der in Krems 1477 bis 1480 entstandene Pulverturm (Fig. 4), zu dem es ein Gegenstück gab[101], war ein damals sehr moderner Batterieturm, und das Steiner Tor von Krems (Fig. 3) muß als eine höchst interessante Adaptierung des alten Tortypus mit zwei Seitentürmen gewürdigt werden, bei dem durch seitliches Absetzen der mit dem Torturm durch Mauern verbundenen Rundtürme der für die Feuerwaffen nötige Aktionsradius gewonnen wird. Auch das Friedrichstor in Linz von 1481 gehört zu den damals für Mitteleuropa neuartigen Festungsanlagen, die noch vor jenen von Burghausen und Prag entstanden sind[102].

Die Voraussetzungen für solche Befestigungen – die man mit jenen Sigismunds von Tirol und Maximilians I. in Zusammenhang sehen muß – lagen wohl in Italien. Ihre, wie es scheint, noch zuwenig gewürdigte Bedeutung liegt darin, daß sie den Theoretikern der Festungskunst das Studienmaterial lieferten. Weder Dürers Befestigungslehre, die 1527 erschien[103], noch auch der (überdies erst 1841 gedruckte) Traktat des

---

[100] Zur Befestigung von Krems ebenso wie von Linz bot Friedrich jeweils die Robot auf vier Meilen Umkreis zur Hilfe auf. R. WAGNER-RIEGER, Die Architektur von Krems und Stein, in: „1000 Jahre Kunst in Krems", Ausstellungskatalog, Krems 1971, S. 95.

[101] Hinweis von Prof. A. Klaar. – Nach 1450 ließ Friedrich auch Graz durch den Ausbau von Rondellen für das Auffahren der Geschütze verstärken. F. POPELKA, Geschichte der Stadt Graz, II. Bd., Graz 1935, S. 20 f.

[102] G. FEHR, Benedikt Ried, München 1961, S. 45.

[103] W. WAETZOLD, Dürers Befestigungslehre, Berlin 1917.

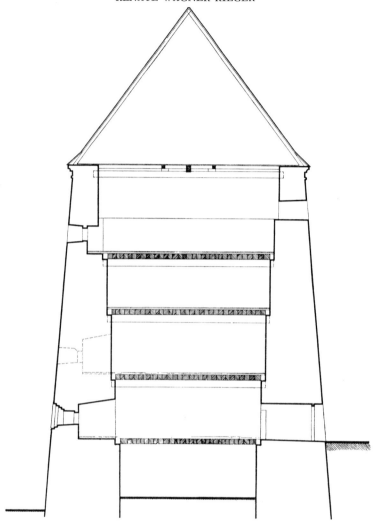

Fig. 4: Krems, Pulverturm, Schnitt. Bauaufnahme Gattermann, 1971

Francesco di Giorgio Martini[104] kommen für die genannten Bauten des 15. Jahrhunderts als Vorbilder in Frage. Eher wird man mit den persönlichen Eindrücken des Kaisers auf seinen Italienzügen zu rechnen haben, wo etwa in Rimini das Castel Sismondo – um 1446 noch unvollendet, jedoch bereits in Verwendung – eine Kombination von hochaufragend betürmter Burg mit niedrigen Vorwerken gewesen zu sein scheint[105]. Auch Aenea Silvio Piccolomini oder Johannes Hinderbach, dessen Bibliothek Werke über Architektur umfaßte[106], mögen eine Vermittlerrolle gespielt haben.

Neben dem direkten Einfluß aus dem Süden erscheint es aber nicht ausgeschlossen, daß Anregungen auch aus dem östlichen Gebiet Mitteleuropas übernommen wurden.

---

[104] Francesco di Giorgio Martini, Trattati di architettura ingegneria e arte militare, a cura di Corrado Maltese, trasc. di Livia Maltese Degrassi, 2 Bände, Mailand 1967.

[105] „Sigismondo Pandolfo Malatesta e il suo tempo", mostra storica, Città di Rimini, 1970, Katalog S. 170 ff.

[106] K. Grossmann, Die Frühzeit des Humanismus in Wien bis zu Celtis Berufung 1497, in: Jb. f. Landeskunde von Niederösterreich, 22, Wien 1929, S. 214 ff.

Hier tauchen italienische Architekten bereits im frühen 15. Jahrhundert auf. Schon Kaiser Sigismund suchte Kontakt mit Künstlern aus dem Brunelleschi-Kreis, in Buda besorgte man sich Pläne für ein Spital aus Siena, und unter Matthias Corvinus haben diese Verbindungen eine gewaltige Steigerung erfahren[107]. Da Friedrich III. das Geschehen im Osten seines Reiches nicht aus dem Auge verlor, wird er die dort geübte Befestigungskunst ebenfalls mit Interesse verfolgt haben. Auch sonst wird man in der Kunstgeschichte durch Namen wie Jakob Kaschauer oder Peter Pusika auf Verbindungen mit dem Osten verwiesen, freilich mehr literarisch als durch konkret faßbare Werke. Im Anschluß an den oben gegebenen Hinweis auf die Elisabethkirche in Kaschau darf zu diesem Fragenkreis noch auf das interessante Motiv des Stufengiebels verwiesen werden, das im Abschlußprofil der Wappenwand zu Wiener Neustadt erscheint (Abb. 96). Diese Form hängt kaum unmittelbar mit dem stufenweisen Abschluß gotischer Giebelfassaden zusammen; vielmehr ist es eine dekorative Lösung, die schon in jagellonischer Zeit etwa bei Fenstern an der Burg von Buda[108] auftaucht, wo in die Seitenfelder des Stufengiebels Wappen eingesetzt sind. Eine der Wiener Neustädter Wappenwand noch näher stehende Form zeigt das als Stufengiebel geführte Profil über dem Portal der Kirche von Kazimiers bei Krakau um 1426[109]. Da bei diesem Motiv mit einer weit gestreuten Verbreitung im ungarisch-polnischen Raum zu rechnen ist und die Zusammenhänge noch nicht ausreichend geklärt sind, ist über sein Auftreten in Wiener Neustadt noch keine verbindliche Aussage zu machen. Immerhin käme Peter von Pusika, der vermutlich schon 1439 als Peter von Poschickh in Wiener Neustadt nachweisbar ist[110], als Vermittler in Frage.

Fassen wir zusammen. Friedrich III. hat die Bautätigkeit – die in Geschmack und Qualitätsgefühl seiner Sammeltätigkeit keineswegs nachsteht – stets in den Dienst seines politischen Programms gestellt. Da er in mittelalterlicher Weise die eigenen Handlungen aus der Vergangenheit zu legitimieren trachtete, verlieh er auch den jeweils damit in Zusammenhang stehenden Bauten retrospektive Züge – freilich in den der Architektur seiner Zeit gemäßen Formen. Dieser Blick auf die Vergangenheit, der nicht aus romantischer Haltung oder aus konservativen Prinzipien erfolgte, sondern sich aus politischer Notwendigkeit ergab, führte dabei gar nicht selten zukunftweisende Gestaltungen herbei. Daher ist es auch kein Widerspruch, daß Friedrich III. in bestimmten Fällen, etwa bei der Errichtung moderner Festungsanlagen, sehr zielstrebig den Forderungen der Zeit nachgegeben hat.

So gelangte der Spätgotiker Friedrich III. durch sein in einem politischen Konzept verankertes Historisieren vielfach zu einer der Zeit vorauseilenden Architektur; ja es scheint im Werk des Vaters so manches vorbereitet, was dem Sohn, Maximilian I., helfen sollte, das Mittelalter zu überwinden.

Abbildungsnachweis. Nach Geschichte der Stadt Wien, Bd. 3: Abb. 91; Foto Scherb, Wien: Abb. 93; Kunsthistorisches Institut der Universität Wien: Abb. 94, 95; Bundesdenkmalamt, Wien: Abb. 96. Fig. 1 und 2: Adalbert Klaar; Fig. 3 und 4: Gattermann, Krems.

[107] J. BALOGH (zit. Anm. 7). – R. WAGNER-RIEGER, Die Renaissancearchitektur in Oesterreich, Boehmen und Ungarn in ihrem Verhältnis zu Italien bis zur Mitte des 16. Jahrhunderts, in: Arte e Artisti dei Laghi lombardi, I. Architetti e scultori del Quattrocento, Como 1959, S. 457 ff.

[108] GEREVICH (zit. Anm. 5), S. 241 ff. [109] EBENDA Abb. 7.
[110] HALBWACHS (zit. Anm. 63), S. 32 ff.

ZU PACHERS ST.-MICHAEL-ALTAR FÜR DIE PFARRKIRCHE IN BOZEN

VON VINZENZ OBERHAMMER

Zweifellos eines der interessantesten Werke der „Kunst um Michael Pacher" ist die kleine kostbare Bildtafel in der National Gallery in London, die in reicher dreiteiliger Nischenarchitektur eine thronende Muttergottes mit dem Christkind zwischen zwei stehenden Heiligen, einem hl. Michael und einem durch die Kleidung und die anderen Zeichen seiner Würde (Mitra, Pedum, Buch) nur ganz allgemein als Bischof gekennzeichnete Persönlichkeit, zeigt[1] (Abb. 97, 102). Man kann es kaum fassen, daß eine Malerei von so hohem Rang und so unbestreitbarem Charakter ihren eindeutigen Platz in der Südtiroler Kunstgeschichte bis heute noch nicht gefunden hat.

Streifen wir zunächst kurz die Vorgeschichte des Werkes und die wichtigsten der von der Forschung bisher gewonnenen Einstellungen. Der Engländer Georg A. Simonson hatte gelegentlich eines Sommeraufenthaltes in Südtirol im Jahre 1913/14 das bis dahin vollkommen unbeachtete und unbekannte Werk „aus alter Familie in der Nähe von Bozen", wie es in den Londoner Museumsakten ausdrücklich heißt, käuflich erworben und nach London gebracht[2]. Als Leihgabe dieses Käufers war das Bild dort erstmalig im Jahre 1932/33 in einer Ausstellung im Burlington Fine Arts Club gezeigt worden, war aber trotzdem über den engeren Londoner Kreis hinaus auch weiterhin unbeachtet geblieben. Im Jahre 1947 aber schenkte die Tochter des Eigentümers, Miss Anna S. H. Simonson, als das letzte Glied der Familie, die Tafel der National Gallery. Die Aufstellung daselbst im Jahre 1949, also vor zwei Dezennien, war für alle an der Südtiroler Kunstgeschichte Interessierten eine große Überraschung. Es war genau der richtige Zeitpunkt des Publikwerdens. Mit der Ausstellung „Arte medioevale nell'Alto Adige", die Rasmo 1948 in Bozen veranstaltet hat, und mit der wesentlich umfangreicheren Ausstellung „Gotik in Tirol" in Innsbruck, die damals gerade in voller Vorbereitung stand, war die Forschung der Südtiroler Kunst sozusagen in ein neues Stadium getreten[3]. Es ergab sich damals leider nicht die Möglichkeit, das sensationelle Werk für die Innsbrucker Ausstellung zu gewinnen, um es dort mit dem zum Teil fast lückenlos zusammengetragenen Werken Michael Pachers und der Meister seines Kreises im Original zu konfrontieren. Als erster Niederschlag unserer damaligen Diskussionen an Hand von Photos der Londoner Tafel erschien aber schon

---

[1] National Gallery London, Inv.-Nr. 5786; nach Katalogangabe 40,3 cm × 39,4 cm; Weißtanne (Abies alba); heutiger Rahmen neu.

[2] Entgegen diesen eindeutigen Angaben nennen mehrere im folgenden genannte Autoren fälschlich Brixen als Herkunftsort. P. HENDY, The National Gallery, 1955/56, sagt noch genauer „it was bought about 1914 at Rovereto near Bolzano".

[3] N. RASMO, Arte medioevale nell'Alto Adige (Deutsche Ausgabe unter dem Titel Mittelalterliche Kunst in Südtirol), Bozen 1949; – V. OBERHAMMER, Gotik in Tirol, Malerei und Plastik d. Mittelalters, Katalog, Innsbruck 1950.

im Jahre 1951, also unmittelbar im Anschluß an die Innsbrucker Ausstellung, ein Aufsatz von J. Ringler unter dem Titel „Eine unbekannte Pachertafel?"[4].

Als „by Pacher" war das Bild schon gelegentlich der erwähnten ersten Ausstellung von 1923/24 gezeigt worden. Unter der gleichen Bezeichnung war Schenkung und Einzug in die National Gallery erfolgt. Daß die Tafel in den „Kreis Michael Pachers" gehört, war also von Anfang an klar. Ringler suchte in seinem Aufsatz die „Nähe" zu Pacher klarer zu formulieren. Er prüft das Übereinstimmende, besonders in der Thronarchitektur (Kirchenväteraltar), er erkennt (mit Recht) enge Zusammenhänge der zentralen Figur der Madonna mit der sogenannten „Plappermutter", einem heute leider sehr beschädigten Fresko an der Fassade der Bozner Pfarrkirche, die nach Weingartner und anderen eindeutig als Michael Pachers Werk gilt, von A. Sporenberger allerdings auf Grund einer urkundlichen Notiz aus den Jahren 1486/87 mit einem „Maler Claus" in Zusammenhang gebracht wurde[5]. Er erörtert aber auch gewisse Verschiedenheiten des Malstils, vor allem die Feinheit, die Zierlichkeit, die allerdings, wie nicht zu Unrecht argumentiert wird, zu einem guten Teile aus dem miniaturartigen Format des kleinen Werkes sich erklären möchte. Ohne Autopsie des Werkes, nur an Hand von Photos allein, enthielt sich Ringler jedoch ausdrücklich einer Entscheidung, „ob und wo das Londoner Täfelchen im Werk des Brunecker Meisters einzureihen" – er denkt zunächst an die „Frühzeit" und schlägt versuchsweise die Zeit um 1475 vor – oder „ob vielleicht Michael Pachers Meisterschüler Marx Reichlich" als mutmaßlicher Urheber ins Auge zu fassen sei, mit dessen Namen sich auf der Innsbrucker Ausstellung auch noch ein anderes „Pacherisches" Werk, die Madonnentafel aus St. Peter, Salzburg, in Lugano, mehr und mehr verknüpfte[6]. Bemerkenswert ist schließlich Ringlers Hinweis auf den (schon dem Photo zu entnehmenden) „ausgesprochen monumentalen Zug" des kleinen Bildchens, bei dessen Betrachtung man „ohne weiters eine große Altartafel vor sich zu sehen glaubt". Freilich sei heute nicht mehr zu entscheiden, „ob das Londoner Täfelchen als privates Andachtsbild oder als Entwurf für eine große Altartafel oder für einen Altarschrein gedacht war".

Zu genau gleicher Zeit meldet sich auch eine englische Stimme – auch diese unter ausdrücklicher Beziehung auf die Innsbrucker Ausstellung – zur Neuerwerbung der National Gallery[7]. C. Gould war nicht nur auf Photos angewiesen, sondern hatte das

---

[4] J. RINGLER, Eine unbekannte Pachertafel?, in: Der Schlern XXV, 1951, S. 55 ff.

[5] Pfarrkirchenrechnungen in Bozen zu den Jahren 1486/87: *So hab ich lassen maister Clawsen maler entwerfen unser Frauen Bild zu einem mauerbild darum geben hat Gerstl gemacht III 1 b*. Es handelt sich dabei also eindeutig um die Vergütung für einen Entwurf, nicht für ein ausgeführtes Fresko. Der Umstand, daß eine Vorarbeit für sich entlohnt wird, läßt eher vermuten, daß die Ausführung dieses Entwurfes aus irgendeinem Grund unterblieb, daß also ein anderer Künstler mit dem Auftrag betraut wurde. Wer will entscheiden, ob die Zahlungsnotiz von 1486/87 in diesem Sinne mit dem Fresko der Plappermutter in Verbindung steht oder nicht? Die Eingliederung des Freskos in die unmittelbare Folge des Bozner Altars würde der Zeit entsprechen.

[6] Wenn RASMO in seiner Pacher-Monographie (zit. Anm. 13) S. 235 vermerkt, das Londoner Täfelchen sei „von Ringler als Werk Michael Pachers veröffentlicht" worden, S. 252 aber Ringlers Aufsatz als „Hinweis auf Marx Reichlich als wahrscheinlichen Meister der Londoner Tafel" bezeichnet, widerspricht sich dies. – Ringler ordnet die drei im Madonnentyp verwandten Bilder in folgender Reihenfolge: Londoner Täfelchen – Bozner Fresko – Lugano-Tafel.

[7] C. GOULD, A note on a Pacher-esque addition to the National Gallery, in: The Burlington Magazine XCIII, 1951, S. 389 f.

Kunstwerk selbst vor sich; aber auch er entscheidet nicht. Er stellt in seinem kurzen, gut illustrierten Essay die überzeugende Nähe zu Pachers drei Hauptwerken, den Altären von Gries, St. Wolfgang und Neustift (Kirchenväter) heraus, vermerkt aber auch die Hemmung vor einer Zuschreibung des Werkes, das ihm in einem gewissen Sinne „as a microcosme of the largest and most important of Michael Pacher's works both in the painting and sculpture" erscheint und formuliert – noch klarer – hauptsächlich die eine Frage: War es der Meister selbst, der die große Form in den feinen Miniaturstil übersetzt, oder ein anderer von ihm abhängiger Maler. Unter den auf der Innsbrucker Ausstellung gezeigten Werken am ähnlichsten schien ihm der „Meister von Uttenheim" mit den kleinen Täfelchen „Christi Begegnung mit Thomas" zu sein. Dieser Eindruck aber wurde wohl vorzüglich dadurch ausgelöst, daß es sich auch bei jenem um eine Art Miniaturbildchen handelt. Darüber hinaus gibt es freilich gewisse Zusammenhänge, von denen noch die Rede sein soll.

Um es gleich hinzuzufügen: Auch im einschlägigen Katalog der National Gallery von Michael Levey (1959) ist das Bild noch unter „circle of Pacher" angegeben[8]. Auch hier werden die Verschiedenheit der Größe und die Möglichkeit einer früheren Entstehung als Gründe der Stilverschiedenheit in Frage gezogen, die Urheberschaft eines anderen, an Pacher zwar geschulten, aber unabhängigen Malers mit eigener Technik (jedoch nicht der „Meister von Uttenheim") für wahrscheinlich gehalten.

Als weiterer, aus der kritischen Beschäftigung der Innsbrucker Gotikausstellung erwachsener Forschungsbeitrag sind schließlich die „Michael Pacher-Studien" von Dagobert Frey von 1953 zu nennen, in welchen der Londoner Tafel ein eigenes Kapitel gewidmet ist[9]. Frey, der in dem Bildchen eine malerische Wiedergabe eines Altarschreines sieht, „der plastisch durchaus ausführbar wäre", beschäftigt sich vor allem mit der reichen und kühn gemalten Schreinarchitektur, die ihm als „räumlich klar durchdacht, perspektivisch überzeugend dargestellt und sorgfältig durchgezeichnet" erscheint und sehr enge Beziehungen zum Kirchenväteraltar verrät. Frey faßt aber auch den Figurenstil ins Auge, vergleicht die Engelchen an den gemalten Pfeilern mit jenen der Altäre von Gries und St. Wolfgang, bringt, wie schon Ringler, den Madonnentypus, den er als „auffallend zart und fragil" bezeichnet, mit jenem des Freskos an der Bozner Pfarrkirche und weiter mit dem schon von Semper in gleichem Zusammenhang genannten Madonnenbild des Welsberger Bildstöckls in Verbindung und findet schließlich für die Figur des Bischofs (nicht überzeugend) in den Fresken der Stiftskirche von St. Paul im Lavanttal gewisse Parallelen. Freys abschließendes Urteil: „Aller Wahrscheinlichkeit nach als ein eigenhändiges Werk Pachers anzusprechen", „der ersten Hälfte der siebziger Jahre angehörig", „annähernd gleichzeitig mit dem Kirchenväteraltar" (den er vor dem St.-Wolfgang-Altar datiert)[10]. Die Frage, ob die Londoner Tafel „als eine Vorstudie in kleinen Abmessungen aufzufassen ist oder

---

[8] M. Levey, National Gallery Catalogues, The German school, London 1959, S. 99, Nr. 5786. – Die Art der Rüstung des hl. Michael veranlaßte J. Mann zu einer Datierung „in the last quarter of the 15th century, and nearer 1475 than 1500".

[9] D. Frey, Michael Pacher-Studien, VII, Die thronende Madonna zwischen zwei Heiligen in der National Gallery in London; in: Wr. Jb. f. Kunstgesch., 15, 1953, S. 56 ff.

[10] Offenbar ein Mißverständnis ist die Angabe in Rasmos Pacher-Monographie (zit. Anm. 13), S. 235, Frey habe die Zuschreibung der Tafel an Pacher für „unannehmbar" gehalten.

als eine freie Wiederholung der gemalten Architektur des großen Altarwerkes, vielleicht auf besonderen Wunsch eines Auftraggebers", läßt schließlich auch Frey offen.

Als Miniaturwiedergabe eines monumentalen Altarwerkes wird das Täfelchen auch im Tafelband der National Gallery bezeichnet, den Philipp Hendy 1955/56 herausgab[11]. Zweifellos zeugt die Aufnahme des Tiroler Stückes in diesen Band mit hundert Farbtafeln von hoher Wertschätzung. Aber der kurze Bildtext fügt zu Michael Pachers Meisternamen vorsichtig und einschränkend ein „zugeschrieben" und betont nur die enge „Verwandtschaft" mit dem Meister. Das Bildchen sei jedoch, ergänzt der Autor, „too smart and decorative, too sugar-iced", um von seiner eigenen Hand zu sein.

Des langen und breiten führt dann 1960 A. Stange diese „Mängel" des Londoner Bildchens als „für Pacher unvereinbar" an[12]. Er sieht in dem Täfelchen eine Übersetzung des Pacher-Stils ins „Kleinmeisterliche und Zierliche". Sein Maler habe in den achtziger Jahren, als der Kirchenväteraltar in Pachers Werkstätte entstand (Stange datiert diesen nach dem Wolfgangaltar um 1483), wohl entscheidende Eindrücke erhalten, habe vom Meister vielleicht „sogar einen flüchtigen Entwurf" für die Tafel bekommen, aber „fast in grundsätzlichen Widerspruch zu des Meisters monumentaler Haltung ... eine ebenso zierliche wie reich überladene Komposition geschaffen". Er habe dem Bildchen ein ausgesprochen „textiles" Aussehen gegeben. Pfeiler und Baldachine wirkten nicht mehr als Steinmetzarbeit, ihre kleinteiligen und mit Laubwerk und Krabben überladenen Formen ließen eher an eine Stickerei denken, die Engelchen an den Pfeilern und die Verkündigung zwischen den Baldachinen „hätten den Charakter von Architekturplastik völlig verloren ..., die Figuren der zwei die Madonna flankierenden Heiligen seien zwar elegant, aber kraftlos, die Bewegungen gepflegt, aber unsachlich, der Typus der Madonna zerbrechlich zart, aber manieristisch...". Selten ist der Charakter eines Kunstwerkes so einseitig gesehen, verkannt, die Qualitäten aus falscher Sicht so sehr ins Gegenteil verkehrt worden.

Schließlich bleibt noch, als bisher letzte kritische Stellungnahme, die Beurteilung von N. Rasmo in seiner Pacher-Monographie von 1969 zu skizzieren[13]. Rasmo kommt in seinem Buch dreimal auf die Tafel zu sprechen: Zuerst im Anschluß an die Frühwerke Pachers, dann gegen Ende des Bandes im Rahmen der von ihm (nicht überzeugend) unter dem Namen Hans Pacher zusammengefaßten Arbeiten und endlich im abschließenden Werkkatalog unter den „ausgeschiedenen Werken des Pacherkreises". Er sieht in der Londoner Tafel ein Werk voll von Widersprüchen und verwikkelter Problematik; dementsprechend ist auch die kritische Beurteilung widerspruchsvoll und unsicher. Die „unverkennbar nordisch beeinflußte Formensprache" läßt ihn einerseits eine Datierung in die Frühzeit „nach der niederländischen Reise" vermuten; hingegen steht „die architektonische Anlage ... auf einer Stufe differenzierter Durchbildung, die Pacher erst im Kirchenväteraltar erreicht". Auf der einen Seite kann Rasmo dem Bild den hohen Rang nicht absprechen, auf der anderen erscheint ihm das „anmutig Ueberzarte", das „Ueberfeinerte, Zaghafte" in Proportion und Haltung (gleich wie Stange) in erster Linie als „Unvermögen zu solider Formgebung", unvereinbar mit Michael Pachers Stil. Auch der perspektivische Aufbau der Baldachingehäuse

---

[11] P. HENDY (zit. Anm. 2), S. 82: "The picture seems disigned as a miniatur of a monumental altarpiece ..."
[12] A. STANGE, Deutsche Malerei der Gotik, X. München-Berlin 1960, S. 178.
[13] N. RASMO, Michael Pacher, München 1969, S. 67, 191, 235.

halte der Nachprüfung nicht stand, die Atmosphäre dringe nicht in sie ein, und die Figuren lösten sich trotz schüchterner Versuche nicht vom Hintergrund. „Auf dem Bildchen sollte vielleicht, wie auf einem für den Auftraggeber bestimmten Kleinmodell, die kompositionelle, farbliche und atmosphärische Gesamtwirkung vorgeführt werden", führt Rasmo an, aber im gleichen Zuge wird „nicht ausgeschlossen", daß es sich um „ein bloßes Uebungsstück" handle, nicht um eine eigenhändige Arbeit Michael Pachers, sondern „um eine besondere Fleißprobe des Sohnes", der zwanzig Jahre später in Salzburg die Luganotafel gemalt habe, um die Arbeit „eines zwar intellegenten und strebsamen jungen Mannes, der aber kein Genie war". Und dennoch heißt es in Rasmos Werkkatalog über das Bild: „Falls die Tafel – was möglich ist – von Michael Pacher selbst stammt, müßte sie in die Frühzeit, zwischen Becket- und Laurentiusaltar angesetzt werden. Es könnte sich aber um eine besonders hervorragende Leistung Hans Pachers aus den Jahren um 1480 handeln."

Trotz dieser widerspruchsvollen und eher verwirrenden als klärenden Kritik des Bildes muß man jedoch Rasmo das unbestreitbare Verdienst einräumen, durch einen Hinweis an anderer Stelle seines Buches, wenn auch ganz unbewußt und ungewollt, zur Klärung einer Schlüsselfrage um das Londoner Täfelchen einen wesentlichen Beitrag geleistet zu haben. Alle bisherigen Beurteiler des Kunstwerkes sahen in diesem Bildchen den Zusammenhang mit einem großen Altarwerk, sei es einem richtigen Schreinaltar, sei es einer gemalten Tafel. Keiner versuchte zwar die Entscheidung, ob es sich in dem kleinen Bild um einen Entwurf handelt, der im großen ausgeführt werden sollte, vielleicht auch wirklich ausgeführt wurde, jedenfalls „ausführbar" war, oder um eine Reduktion eines bereits vorhandenen Werkes, eine Miniaturausgabe etwa eines bestehenden Altars als privates Andachtsbild, wie vorgeschlagen wurde (eine verkleinerte Kopie eines Altars als „Meisterstück" im Sinne Rasmos kann man sich doch wohl kaum denken). Gleichviel – ein Monumentalwerk, gedacht oder wirklich, ist unbedingt die Voraussetzung für das kleine Bild in London. Nach solcher Formulierung erhebt sich aber zwangsweise die weitere Frage: Gab oder gibt es vielleicht noch ein im großen ausgeführtes Werk solcher Art im Pacher-Kreis? Rasmo, der die Möglichkeit hatte, die in Trient verwahrten bischöflichen Visitationsprotokolle auf Kunstsachen hin durchzusehen, stieß dabei auf eine äußerst aufschlußreiche Beschreibung des ehemaligen St.-Michael-Altars in der Bozner Pfarrkirche, von dem man bis dahin lediglich aus archivalischen Quellen, den Kirchpropstrechnungen im Bozner Stadtarchiv der Jahre 1481–1484 wußte. Nach diesen war am 14. November 1481 mit Michael Pacher, der eigens zu diesem Zweck nach Bozen gekomen war und dort die Nacht verbrachte, über die Lieferung einer *tafel die auff Sand Michels Altar sol sten* ein Vertrag geschlossen worden. Am 25. Dezember 1482 erhielt der Maler für diese *tafel auf Sand Michels Altar so er machen soll*, die erste Zahlung von 15 Mark Berner. Aus weiteren Zahlungsbelegen der Jahre 1482 bis 1484 – teils Einnahme-, teils Ausgabeposten, aus denen kein klares Bild zu gewinnen ist – geht außerdem hervor, daß der (damals jedenfalls in Arbeit stehende) Altar – wenigstens zu einem Teil – eine Stiftung der *Alt Gantznerin* in Kardaun war[14]. Da der Michael-Altar jedoch zwei Jahr-

---

[14] HÖNINGER, Eine Quittung Michael Pachers, Der Schlern XVIII, 1936, S. 2. – N. RASMO, Michael Pacher (zit. Anm. 13), S. 244/45. – Der Gantzner Hof in Kardaun, Bozen, besteht heute noch. Das Anwesen und seine Bauern genossen seit alters bis in die jüngste Zeit ein besonderes Ansehen. – Vgl. R. STAFFLER, Die Hofnamen

hunderte später zuerst von seinem Platz versetzt, 1667 seines altertümlichen Stils wegen abgebrochen und anscheinend restlos zerstört wurde, fehlte bisher jede Vorstellung des Werkes. Natürlich dachte man sich einen hl. Michael als zentrale Figur des Schreins und glaubte verschiedene erhaltene Michaels-Statuen des Pacher-Kreises mit dieser identifizieren zu dürfen[15].

Es war auch naheliegend, aus der Höhe der in den Rechnungsbelegen ausgewiesenen Zahlungen auf die Größe des Werkes, also auf verhältnismäßig bescheidene Ausmaße, zu schließen, wobei freilich wieder Zweifel auftauchten, ob die Bozner Kirchpropstrechnungen wirklich die gesamte Gebarung über die Kosten des Altars enthalten oder ob nicht „über weitere Ausgaben ... gesondert Buch geführt" wurde (Rasmo)[16]. Immerhin war schon durch A. Sporenbergers Forschungen über die Geschichte der Pfarrkirche von Bozen (1894) geklärt, daß es sich um einen der zahlreichen Nebenaltäre, also tatsächlich um ein kleineres Werk, gehandelt hat – im Chor der Kirche stand damals seit einem guten halben Jahrhundert der große Marienkrönungsaltar des Hans von Judenburg – und daß dieser Pachersche Michaels-Altar offenbar einen älteren, bereits 1477 erwähnten verdrängt hat. Allem Anschein nach stand er frei an dem Pfeiler des rechten Seitenschiffs zunächst dem südlichen Seitenportal ungefähr in der Mitte der Kirche. An der Wand neben diesem Seitenportal, also in unmittelbarer Nähe dieser Stelle, sind noch Reste eines Freskos mit dem Bild des Erzengels aus der Zeit um 1400 zu sehen; ein etwas späteres Freskobild gleichen Inhaltes auf einer darübergelagerten Schicht wurde abgenommen und befindet sich jetzt im Bozner Museum. Die beiden Darstellungen bekunden, daß an jenem Platz schon seit alters die Kultstätte des hl. Michael war. Nicht ohne Interesse ist es, daß unmittelbar neben dem noch an der Wand befindlichen Michael-Fresko auch der hl. Martin (allerdings als Mantelteiler) in einem gleich großen Bild aufscheint. Der von Rasmo gefundene Text des Visitationsprotokolls im erzbischöflichen Archiv von Trient, das übrigens ganz knapp vor der Zerstörung des Altars, 1674, aufgenommen worden war, bestätigt neuerdings den Standort, bringt aber vor allem mit einer zwar knappen, aber sehr klaren Beschreibung vollen Aufschluß über die Gestaltung des Altars[17]. Es war ein durch zwei Türen (Flügel) verschlossener Altarschrein mit drei in Holz geschnitzten und vergoldeten

---

von Zwölfmalgreien und Leifers, in: Bozner Jb. f. Gesch., Kultur und Kunst 1952. – Neben anderen Familienmitgliedern scheint in den Kirchpropstrechnungen auch ein gewisser Sigmund Gerstl, der damals Bürgermeister der Stadt war, als Geldgeber auf.

[15] Michaelstatuen im Bayerischen Nationalmuseum in München und im Museum des Palazzo Venezia in Rom. – Vgl. RASMO, M. Pacher (zit. Anm. 13), S. 235. – Beide Statuen stehen in keinem Zusammenhang mit dem Bozner Michaelsaltar. Erstere gehört stilistisch der Frühzeit Pachers an und stammt aller Wahrscheinlichkeit nach aus dem Altarschrein von St. Lorenzen, in dem sie – zusammen mit der Laurentiusstatue des Tiroler Landesmuseums Ferdinandeum in Innsbruck als Gegenstück – die Muttergottesstatue flankierte (J. RINGLER, in: Der Schlern XXVII, 1953, S. 355).

[16] Die Posten der Kirchpropstnotizen ergeben eine runde Summe von etwa 50 Mark Berner, d. s. etwa 100 Gulden rheinisch. – Vergleichsweise sei erwähnt, daß die Kosten des unvergleichlich größeren, aufwendigen Hochaltars der Pfarrkirche von Gries, der im Vertrag von 1471 mit „vierthalbhundert Mark", d. i. mit rund 700 Gulden rh. veranschlagt war, laut Schlußabrechnung von 1488 950 Gulden betrugen.

[17] Rasmo, Michael Pacher (zit. Anm. 13), S. 181, 235. – Das Visitationsprotokoll hat folgenden Wortlaut: *Visitatatum fuit altare Sancti Michaelis existens in cornu Epistolae in medio ecclesiae quod altare habet icones ligneas sculptas et inauratas vindelicet in medio Beatissimae Virginis, ex partibus vero Sancti Michaelis et Sancti Martini. Pala facta more antiquo ad formam armarii quod clauditur duobus portis.*

Statuen, und zwar in der Mitte die Muttergottes, zu beiden Seiten der hl. Michael und der hl. Martin. Genau diese Zusammenstellung zeigt die kleine Londoner Tafel. Man wird kaum ernstlich den Einwand erheben wollen, daß der hl. Bischof rechts mangels bestimmter Attribute nicht als hl. Martin bezeichnet werden könne. Vielleicht möchte mancher als Pendant zum in Harnisch gekleideten, kriegerischen Michael auch den hl. Martin an dieser Stelle lieber als mantelteilenden Ritter erwarten. Doch wäre dies wohl eine unrichtige, eine oberflächliche Vorstellung von Entsprechung im tieferen Sinne und ginge an der Wertigkeit der zwei Heiligen vorüber. Der hl. Erzengel Michael, der Anführer der himmlischen Heerscharen im Kampf gegen Luzifer, der Seelenwäger, und der hl. Martin sind nicht zwei „Gegenstücke" wie etwa St. Georg und St. Florian. Wenn hier im Gegensatz zu jenem der hl. Martin als Bischof herausgestellt wird, zeugt dies deutlich von Absicht. Übrigens ist bekanntlich auch in Pachers Altar von Gries dem hl. Michael ein Bischof, St. Erasmus, gegenübergestellt. Der Text des Visitationsprotokolls gibt jedenfalls eine sehr brauchbare Deutung für diese Bischofsfigur. Ist also die Tafel – so wird man sich fragen müssen – eine Vorarbeit, ein Entwurf, Michael Pachers „Modell" des geplanten Altars für die Bozner Pfarrkirche? Es ist überraschend, wie unter solcher Prämisse das Kunstwerk plötzlich verständlich wird, sich richtig erschließt und seinen wahren Rang erhält.

Für eine andere Interpretation des Londoner Täfelchens, die hier wenigstens am Rande vermerkt sei, könnten allenfalls jene zwei knappen Zahlungsvermerke im Rechnungsbuch des Abtes Virgil Puchler des Salzburger Benediktinerstiftes St. Peter ausgewertet werden, die in der Pacher-Literatur mehrfach, jedoch ohne weitere Begründung und kaum zu Recht, auf den aus St. Peter stammenden Altar bezogen wurden, dessen Mittelstück mit der thronenden Maria, dem Christkind und den Heiligen Katharina und Margareta sich in Lugano, deren zugehörige Flügelbilder mit Heiligen sich in Wiener Privatbesitz bzw. in der Österreichischen Galerie in Wien befinden. Am 23. November 1496 erhielt Michael Pacher, so heißt es in der einen Notiz, vom genannten Abt einmal fünfzehn, ein andermal (ungefähr) fünf Pfund Berner *in labore tabule ad S. Michaelem am Aschhof,* und kurz nach dem Tod des Meisters (Ende Juli, Anfang August) wurden, so der zweite Vermerk, am 24. August 1498 seinem Schwiegersohn Kaspar Neuhauser – vermutlich als Restzahlung für die selbe Arbeit – weitere zwanzig Pfund Berner ausgezahlt. Zwei Gesichtspunkte sind es, die die Erörterung eines allfälligen Zusammenhanges dieser Quellen mit der Londoner Tafel nahelegen: Auch die Kirche „am Aschhof", das heißt „am Friedhof" – gemeint ist der alte Friedhof bzw. die seit ihrer Gründung um 800 zum Stift St. Peter gehörige Kirche am heutigen Residenzplatz –, war und ist dem hl. Michael geweiht, der auf dem Londoner Täfelchen aufscheint; auch der zweite Schutzheilige daselbst, der hl. Bischof, könnte, wenngleich etwas willkürlich, auch im Salzburger Sinne, z. B. als der Namenspatron des „Stifters", als St. Vergilius, der Gründer des Salzburger Domes, gedeutet werden, obschon es hierfür an Anhaltspunkten, auch aus der Geschichte der Kirche, völlig fehlt. Die sicher späte Entstehung der Londoner Tafel, von der noch zu sprechen sein wird, und jene gewisse stilistische Nähe – vor allem in Hinblick auf die motivliche Fassung des Christkindes – zur genannten Lugano-Tafel würde an sich ebenfalls zu einer solchen Interpretation durchaus passen. Andererseits aber sind die ausgewiesenen Summen – auch im Vergleich zu jenen für den Michael-Altar in Bozen geleisteten – so unbedeutend, daß sie wohl überhaupt kaum die Entlohnung für ein Altarwerk gewesen sein können. Dazu kommt aber vor allem die entscheidende Tatsache, daß die Londoner Tafel bzw. der von ihr vorbereitete Michaels-Altar der Bozner Pfarrkirche eine außerordentlich starke Ausstrahlung in seinem Bereich hatte und daß, wie sich zeigen wird, viele der künstlerischen Gedanken gerade in der unmittelbaren Umgebung fruchtbar weitergewirkt haben. Zudem soll nicht vergessen werden, daß die Londoner Tafel ja in Südtirol, im Besitz einer der altansässigen Familien, aufgefunden wurde.

Um es kurz vorauszuschicken: Die Tafel ist von ausgezeichnetem Erhaltungszustand, der malerische Bestand ist sozusagen unangetastet[18]. Das Brettchen ist zwar bei der Entfernung des ursprünglichen Rahmens an den Rändern etwas beschnitten worden. Am unteren Rand sowie seitlich weist die Tafel aber noch den ursprünglichen Malrand auf. Oben fehlt dieser allerdings. Es ist also die Frage, was hier möglicherweise fehlt. Der Umstand, daß am unteren Rand die äußerste Nase der Sockelstufe in der Bildmitte vom ursprünglichen Malrand ausgeschnitten ist, läßt den gleichen Sachverhalt auch für die obere Begrenzung vermuten. Die Schnittlinie, die beim Herausnehmen aus dem alten (jetzt verlorenen) Rahmen vollzogen wurde, mag hier wohl fast genau dem Malrand gefolgt sein. Die erhaltene Tafel gibt und gab von Anfang an also nur das Mittelstück, den „Schrein" des Altars, wieder, ohne Flügel – die das Visitationsprotokoll am ausgeführten Altar ausdrücklich erwähnt – ohne Predella, aber auch ohne Gesprenge. Eine solche Fortsetzung der Baldachinarchitektur außerhalb des Schreinrahmens läßt sich als künstlerische Absicht auf Grund der im Bildchen angedeuteten dachartigen Abschlüsse über den Baldachinen und besonders der „abgeschnittenen" Fialentürmchen über den zwei Statuen der Verkündigung zwar als so gut wie sicher erschließen, ihre Veranschaulichung gehörte aber nicht mehr zum Programm dieser Tafel[19]. Die Rückseite des Londoner Täfelchens ist, als Spannungsausgleich für das Holz, schwarz bemalt und, eine besondere (ungewöhnliche) Art von Marmor imitierend, mit roten Adern versehen.

Das Tiroler Bildchen hängt heute in der Londoner National Gallery in einem Saale vereint mit anderen, keineswegs unbedeutenden österreichischen, deutschen und niederländischen Primitiven. Es flankiert z. B. – zusammen mit einem Bildnis des Hans Baldung-Grien – die große Tafel der „Gesandten" von Hans Holbein. Trotz dieser mächtigen Nachbarschaft und der eigenen Kleinheit hat das Bild in seiner klaren Disposition, in seinen sehr starken Lichtkontrasten, in seiner ungewöhnlich gewählten Farbigkeit eine geradezu faszinierende Anziehungskraft. Einerseits ist es gewiß das ungemein Pretiose, die Kostbarkeit der Malerei an sich, die den Beschauer an dieser Tafel so fesseln. Die Kleinheit des Formates, die meisterliche Feinheit der Malerei

---

[18] Der Direktion der National Gallery in London habe ich für das große Entgegenkommen beim neuerlichen Studium des Werkes, ebenso für die gütige Besorgung der Photos und die Genehmigung der Reproduktion herzlichst zu danken. Insbesondere schulde ich Herrn M. Levey, der mir ermöglichte, die Tafel ohne Glas und Rahmen zu sehen, verbindlichen Dank.

[19] Anders verhält es sich bei Pachers Neustifter Kirchenväteraltar, wo die einzelnen Nischen bzw. Bildfelder gegen oben einen entschiedenen, klaren Abschluß aufweisen (Hohlkehle!). Als Bekrönung kann man sich dort wohl nur eine Maßwerkgalerie vorstellen, wie sie in Marx Reichlichs späterem Perckhamer-Altar begegnet (V. OBERHAMMER, Der Perckhamer Altar des Marx Reichlich, in: Pantheon XXVIII, 1970, S. 373 ff.).

rückt sie in die Nähe der Kabinettstücke altniederländischer Malerei. Einerseits geht von der Durchsetzung der an sich sehr bestimmten, sehr realen und in dieser Realität besonders hinsichtlich des Räumlichen sehr überraschenden Wirklichkeitsschilderung mit ungemein feinen, malerischen Werten ein eigenartiger Zauber aus. Die Architektur, die Figuren sind umspielt von Licht und Schatten, hinter der thronenden Muttergottes flimmert der Goldgrund hell, wie von Sonne getroffene Glasgemälde usw. Vor allem aber bewirkt die innere Ruhe und die merkwürdige Größe, die in all diesem miniaturhaft Zierlichen, Feinen spürbar ist, die intensive Ausstrahlung der Malerei. Die „Fleißarbeit eines Schülers", so sagt schon dieser Gesamteindruck, ist dies gewiß nicht. Es kann nur das Werk eines Großen, eben des Meisters selbst sein. Die Betrachtung des einzelnen kann aber zu wesentlich klareren Erkenntnissen führen.

Fassen wir zuerst die „Einrichtung" des Schreins, die gliedernde und raumbildende Nischenarchitektur ins Auge, die, wie erwähnt, mehr oder weniger übereinstimmend von allen, die sich bisher mit der Londoner Tafel beschäftigt haben, mit Michael Pacher, insbesondere mit der Architekturmalerei des Kirchenväteraltars in Beziehung gesehen wurde (Abb. 107). Der Zusammenhang ist in der Tat unverkennbar: Die Baldachine sind im großen und ganzen aus ähnlichen Motiven (sich überkreuzenden Kielbogen) gebildet, eine ähnliche Absicht der Raumgestaltung ist leicht zu erkennen, auch die Führung des Lichtes, das von rechts her einfällt und die vorspringenden Baldachine sehr klar formt, hat viel Ähnlichkeit. Aber es gibt auch wesentliche Unterschiede, die man nicht unbeachtet lassen darf. Die räumliche Gliederung der Londoner Marientafel hat bekanntlich eine ziemlich weit zurückreichende Vorgeschichte, in deren Hintergrund der von Engeln flankierte Thronsitz mit durchbrochenen Wangen steht, wie er auf Bildern des italienischen Ducento und Trecento (Cimabue, Giotto) begegnet[20]. Die wenigen erhaltenen Beispiele auf Tiroler Boden aus der Zeit vor Pacher lassen einige der zahlreichen Quellen erkennen, aus welchen die Entwicklung gespeist wurde. Die große Tafel mit der Marienkrönung in Stift Stams im Oberinntal zeigt eine fast wörtliche unmittelbare Übernahme der Gesamtanlage aus einem vermutlich paduanischen Bild der Giottonachfolge. Das prachtvolle, aus einem Neustifter Chorbuch stammende Pergamentblatt der Städel-Galerie in Frankfurt, das die Himmelskönigin in den Rahmen eines besonders reich gestalteten, überwölbten, türmegeschmückten Throngebäudes mit drei Absiden auf hohem, in großen Rundungen vordrängendem Stufenpodest setzt, ist in seinen typischen Architektur- und Zierformen eindeutig als ein Ableger der Venezianer bzw. Veroneser Gotik zu erkennen. Die nach ihrem Meraner Stifter benannte, aus der Kartause Allerengelsberg im Schnalsertal stammende Austrunk-Altartafel des Bozner Museums hingegen mit einer sitzenden Christusfigur in dem breiten, phantastisch gestalteten, von zahllosen musizierenden Engelchen bevölkerten Throngehäuse, an das sich von den seitlichen Rändern der Tafel her – von der Seite gesehen! – zwei gesonderte Baldachine mit flankierenden Heiligengestalten heranschieben, kann den Zusammenhang mit böhmischer Kunst nicht verleugnen. Mehr Bodenständiges zeigt vielleicht – als raumplastische Zusammenfassung über Umwegen gewonnener und übernommener Anregungen – der Flü-

---

[20] Es ist überraschend, zu sehen, daß selbst untergeordnete Details wie die halbrunden Ausschnitte in den Thronwangen auf Bildern aus der Zeit Giottos und seiner Nachfolge (z. B. Madonnentafel in Florenz, Uffizien) hier im Londoner Täfelchen noch immer Wiederholung finden.

gelaltar von St. Sigmund im Pustertal, der erste erhaltene gotische Schnitzaltar in Tirol, in dem alle wesentlichen Elemente der späteren Pacherischen Flügelaltäre in der Idee bereits angedeutet sind, neben Predella, Flügel, Bekrönung also vor allem auch der (in gewissem Sinne vom Altar von Schloß Tirol bereits vorbereitete) dreigeteilte Schrein mit seinen drei Nischen und seinen drei Baldachinen und Sockeln als Gehäuse für die drei Heiligengestalten. Man übersehe jedoch nicht: Auch hier ist (und bleibt grundsätzlich auch weiterhin) die etwas breitere Mittelnische der Thron für das Kultbild, und die bereits hier mit musizierenden Engelfigürchen geschmückten Trennungspfeiler sind die Wangen des Throns. In St. Sigmund stehen die drei Nischen, die drei Figuren, die Baldachine ohne Beziehung, auch ohne besondere Ausrichtung auf den Beschauer, als reale Raumkörper nebeneinander. Durch Pacher erhält der Schrein, um es kurz zu sagen, als Raumplastik seine überreale Intensivierung und zugleich in stets sich steigerndem Maße seine Einheit [21].

Die Schreineinrichtung des Flügelaltars in Gries bei Bozen zeigt gegenüber dem Vorausgehenden, so weit man es kennt, einen erheblichen Anfang (Abb. 105). Abgesehen von der Ausweitung, der Vertiefung der Bildbühne durch die Ausbuchtung des Schreins gegen hinten und durch die schichtenweise Figurenstaffelung gegen vorn, muß in unserem Zusammenhang vor allem das Konstruktive der Baldachinzone interessieren. Im Vergleich zu Späterem fällt hier, nebenbei bemerkt, der Kontrast zwischen den betont naturalistischen, knorrig-vegetabilen Formen der Kielbogen und dem nüchternen geometrischen, dünnen Stabwerk der Baldachinkörper ins Auge. Gegenüber der reichen Plastik im Figuralen bewirken diese vielen dünnen Vertikalen, die die Flächen zwischen den kräftigen Begrenzungen der Baldachinkörper mehr markieren als schließen, weitgehend den Eindruck beabsichtigter Flächenhaftigkeit und Ruhe, auch wohl im Sinne eines soliden Sockels für das daraus sich entwickelnde Gesprenge außerhalb des Schreines. Der sehr breite, schreinparallele Mittelbaldachin mit seinen seitlichen Abschrägungen tritt sichtlich etwas in den Raum des Schreines zurück, während sich im Gegensatz hierzu die schmalen, höheren (das heißt wesentlich tiefer herabhängenden) Baldachine über den Seitenfiguren, deren hochrechteckige Frontflächen oben an den Schreinrahmen sich anlehnen, entsprechend energisch in den äußersten Vordergrund vorschieben. In perspektivischer Sicht erweckt dies im Beschauer, der vor dem Schrein steht, den zunächst zwingenden Eindruck, als wären diese seitlichen Baldachine als Architekturkörper der visuellen Wirkung zuliebe geradezu verzerrt gegeben. Dieser Eindruck trügt jedoch. Die geometrische Konstruktion dieser polygonalen Gebilde weist keine (jedenfalls keine erheblichen) Unregelmäßigkeiten auf. Der Eindruck wird dadurch erreicht, daß durch das Vortreten der Seitenbaldachine ihre schrägen, der Schreinmitte zugewandten Seiten vom Beschauer voll gesehen werden, die Außenseiten neben dem Schreinrahmen jedoch vollkommen unsichtbar bleiben, also senkrecht in den Schreinraum zurückzufallen scheinen. Die Dunkelheit in diesen schmalen Randstreifen zwischen den Seitenbaldachinen und dem Schreingehäuse verhindert überhaupt jeden Einblick. Zudem sind die zwei äußeren

---

[21] O. PÄCHT, Die historische Aufgabe Michael Pachers, in: Kunstwissenschaftliche Forschungen I, 1931, S. 95 ff. – V. OBERHAMMER, Die gotische Plastik Tirols von etwa 1400 bis um 1530, in: Die bildende Kunst in Österreich III, herausgegeben von K. GINHART, Baden b. Wien 1938, S. 99 ff.

Schrägen der Seitenbaldachine nun tatsächlich dadurch abgewertet, daß sie der Dekoration durch Kielbogen, Krabben usw. entbehren, also wirklich nicht gesehen werden wollen. Das Ergebnis ist der Zusammenschluß der gesamten Schreineinrichtung zu einer wohlorganisierten optischen Einheit.

Der Kirchenväteraltar (Abb. 107) fällt aus der anschließenden Entwicklungsreihe insofern heraus, als die vier heiligen Lehrer sich ranggleich nebeneinander ordnen, eine bevorzugte Mitte also fehlt, ja sogar der Unterschied zwischen Mitteltafel und Flügel weitgehend aufgegeben ist. Jede Figur hat hier im breiten Rechteck des aufgeklappten Altars, der gemeinsamen Schaubühne, ihren eigenen abgrenzenden Rahmen, ihren Baldachin, ihr Gehäuse. Es ist nicht nur die „fehlerlose" perspektivische Konstruktion, die diese vier Tafeln dennoch zu so vollendeter Einheit zusammenfügt, vielmehr gehen hier Formerfindung und Konstruktion sich gegenseitig stützend zur künstlerischen Einheit auf. Fassen wir, um nicht zu weitschweifig zu werden, nur die Sitznischen, vorzüglich wieder die Baldachine, ins Auge. Grob gesprochen: Die beiden Mittelfiguren sind von vorn, die beiden äußeren auf den Flügeln sind von der Seite gesehen. Im Grund der Gehäuse hinter den beiden mittleren Figuren sieht man flach auf die bildparallelen Teppiche mit waagrechter Begrenzung; das anstoßend in die Tiefe fliehende Wandstück wird hier, ungeschmückt, kaum beachtet. In den Nischen der zwei äußeren, auf den Flügeln angeordneten Gestalten wird hingegen durch die schrägen Teppichbehänge die in die Tiefe leitende Querwand betont – vor dieser sitzen jetzt die heiligen Männer! – und der Blick auf die Raumecke hingerichtet. Diese schräge Außenwand im Rücken des hl. Hieronymus und des hl. Ambrosius bildet hier sozusagen den seitlichen Abschluß der Gesamtbildbühne. Als Bedachung dieser zwei Nischenräume auf den Flügeln wählt Pacher – mutatis mutandis – dieselbe, anscheinend perspektivisch verzerrte, dreiseitige Baldachinform, wie jene über den Seitenfiguren in Gries: Auch hier die (nun fast quadratische) Frontfläche des Baldachinkörpers bildparallel an die obere Nischenrahmung sich anschmiegend, auch hier die eine der Bildmitte zugewandte Fläche in breiter Schräge zurückfliehend, die dritte aber, in der jetzt mit malerischen Mitteln gegebenen perspektivischen Verkürzung kaum sichtbar, neben dem Außenrand des Flügels scheinbar senkrecht in die Tiefe fallend. Pacher gewinnt mit dieser Konstruktion, im Verein mit der Seitenansicht der zwei Kirchenväter, einerseits einen sehr kräftigen Abschluß dieser Felder gegen außen; dazu erscheint die Mitteltafel von den Flügeln förmlich umklammert, und gleichzeitig wird eine sehr wirksame Eintiefung des Raumes vom äußeren Rand des Bühnenraumes gegen innen erzielt. Für die zwei Mittelfelder aber erfindet der Künstler eine neue Baldachinform mit nur zwei Seiten. Hier stoßen die zwei Schrägen umgekehrt aus der Tiefe gegen den Beschauer vor, indem sie oben die begrenzende Hohlkehle überqueren und mit der Spitze der Vorderkante den Tafelrand berühren. Wichtig ist es dabei, zu sehen, wie bei der strengen Ausrichtung auf der Beschauer (beim strengen perspektivischen Durchkonstruieren, wenn man will) diese beiden Nasen aus der Mitte sich etwas gegen außen verschieben, die Baldachine (und die von ihnen bedachten Gehäuse) etwas auseinanderweichen, folgerichtig leicht von der Seite gesehen werden.

Genau diese Konstruktion wirkt in der Londoner Tafel weiter. Hier gibt es nur eine Art von Baldachinen. Alle drei Baldachine springen zweiseitig, die Kante nach vorn, im Dreieck aus der Tiefe, genau wie die zwei Baldachine der Mitteltafel des Kirchenväteraltars. Es ist, als wäre zwischen den zwei Nischen dort eine dritte breitere mit gleicher Bekrönung als beherrschende Mitte eingefügt. An den Rand geschoben, werden jetzt die zwei flankierenden Baldachine über den stehenden Heiligen stärker von der Seite gesehen: Die dem Bildinnern zugewandten Flanken erscheinen mehr als doppelt so breit, wie die perspektivisch stark verkürzten Außenseiten. Es ist, um es hier schon anzumerken, außerordentlich aufschlußreich, in diesem Zusammenhang auf jenes Werk der nachfolgenden Entwicklung des Tiroler Flügelaltars das Augenmerk zu lenken, das vielleicht am unmittelbarsten an den „Bozner Altar" Michael Pachers anschließt: den nur wenige Jahre später entstandenen, schönen und – abgesehen von einigen übersehbaren Mängeln (Fehlen der Predellagruppe, des Mittelturms im Auszug) – selten gut erhaltenen Choraltars der kleinen Kirche in Pinzon[22] (Abb. 100). Man glaubt hier eine getreue plastische Ausführung der schon im Kirchenväteraltar vorbereiteten, in der Londoner Tafel konzipierten Formengedanken vor Augen zu haben. Man hat den Eindruck: auch hier seien die Seitenbaldachine perspektivisch verzerrt, das heißt ihre Vorderkante gegen den Schreinrand verschoben. Sowenig wie in Gries wird dieser Eindruck durch tatsächliche Unregelmäßigkeit der Konstruktion ausgelöst, sondern dadurch, daß der aufwendige, nach innen vorkragende Schreinrahmen die äußeren Schrägen der Seitenbaldachine teils verdeckt, teils in dunklen Dämmer hüllt, also weitgehend abwertet, dem Blick des Beschauers entzieht. Das Abrücken der zwei Seitenfiguren unter den Baldachinen in die äußersten Schreinecken und ihr Schrägstellen (man beachte auch die auffallende Schlankheit der Figuren!) in deutlichem Gefolge des Bozner Altars verstärken den angestrebten visuellen Zusammenschluß. Im Altar von St. Wolfgang hingegen, der in seiner Größe, seinem Reichtum natürlich einen kaum vergleichbaren Tatbestand aufweist und dessen monumentale Einheit auf künstlerischen Erkenntnissen beruht, die hier nicht weiter berührt werden können, ist auf das Mitspiel solcher „perspektivischer" Mittel im Bereich der Schreineinrichtung bewußt fast ganz verzichtet (Abb. 106). Die seitlichen Baldachine sind hier nicht nur in der Konstruktion regelmäßig und streng geradeaus gerichtet; sie sind, vom Schreinrand gehörig abgesetzt, auch visuell in ihrer ganzen Breite, ohne Überschneidung durch den Rahmen klar zu erfassen.

Wie im Kirchenväteraltar (und in Pinzon) sind die drei Baldachine in der Londoner Tafel in gleicher Höhe angeordnet. Die Baldachine erscheinen hier aber viel enger aneinandergerückt und wachsen fast zu voller Einheit zusammen. Die Nahtstellen, die dämmrigen Zwickel zwischen den Baldachinen, sind mit den zwei Figuren der Verkün-

---

[22] G. SCHEFFLER, Hans Klocker, Innsbruck 1967 (Schlernschriften 248). Der Altar von Pizon wird dort um 1490–1495 eingereiht. – Der enge Anschluß des Altarwerkes in Pinzon an M. Pachers „Bozner Altar", der letzten Arbeit vor seiner Übersiedlung nach Salzburg – auch dieser enge Zusammenhang gewiß Anlaß für eine frühe Datierung des Pinzoner Altars – erscheint um so bemerkenswerter, als Hans Klocker sonst im ganzen viel enger an Hans Multschers Sterzinger Altar sich anschließt, nicht nur in der Übernahme zahlreicher Einzelmotive seiner Altäre, sondern auch in seinem kristallinisch klaren schnitzerischen Stil. Vgl. auch M. TRIPPS, Hans Multscher, 1969. – Zu den bereits von Scheffler erwähnten Schäden am Pinzoner Altar aus früherer Zeit (vor allem Zerstörung des Mittelturms des Gesprenges und Fehlen der Predellagruppe, die jedoch von Rasmo im Museum Ferdinandeum in Innsbruck erkannt werden konnte), kommen jetzt beklagenswerterweise neue, die dem Werk im Augenblick der Niederschrift dieser Studie durch Beraubung zugefügt wurden.

digung verdeckt [23]. Auch die drei Raumnischen unter den Baldachinen bilden weitgehend eine Einheit. Der dreifenstrige Apsisraum in der Mitte, der die Madonna umschließt, ist gegen die Seitennischen weitgehend geöffnet. Es sind nur schmale pfeilerartige Wandstücke und zwei dünne Säulchen, die zwischen den Wangen des Thrones und den Baldachinen oben vermitteln. Die kleinen Engelfiguren an diesen Gliedern verschleiern, überspielen sozusagen auch noch den letzten Rest von Trennung. Auch die Nebenapsiden mit den stehenden Heiligen öffnen sich hinten in Fenstern, so daß der helle Glanz der Mittelnische gewissermaßen auf die Nebenräume übergreift. Nur gegen den Rand zu geben etwas kräftigere Wandstücke den Heiligengestalten (ähnlich wie im Kirchenväteraltar) einen gewissen Rückhalt, der Bildbühne ihren festen seitlichen Abschluß. Aber auch die Bodenzone ist in der Londoner Tafel der Einheit des Bühnenraumes dienstbar gemacht. Während im Grieser Altar die Sockel mit den Baldachinen überhaupt nicht enger korrespondieren, während im Kirchenväteraltar der Horizont im Sinne Mantegnas – aus Gründen, die vielleicht auch mit der Aufstellung des Altars zusammenhängen –, sosehr herabgerückt ist, daß der Fußboden als solcher, als in die Tiefe fliehende Fläche, in seiner perspektivisch wirksamen Zeichnung der Raumeinheit dient, sieht man in der Londoner Tafel, deren Augenpunkt fast genau in der Bildmitte liegt, eine Sockelzone eingefügt, die den Baldachinen oben im räumlichen Sinne wie ein Spiegelbild entspricht. Sicher stehen hier Bilder von der Art des bereits genannten Neustifter Pergamentblattes als Anreger im Hintergrund [24]. Dort sind es hohe, reich mit kleinen Blendbogen verzierte, in breiter Rundung sich vordrängende Sockelstufen, die den Madonnenthron emporheben. Hier lagern sich vor jeder Nische, mit der Spitze gegen den Beschauer vorstoßend, Stufen in Dreiecksform, deren Seiten eine halbkreisförmige Ausnehmung zeigen und deren Grundriß – und dies ist nun das völlig Neue – genau mit dem zugehörigen Baldachin übereinstimmt. Ein kleines Detail ist dabei besonders zu beachten: Der Kante des Mittelbaldachins ist – zur Betonung dieser am weitesten vorgeschobenen Stelle – ein reich mit Krabben geschmücktes Fialentürmchen über einem freischwebenden Baldachinchen vorgesetzt, dem senkrecht darunter genau die Würfelform entspricht, welche die Nase des Mittelpodestes bildet. Im St.-Wolfgang-Altar wiederholt sich der gleiche Raumgedanke: Der verwirrend reich gestalteten dreiteiligen Bekrönung der Mittelnische ist hier oberhalb der Taube ein schwebender Zwergbaldachin mit Fialenturm vorgeblendet, der die Mitte kräftig heraushebt. Die merkwürdige, von den beiden knienden Engeln flankierte Podestform ganz vorn am unteren Schreinrand bildet die lotgerechte Entsprechung dazu. In gleicher Weise stimmen hier die Sockel mit den dazugehörigen Baldachinen überein, und selbst geringfügige Details wie die Würfelformen unter den zwei schwebenden Engeln, die sich mit den Schleppen der Kleider beschäftigen, erinnern auffällig an die Londoner Tafel. Immer mehr wächst, wie man sieht, die Londoner Tafel in die ungemein diffizile vielschichtige Kunstentwicklung Pachers hinein.

---

[23] An gleicher Stelle begegnet die Darstellung der Verkündigung im großen Pergamentblatt mit der thronenden Muttergottes aus Neustift (Städel-Museum, Frankfurt). Das Motiv leitet sich sicher aus der Bauplastik her. Ein sehr gutes Beispiel, das Pacher sicher gut kannte, bietet das sogenannte „Leitacher Törl" der Bozner Pfarrkirche.

[24] Ein noch früheres (italienisches) Beispiel solcher Art in Bozen ist das Votivfresko eines Herrn von Castelbarco in der Dominikanerkirche mit der Jahreszahl 1378.

Der genaue Vergleich der Baldachine des Kirchenväteraltars und der Londoner Tafel führt aber zur Erkenntnis noch weiterer aufschlußreicher Unterschiede. Nicht nur, daß jene schärfer, bestimmter gezeichnet, mit Zirkel und Lineal konstruiert erscheinen, diese hingegen in freier, malerischer Pinselschrift hingesetzt sind, was der allgemeinen Differenz zwischen Ausführung im großen mit beabsichtigter Klarheit, mit Berechnung auf weite Sicht einerseits und der „Studie" im Kleinformat für intime Betrachtung andererseits entspricht. Noch mehr Beachtung verdient der verschiedene Oberflächencharakter dieser kubischen Bauglieder dort und hier. In den Baldachinen des Kirchenväteraltars überspinnen die kurvigen Kielbogen den ganzen Baukörper bis hinauf zum Gesims, und die von ihnen eingeschlossenen Felder sind mit streng geometrischem Blendmaßwerk flächenhaft verziert. Im Londoner Bild vollzieht sich das Spiel der sich kreuzenden Kielbögen, die übrigens viel kräftiger gebildet sind, nur im unteren Teil der Baldachingewände, lediglich die Fialenspitzen über den Bogenscheiteln berühren mit den Kreuzblumen das Gesims. Die zwischen den Kielbogen eingeschlossenen geschwungenen Viereckfelder bleiben offen, also durchsichtig. Das Gewände im oberen Teil der Baldachine ist zwar geschlossen, aber durch das viel kräftiger modellierte Relief der Dekoration und durch größere bzw. bewegtere Formen des Blendmaßwerkes (Spitzbogenfenster an den Seitenbaldachinen, Fischblasenmuster im Mittelbaldachin) weitgehend in malerischem Reichtum aufgelockert. Ohne Zweifel steht erstere Art dem Geist des Grieser Altars näher, während die zweite Art mit den Tendenzen des St.-Wolfgang-Altars zusammengeht, in dem die vollständige Auflösung der Baldachinkörper in ein bewegtes, raumhältiges Liniensystem vollzogen wird.

In der verschiedenen Art der farbigen Behandlung wird das Grundsätzliche dieses Wandels noch deutlicher offenbar. Im Kirchenväteraltar sind die Baldachine alternierend in zwei verschiedenen Farben gemalt. Die Baldachine der ersten und dritten Tafel (von links nach rechts) zeigen ein warmes Weißgrau, die der zweiten und dritten Tafel ein Rosa-Violett. Ließe die Farbgebung der ersten sowie auch jene etwas dunklere der dritten Tafel allenfalls noch an natürliches Steinwerk denken, eine Vorstellung, die freilich durch die Vergoldung der Krabben weitgehend aufgehoben wird (die kleinen Heiligenfiguren in den Nischenrahmen, die sichtlich Steinstatuen sein wollen, sind hingegen in einem kühlen bläulichen Grau gegeben), so hat man es bei den Baldachinen der zweiten und vierten Tafel um eine ausgesprochen irrationale Färbelung zu tun. Möglicherweise wirkt hier der komplementär sehr wirksame Wechsel von grauem (grünlichem) und rotem Gestein in vielen Kirchenbauten (auch zum Beispiel in der Bozner Pfarrkirche) irgendwie nach. Vorbildhaft war aber hier für Pacher doch sicher die altertümliche Färbelung verwandter Baldachinbauten, Nischenarchitekturen, Sitzmöbel, wie sie in Bildern der ersten Jahrhunderthälfte begegnen (um ein naheliegendes Tiroler Beispiel zu nennen, an der sogenannten Austrunktafel des Bozner Museums). Diese Art der Malerei betont im Kirchenväteraltar die Gesamtform der Baldachine, sie verleiht ihnen etwas Hartes, Schreinerhaftes, zugleich aber auch unverkennbar eine gewisse Monumentalität, etwas Überwirkliches, das durch das lebhafte Spiel der wie von Streiflicht getroffenen, metallisch scharf gezeichneten Krabben weiter gefördert wird.

Anders die Londoner Tafel. Die Baldachine, der Thronsitz, die Stufe sind hier (wie in den großen niederländischen Vorbildern) aus feinem, reinem Steinwerk gemeißelt. Es ist ein schönes, sehr helles, zartes Grau mit pastos aufgetragenen, mit spitzem Pinsel gezeichneten Lichtern und ein sehr durchsichtiges Lila in den aufgelichteten Schatten, mit denen der Maler arbeitet. Besonders durch das Kontrastieren gegen dunkle Farben drängen die hellen Partien, die Baldachine oben und die Stufe unten, sehr in den Vordergrund. Das blendend weiße durchbrochene Maßwerk der Baldachine erscheint vor dem sehr dunklen Grün der mit goldenen Rippen geschmückten Nischengewölbe förmlich in Licht getaucht, auch der obere geschlossene Teil der Baldachine erhält durch das Herausfärbeln der vom Blendmaßwerk umschlossenen Felder in Rot (Mittelbaldachin) und Grün (Innenflächen der Seitenbaldachine) eine unglaubliche Transparenz und zugleich eine leuchtende Farbigkeit, die in den beiden Figuren der Verkündigung (Engel rot mit grünen Futterstreifen, Maria blau mit rotem Gewand) bzw. in dem grellroten „Gewölbe" des Zwergbaldachins in der Bildmitte kulminiert. Dazu kommen noch, wie kleine bunte Edelsteine, die Hängezapfen an den Kielbogenenden in Rot und Grün. In gleich wirksamer Weise ist am unteren Bildrand das reichbewegte weiße Band der Stufeneinfassung durch ein Mosaik frei hingesetzter unregelmäßiger Farbflecken (grün, gelb, blau, rot) zum Leuchten gebracht. Es ist erstaunlich, wie auch mit diesen formlos nebeneinandergefügten Farbflecken, die in ihrer Buntheit gewiß von italienischen, wohl venezianischen Vorbildern angeregt sind, das Zurückfliehen der glatten Bodenfläche bewirkt wird [25].

Zwischen diesen beiden in den Vordergrund drängenden lichten Formen oben und unten weitet eine andere Art von Helligkeit – der Goldgrund – den Bildraum in die Tiefe. Der Gedanke des weiten gotischen Kirchenraumes bzw. des Kirchenchores mit hohen Fenstern als (auch symbolisch bedeutungsvoller) Hintergrund für das Bild der Madonna ist vorzüglich von Van Eyck her bekannt. Schon das Neustifter Pergamentblatt ist eine Art Synthese von Kirchenchor mit hohen Fenstern und Thron. Pachers Kirchenväter sitzen in eckigen fensterlosen Zellen. Der Altar von St. Wolfgang läßt im Hintergrund der Mittelnische über der Krönungsszene gegen das Baldachingewölbe hin zwar hohe, reich mit Maßwerk geschmückte Fensterbogen sehen, aber die Vorhangengel versperren noch den Blick auf die Fenster selber. Die Londoner Tafel öffnet erstmalig den Bühnenraum in die Tiefe. Es ist gewiß kein Zufall, daß Hans Klockers Krippenaltäre der Folgezeit, deren Fenster den Ausblick in die Landschaft freigeben, besonders für die Bozner Gegend geschaffen wurden (Abb. 101) [26]. In der Londoner Tafel ist es noch nicht die Landschaft, die ins Bild drängt, die sich auftut. Es ist das Licht und dieses schlechthin, dem hier Eingang gewährt wird. Es ist das stärkste Licht des ganzen Bildes. In der Mitte ist der Glanz durch die Massierung des Goldes am intensivsten, gegen die Seitennischen wird das Gold durch schmälere Fenster in kleinere Parzellen aufgespalten, sein Glanz klingt ab. Die beiden Bildränder liegen im Dämmer, der rechte Rand hinter St. Martin durch den Lichteinfall von rechts her, das Wandstück links, hinter St. Michael, durch den breiten, heftigen Schlagschatten der Figur. In breiter Ovalform lagert sich so der helle Schein, die drei Figuren verbindend, um das Bildzentrum, die Gestalt der Muttergottes mit dem Christkind. Der „Grund" weist hier kein durchgehendes flächiges Muster auf, sondern jedes einzelne Fenster ist mehr oder

---

[25] Ein besonders großartiges Beispiel für die Verwendung bunten Marmors für Stufenaufbauten in italienischen Bildern ist Fra Angelicos Marienkrönungstafel im Louvre (1430—1435). Dort handelt es sich aber um bunten Marmor, bei Pacher anscheinend um verschiedenfarbige, unregelmäßig aneinandergefügte Platten.

[26] Der Traminer Altar ist – nach G. SCHEFFLER, Hans Klocker (zit. Anm. 22) – um 1485 einzureihen.

weniger für sich mit freigestalteten, züngelnd sich emporrankenden Blattzweigen geschmückt, an deren sehr kräftigem Relief das Gold ein überaus reiches, lebhaftes Spiel entwickelt [27]. Das helle Leuchten des flimmernden Goldes wird nicht zuletzt auch durch die ungemein stark kontrastierenden Randformen, besonders der dunkelgrünen, fast schwärzlichen Baldachingewölbe, außerordentlich gefördert. Die dünnen gliedernden Fensterpfeiler erhalten von hinten her ihr Licht, ihre Seiten sind hell (wie auch in Pachers St.-Wolfgang-Bildern wiederholt zu beobachten), ihre Ränder von Licht überstrahlt, die Mitte der Säulchen ist dunkel gegeben. Aber auch die Figuren selbst erscheinen sozusagen im Gegenlicht. Aufschlußreich ist dafür wieder die Farbengebung. Gegenüber der lebhaften Buntheit in den Baldachinen oben und der Thronstufe am unteren Rand ist hier eine auffallende Zurückhaltung festzustellen. Selbst die Madonna setzt sich mit ihrem dunkelblauen Mantel, der einen großen Teil der Gestalt umfließt, in starkem Kontrast gegen das Helle des Grundes ab, auch der Zusammenklang dieses Dunkelblau mit dem Weinrot ihres kostbar gestickten Gewandes – freilich eine wunderbare Folie für die zackige lichte Silhouette des Christkindes – ist ein ausgesprochen feierlich-ernster Akkord, gegen den das kleine bißchen Kirschrot des Kissens auf dem Thronsitz nicht aufkommt. Beim hl. Michael ist das bräunliche Rot des Mantels, das das bläuliche Grau der blitzenden, blinkenden Rüstung rahmt, deutlich zurückgestimmt; nur in der Binnenform, im Krapp des Mantelfutters hat das Rot ein gewisses Glühen. Die Gestalt des hl. Bischofs Martin ist in seiner auberginefarbigen Kasel letztlich ein einziger dunkler Fleck, aus dem nur die Perlen des Brustkreuzes auf der Kasel sowie die weißen Streifen des Pannisellus am Pedum und der Alba (in Kongruenz zu den Lichtern der Rüstung St. Michaels) hervorleuchten. Auch dadurch, daß die goldenen Heiligenscheine im Malgrund stark vertieft, die außerordentlich weich gemalten Köpfe und überhaupt die Ränder vom Grund sehr klar abgesetzt sind, wirken die drei Gestalten ungemein plastisch, das heißt sie erscheinen sehr rund und von allen Seiten frei. Die Raumhältigkeit der drei Nischen realisiert sich an dieser „Plastik". Die drei Heiligen, besonders die Mittelfigur, sind wahrhaft von Licht, Luft, Atmosphäre umgeben.

Aber nicht nur dieses. Die Existenz des Raumes unter diesem Baldachingebäude, rund um die Madonna, erhält noch durch ein besonderes Kunstmittel, das man bei Pacher wohl auch sonst, doch kaum je in so geistreicher Weise, angewendet findet, seine Lebendigkeit. Wir möchten schlechthin von „Personifikation" des Raumes sprechen. Man beachte in dieser Hinsicht die vier kleinen Engel an den „Pfosten" des Thronbaues. Das Motiv ist, wie gesagt, schon im Altarschrein in St. Sigmund vorgebildet. Als Musikanten wie dort, aber auch als Sänger, als Schleppträger setzt sie Pacher, vervielfacht und in strenger Symmetrie, in Gries und St. Wolfgang ein. Mit diesen geschnitzten und vergoldeten Engelbuben haben die gemalten der Londoner Tafel jedoch nur wenig zu tun. Einerseits sind es hier in diesem „stillen" Bild keine Musikanten. Vielmehr stehen die zwei in der Fensterregion betend mit gefalteten bzw. verschränkten

---

[27] Gerade dadurch wird der Eindruck des „Flimmerns sonnenbeschienener Glasfenster" gefördert, von dem schon eingangs die Rede war. Gewiß wäre die Vorstellung nicht zutreffend, der Künstler habe hier die Bogenöffnungen mit Fenster schließen wollen. Aber ebenso wird man es wohl kaum ausschließen können, daß die sich einstellende Nebenwirkung nachträglich voll und ganz akzeptiert wurde. Der Eindruck würde bei durchgehendem flächigem Goldgrundmuster jedenfalls nie aufkommen.

Händen, von den dünnen kantigen Säulchen davor leicht überschnitten, an den schmalen Fensterpfeilern; die zwei anderen an den Thronwangen unten, ganz vorn auf der Stufe zu Füßen der Madonna, stehen mit dieser noch realer in Beziehung, indem sie aus kleinen Körbchen dem Christkind Birnchen anbieten [28]. In ihrem zarten, sanften, fast möchte man sagen sentimentalen Gefühlsgehalt weisen sich diese Engelchen zweifellos als Abkommen jener leicht überzüchteten Geister der internationalen höfischen Gotik aus, erstere vielleicht mehr von der Art eines Zevio da Verona, letztere in ihrer herberen Spielart gewissen niederländischen Quellen (Hugo van der Goes) näher verwandt. Andererseits aber ist jedes der vier Engelchen, deren Zusammengehörigkeit durch die gleiche Kleidung – sehr helles, kühles Blau in den Schatten neben schneeweißen Lichtern – deutlich markiert wird, in anderer Stellung, in anderer Wendung gegeben: von der Seite, von vorn, von hinten sogar, und wieder von der Seite. Bauplastik scheint lebendig geworden zu sein. Keines der Figürchen steht „richtig" an seinem Platz. Das eine ist aus dem Raum unter „seinem" Baldachinchen ganz herausgetreten und hat sich umgedreht. Alle vier sind in ihren Bewegungen miteinander in Beziehung gebracht, alle der Muttergottes zugeordnet. Es ist, als umkreisen die vier kleinen Gestalten die Madonna. In einzigartiger Weise wird dem Beschauer der Raumgehalt durch dieses köstliche Ballett vorgetanzt, vorgespielt, sinnfällig veranschaulicht.

Die Gestalt der Madonna war es vor allem, die von den bisherigen Experten übereinstimmend – und mit vollem Recht – in engem Zusammenhang mit Michael Pacher gesehen wurde. Nicht nur in der Gesamterscheinung, die übrigens mit den Gewandstauungen in Sitzhöhe, mit der großformigen, reich bewegten Silhouette, mit den weichen Falten, die in flüssigem Zug über die Stufen fallen, fühlbar an Madonnen des weichen Stils anschließt, auch im Gesichtstypus rückt die Madonna in die nächste Nähe der (wohl etwas späteren) „Plappermutter" an der Bozner Pfarrkirche, ebenso an die Madonna in der einen Nische des Welsberger Bildstöckls. In der großartigen Bewältigung der Sitzfigur nicht weniger nahe stehen der Londoner Muttergottes aber auch die (vorausgehenden) hl. Kirchenväter, voran der hl. Augustin und der hl. Gregor. Vielleicht ist die Madonnengestalt noch flüssiger, noch freier, noch größer. Dem feingeformten Kopf auf dem überschlanken Hals, der hohen, perlengeschmückten Krone begegnet man übrigens in der gestickten Borte der Kasel des hl. Augustin gleich zweimal, allerdings – wie könnte es anders sein – auch wiederholt in Bildern der Pacher-Nachfolge. Die Modellierung des Gesichtes zeigt alle Merkmale Pacherscher Physiognomik in unglaublich feiner Ausprägung, wie sie der Kostbarkeit der ganzen Arbeit entspricht.

Überraschend ist zunächst die Auffassung des Christkindes, das, auf dem Schoß der Madonna liegend, deren ausladende Mitte fast zur Gänze überquert. Während die Linke der Mutter die beiden Füßchen mit dem einen Ende des weißen Tuches leicht zusammenhält, stützt die Rechte, den kleinen Körper unterfangend, die Brust des Kindes, das sich zum Engelchen herabbeugt und die beiden Händchen der dargebotenen Frucht entgegenstreckt. In dem engen Kontakt mit der kleinen Engelsfigur erscheint das Kind viel größer, als es tatsächlich ist. Sein Körper, seine Bewegungen sind von unsäglicher Lieblichkeit. Sein ungemein feines Inkarnat wird vor dem weinroten Ge-

---

[28] In Verbindung mit der Inkarnation Christi ist die Birne Symbol seiner Liebe für die Menschheit. – G. FERGUSON, Signs and Symbols in Christian art 1955, S. 46.

wand der Madonna und deren dunkelblauem Mantel voll zur Geltung gebracht. Aus dem Zusammenklang der bewegten Silhouette des Kindes und der begleitenden Linienführung des weißen Tuches entsteht in der Bildmitte ein sehr beherrschendes Formthema, das im Gesamtumriß der Madonna in genialer Weise weitergespielt wird.

Wie so manches in dem kleinen Werk hat auch das Motiv dieses liegenden Christkindes, dem man in der Tiroler Malerei erst wieder in der Gefolgschaft Michael Pachers begegnet, in der höfischen „Gotik um 1400", in der Malerei des Westens seinen Ursprung [29]. Man möchte zunächst annehmen, daß vielleicht der Vorwurf der Dreikönigsanbetung mit seinem Doppelgehalt von Darbieten und Empfangen in einem gewissen Stadium von Vermenschlichung göttlicher Gehalte solches reales Inbeziehungsetzen des Christkinds mit seinem Gegenüber ausgelöst haben könnte. Früher als solche Dreikönigsbilder, wo das Christkind nach den Geschenken der Könige greift, begegnen Darstellungen, in welchen der „Stifter" die Gunst kindgöttlicher Zuneigung erfährt. Am Anfang steht, wie so häufig in der Typenbildung, das vielleicht schönste Bild der Art, das sogenannte Wilton-Diptychon (um 1395), in dem das Christkind, schon halb liegend, wenngleich noch mit aufgerichtetem Oberkörper, seine Ärmchen dem vor ihm knienden König Richard II. entgegenstreckt. Der Pacherschen Fassung des Motivs viel näher steht ein um nur weniges späteres, kleines französisches Bildtäfelchen, das erst seit kurzem bekannt ist [30] (Abb. 98). Das Christkind liegt in einer auffallend ähnlichen Pose wie im Tiroler Bildchen auf dem Schoß der Mutter und wendet sich in scharfer Drehung zum (sehr groß gegebenen) knienden Adoranten in Mönchskleidung (?) in der unteren Bildzone bzw. zu dessen Schutzheiligen, dessen zum Gruß erhobene Hand von dem einen Händchen des Kindes ergriffen wird. Französische Gemütsinnigkeit und flämischer Realismus waren für die weitere Ausbildung des Motivs in gleicher Weise wirksam. Man wird sich immer fragen: inwieweit hat Pacher solche Einflüsse unmittelbar aus den Quellen geschöpft, inwieweit konnten vielleicht näher liegende Kunstwerke vermitteln? In der Zeit Pachers trifft man auf das gleiche Motiv etwa bei Foppa und seinem Kreis in Oberitalien [31]; doch kommen solche Beispiele aus zeitlichen Gründen als Vorbilder nicht mehr in Frage. Ein wichtiges Bindeglied zur Malerei jenseits der Alpen war für Oberitalien – neben Mailand – die Kunst Piemonts, wo der internationale Stil auf Grund der sehr regen kulturellen Beziehungen des Her-

[29] 1489, nur wenige Jahre nach der mutmaßlichen Vollendung des Bozner Altars, trifft man die etwas derbe, noch stark von Friedrich Pacher beeinflußte Abwandlung in der Mentbergischen Dreikönigstafel des Marx Reichlich; um 1496—1498 als zweite, ungleich elegantere, dem Meister Michael Pacher selbst nehestehende Variation die Fassung des Motivs in der Tafel aus St. Peter in Salzburg (Lugano) vom gleichen Maler. – In meinem Aufsatz „Der Perckhamer Altar des Marx Reichlich" (zit. Anm. 19) habe ich im Rahmen einer kurzen entwicklungsgeschichtlichen Erörterung des Motivs im Werk des Marx Reichlich auch das Londoner Täfelchen in unmittelbare Nähe der Lugano-Tafel gestellt. Durch die vorliegenden Untersuchungen wird der Gedanke an eine Autorschaft Reichlichs an dem Londoner Werk, die von Anfang an diskutiert wurde, hinfällig. Michael Pacher ist mit seinem Bozner Altarentwurf der geniale Schöpfer des Vorbilds, das Marx Reichlich in den letzten Jahren vor 1500 in einer sehr aufschlußreichen Folge von Variationen zu immer persönlicherer Gestaltung abwandelt.

[30] Privatbesitz Tournai, 42,5 cm × 23,5 cm. Erstmalig 1958 von B. Lossky in einer Ausstellung in Tours gezeigt, 1963 veröffentlicht von M. LANCLOTTE, Tableau de chevalier français ver 1400, in: Art de France III, 1963, S. 220. – Den Hinweis auf dieses wichtige Werk verdanke ich Herrn Prof. O. Pächt. Das Bildchen weist einige irreführende Übermalungen auf.

[31] Pala Batigalla, Musei civici Pavia, bzw. das Bild der Thronenden Madonna der Foppaschule im Museum in Dijon. Den Hinweis auf diese beiden Beispiele verdanke ich Herrn Dr. A. Rosenauer.

zogs Amadeo VII. zu Frankreich eine besondere Blüte erlebte. Beachtenswert ist in unserem Zusammenhang das Fresko einer unter reichem Baldachinaufbau thronenden Madonna mit dem Christkind in San Antonio in Ranversa (um 1430) von M. Jaquerio [32] (Abb. 99). Das schräg liegende Kind greift hier mit dem linken Händchen auf die entblößte Brust der Mutter, während das rechte, zum Beter ausgestreckte, ein Schriftband hält. Es ist das von Frankreich her aus zahlreichen berühmten Fassungen vertraute Motiv der „Sedes Sapientiae" bzw. der „Vierge à la Supplique" [33]. Diese Art Verbindung der Madonna und des Kindes mit einem knienden Schutzflehenden zeigt bereits die kleine, um 1386 in Avignon geschaffene Miniatur „Pierre de Luxembourg vor der Madonna" im Musée Calvet in Avignon (Ms. 207). Das Schriftband mit der Anrufung der Mittlerschaft der Mutter Gottes stellt in diesen Fällen die regelrechte Supplikation dar, zu der das Christkind sein „Fiat" schreibt. Eine noch weiter ausgreifende Synthese bietet die (heute verlorene) Titelminiatur einer Handschrift aus dem frühen 15. Jahrhundert aus der Basilika Maria del Mar in Barcelona [34]. Die Madonna sitzt unter einem gotischen Baldachin; das Christkind mit der Schreibrolle liegt in ihrem Schoß. Ein von links her schwebender kleiner Engel (hinter der dünnen Stange des Baldachins!) reicht ihm das Schreibzeug. Das Kind unterbricht sein Schreiben, wendet sich mit ausgestrecktem Händchen nach rechts, wo ein zweiter Engel in gleicher Anordnung mit der einen erhobenen Hand einen Rosenzweig darbietet, während er in der anderen, etwas gesenkten ein offenes Deckelkörbchen mit Früchten hält (auch dieses Motiv des Körbchens kennt man aus der höfischen Kunst des Nordens wie des Südens aus vielen Beispielen). Die Engelchen treten also schon früh als Partner des Christkindes an die Stelle des Bittstellers, dessen Präsenz hier in diesem vermutlich katalanischen Beispiel durch die Bittschrift unter der Miniatur *„Alma virgo virginum intercede pro nobis ad dominum"* doch irgendwie markiert ist.

Man sieht schon aus diesen Andeutungen, wie ungemein breit und dicht die Streuung der höfischen Gotik war und auf wie vielfältigen Wegen, in wie zahlreichen Wandlungen französisch-niederländisches Gedankengut zu Beginn des 15. Jahrhunderts gegen den Süden (und Osten) sich ausgebreitet hat. Das Motivliche anlangend, gab es gewiß zahlreiche Möglichkeiten anregender Berührung. Für die Art der künstlerischen Realisierung ungleich wichtiger war natürlich eine unmittelbare Kontaktnahme mit den grundlegenden Vorbildern der nordischen Malerei, die man aus mancherlei Erscheinungen wohl doch wird in Frage ziehen müssen.

Viel von niederländischem Geist hat die Figur des hl. Michael. Hinter ihm glaubt man am deutlichsten ein Vorbild aus der ersten Jahrhunderthälfte zu sehen. Mit dem hl. Georg auf der Tafel der Madonna des Domherrn Van der Paele verbindet ihn vor allem das Standmotiv mit dem fast genau von vorn gesehenen, in Bogenform durch-

---

[32] L. CASTELFRANCHI VEGAS, Die internationale Gotik in Italien, Dresden 1966. – A. GRISERI, Jaquerio e il realismo gotico in Piemonte, Torino 1966, T. 1, 2, 3.

[33] Unter dem Titel „La Vierge à la Supplique" hat J. PORCHER in seinem Aufsatz in der Revue française 1961, S. 21–28, die Gruppe dieser französischen Madonnen zusammengestellt und die Quellen des Motivs herausgearbeitet.

[34] M. TRENS, María, Iconografía de la Virgen en el Arte Español, Madrid 1947, S. 574. – M. MEISS, French painting in the time of Jean de Berry. The Late XIVth Century ..., London-New York 1967, S. 206 f., Fig. 279, 280, 655.

gedrückten Standbein und dem in Seitenansicht gegebenen abgewinkelten Spielbein. Auch die Gebärde des erhobenen Arms – dort greift die Hand grüßend zum Hut, hier schwingt sie das Schwert, das vom Kopf des Erzengels überschnitten wird – hat gewisse Ähnlichkeit. Man möchte meinen, ein noch ähnlicheres niederländisches Gemälde des Eyck-Kreises habe hier Pate gestanden. Auch malerische Einzelheiten wie das merkwürdig Spitze der Rüstung, die freilich als solche der spätgotischen Epoche der Plattnerkunst angehört, die Art der Perlenborte des Mantels weisen in diese Richtung. In der Südtiroler Malerei hat diese anmutige Figur des hl. Michael rasch Nachfolge gefunden. Besonders beachtenswert ist die Umdeutung zu einem (mantelteilenden) hl. Martin in dem Bild eines Altars, dessen Flügel (mit den zwölf Aposteln auf der Feiertagsseite und acht Heiligenfiguren außen) im Tiroler Landesmuseum Ferdinandeum sich erhalten haben (Abb. 103). Diese gehörten mit großer Wahrscheinlichkeit zu einem 1482 geweihten, vom „Meister von Uttenheim" gelieferten Altar der Domkirche von Brixen, deren Modell (mit der anschließenden Frauenkirche) auf einem der anderen Bilder identifiziert werden konnte [35]: Trotz der Umdeutung in eine andere Persönlichkeit, trotz der anderen Kleidung das gleiche Standmotiv, die gleiche geöffnete Klammerform der Gestalt wie in der Londoner Tafel (in beiden Fällen bildet die Figur die „Einleitung des Gesamtkonzepts").

Im selben Werk findet sich auffallenderweise, und zwar als letzte Gestalt der Reihe (das heißt im unteren Bild des rechten Flügels), auch eine offenkundige Wiederholung des hl. Bischofs Martin der Londoner Tafel, die sich in den Grundmotiven vielleicht noch enger, unmittelbarer an das Pachersche Vorbild hält. Selbst die Kreuzform der Perlenstickerei auf dem Vorderteil der Kasel, die ihrerseits – besonders in der Art, wie der Zierstreifen in den sich stauenden Falten sich bricht und verschiebt – unverkennbar mit dem gleichen Detail beim hl. Augustin des Kirchenväter-Altars zusammengeht, wird vom Uttenheimer ziemlich getreu in seinen Altar übernommen [36] (Abb. 104). Von dem großartigen Ernst, von der Vergeistigung dieses Greisengesichtes, das in der Londoner Tafel der schönen strahlenden Jugend des hl. Michael gegenübergestellt wird, hat sich allerdings nichts in das kaum spätere Werk hinübergerettet. Es ist ein jugendlicher hl. Bischof Albuin daraus geworden. Auch die wichtige Rolle, die dem hl. Bischof Martin der Londoner Tafel im Rahmen der Gesamtkomposition zukommt, wurde vom Maler des kleinen Brixener Werkes preisgegeben: So wie die bildeinwärts in reicher Weise sich öffnende Figur des hl. Michael dort die „Introduktion" des ganzen Werkes, so ist die blockhaft-stille, ruhige, gegen links auffällig isolierte Gestalt des hl. Martin in ihrer ganzen Erfindung, ihrer Wendung, der raumweisenden Richtung des Pedums usw. Abgesang, Ausklang, Endklammer. Wahrhaftig: wie von selbst ordnet sich diese Gestalt des Londoner Täfelchens zusammen mit dem frühen hl. Erasmus

---

[35] V. OBERHAMMER, Gotik in Tirol (zit. Anm. 3), S. 42, Nr. 103. – Auf eine interessante Wiederholung der Figur des hl. Martin auf einer Tafel eines weiteren, sehr ähnlichen Altarwerkes aus der Werkstatt des „Uttenheimers" hat kürzlich L. KLEPAC hingewiesen: The discovery of the St. Martin and Nicolas Panel (Adelaide Panel), in: Bulletin of the Art Gallery of South Australia 31, 1970. Diese Tafel befindet sich heute in der National Gallery of Victoria, Melbourne.

[36] Diese Zusammenhänge schließen eine Frühdatierung des Apostelaltars, wie sie Irmlind Kmentt-Herzner in ihrer Inauguraldissertation (Wien 1966) vorschlägt – um 1462–1465 – wohl aus. (I. KMENTT, Der Meister der Uttenheimer Tafel. Ein Beitrag z. Gesch. d. Tiroler Malerei d. Spätgotik, Wien 1967).

des Grieser Altars und dem unmittelbar vorausgehenden hl. Benedikt im St. Wolfganger Altar zu einer überzeugenden Reihe.

Die (versuchsweise) Deutung dieses Bischofs als hl. Martin hat den ersten Anhaltspunkt für die These geboten, die Londoner Tafel stehe – um es in allgemeinster Form zu sagen – mit dem Michaelsaltar der Bozner Pfarrkirche in Beziehung, über dessen Lieferung 1481 ein Vertrag mit Michael Pacher geschlossen worden war und der nach erhaltenen Zahlungsbelegen in den folgenden drei Jahren ausgeführt wurde. Die Beschreibung im erwähnten Trientiner Visitationsprotokoll, in dem von einem Schreinaltar mit drei vergoldeten Schnitzstatuen die Rede ist, schließt wohl den Gedanken aus, daß hier eine „Kopie" dieses Altars in Miniaturformat vorliege. Der Farbcharakter der Tafel wäre vollends unverständlich. Müßte doch das Gold eine ganz andere Rolle spielen. Bei der Londoner Tafel kann es sich also wohl nur um einen Entwurf handeln. Die koloristische Behandlung der Tafel – mit weißem, bunt garniertem Steinwerk, mit farbigen Figuren usw. – gibt aber doch noch weiter zu denken. Gewiß kann man sich vorstellen, daß der Künstler von Malerei in Gold absah, um seine Ideen klarer, plastischer zum Ausdruck zu bringen. Der ganze, sehr weiche malerische Stil erklärt sich ja zu einem guten Teil sicher auch aus der Absicht, ein möglichst lebendiges Bild von dem geplanten Werk zu vermitteln, so wie die Kostbarkeit dieser Malerei dazu dient, dieses so ansprechend wie nur möglich dem Besteller vor Augen zu führen. Dennoch wird man angesichts der malerischen Gesamthaltung der Tafel und der sehr überlegten koloristischen Wirkung den Zweifel nicht los, ob es sich wirklich um einen Entwurf für einen Schnitzaltar handelt oder ob die Londoner Tafel nicht etwa eher als Vorarbeit, als Verhandlungsgrundlage für einen gemalten Altar gearbeitet wurde, aus dem sich erst im weiteren Verlauf der Verhandlungen der schließlich bestellte Schnitzaltar entwickelte. Gewiß wird man sich bei der sehr mangelhaften Kenntnis in Fragen der Bildvorbereitung zur Zeit Pachers vor voreiligen Schlüssen hüten müssen. Allzusehr jedoch, so scheint es, steht in diesem kleinen Gemälde das Malerische an sich, als sichtliches Hauptanliegen des Künstlers, im Vordergrund. Manche der schönsten künstlerischen Gedanken sind als wirkliche plastische Schnitzerei im wahren Schreinraum, so macht es den Eindruck, kaum zu realisieren. Dazu weiß man aus zahlreichen, bedeutsamen Beispielen (Michael Pachers Kirchenväteraltar, Friedrich Pachers Peter-und-Pauls-Altar, des „Uttenheimers" Marienaltar usw.), daß gerade in den siebziger und achtziger Jahren neben der Entwicklung des geschnitzten Schreinaltars eine nicht minder bedeutende des gemalten Altars, der mit Flügeln geschlossenen Retabel einherging. Der Gedanke, Pacher habe für Bozen zuerst – wie für Neustift – einen gemalten Altar projektiert, rückt um so mehr in den Bereich des Möglichen, als es sich hier um einen verhältnismäßig kleinen Altar im Schiff der Kirche gehandelt hat.

Die sehr eingehende stilkritische Untersuchung der Londoner Tafel hat das Verhältnis zu den anderen Hauptschöpfungen Michael Pachers weitgehend klären können. Sie ordnet sich auf Grund der gewonnenen Erkenntnisse in vielfacher Hinsicht der Reihe der anderen Altarschöpfungen Pachers mühelos ein bzw., klarer formuliert: sie setzt die Reihe in konsequenter Weise fort, schließt sich ihr – als letzte Schöpfung unmittelbar vor Inangriffnahme des Salzburger Altars – an. Dies entspricht durchaus den paar erhaltenen schriftlichen Quellen, Belegen über Zahlungen für die Ausführung des Bozener Altars in den frühen achtziger Jahren. Dieses Zusammenstimmen kann zusätzlich als eine Art Bestätigung für die Richtigkeit der These gelten, daß die Londoner Tafel als Entwurf des Bozner Altars anzusehen ist.

Dennoch wollen wir nicht daran vorübergehen, daß in diesem Entwurf neben dem vielen unverkennbar Fortschrittlichen auch gewisse Reminiszenzen an die Kunst der Niederlande und Frankreichs in Erscheinung treten – es handelt sich dabei, wie gesagt, weniger um echte Anlehnung der Formensprache als die Verwertung gewisser Motive – die vielleicht mehr der Epoche des Grieser Altars entspricht als der Folgezeit. Zum Verständnis dieses Nebeneinanders muß man sich jedoch stets vor Augen halten, daß man es mit einem Entwurf zu tun hat. Es gehört zum Wesen eines solchen, daß selbst neben stürmisch-revolutionärer Vorwegnahme neuer Ideen auch noch manches Überkommene (d. i. in diesem Falle auch das als „neu" Gefundene) zunächst kaum verarbeitet Eingang findet. Dazu ist weiter zu beachten, daß in Pachers Werkstatt wohl seit je, besonders aber seit Beginn der siebziger Jahre, so viele Arbeiten gleichzeitig nebeneinander herlaufen, sehr Verschiedenes, d. i. auch sehr unterschiedlich Entwickeltes, sich übereinanderschichtet: Gleichzeitig werden – 1471 – zwei große Altarwerke bestellt. Wenngleich die eine Arbeit Vorrang (Gries) hat, ist es doch undenkbar, daß nicht auch die andere, ungleich größere (St. Wolfgang) im Hintergurnd sich vorbereitet, die ihrerseits wieder durch eine dritte (Neustift) fördernd und gefördert unterbrochen wird, neben der vielleicht schon ein vierter Auftrag (Bozen) sich ankündigt, ja möglicherweise sogar schon sich einschiebt. Dieses nebeneinander Aufwachsen, Planen, Ausführen mag eine der Hauptursachen dafür sein, daß der Versuch einer fixen Datierung des einzelnen hin und hin auf Hindernisse stößt. Für den Bozner Altar gibt es freilich feste Jahreszahlen. Sie betreffen aber die Ausführung des Werkes, nicht die vorausgehende Entwurfsarbeit. Mag man also das Bestellungsdatum 24. November 1481 bzw. die erste Zahlung um Weihnachten 1482 als Arbeitsbeginn, den Zeitpunkt der letzten bekannten Zahlung, 1484, die freilich nicht als Endleistung bezeichnet ist, als Vollendungsdatum des ausgeführten Werkes, oder besser: als terminus ante, annehmen, mag man ferner wohl auch für wahrscheinlich halten, daß der Entwurf spätestens im Zeitpunkt des Vertragsschlusses vorhanden war, so kann man doch nicht ausschließen, daß dieser Entwurf schon seit einiger Zeit bereit lag, bis es – verzögert vielleicht durch Verhandlungen mit den Auftraggebern oder durch Überbürdung des Künstlers mit anderer Arbeit – zur Bestellung und Ausführung kam. Die Erwägung dieser Möglichkeit wird durch den Wortlaut von vier der genannten Zahlungsvermerke angeregt, in welchen immer wieder *die alt Gantznerin* als die Stifterin eines Geldbetrages für den Michaelsaltar aufscheint. Diese *alt Gantznerin* vom Gantznerhof in Kardaun, nicht nur eine kleine Geldgeberin, sondern, wenn der Eindruck nicht trügt, vielleicht die Initiatorin des Werkes, für das freilich auch andere Personen Beiträge leisteten, war damals, als der Altar – vielleicht darf man sagen: endlich – ins Werk gesetzt wurde, als Pacher an der Ausführung arbeitete, nicht mehr am Leben, vielleicht schon seit einiger Zeit tot; denn die Nachkommen sind es, die das Zahlungsversprechen erfüllen. Es ergäbe sich auf solche Weise immerhin ein gewisser zeitlicher Spielraum, innerhalb dessen sich mancher Wandel des ursprünglichen Entwurfes – der Londoner Tafel – vollzogen haben könnte.

Wie schon eingangs angedeutet, erhält die Londoner Tafel aus der versuchten Bestimmung als „Michael Pachers Entwurf des Michaelaltars für die Pfarrkirche in Bozen" weitgehend neue Wertung. Einerseits gewinnen wir ein wahres Juwel Pacherischer Malerei, das gerade in seiner miniaturhaften Feinheit eine neue, bisher kaum geahnte Seite seiner Kunst repräsentiert. Andererseits vermittelt dieses Gemälde die wertvolle Kenntnis eines weiteren, bisher so gut wie unbekannten Altarwerkes des Brunecker Meisters, dem künftig in der Kunstentwicklung der Reifezeit eine sehr wichtige Rolle zukommt. Schließlich aber erhält die Tafel vor allem in ihrem Chrakter als gemalter Entwurf eines Altarwerkes im Rahmen der Kunstgeschichte der Spätgotik geradezu unikale Bedeutung.

Abbildungsnachweis. National Gallery London: Abb. 97, 102; Verfasser: Abb. 103, 104; aus Art de France III, 1963, S. 221: Abb. 98; aus L. Castelfranchi Vegas, „Die internationale Gotik in Italien", 1966, Tafel 58: Abb. 99; E. Frodl-Kraft, Wien: Abb. 100; Bayerisches National-Museum, München: Abb. 101; aus E. Hempel, „Michael Pacher", 1931, Tafel XLII: Abb. 105; Gundermann, Würzburg: 106; Bayerische Staatsgemäldesammlung München: 107.

DIE PORTALSCHAUWAND AN DER SÜDSEITE DER STIFTSKIRCHE VON INNICHEN

VON ERIKA DOBERER

Die romanische Stiftskirche St. Candidus im Hochpustertal weist an ihrem kurzen, nur vier Joche umfassenden Langhaus drei Portale auf, deren künstlerische Ausstattung infolge mehrerer nachmittelalterlicher Renovierungen verschiedene Ergänzungen erfahren hat. Als spätromanisches Denkmal gilt das monumentale Südportal, das ins zweite Langhausjoch von Osten führt[1]; die vorgezogene, von zwei gotischen Strebepfeilern eingefaßte Stirnseite dieses Stufenportals erhält durch ein spätgotisches Außenfresko aus der Bruneker Malerschule der Pacher, das beiderseits der Archivolten die architektonische Gliederung ergänzt, den Charakter einer eigenständigen Schauwand, deren künstlerische Wirkung den Portaltrichter einbezieht (Abb. 108). Ihre nähere Betrachtung kann jedoch im Verein mit einer Untersuchung des Portalbestandes zu einer Revision der bisher angenommenen Bestimmungen führen.

Zur Lage des Südportals sei zunächst erwähnt, daß es nicht in den ursprünglichen Bereich des liturgischen Chores fällt, der sich bei der hochmittelalterlichen Raumteilung über der ehemaligen, heute rekonstruierten Krypta bis zu den westlichen Vierungspfeilern erstreckte und gegen die Querhausflügel durch seitliche Schranken abgeschlossen war[2]. Anders verhält es sich mit zwei weiteren Südeingängen im östlichen Teil der Stiftskirche: der romanischen, in die gotische Sakristei führenden Pforte des südlichen Nebenchores und einem ehemaligen, heute vermauerten Eingang in die Südmauer des Querhauses, der als Verbindung zu einem abgebrochenen Altbau des Kollegiatstiftes gedient haben dürfte[3].

Für die baugeschichtliche Einordnung des südlichen Langhausportals ist vor allem ein Umstand zu beachten, der sowohl im Grundriß als auch im Befund der Portalschauwand deutlich wahrnehmbar ist: die enge Verbindung derselben mit den beiden

---

[1] Vgl. den Grundriß der Stiftskirche bei K. Atz, Kunstgeschichte von Tirol und Vorarlberg, 2. Aufl., Innsbruck 1909, S. 123, Fig. 81. – Ferner bei H. Waschgler, Der Innichner Dom, in: Der Schlern, 29. Jg., 1955, S. 81.

[2] Die spätromanischen, mit einer Arkadenreihe versehenen Seitenschranken des Hochchores sind durch die Zeichnungen von Josef Stauder überliefert, aus denen auch die ursprüngliche Ausdehnung des Hochchores bis zum Westende der Vierung hervorgeht; der Abbruch der 1968 rekonstruierten Krypta erfolgte 1846; vgl. dazu G. Tinkhauser, Die romanische Stiftskirche zu Innichen in Tirol, in: Mitt. der k. k. Zentralkomm., Bd. III, 1858, S. 225–239, Abb. Taf. X (B). – Siehe auch die Reproduktion der Zeichnungen von Stauder in dem in Anm. 1 zitierten Beitrag von H. Waschgler (1955), Abb. 4.

[3] Der ehemalige, im 19. und in der ersten Hälfte des 20. Jhs. noch vorhandene Baubestand im Anschluß an das Südquerhaus der Stiftskirche (vgl. Abb. 109) ist auf den in Anm. 1 zitierten Grundrissen eingezeichnet. In diesem Zusammenhang wäre zu beachten, daß die Lage des ehemaligen Kreuzganges nicht geklärt ist; N. Rasmo vermutet, daß er sich einst an der Nordseite der Stiftskirche, an der jetzt die Fahrstraße vorbeiführt, befunden habe. N. Rasmo, Die Stiftskirche von Innichen und deren Restaurierung, in: 1200 Jahre Innichen, Der Schlern, 43. Jg., 1969, Heft 9/10, S. 387—400, (S. 390).

anschließenden Strebepfeilern des südlichen Seitenschiffes, deren Entstehung sich zeitlich näher bestimmen läßt. Bei den erhaltenen Strebepfeilern, die über die Trauflinien der Seitenschiffe hinausragen und sich als massive, zum Hauptschiff ansteigende Quermauern fortsetzen, handelt es sich um die belassenen Reste eines spätgotischen Strebesystems (Abb. 109), zu welchem ehemals noch entsprechende, durch Ansatzspuren nachweisbare Hochschiffstreben gehörten [4]. Nach der Brandkatastrophe des Jahres 1413 kam es zu einem langwierigen, im dritten Viertel des 15. Jahrhunderts weitergeführten Umbau der Stiftskirche, bei dem unter anderem das Querhaus (um 1478) verändert und im Westen die netzrippengewölbte Vorhalle angebaut wurde; damals kam es ohne Zweifel zur nachträglichen Einwölbung des romanischen Langhauses, für das ursprünglich eine flache Decke anzunehmen ist [5]. Infolge eines weiteren, 1554 ausgebrochenen Brandes, dem die Dächer der Stiftskirche zum Opfer fielen, gingen auch die spätgotischen Gewölbe, denen baugeschichtlich die Strebepfeiler beim Südportal entsprechen, zugrunde; an ihre Stelle traten die bestehenden, inschriftlich 1616 datierten Langhausgewölbe [6].

Im Hinblick auf den nachträglichen Einbau der Strebepfeiler in der Spätgotik gewinnt nun die architektonische Verbindung der Portalanlage mit den beiden anschließenden Pfeilern baugeschichtlich an Bedeutung. Die Stirnseite des Trichterportals stimmt nämlich im Grundriß nicht mit der Mauerflucht des südlichen Seitenschiffes überein, sondern ist innerhalb der beiden Strebepfeiler weiter vorgezogen; eine gesonderte Ausbildung dieses Mauerabschnittes zeichnet sich an der freigelegten Innenseite der südlichen Seitenschiffsmauer als sauberes, eng gefugtes Quadermauerwerk ab, das einheitlich mit dem rechteckigen Türrahmen und der lünettenartig vertieften Halbkreisnische hinter dem Tympanon des Südportals hergestellt ist (Abb. 111). Im Außenbau treten die beiden gotischen Streben zu seiten des Südportals infolge der Vorziehung der Stirnfläche nur als seichte Lisenen in Erscheinung, die sich mit der Gliederung des Portals als äußere Einfassung zusammenfügen. Aus den angedeuteten

---

[4] Auf die Spuren der spätgotischen Strebepfeiler an den Außenmauern des Hochschiffes weist K. Atz, 1909 (zit. Anm. 1), mit einer Dokumentation der Ansatzspuren hin: Fig. 148, S. 149–150.

[5] Zur Geschichte der spätgotischen Umbauten, deren letzte Merkmale bis zur Rekonstruktion der romanischen Bauphase (1967/68) noch wahrnehmbar waren, vgl. den in Anm. 3 zitierten Beitrag von N. Rasmo, 1969, S. 391 f. – Ders., Die Stiftskirche zu Innichen, in der Reihe „Kultur des Etschlandes", VIII, Trient 1969, Einleitung (S. 3). Den Zustand der Ostteile in der spätgotischen Umgestaltung (durch Erhöhung der Nebenchöre mit zugehörigen Strebepfeilern und breite, spitzbogige Querhausfenster) zeigen die Außenansichten bei H. Waschgler, 1955 (zit. Anm. 1), Abb. 5 und 6. Vgl. ferner die vor 1920 aufgenommene Photographie, Abb. 109, des vorliegenden Beitrages.

[6] Die publizierten Grundrisse der Stiftskirche (siehe Anm. 1) vermitteln von den Langhausgewölben eine irreführende Vorstellung; bei jenen des Mittelschiffes handelt es sich nicht um mittelalterliche Kreuzrippengewölbe, sondern vielmehr um weitgespannte Gurtgewölbe der Spätrenaissance mit großen Stichkappen, deren Grate neben den kräftigen Gurtbogen ansetzen: siehe die beiden Innenansichten der Stiftskirche im Kunstführer von H. Waschgler, Innichen / San Candido, Schnell u. Steiner Kunstführer Nr. 693, München 1959, S. 8 u. 9. Die dem Stil der Gewölbe entsprechende Datierung findet sich in einer 1969 freigelegten Inschrift auf dem westlichen Gurtbogen, die von N. Rasmo nur auf den letzteren bezogen wird, aber nach ihrem Wortlaut wohl die gesamten Langhausgewölbe betrifft: *D. O. M. FORNICEM HUNC HUIUS BASILICAE ALTERUM PRIMO VETUSTATE COLLAPSO EXPENSIS D. ALEXANDRI FABRI PRAEPOSITTI FECIT ANDREAS TANNER DE BRIXINA ANNO SALUTIS MDCXVI.* Vgl. dazu das Kapitel über die Baugeschichte der Stiftskirche nach dem Brand von 1554 bei N. Rasmo, Der Schlern, 1969 (zit. Anm. 3), S. 392–393.

Beobachtungen geht hervor, daß das südliche Langhausportal mit dem Einbau der spätgotischen Strebepfeiler in einem engen Zusammenhang steht, der eine vorhergehende, davon unabhängige Entstehung dieses Stufenportals – trotz seiner romanischen Detailformen – in Frage stellt. Tatsächlich führt eine genaue Untersuchung der architektonischen Teile des Portals sowie seines plastischen Schmuckes zu dem überraschenden Ergebnis, daß kein einziges der originalen, aus der romanischen Bauphase stammenden Werkstücke sich noch in seiner ursprünglichen Verwendung bzw. in situ befindet.

Die nachträgliche Zusammensetzung des Südportals aus sekundär verwendeten Fragmenten läßt sich zunächst am besten an dem rundbogigen Tympanon erkennen, das mit einem spätromanischen, bereits mehrfach publizierten Hochrelief geschmückt ist: einer rechteckigen, 104 cm breiten und 68 cm hohen Marmorplatte, die eine Maiestas Domini darstellt (Abb. 113). Sie zeigt den thronenden Weltenrichter, der in der Mittelachse die ganze Höhe des Reliefs einnimmt und in streng symmetrischer Komposition von den Evangelistensymbolen umgeben ist. Die äußeren Umrisse von Adler und Engel, die im oberen Teil des Reliefs die Mandorla flankieren, stoßen mit der Kante der Archivoltenzone zusammen; hier ist die Reliefplatte nicht mehr vollständig erhalten, sondern an den beiden oberen Ecken so abgeschrägt, daß die Skulpturen in dem bestehenden Bogenfeld, für das sie offensichtlich nicht bestimmt waren, untergebracht werden konnten. Weitere Einbußen, die ebenfalls durch die zweite Verwendung des Reliefs für das Portal bedingt sind, hat die vortretende Randleiste erfahren, die an den seitlichen Begrenzungen noch teilweise erhalten ist; am unteren Rand geht die Abarbeitung des ehemaligen Rahmens so weit, daß die Füße der beiden Evangelistensymbole heute unmittelbar auf dem steinernen Türsturz aufsitzen, dessen Rückseite die nachmittelalterliche Entstehungszeit verrät (Abb. 111). Der unorganische Zusammenstoß zwischen dem Türsturz und dem eingefügten Relief läßt sich besonders deutlich an dem Sockelstück unter dem Thron des Weltenrichters beobachten, das an der Vorderseite ziemlich ungleichmäßig abgearbeitet ist. Die eindeutige Aussage des Befundes wird überdies durch die Verschiedenheit des Materials bestätigt; man hat diese bei der Sekundärverwendung des Reliefs wohl durch eine farbige Fassung der Archivolten im Einklang mit dem anschließenden Außenfresko überbrückt. Da die Steinfassung der oberen Portalzone im 19. Jahrhundert entfernt worden sein dürfte, hebt sich heute der Marmor des eingesetzten Reliefs von den angrenzenden Flächen des Bogenfeldes ab, die als leere Zwickelstücke die Rechteckplatte ergänzen; der Reliefgrund der Marmorskulptur liegt etwas tiefer als die Fläche der jüngeren, gleichzeitig mit dem Türsturz angefügten Zwickelstücke.

Zur Sekundärverwendung des Maiestasreliefs im Tympanon des Südportals muß es zu einem Zeitpunkt gekommen sein, da die ursprüngliche Bestimmung dieses Bildwerkes nicht mehr gegeben war. Das erschließbare Format der verstümmelten Marmorplatte entspricht ebenso wie das Thema und die Anordnung der Plastik einem verbreiteten Typus der romanischen Kanzelbrüstung[7]. Bei zusätzlicher Einrechnung der

---

[7] Zum spätromanischen Kanzeltypus mit dem ehemaligen Standort zwischen liturgischem Chor und Laienschiff vgl. die bezüglichen Erläuterungen sowie die zitierte Literatur bei E. DOBERER, Die ursprüngliche Bestimmung der Apostelsäulen im Dom zu Chur, in: Zeitschr. für schweizerische Archäologie und Kunstgeschichte, Bd. 19, 1959, S. 17–41.

beseitigten Randleisten sowie der ehemaligen Fuß- und Deckgesimse ergibt sich aus dem vorhandenen, heute reduzierten Restbestand der Reliefplatte zusammen mit den erwähnten Ergänzungen die übliche Brüstungshöhe einer romanischen Lettnerkanzel. Verwandte Beispiele finden sich unter den Denkmälern der Antelami-Nachfolge, der das Maiestasrelief von Innichen mit Recht zugewiesen wird[8]; seine Darstellung entspricht thematisch dem erweiterten Maiestasprogramm an dem abgebrochenen Pulpitum des Domes zu Parma, das Antelami für die Vorderseite jener Brüstung geschaffen hatte, zu welcher das berühmte, heute im Südquerhaus des Domes angebrachte Relief mit der Kreuzabnahme gehörte[9]. Der ehemalige, vor 1180 entstandene Kryptenlettner des Domes von Parma bietet außerdem Vergleichsmöglichkeiten für weitere Fragmente, die wohl zum romanischen Pulpitum von Innichen gehörten und sich heute am Nordportal der Stiftskirche befinden (Abb. 110): zwei spätromanische, am Rücken noch mit Säulenbasen versehene Löwensockel, deren Länge von 70 cm mit dem Ausmaß des 1968 freigelegten Lettnerfundaments übereinstimmt[10]; wahrscheinlich handelt es sich um die figuralen Träger der ehemaligen Kanzelsäulen, die westlich der Vierung das romanische, um 1200 errichtete Pulpitum mit dem Maiestasrelief trugen. Der axiale Standort dieser Lettnerkanzel fiel auch in Innichen mit jenem des Kreuzaltars zusammen, dem ursprünglich die bekannte Triumphkreuzgruppe zugeordnet war: *in eodem monasterio quasi in medio et eminentiori loco erectae* . . .; diese hochmittelalterliche Anordnung der erhöht angebrachten Kreuzigungsgruppe wurde jedoch nach dem Brand von 1413 aufgegeben[11]. Bei der weitgehenden Umgestaltung des Kircheninneren, die im dritten Viertel des 15. Jahrhunderts zugunsten eines spätgotischen Gesamteindrucks durchgeführt wurde, war es unausbleiblich, daß das massive Pulpitum entfernt wurde, um einer transparenten, vielleicht nur in Holz ausgeführten Raumteilung zu weichen. Mit dem Abschluß dieser Umbauphase um etwa 1470 ist daher der wahrscheinliche Zeitpunkt gegeben, zu dem das Brüstungsrelief der beseitigten Lettnerkanzel als isoliertes Bildwerk angefallen war und für eine anderweitige Verwendung in Betracht kam. Da bald darauf, wohl im folgenden Jahrzehnt, die Gemälde der Portalschauwand

---

[8] R. Jullian, L'éveil de la sculpture italienne, Textband, Paris 1945, S. 280; Tafelband, Paris 1949, Taf. CXIII, Nr. 3. - W. Frodl und E. Frodl-Kraft, Kunst in Südtirol, München 1960, S. 47, Abb. 12.

[9] Von der vorderen Lettnerbrüstung des Domes zu Parma stammt das Fragment des verstümmelten Maiestasreliefs: Abb. bei G. de Francovich, Benedetto Antelami, architetto e scultore, e l'arte del suo tempo, Milano-Firenze 1952, Bd. II, Taf. 114, Fig. 205; vier zugehörige Löwensockel ebenda, Abb. auf Taf. 115, Fig. 207, 208.

[10] Das freigelegte Querfundament, das westlich der Vierung vor der ehemaligen Kryptenvorderwand liegt, konnte von der Verfasserin 1968 besichtigt werden; für einschlägige Hinweise sei hier Herrn Prof. Dr. Nicolò Rasmo (Soprintendente ai monumenti per le provincie di Trento e Bolzano) aufrichtiger Dank ausgesprochen.

Die spätromanischen Löwensockel, die um 1900 am Vorbau des Nordportals aufgestellt wurden, befanden sich vorher schon in zweiter Verwendung am Eingang zur Propstei: G. Tinkhauser, Bericht über eine Reise von Brixen nach Innichen, in: Mitt. d. k. k. Zentralkomm., Bd. I., 1856, S. 201. Ihre Bestimmung als ehemalige Kanzelträger durch die Verfasserin, bisher nicht publiziert (verwandte Beispiele siehe Anm. 7 und 9) und daher noch nicht berücksichtigt bei den nachstehend angeführten Zuweisungen: als vermutliche Portallöwen vom Südportal bei N. Rasmo (Der Schlern, 1969, zit. Anm. 3), S. 394; als vermutliche Portallöwen vom Westportal bei F. Kollreider, Kunst und Kultur in Innichen, in: Osttiroler Heimatbl., 37. Jg., 1969, Nr. 9.

[11] In der bezüglichen Quelle des 15. Jhs. wird über eine wunderbare Begebenheit an dem Triumphkreuz im Zusammenhang mit dem Brand des Jahres 1413 berichtet und anschließend der Kreuzaltar erwähnt; vgl. G. Tinkhauser, 1858 (zit. Anm. 2), S. 238-239. - N. Rasmo, Der Schlern, 1969 (zit. Anm. 3), S. 391.

entstanden sein dürften, liegt die Vermutung nahe, daß die beiden Ereignisse, also die Sekundärverwendung des Reliefs im Tympanon und die Einfassung des letzteren durch das Außenfresko der Stirnwand, in einem zeitlichen, vielleicht sogar in einem kausalen Zusammenhang stehen könnten. Für diese Annahme sprechen außerdem noch einige Beobachtungen an den verschiedenen Teilen der Portalarchitektur, da diese im Aufbau der gemalten Ergänzung durch das Gemälde der Archivoltenzone in symptomatischer Weise angepaßt ist.

Die Gliederung des Stufenportals greift beiderseits auf die Stirnflächen der Portalschauwand über; in der Kapitellzone wird der Zwischenraum zwischen dem Trichtergewände und dem Ansatz der spätgotischen Strebepfeiler von zwei ornamentalen Werkstücken ausgefüllt, die als Kapitelle der beiden Rahmenpilaster fungieren, denen jedoch eine reale Fortsetzung nach oben fehlt (Abb. 112). Ein normaler, den üblichen Standort auf dem Erdboden einnehmender Betrachter wird sich dieses sonderbaren Umstandes, der mit romanischer Architektur nicht vereinbar ist, kaum bewußt; im künstlerischen Erlebnis stellt sich nämlich die angestrebte Wirkung ein, mit der die gemalte Architektur der Zwickelflächen als entsprechende Fortsetzung der beiden Rahmenpilaster erscheint (Abb. 108). Wer sich jedoch die Mühe nimmt, diese Gliederung von einem erhöhten Standpunkt aus zu betrachten, wird befremdet feststellen, daß die Pilasterkapitelle als tiefe Eckstücke gearbeitet und bis nahe an die Stirnseite der spätgotischen Strebepfeiler vorgezogen sind; noch seltsamer aber mutet der obere Abschluß dieser Eckpilaster an, da die Deckplatten der Kapitelle an ihrer Oberseite freiliegen und nach hinten leicht ansteigen, wobei die schräg angelegten Innenseiten sogar noch das äußerste Profil der Archivolten erreichen (Abb. 112). Bei dieser pseudoromanischen Konstruktion kam es zweifellos nur auf das visuell erfaßbare Gesamtbild an, das der Beschauer als strukturelle Ganzheit erleben sollte, das jedoch in seinem architektonischen Aufbau nicht nur auf der real ausgeführten Gliederung der beiden mit dem Gewände verbundenen Rahmenpilaster beruht; von diesen leiten nur die gemalten Gebälkstücke als illusionistisch vorkragende Ansätze zu den perspektivisch betonten Podesten der beiden sitzenden Titelheiligen in den Zwickelflächen über. Weitere Architekturmotive bilden den kompositionellen Rahmen im oberen Teil des Wandgemäldes, das die Archivolten des Portaltrichters einfaßt und sich beiderseits über die gesamte, zwischen den spätgotischen Strebepfeilern freibleibende Fläche erstreckt. Vor einer näheren Betrachtung des Gemäldes soll jedoch noch auf den komplexen Bestand der Portalgewände hingewiesen werden, der ebenfalls für die einheitliche Entstehung der gesamten Schauwand spricht.

Der erste, durch romanische Detailformen vermittelte Eindruck, daß es sich beim Südportal der Stiftskirche von Innichen um ein echtes Stufenportal des frühen 13. Jahrhunderts handeln könnte, verblaßt bei einer kritischen Überprüfung der Portalarchitektur, wie dies zunächst an der Funktion der beiden Rahmenpilaster erläutert werden konnte. In die profilierte Sockelzone des gestuften Gewändes sind sowohl die rahmenden Pilaster der Stirnseite als auch die beiden nicht skulptierten Türpfosten durch die Weiterführung der Gewändebasis einbezogen; zur nachmittelalterlichen Entstehung der hohen rechteckigen Eingangsöffnung, deren Türsturz dem eingefügten Kanzelrelief als Auflager dient, sei nochmals an die charakteristischen Steinlagen an der Rückseite des Portals im Innern des südlichen Seitenschiffes erinnert (Abb. 111). In den einspringenden Winkeln des Gewändes stehen zwei überlange Säulen, denen ein kräftiger Wulst in der Archivoltenzone entspricht; im Gegensatz zu den übrigen, heute in grauem Stein erhaltenen Rundbogengliedern der Archivolten weist dieser Wulst in seinen größeren Werkstücken einen gelblichen Farbton auf, welchem das gemalte Gebälk in den seitlichen, mit gleicher Höhe ansetzenden Zwickeln der Stirnseite nahekommt. Am gestuften Gewände sind die beiden vorspringenden Pfostenecken jeweils mit einem kurzen, blockförmigen Unterteil versehen, über dem eine andere Profilierung ansetzt: eine breite, ungleichmäßig angelegte Kehle, die teilweise von zarten, beiderseits anschließenden Rundstäben begleitet ist. Bei einer näheren Untersuchung erweisen sich große Teile dieser Werkstücke als nachträglich eingefügte Zierglieder, deren dünne Stäbe mit Astragalornamenten skulptiert waren; infolge der starken Verwitterung sind diese auf älteren Photographien noch deutlich wahrnehmbaren Ornamente jedoch heute, nach der jüngsten Reinigung des Portals, nur noch andeutungsweise sichtbar. Auch die Kapitellzone entspricht nicht der Struktur eines romanischen Stufenportals, sondern besteht aus mehreren, zum Teil originalen Fragmenten, deren ursprüngliche Gliederung nicht mit jener des Gewändes übereinstimmt und teilweise abgearbeitet ist; die Deckplatten dieser zusammengesetzten Kapitellzone laufen ohne Abstufung durch und setzen sich beiderseits des Gewändes an den Stirnflächen mit jenen romanisierend skulptierten Kapitellen fort, über denen die gemalte Zone der Portalschauwand beginnt.

Von den beiden erwähnten, der Stirnseite angehörenden Kapitellen der Rahmenpilaster verdient das rechte, an den östlichen Strebepfeiler angesetzte Kapitell besondere Beachtung (Abb. 114). Von der links anschließenden Kapitellzone des rechten Gewändes, die in unorganischer Weise auf die freistehende Schmalseite des Pilasterkapitells trifft, unterscheidet sich das letztere in mehrfacher Hinsicht. Obwohl eine Materialuntersuchung dieser Bauglieder noch aussteht, läßt sich nach dem Augenschein doch schon erkennen, daß bei dem rechten Pilasterkapitell neben originalen romanischen Skulpturteilen, zu denen unter anderem der kleine, atlantenartig an der linken Schmalseite angebrachte Kopf gehört, auch spätere Ergänzungen vorliegen: Das regelmäßige Blattwerk am unteren Teil der Stirnseite, zwei abwärts gerichtete, flach aufgelegte Doppelblätter, steht in seiner Bindung an den Reliefgrund der Renaissanceornamentik nahe; es läßt sich im Stilkontrast mit den romanischen, plastisch durchgebildeten Palmetten der Kapitellzone des Gewändes vergleichen, die mit dem symmetrischen Umriß der oben eingerollten Blätter als Anregung für die nachempfundenen Ornamente der Stirnseite gedient haben dürften (Abb. 114). Noch aufschlußreicher als der vegetabilische Schmuck der beiden romanisierend gestalteten Rahmenpilaster ist der Bestand an der Deckplatte des zugehörigen rechten Kapitells, die eine skulptierte, teilweise noch erkennbare Inschrift mit einer Künstlersignatur aufweist (Abb. 114): eine erhabene, zwischen zwei schmale Randleisten eingespannte Kapitalis, deren humanistischer Charakter sowohl in der Buchstabenform als auch in der plastischen, an Renaissance-Epitaphien erinnernden Bildung des Schriftreliefs zum Ausdruck kommt[12]. In dieselbe Richtung weist die Formulierung der Künstlersignatur, an der

---

[12] Die Inschrift beginnt an der linken Schmalseite der Deckplatte und setzt sich an der Vorderseite des Kapitells bis zur Ecke fort. Die tektonische Einordnung des reliefierten Schriftbandes ist ebenso symptomatisch wie der strenge, in klassischer Manier gehaltene Schriftcharakter, für den das Fehlen von Unzialformen bezeich-

vor allem das Wort *PARAVIT* als Angabe für die Tätigkeit der Skulptierung (im Sinne einer Zubereitung) auffällt. Hinsichtlich der Lesung des Meisternamens sind in der Literatur verschiedene Auffassungen zu finden, von denen jene Josef Weingartners, dem das Schriftrelief noch in besserem Zustand bekannt war, als richtig anzusehen ist [13]. Auch heute noch sind die Buchstaben so weit erhalten, daß sich folgende Lesung mit dem Künstlernamen an der Schmalseite der Deckplatte ergibt: *LVD* (OVICUS) *PARAVIT ISTAM LAP* (IDEM). Der Meister Ludwig, der diese Signatur an dem Pilasterkapitell der Portalschauwand anbrachte, gehörte offenbar jener Gruppe von „lapicidi" an, deren pseudoromanische Werke von Ernst Guldan in einem grundlegenden Beitrag über die Tätigkeit der Maestri Comacini veröffentlicht worden sind: Die spätgotische, nach 1472 erbaute Pfarrkirche Sanzeno, wie Innichen ein Denkmal der Südtiroler Kulturgeschichte, erhielt im späten 15. Jahrhundert an der Westfassade ein rundbogiges, ebenfalls pseudoromanisches Stufenportal, das in seinem Aufbau und in der Gliederung der Archivolten dem südlichen Langhausportal von Innichen sehr verwandt ist [14]. Ein anderes Werk der Comasken, das pseudoromanische Domportal von Spilimbergo (Friaul), bietet sich insofern als Vergleichsbeispiel an, als es jene charakteristische, auf die Stirnseite übergreifende Kapitellzone mit durchgehender Deckplatte aufweist, wie sie in ähnlicher Form an der Portalschauwand von Innichen vorkommt [15]. Die beiden erwähnten, im oberitalienischen Einflußbereich nachgewiesenen Beispiele fallen in das letzte Drittel des 15. Jahrhunderts – ein Zeitraum, der durch die Baugeschichte von Innichen auch für die Sekundärverwendungen von Werkstücken am Südportal nahegelegt wird; die Entstehung der Portalschauwand und ihre Ausstattung mit dem Wandgemälde der Stirnseite sind wahrscheinlich erst nach dem Umbau des Querhauses, also nach 1470, anzusetzen.

Zum Verständnis des Wandgemäldes und seiner strukturellen Verbindung mit der Portalarchitektur fehlt dem Betrachter von heute ein wesentliches, bei den Restaurierungen des 19. Jahrhunderts untergegangenes Übergangsglied: die ornamentale Bemalung des bogenförmigen, aus einer ebenmäßigen Steinfolge gebildeten Randstreifens, der die Archivolten an der Stirnseite einfaßt und auf den ältesten Photographien noch Reste einer gemalten Reliefdekoration zeigt. Das Renaissancemotiv des verzierten Stirnbogens findet sich auch an dem erwähnten Portal der Südtiroler Kirche Sanzeno,

---

nend ist; zum Unterschied von älteren Inschriften siehe die Vergleichsmöglichkeiten bei W. Koch, Paläographie der mittelalterlichen österreichischen Inschriften bis ca. 1350, Institut f. österr. Geschichtsforschung, Wien 1968 (Ms.). Vgl. hingegen den Renaissancetypus der erhabenen Inschriften in Stein, z. B. jenes eines allegorischen Reliefs aus dem Daucherkreis mit der ähnlich eingefaßten Jahreszahl MDXXII, Abb. bei W. Waetzoldt, Dürer und seine Zeit, Leipzig 1935, auf Taf. III.

[13] J. Weingartner, Die Kunstdenkmäler Südtirols, Bd. I., 2. Aufl., Innsbruck-Wien 1951, S. 172-175. – Die Lesung des Meisternamens als *LVD(OVICUS)* auch bei H. Waschgler (1959, zit. Anm. 6), S. 11. – W. Frodl, 1960 (zit. Anm. 8), S. 47. – Andere Auffassung, als *FRID(ERICUS)*, bei N. Rasmo, Der Schlern, 1969 (zit. Anm. 3), S. 389.

[14] E. Guldan, Die Tätigkeit der Maestri Comacini in Italien und in Europa, in: Arte lombarda, V, 1960, Nr. 1, S. 27-46, Abb. 4 und 5. Vgl. ferner die grundsätzlichen Ausführungen zur Stilangleichung an romanische Architekturbestände von W. Götz, Zur Denkmalpflege des 16. Jahrhunderts in Deutschland, in: Österr. Zeitschr. f. Kunst u. Denkmalpfl., XIII. Jg., 1959, S. 45-52. Siehe auch die Studien nach romanischen Blattkapitellen bei P. Halm, Eine Gruppe von Architekturzeichnungen aus dem Umkreis Albrecht Altdorfers, in: Münchner Jb. der bildenden Kunst, 3. F., Bd. II, 1951, S. 127 ff., Abb. 8.

[15] E. Guldan, 1960 (zit. Anm. 14), S. 30-31, Abb. 7.

wo dieser rahmende Schmuckbogen jedoch in Relief ausgeführt ist[16]. Die Hervorhebung des Rahmenbogens an der Stirnseite, wie sie auch bei Architekturdarstellungen der Quattrocentomalerei sowie bei jenen des Pacherkreises häufig vorkommt, ist in Innichen auch heute noch an einigen gelblichen Farbresten des ursprünglichen Bogenornaments erkennbar. Ursprünglich diente dieser gemalte Rahmenbogen dem anschließenden Wandgemälde gleichsam als Gelenk, das einen organischen Übergang zwischen der gemalten Zone der Stirnseite und den davon eingefaßten Portalarchivolten bildete; die ehemalige, wohl gleichfalls im 19. Jahrhundert beseitigte Fassung der Archivolten, die teilweise durch einen Wechsel des Materials, so durch den gelblichen Stein des kräftigen Wulstes, unterstützt und in der vertikalen Gliederung mit rötlichen Rahmenpilastern weitergeführt wurde, trug durch die farbliche Abstimmung der Bauglieder auf das zugehörige Wandgemälde wesentlich zur geschlossenen Wirkung der gesamten Schauwand bei, von der das heute noch vorhandene, seines inneren Rahmens beraubte Gemälde nur einen ungenügenden Eindruck vermitteln kann.

Dem ornamentalen, einst farbig hervorgehobenen Rahmenbogen der Stirnseite kam außerdem eine weitere Funktion zu, die sich in der figuralen Komposition des Gemäldes deutlich ausprägt; die Gestalten des Wandbildes erscheinen nämlich nicht ganz vollständig, sondern werden von diesem bogenförmigen Rahmen zum Teil so überschnitten, daß der Eindruck eines verdeckten Vordergrundes entsteht (Abb. 108). In den beiden Zwickelflächen ist dies an der gemalten Gebälkzone sowie an den Podesten der beiden Titelheiligen erkennbar, die beiderseits die oberen Ecken der Bildfläche einnehmen und sich, an ihren Pulten sitzend, in zentral orientierter Schrägansicht der Mitte zuwenden. Bei der rechten Figur, dem hl. Korbinian, verschwindet der rechte Fuß hinter dem imaginären Vordergrund, dessen bogenförmiger Umriß links daneben auch den Bären überschneidet, der zu dem Freisinger Patron gehört. Eine Steigerung dieser räumlichen Auffassung, die den Archivoltenrahmen in die gegenständliche Sphäre des Wandbildes einbezieht und so eine weitere Verdichtung von realer und gemalter Architektur herbeiführt, entfaltet sich im Scheitel der Portalarchivolten: Die gekrönte, von Wappen umgebene Halbfigur, wohl Kaiser Otto I., der als zweiter Stifter der Kirche gilt, erscheint im Gegensatz zu den beiden Eckfiguren in frontaler Haltung und wendet sich dem Beschauer mit bedeutungsvoller Geste zu, so daß der Herrscher über dem Scheitelstück des Rahmenbogens wie bei einer imperialen Zeremonie hinter der Brüstung eines Podestes zu stehen scheint[17]. Mit dieser

---

[16] Siehe Anm. 14. Motivische Parallelen finden sich in dem von E. Guldan untersuchten Denkmälerkreis nicht nur bei pseudoromanischen, sondern auch bei Portalen im Renaissancestil; dies gilt u. a. für die Einordnung der Inschrift am Rahmenpilaster des Südportals (Abb. 113), für welche sich als Vergleichsbeispiel eine Inschrift in der Kämpferzone eines 1510 von Michele Carlone geschaffenen Portals anbietet: E. GULDAN, 1960 (zit. Anm. 14), S. 43, Abb. 27.

[17] Zur Deutung der Mittelfigur als Kaiser Otto I. und zur Überlieferung seines Diploms, welchem der Grundbesitz des Stiftes Innichen die Immunität von der gräflichen Gerichtsbarkeit verdankte, vgl. A. SPARBER, Zur ältesten Geschichte Innichens, in: Der Schlern, 29. Jg., 1955, S. 54–63. Ikonographische Hinweise auf die Darstellung des Herrschers und die noch erkennbaren Wappen (Görz und Friaul) bei E. HEMPEL, Michael Pacher, Wien 1931, S. 37, Anm. 1. In der einschlägigen Literatur wird das Attribut des Kaisers in seiner rechten Hand meist als Schwert erwähnt; es wäre zu überprüfen, ob hier nicht eine Fehlinterpretation durch eine spätere Restaurierung des Wandgemäldes vorliegt, da die Haltung des Gegenstandes in der erhobenen Hand mit dieser Deutung nicht zusammengeht, während die Rolle eines Diploms, das dem konkreten Andenken an den „zweiten Gründer" entsprechen würde, mit der Anordnung des Gegenstandes besser vereinbar wäre.

genialen, aus der einmaligen Aufgabe entwickelten Lösung ergibt sich die kompositionelle Beziehung der gemalten Mittelfigur zu dem ebenfalls frontalen Bildwerk, nämlich dem axial eingefügten Maiestasrelief des Bogenfeldes. Zwischen der Mittelfigur des Gemäldes und den beiden Eckfiguren, deren Anordnung nicht minder dem plastischen Akzent des Bogenfeldes gerecht wird, erstreckt sich als gemalter Hintergrund eine durchbrochene, hellen Stein nachahmende Bogenreihe, die an der erwähnten Überschneidung durch den Archivoltenrahmen teilhat; sie wird oben, hinter den Häuptern der drei Figuren, von einer breiten Kehle mit abschließendem Rundwulst zusammengefaßt — ein raumhältiges, durch kräftige Schatten betontes Architekturmotiv, das in seiner Formgebung wie im Ausmaß auf die gesamte, von den beiden Strebepfeilern eingefaßte Schauwand mit Einschluß des Portals abgestimmt ist. Die einheitliche, den realen Rahmenpilastern strukturell entsprechende Gliederung der gemalten Architektur kommt dem Aufbau eines triumphbogenartigen, von den vertieften Archivolten mitbestimmten Gebildes nahe, dessen monumentaler Anspruch durch zwei gemalte Steintafeln mit Inschriften bestätigt wird; sie zeigen die Namen der beiden Titelheiligen und sind unter diesen in der Gebälkzone der Scheinarchitektur angebracht. Zum Unterschied von den lebensnah gegebenen Heiligenfiguren, auf die sich die beiden Inschriften beziehen, gehören die zugehörigen Schrifttafeln nicht demselben Realitätsgrad an, sondern leiten zu dem lapidaren, aus realer Architektur und Plastik bestehenden Teil der Portalschauwand über. Das Motiv der gemalten Steintafeln fällt in dieselbe Kategorie wie die Darstellung von Steinbildwerken, die sich sowohl auf Bildern der italienischen Frührenaissance als auch auf Gemälden des Pacherkreises neben realistisch aufgefaßten Personen findet[18]. Am Südportal von Innichen ist es ein wirkliches Steinbildwerk, nämlich das eingefügte Maiestasrelief, das in die Komposition des Wandgemäldes einbezogen ist; ohne das Relief im Tympanon würde die konzentrische Anordnung der drei gemalten Figuren um die Archivolten ihre ausgewogene Wirkung verlieren. Der Eindruck einer geschlossenen Schauwand mit dem plastischen Zentrum im Bogenfeld wird durch die plastische Ausformung der Pilasterkapitelle verstärkt, die als tragende Glieder der gemalten Architektur fungieren und so den analog gegliederten Portaltrichter mit dem Gemälde der Stirnwand verbinden. Die äußere Einfassung der Portalschauwand bilden die beiden unmittelbar anschließenden Strebepfeiler, von denen der östliche noch Reste einer figuralen Bemalung zeigt[19].

Die baugeschichtlich bedingte Koinzidenz des spätgotischen Strebesystems mit der Entstehung des pseudoromanischen Portals und der Einfügung des originalen Maiestas-

---

[18] Grundsätzliche Bemerkungen zum Realitätsgrad solcher Darstellungen enthält der Aufsatz von D. FREY, Michael-Pacher-Studien, in: Wr. Jb. f. Kunstgesch., Bd. XV (XIX), 1953, S. 23–100.
Von den zahlreichen Beispielen gemalter Plastik auf den Gemälden der Pacher seien hier nur einige charakteristische angeführt: die steinfarbenen Heiligenfiguren an den Marmorgehäusen des Kirchenväteraltars (ursprünglich Neustift bei Brixen); die Steinplastik im Tympanon auf dem Bild der versuchten Steinigung Christi des Altars in St. Wolfgang am Abersee; schließlich die Kleinbildwerke an dem Steinbaldachin auf dem Mittelbild des Peter-und-Paul-Altars aus Sterzing (als Werk Friedrich Pachers um 1475 bestimmt): Tiroler Landesmuseum Ferdinandeum, Führer durch die Kunstsammlungen von Dir. Dr. E. EGG, Innsbruck o. J., S. 15, Raum 6.

[19] Nach Josef Weingartner handelt es sich bei dem fragmentarisch erhaltenen Gemälde um eine Darstellung der Erschaffung der Eva aus dem ersten Drittel des 16. Jhs.; der diesbezügliche Vermerk findet sich nur in der ersten Auflage von: J. WEINGARTNER, Die Kunstdenkmäler Südtirols, I. Bd., Wien 1923, S. 476.

reliefs erleichtert die Beurteilung der bereits gestellten Frage, ob die Wiederverwendung dieses Bildwerkes etwa unabhängig oder, was wahrscheinlicher ist, um dieselbe Zeit wie die dekorative Gestaltung der Stirnseite erfolgte. Da der spätgotische Umbau der Stiftskirche gegen 1470 in eine abschließende Phase trat, in der das Außenfresko zu einem seinem Stil entsprechenden Zeitpunkt angebracht werden konnte, liegt der Gedanke nahe, daß das künstlerische Konzept der gesamten Portalschauwand unter dem Einfluß einer Beratung durch die Brunecker Malerschule zustande gekommen sein könnte. Als Meister des Wandgemäldes wurde seitens der älteren Forschung Michael Pacher angegeben; N. Rasmo hat den Entwurf Michael Pacher unter Mitarbeit von Friedrich Pacher zugeschrieben [20]. Wenn die Meisterfrage auch nicht zum Gegenstand der vorliegenden Studie erhoben werden soll, so mag die angedeutete Möglichkeit einer solchen Einflußnahme vielleicht doch zur Erweiterung architekturhistorischer Gesichtspunkte in der Pacherforschung anregen. Im Hinblick auf das strukturelle Verständnis, das aus den Architekturdarstellungen der Pacher spricht, darf ihr schöpferischer Anteil an der einheitlichen Gestaltung der Portalschauwand von Innichen ernsthaft in Betracht gezogen werden [21].

Abbildungsnachweis. Dr. E. Doberer: Abb. 111, 112, 114; Dr. E. Frodl-Kraft: Abb. 110, 113; I. Kitlitschka-Strempel: Abb. 108; Photoarchiv des Bundesdenkmalamtes Abb. 109.

[20] Als Werk Michael Pachers scheint das Fresko der Portalschauwand von Innichen u. a. auf bei E. HEMPEL, 1931 (zit. Anm. 17), S. 37, Taf. LXXXI und LXXXII. – DERS., Das Werk Michael Pachers, 4. Aufl., Wien 1943, mit dem Hinweis auf oberitalienische Einflüsse um 1475 und der Zeitbestimmung um 1477, S. 13 und 27, Abb. (seitenverkehrt) Taf. 72. – Vgl. ferner J. WEINGARTNER (zit. Anm. 13), 2. Aufl., 1951, Bd. I., S. 174. – W. BUCHOWIECKI im Ausstellungskatalog „Gotik in Österreich", Krems 1967, S. 81–82, – N. RASMO, 1969 (zit. Anm. 5), Abb. 49–52; DERS. in der Künstlermonographie „Michael Pacher", München 1969 (mit zeitlicher Einordnung vor dem St.-Wolfgang-Altar), S. 112, und Katalog, S. 229 (mit weiteren Literaturangaben), Abb. 153–158.

[21] Aus dem Zusammenhang der vorliegenden Studie mit dem Werk Michael Pachers ergab sich die Widmung dieses Beitrages: im Hinblick auf die einschlägigen Forschungen von Otto DEMUS, Studien zu Michael Pachers Salzburger Hochaltar, in: Wr. Jb. f. Kunstgesch., Bd. XVI (XX), 1954, S. 87–118.

EIN NICHT ZUR AUSFÜHRUNG GELANGTER ENTWURF DOMENICO GHIRLANDAJOS FÜR DIE CAPPELLA SASSETTI

VON ARTUR ROSENAUER

Eine Reihe von Fehlschlüssen, die wir als Kunsthistoriker manchmal ziehen, beruht darauf, daß wir wohl wissen, daß das uns heute zur Verfügung stehende Material in vielen Fällen nur einen Bruchteil des ursprünglich vorhandenen ausmacht, dieses Wissen bei unseren Untersuchungen aber viel zuwenig in Rechnung stellen. Dadurch geraten wir oft in eine ungünstige Ausgangsposition. Statt auch unbekannte Faktoren in unsere Überlegungen einzubeziehen, arbeiten wir lediglich mit den bekannten. Wie sehr das Rechnen mit Unbekannten die Resultate ändern kann, möge folgendes Beispiel zeigen:

Im Gabinetto Nazionale delle Stampe in Rom liegt ein Blatt von der Hand Domenico Ghirlandajos[1]: Die wunderbare Erscheinung des hl. Franziskus während der Predigt des hl. Antonius von Padua vor dem Provinzialkapitel zu Arles (Abb. 115)[2]. Das Blatt wurde zum erstenmal im Jahre 1907 von Rusconi bekanntgemacht, und zwar fälschlich als Rückseite einer zweiten in der gleichen Sammlung verwahrten Ghirlandajozeichnung, einem Entwurf für eine Marienkrönung[3]. Der Irrtum wurde bereits von Berenson richtiggestellt[4]. Unser Blatt hat ein eigenes Verso, nämlich drei weitere viel summarischere Skizzen, von denen die obere und die untere fragmentiert sind, da beim Zurechtschneiden des ursprünglich größeren Blattes nur auf die Vorderseite Rücksicht genommen wurde (Abb. 116). Die mittlere der drei Skizzen stellt das gleiche Thema dar wie die Vorderseite. Bei den beiden fragmentierten Skizzen scheint es sich um Alternativüberlegungen zur Bildarchitektur der mittleren Zeichnung zu handeln.

Die bisherige Meinung über das zeitliche Verhältnis der beiden Seiten ist die: das Verso wäre ein erster Kompositionsentwurf, das Recto eine der uns nicht bekannten Ausführung bereits näherkommende Vorzeichnung[5]. Die Gründe für diese Ansicht liegen in der bei uns sich nahezu automatisch einstellenden Vorstellung, die detaillierter ausgeführte von zwei Versionen wäre die spätere, während die flüchtiger angelegte früher entstanden sei. Ein Denkmodell, das sich tatsächlich in vielen Fällen bewährt, das man für unser Blatt aber nur dann anwenden kann, wenn man ein Problem igno-

---

[1] Rom, Gabinetto Nazionale delle Stampe, Nr. 130495; Feder auf Papier, 198 × 218 mm.

[2] San Bonaventura, Legenda maior IV, 10 (vgl. San Bonaventura, San Francesco d'Assisi, Edizioni paoline, Bari 1967, S. 59) und Tommaso da Celano, Le due Vite e il Trattato dei miracoli di San Francesco d'Assisi, I, 48 und III, 3 (ed. Roma 1954, S. 69 f. und S. 450 f.).

[3] J. RUSCONI, I disegni di antichi maestri nella Galleria Corsini, in: Emporium XXV, 1907, S. 262 ff., bes. S. 270.

[4] B. BERENSON, The Drawings of the florentine Painters, Vol. II, Chicago 1938, S. 93, No. 890. Berenson klassifiziert die Zeichnung als: "One of Domenico's most admirable pendrawings, spirited, firm and clear." – Die Erstpublikation des Verso ist H. HUTTER, Die Handzeichnung, Wien-München, 1966, S. 40 und Abb. 14, zu verdanken.

[5] Vgl. zuletzt HUTTER, ebenda.

riert: Recto und Verso zeigen nämlich das gleiche Sujet in zwei voneinander abweichenden Fassungen, so daß man nicht annehmen darf, es handle sich um zwei verschiedene Vollendungsphasen ein und derselben Komposition. Mit anderen Worten, die Vorderseite ist keine „Reinschrift" der Rückseite.

Auf der Vorderseite (Abb. 115) ist der Versammlungsort der Mönche als einfacher kahler Raum über rechteckigem Grundriß dargestellt, in dessen Tiefe wir blicken. Der übersteigerten Perspektive wegen könnte man von einem Raumtrichter sprechen. Unterstrichen wird die Raumwirkung noch durch die Reihe der Mönche, die entlang der in die Tiefe führenden Wände sitzen. Allerdings verzichtet Ghirlandajo nicht ganz darauf, dem Tiefensog entgegenzuarbeiten: die bildparallel verlaufenden Schranken, deren abschirmende Wirkung noch durch die davorstehenden Figurengruppen verstärkt wird, und die Kanzel, die sich von der linken Seite hereinschiebt, betonen die Bildebene. Der schwebende Heilige fängt mit seinen in der Fläche ausgebreiteten Armen die Kanten zwischen Seitenwänden und Decke auf und mildert ihre Tiefenwirkung. Auch der vorn auf den Stufen sitzende Knabe bildet nicht nur eine Barriere für den Blick, der sonst ungehindert entlang der Mittelachse in die Tiefe gleiten könnte, sondern kann auch mit dem Heiligen, dessen Position im Raum nicht näher definiert ist, zusammen gesehen werden. Bezeichnend für die Ambivalenz der Raumstruktur der Komposition sind die Stufen: einerseits nehmen sie in ihrer Breitenerstreckung nach oben hin ab – nicht nur durch die Wirkung der Perspektive, sondern auch objektiv – und bereiten damit die Fluchtlinien des Fußbodens vor, andererseits erstrecken sie sich in bildparallelen Ebenen und betonen dadurch die Fläche. Ähnliches ließe sich von der vor den Schranken befindlichen Zuschauerschar sagen, die als Ganzes genommen die Richtung der Schranken wohl unterstreicht, deren einzelne Figuren aber, in Zweiergruppen hintereinandergestaffelt, die Tiefenreihung der sitzenden Mönche vorbereiten. – Komposition und Figurenanordnung sind auf dieser Zeichnung weitgehend durch die Form des Raumes bestimmt. In einem weit höheren Maße jedenfalls als auf der Rückseite (Abb. 116).

Wir halten uns zunächst an die mittlere, komplett erhaltene Skizze des Verso. Was primär, abgesehen vom Querformat, auf das wir noch eingehen werden, auffällt: die Dominanz der Tiefenkoordinate ist ausgeschaltet. Sämtliche in der Bildebene liegende Elemente, die auf der Vorderseite lediglich das Gegengewicht zum Tiefensog bildeten, beherrschen nun die Komposition, während Seitenwände und Decke als stärkste Indikatoren der Bildtiefe weggelassen sind. Statt auf die in der Tiefe liegende Schmalwand eines Innenraumes hingeführt zu werden, blicken wir nun auf eine breite Schauwand als Raumabschluß, die sich hinter dem Bildrand weiter fortsetzt. Die Flächenkoordinaten beherrschen die Komposition derart, daß auch die links und rechts seitlich in die Tiefe gereiht sitzenden Mönche dem Gesamteindruck keinen Abbruch tun.

Der experimentelle Charakter der Zeichnung geht, abgesehen von ihrer Skizzenhaftigkeit – die Körper der Figuren sind in haarnadelartigen Formen angedeutet, die Köpfe als Kreise gegeben –, auch daraus hervor, daß der rückwärtige Abschluß der Szene noch nicht festgelegt erscheint: bedeuten die beiden verschiedenen Hälften Alternativvorschläge für die Rückwand eines Innenraumes mit einer Apsis in der Mitte oder handelt es sich um eine Platzanlage, die von zwei Gebäuden, zwischen denen sich eine Straße in die Tiefe öffnet, abgeschlossen wird? Der Augenschein spricht eher für die zweite Lesart⁶. Von den beiden fragmentierten Skizzen scheint die obere eine weitere Idee dür die szenische Gestaltung festzuhalten; nämlich einen Vorschlag in der Art der Franziskuserscheinung in Giottos Bardikapelle: ein Einblick in einen Raum über eine Brüstung, auf der Säulen stehen. Ob es sich bei der unteren Skizze, die an die Fassade der Pazzikapelle erinnert, um eine weitere Anregung für die Gestaltung der Rückwand der Erscheinungsszene handelt oder um die Architektur für eine ganz andere Komposition, ist nicht festzulegen. Dreht man das Blatt um 90 Grad, so läßt sich im Bogen die Maßangabe von 3 ¼ braccia lesen, die möglicherweise die intendierte Höhe der dargestellten Architektur angibt⁷.

Ein wichtiger Unterschied zwischen den beiden Seiten ist oben nur kurz angedeutet worden: das verschiedene Format der Kompositionen, das auf die Bildordnung nicht ohne Einfluß geblieben ist. Natürlich soll damit nicht gesagt sein, die Komposition sei ausschließlich durch das Bildformat determiniert, doch wird gerade an Hand unserer Zeichnung deutlich, daß sich das dem Quadrat angenäherte Rechteck der Vorderseite besser für die trichterartige Gestaltung eines Tiefenraumes eignet als die querrechteckigen Formate der Skizzen der Rückseite, die eine Entfaltung in der Breite nahelegen.

Nimmt man nicht an, daß es sich um selbstzweckhafte Zeichnungen handelt – und was wir über Kompositionszeichnungen im Quattrocento wissen, verbietet uns, dies anzunehmen –, sondern sieht in ihnen Vorstudien für einen monumentalen Auftrag, aller Wahrscheinlichkeit nach für ein Fresko, dann wird man den Wechsel des Formats wohl aus einer Änderung der Aufgabe oder wenigstens aus einer Präzisierung der Aufgabe erkären. Es bleibt nun zu fragen, in welche Richtung sich der Auftrag verändert haben könnte: zu einer stärkeren Betonung des Querformats oder zu einer Annäherung an das Quadrat? Um diese Frage zu beantworten, sollten wir die verschiedenen Vollendungsstufen von Vorder- und Rückseite nicht ohne weiteres als Kriterien für ein „Früher" oder „Später" der beiden Zeichnungen annehmen, sondern in Betracht ziehen, worauf wir eingangs angespielt haben: daß es für beide Möglichkeiten, sowohl für die annähernd quadratische als auch für die querrechteckige, eine Reihe weiterer Skizzen gegeben haben könnte.

So bleibt uns nur zu versuchen, mit Hilfe von stilistischen Argumenten eine Abfolge der Skizzen festzulegen. Auf diesen Vorschlag könnte eingewendet werden, er sei insofern problematisch, als ja kaum ein großer Zeitraum zwischen der Zeichnung der Vorderseite und jenen der Rückseite verstrichen sein wird, selbst wenn man annimmt, daß es sich um Teile einer größeren Serie von Skizzen handelt; daß es also gewagt sei, die Unterschiede zwischen zwei allem Ermessen nach in einem kleinen Zeitraum entstandenen Zeichnungen auf Änderungen in der Stilentwicklung Ghirlandajos zurückzuführen. Dem kann aber entgegengehalten werden, daß im Werk Ghirlandajos – und nicht nur in seinem – für das Verhältnis zwischen Vorzeichnung und Ausführung

---

⁶ Gerade bei Ghirlandajo sollten wir uns von unserem Wissen, daß die Erscheinung in Arles eigentlich nicht auf offener Straße spielen dürfe, nicht davon abhalten lassen, dem optischen Eindruck eher zu trauen. In seinem Werk zeigt Ghirlandajo öfter die Tendenz, Ereignisse, die sinngemäß im Inneren spielen sollten, in die Öffentlichkeit zu verlegen: in der Cappella Sassetti findet die Regelbestätigung in einer offenen Halle auf der Piazza della Signoria statt; ebenso ist in der Cappella Tornabuoni der Tempel, in dem der Engel Joachim erscheint, als Triumphbogenarchitektur auf einen Platz hin geöffnet.

⁷ Dieses Maß, das 1,86 m entspricht, liegt weit unter der Höhe der Sassettifresken, für die die Zeichnung ursprünglich bestimmt war, wie die Untersuchung zeigen wird.

immer wieder eine Art von biogenetischem Grundgesetz zur Geltung kommt, demzufolge die Ontogenese eine Art von komprimierter Phylogenese sei: daß also, grob gesagt, im Zuge der Entstehung eines einzigen Kunstwerkes die Stilentwicklung des Künstlers sich in verkürzter Form widerspiegle. Bei Ghirlandajo läßt sich dieses Phänomen im Sprung von Vorzeichnung zur Ausführung besonders im Hinblick auf die Raumdarstellung greifen. Aus einer Reihe von möglichen Beispielen[8], mit denen sich diese Behauptung belegen ließe, sei hier eines herausgegriffen: in Berlin hat sich die Vorzeichnung zu dem Fresko mit der Regelbestätigung in der Cappella Sassetti (Abb. 118) erhalten. Durch den nahen Betrachterstandpunkt, der die perspektivischen Verzerrungen stärker hervortreten läßt, ist die Raumwirkung in der Berliner Zeichnung intensiver als im ausgeführten Fresko (Abb. 119)[9]. Weiters trägt zu dieser Raumwirkung bei, daß die Diagonalgrate der Kreuzgewölbe in der Arkadenreihe hinter der Hauptszene den Blick in die Tiefe leiten. Auch garantiert der rechts vorn an der Wand der Fluchtlinie entlang aufgereiht sitzende Hofstaat des Papstes die Tiefenkontinuität der Komposition. In der Ausführung sind alle tiefenverursachenden Elemente ausgeschieden. Alles ist flächig ohne Übergang hintereinandergeschichtet: die Arkadenreihen ebenso wie die Figurengruppen. Der Blick wird weniger von vorn nach hinten als entlang der Bildfläche geführt.

Zugegeben, es handelt sich hier wie in allen übrigen uns bekannten Fällen um den Sprung von der Vorzeichnung zur endgültigen Ausführung. Doch warum sollte sich die gleiche Tendenz nicht auch an Zeichnungen, die verschiedene Stufen der Vorbereitung am Weg zum endgültigen Werk verkörpern, ablesen lassen? Einen zu unseren Zeichnungen analogen Fall im Œuvre Ghirlandajos gibt es zwar nicht, da sich stets nur eine einzige Kompositionszeichnung für ein ausgeführtes Fresko erhalten hat, doch wollen wir prüfen, ob uns die Hypothese der komprimierten Stilentwicklung nicht auch hier weiterhelfen könnte.

Zunächst einige Bemerkungen zum Raumtypus der beiden Zeichnungen: für die extreme Tiefenerstreckung des Raumes auf der Vorderseite finden sich die besten Vergleichsbeispiele in der Malerei der beiden mittleren Jahrhundertviertel. Es ist, als wollte man die im frühen Quattrocento neugewonnene Fähigkeit, Raumtiefe zu gestalten, soweit wie möglich auskosten. Am deutlichsten kommt diese Tendenz in Bildern zum Bewußtsein, von denen sich vorstellen ließe, die Wahl eines distanzierten Betrachterstandpunktes hätte es möglich gemacht, die Architekturen weniger stark in die Tiefe fluchtend darzustellen[10]. Höfe und Plätze müssen nicht unbedingt wie bei

---

[8] Eine Gegenüberstellung der Vorzeichnung zur Visitatio in den Uffizien (Berenson No. 871) und zur Geburt Mariä im British Museum (Berenson No. 878) mit ihren Ausführungen in den Fresken der Cappella Tornabuoni in Santa Maria Novella brächte dieselben Ergebnisse wie der im folgenden durchgeführte Vergleich.

[9] Staatliche Kunstsammlungen Berlin, Kupferstichkabinett, Nr. 4519 (Berenson, No. 864 A).

[10] Um diese Behauptung zu illustrieren, sei von jedem prominenten Künstler aus dieser Zeit je ein charakteristisches Beispiel für diese Raumform angeführt: Paolo Uccello, Sintflutfresko, Santa Maria Novella, Chiostro Verde (J. POPE-HENNESSY, The complete work of Paolo Uccello, London 1950, T. 27); Barberini-Meister, Verkündigung, Washington, National Gallery of Art (B. BERENSON, Italian Pictures of the Renaissance, Florentine School, Vol. II, London 1963, Abb. 695); Pollajuolo, Verkündigung, Berlin, Staatliche Museen (BERENSON, ebenda Abb. 773) – Weitere Beispiele werden noch im Text und in den folgenden Anmerkungen genannt.

Filippo Lippi oder Jacopo Bellini als in die Tiefe hineinstoßende Schächte erscheinen[11]. Daß das Phänomen nicht nur auf Florenz beschränkt war, zeigt, von den Jacopo-Bellini-Zeichnungen abgesehen, auch ein Blick auf die Miniaturen Fouquets[12]. Im Zusammenhang mit unserer Zeichnung wäre als besonders gut vergleichbares Beispiel die Szene mit der hl. Katharina vor dem Richter aus Masolinos San-Clemente-Fresken in Rom zu nennen[13]; hier sitzen die Teilnehmer an der Verhandlung in gleicher Weise der Wand entlang in die Tiefe hinein aufgereiht. Ähnlich schlichte Innenräume, nur nicht so extrem in die Tiefe ausgerichtet, gibt es in den Szenen mit der Verspottung und Geißelung auf Fra Angelicos Türen des ehemaligen Silberschrankes der Santissima Annunziata, heute im Museum von San Marco in Florenz[14]. Eine konkret bestimmbare Inspirationsquelle für die Vorderseite unseres Blattes ist Donatellos Relieftondo mit der Auferweckung der Drusiana in der Sagrestia Vecchia von San Lorenzo[15]. Abgesehen von dem tiefenbetonten Raum gibt es hier noch eine weitere Übereinstimmung: die nach oben zu schmäler werdenden Stufen führen zu einer höher gelegenen Plattform, die ebenso wie in unserer Zeichnung durch ein Geländer vom Vordergrund getrennt wird.

Über 1480 hinaus läßt sich der beschriebene Raumtypus nicht mehr verfolgen. In den Jahrzehnten unmittelbar vor der Klassik überwiegen in die Breite gelagerte Räume, wie wir sie von der Rückseite unseres Blattes her kennen. Alle zur Bildebene parallel verlaufenden Gegenstände werden nun hervorgehoben, alles in die Bildtiefe Führende weitgehend unterdrückt. Dieser Typus der bildparallelen Raumdarstellung läßt sich auf Giottos Cappella-Bardi-Fresken zurückführen[16], kennzeichnet dann später ein prominentes Werk Donatellos, das Herodesrelief vom Taufbrunnen in Siena, wird aber erst in den letzten Jahrzehnten des 15. Jahrhunderts stilbestimmend.

Was hier für die gesamte Quattrocentomalerei skizziert wurde, spiegelt sich auch in Ghirlandajos Schaffen mit großer Deutlichkeit. In den Werken der siebziger Jahre erscheint die Raumtiefe betont: in den Fresken von Cercina, in den Finafresken in San Gimignano und dem Abendmahl von Passignano. Gerade das letztgenannte Beispiel zeigt im Vergleich mit dem sieben Jahre später entstandenen Abendmahl von Ognissanti, wie trotz des Breitformats, das durch die Aufgabe gefordert wird, die Tiefe akzentuiert ist[17]. Erst mit der Sala dei Gigli beginnen die zur Bildfläche parallelen Elemente zu dominieren[18]. Würde man nun auf Grund dieser Beobachtungen die

---

[11] Vgl. die San-Lorenzo-Verkündigung von Fra Filippo Lippi (R. OERTEL, Fra Filippo Lippi, Wien 1942, Abb. 37) und – um eine von vielen zu nennen – die Zeichnung mit Christus vor Pilatus aus dem Pariser Skizzenbuch (V. GOLUBEW, Die Skizzenbücher Jacopo Bellinis, 2. Teil, Brüssel 1908, T. XXXIV).

[12] Am besten ist dieser Raumtypus bei Fouquet durch die Miniatur mit der Trinität aus dem Stundenbuch des Etienne Chevalier zu illustrieren (vgl. P. WESCHER, Jean Fouquet et son temps, Basel 1947, T. 24). Zum Einfluß Florentiner Künstler auf den Raumstil Fouquets vgl. O. PÄCHT, Jean Fouquet: A Study of his Style, in: Journal of the Warburg and Courtauld Institutes IV, 1940/41, S. 85 ff., bes. S. 90.

[13] E. MICHELETTI, Masolino da Panicale, Milano 1959, T. 35.

[14] J. POPE-HENNESSY, Fra Angelico, London 1952, Abb. XXX, S. 193.

[15] H. W. JANSON, The sculpture of Donatello, Princeton 1957, Vol. I, T. 207.

[16] Zur Bardikapelle vgl. zuletzt: G. PREVITALI, Giotto e la sua bottega, Milano 1967, S. 326 ff.

[17] Vgl. A. ROSENAUER, Zum Stil der frühen Werke Domenico Ghirlandajos, in: Wiener Jahrbuch für Kunstgeschichte, XXII, 1969, S. 59 ff., bes. S. 74.

[18] J. LAUTS, Domenico Ghirlandajo, Wien 1943, T. 26.

Zeichnungen des römischen Blattes bestimmten Stilphasen Ghirlandajos zuordnen, dann die Vorderseite den Werken seiner ersten Schaffenszeit, die Rückseite dagegen seiner späteren Phase. Wohlgemerkt: dies ist nicht so aufzufassen, als wäre die Vorderseite tatsächlich in den siebziger Jahren und die Rückseite in den achtziger Jahren entstanden. Es ist im Gegenteil sogar sehr wahrscheinlich, daß beide Zeichnungen innerhalb weniger Tage entstanden sind. Ein jäher Stilwandel muß nicht immer auf ein großes Zeitintervall zwischen zwei Werken zurückgeführt werden, sondern kann auch durch äußere Umstände nahegelegt werden. Im Sinne unserer oben vorgebrachten Hypothese von der komprimierten Stilentwicklung innerhalb der Vorstufen für ein Werk ließe sich aus unseren Beobachtungen lediglich schließen, das Recto sei vor dem Verso entstanden. Die Vorderseite wäre dann als Endpunkt einer Reihe von Zeichnungen aufzufassen, das Verso als ein Neuansetzen zu verstehen.

Tatsächlich läßt sich auch an Hand einiger Detailbeobachtungen nachweisen, daß das Verso Erfahrungen der Vorderseite voraussetzt. So entspricht die Anordnung der Mönche, die hier nicht den Wänden entlang aufgereiht sitzen, sondern im Geviert, noch ganz einer Lösung, wie sie der Tiefenraum der Vorderseite nahelegt. Eine der neuen Szenerie adäquate Sitzordnung ist noch nicht gefunden. Außerdem ist auf der Vorderseite die Kanzel mit dem predigenden hl. Antonius über einige in Umrissen skizzierte Mönche gezeichnet. Auf der Rückseite war sich der Künstler des Problems bereits bewußt und zeichnet von vornherein die Mönche nur so weit, daß sie nicht von der Kanzel überdeckt werden. Noch ein weiteres Detail: zunächst war der Heilige ebenso wie auf dem Recto in ganzer Figur schwebend gegeben – der rechte Fuß und die durch zwei Kringel angedeutete wegflatternde Kutte lassen sich noch ausnehmen – erst ein Pentimento, das durch die Skizze der Heiligenfigur über der Szene offensichtlich vorbereitet wurde, brachte die uns zunächst primär ins Auge springende Version des nur mit dem Oberkörper aus einer Andeutung von Wolken herausragenden Heiligen[19].

Mit anderen Worten: es sieht ganz so aus, als würden diese aus Detailbeobachtungen gewonnenen Argumente unsere zunächst aus stilistischen Überlegungen entwickelte Hypothese stützen: die Vorderseite entspricht einer früheren Entwurfsphase als die Rückseite.

„Graphologische" Kriterien für eine Chronologie der Ghirlandajozeichnungen sind bisher noch nicht erarbeitet[20]. Jeder Datierungsversuch hat sich daher an Kompositionstypen zu halten. Aus den Vergleichsbeispielen, die wir herangezogen haben, um die Abfolge der beiden Zeichnungen festzulegen, wird man am ehesten auf eine Entstehung Ende der siebziger, Anfang der achtziger Jahre schließen dürfen. Soweit wir wissen, hat Ghirlandajo früher nie die extrem bildparallelen Kompositionen verwendet, später

---

[19] Dieses Pentimento beweist, daß die Darstellung einer schwebenden Figur für Ghirlandajo ein Problem war und bestätigt die Intuition F. RINTELENS (Giotto und die Giottoapokryphen, München-Leipzig 1912, S. 166), der davon spricht, daß „ein solches geisterhaftes Schweben" – wie es die Szene mit der Erscheinung des hl. Franziskus eben verlange – „das zugleich ein Schreiten in einer leibhaftigen Menschenversammlung ist, mit den realistischen Begriffen des späten Quattrocento unvereinbar" sei.

[20] Das liegt wohl an der Überlieferungssituation. Der Großteil der erhaltenen Zeichnungen läßt sich den meist datierten oder wenigstens gut datierbaren ausgeführten Werken zuordnen. Es erschien daher – zumindest als Mittel zur Datierung – überflüssig, die Entwicklung des zeichnerischen Duktus von Ghirlandajo zu beschreiben.

auch nie wieder den so stark betonten Tiefenraum, wie er uns auf der Vorderseite entgegentritt.

Unser Blatt stellt in zwei Versionen die gleiche Szene aus der Franzenslegende dar. Daß es sich dabei um eine Vorstudie für ein monumentales Werk handelt, ist kaum zu bezweifeln. Man wird weiter folgern dürfen, daß eine Darstellung der Erscheinung in Arles nicht als isoliertes Fresko intendiert war, sondern fast sicher als Teil eines Zyklus. Ein Franziskuszyklus also in den frühen achtziger Jahren? Man denkt unwillkürlich an die Cappella Sassetti, deren Entstehung eben in diese Zeit fällt [21]. Hier allerdings fehlt eine Erscheinung in Arles (Abb. 117).

Halten wir dennoch an der Idee mit der Cappella Sassetti fest, so müssen wir annehmen, der heutigen Version sei eine Planänderung vorausgegangen, die eine ursprünglich projektierte Erscheinung in Arles durch ein anderes Fresko ausgetauscht hätte [22]. Indirekt wurde diese Möglichkeit in einer Bemerkung Rintelens zu Giottos Bardikapelle bereits angedeutet: „Man hat noch nicht beobachtet oder noch keine Überlegungen daran geknüpft, daß Ghirlandajo, der in der Sassettikapelle von S. Trinita in Florenz freie Wiederholungen von Giottos Bardifresken gemalt hat, gerade die Szene der Erscheinung in Arles fortgelassen und sie durch eine der fast läppischen Erweckungswunder aus der Legende des Heiligen ersetzt hat." [23] Künstler und Auftraggeber haben sich offenbar an Giottos Bardikapelle gehalten [24]. Abgesehen vom gleichen Thema und der Ausführung durch einen damals bereits als Ahnherrn der Florentiner Malerei angesehenen Künstler (was dem Zyklus kanonische Gültigkeit verliehen haben

---

[21] Zur Cappella Sassetti vgl. A. WARBURG, Bildniskunst und florentinisches Bürgertum (1902), in: Gesammelte Schriften, Leipzig-Berlin 1932, Bd. I, S. 89 ff.; A. WARBURG, Francesco Sassettis letztwillige Verfügung (1907), ebenda, S. 127 ff.; J. LAUTS, (zit. Anm. 16), S. 21 ff. und S. 51 f.; EVE BORSOOK, The mural painters of Tuscany, London 1960, Taf. 80 bis 84, S. 159 ff.; CH. TOLNAY, Two Frescoes by Domenico and David Ghirlandajo in Santa Trinita in Florence, in: Wallraf-Richartz-Jahrbuch, XXIII, 1961, S. 237 ff., und W. WELLIVER, Alterations in Ghirlandajo's S. Trinita Frescoes, in: Art Quarterly XXXII, 1969, S. 269 ff. – Die Inschrift unter den Stiftern nennt den 25. Dezember 1485, wohl als Datum der Weihe. WARBURG, Bildniskunst, S. 104, weist darauf hin, daß Giovanni Medici auf dem Fresko mit der Regelbestätigung noch nicht die geistliche Tonsur trägt, die er am 1. Juni 1483 empfing, woraus er schließt, daß das spätest mögliche Datum für die Vollendung dieses Freskos die Mitte des Jahres 1483 ist. Man wird daher annehmen dürfen, daß der Kontrakt für die Cappella Sassetti in den frühen achtziger Jahren abgeschlossen wurde.

[22] Die Frage, ob Ghirlandajo in den frühen achtziger Jahren einen zweiten Franziskuszyklus projektiert hat, der dann nicht zur Ausführung gelangt wäre, läßt sich mit dem uns bekannten Material nicht beantworten. Die andere Möglichkeit, daß ein zweiter Franziskuszyklus zwar gemalt worden sei, aber nicht auf uns gekommen wäre, wird man wohl ausschließen dürfen. Es ist kaum wahrscheinlich, daß ein monumentaler Freskenzyklus Ghirlandajos in den Quellen unerwähnt geblieben wäre. Durch Vasari sind wir sehr gut über eine Reihe von Werken, selbst über Einzelbilder, informiert, die heute nicht mehr erhalten sind. Daß ihm ein ganzer Franziskuszyklus entgangen wäre, ließe sich schwer vorstellen.

Eines der seltenen Beispiele für eine Planänderung ist die früheste Skizze für eine Komposition, die sich überhaupt erhalten hat: Spinello Aretinos Zeichnung der Pierpont Morgan Library aus dem Jahre 1407 mit der Heiligsprechung des Thomas Beckett durch Papst Alexander III. scheint vom Künstler oder Auftraggeber verworfen worden zu sein und gelangte in anderer Form in der Sala dei Priori im Palazzo Pubblico in Siena zur Ausführung. Vgl. dazu: B. DEGENHART - A. SCHMITT, Corpus der italienischen Zeichnungen 1300–1450, Teil I, Süd- und Mittelitalien, Berlin 1968, 1. Bd., Nr. 165, S. 266, 3. Bd., Taf. 195.

[23] RINTELEN (zit. Anm. 17).

[24] Vgl. zuletzt PREVITALI (zit. Anm. 14). Hier auch ausführliche Bibliographie und ein Schema der Verteilung der Fresken.

mag), mögen auch die äußeren Umstände sie als Vorbild nahegelegt haben: eine Kapelle, die ebenfalls in sechs Feldern, wenn auch in anderer Anordnung, einen Franziskuszyklus zeigt. Tatsächlich sind fünf der sechs Kompositionen Ghirlandajos, wie schon Rintelen bemerkte, den Bardifresken verpflichtet; die einzige Ausnahme bildet die Kindeserweckung, deren Komposition sich an Ghibertis Relief der Cassa di San Zenobi orientiert [25]. Vor allem aber ist sie, gemessen an den übrigen Franziskuszyklen, die unüblichste und außerdem am wenigsten an ihrem Platz berechtigt: als eine der posthumen Wundertaten des Heiligen dürfte sie – die historische Abfolge der Szenen als Anordnungsprinzip vorausgesetzt – erst nach dem Fresko mit den Exequien des Heiligen kommen [26].

Im Lichte dieser Feststellungen wird die Beobachtung von der Verwandtschaft eines der fragmentierten Entwürfe der Rückseite unseres Blattes mit der Franziskuserscheinung der Cappella Bardi zum wichtigen Indiz!

Mit anderen Worten: Unsere Zeichnung steht im Verdacht, im Zusammenhang mit Entwürfen für die Cappella Sassetti entstanden zu sein. Der Verdacht, daß die Franziskuserscheinung ursprünglich die Stelle der Auferweckung des Knaben hätte einnehmen sollen, verstärkt sich noch, wenn man folgendes in Betracht zieht: Auf beiden Versionen unseres Blattes stehen vor der Balustrade Figuren, die allem Anschein nach mit dem eigentlichen Darstellungsgegenstand nicht unmittelbar zu tun haben und die an zahlreiche Beispiele im Werk Ghirlandajos denken lassen (San Gimignano, Cappella Tornabuoni), in denen Zeitgenossen des Künstlers als Zeugen biblischer Ereignisse oder von Szenen aus dem Leben der Heiligen in die Darstellung Eingang gefunden haben. Nun kommen in jedem der Fresken (mit Ausnahme der Stigmatisierung) der Cappella Sassetti Porträts von Zeitgenossen vor. In einer so großen Zahl wie auf unseren Skizzen, jedoch nur in den beiden Szenen der Stirnwand: in der Regelbestätigung und der Auferweckung des Kindes. Daß die Erscheinung in Arles ursprünglich die Stelle der Regelbestätigung hätte einnehmen sollen, ist – gemessen an der Bedeutung dieses Ereignisses im Leben des Heiligen – kaum wahrscheinlich, während sie sehr gut, auch aus Gründen der inneren Abfolge der Erzählung, anstelle der höchst ungebräuchlichen Szene mit der Kindeserweckung, denkbar wäre [27]. Außerdem:

---

[25] R. Krautheimer, Lorenzo Ghiberti, Princeton 1956, T. 78 A.

[26] G. Kaftal, Iconography of the Saints in Tuscan Painting, Florence 1952, Sp. 386 ff. – Dargestellt ist hier übrigens nicht die Auferweckung des Kindes aus dem Hause Spini, wie man in der Literatur oft erwähnt finden kann (von dieser Episode ist in keiner der Franziskuslegenden die Rede!), sondern die Auferweckung des siebenjährigen Sohnes eines römischen Notars, über die man bei Thomas von Celano III, 42 (zit. Anm. 2, S. 478 f.) und bei Bonaventura § II, 6 (zit. Anm. 2, S. 212 f.) nachlesen kann. Ebenso wie in der Regelbestätigung hat Ghirlandajo auch hier eine Aktualisierung vorgenommen, indem er die Szene in Florenz spielen läßt, und zwar auf dem Platz zwischen Sta. Trinita und dem Palazzo Spini. Da Ghirlandajo nun das Kind aus einem Fenster des Palazzo Spini stürzen läßt, der hier nur stellvertretend für das von der Legende geforderte Haus des römischen Notars steht, verführte er spätere Interpreten zu der Meinung, nicht nur dieses Fresko, sondern auch die anderen Darstellungen des gleichen Themas stellten die Auferweckung eines Kindes aus dem Hause Spini dar.

[27] Für die Szene mit der Kindeserweckung gibt es laut Kaftal (zit. Anm. 22, Sp. 401) nur zwei weitere erhaltene Beispiele. Ein Fresko im rechten Querarm der Unterkirche von Assisi als Anhängsel an den Zyklus der Infantia Christi (vgl. Previtali, zit. Anm. 14, S. 315, Abb. 338) und eine der Vierpaßtafeln vom Sakristeischrank von Sta. Croce des Taddeo Gaddi in Berlin. (Vgl. Katalog: Königliche Museen zu Berlin, Die Gemäldegalerie des Kaiser-Friedrich-Museums, Erste Abteilung, Die Romanischen Länder, Berln 1909, Abb. auf S. 9.)

träfe unsere Lesart der Versozeichnung als Platzanlage zu, so wäre damit schon das Ambiente der Auferweckungsszene vorbereitet[28].

Stimmt unsere Theorie, dann hätten wir auch eine Erklärung für das extreme Querformat der Skizze auf der Rückseite unseres Blattes gefunden. Ihre Proportionen entsprechen im großen und ganzen denen des Auferweckungsfreskos: Mithin ein weiterer Anhaltspunkt dafür, daß die Rückseite dem Ziel bereits näher steht als die Vorderseite, also später als diese sei. Gewiß wäre unser Blatt längst mit der Cappella Sassetti in Zusammenhang gebracht worden, hätte man die Abfolge von Vorder- und Rückseite richtig erkannt. Solange man die nahezu quadratische Zeichnung der Vorderseite für die spätere Version nahm, war es so gut wie unmöglich, sie mit den breitformatigen Sassettifresken in Verbindung zu bringen.

Es bleibt noch zu fragen, wie das Format der Vorderseite zu erklären sei. Die Möglichkeit, daß die Fresken der unteren Reihe der Sassettikapelle ursprünglich höher projektiert waren, ist wohl auszuschließen. Einerseits hätten die an den beiden Seitenwänden angebrachten Grabmäler ein anderes als das heutige Format gar nicht gestattet, andererseits scheinen annähernd quadratische Fresken zunächst eine römische Spezialität zu sein. In Florenz treten sie uns zum erstenmal im letzten Jahrzehnt des 15. Jahrhunderts in der Cappella Strozzi entgegen. Bezeichnenderweise in einem Werk Filippino Lippis, der unmittelbar vorher in Rom gearbeitet hatte[29].

Viel plausibler scheint es uns, daß sich der Künstler zunächst um die realen Gegebenheiten nicht gekümmert hätte. Möglicherweise hat er von einem uns unbekannten Vorbild das Format zunächst mit übernommen[30]. Wir kennen auch Beispiele in Werken anderer Künstler, in denen Vorzeichnung und Ausführung im Format nicht übereinstimmen. So ist z. B. Filippino Lippis Londoner Kompositionsskizze zum Triumph des hl. Thomas in der Cappella Caraffa wesentlich höher proportioniert als das ausgeführte Fresko[31].

Alle übrigen uns bekannten Kompositionsskizzen Ghirlandajos ließen im Hinblick auf die ausgeführten Werke den Arbeitsvorgang des Künstlers als kontinuierliches Weiterarbeiten an einer von vornherein feststehenden Lösung erscheinen. Unser Blatt konfrontiert uns mit dem nicht nur für Ghirlandajo, sondern für das ganze Quattrocento höchst seltenen Fall einer Konzeptsänderung. Gerade dieses Beispiel zeigt, wie

---

[28] Vgl. oben S. 188.

[29] Man denke an die Fresken Pintoricchios in der Cappella Bufalini in Santa Maria in Aracoeli in Rom (vgl. E. CARLI, Il Pintoricchio, Milano 1960, Taf. 30) und an Filippino Lippis Cappella Caraffa in Sta. Maria sopra Minerva (vgl. A. SCHARF, Filippino Lippi, Wien 1935, T. 64 und T. 74). Vgl. auch BORSOOK (zit. Anm. 21), T. 85 und 86, S. 160 ff.

[30] Eine gute Vorstellung, wie dieses Vorbild etwa ausgesehen haben könnte, geben zwei Werke, die zwar andere Themen darstellen, aber die gleiche Raumform zeigen. Beide aus der zweiten Hälfte des 15. Jhs. Ein Kupferstich, Christus unter den Schriftgelehrten (A. M. HIND, Early Italian Engraving, London 1938, Part. I, Vol. I, S. 123 und Vol. III, T. 176) und eine Miniatur eines unbekannten Florentiners in den Uffizien, in der die Einkleidung einer Nonne dargestellt ist (M. SALMI, Italienische Buchmalerei, München o. J., S. 75, Abb. 98). Nicht außer acht lassen sollte man in diesem Zusammenhang eine moderne Holzschnittillustration der in Anm. 2 zitierten Tommaso da Celano Ausgabe von 1954. Da in mehreren Fällen die Illustrationen dieser Edition auf Quattrocentovorbilder zurückgehen, wäre es durchaus denkbar, daß die hochformatige Darstellung der Erscheinung in Arles ebenfalls auf einem Quattrocentomodell basiert, das aufzufinden mir aber leider nicht gelungen ist.

[31] A. SCHARF (zit. Anm. 26), T. 74 und T. 159.

die Realität in das künstlerische Schaffen eingreifen kann. Die neuen Ideen sind nicht im „luftleeren Raum" entstanden. Die äußeren Umstände, nämlich die Ausmaße, welche das Neuansetzen nötig gemacht haben, erweisen sich bei der Entstehung neuer Lösungen als Katalysatoren [32].

Es bleibt nun noch zu klären, wie es schließlich dazu kam, daß die Erscheinung in Arles durch die Kindeserweckung ausgetauscht wurde. Rintelens Ansicht, es wären rein künstlerische Gründe gewesen, verliert mit der Kenntnis unserer Zeichnung an Wahrscheinlichkeit [33]. Die Komposition der Franziskuserscheinung auf der Rückseite unseres Blattes hätte sich sehr wohl in den Zusammenhang der Sassettifresken eingefügt.

Viel eher scheint Warburg recht zu haben, der die Vermutung ausspricht, mit der Darstellung der Wiedererweckung des Kindes sei auf ein Ereignis aus der Familiengeschichte der Sassetti angespielt [34]: nämlich auf das Wiedererstehen des in Lyon gestorbenen Teodoro Sassetti (1460–1479) durch die Geburt Teodoros II (1479–1546). Diese These untermauert er mit dem Hinweis auf die Chronik von Sta. Maria Novella aus dem Jahre 1586 von Fra Modesto Billiotto, in welcher der auch sonst über die Familie Sassetti sehr gut informierte Autor berichtet, Francesco Sassetti habe seine Familienkapelle in Sta. Trinita „pro voto exornavit". Aus diesem „pro voto" schließt Warburg, daß „sich Francesco nicht nur durch allgemeines religiöses Loyalitätsgefühl, sondern sogar durch eine ganz persönliche Erfahrung gelöbnismäßig verpflichtet glaubte, seinem ‚Avvocato particolare' durch Malereien der Grabkapelle demonstrative Dankbarkeit zu bezeugen" [35].

Der Wahl der Darstellung der Auferweckung des Knaben ist um so mehr Gewicht beizulegen, als wir nun wissen, daß ursprünglich an dieser Stelle eine ganz andere Episode aus dem Leben des Heiligen vorgesehen war. Warburgs Annahme, es sei damit auf die Geburt Teodoros II Bezug genommen, wäre eine gute Erklärung für den ungewöhnlichen Themenwechsel. Es müßte noch eine Begründung für die Zeitspanne zwischen 1479, dem Jahr von Teodoros Tod und „Wiedergeburt", und dem seit Warburg als Beginn der Freskierung angenommenen Jahr 1483 gefunden werden, da ja spätestens damals das Thema der Auferweckung festgestanden haben müßte. Vielleicht liegt sie darin, daß die Vorbereitungsarbeiten für die Cappella Sassetti schon vor Ghirlandajos Romreise begonnen haben. Soweit ich nämlich sehe, stünde einer Datierung unserer Zeichnung um 1479/80 nichts im Wege [36].

Abbildungsnachweis. Oscar Savio, Rom: Abb. 115, 116; Soprantendenza Firenze: Abb. 117, 119; Steinkopf, Berlin: Abb. 118.

---

[32] Zur Frage der Wechselwirkung zwischen künstlerischen Entwicklungstendenzen und äußeren Gegebenheiten vgl. H. SEDLMAYR, Eine genetische Monographie, in: Kritische Berichte 1928/29, S. 190, der dort von der „gegenseitigen Bedingtheit des inneren Geschehens und der äußeren Geschehnisse" spricht. Vgl. weiter W. METZGER, Schöpferische Freiheit, Frankfurt/M. 1962, S. 33 ff.

[33] RINTELEN (zit. Anm. 17).

[34] WARBURG, Sassetti (zit. Anm. 19), S. 137 f., bes. S. 138, Anm. 3.

[35] WARBURG, ebenda, S. 138.

[36] Nachdem dieser Beitrag bereits abgeschlossen war, ergab sich aus einem Gespräch mit Eve Borsook, daß sie gleichzeitig und unabhängig von mir auf sehr ähnliche Ergebnisse über den ursprünglichen Verwendungszweck des römischen Blattes gekommen ist. Sie war so freundlich, meinen Aufsatz durchzusehen und mir noch einige Hinweise zu geben, wofür ich ihr sehr danke. Es ist zu hoffen, daß sie sich in der Neuauflage ihres Buches „The mural painters of Tuscany" zu der Zeichnung äußern wird.

EIN HOLZSCHNITT JÖRG BREUS DES JÜNGEREN UND EIN ENTWURF RAFFAELS

VON KONRAD OBERHUBER

Kürzlich hat Otto von Simson versucht, den machtvoll aus der Grabeshöhle heraustretenden Christus in Rubens' Auferstehung für das Breviarium Romanum der Plantinschen Offizin von 1614 (Abb. 120) aus der Bewunderung des großen Flamen für Giambolognas Merkur zu erklären[1]. Wenn auch die Stellung zwischen Schweben und Fliegen und die gespannte Linie der Körperbewegung von der Skulptur ableitbar sein mögen, so bildete dennoch ein anderes Werk den Ausgangspunkt für Rubens' Gestaltung, der Auferstandene in einem Holzschnitt (Abb. 122), von dem er unter anderem auch die liegende Figur links im Vordergrund übernahm. Dieser bisher wenig beachtete Schnitt, den wir hier näher behandeln wollen, hatte auch sonst Einfluß auf die Gestaltung der Auferstehung Christi im späteren 16. und frühen 17. Jahrhundert[2]. Erst damals wurden die dramatischen Möglichkeiten dieser Komposition mit den erschreckt auseinanderstiebenden Soldaten und der heroischen Erscheinung Christi völlig verstanden. Rubens erkannte zugleich die eigenartigen Dissonanzen des Blattes zwischen der symmetrisch komponierten unteren Hälfte und der asymmetrischen Position Christi, zwischen dem Sarkophag im Zentrum und dem von der Seite her auftretenden Auferstandenen innerhalb des schwer erklärbaren Bogens der Grabeshöhle. Er entfernt Sarkophag und Engel, läßt Christus aus dem nach der Seite verlegten Eingang des Grabes aufschweben und vereinfacht die Wächtergruppe zu einem dynamischen, konzentrierten, asymmetrischen Ganzen, in dem sich jede Teilung in oben und unten, rechts und links aufhebt.

Die von Rubens deutlich empfundenen Mängel, die sicherlich verstärkt werden durch die Ausführung im graphischen Medium des Holzschnittes, und durch die damit verbundene Umdrehung, wodurch die dynamischen Möglichkeiten der Erfindung nicht voll zur Geltung kommen, haben dazu geführt, daß die Bedeutung dieses Blattes bisher nicht erkannt wurde[3]. Weder die Zuschreibung, das Datum seiner Ausführung noch die künstlerische Ableitung der Komposition haben bisher eine eindeutige Klärung erfahren.

Zwei Versionen des Blattes existieren. Die von Geisberg und hier abgebildete wurde

---

[1] O. v. SIMSON, Rubens und der „Merkur" des Giambologna, in: Festschrift Ulrich Middeldorf, Berlin 1968, S. 436.

[2] Auch wenn man sich nur auf Werke beschränkt, die H. SCHRADE, Ikonographie der christlichen Kunst, Die Sinngehalte und Gestaltungsformen, I, Auferstehung Christi, Berlin 1932, anführt, so erkennt man die Wirkung etwa in Deglers Altarrelief in St. Ulrich in Augsburg von 1607, Abb. 194, oder in Matthäus Merians Stich in seinen Illustrationen zum Neuen Testament, Frankfurt 1627, Abb. 197, aber vielleicht auch in Annibale Carraccis bedeutender Auferstehung Christi im Louvre, Abb. 171.

[3] SCHRADE, ebenda, S. 351, analysiert es als einziger von seinem Figurengehalt her und kommt vor allem im Vergleich mit Dürer zu weitgehend negativen Ergebnissen.

von Dodgson[4] völlig richtig als die reichere, feinere und bessere erkannt. Die zweite bei Hollstein[5] und Röttinger[6] illustrierte und auf dem Sarkophag unter dem sitzenden Soldaten links vom Formschneider mit einem kleinen R bezeichnete ist leicht zu erkennen an der trockeneren Strichführung in der Landschaft und in der Schattierung des Bogens, vor allem aber am Fehlen der langen Strahlen des Heiligenscheines des Engels, die seinen Flügel und seine linke Hand im besseren Blatt überlagern. Diese technischen Vereinfachungen kennzeichnen zugleich die Kopie.

Daß der aus acht Platten zusammengesetzte 98 bei 67 cm große Holzschnitt ein typisches Produkt augsburgischer Holzschneidekunst in der Tradition der großen Schnitte Burgkmairs sei, darüber besteht kein Zweifel. Die zuerst von Röttinger vorgeschlagene und von Dodgson angenommene Zuweisung an Jörg Breu den Jüngeren, die noch Hollstein beibehält[7], wurde von Röttinger selbst später auf Heinrich Vogtherr den Jüngeren abgeändert, worin ihm Geisberg und Fritz Traugott-Schulz folgten[8]. Trotz Röttingers späten Gesinnungswandels scheint mir aber wie auch Hollstein die ursprüngliche Bestimmung stichhaltiger zu sein. Holzschnitte sind nicht leicht zuzuschreiben, da durch die künstlerische Ambition des Blattes und durch die Qualitäten des Formschneiders gewichtige Unterschiede entstehen können. Dennoch muß die stilistische Auffassung des Künstlers durch alle Varianten durchscheinen.

Röttinger selbst hat klar gesehen, daß unser Blatt durch die Qualität und den Stil seiner Linienführung, aber auch durch die Sorgfalt und den bestimmten Charakter des Schnittes mit folgenden Holzschnitten eng verbunden ist: Mit dem hl. Christoph (Hollstein, Breu Nr. 16), dem Tode des Gerechten und des Ungerechten (H. 17), der Wappengruppe (H. 96 und 99) und einer Anzahl von Landsknechten der von David de Negker ca. 1590 publizierten Serie (H. 76–87). Durch diese ursprünglich Breu genannte und von Röttinger nur in einer kurzen Anmerkung in das Werk des jüngeren Vogtherr als Arbeiten von dessen Augsburger Periode (ca. 1540–1556) eingefügte Gruppe verliert dessen ohnehin problematisches Œuvre jeglichen Zusammenhang. Was das sogenannte „frühe" Holzschnittwerk, das sich in eine Burgkmair und dem älteren Vogtherr nähere[9] und in eine in Typen und Linienführung vielleicht auch von Schäuffelein mitbeeinflußte Reihe scheidet[10], gegenüber unseren Werken bestimmt, ist der primär graphisch-ornamentale Charakter. Der Umriß wird in seiner kalligraphischen Rundung besonders betont, die Binnenzeichnung ist von größter Sparsamkeit, hohem Regel- und Gleichmaß der Stärke und folgt, wenn irgend möglich, in kräftigen, schön geschwungenen Schraffenlagen den Rundungen von Körper und Gewand, so aber,

---

[4] DODGSON, M.A., Catalogue of Early German and Flemish Woodcuts preserved in the Department of Prints and Drawings in the British Museum. London 1911, Vol. II, S. 437, Nr. 14.

[5] F. W. H. HOLLSTEIN, German Engravings, Etchings and Woodcuts, IV, Amsterdam 1957, S. 192, Jörg Breu the younger, Nr. 14 (hier fortan zitiert „H.").

[6] H. RÖTTINGER, Breu-Studien, in: Jb. d. Kunsthist. d. Slgn. d. Ah. Kaiserhauses, XXVIII, 1909, S. 67.

[7] Ebenda, S. 68. – H. RÖTTINGER, Das Holzschnittwerk Jörg Breus des Jüngeren, in: Mitt. d. Ges. für vervielfältigende Kunst, Beilage der Graphischen Künste, 32, 1909, S. 9, Nr. 72. – DODGSON (zit. Anm. 4).

[8] H. RÖTTINGER, Die beiden Vogtherr, in: Jb. f. Kunstwissenschaft, 4, 1927, S. 179 f., Anm. 2. – M. GEISBERG, Der Deutsche Einblattholzschnitt in der ersten Hälfte des 16. Jahrhunderts, München 1923 ff., und Bilderkatalog zu Geisberg, Der Deutsche Einblattholzschnitt, hg. von H. SCHMIDT, 1930, Nr. 1462/63; F. TRAUGOTT-SCHULZ, ad vocem, in: Thieme-Beckers Künstlerlexikon, XXXIV, Leipzig 1940, S. 506.

[9] GEISBERG 1465, 1468, 1471, 1475–1477.   [10] GEISBERG 1461, 1469 und 1470.

daß die flächenbetonende Grenze des Umrisses niemals überspielt wird. Die Figuren werden daher flächig und unstatisch in ein ornamentales Gesamtkonzept eingegliedert, in dem geschwungene Spruchbänder und sonstiges dekoratives Detail starke formale Bedeutung erhalten. Das Prinzip der Flächenfüllung ist das dekorativer Dichtigkeit und Spannung. Vogtherr der Jüngere folgt in diesen Prinzipien im wesentlichen der Kunst des Vaters, mit der diese Gruppe auch durch viele Züge der Typensprache durchaus verbunden ist.

Ganz anders ist dagegen die Auffassung unserer Blätter. Wäre nicht der offensichtliche Gegensatz zu graphisch „malerisch", so würde man sich nicht scheuen, ihn hier zu verwenden, freilich relativiert innerhalb der Grenzen der Augsburger Holzschnittkunst der ersten Hälfte des 16. Jahrhunderts. Der Umriß ist hier dann kraftvoll, wenn er zugleich Schatten bedeutet, und zart, wenn er eine Lichtfläche begrenzt. Die Binnenzeichnung ist höchst differenziert, folgt meist den Rundungen in zarten, beweglichen Strichlagen, die oft von kleinen Gruppen von Kreuzschraffen überlagert werden, oder charakterisiert Schattenzonen durch gerade, geometrisch klare Quer- und Kreuzlagen, die sich manchmal auch über Objektgrenzen hinweg fortsetzen und sich zu kompletten Dunkelzonen verdichten können. Zarte Linien folgen oft in reicherer Bewegung dem Kontur oder charakterisieren Muskelgrenzen und Falten. Es geht um die Modellierung der Dinge und darum, durch Hell und Dunkel die räumliche Anordnung zu unterstützen. Raum wird durch die Stellung der Figuren und die landschaftlichen Elemente angestrebt, und die Komposition bedarf der Basis eines geometrischen, diagonalen oder vertikal-horizontalen Grundgerüstes.

Diese räumliche und modellierende Auffassung des Holzschnittes finden wir auch im gesicherten Werk Jörg Breus des Jüngeren, der seine Figuren stets in zwar perspektivisch unvollkommene, aber als solche aufgefaßte Tiefenräume hineinstellt und dessen Umriß- und Schraffengestaltung je nach Qualität des Formschneiders mehr oder weniger differenziert dem Prinzip der Hell-Dunkel-Modellierung folgt.

Es ist hier im Grunde unnötig, auf die vielen Stilelemente einzugehen, die unsere Gruppe als die zweifellos qualitätvollste mit den übrigen zumeist wesentlich gröberen Schnitten Jörg Breus verbinden, da Röttingers früher Aufsatz darin durchaus stichhaltig ist. Gesagt muß freilich werden, daß die Vergleiche erst bei Verwendung der Originale oder der originalgroßen Abbildungen bei Geisberg völlig überzeugen können, da erst dann die handschriftlichen Details, auf die es ankommt, völlig sichtbar werden.

Gleiche Qualität wie unsere Blätter und damit wohl die Arbeit desselben Formschneiders zeigt nur ein einziger weiterer Schnitt unter den nie bezweifelten Holzschnitten Jörg Breus, das erstaunliche, wie die Auferstehung ebenfalls aus acht Platten bestehende Opfer Abrahams (H. 1, Abb. 123), das sicher auch zu den bedeutendsten großen augsburgischen Holzschnitten gerechnet werden kann, sicherlich die höchste Leistung von Jörg Breu auf diesem Gebiet. Kleine Abbildungen verfehlen leider auch hier die Wirkung. Die Größe der Auffassung Christi und Abrahams, ihre volle Plastizität, die Ausdruckskraft ihrer Köpfe und der malerische Reichtum ihrer Gewänder – wobei sich auch das Kleid des fliegenden Engels gut mit dem Mantel Christi vergleichen läßt – aber auch Details wie die Haargestaltung und die Wolkenbildung binden die beiden Werke auf das engste zusammen, so sehr, daß hier nicht nur derselbe Zeichner und Formschneider am Werk gewesen sein müssen, sondern auch eine zeitliche Nähe der Ausführung angenommen werden kann. Im ebenfalls acht Blätter großen Schnitt mit dem Tod des Gerechten und Ungerechten (H. 17) finden wir bei gleicher Qualität des Schnittes und einer unzweifelbar engen Beziehung in allen Einzelheiten der Gestaltung doch eine wesentlich flächenhaftere, schematischere, vereinfachte Auffassung, eine geringere plastische Kraft in den Figuren, ja überhaupt eine wesentlich holzschnitthaftere Auffassung, die sich schon im allegorisch-moralischen Charakter des Themas mit den Inschrifttafeln usw. kundtut, aber auch im Strichcharakter fühlbar wird, ohne sich deshalb den Werken Vogtherrs zu nähern. Besonders kennzeichnend für den Unterschied zu den beiden anderen Blättern ist z. B. die Stilisierung der Wolken. Das Blatt steht damit den meisten bekannten Werken Breus näher als das Opfer und die Auferstehung, die sich isolieren. Es ist etwa der venezianischen Ballszene (H. 26) in der Figurenauffassung, in der Holbeineinflüsse zu erkennen sind, und in dem Verhältnis von bedruckter und weißer Fläche verwandt, vielleicht aber früher als dieses erst nach 1539 datierbare Blatt[11]. Datierungen müssen bei so unterschiedlicher Schnittqualität freilich unsicher bleiben.

Die 1540 datierte, in der Figurenauffassung allerdings altertümlichere Susannengeschichte (H. 7)[12] und das verwandte spätere Blatt mit dem reichen Prasser und dem armen Lazarus (H. 11), aber auch David und Bathsheba (H. 4) und die bekannten Miniaturen Jörg Breus aus den vierziger Jahren[13] zeigen alle die Tendenz zu kleinfigurigen Kompositionen in großer architektonischer Szenerie mit reichen dekorativen Elementen. Es wäre schwer, unsere beiden großen Blätter, die Auferstehung und das Opfer Abrahams, in diesen Zusammenhang einzufügen, wie das Röttinger tat[14]. Es ist wahrscheinlicher, daß sie geniale Frühwerke sind, denen ein langsames Schematischerwerden im Sinne der Entwicklung in Deutschland in diesen Jahren folgte.

Die frühesten Jörg Breu dem Jüngeren zugeschriebenen Holzschnitte sind eine Reihe von Buchillustrationen, die um 1530 einsetzen und sich bis 1533 hinziehen[15] (H. 23, 34–75). Sie schließen an den Stil des Vaters an, der an ihnen mitarbeitete, zeichnen sich aber durch ihre geometrische Klarheit in der blockhaften Vereinfachung der Gestalten, die an Carpaccio erinnern, und durch den malerischen Einsatz der Schraffenlagen aus, die in ihrer kristallhaften Struktur und ihrer flexiblen Differenziertheit unseren Blättern sehr nahe kommen. Sehr gut vergleichbar sind z. B. die beiden von Röttinger abgebildeten Szenen „Justinus läßt seine Mutter und seine Gemahlin ermorden" aus den Historien des Justinus von 1531 (H. 36) und „Die kaiserlichen Gesandten vor Sultan Soleyman" des Itinerars des Curipeschitz (H. 75 mit Abb.) aus demselben Jahr[16] mit der Gewandgestaltung von Abraham und Isaak, wo trotz des Unterschiedes in der Größe doch eine ähnliche räumliche Fülle und eine ähnliche Freiheit der Bewegung bei Klarheit der Struktur zu finden sind. Breus Illustrationen gehören mit ihren landschaftlichen Tiefen zugleich zum Räumlichsten in seinem Werk, ebenso wie die beiden großen Blätter. Details der freizügigen Landschaftsgestaltung und der locker gezeichneten Stadtansichten und Gebäude mit ihrer kristallhaften Struktur lassen sich

---

[11] Vgl. RÖTTINGER, Breu-Studien (zit. Anm. 6), S. 62.
[12] RÖTTINGER, ebenda, vermutet dahinter eine Zeichnung des Vaters.
[13] Vgl. C. DODGSON, Ein Miniaturwerk Jörg Breus d. J., in: Münchner Jb. der bild. Kunst, 11, 1934/35, S. 191 ff.   [14] RÖTTINGER, Breu-Studien (zit. Anm. 6), S. 49 ff.
[15] Ebenda, S. 49 ff.   [16] Ebenda, S. 52 und S. 53.

gut vergleichen. Später hat Breu seine Figuren nie mehr so sicher in die Tiefe bewegt, seine Schatten so frei und Volumen erzeugend verteilt.

Richtig wurde schon immer angenommen, daß diese Illustrationen – wie Jörg Breus des Jüngeren Werk überhaupt – einen Aufenthalt in Venedig vor 1530 voraussetzen. Venezianische Eindrücke sind insbesondere auch im großen Abraham-Holzschnitt (Abb. 123) deutlich. Die Gestaltung des Tiefenraumes mit dem carpaccesken Blick auf die Stadtmauer und den sich auftürmenden Bergen dahinter war schon vorher Allgemeingut der Augsburger geworden. Die dichten Baumgruppen hinter Abraham mit den mächtigen Baumstämmen, die von dünneren, dicht und buschig belaubten umgeben sind, aber auch die Gestaltung der Bodenwellen erinnern ganz spezifisch an Tizian, und zwar an Ugo da Carpis großen Holzschnitt mit dem Opfer Abrahams, wenn auch Dürer für die Palme im linken Eck verantwortlich gemacht werden muß[17]. Tizian nahe sind auch der aus Balken künstlich aufgebaute Opferaltar und die Monumentalität der Figur. Vor allem scheinen mir aber das Bildhafte, die überzeugende Modellierung in Licht und Schatten, die betonte Räumlichkeit und die Sensibilität in der Schilderung des Sinnlichen venezianische Eindrücke zu spiegeln, ebenso wie auch die Durchsichtigkeit der graphischen Struktur.

Erscheint das Opfer Abrahams auch von der Komposition her in dem asymmetrisch Eingebettetsein in die weite Landschaft als typisch venezianisch, so zeigt andererseits die Auferstehung zwar eine verwandte Behandlung der Oberfläche, besonders des Körpers und Gewandes Christi, der Bodenwellen des Hintergrundes und der Stadtlandschaft mit ihrem Sonnenaufgang, die sicher von der Kunst der Lagunenstadt beeinflußt sein muß, der Charakter der Figurenkomposition ist aber ein anderer.

Vor allem der untere Teil zeigt eine geometrisch kontrollierte Dichte der Fügung, ein Aufeinanderprallen plastisch bewegter Körper in dramatischen Posen und reliefhafter Dichte, eine Spannung von zentrifugalen und zentripetalen Kräften, wie wir sie weder in Deutschland noch in Venedig in dieser Zeit antreffen. Selbst in Dürers großem Holzschnitt des Themas gibt es nicht diese allgemeine Bezogenheit jeder Figur auf die erschreckende Erscheinung Christi, nicht diese expansive Kraft des Erfassens des Raumes, die antikische Monumentalität der Körpergestaltung. Dies ist rein mittelitalienisch und in der geometrischen Klarheit und Räumlichkeit der Komposition spezifisch raffaelisch.

Schrade hatte schon bemerkt, daß das eigenartige ikonographische Motiv der Verbindung des Engels, der den im Hintergrund auftretenden Marien zugehört, und des auffahrenden Heilands dieses Blatt mit Raffaels Zeichnung einer Auferstehung in Bayonne verbindet (Abb. 124)[18], Teil einer Zeichnungsgruppe, die von Michael Hirst als Vorstudien für das Altarbild der Chigikapelle in S. Maria della Pace erkannt wurden[19]. Nicht aber sah Schrade, daß sich der Holzschnitt noch näher mit diesem Projekt

---

[17] Abb. von Tizians Holzschnitt in: H. TIETZE, Tizian, Gemälde und Zeichnungen, Wien 1937, Abb. 320; die Palme stammt aus der Flucht nach Ägypten in Dürers Marienleben, B. 89.

[18] SCHRADE (zit. Anm. 2), S. 351.

[19] M. HIRST, The Chigi Chapel in S. Maria della Pace, in: Journal of the Warburg and Courtauld Institutes, XXIV, 1961, S. 171 ff. Die Gruppe wurde zuerst als solche von J. C. ROBINSON, A Critical Account of the Drawings by Michel Angelo and Raffaello in the University Galleries Oxford, Oxford 1870, S. 275–284, erkannt. O. FISCHEL erweiterte sie in seinem Aufsatz im Jb. der preuß. Kunstslgen., XLVI, 1925, S. 191 ff., und hat sie in: Raphaels Zeichnungen, Berlin 1913 ff., Bd. VIII, 1941, Nr. 387–395a (hier zitiert als FISCHEL), eingehend

Raffaels verbinden läßt, sobald man ihn als seitenverkehrte Ausführung einer Zeichnung erkennt. Genauer zeigt er eine Variation der Motive des Bayonner Blattes (Fischel 387), die als ein Zwischenstadium in der Entwicklung des wohl endgültig angenommenen Entwurfs angesehen werden kann, für den eine Skizze des unteren Teiles in Oxford (Abb. 121) (Fischel 388) und mehrere Detailstudien in englischen Sammlungen (Fischel 390–393) vorhanden sind. Daß Raffael daneben andere Gedanken verfolgte, die sich darin nicht niederschlugen, zeigen eine überaus reiche Ideenskizze in Oxford (Abb. 125) (Fischel 389), die schon das Bayonner Blatt voraussetzt, und mehrere Detailstudien, die nicht in Beziehung zum „endgültigen" Oxforder Entwurf gebracht werden können (Fischel 394, 395, 395a).

Gemeinsam sind beiden Entwürfen in Bayonne (Abb. 124) und in Oxford (Abb. 121) sowie dem Holzschnitt (Abb. 122) vor allem das zentrale Motiv des Engels auf dem schräggestellten Sarkophag, das V-artige Auseinanderstreben der Soldaten, das Motiv des flußgotthaft Liegenden in den Zeichnungen rechts, im Holzschnitt links im Vordergrund, der Sitzende darüber, der freilich bei Breu eine andere Haltung einnimmt, und dahinter der Laufende mit vor den Kopf gelegtem Arm, im Schnitt allerdings zu Christus hinaufblickend, schließlich die Figur, die im Bayonner Blatt links mit erhobenem Schild hereinkommt, im Holzschnitt rechts kniend die Hände erhebt, im Oxforder Blatt kauernd kaum mehr erkennbar ist. Gemeinsam ist zudem das Rückenmotiv des Laufenden dieser Seite im Holzschnitt mit dem Sitzenden des endgültigen Entwurfes. Auch spiegelt der Bogen des Holzschnittes den runden Abschluß des Bayonner Entwurfes.

Auffallend ist also, daß in Zeichnungen und Schnitt diejenige Seite der Komposition am stärksten übereinstimmt (in den Zeichnungen die rechte, im Holzschnitt die linke), die schon im frühen Entwurf am meisten ausgearbeitet war. Während Raffael in diesem Teil nur Einzelheiten korrigierte, arbeitete er intensiv an dem anderen, der ja im „definitiven" Blatt (Abb. 121) zumindest zeichnerisch größere Bedeutung erhält.

Verfolgen wir, wie Raffael in der Oxforder Skizze (Abb. 125) den rechten Teil des Bayonner Entwurfes (Abb. 124) weiter entwickelt, so sehen wir, daß das Herausstürzen in den Raum des Betrachters – wohl ein Resultat von Raffaels Eindrücken an den Eckzwickeln von Michelangelos Sixtinischer Decke nach der Enthüllung kurz zuvor – dort noch gesteigert wird durch ein Aufgeben der Flußgottstellung des Liegenden und ein Umwandeln zu einem richtigen Stürzen, das aber durch einen stehenden Mann mit einer Fahne wieder in Balance gehalten werden sollte, der sicher aus dem Laufenden darüber durch Umdrehen entwickelt wurde. Im Holzschnitt finden wir dagegen eine gefaßtere, statischere Haltung der Figuren, die schon mehr dem endgültigen Entwurf entspricht. Das Prinzip des Variierens von Figurenmotiven finden wir aber auch hier. Sogar einige Spuren der Oxforder Skizze sind zu bemerken, wie etwa die Lanze, die der flußgottartig Liegende hält und die dort bei mehreren Varianten des Motivs erscheint, oder die Stellung des Mannes rechts hinter dem Knienden im Vordergrund, der die

---

besprochen. – Vgl. auch: P. POUNCEY and J. GERE, Italian Drawings in the Department of Prints and Drawings in the British Museum, London 1962, Nr. 34. – A. E. POPHAM and J. WILDE, The Italian Drawings of the XV and XVI Centuries in the Collection of His Majesty the King at Windsor Castle, London 1949, Nr. 798 and 799. – K. T. PARKER, Catalogue of the Collection of Drawings in the Ashmolean Museum, Oxford 1956, S. 301 ff. – J. BEAN, Inventaire Général des Dessins des Musées de Province 4, Bayonne, Musée Bonnat, Les dessins de la Collection Bonnat, Paris 1960, Nr. 132.

Pose des Fahnenträgers durch Abänderung der Kopfhaltung übernimmt. Auch die große Lanze zu Füßen des Engels findet sich in verwandter Lage in der Zeichnung vorbereitet.

Es wird daraus klar, daß der Holzschnitt zumindest in seinem unteren Teil einen Zwischenentwurf Raffaels wiedergeben muß, wie sie, von ihm selbst oder seiner Werkstatt oft etwas genauer ausgeführt, gestochen wurden, oder auch als Geschenk die Werkstatt verließen. Man kann sich gut vorstellen, wie Raffael die Flußgottfigur aus der Oxforder Skizze (Abb. 125) heraus gestaltet, die sitzende Figur darüber durch Umdrehen aus dem im Bayonner Entwurf (Abb. 124) entwickelt, dadurch dem Engel in etwa die Geste dieser Figur, eher aber die des Christus darüber, übertragen kann, die dann im endgültigen Entwurf wieder an den Sitzenden zurückgeht. Der Kniende mit dem Schwert im Vordergrund entsteht aus der entsprechenden sitzenden Figur links im Bayonner Blatt, die laufende Figur dahinter entspricht der Notwendigkeit, auch dieser Seite größere Bedeutung und kompositionellen Halt zu geben und adaptiert die inzwischen verworfene Figur des Fahnenträgers[20]. Weitere Füllfiguren, die zum Teil auch schon in Bayonne angedeutet sind, ergänzen den Aufbau.

Die „endgültige" Fassung in Oxford (Abb. 121) entsteht dadurch, daß vor allem die kniende Figur im Vordergrund durch eine Sitzfigur ersetzt wird, was im Grunde so geschieht, daß die laufende Figur im Hintergrund vergrößert und in eine sitzende Stellung nach vorn gebracht wird und nun ein wesentlich besseres Repoussoir abgibt. Das bedingt zugleich die Rückkehr zur Vorderansicht für die Sitzfigur der anderen Seite, die nun die breite Geste des Engels übernimmt, der selbst zum alten Motiv zurückkehrt, aber in die andere Richtung blickt.

Die große Repoussoirfigur, alle die Gesten der Soldaten bereiten auf die Erscheinung Christi im oberen Teil vor. Raffael hatte sich für sie im Bayonner Blatt im wesentlichen noch an die Tradition einer zentral aufschwebenden Gestalt gehalten, freilich ohne Mandorla und mit dramatischen Engeln, die in der Oxforder Skizze in noch verkürzterer Form erscheinen, und mit einer Geste, die an die des Christus der Disputa anschließt[21]. Schon die Tatsache, daß im Holzschnitt der Engel diese Geste hat, weist darauf hin, daß oben ein Wandel eingetreten sein muß, wie auch das Weglassen des Mannes mit der Fahne ebenfalls damit zu tun haben mag, daß Christus nun die Fahne trägt. Dies, die Richtung der Blicke und auch der runde Bogen des Abschlusses im Holzschnitt, sprechen dafür, daß auch Breus Gestalt des Auferstandenen trotz einer gewissen Uneinheitlichkeit, die wir oben beschrieben, ein Teil von Raffaels Entwurf war, eben eines Entwurfes, der noch nicht bis ins letzte ausgefeilt war. Auch die klassische Größe der Gestalt und ihre kontrollierte Pose, wie auch der Reichtum des wirbelnden Gewandes, das ähnlich schon in der Zeichnung angedeutet ist, sprechen dafür.

Es ist interessant, daß Bernardino Gatti in einem frühen Entwurf in Oxford für seine Auferstehung im Dom von Cremona von 1529[22] eine äußerst ähnliche Figur Christi in correggiesker Abwandlung verwendete. Gatti hat nachweislich Raffaelschulgut gekannt, und so mag seine Quelle auch ein Entwurf Raffaels gewesen sein. Sonst ist ein auf-

---

[20] Vgl. dazu auch FISCHEL 395a.

[21] Wie SCHRADE (zit. Anm. 2) S. 261, richtig bemerkt, ist die nächste Parallele eine Bronzeplakette von Vecchietta in der Pierpont Morgan Library in New York, Abb. 124.

[22] PARKER, (zit. Anm. 19), Nr. 1529. – Vgl. auch K. OBERHUBER, Drawings by Artists working in Parma in the Sixteenth Century, in: Master Drawings, 8, 1970, T. 37, S. 281.

fahrender Christus auf Wolken in seitlicher Position wie dieser hier im frühen 16. Jahrhundert schwer nachzuweisen. Vielmehr findet sich aber die genaue ikonographische Kombination von Christus in Profil und mit Fahne und Engel auf dem Grabe sowie mit Soldaten im Trecento und frühen Quattrocento in Florenz[23], eine für Raffael, der oft auf frühe ikonographische Lösungen zurückgriff, nicht ungewöhnliche Situation.

Der spezifische Anlaß ergab sich hier aber aus der Position des geplanten Bildes in der ersten Kapelle rechts vom Eingang in die Kirche. Stellen wir uns den Holzschnitt seitenverkehrt vor und versetzen wir ihn an diese Stelle, so trifft nicht nur das Licht des Fensters der Fassade Christus mit voller Kraft, sondern tritt er auch mit Blick und Geste zu diesem Licht erhoben dem Betrachter entgegen, in dessen Richtung sich auch unten die Figuren bewegen.

Aus einer weitgehend noch ideal symmetrischen Komposition sehen wir also Raffael hier auf dem Wege zu einem Bildaufbau, der sich direkt auf die spezifische Stelle des Werkes in der Kirche und die Position des Betrachters bezieht, wobei freilich für den unteren Teil erst das Oxforder Blatt (Abb. 121) eine wirklich befriedigende Lösung bot. Wie weit Raffael die Figur Christi dann nochmals abänderte, muß freilich offenbleiben, doch ist anzunehmen, daß seine endgültige Lösung näher der des Holzschnittes als der der Bayonner Skizze war (Abb. 124), weil auch im Oxforder Entwurf die alte Geste Christi im unteren Teil Verwendung fand.

Schwer bleibt zu sagen, was Jörg Breu der Vorlage zufügte. Sicher ihm gehört die Landschaft mit der Stadt, der Bogen und die Architektur der rechten Seite[24]. Sicher von ihm sind auch die Turbane und dekorativen Rüstungen. Möglich, daß auch die drei Frauen seine Zutat sind, kaum die Stufe im Vordergrund, die die räumlichen Verhältnisse klären hilft. Die Dürerische Dichte und Wolkengestaltung, die ganz im Gegensatz zum Bayonner Entwurf steht, wo der Aufschwebende auf leichten Wolken den Soldaten noch ganz entrückt ist, wird wohl schon Raffael in seine Zeichnung gebracht haben. Dürer spielt auch sonst bei ihm eine große Rolle.

Die Bedeutung von Raffaels Entwurf als dem ersten Versuch der Anwendung der neuen dramatischen Kompositionsprinzipien der Stanza d'Eliodoro, deren Epoche dieses Projekt angehört, ist schon öfter betont worden[25]. Jörg Breus Holzschnitt, der wohl eine Zeichnung wiedergibt, die er in Italien gesehen oder sogar nach dem Norden mitbrachte, gibt uns ein deutlicheres Bild davon, als wir es bisher hatten. Es liegt an uns, die geniale Idee in diesem in den Details nicht immer ganz befriedigenden Werk zu erkennen, wie Rubens und seine barocken Zeitgenossen es vor uns taten.

Abbildungsnachweis. Ashmolean Museum, University of Oxford: Abb. 121, 125; Albertina, Wien: Abb. 122, 123; Réunion des Musées Nationaux, Paris: Abb. 124; J. R. Freeman Ltd., London: Abb. 120.

[23] Vgl. SCHRADE (zit. Anm. 2), Abb. 64, Taddeo Gaddi, Sakristeischränke, Abb. 67, Andrea da Firenze, Spanische Kapelle, Abb. 65, Schule des Simone Camaldolense, Miniatur, Florenz, Sta. Croce, Abb. 66, Schule des Lorenzo Monaco, Florenz, Laurenziana, Abb. 68, Umkreis des Lorenzo Monaco, Miniatur, Berlin, Kupferstichkabinett. Der Typus Christi mit erhobenem Arm und Fahne ist sonst allgemein üblich bei dem Typus des Erlösers, der dem Grabe entsteigt.

[24] Das Motiv der aufgehenden Sonne ist im 16. Jh. im Norden wie im Süden zu finden. Die Bogenlösung könnte von nordischen Vorbildern, wie etwa Altdorfer, inspiriert sein.

[25] Die Dramatisierung der Soldatengruppe ist nicht Raphaels Verdienst, sondern geht bei ihm sicher auf Verocchios Vorbild zurück. Die Bedeutung von Raphaels Lösung wird u. a. gewürdigt von HIRST (zit. Anm. 19), S. 171 ff. und von SCHRADE (zit. Anm. 2), S. 261.

FRÜHE BILDER DES ABENDMAHLS VON JACOPO TINTORETTO

VON KARL M. SWOBODA

Bisher gilt das Abendmahl der Kirche San Marcuola in Venedig mit seinem Datum von 1547 als das früheste überlieferte Werk Tintorettos zu diesem Thema[1] (Abb. 126). Es ist ein Chorbild, der eine Teil eines Bilderpaares, wie sie Tintoretto häufig gemalt hat. Das Gegenstück, eine Fußwaschung, war zweimal gemalt worden. Eine ältere, wohl mit dem Abendmahl gleichzeitige Fassung (155 zu 408 cm, die Höhe somit mit der des Abendmahles annähernd gleich!) befand sich im Besitz des Lord Farenham in Irland und ist heute in der Art Gallery of Ontario in Toronto. Eine zweite fortgeschrittenere und etwas größere Fassung (210 zu 533 cm) ist im Prado in Madrid. An Ort und Stelle der Fußwaschung war schon zur Zeit Ridolfis, also im 17. Jahrhundert, eine Kopie getreten[2]. Tintoretto war, als er 1547 dieses Abendmahl malte, da er 1518 geboren ist, fast dreißig Jahre alt. Er war also schon lange künstlerisch tätig. Über diese Frühgeschichte der Kunst Tintorettos, die sehr schlecht dokumentiert ist, besitzen wir das ausgezeichnete Buch von Pallucchini[3] und weitere aufschlußreiche Arbeiten[4] von ihm. Auf die Frage des Stilablaufes dieser Frühzeit wollen wir hier nicht weiter eingehen, bloß auf die Frage, ob dieses den Künstler sein ganzes weiteres Schaffen hindurch fesselnde Thema Tintoretto nicht schon vor 1547, dem Abendmahl von San Marcuola, beschäftigt hat. Es ist da ein im Vergleich zum Abendmahl von San Marcuola (157 zu 443 cm) viel kleineres (121 zu 216 cm), auch auf Leinwand gemaltes, viel primitiveres, altertümlicheres Bild in venezianischem Privatbesitz zu nennen (Abb. 128). Der ikonographische Grundtypus ist der schon seit dem 14. Jahrhundert neben dem giottesken Typus allgemein verbreitete, wie ihn ähnlich schon Duccio im Dombild von Siena zeigt: die Apostel vor und hinter dem bildparallelen Tisch, in den venezianischen Bildern auch seitlich angeordnet[5].

---

[1] Die Bezeichnung lautet: *1547 a di 17 agosto in tempo de miser Isepo Morandelo et compagni*. Beim barocken Umbau der Kirche (1728–1736) war es, um die neue Chorwand auszufüllen, oben um etwa drei Meter angestückelt worden. Die Stückelung zeigt eine Hallen- und Chorarchitektur. Auch unten kam ein Streifen dazu, von dem ein Rest noch vorhanden ist, während die Ergänzung oben heute entfernt ist. Die Maße des Bildes sind heute 157 zu 443 cm. Vgl. E. VON DER BERCKEN, Die Gemälde des Jacopo Tintoretto, München 1942, S. 123, wo auch die ältere Literatur angeführt ist.

[2] Vgl. dazu und auch zum Abendmahl nun P. DE VECCHI, Tintoretto (Classici dell'Arte ed. Rizzoli), Milano 1970, S. 91. – Eine Abbildung des Abendmahls vor Entfernung des barocken Hintergrundes gibt N. BARBANTINI, La Mostra del Tintoretto, 1937, S. 20, Fig. 2.

[3] R. PALLUCCHINI, La giovinezza del Tintoretto, Milano 1950.

[4] Zuletzt in Arte Veneta, XXIII, 1969, S. 31 ff.

[5] Zur Ikonographie des Abendmahls, im besonderen auch in den Bildern Tintorettos, vgl. nun den entsprechenden Abschnitt in dem grundlegenden Werk von H. AURENHAMMER, Lexikon der christlichen Ikonographie, I, Wien 1959–1967, S. 11 ff.

Neu sind in San Marcuola die Tiere, die Gefäße, die allegorisch als Carità u. ä. gedeuteten großen, von Putten begleiteten Nebenfiguren, die – wie Pallucchini [6] hervorhebt – später ein ständiges Requisit der Abendmahlsdarstellungen Tintorettos bleiben: realistische, aus dem Leben gegriffene Dinge und Figuren, die den hohen Gegenstand mit der natürlichen, trivialen Umwelt verbinden „facendo partecipe alla Cena tipi di un'umanità rude e popolare, imprimendole quell'accento di comune realtà quotidiana sorpresa dalla rivelazione del miracolo".

In beiden Bildern ist Christus in der Mitte der Rückseite des Tisches frontal gegeben. Beim Bild der venezianischen Privatsammlung sind Petrus und Johannes zu seiten Christi, aber doch von diesem etwas abgerückt, angeordnet, im Abendmahl von San Marcuola sind sie direkt an Christus herangerückt. Diese Dreifigurengruppe setzt sich von den übrigen Abendmahlsteilnehmern ab, bildet eine Einheit für sich, was durch die hinter ihr angebrachte Draperie betont wird. Christus blickt nach innen gekehrt nieder, die zwei Apostel zu seiten wenden sich ihm fragend zu. Er hebt die Rechte, den Verrat verkündend. Judas, der sich angesprochen fühlt, hält den Beutel mit den Silberlingen hinter sich. Auf dem Bild im venezianischen Privatbesitz hat er den Beutel hinten in seinem Gürtel stecken. Das Abendmahl in San Marcuola ist mit seiner Auffassung des Ausdruckes Christi wohl von Leonardos Abendmahl berührt.

Der Ausblick in der Mitte des Hintergrundes durch ein breites Fenster ins Freie kommt bei Tintoretto in seiner frühen Zeit vereinzelt vor (Budapest, Christus in Emaus) [7].

Wann mag das Bild im venezianischen Privatbesitz entstanden sein? Wir müssen uns nun seiner formalen Struktur zuwenden. Auffallend sind die zwei rechts und links von jenem Fenster an der Wand gegebenen Fresken. Ihr oberer Teil ist jedesmal vom Bildrand abgeschnitten. Sie sind offenbar in Grisaillencharakter gedacht. Ein solcher grisaillenartiger Hintergrund findet sich in dem erst kürzlich wieder bekannt gewordenen Bilde Tintorettos mit dem jugendlichen Christus im Tempel, heute in der Galerie des Domes in Mailand [8]. Das Bild ist um 1540 entstanden und alsbald (etwa 1542) nach Mailand gelangt, wo es als „Fremdling" wenig beachtet wurde und erst kürzlich neu „entdeckt" worden ist. Tintoretto hat später solche grisaillenartige Wandmalereien in seinen Bildern nicht mehr verwendet [9].

Das Mailänder Bild Christi im Tempel führt mit seiner Datierung um 1540 in eine Zeit vor dem Abendmahl in San Marcuola, wo bei Tintoretto erstmalig eine reichere und größere Figurenbildkomposition auftaucht. Doch werden wir zu bedenken haben, daß Tintoretto in seiner frühen Zeit unterschieden hat zwischen Abendmahlsbildern mit jener großen profanen Assistenz, wenn es um Bilderpaare in Kirchen und Kapellen ging, wo das „Volk" einbezogen werden sollte, und Einzelbildern in intimeren Kapellen, wo das einfache Abendmahlbild in der Chormitte figuriert.

---

[6] R. PALLUCCHINI (zit. Anm. 3), S. 106.

[7] Für die weitere Variation des Motivs vgl. die Fußwaschung der Sammlung Pembroke in Wilton House, abgebildet bei R. PALLUCCHINI (zit. Anm. 3), Abb. 158.

[8] Vgl. F. ARCHANGELI in: Paragone 41, 1959, S. 21 ff., Abb. 12.

[9] Ähnlich reich bemalt sind übrigens auch die Hocker im Vordergrund des Abendmahls in venezianischem Privatbesitz.

Eines der Hauptanliegen Tintorettos war damals die von Bonifazio dei Pitati angeregte, von Tintoretto gemeinsam mit Schiavone gepflegte Cassonemalerei. Ein Hauptwerk seiner frühen Cassonemalerei sind die sechs Tafeln der Wiener Gemäldegalerie mit alttestamentlichen Szenen, die früher für Schiavone in Anspruch genommen wurden, dann aber von D. von Hadeln überzeugend dem jungen Tintoretto zugeteilt worden sind. Sie werden heute allgemein in die Zeit zwischen 1545 und 1548 datiert [10]. Trotz der innerhalb der sechs Tafeln bestehenden Stilunterschiede schließen sie sich, verglichen mit zeitlich unmittelbar an sie anschließenden Täfelchen einer Gruppe, deren bedeutendstes Stück das Bildchen mit Esther und Ahasver der Sammlung Seilern in London ist [11], doch grosso modo im Stil zusammen, da sie alle noch nicht die zentrierte und geschlossene Komposition aufweisen wie das Bild bei Seilern und die ihm verwandten Bilder.

Andererseits gibt es Cassonebilder Tintorettos, die altertümlicher, primitiver als die sechs Wiener Cassonetafeln sind. Das sind vor allem einige, früher nicht Tintoretto zugeteilte Bilder der Bildersammlung des Castelvecchio in Verona, die nunmehr auch in den jüngsten Katalogen für Bilder Tintorettos gehalten werden [12]. Die stilistische Verwandtschaft der Figuren des Bildes in venezianischem Privatbesitz mit den zwei vergleichbaren jener Cassonetäfelchen, dem Urteil Salomos und vor allem dem Gastmahl Belisars, ist so groß, daß an der unmittelbaren Zusammengehörigkeit nicht gezweifelt werden kann. Hier und dort sind die Figuren schlank, sehr gelängt. Die Gewanddrapierung ist ohne viel Rücksicht auf den Körper darunter aufgetragen. Aber auch die Draperien zeigen keine in sich durchdachten Motive, so daß es vor allem der Ausdruck, der Geist ist, der die Figuren zur Szene verbindet; Tintorettos bleibende Grundhaltung also trotz aller „Schwäche" (man erkennt den Autodidakten!) schon hier.

Wir wollen noch auf ein weiteres Bild des Abendmahles von Tintoretto hinweisen. Es befindet sich in der Kirche S. Simeone Grande in Venedig (Abb. 129). Es wurde für ein verdorbenes Bild aus der Zeit um 1560 gehalten [13] und zeigt seit seiner kürzlich (1968) durch die Soprintendenza alle Gallerie in Venedig (D. A. Lazzarin) erfolgten Reinigung sein ursprüngliches Gesicht, das eines Originals Tintorettos.

Das Bild ist 400 zu 260 cm groß, ein für Tintoretto mittelgroßes Format. Die durch die Reinigung bestätigte eigenhändige Ausführung des Bildes gibt die Fragen der Datierung und des Verhältnisses zu den anderen frühen Abendmahlsbildern des Meisters auf.

Vor allem unterscheidet sich das Bild von den zwei bisher besprochenen durch die Schrägstellung des Tisches, die später in meist gesteigerter Weise charakteristisch für Tintoretto wird. Manches ist durch diese Schrägstellung verunklärt, besonders die Figuren an der rechten Hälfte des Tisches sind ganz willkürlich zusammengeschoben,

---

[10] Vgl. dazu den Katalog der Gemäldegalerie des Kunsthistorischen Museums, 1. Teil, Wien 1960, p. 121 ff., wo die ältere Literatur angegeben ist.

[11] B. WELSFORD in: Burl. Mag. VC, 1953, S. 104, Abb. 95.

[12] Vgl. R. CHIARELLI u. L. MAGAGNATO, Castelvecchio e le Arche Scaligere („Tesori" Bd. XXIV), Florenz 1967, S. 38, wo die Bilder um 1540 angesetzt werden. Weiter vgl. A. ALDRINGHETTI, Il museo di Castelvecchio (Verona), Venedig 1960. Vgl. auch die guten Abbildungen der zwei für uns wesentlichen Täfelchen bei R. PALLUCCHINI (zit. Anm. 3), Fig. 107, 108, S. 86.

[13] E. VON DER BERCKEN (zit. Anm. 1), S. 125.

so daß von Thomas gerade nur das Gesicht und die emporgehobene Hand des Zweiflers sichtbar sind[14].

Viel deutlicher sind links Christus und die sechs Apostel einschließlich des Judas gegeben, der den Beutel mit den Silberlingen hinter seinem Rücken festhält, da Christus die Worte des Verrats ausspricht, die die zwei anderen Apostel im Vordergrund erschrecken.

Die ganze linke Gruppe ist in ihrem Aufbau dem zwischen 1545 und 1550 entstandenen Emausbild in Budapest verwandt[15]. Die pathetische Gestaltung der zwei Jünger im Erkennen Christi entspricht der Bewegtheit der Apostel links im Bilde von S. Simeone. Im Emausbild in Budapest gibt es mehrere Assistenzfiguren, ein Kätzchen im Vordergrund, vielleicht ganz links eine Stifterfigur. Man wäre versucht zu glauben, daß das Budapester Bild das Vorbild des Abendmahls von S. Simeone sei. Doch ist das Abendmahl von S. Simeone früher und das Budapester Emausbild ein jüngeres Derivat von ihm, da dort bereits voll entwickelte protobarocke Figurenformen auftreten, wie sie sonst bei Tintoretto zuerst in den Vordergrundfiguren des um 1540 entstandenen Bildes Christi bei den Schriftgelehrten im Dommuseum in Mailand vorkommen.

Die Gewandfalten des Bildes in S. Simeone sind knittrig und hart, jedenfalls noch nicht so überlegt geordnet wie die Gewänder der Apostel des Abendmahls in San Marcuola. Gemeinsam mit dem Abendmahl in San Marcuola sind auch hier Assistenzfiguren: ein betender geistlicher Stifter links, rechts neben ihm ein eine Schüssel tragender, vornehm gekleideter Jüngling.

Der Widerpart dieser Figuren ist rechts ein am vorderen Bildrand in ganzer Länge liegender Hund, offenbar auf die Abfälle von der Tafel wartend, sowie ganz rechts in der vorderen Ecke eine schöne Frauenfigur, Wein in einem Metallgefäß herbeibringend. Hinten in der Bildtiefe noch ein beturbanter Fackelträger.

Es ist bekannt, daß es zu der weiblichen Figur eine gezeichnete Vorlage von Tintoretto gibt, die Zeichnung Nr. 1833 in den Uffizien[16]. Die Zeichnung zeigt die Figur spiegelverkehrt, aber wörtlich. Es ist die älteste Zeichnung Tintorettos, die sich mit einem Gemälde des Künstlers in Beziehung bringen läßt. Schon das allein spräche für das verhältnismäßig hohe Alter des Gemäldes innerhalb der Entwicklung Tintorettos.

Das Bild ist auch der früheste nachweisbare Fall, in welchem Tintoretto sich der von den Schriftstellern des 17. Jahrhunderts für sein Schaffen beschriebenen Guckkasten-

---

[14] Der rechts vor dem Tisch stehende Apostel präfiguriert den „Stifter" rechts im Abendmahl von S. Polo, wenn er nicht – wie dann noch einige Apostel im Abendmahl von 1550 in Paris – in Doppelfunktion, als Apostel und Stifter, anzusehen ist.

[15] Vgl. den Katalog der Galerie Alter Meister von A. PIGLER, 1967, Nr. 111 (144), S. 692, T. 63. Die Figur des Pilgerapostels (Muschel) links ist schlecht erhalten. Auf das Fenstermotiv über Christus haben wir schon hingewiesen.

[16] Vgl. die Abb. bei D. VON HADELN, Die Handzeichnungen des Giacomo Tintoretto, Berlin 1922, S. 13, T. 55; A. FORLANI in ihrem Katalog der Ausstellung der Tintorettozeichnungen in den Uffizien, Nr. 1, Fig. 2 (Mostra di disegni di Jacopo Tintoretto e della sua scuola, Florenz 1956). Vgl. auch H. TIETZE und E. TIETZE-CONRAT, The Drawings of the Venetian Painters, New York 1944, Nr. 1583. Die Zeichnung der Figur geht auf Bronzen des Tiziano Aspetti zurück, abgebildet bei L. PLANISCIG, Venezianische Bildhauer der Renaissance, Wien 1921, Fig. 632 ff.

bühne[17] bedient. Dieses kleine, aus Latten und Karton zusammengesetzte „Theater", in das die Figuren, aus Wachs modelliert, in ihrer für das Bild gültigen Haltung und „Bekleidung" hineingestellt bzw. -gehängt sind, ersetzt den sonst üblichen Entwurf. In den mit Wänden im rechten Winkel abgegrenzten Vorderraum konnte der Abendmahlstisch schräg hineingestellt werden, ohne daß die Festigkeit der Komposition gelitten hätte. Am rechten, tiefen Ende dieser Schräge öffnet sich dieser Raumkasten in einen zweiten mit invers gegebener Perspektive, der auch anders beleuchtet ist. Das wird durch das Fackellicht des diesen Raumabschnitt von rechts betretenden beturbanten Dieners motiviert. Die entzündeten Kerzen des Lusters im vorderen Raumabschnitt geben keine bestimmte Beleuchtung desselben. Sie scheint hier von Christus auszugehen. Es gibt da keine scharfen, die Lichtquelle berücksichtigenden Schlagschatten der Figuren und anderer Gegenstände, wie das beim Abendmahl in San Marcuola der Fall ist. Hier ist durch die Schatten die Herkunft des Lichtes von links außen deutlich. Die Schattierung aller Figuren beruht auf diesem Lichteinfall. Das Abendmahl in venezianischem Privatbesitz zeigt keine Annahme einer bestimmten Lichtquelle. Eine diffuse Helligkeit umgibt alle Figuren ziemlich gleichförmig. Das offene Fenster in der Mitte der Rückwand wirkt auf die Lichtführung in keiner Weise ein. Es ergibt sich also, daß das Abendmahl in San Marcuola das jüngste, das in venezianischem Privatbesitz das älteste der drei Bilder ist und daß das in S. Simeone dazwischen liegt, was auch den Veränderungen des Gewandstils entspricht. Aus der Reihe fällt das Abendmahl in S. Simeone durch die Verwendung der Guckkastenbühne in seinem Entwurf und die dadurch ermöglichte Schrägstellung des Tisches.

Wir möchten schließlich kurz auf ein erst in letzter Zeit zur Sprache gekommenes Abendmahlbild Tintorettos hinweisen, das sich heute in der Kirche des hl. Franz Xaver in Paris befindet[18] (Abb. 130). Das – wie eine Inschrift in der rechten unteren Bildecke zeigt – im Jahre 1550 für die Scuola des Allerhl. Altarssakramentes bei S. Felice in Venedig von den Mitbrüdern dieser Scuola gestiftete Bild ist auf Umwegen an seine heutige Stelle gelangt[19]. Es hat infolge seines entlegenen Aufbewahrungsortes bisher wenig Beachtung gefunden.

---

[17] C. RIDOLFI, Le meraviglie dell'Arte (1648) ed. D. VON HADELN, Bd. II, Berlin 1924, S. 15. Vgl. den Hinweis Hadelns in Anm. 1a daselbst; und M. BOSCHINI, Le ricche minere della pittura Veneziana, ed. 1674, Breve istruzione (unpaginierte Einleitung), hier Jacomo Robusti il Tintoretto.

[18] Es war auf der Ausstellung „Trésors d'Art des Églises de Paris" ausgestellt. Vgl. den Katalog dieser Ausstellung (Paris 1956) und den Hinweis von G. FIOCCO in: Arte Veneta X, 1956, auf diese Ausstellung mit Abbildung des Gemäldes auf S. 232, Abb. 251. Fiocco weist hier ganz allgemein auf die Abendmahlbilder Tintorettos in S. Simeone (das er damals natürlich nur im alten Zustand kannte) und auf das S. Trovaso als ähnliche Bilder hin.

[19] Das bisher mit 1559 gelesene Datum auf der Inschrift ist mit 1550 zu lesen (Abb. 127). Das kleine Null- oder O-Zeichen (vgl. am Ende der ersten Zeile: GIEROLAM⁰) ist am Ende der Jahreszahl 155⁰ mit einem Häkchen versehen. Ähnliche Häkchen, wenn auch in anderer Verwendung, als Abkürzungszeichen, kommen in der Inschrift vor: D für del, M für Miser. Die ⁰ der Jahreszahl zu einer 9 zu ergänzen, ist nicht möglich. Die Inschrift als Ganzes lautet: *Nel tempo de M(iser) Gierolamo Dileti de M(iser) Bastian. Gastaldo. E Avichario. M(iser) Salvador. Di Orsini. scriva M(iser) Marcho de Marco. e compagni de la schuola del Sanctissimo Sacramento: 1550 a di 31 agosto.* – Für die Lesung der Inschrift sind wir Professor G. Schmidt (Wien), der das Bild in Paris für uns untersucht hat, und der Photographin am Kunsthistorischen Institut der Universität Wien, die eine photographische Vergrößerung der Inschrift ausgeführt hat, zu Dank verpflichtet.

Das Pariser Abendmahl ist im Typus dem Bild in venezianischem Privatbesitz verwandt. Auch hier gibt es keinen Apparat von volkstümlichen Nebenfiguren. Außer Christus und den Aposteln sieht man nur einen Stifter rechts. Die derbere Figur symmetrisch links ist etwa wie die entsprechende in S. Polo als Wirt aufzufassen. Einige der Apostel rechts sind durch ihr Gewand und durch ihre Physiognomien als Mitbrüder der Scuola charakterisiert. Der Stil der Figuren entspricht der späten Entstehung im Jahre 1550. Es sind da die frei bewegten Figuren Tintorettos dieser späteren Zeit zu vergleichen, an Figuren in Abendmählern etwa die des Abendmahles in S. Trovaso und in S. Polo. Was es mit Recht als altertümlich erscheinen läßt, ist das Weglassen der zu Chorbildern Tintorettos gehörenden profanen Figurenstaffagen. Es ist das jüngste bisher bekannte Abendmahl Tintorettos, das, ohne als Chorbild auf ein entsprechendes Pendant zu reflektieren, für einen kleinen intimen Kapellenraum, für eine mehr private Andacht gemalt ist.

Ein Abendmahl Tintorettos wäre hier ergänzend zu erwähnen, das viel später, 1568, entstanden ist: ein Mosaik in der Markuskirche, und zwar an dem die mittlere von der nördlichen Kuppel trennenden Gurtbogen [20]. In dem Abendmahl gibt Tintoretto die Ankündigung des Verrats ohne alle bereichernde Figurenstaffagen wie in den schon besprochenen „intimen" Abendmählern. Christus ist wie in jenen in der Mitte rückwärts gegeben, das gebrochene Brot in den Händen haltend und die Worte des Verrats sprechend. Die um den Tisch stehenden und sitzenden Apostel reagieren entsprechend. Judas, der an der rechten Schmalseite des Tisches sitzt, greift mit der Linken in die Schüssel und hält mit der Rechten den Beutel mit den Silberlingen hinter seinem Rücken.

Warum wurde hier jene einfache Form gewählt? Wollte man die Darstellung der besonders heiligen Handlung der großen kultischen Würde des Gebäudes wegen mit Nebenfiguren nicht belasten? Es scheint, als habe Tintoretto von seiner Vorstellung des Chorbilderpaares, wie er sie seit dem von San Marcuola gestaltet, doch nicht ganz abgehen wollen und als habe er die Bereicherung mit Nebenfiguren in das Pendant, das Kanaabild, hinüberverlegt. Hier ist, anstelle der hieratisch-feierlichen Szene mit dem bildparallelen Tisch drüben beim Abendmahl, der schräg in den Raum hineinstoßende Tisch gegeben. Vorn an der Schmalseite spricht Christus zu seiner über Eck sitzenden Mutter die Worte: „Weib, was habe ich mit dir zu schaffen? Meine Stunde ist noch nicht gekommen" (Joh. 2, 4). Im Kontrapost ist rechts gegenüber der Speisemeister zwischen den leeren Wassergefäßen zu sehen und eine Dienerfigur, die das Gefäß neigt, sein Leersein zu bezeugen. An der rechten Seite des Tisches sitzt der Bräutigam, anschließend reich gekleidete Frauen, ebensolche gegenüber im Anschluß an Maria. An der vorderen Tischecke zwischen Christus und Bräutigam sitzt in Rückansicht ein musizierender Cellospieler.

Abbildungsnachweis. Photo Alinari: Abb. 126; Photo der Sammlung: Abb. 128; Sopraintendenza alle Galleria, Venedig: Abb. 129; Arts Graphiques de la Cité, Paris: Abb. 130.

---

[20] Vgl., auch für das Folgende, M. PITTALUGA, Il Tintoretto, Bologna 1925, S. 201, 242. In diesem Jahr, und zwar am 9. XII., erhält Tintoretto 20 Dukaten für die Zeichnungen zu diesem Abendmahl und zu seinem, am anderen Ende dieses Gurtbogens angebrachten Kanaabild. Das erste wurde vom Mosaizisten Domenico Bianchini, das zweite von Bartolomeo Bozza ausgeführt.

BEOBACHTUNGEN ZUR WANDDEKORATION DER GALLERIA FARNESE

VON RUDOLF DISTELBERGER

Die Wanddekoration der Galleria Farnese wird – mit Ausnahme der Bilder und deren Programm – in allen Darstellungen über die Galleria mit wenigen, die großen Linien charakterisierenden Worten wegen der trockenen Ausführung des Stucks als mittelmäßige Arbeit, die mit der Decke[1] bzw. mit Annibale Carracci[2] nichts zu tun hat, abgetan. Im folgenden soll versucht werden, aus der Beobachtung der formalen Zusammenhänge einen Beitrag zur Interpretation dieser Wanddekoration zu leisten.

Das architektonische Konzept der Galleria, die zur Aufstellung der besten Antiken der farnesischen Sammlung dienen sollte, ist – da die Achsen von der Außenerscheinung des Mittelteiles der Gartenfassade bestimmt sind – von der Fensterwand abhängig, so daß wir diese als Ausgangspunkt unserer Betrachtung der Wanddekoration wählen[3]. Die Wandabschnitte zwischen und beiderseits der drei Fensteröffnungen bergen über einem Sockel von der Höhe der Fensterparapete je eine Halbkreisnische, die von komposten Pilastern flankiert wird. Über den Fensternischen, die etwas breiter sind als die Abschnitte zwischen den Pilastern, liegt eine Kreisnische, über den Halbkreisnischen sind rechteckige Bildfelder. An den Enden der Wand bleibt jeweils ein kurzer Restabschnitt, wobei der nördliche etwas schmäler als der südliche ist.

Gemäß der architektonisch notwendigen Querentsprechung der Travéen ist diese Gliederung mit dem Wechsel von breiteren und schmäleren Wandabschnitten exakt auf die gegenüberliegende Wand übertragen, wobei anstelle der Fenster ebenfalls Halbkreisnischen bzw. in der Mittelachse der Haupteingang in die Galleria getreten sind (Abb. 133). An den Schmalseiten liegen je zwei Türen, von denen die der Eingangswand näheren Scheintüren sind[4]. Ein kräftiges umlaufendes Gesims schließt die Wände ab. – Nischen und Pilaster sowie die Abfolge kreisrunder plastischer und rechteckiger flacher Formen geben der Wand ein plastisches Relief bzw. eine tektonische Struktur, der sich alle weiteren dekorativen Elemente, einschließlich des Systems der Decke, fügen.

---

[1] H. TIETZE, Annibale Carraccis Galerie im Palazzo Farnese und seine römische Werkstätte, in: Jb. d. Kunsthist. Sammlungen d. Ah. Kaiserhauses, 26 (1906/07) S. 72.

[2] G. P. BELLORI, Le vite de'pittori, scultori et architetti moderni, Rom 1672, S. 61. – J. R. MARTIN, The Farnese Gallery, Princeton, New Jersey 1965, S. 58 f. – CH. DEMPSEY, "Et nos cadamus amori", observations on the Farnese Gallery, in: The Art Bulletin, 50 (1968) S. 366.

[3] Den besten Überblick über die beiden Längswände bieten die Stiche von Giovanni Volpato, erstmals abgebildet bei J. R. MARTIN (zit. Anm. 2), Abb. 32 u. 33. Die kolorierten Blätter der Albertina sind Abdrücke der noch nicht vollständig ausgearbeiteten Platten.

[4] Die Schmalwände waren nie, wie H. TIETZE (zit. Anm. 1), S. 71 meinte, mit Pilastern gegliedert, da diese mit den Türen in Konflikt kämen und der Mittelpilaster in der Achse der Galleria stünde, eine Lösung, die sicher als unbefriedigend empfunden worden wäre. Außerdem entstünde ein Konflikt in der Abfolge der Kreisnischen und Rechteckfelder, da die Schmalwände nur zwei Travéen Platz bieten. Vgl. J. R. MARTIN (zit. Anm. 2), S. 197.

Wie eine von W. Vitzthum publizierte Zeichnung Cherubino Albertis [5] in Berlin, auf die wir noch zurückkommen werden, zeigt (Abb. 134), war der Rhythmus des architektonischen Systems vor Anbringung des Stucks und vor Annibales Arbeitsbeginn am Deckenfresko gegeben [6]. Die Nischen hatten Faschen, und in den schmäleren Jochen liegen bereits rechteckige Bildfelder über den Nischen. Nicht beachtet wurde bisher, daß das Gebälk auf der Alberti-Zeichnung im Gegensatz zum ausgeführten Zustand durchläuft und sich über jedem Pilasterpaar leicht verkröpft.

Die Proportionen der Nischen, in denen die Antiken Platz finden sollten, sind selbstverständlich auf deren Maß abgestimmt (Abb. 132). Die Kämpfer der Nischenbögen liegen genau in der Mitte der Wandhöhe. Da die Höhe des Gewölbes der halben Wandhöhe entspricht, ist der Raum vertikal in drei Abschnitte gleicher Höhe geteilt. Die erste Zone erstreckt sich vom Fußboden bis zu den Kämpfern und birgt die antiken Skulpturen; die zweite Zone reicht bis zum Kranzgesims und ist Trägerin der Stuckdekoration; die dritte Zone füllt Annibales Fresko, in dem die scheinplastischen Hermenpilaster die Proportionen und Erscheinungsweise der Antiken wiederholen. Die Maßverhältnisse des Raumes sind also letztlich auf dessen Bestimmung als Expositionsraum für Antiken zurückzuführen bzw. von den Antiken herzuleiten.

Den großen Saalräumen des Manierismus fehlt im allgemeinen ein architektonisch artikulierter Aufbau. Die Wände werden zur Gänze der Dekoration überlassen, welche die Flächen ohne feste Bindung an die Architektur eigengesetzlich überspinnt. Als Beispiele seien die Sala Regia und die Sala Clementina im Vatikan, die Sala Paolina der Engelsburg, die Sala di Cento Giorni in der Cancelleria und der Salone des Palazzo Ruspoli angeführt. In der Galleria Farnese sind architekturplastische Glieder in festen tektonischen Zusammenhang gesetzt und die Wand der Vorherrschaft der Architektur unterstellt, das heißt, zum Gegenstand der architektonischen Gestaltung gemacht.

Die Stuckdekoration interpretiert, wie wir sehen werden, die gegebene Architektur. Die Existenz der Antiken spielt bereits bei der Wahl des Stucks als Dekorationsmittel eine Rolle, da die Ausstellungsobjekte selbst in die Raumdekoration integriert bzw. als deren Bestandteil aufgefaßt werden und eine Fortsetzung der Ausstattung mit plastischen Mitteln in ihrem Bereich nahelegen.

Die Zusammenfassung von je zwei Pilastern zu Paaren und deren Zuordnung zu den schmalen Wandabschnitten wird in Abweichung vom vorgegebenen Bestand dadurch erreicht, daß der Architrav in den breiteren Abschnitten unterbrochen wird und nur über dem Pilasterpaar stehen bleibt (Abb. 132, 133). Dafür wird die Verkröpfung des Gesimses aufgegeben. Zwei umlaufende Rahmenleisten schwächen die strenge Funktionalität der Pilasterschäfte ab und binden sie in das dekorative Flächenspiel ein. Um den plastischen Wert der Skulptur und des Nischenkörpers zu heben, sind die Nischenfaschen mit einer kleinteiligen Flächenornamentik überzogen. Die Fortführung des Nischenkämpfers als Zwischengesims, das nur von den Pilastern unterbrochen wird,

---

[5] W. VITZTHUM, A drawing for the walls of the Farnese Gallery and a comment on Annibale Carracci's „Sala Grande", in: Burlington Magazine, 105 (1963), S. 445.

[6] Man nimmt heute im Gegensatz zu BELLORI (zit. Anm. 2), der auf S. 61 den Stuck vor den Fresken datiert, allgemein an, daß die Wanddekoration nach Vollendung der Decke zwischen 1600 und 1604 ausgeführt wurde. Vgl. J. R. MARTIN (zit. Anm. 2), S. 59, DEMPSEY (zit. Anm. 2), S. 366.

unterstreicht die Bedeutung dieser Kämpferzone für den Wandaufbau. Die Muschelbekrönungen der Nischen alternieren mit dem Wechsel von breiteren und schmäleren Travéen, indem zweischalige bzw. einschalige Muscheln eingesetzt sind. Mit ihnen setzt die verschiedene Gestaltung und Interpretation der beiden Wandsabschnitte mit Hilfe des dekorativen Stucks ein. Während in den durch die Kreisnischen stärker aufgelösten breiteren Travéen ein dichtes plastisches Relief die Fläche stärker zurückdrängt, bleibt diese in der Gestaltung der schmäleren Abschnitte mit den Bildfeldern dominierend.

In den breiteren Travéen (Abb. 131, 132) trägt ein volutenförmiger Keilstein im Scheitel der Nischenfasche einen gebrochenen Dreiecksgiebel, dessen Grundlinie gewissermaßen die Gerade des Fenstersturzes der gegenüberliegenden Wand wiederholt. Zwei Satyrn, die teils am Nischenbogen sitzen, teils am Kämpfergesims stehen, füllen die entstehenden Zwickel und halten mit einer Hand Blattgirlanden, deren anderes Ende am Keilstein befestigt ist. Auf den Giebelschrägen liegen Putti, die ein von Bändern begleitetes Feston halten, das zwischen den Giebelseiten hängt. Diese ganze Zwischenzone ist mit einer eierstabartigen Leiste gerahmt und von der Umgebung abgegrenzt. Die plastische Qualität dieser Stuckelemente konkurriert nicht mit den Antiken. Die Verkleinerung der Proportionen der Stuckfiguren gegenüber den Antiken sowie der Umstand, daß sie mehr an die Wand gebunden sind, als sie am Raum teilhaben, bewirkt ihren abbildhaften Charakter, der ihnen deutlich einen niedrigeren Realitätsgrad verleiht, als ihn die Antiken besitzen. Insofern diese Formen einerseits plastisch und andererseits der Fläche verhaftet sind, ist ihnen eine gewisse Ambivalenz zwischen Körper und Fläche eigen. Die Fläche der breiteren Travéen wird in eine Körperebene umgedeutet.

Die Köpfe der Putti überschneiden den Rahmen und ragen in die oberste Zone hinein. Hier überfängt ein kräftiger, querrechteckiger Rahmen, der auf der Abschlußleiste der Zwischenzone liegt, die Kreisnische. Antikisches Rankenwerk stellt innerhalb des Feldes eine ideelle Beziehung zur antiken Büste her und löst die Fläche auf. Ein horror vacui in der Umgebung der Kreisnische bildet den rahmenden Kontrast zum glatten Nischenraum mit der Büste. Beiderseits des Rechteckrahmens hängen Fruchtgebinde, die auch hier die Oberfläche der Wand optisch zurückdrängen. Diese Dekoration ist also darauf angelegt, die Oberfläche der breiteren Abschnitte plastisch aufzulockern. Es kommen kaum Elemente vor, die die Travéen mit dem statischen System der Raumarchitektur in eine funktionelle Verbindung bringen. Die Unterbrechung des Architravs ist in dieser Hinsicht ganz folgerichtig und gibt außerdem den Rundnischen einen freieren Kopfraum. Die Wandabschnitte wirken wie Füllkörper, die zwischen die Pfeiler eingeschoben sind, aber jederzeit, ohne die Statik der Architektur zu gefährden, herausgebrochen werden könnten, wie dies tatsächlich bei den Fensternischen der gegenüberliegenden Wand der Fall ist.

Die schmäleren Travéen (Abb. 131, 132) werden von vornherein durch die ihnen zugeordneten Pilasterpaare als tragende Elemente erfahren, doch in der Dekoration überwiegt die Fläche, da sie weniger dicht übersponnen ist. Die Zwischenzone über den Nischenbögen birgt in Kartuschen die „Imprese" der Familie Farnese und ist in den inneren Abschnitten beiderseits des Einganges bzw. des Mittelfensters im Detail anders gestaltet als in den äußeren. Die flächenfüllenden Putti beiderseits der Kartuschen in den inneren Travéen sind ähnlich in die Ebene eingebunden wie die Satyrn in den Nebentravéen. Die Kartuschen vermitteln zwischen den Nischenbögen und den nach oben ausgebuchteten Rahmen dieser Zone. Während in den breiteren Abschnitten der Hochdrang des Nischenbogens mit einer lastenden Horizontalen neutralisiert ist, wird er hier in der Formenabfolge bis in die Bildfelder der obersten Zone übertragen und erst durch das kräftige gerade Gesims über den Bildern aufgehoben. Die Bilder selbst sind keine Durchbrechung der Wand, sondern werden als Objekte an der Wand und als gerahmte, bemalte Fläche empfunden.

Die Travée mit der Rundnische, die sich also dem Raum mehr öffnet, wird auch in der Dekoration stärker plastisch aufgelöst und von architektonischen Funktionen entlastet. Die andere Travée übernimmt allein die tragende Funktion in der Architektur, und ihre Dekoration betont die Geschlossenheit einer kompakten Mauerstruktur. Beide Wandabschnitte sind durch mehrere horizontale Entsprechungen formal verklammert.

Es kommt darauf an zu zeigen, daß die Stuckdekoration nicht irgendwie die Wände überschwemmt, sondern die in der vorgesehenen Architektur angegebenen Strukturen ähnlich wie im Deckenfresko fortsetzt und akzentuiert. Der Wechsel zwischen Körper und Fläche, Plastik und Malerei, Rundform und Rechteckform in der horizontalen Abfolge existiert ja auch in der vertikalen, wenngleich im Bereich der Decke natürlich der Wechsel zwischen tragenden und füllenden Elementen nicht so stark differenziert ist.

In den Restabschnitten am Ende der Längswände (Abb. 133) liegt in der Mitte ein Ovalbild; die Felder darunter und darüber entsprechen einander. Der Rahmen des oberen Feldes findet eine horizontale Entsprechung in der benachbarten Travée. Die oberste Zone füllen stark plastische Farnesewappen. Diese Restabschnitte sind also relativ unabhängig von der übrigen Wand und mit größtmöglicher Neutralität in der Flächenaufteilung gestaltet, als sollten sie die illusionistische Durchbrechung der Eckzwickel darüber formal vorbereiten.

An den Schmalwänden beherrschen große Bilder die ganze Fläche bis zum Gesims (Abb. 135). Als Motiv sind sie wohl von Salviatis Fresken mit der Geschichte Davids im Salone des Palazzo Sacchetti in Rom herzuleiten [7], doch sind sie wesentlich strenger als dort in die Wand eingespannt. Sie ruhen auf den Türstürzen und werden zusätzlich von drei gemalten Atlanten, die zwischen bzw. beiderseits der Türen in fingierten Nischen sitzen, gehalten. Da die statische Ordnung optisch auch ohne die Atlanten gegeben ist, sind diese ohne Zweifel über die Veranschaulichung des Tragens und Lastens hinaus von Bedeutung. In ihnen, die ähnlich wie die Medaillons in der Decke als fingierte Bronzen gemalt sind, vollzieht sich im unmittelbaren Bereich des Betrachters ein Wechsel in der Erscheinungsweise der plastischen Körper bzw. in der Realitätssphäre, wie er für die ganze Ausstattung der Galleria charakteristisch ist. Die illusionistisch gemalten Atlanten sind formal und inhaltlich mit den Stuckrahmen verknüpft; in der Decke aber sind derartige Rahmen mit dem gleichen Realitätsanspruch nur gemalt. Ähnlich wie die großen „Quadri riportati" über dem Gesims vor der Attika stehen, sind diese Bilder illusionistisch der Wand vorgeblendet, und die Atlanten stehen

---

[7] Abgebildet bei P. BUCCARELLI, Tesori d'arte nei palazzi romani; Gli affreschi di Francesco Salviati nel Palazzo Sacchetti, in: Capitolium, 9 (1933), S. 235 ff.

in formaler Beziehung zu den Ignudi der Decke. Die Atlanten setzen das in der Galleria herrschende Wechselspiel zwischen Malerei und Plastik, zwischen Fläche und Körper in den Schmalwänden, in denen die Nischenabfolge der Längswände aussetzt, fort und ersetzen hier Plastiken.

Die der Fensterwand nahen Türen liegen in der Achse aller die Raumflucht des ersten Stockwerkes des Palazzo verbindenden Türen. Wahrscheinlich entstanden die Scheintüren erst im Zuge der Wanddekoration im Zusammenhang mit den Perseusbildern und diese wiederum in Fortsetzung der in der Attikazone gefundenen Lösung des Achsenkonfliktes, der sich aus der Unmöglichkeit der Fortführung der Abfolge von Rundform und Rechteckform, von Plastik und Malerei an diesen Wänden ergibt. Nirgends wird der Zusammenhang zwischen Wand- und Deckendekoration deutlicher als hier, denn die Bilderfolge der Schmalwände reicht bis zum querliegenden Triptychon der großen Scheitelbilder im Gewölbe: Auf die querrechteckigen Perseusbilder der Wände folgen über dem Gesims die hochrechteckigen Polyphembilder, über denen wiederum querrechteckige Bilder liegen, die ebenfalls noch auf diese Achse bezogen sind. Die Bilderfolge verjüngt sich nach oben entsprechend dem Querschnitt des Tonnengewölbes.

Angesichts dieser Zusammenhänge ist es kaum möglich, weiterhin der von der Qualität der Stuckausführung bestimmten Ansicht zu folgen, wonach Annibale Carracci an der Wanddekoration keinen Anteil habe[8]. Abgesehen von der Übernahme verschiedener Motive aus der Decke, wie Hermen (beiderseits der Bilder in den inneren Schmaljochen), Satyrn, Widderköpfe und Masken im Stuck der Längswände, weisen vor allem Disposition und Auffassung der Schmalwände auf den Gestalter der Decke hin. Es gibt keinen Grund anzunehmen, daß die Stuckrahmen der Schmalwände nicht im Zuge der übrigen Stuckarbeiten entstanden sind. Darüber hinaus darf man wohl in der Art, wie sich die Stuckdekoration mit dem gegebenen architektonischen System im Gegensatz zur üblichen manieristischen Dekorationsweise interpretierend auseinandersetzt, Annibales in der Decke neu gewonnenes Verhältnis zur Architektur erkennen.

Cherubino Albertis Entwurf einer Wanddekoration für die Galleria (Abb. 134) zeigt die unterschiedliche Vorstellung des Spätmanierismus von derselben Aufgabe sehr deutlich. Die Skizze bezieht sich auf die nördliche Hälfte der Innenwand. Alberti behandelt die einzelnen Travéen ganz getrennt und sucht keine verbindenden Horizontalen. In den breiteren Abschnitten sitzen auf dem Nischenbogen Ignudi in komplizierter, in die Tiefe führender Drehbewegung und halten eine Tafel, deren Form die des Sockelfeldes wiederholt. Dahinter liegt ein von Voluten gefaßtes Parapetfeld, auf dem der rechteckige Rahmen liegt, der den Rollwerkrahmen der Kreisnische überfängt. Diese glatte Rahmenleiste stößt unmittelbar an den Architrav. Zwischen diesen dekorativen Elementen und den Pilastern bleiben isolierende glatte Restflächen stehen, so daß die Travée steiler und schlanker wirkt, als sie ist. In den schmäleren Abschnitten halten

---

[8] CH. DEMPSEY (zit. Anm. 2), S. 366, schreibt: "... stucco ornamentation, executed in a weak style in which Annibale quite certainly had no hand, in design, execution, or responsibility." Die Ausführung des Stuckes entspricht ganz der Art der spätmanieristischen römischen Stukkatori; vgl. z. B. die Decke der Cappella Altemps bzw. del Sacramento in S. Maria in Trastevere oder die ebenfalls im Auftrag von Kardianl Odoardo Farnese ausgeführte Decke in der Sakristei von Il Gesú.

Putti in äußerst labiler Haltung, mehr über den Bögen schwebend als sitzend, ein Wappen mit der Farneselilie. Hinter diesen nach allen Richtungen hin bewegten Putti ist die Mauer illusionistisch durchbrochen, wobei sie durch das schmale Gewände der Öffnung wesentlich dünner erscheint, als die darunter liegende Nische tief ist. Die Nische mit ihrer Fasche wirkt dadurch wie ein selbständiger, in die dünne Mauer geschobener Körper. Über dieser Öffnung liegt das rechteckige Bildfeld mit einem flachen Beschlagwerkrahmen. Über dem Haupteingang stehen zwei weibliche Genien mit heftig bewegter Draperie auf einem Postament, das hinter ihnen segmentbogenförmig in die Tiefe führt. Zwischen ihnen befindet sich ein großes Farnesewappen, unter dem zwei sehr bewegte Putti auf dem erwähnten Postament sitzen. Der Restabschnitt am Ende der Wand ist bis zur Scheitelhöhe der Nischen von einer Scheinöffnung durchbrochen, die in einen dunklen unbestimmten Raum führt. Hier ist die Mauer wesentlich stärker als in den Durchbrüchen der schmäleren Travée angegeben.

Aus dieser Beschreibung des Entwurfes geht schon die relative Beziehungslosigkeit der einzelnen Dekorationselemente untereinander und zur Architektur hervor. Die Dekoration Albertis ist dem gegebenen architektonischen System auferlegt; dieses wird sogar durch die Tiefenbewegung der Figuren, die keinerlei Bindung an eine bestimmte Ebene eingehen, und die Durchbrechungen aufgehoben oder zumindest in seiner Struktur unbeachtet gelassen. Es sind auch keine Ansätze zu bemerken, die antiken Skulpturen in dieses System einzubeziehen, wie überhaupt Albertis „unklassischer" labiler Stil in scharfem Gegensatz zu den Antiken steht.

Angesichts der Häufung illusionistischer Effekte darf mit ziemlicher Sicherheit angenommen werden, daß es sich bei der Zeichnung nicht um einen Entwurf für eine Stuckdekoration, wie Vitzthum[9] und ihm folgend Martin[10] angenommen haben, sondern um eine Vorzeichnung für eine Freskodekoration handelt. Der Fries im Salone des Palazzo Ruggieri, den die Brüder Cherubino und Giovanni Alberti 1591 malten[11] und in dem mehrere Motive unseres Entwurfes vorkommen[12], gibt uns eine Vorstellung, wie eine derartige illusionistische Freskodekoration Albertis aussieht.

Der Unterschied zwischen Albertis Entwurf und der ausgeführten Stuckdekoration liegt vor allem in der neuen Einbeziehung der Architektur in die dekorative Vorstellung. Während Albertis Formen künstlich, kompliziert und der Wand auferlegt sind, macht der ausgeführte Stuck eine der gegebenen Architektur innewohnende Möglichkeit sichtbar und anschaulich, indem die angedeutete Antithese Fläche – Körper aufgenommen und in der Dekoration fortgesetzt wird. Man könnte dies im Vergleich zum Manierismus als neuen Naturalismus in der Dekoration bezeichnen, der die Voraussetzung für

---

[9] W. Vitzthum (zit. Anm. 5), S. 445.

[10] J. R. Martin (zit. Anm. 2), S. 8.

[11] Abgebildet bei M. V. Brugnoli, Un Palazzo Romano del tardo '500 e l'opera di Giovanni e Cherubino Alberti a Roma, in: Bollettino d'Arte, 45 (1960), S. 223 ff., und dies., Palazzo Ruggieri, Quaderni di storia dell'arte, 12, (1961), Taf. VI–XII.

[12] Im Ruggieri-Fries kommen nicht nur die üblichen Wanddurchbrüche vor, sondern z. B. ganz ähnlich bewegte Putti und eine Figur der Fama, die der linken Figur über der Tür in unserem Entwurf sehr verwandt ist. Die Rechteckrahmen der schmäleren Travéen sind beinahe wörtlich wiederholt, und in ihnen stehen illusionistisch gemalte antike Büsten. Vitzthum datiert die Zeichnung 1594/95. Auf Grund ihrer Verwandtschaft zum Fries wird sie wohl etwas früher angesetzt werden müssen.

das barocke Gesamtkunstwerk bildete. Alberti dagegen wechselt in eine andere Realitätssphäre über, in der er räumlichen Vorstellungen folgt, die von der vorhandenen Architektur weitgehend unabhängig sind. Sein Illusionismus ist in diesem Fall infolge des Übergewichts der plastischen Realität der Nischen, Pilaster und der Antiken unglaubwürdig und akzessorisch.

In der vergleichsweise klassischen Wanddekoration der Galleria ist demnach in ähnlicher Weise der Manierismus überwunden und ein neues Formgefühl zum Durchbruch gekommen wie in der berühmten Decke Annibale Carraccis.

Abbildungsnachweis. Albertina Wien: Abb. 132, 133, 135; Anderson (Nr. 17768): Abb. 131; W. Steinkopf: Abb. 134.

EINE BRONZESTATUETTE AUS DEM UMKREIS DES ÄLTEREN ARTUS QUELLINUS

VON MANFRED LEITHE-JASPER

Die Sammlung für Plastik und Kunstgewerbe des Kunsthistorischen Museums hat im Jahre 1956 aus der Sammlung Robert Mayer in Wien eine die Lukretia darstellende Bronzestatuette erworben (Abb. 136, 137, 139, 141), von der Repliken beziehungsweise Varianten im Louvre in Paris, im Victoria and Albert Museum in London, in der Skulpturenabteilung der Staatlichen Museen Preußischer Kulturbesitz in Berlin, im Speed Art Museum in Louisville, im Metropolitan Museum in New York und im Kunsthandel bekannt sind[1].

Keine dieser Statuetten wurde bisher einer eingehenderen Betrachtung gewürdigt. Die Qualität der Ausführung hätte dies, mit Ausnahme des Wiener Exemplars, auch kaum gerechtfertigt. Die relative Häufigkeit des Vorkommens dieser Statuette spricht aber immerhin für eine gewisse Beliebtheit des Modells, das gerade in der Wiener Replik eine qualitätmäßig adäquate Reproduktion gefunden haben dürfte. Deshalb und weil überdies, wie aus den Katalogtexten und Inventareintragungen der betreffenden Sammlungen feststellbar ist, eine gewisse Unsicherheit beziehungsweise Nichtübereinstimmung sowohl hinsichtlich der Lokalisierung als auch der Datierung der Bronzestatuette herrscht[2], erscheint deren etwas eingehendere Betrachtung durchaus gerechtfertigt.

Die Statuette stellt die römische Heroine in jenem Moment dar, nachdem sie sich den Dolch in die Brust gestoßen hat und, von ihren Kräften verlassen, ins Wanken gerät und bereits zu stürzen droht. Die Blickrichtung des schmerzerfüllten Gesichtes scheint

---

[1] Wien, Kunsthistorisches Museum, Sammlung für Plastik und Kunstgewerbe, Inv.-Nr. 9999; Bronze, Höhe 25 cm. – Paris, Louvre, Département des Objets d'Art, Coll. Thiers, Inv.-Nr. Th. 74; Bronze, Höhe 25,5 cm. – London, Victoria and Albert Museum, Inv.-Nr. A. 101–1956; Bronze, Höhe 26 cm. – Berlin, Stiftung Preußischer Kulturbesitz, Staatliche Museen, Skulpturenabteilung, Inv.-Nr. M 151,2; Bronze, Höhe 14,3 cm. – Louisville, J. B. Speed Art Museum, Neuerwerbung 1970; Bronze, Höhe 14,9 cm. – Vgl. den Katalog der Ausstellung „Europäische Barockplastik am Niederrhein – Grupello und seine Zeit", Düsseldorf 1971, S. 336, Nr. 294.

[2] W. VON BODE, Die italienischen Bronzestatuetten der Renaissance, Bd. III, Berlin 1907, Tafel CCXXIV, bildet das Exemplar des Louvre und nicht, wie irrtümlich angeführt, jenes damals in Kassel und heute in Berlin befindliche ab. Er würdigt die Statuette nur einer Bildunterschrift, in der sie als „Italienischer Meister vom Ende des XVI. Jahrhunderts" bezeichnet wird. – Zur Variante in Berlin, früher in Kassel: W. VON BODE, Bildwerke des Kaiser-Friedrich-Museums, Die italienischen Bildwerke der Renaissance und des Barock, II, Bronzestatuetten, Berlin 1930, S. 32, Nr. 148. Dort unter der Gruppe „Niederländisch-italienische Meister der zweiten Hälfte des 16. Jahrhunderts". – Das Exemplar in London ist als „italienisch oder flämisch, 17. Jh." inventarisiert. – Zum Exemplar in New York vgl. Anm. 1 (Katalog: „Europ. Barockplastik") – Das Exemplar in Louisville wurde in der „Gazette des Beaux Arts", Februar 1971, S. 68, Nr. 316, unter den Neuerwerbungen der amerikanischen Museen als „italienisch-flämische Bronze" vorgestellt. – Das Exemplar in Wien schließlich wurde erstmals im Katalog der Ausstellung „Europäische Barockplastik am Niederrhein – Grupello und seine Zeit", Düsseldorf 1971, S. 336, Nr. 294, als „Niederlande, unter italienischem Einfluß, Mitte des 17. Jahrh." veröffentlicht.

kaum noch fixierbar, die herabhängende Linke scheint nur noch unbestimmt nach einem Halt zu suchen. Das den Körper kaum noch halb bedeckende Gewand ist bereits über die Hüften herabgeglitten. Ein Straucheln und Sinken, ein Aus-der-Balance-Geraten charakterisiert die Erscheinung der Statuette, deren komplizierter kompositorischer Aufbau ganz dem Ausdrucksgehalt des Themas dienstbar gemacht wurde.

Auf einer kleinen, nahezu quadratischen, flachen und eine unebene Bodenscholle markierenden Plinthe erhebt sich die verhältnismäßig schwer proportionierte Figur über diagonaler Fußstellung. Diese ist keinesfalls durch ein Schreiten bewirkt, sondern, wie die ausgeprägte Ponderation der Beine zeigt, durch das passive Bewegungsmotiv des Nachlassens der Standfestigkeit motiviert. Der in dieser Ponderation liegende Ansatz zu einer starken Rechtsdrehung der Figur wird aber vom Oberkörper nicht aufgegriffen und weitergeführt. In der Hüftpartie liegt die Zäsur des Bewegungszuges, denn hier bricht die Serpentinierung ab, und ein Gegenschwung setzt ein, der Oberkörper und Kopf beziehungsweise Blickrichtung der Lukretia wieder zur Ausgangsposition der Bewegung zurück-, ja über diese hinausführt. Hierbei dreht sich der Körper der Heroine nicht um seine eigene, sondern scheint sich um eine andere, imaginäre Achse herumzuwinden. Da die Figur sich überdies von einem sehr geschlossen wirkenden Ansatz aus beinahe blütenartig stetig nach oben zu öffnen scheint – ein Eindruck, der vornehmlich durch die ausladende Gestik der Arme bewirkt wird –, dieser Entwicklungslinie des Umrisses jedoch ein einheitliches Herabsinken der Bewegungslinien, ja nahezu aller Linien entgegenwirkt, entsteht jener eingangs geschilderte Eindruck des Labilen, dem aber keineswegs Dramatik mangelt. Es kann daher durchaus von einer darstellerischen Bewältigung des Themas gesprochen werden, ist doch jener Moment wiedergegeben, der unmittelbar dem dramatischen Höhepunkt folgt. Es erscheint von hier aus auch motiviert, daß der sentimentale Ausdrucksgehalt der Statuette dem heroischen zumindest gleichwertig, wenn nicht überlegen ist.

Hierin weicht die Statuette ganz von den Darstellungen dieses Themas in der Renaissance ab[3] und weist sich als barockes Kunstwerk aus[4]. Auch der junonische Heroinentypus entspricht dem Figurenideal dieser Epoche, dem auch das genrehafte Motiv des modischen Häubchens (Abb. 137) nicht unbedingt widersprechen muß.

Die Statuette ist äußerst sorgfältig modelliert. Bestechend ist der sinnliche Reiz, der in der gegensätzlichen Oberflächenwirkung von Fleischteilen und Draperie liegt. Die vibrierende Struktur der Oberfläche dieser Draperie läßt darauf schließen, daß sich hier ein getreuer Abguß nach dem sehr frisch modellierten Wachsmodell erhalten haben muß. Die Lebendigkeit der Oberfläche, der kaum durch ein Nachziselieren nachgeholfen oder die im Gegenteil hierdurch nicht getrübt wurde, ist in diesem Ausmaß nur an dem

---

[3] Neben dem einflußreichen Kupferstich des Marc Antonio Raimondi, nach Raffael (B. 192), seien hierfür nur noch etwa die Statuetten des Conrad Meit und die Plaketten Andrea Riccios beziehungsweise Modernos erwähnt; bei der letzteren könnten eventuell in der Gestik Parallelen bei der Wahl des motivischen Augenblicks gesehen werden.

[4] Obzwar auch im Barock noch vorwiegend der dramatische Höhepunkt der Aktion oder der diesem unmittelbar vorausgehende Augenblick, da dynamisch besonders ergiebig, bevorzugt werden, bleibt doch auch die extrovertierte Gefühlsbetontheit für die Epoche charakteristisch genug. Vielleicht liegt überhaupt in der Notwendigkeit, bei diesem Thema den Gefühlsausdruck darzustellen, der Grund, weshalb es weitaus häufiger von der Malerei als von der Skulptur zum Vorwurf genommen wurde. Vgl. A. PIGLER, Barockthemen, Bd. II, Budapest-Berlin 1956, S. 386 ff.

Wiener Exemplar feststellbar. Ihm steht qualitativ das Exemplar des Louvre noch am nächsten. Das Stück des Victoria and Albert Museums hingegen weist an Draperie und Haar eine gleichmäßige, sehr kleinteilige Punzierung auf, wodurch die malerische Unmittelbarkeit der Oberflächenwirkung verlorengegangen ist. Die Variante in Berlin wiederum ist nicht nur ganz allgemein viel gröber und schematischer modelliert, sondern weicht, da sie nur 14,3 cm hoch ist, auch in ihren Ausmaßen entschieden von dem in Wien, Paris und London vertretenen, ca. 25 cm hohen Typus ab. Das Exemplar in Louisville schließlich stellt eine Replik der Berliner Lukretia dar.

Auch der chromatische Eindruck, den die Oberfläche der Wiener Statuette bietet, ist ausgezeichnet. Der alte, fast schwarze und verhältnismäßig dünn aufgetragene Lack ist weitestgehend erhalten. Dort, wo er an den Stegen und Graten der Oberfläche abgewetzt ist, tritt eine prachtvolle dunkelrotbraune natürliche Patina zutage. Der Guß selbst, aus rötlichem Metall, scheint von verhältnismäßig gleichmäßiger Stärke zu sein und ist als eher dünnwandig zu bezeichnen. Die beiden Arme wurden separat gegossen. Nur am rechten Halsansatz beziehungsweise an der rechten Schläfenlocke weist die Statuette geringfügige Risse auf; sie sind wohl durch den dünnen Guß hervorgerufen.

Die Wiener Statuette wurde als „oberitalienische Arbeit der zweiten Hälfte des 16. Jahrhunderts" erworben [5]. Mit dieser Klassifizierung folgte man einerseits der Erstbestimmung durch Wilhelm von Bode [6], versuchte sie aber andererseits auch – bestärkt durch den der Figur eigenen expressiven Realismus, ihre unklassische Erscheinung und nicht zuletzt durch die, wie es schien, für Oberitalien charakteristischen Oberflächenvaleurs – weiter zu präzisieren. Nicht hingegen folgte man der noch von Bode besorgten Textfassung der vierten Auflage des Berliner Bronzenkataloges aus dem Jahre 1930, wo die Statuette bereits einem „niederländisch-italienischen Meister" der zweiten Hälfte des 16. Jahrhunderts im Umkreis des anonymen „Meisters der Frauen bei der Toilette" zugeschrieben wird [7].

Befriedigt die Lokalisierung der Statuette nach Oberitalien und ihre Datierung in die zweite Hälfte des 16. Jahrhunderts deshalb nicht, weil dazu weder das Figurenideal und die formalen Prinzipien der Komposition noch ihr Ausdrucksgehalt örtliche wie auch zeitliche Anhaltspunkte geben, so ist auch Bodes zweite Zuschreibung nicht sehr überzeugend; denn der Vergleich mit den angeführten manieristischen Genrefigürchen kann nur negativ ausfallen. Ganz wertlos ist sie jedoch nicht, da sie immerhin andeutungsweise die Richtung angibt, in die sich eine neuerliche Untersuchung zu bewegen hatte. Es war wohl das kleine Häubchen, das Lukretia trägt, welches den Anstoß zur neuen Lokalisierung Bodes gab, ist es doch modisch immerhin so prägnant, daß es einwandfrei als niederländisch zu identifizieren ist. Diese kleine runde Kopfbedeckung, die den Haarknoten zusammenhalten soll und deren Spitze etwas zur Stirn vorgezogen ist, findet man vor allem in der holländischen Malerei des 17. Jahrhunderts derart häufig dargestellt, daß Lokalisierung und Datierung dieses modischen Accessoirs nicht mehr erst bewiesen werden müssen. Aber auch die unglaublich sensualistische Behandlung der Oberfläche, besonders der Draperie der Figur und ihre sinnlich gegensätzliche Wirkung zum glatt modellierten Körper der Lukretia, ist ein Charakteristikum, das auf eine Ent-

---

[5] Inventareintragung der Sammlung für Plastik und Kunstgewerbe des Kunsthistorischen Museums aus dem Jahre 1956 anläßlich der Erwerbung.

[6] W. von Bode, 1907 (zit. Anm. 2).   [7] W. von Bode, 1930 (zit. Anm. 2).

stehung der Bronzestatuette in den Niederlanden, und zwar in einer Zeit starken Einflusses der Kunst Peter Paul Rubens', hindeutet; dafür spricht letztlich auch das füllige und etwas schwere Körperideal der Figur. Man wird also wohl nicht fehlgehen, wenn man die Lukretia-Statuette als eine niederländische Bronzeplastik etwa der Mitte des 17. Jahrhunderts bezeichnet.

Scheint demnach eine Lokalisierung und annähernde Datierung der Statuette gelungen, so erhebt sich sogleich die Frage, ob sich diese Bestimmung noch weiter einengen, ob sich ein Meister identifizieren läßt oder ob die Statuette zumindest in einen engeren künstlerischen Zusammenhang mit einer faßbaren Bildhauerpersönlichkeit gebracht werden kann.

Tatsächlich scheint sich letztere Möglichkeit anzubieten, sofern man versuchsweise einige jener Skulpturen, die Artus Quellinus der Ältere in den Jahren 1650 bis 1657 für die dekorative Ausstattung des damals neuerbauten Amsterdamer Stadthauses geschaffen hat[8], als Vergleichsbeispiele zur Lukretia-Statuette heranzieht. Besonders die vier Karyatiden des Gerichtssaales (Abb. 142, 143) fordern in mehrfacher Hinsicht den Vergleich heraus. Abgesehen davon, daß hier bereits vom Motiv her – des mit einer Draperie nur halb bekleideten weiblichen Körpers – allgemeine Vergleichsmöglichkeiten gegeben sind, sind es im konkreten vor allem der ähnliche Figurentyp und die nahezu übereinstimmende Strukturierung des Körperbaus, insbesondere aber die malerische Wirkung der ein reiches Spiel von Licht und Schatten bewirkenden Modellierung der Draperie und der sinnliche Reiz ihres Kontrastes zum Körper der Karyatiden, die die stilistischen Parallelen bieten. Auch die für die Lukretia-Statuette so typischen etwas überdimensionierten oberen Extremitäten mit ihrer ausladenden Gestik finden sich an anderen Figuren des älteren Quellinus wieder, wie etwa bei der stehenden Mutter in der Reliefdarstellung von Salomonis Urteil, die sich ebenfalls im Gerichtssaal des Stadthauses befindet[9]. Einzig der Kopftypus, wie er sich in der Hauptansicht der Statuette zeigt, scheint weniger Parallelen im Œuvre des Quellinus zu haben. Dreht man aber die Statuette in ein strenges en face oder ins Profil, so kann man auch hier durchaus familiäre Gemeinsamkeiten mit der Figur der Gerechtigkeit auf der Attika der Ostfassade des Stadthauses (Abb. 140, 144), der Nereide in dem Bozzettofragment für das Giebelfeld der Ostfassade (Abb. 138) oder mit dem Terrakottarelief einer Maria lactans der Sammlung Jaffee in Cambridge feststellen[10]. Etwas befremdend wirkt nur das genrehafte Häubchen, das nicht so recht zu den von echter Grandezza erfüllten Figuren des Quellinus passen will. Doch gerade die niederländische Kunst war immer wieder versucht, auch dem klassischesten Motiv genrehafte Züge zu verleihen. Faßt man daher diese einzelnen Beobachtungen zusammen, so mag vielleicht der Vorschlag gerechtfertigt erscheinen, in der Lukretia-Statuette eine niederländische Bronzestatuette aus dem Umkreis des älteren Artus Quellinus zu erkennen.

Abbildungsnachweis. Kunsthistorisches Museum Wien: Abb. 136, 137, 139, 141; Rijksmuseum Amsterdam: Abb. 138, 140, 142, 143, 144.

---

[8] Vgl. J. GABRIELS, Artus Quellien, de oude, Antwerpen 1930, S. 98 ff., und K. FREMANTLE, The Baroque Townhall of Amsterdam, Utrecht 1959.

[9] Vgl. J. GABRIELS (zit. Anm. 8), Abb. XII, bzw. K. FREMANTLE (zit. Anm. 8), Abb. 88.

[10] Vgl. Katalog der Ausstellung „Europäische Barockplastik am Niederrhein – Grupello und seine Zeit", Düsseldorf 1971, S. 295, Nr. 238.

HANS VAN MILDERTS STELLUNG INNERHALB DER NIEDERLÄNDISCHEN PLASTIK DES FRÜHBAROCK[1]

VON WERNER KITLITSCHKA

Innerhalb der Genese der Barockskulptur in den südlichen Niederlanden kommt Hans van Mildert eine maßgebliche Rolle zu. Das Schaffen dieses Künstlers stellt gewissermaßen das Bindeglied zwischen der Plastik des Manierismus und einer Phase dar, die man bereits mit dem Stilbegriff „Barock" charakterisieren kann. Van Milderts Werk läßt einen im Rückblick konsequent erscheinenden Entwicklungsprozeß vom ersten dieser beiden Pole zum zweiten erkennen, der ohne die wiederholte künstlerische Auseinandersetzung mit Peter Paul Rubens kaum möglich gewesen wäre. Somit muß hier in erster Linie diese Orientierung an Rubens' Kunst skizziert werden.

Hans van Mildert dürfte in der Zeit zwischen 1585 und 1590 in Königsberg in Ostpreußen geboren worden sein[2]. Die Familie stammte vermutlich aus Antwerpen und hielt sich aus konfessionellen Gründen im Ausland auf, wie dies während der kritischen Situation zwischen Katholizismus und Protestantismus in den Niederlanden häufig der Fall war. Im Jahre 1610 wurde der Bildhauer als „vrijmeester" in die Antwerpener St.-Lukas-Gilde aufgenommen. 1612 heiratete er in Antwerpen. Zwischen dem Künstler und Rubens muß bereits früh eine freundschaftliche Verbindung bestanden haben, da Rubens als Taufpate von Van Milderts drittem Kind genannt wird. Später, im Jahre 1634, übernahm Helene Fourment die Patenschaft für das elfte Kind des Bildhauers.

Van Mildert scheint zeit seines Lebens in den Niederlanden geblieben zu sein und keine Italienreise unternommen zu haben. Er verstarb 1638 in Antwerpen[3].

Die Hans van Mildert zugeschriebene Holzstatue des „Honos" im Musée Plantin-Moretus in Antwerpen (Abb. 145)[4] hält sich in motivischer Hinsicht eng an eine Zeichnung von Rubens[5], weicht jedoch im Stil von dieser entschieden ab. Vergleicht man

---

[1] Bei dem vorliegenden Beitrag handelt es sich um die Neufassung eines Kapitels aus der 1963 abgeschlossenen Wiener Dissertation des Verfassers mit dem Titel: Rubens und die Bildhauerei. Die Einwirkung der Plastik auf sein Werk und Rubens' Auswirkung auf die Bildhauer des 17. Jhs.

[2] Zu Hans van Mildert ist folgendes Schrifttum anzuführen: M. DEVIGNES Artikel in: THIEME-BECKER, Allgem. Lexikon d. bild. Künstler, Bd. 24, Leipzig 1930, S. 556. – M. KONRAD, Hans van Mildert aus Königsberg, genannt „der Deutsche", ein Bildhauer aus dem Kreise des Rubens. Schriften der Kunstforschenden Gesellschaft Danzig, hrsg. von H. F. Secker, Bd. 1, 1922. – M. KONRAD, Hans van Mildert, genannt „Der Deutsche", in: Mitt. d. Ver. f. Geschichte von Ost- u. Westpreußen, 6 (1932), S. 53 ff. – I. LEYSSENS, Hans van Mildert, 158?–1638, in: Gentsche Bijdragen tot de Kunstgeschiedenis, 7 (1941), S. 73 ff.

[3] Hans van Milderts Todesdatum ist der 21. September 1638. Diese Kurzbiographie hält sich an Leyssens (zit. Anm. 2), S. 73 f.

[4] Zur Frage der Zuschreibung des „Honos" an Hans van Mildert vgl. J. S. HELD, Rubens – Selected Drawings. With an introduction and a critical catalogue, London 1959, Bd. 1, S. 147, Kat.-Nr. 138.

[5] Die Rubenszeichnung befindet sich im Musée Plantin-Moretus in Antwerpen und wird von Held in die Zeit von 1612 bis 1615 datiert. Auf demselben Blatt ist die Allegorie der „Virtus" skizziert. Das Musée Plantin-Moretus besitzt noch ein weiteres Rubensblatt mit einem die „Doctrina" darstellenden Entwurf. Zwei weitere nach diesen Skizzen ausgeführte Holzstatuen im selben Museum werden gleichfalls mit Hans van Mildert in

die Plastik mit dem Entwurf (Abb. 146), so fällt ihre starke Längung auf. Sämtliche Teile sind in der Längsachse verdehnt, so daß bei den runden Detailflächen an die Stelle von Kreis und Kugel als Grundformen die Ellipse bzw. das Ellipsoid treten. Der für Rubens' Entwurf charakteristische zylindrische Figurenumraum findet sich bei der Statue nicht. Herrscht im Fall der Skizze ein ausgeglichenes Verhältnis zwischen Körper und Raum, so ist diese Harmonie bei Van Milderts Werk gestört oder vielmehr gar nicht angestrebt. Diese Wirkung ist auf mehrere Ursachen zurückzuführen:

Die von Rubens entworfene Gestalt des „Honos" weist eine leichte Ponderation, ein sanftes Schwingen im Raum auf, das in dem nach links gewendeten Kopf ausklingt. Demgegenüber steht die Figur des Musée Plantin-Moretus in starrer Frontalität vor dem Betrachter. Wohl klingt in der Beinstellung das Stand-Spielbein-Motiv an, doch hat dies auf die oberen Partien der Figur fast gar keine Auswirkung. Der Blick richtet sich nicht auf ein in der Nähe zu vermutendes Ziel, wie dies von Rubens skizziert worden war, sondern schweift in einen dem Betrachter nicht zugänglichen Fernbereich. Dadurch kommt es zu einer wesentlichen Intensivierung der bereits beschriebenen Wirkung. Gegenüber der Skizze ist der Arm viel weiter vom Körper abgestreckt, Unterarm und Hand wenden sich nicht wiederum in einer Kreiskurve zum lorbeerbekränzten Haupt zurück. Die Geste des rechten Armes ist demnach mehr ein Hinausragen in den Raum als ein freies Agieren in diesem.

Van Milderts Figur wirkt, als habe man sie in eine seichte Raumzone hineingepreßt. Keine Form strebt auf den Betrachter zu, alle Einzelelemente ziehen sich wie die Gestalt als Ganzes scheu zurück. „Honos" scheint nicht auf den Betrachter zuzukommen, sondern vor diesem zurückzuweichen. Die Gewandung umspielt hier nicht den Körper. Sie wirkt vielmehr wie eine zähe Masse, die langsam nach unten fließt. An keiner Stelle hat sie den schwebenden und eigenständigen Charakter, der sich auf Rubens' Zeichnung findet [6].

Es wäre gewiß eine ertragreiche kunstwissenschaftliche Aufgabe, Hans van Milderts Stil in allen seinen Voraussetzungen zu bestimmen. Dies muß einer umfassenderen Untersuchung vorbehalten bleiben. An dieser Stelle kann lediglich darauf verwiesen werden, daß die besprochene Statue des „Honos" wohl hinsichtlich der Längung und Überdehnung der Proportionen dem Manierismus des 16. Jahrhunderts verbunden ist, daß jedoch das marionettenhaft-labile Agieren und die phrasenhafte Geste, die im niederländischen Manierismus der zweiten Hälfte des 16. Jahrhunderts als künstlerische Werte realisiert wurden [7], hier bereits weitgehend abgebaut sind. Die Figur steht ruhig

---

Zusammenhang gebracht. Vgl. HELD (zit. Anm. 4), Bd. 1, S. 147, Kat.-Nr. 138, und Bd. 2, Tafel 148. Die drei Holzskulpturen dürften für das Plantin-Moretus-Haus in Antwerpen geschaffen worden sein. Zwischen Balthasar Motreus und Hans van Mildert bestanden allem Anschein nach enge Kontakte. Im Auftrag des Inhabers der berühmten Druckerei schuf der Künstler am Anfang der zwanziger Jahre neben den drei Steinbüsten, von denen noch die Rede sein wird, eine Anzahl nicht erhaltener oder nicht identifizierter Werke. LEYSSENS (zit. Anm. 2), S. 105 f., führt die betreffenden Archivbelege an.

[6] Die Holzfiguren von „Virtus" und „Doctrina" stehen zu den Rubensentwürfen in einem grundsätzlich ähnlichen Verhältnis.

[7] Der Statue des „Honos" wären in diesem Zusammenhang etwa die Plastiken des Jacques Dubroecq vom Lettner der Kirche Sainte-Waudru in Mons (1548) oder die Skulpturen des Lettners der Notre-Dame in Tournai von Cornelis Floris (1573) gegenüberzustellen. Vgl. J. MOGIN, Les jubés de la Renaissance, Brüssel 1946, S. 5 ff. u. S. 12 ff., Tafel I–XV sowie XVII–XXIV.

und geschlossen da, ist sich gewissermaßen ihrer selbst bewußt. Der manieristische Figurenschwung ist einer neuen säulenhaften Verfestigung gewichen. So betrachtet, dokumentiert sich in der Statue des „Honos" eine Phase des Übergangs zu Rubens' Auffassung der menschlichen Gestalt als eines monumentalen, in sich ruhenden Formgebildes. Rubens gelangte auf Grund der Auseinandersetzung mit antiker Statuarik mit der zweiten Fassung der Altargemälde für die Chiesa Nuova in Rom zu dieser Schau des Menschen[8]. Das Motiv der Ponderation, welches für die Rubensskizze des „Honos" wichtig war, wird von Hans van Mildert noch nicht konsequent durchgeführt. Zwischen der manieristischen Auffassung der menschlichen Gestalt als einer „figura serpentinata" und der Anwendung der Ponderation im Sinne der Antike kam es zu einer Phase weitgehender Beruhigung. Diese Wandlung vollzog sich unter dem unmittelbaren Einfluß von Rubens' Kunst.

Versucht man diese Untersuchung sowohl auf die Plastik am Torbogen des Rubenshauses als auch auf die Skulpturen der Fassade und des Hochaltars der Antwerpener Jesuitenkirche auszudehnen, so ergeben sich erhebliche Schwierigkeiten. Es ist nämlich bisher noch nicht gelungen, die Frage nach dem Autor der angeführten Werke befriedigend zu beantworten.

Hinsichtlich der Porticusskulpturen äußert Floris Prims die Vermutung, sie könnten von Hans van Mildert stammen[9]. Auch Martin Konrad vertritt diese Meinung[10]. Diese Vermutungen können allerdings weder durch stilistische Übereinstimmungen mit gesicherten Werken noch durch irgendeinen archivalischen Quellenbeleg gestützt werden. Daher wird der plastische Schmuck des Torbogens hier nicht berücksichtigt. Die Bildhauerarbeiten in und an der ehemaligen Jesuitenkirche von Antwerpen werden ohne sichere Anhaltspunkte zwischen der Werkstatt der Colyns de Nole und Hans van Mildert hin und her geschoben[11]. Auf sie wird im vorliegenden Aufsatz gleichfalls nicht eingegangen. Die Frage der Urheberschaft wird solange unlösbar sein, als keine betreffenden Archivquellen gefunden werden und die gewiß mühevolle Arbeit nicht getan ist, den Stil Van Milderts und der einzelnen Mitglieder der Colyns-de-Nole-Werkstatt klar herauszuarbeiten und die einzelnen Künstlerpersönlichkeiten deutlich voneinander zu scheiden.

Hingegen ist die Alabasterstatue des hl. Gummarus, welche den Altar des Heiligen in der Kirche von Lier bekrönt, ein für Van Mildert archivalisch gesichertes Werk[12]. Die um 1620 geschaffene Statue markiert einen weiteren Schritt in Richtung auf einen spezifisch barocken Stil. Die Figur weist nicht mehr die starke Längung des „Honos" auf. Sie ist harmonisch proportioniert und sowohl in der Gesamtwirkung als auch in den Details viel mehr als jener auf rundplastische Entfaltung im Raum angelegt. Allerdings ist nach wie vor eine gewisse Starrheit festzustellen.

---

[8] Vgl. W. KITLITSCHKA, Diss. (zit. Anm. 1), S. 23 ff.

[9] F. PRIMS, Juvenalis en Rubens, in: Antwerpiensia, 18 (1948), S. 139, Anm. 1.

[10] M. KONRAD, Antwerpener Binnenräume im Zeitalter des Rubens, in: Belgische Kunstdenkmäler, hrsg. von P. Clemen, Teil II, München 1923, S. 236.

[11] Vgl. HELD (zit. Anm. 4), Bd. 1, S. 150, Kat.-Nr. 145, sowie L. BURCHARD-R. A. d'HULST, Rubens Drawings, Brüssel 1963, S. 184 ff., Kat.-Nr. 116 u. 117, und LEYSSENS (zit. Anm. 2), S. 128 ff.

[12] LEYSSENS (zit. Anm. 2), S. 77 ff. Hans van Mildert schuf den gesamten Altaraufbau.

Im Bereich des Porträts zeigen die 1622 entstandenen Büsten von Christoffel Plantin, Jan Moretus I und Justus Lipsius im Hof des Antwerpener Plantin-Moretus-Hauses stark verwandte Züge[13]. Gewandfalten und Haar sind graphisch aufgefaßt. Der Blick der abgemagerten Gesichter ist starr in die Ferne gerichtet. Die Porträts wirken versteinert und können in Verbindung mit den ornamentalen Rahmungen ihren durch die Verwendung als Bauplastik bedingten dekorativen Charakter nicht verleugnen. Von der Bewegtheit und dem Sensualismus zeitgleicher Porträts von Rubens sind diese Schöpfungen weit entfernt[14]. Zu Rubens' Lebzeiten stieß kein niederländischer Bildhauer zu einer im Hinblick auf Bernini als hochbarock zu bezeichnenden Porträtkunst vor. Lediglich der Augsburger Georg Petel gelangte unter dem Einfluß von Rubens und wohl nicht ohne die Anregung durch italienische Werke mit der Rubensbüste des Antwerpener Museums zu einer grandiosen, durch monumentales Pathos und außerordentliche Verlebendigung ausgezeichneten Schöpfung, die ohne unmittelbare Nachfolge blieb[15]. Erst nach 1640 kamen einige niederländische Bildhauer – vor allem Artus Quellinus der Ältere – zu einer repräsentativen barocken Bildniskunst[16].

Die Skulpturen des ehemaligen Hochaltars der St.-Michaels-Abtei in Antwerpen, die nach der Abtragung des Altars nach Zundert, Holland, kamen, stehen mit Rubens in besonders enger Verbindung. Auf Grund motivischer Übereinstimmungen mit dem St.-Gummarus-Altar in Lier und dem Hochaltar der Kirche St. Donaas in Brügge schrieb Leyssens den Altar samt den Figuren Hans van Mildert zu[17]. Das Altarwerk, das in die Zeit um 1622 zu datieren sein dürfte, rahmte ursprünglich die heute im Antwerpener Museum befindliche „Anbetung der Könige" von Rubens. Es ist noch nicht geklärt, welche Rolle Rubens im Hinblick auf die architektonische Gesamtkonzeption des Altars zukam. Jedenfalls sind für zwei der bekrönenden Statuen – und zwar für den Erzengel Michael und den hl. Norbert – Entwürfe von Rubens nachzuweisen. Hinsichtlich der Darstellung St. Michaels konnte Leyssens enge motivische Bezüge zu einer Rubenszeichnung gleichen Themas aufzeigen, die allerdings lediglich in einem Kupferstich Clouets überliefert ist[18]. Die Figur des auf dem besiegten Irrlehrer Tanchelm stehenden hl. Norbert (Abb. 147) wurde nach einer Ölskizze von Rubens ausgeführt, die sich in einer New Yorker Privatsammlung befindet (Abb. 148)[19]. Der Vergleich der Skizze mit Van Milderts Plastik erweist sich als besonders aufschlußreich.

---

[13] Vgl. LEYSSENS (zit. Anm. 2), S. 80 ff. Es ist nicht bekannt, ob diese Büsten im 19. Jh. einer umfassenden Restaurierung unterzogen wurden. LEYSSENS, S. 81, berichtet, daß einige andere der gleichfalls im Hof befindlichen Porträts von Mitgliedern der Familie Plantin-Moretus wegen ihres schlechten Erhaltungszustandes im Jahre 1883 durch Kopien ersetzt wurden.

[14] Die reiche Kartuschenrahmung der Büste Christoph Plantins ist von Rubens' Entwurf für ein von C. Galle I gestochenes graphisches Blatt mit dem Porträt des Justus Lipsius herzuleiten. Der Stich entstand 1615 in der Plantinschen Druckerei für Lipsius' Seneca-Ausgabe. Auf diesen Zusammenhang hat bereits LEYSSENS (zit. Anm. 2), S. 81 f., hingewiesen. Van Mildert hielt sich offenkundig auch mit seinem Porträt des Justus Lipsius an diese Vorlage.

[15] H. G. EVERS, Rubens und sein Werk. Neue Forschungen (Arbeiten und Forschungen des Deutschen Instituts in Brüssel, 1), Brüssel 1943, S. 344 ff.

[16] Vgl. J. GABRIELS, Artus Quellien, de Oude. „Kunstryck Belthouwer", Antwerpen 1930, S. 244 ff.

[17] LEYSSENS (zit. Anm. 2), S. 118 ff.

[18] LEYSSENS (zit. Anm. 2), S. 121 f. Der Kupferstich befindet sich im Plantin-Moretus-Archiv in Antwerpen.

[19] J. A. GORIS - J. S. HELD, Rubens in America, New York 1947, S. 35 f., Kat.-Nr. 63, Abb. 50.

Rubens entwarf mit dem hl. Norbert eine sich im Raum frei entfaltende Gewandfigur von stark plastischer Wirkung. In der rechten Hand hält der Heilige eine Monstranz mit der Hostie, welche die Besiegung des Irrlehrers und Zauberers Tanchelm bewirkte, in der linken den Bischofsstab. Das weite Gewand umschwebt und umhüllt die Gestalt in einem schwellenden Auf und Ab von eigenartiger Dramatik und erinnert damit an den König auf der linken Seite des ursprünglichen Altarbildes. Der mit verkrampften Gliedmaßen zu Boden gestürzte Ketzer wendet den Kopf zu Norbert hin. Vergleicht man Skizze und Ausführung miteinander, so hat es den Anschein, als sei die von Rubens entworfene Gestalt in der Statue zusammengeschrumpft. Van Mildert drängte die Volumen und Raum konstituierenden Elemente des Entwurfes weitgehend zurück. Das Gewand drückt sich an den flach erscheinenden Körper. Das großformige Spiel der Falten ist kleinteilig geworden, tiefe Faltenrillen zerfurchen die blockhafte Figur. Die raumschaffenden Elemente der Rubensskizze werden mit Zurückhaltung aufgegriffen. Im wesentlichen handelt es sich um das Einzelmotiv des vorgestellten rechten Beines, mit dem eine gewisse Auflockerung des Statuenblocks angestrebt wurde. Der Bildhauer schloß auch den niedergeworfenen Ketzer in eine seichte Raumzone und betonte damit die flache, auf Frontalansicht ausgerichtete Erscheinung der Gruppe. Es ist für Van Milderts künstlerische Haltung charakteristisch, daß er die Kopfwendung des Ketzers hin zum hl. Norbert wegließ und damit eine engere psychische Verbindung der beiden Gestalten unterband.

Die ungefähr lebensgroßen Steinstatuen von Petrus (Abb. 149) und Paulus in der Kathedrale von Antwerpen bekrönten einst den Lettner der St.-Michaels-Abtei und sind dessen einzige Überreste [20]. Enge stilistische Übereinstimmungen dieser Statuen mit den heute in Zundert befindlichen Skulpturen des ehemaligen Hochaltars der Antwerpener St.-Michaels-Abtei rechtfertigen die von Martin Konrad vorgeschlagene Zuschreibung des aus einer Stichabbildung von Henri Causé bekannten Lettners an Hans van Mildert [21]. Die beiden Statuen sind wie die Figur des hl. Norbert in Zundert streng frontal aufgefaßt und richten den Blick starr in die Ferne. Auch hier ist die Geschlossenheit des Blocks stark wirksam, doch wird – wohl unter dem Eindruck rubenesker Gewandfiguren – stärker als bei der Gestalt des hl. Norbert versucht, das Gewand zu dynamisieren. Der Gewandung wird nun ein bescheidenes Maß von Eigenleben gegenüber dem Körper zugestanden. Der Vergleich mit den Apostelfürsten der Skizze in der Sammlung Jules Philippson in Brüssel (Abb. 150) [22] macht allerdings deutlich, welch ungleich höheren Grad dramatischer Verlebendigung Rubens bereits um 1613 und damit ein Jahrzehnt früher verwirklicht hat. Rubens' Gestalten nehmen den sie umgebenden Raum gleichsam in Besitz, teilen sich diesem mit und erwecken, obwohl sie ruhig dastehen, den Eindruck, als wollten sie im nächsten Augenblick auf den Betrachter zuschreiten. Hans van Mildert gelangte erst am Ende seines Schaffens zu einer grundsätzlich verwandten künstlerischen Lösung.

---

[20] Die Statuen sind unterhalb der Orgelempore aufgestellt und werden von LEYSSENS (zit. Anm. 2) nicht erwähnt.

[21] KONRAD (zit. Anm. 10), S. 220, Abb. 145 u. 162. Enge stilistische Übereinstimmungen ergeben sich vor allem mit der Marienstatue des Hochaltars der St.-Michaels-Abtei. Vgl. LEYSSENS (zit. Anm. 2), S. 123 f., Abb. auf S. 124.

[22] L. VAN PUYVELDE, Les esquisses de Rubens, 2. Aufl., Basel 1948, S. 67 f., Kat.-Nr. 14, Abb. 14.

Van Mildert dürfte an den Dekorationen zum Einzug des Kardinalinfanten Ferdinand in Antwerpen am 17. April des Jahres 1635 maßgeblich beteiligt gewesen sein. I. Leyssens publizierte zwei Varianten einer Rechnung der Stadt Antwerpen aus dem Jahre 1635, aus denen hervorgeht, daß der Künstler neben einer Anzahl anderer Arbeiten auch „diversche figuren in steen" ausführte [23]. Leider ist nicht bekannt, welche Werke gemeint sind. Ein Großteil der Gestalten der Einzugsdekorationen war gemalt. Mit Sicherheit wissen wir lediglich von der aus zehn Figuren bestehenden Vorfahrenreihe des neuen Statthalters der Niederlande im Verband der „Porticus Caesareo-Austriaca", daß sie in Stein ausgeführt worden war [24]. Diese Skulpturen wurden dem Kardinalinfanten nach dem Einzug zum Geschenk gemacht [25]. Vermutlich hat Van Mildert an den heute verschollenen Figuren des Zyklus mitgearbeitet. Es ist anzunehmen, daß sich diese Werke eng an Rubens' Entwürfe hielten.

Ein Spätwerk Hans van Milderts läßt schließlich ein gegenüber den besprochenen Werken neues Verständnis von Rubens' Kunst und des Barock im allgemeinen erkennen. Es handelt sich hierbei um die am 24. Juni 1638 aufgestellte überlebensgroße Pfeilerstatue des Apostels Judas Thaddäus in der Kathedrale von Mechelen (Abb. 151), die vermutlich unter Beteiligung des damals 25jährigen Sohnes Van Milderts, Cornelis, entstand [26]. Diese Figur gehört einem Apostelzyklus an, für welchen Hans van Mildert bereits am 24. März 1638 die Statue des hl. Simon lieferte [27]. Nach dem 1638 erfolgten Tod des Vaters führte Cornelis van Mildert die Figur des hl. Matthias als Abschluß der Apostelserie aus [28]. Die übrigen Figuren hatte das von Robert geleitete Atelier der Colyns de Nole bereits in den Jahren von 1628 bis 1637 geschaffen [29].

Hans van Mildert hat mit der Statue des hl. Judas Thaddäus eine Stilstufe erreicht, welche an Werke von Rubens in der Art der 1618/19 entstandenen Apostel auf den Flügeln des Altars mit der Darstellung des „Wunderbaren Fischzuges" in Mecheln denken läßt. Dieser Stil unterscheidet sich grundlegend von dem weitaus stärker traditionsbedingten der Statuen der De-Nole-Werkstatt. Allerdings soll hier keineswegs behauptet werden, Van Mildert habe die Apostel des Mechelner Altars als konkrete Vorbilder herangezogen. Seine Schöpfung ist in stilistischer und motivischer Hinsicht durchaus autonom. Es handelt sich um eine Verwandtschaft im Grundsätzlichen. Wie bei Rubens ist die Statue ein aus eigener Gesetzlichkeit heraus organisch gebautes plastisches Individuum. Die blockhafte Form der bisher behandelten Werke wurde zu-

---

[23] LEYSSENS (zit. Anm. 2), S. 114 f.
[24] H. G. EVERS, Peter Paul Rubens, München 1942, S. 380 u. 383. Drei der vergoldeten Steinstatuen, die Habsburgerkaiser darstellten, führte der Antwerpener Bildhauer Huibrecht van den Eynde aus. Vgl. A. JANSEN - C. VAN HERCK, De van den Eynde's. Antwerpsche Bouwmeesters en Beeldhouwers uit de XVIIe eeuw, in: Jaarboek van den Oudheidkundigen Kring van Antwerpen, 20/21 (1944/45), S. 47, Nr. 15.
[25] EVERS (zit. Anm. 24), S. 383.
[26] Zur Datierung und Zuschreibung vgl. LEYSSENS (zit. Anm. 2), S. 94. Der Anteil von Cornelis van Mildert an der Statue des hl. Judas Thaddäus ist nicht bestimmbar. Es ist anzunehmen, daß der Entwurf von Hans van Mildert stammt und die Ausführung des Werkes unter Beteiligung des Sohnes erfolgte.
[27] LEYSSENS (zit. Anm. 2), S. 93 f.
[28] Die Statue des hl. Matthias wurde im Jahre 1640 geliefert. Vgl. A. JANSEN - C. VAN HERCK, De Antwerpsche beeldhouwers Colyns de Nole, in: Jaarboek van den Oudheidkundigen Kring van Antwerpen, 19 (1943), S. 70.
[29] JANSEN - VAN HERCK (zit. Anm. 28), S. 70 u. 78 f.

gunsten einer neuen Organik verlassen. Jetzt erst, gegen Ende seines Schaffens, gelangt Van Mildert zu einem Rubens verwandten Empfinden für Körper und Raum. Es erscheint bezeichnend für die Situation der niederländischen Plastik, daß dies etwa zwanzig Jahre nach jenem Zeitpunkt geschah, zu dem Rubens vergleichbare künstlerische Qualitäten erreicht hatte [30]. Erst im Fall des hl. Judas Thaddäus kommt es zu einem ausgewogenen Verhältnis zwischen Gewand und Körper, bei dem bewegte „eigenwillige" Faltenbäusche und die Organik der Gestalt betonende Partien einander die Waage halten. Man vergleiche etwa den unteren Bereich der Statue mit der Gewandbehandlung oberhalb des linken Beins von Rubens' hl. Andreas [31]. In der sinnvollen Organisierung des Gewandes, seiner Bäusche, Faltenrinnen und glatt ausgespannten Flächen im Einklang mit dem darunter befindlichen Körper kommt ein neues Verständnis für plastische Phänomene im Sinne des Barock zum Ausdruck.

Mit diesem Werk Van Milderts war gegen Ende der dreißiger Jahre im Bereich der Großplastik endlich eine stilistische Entsprechung zu Rubens' Kunst zustande gekommen. Der Großteil der annähernd gleichzeitig entstandenen Arbeiten vertrat diese Stilstufe allerdings nicht – wie bereits der Vergleich mit den aus der Werkstatt der Colyns de Nole stammenden Statuen des Mechelner Apostelzyklus erweist –, sie sollte auch nicht allzu lange dauern. In diese Stilphase gehören z. B. die Apostelreihe der Kathedrale St. Gudula in Brüssel, an welcher Lucas Faydherbe, Jérome Duquesnoy und Cornelis van Mildert entscheidend beteiligt waren [32], ferner das Werk von Artus Quellinus dem Älteren [33] und das frühe Schaffen Jean del Cours [34]. Gabriel Grupello [35] oder Artus Quellinus der Jüngere [36] hingegen stammen nicht nur aus einer jüngeren Genera-

---

[30] W. KITLITSCHKA hat in seiner Dissertation (zit. Anm. 1), S. 27 ff., ausgeführt, daß Rubens innerhalb des Zeitraums von etwa 1611 bis 1614 häufig plastische Werke von ruhiger und geschlossener Wirkung – meist antike Statuen – in Malerei „umsetzte". Van Milderts Spätwerk steht mit dieser und der folgenden, durch Dynamisierung der statuarisch gebauten Einzelfiguren gekennzeichneten Phase von Rubens' Schaffen in engerer Beziehung. H. GERSON und E. H. TER KUILE stellen eine stilistische Verwandtschaft zwischen Hans van Milderts Schaffen und den Werken der Brüder Robert und Hans Colyns de Nole fest. Sie fühlen sich hinsichtlich der Faltenbehandlung an Hendrick de Keyser erinnert und sehen in Van Mildert einen Künstler, der noch nicht den „wahren" Barock vertritt. Diese Auffassung läßt besonders die künstlerische Eigenständigkeit und entwicklungsgeschichtliche Bedeutung von Van Milderts Spätwerk unberücksichtigt. Vgl. H. GERSON - E. H. TER KUILE, Art and Architecture in Belgium 1600 to 1800. Pelican History of Art, Bd. 39, Harmondsworth 1960, S. 35 f.

[31] Es handelt sich um die Außenseite des rechten Flügels vom Altar mit dem „Wunderbaren Fischzug" in der Kirche Notre-Dame-au-de-la-Dyle in Mechelen.

[32] Zur Frage der Zuschreibung der Apostelstatuen vgl. M. FRANSOLET, François du Quesnoy, Sculpteur d'Urbain VIII, 1597–1643 (Académie Royale de Belgique, Classe des Beaux-Arts, Mémoires, 2. Serie, Bd. 9), Brüssel 1942, S. 139 ff.

[33] Die Zusammenhänge zwischen Artus Quellinus dem Älteren und Rubens werden bei W. KITLITSCHKA, Diss. (zit. Anm. 1), S. 281 ff. behandelt.

[34] Vgl. R. LESUISSE, Le sculpteur Jean Del Cour. Sa vie, son œuvre, son évolution, son style, son influence. Étude historique, esthétique et critique, Nivelles 1953.

[35] Auch Grupello hat W. KITLITSCHKA, Diss. (zit. Anm. 1), S. 229 ff., einen Abschnitt gewidmet und darin die stilistischen und ikonographischen Einflüsse von Rubens auf sein Werk erörtert. Vgl. weiters U. KULTERMANN, Gabriel Grupello, Berlin 1968, A. STROBL, Zur Schaffensperiode des Gabriel Grupello in Brüssel, unveröffentl. Manuskript im Wr. Kunsthistor. Institut, Wien 1954, sowie den Ausstellungskatalog „Europäische Barockplastik am Niederrhein – Grupello und seine Zeit", Kunstmuseum Düsseldorf, 1971.

[36] Vgl. H. KEHRER, Über Artus Quellin den Jüngeren, in: Belgische Kunstdenkmäler, hrsg. von P. Clemen, Teil II, München 1923, S. 259 ff.

tion, sondern vertreten auch einen andersartigen, von Gian Lorenzo Bernini herzuleitenden malerisch-szenischen Stil. Die in sich ruhende, dank ihrer monumentalen rundplastischen Konzeption in den Raum „ausstrahlende" menschliche Gestalt, welche die Hauptaufgabe der mit der Statue des hl. Judas Thaddäus markierten Stilstufe ist, bedeutet der jüngeren Bildhauergeneration nicht mehr das künstlerische Hauptanliegen.

Die Konfrontation der Statue Hans van Milderts, bei welcher der Anteil des Sohnes Cornelis nicht bestimmbar ist, mit den von Andries und Robert de Nole gelieferten Apostelfiguren wirft ein bezeichnendes Schlaglicht auf die künstlerischen Möglichkeiten, die der Bildhauerei in den südlichen Niederlanden während des vierten Jahrzehnts des 17. Jahrhunderts offenstanden:

Wie bereits gesagt, war die Werkstatt der Colyns de Nole von 1628 bis 1637 mit dem Apostelzyklus beschäftigt [37]. Diese Statuenreihe läßt, ausgehend von der im Jahre 1630 als erste gelieferten Figur des Apostels Johannes bis zu den 1637 zuletzt aufgestellten Plastiken der Heiligen Thomas und Bartholomäus (Abb. 152), eine durchgehende Entwicklungslinie erkennen. Johannes ist von verhältnismäßig zarter, gelängter Gestalt. Er steht auffallend fest auf der Sockelplatte – das Stand- und Spielbeinmotiv ist nur flüchtig angedeutet –, aber dennoch wächst er in zarter, sich im Raum verschraubender Schwingung auf. Dadurch gewinnt die Gestalt die Wirkung marionettenhafter Labilität, hinter der noch immer das manieristische Ideal der „figura serpentinata" fühlbar ist. Van Mildert hatte bereits in seinen blockhaften, streng frontalen Hochaltarfiguren aus der Abteikirche von St. Michael in Antwerpen völlig andere künstlerische Vorstellungen realisiert, die eine viel entschlossenere Absage an den Manierismus erkennen lassen. Mit einiger Berechtigung könnte man hierfür den Stilbegriff „Frühbarock" heranziehen [38].

Im Verlauf des künstlerischen Wandels, der an den weiteren Statuen aus der Werkstatt der Colyns de Nole abzulesen ist, wird die manieristische Drehbewegung abgebaut, wobei allerdings das durch Schlankheit und Zartheit gekennzeichnete Figurenideal erhalten bleibt. Zugleich setzt sich ein neues Streben nach statuarischer Ruhe und Geschlossenheit durch, das sich nicht zuletzt in der Drapierung voluminöser Gewandmassen um die nach wie vor verhältnismäßig zarte Kerngestalt äußert. Zu den diese Entwicklung auslösenden und bestimmenden Faktoren dürfte die Auseinandersetzung mit Rubens gehören. Die Gewänder werden aber in diesem Fall nicht auf Grund eines neuen Materialgefühls als schwingende, die Gestalt umrauschende plastische Massen von hoher Ausdruckskraft und dynamischer Suggestion aufgefaßt; vielmehr nehmen sie den Charakter verhältnismäßig dünner Häute an, die sich nicht dem Körper anschmiegen, sondern stellenweise Hohlräume zwischen sich und den betreffenden Körperpartien einzuschließen scheinen. Dadurch wirken die Figuren, als seien sie aufgebla-

---

[37] A. JANSEN - C. VAN HERCK (zit. Anm. 28), S. 70, fanden für die Statuen der Apostel Johannes und Thomas einen Archivbeleg, der den Namen des Bildhauers mit „Colyns" angibt. Stilistische Übereinstimmungen veranlaßten zur Zuschreibung weiterer sechs Skulpturen an dieselbe Werkstatt. Robert und Andries Colyns de Nole schufen die Statuen folgender Apostel: Johannes (geliefert 1630), Jacobus minor, Andreas (geliefert 1631), Philippus (geliefert 1632), Jacobus maior, Matthäus, Thomas und Bartholomäus (geliefert 1637).

[38] A. Jansen gibt eine knappe, aber treffende Charakteristik von Hans van Milderts Schaffen und ordnet dieses einer als Frühbarock bezeichneten Phase der südniederländischen Plastik ein. Vgl. A. JANSEN, De Beeldhouwkunst in de zeventiende en in de achttiende eeuw, in: Kunstgeschiedenis der Nederlanden, Bd. 3, Utrecht-Antwerpen-Brüssel-Gent-Löwen 1956³, S. 137 f.

sen. Auf diese Weise gewinnen die Statuen wohl ein beträchtliches Volumen, doch steht dieses zu den scharfen Gewandsäumen und den tiefen, eingeschlitzt erscheinenden Faltenfurchen in einem besonderen Spannungsverhältnis. Es fehlt die Einheit, das Zusammenspiel von Mensch und Gewand.

Das hinter diesen Schöpfungen stehende künstlerische Wollen wird somit deutlich: Es ist das um jene Zeit allgemeine Streben, von den manieristischen Formrelikten endgültig loszukommen und zu einer neuen Monumentalität der menschlichen Gestalt zu gelangen. Robert und Andries Colyns de Nole versuchten, dieses Problem von der Gewanddraperie her – also von außen – zu lösen, Hans van Mildert hingegen von einer künstlerischen Schau des Menschen aus, die Rubens' Werk voraussetzt. Hierin beruht der Wesensunterschied zwischen den Apostelstatuen der beiden Werkstätten. Van Mildert verlieh seinem Werk durch die konsequente Durchführung des Stand-Spielbein-Motivs eine die gesamte Gestalt organisch erfassende Rhythmisierung und Ponderation. Robert und Andries Colyns de Nole hatten derartige Qualitäten auch mit der zuletzt entstandenen Apostelstatue in Mecheln nicht verwirklicht. Van Mildert stellte das klar organisierte, als Bewegungsträger verstandene Gewand weitgehend in den Dienst des Körpers, der mit seiner Hilfe akzentuiert und dem Raum eingebunden wird.

Somit gelangt Hans van Mildert am Ende seines Lebens nach einem langwierigen, aber geradlinigen Entwicklungsweg in Mecheln zu einer plastischen Form, die innerhalb der südniederländischen Bildhauerei eine in die Zukunft weisende Stellung eingenommen haben muß und etwa für Lucas Faydherbes Apostelstatuen von St. Gudula in Brüssel eine der maßgeblichen Voraussetzungen gebildet haben dürfte [39].

Abbildungsnachweis. A. C. L. Brüssel: Abb. 145, 151 und 152; aus J. S. Held, Rubens-Selected Drawings, Bd. 2, Tafel 148: Abb. 146; aus I. Leyssens, Hans van Mildert, in: Gentsche Bijdragen tot de Kunstgeschiedenis, 7 (1941), S. 122: Abb. 147; aus J. A. Goris - J. S. Held, Rubens in America, Bild 50: Abb. 148; W. Kitlitschka: Abb. 149; aus L. van Puyvelde, Les esquisses de Rubens, Bild 14: Abb. 150.

---

[39] Vgl. FRANSOLET (zit. Anm. 32), S. 139 ff., und BR. M. LIBERTUS, Lucas Faydherbe. Beeldhouwer en Bouwmeester (1617–1697), Antwerpen 1938, S. 17 f. u. 63 f. – Faydherbe schuf für St. Gudula in Brüssel insgesamt drei Figuren: um 1639/40 den hl. Andreas und gegen 1650 die Statuen der Apostel Simon und Jacobus maior.

GRAPHISCHE BLÄTTER FÜR CHARLES DE ROSTAING

VON JÖRG GARMS

Charles, Marquis de Rostaing, kann zwar nicht unter die großen Auftraggeber und Förderer der Künste der Zeit Ludwigs XIII. und des frühen Ludwig XIV. gezählt werden; seine Aktivität gehört wohl eher in den Bereich des Kuriosen und ist vor allem von krankhaftem Ahnenstolz diktiert.

Jedoch: er beschäftigte einige der Großen unter den Stechern seiner Zeit, Israel Silvestre, Jean LePautre sowie Pierre Cottart und Jean Marot. Die Stichserie zur Verherrlichung der Familie Rostaing gehört zu den eigenartigsten und auch bedeutendsten Leistungen LePautres, Cottart widmete ihm eine Architekturserie, Silvestre stellte seine Schlösser und Familienkapellen dar, Marot eine Kapelle. So kann man Rostaings Unternehmen – grenzt es auch in Methoden und Resultaten ans Lächerliche – eine gewisse Anerkennung nicht versagen. Da an seinem Ursprung ein pathologisches Interesse an der eigenen Familiengeschichte steht, sind wir gezwungen, zunächst den Spuren der Rostaing in die Vergangenheit zu folgen.

Charles de Rostaing war der Sohn Tristans, eines der führenden Männer am Hofe in den bewegten Zeiten von Heinrich II. bis Heinrich IV., Vertrauter der Katharina von Medici. Bei jeder Gelegenheit verband Charles seine Person der seines Vaters, des ruhmreichsten Sprosses der Familie. Sein eigenes Dasein, von respektabler Dauer (1573 bis 1660) und in durchaus ehrenvoller Stellung, war aber bar besonderen Glanzes und solcher Ereignisse, die den Namen Charles' de Rostaing in die Darstellungen der Geschichte seiner Zeit hätten eingehen lassen können. Mit seinen Söhnen, Louis-Henri († 1679) und François († 1666), erlosch der männliche Stamm bald nach seinem Tode.

Bei Charles' Taufe[1] war Karl IX. von Frankreich Pate gestanden. 1612 heiratete er Anne Hurault, Tochter des Kanzlers Philippe Hurault und Witwe des Gilbert de la Tremoïlle, welche ihm 1614 Louis-Henri, Comte de Guerche, und 1618 François, Comte de Bury, sowie zwei Töchter gebar. 1642 gelang es ihm, mehrere seiner Besitzungen zur Grafschaft Rostaing erheben zu lassen; weitere Herrschaften nannte er sein eigen. Seinem Vater folgte er als Gouverneur von Melun, und wie dieser wurde er 1619 zu den beiden königlichen Orden des Hl. Michael und des Hl. Geistes zugelassen. Darüber hinaus hatte er Sitz im königlichen Staats- und Privatrat, war *chef du conseil* von Karl von Bourbon, Graf von Soissons, endlich *maréchal de camp*.

Charles' Vater Tristan (1513–1591) wurde dem Jean de Rostaing als dritter Sohn geboren. Während die Hauptlinie durch seinen Bruder Antoine und spätere Herren de la Vauchette fortgesetzt wurde, gelangte allein er zu Ruhm. Vom Pagen beim Conné-

---

[1] Zu Charles, Tristan, der Familie sowie den anderen Zweigen der Rostaing die geläufigen genealogischen Lexika: Dictionnaire de la Noblesse, Paris 1882. – SAINT-ALLAIS & DE LA CHABAMSIÈRE, Nobiliaire Universel de France, Paris 1814–1843. – JOUGEA DE MORENS, Grand Armorial de France, Paris 1949. Weitere Quellen, insbesondere die von unserem Helden selbst in Umlauf gesetzten, werden im folgenden noch eingehender besprochen.

table de Montmorency und bei Karl Herzog von Orléans, stieg er zu zahlreichen Ehren auf und blieb in einem sicher sehr wechselreichen Leben ständig in führenden Positionen: *Premier Gentilhomme de Chambre, Grand Maître et Reformateur Général des Eaux et Forêts, Lieutenant Général de l'Isle de France, capitaine et surintendant de Fontainebleau et de Melun,* 1582 *chevalier des deux ordres du Roi.* Er ehelichte Françoise Robertet, erste Ehrendame der Katharina von Medici und Enkelin des *Grand Robertet, seul Secretaire d'Estat sous Charles VIII, Louis XII et François I* [2].

Wenn Charles betont, daß der Vater anläßlich seiner Aufnahme in die Orden eine Ahnenprobe vorlegte, in der die Vorfahren verzeichnet gewesen seien, so sind wir damit wohl an der Quelle für seine genealogischen Vorstellungen. Die genealogischen Werke allerdings stimmen darin überein, daß über die Mitte des 15. Jahrhunderts zurück nichts Sicheres ausgesagt werden könne (und auch sie scheinen sich im Dickicht der Familiengeschichte zu verlieren).

Der erste wirklich bekannte Rostaing wäre demzufolge Gaston, der am burgundischen Hofe lebte und *capitaine de Lavieu en Forez* war. Aus seiner 1453 mit Jeanne de Saix geschlossenen Ehe stammt Antoine, der seines Vaters Funktionen übernahm und mit Marguerite de la Chambre (∞ 1476) einen Sohn Jean hatte. Dieser wieder, *maître d'hôtel* bei Karl, Herzog von Orléans, zeugte mit Jeanne de Chartres (∞ 1499) Antoine, Jacques, Tristan und zwei Töchter [3].

Zwei anonyme genealogische Manuskripte nennen darüber hinaus übereinstimmend den fernen Ahnherrn der Familie: Raoul, welcher zur Zeit von «Louis le Débonnaire» – dazu später – aus Deutschland in die Gascogne gekommen sei. Er sei *Marquis de Rostaing, qui est une ville près de Francfort* gewesen, auch Bamberg wird erwähnt und sein Wappen mit *gueule à trois petits pavillons* beschrieben. Diese Bestimmungen finden sich gleicherweise in von Charles de Rostaing inspirierten Druckwerken [4].

---

[2] Nach dem Tode Franz' I. unterzeichnete Tristan de Rostaing als Kammerherr zusammen mit Florimond Robertet – wohl einem Sohn des berühmten – und anderen in Fontainebleau das Inventar der Wertgegenstände des Königs: Bibl. de l'Arsenal Ms. 5163.

[3] Diese Genealogie ließe sich vielleicht durch intensivere Nachforschungen komplettieren, ist aber in unserem Rahmen unwichtig – es handelt sich ja schließlich um die legendäre Ausgestaltung der Familiengeschichte durch Charles. Am zuverlässigsten und reichhaltigsten scheinen die Angaben der «Histoire Généralogique et Chronologique des Grands Maîtres des Eaux et Forêts de France», von welcher der entsprechende Abschnitt über die Rostaing einem genealogischen Sammelband der Bibl. Nat. in Paris (Ms. n. a. fr. 9708, f. 31 ff.) eingeheftet ist; darin werden die Seigneurs de Vauchette gleichfalls behandelt und die Linie bis ins späte 17. Jh. fortgesetzt. Das Werk selbst konnte ich nicht auffinden, es ist auch bei H. DE COINCY, Chronologie des Grands-Maîtres des Eaux et Forêts, in: Revue des Eaux et Forêts LXVI, 1929, S. 685–697 nicht zitiert.

[4] Bibl. Nat. Ms. fr. 8550, f.244 und Ms. fr. 5485, f. 1061–1066. Der letztgenannte Stammbaum dürfte im frühen 17. Jh. entstanden sein. Er kennt zwischen Raoul und Gaston noch fünf weitere Vorfahren samt ihren Frauen; deren Namen weichen aber wieder teilweise von der Version der «Histoire Généalogique...» ab. Während unsere Rostaing nach Deutschland (*ex Franconia Germaniae oriundus*) die Gegend von Forez, die Gascogne, Languedoc und Guyenne ihre Heimat nennen, läßt sich zwischen Lyon, Vienne und Valence eine andere Familie, die Rostaing de Champferrier, ins 9. Jh. zurückverfolgen (siehe außer den genannten genealogischen Werken auch P. DAVID, L'Archevêque Rostaing. Un conflit entre Vienne et Romans au X siècle, Grenoble 1929). Nun werden die beiden Familien zwar streng getrennt und führen verschiedene Wappen, tragen aber auffallend oft die gleichen Vornamen (Jean, Antoine, Pierre, Guillaume, Mathieu, Raymond), so daß man sie vielleicht doch auf einen gemeinsamen Ursprung zurückführen kann, was übrigens das Grand Armorial (zit. Anm. 1) zu tun scheint, und schon PIGANIOL DE LA FORCE sowie in seinem Gefolge MILLIN (zit. Anm. 8).

Gab Charles auch – an später zu besprechender Stelle – Raoul noch einen Vorfahren in der Zeit Karls des Großen und rundete damit das Bild einer wohlbestückten Ahnentafel ab, unternahm er es andererseits auch auf handgreiflichere Weise, die Größe seiner Familie zu rekonstruieren.

1633 erwarb er durch Tausch und Kauf Grafschaft und Schloß Bury, die einst seinem Urgroßvater gehört hatten, *à cause qu'il venoit et avoit esté faict bastir par Meßire Florimond Robertet* ..., vereinte sie zehn Jahre später mit anderen Herrschaften *en une seule et mesme Comté, & nommée par le Roy le Comté de Rostaing ... au lieu du Marquisat de Rostaing en Allemagne* ...[5].

Die Umgebung von Blois, das Land der französichen Renaissance an der Loire, war nun Zentrum seines Familienbesitzes. Zwar bewohnte man das nahe Onzain, und das ruhmreiche Bury verfiel bald, doch baute Charles zunächst die abgerissene Schloßkapelle von Bury wieder auf und ließ sie St. Karl Borromäus weihen. Des weiteren ließ er die Kirche St. Secondin des Vignes von Molineuf, zu der als Pfarre Bury gehörte, ausschmücken und im Chor die Wappen seiner Eltern anbringen. Endlich setzte er Robertet, dessen Frau und Nachfahren einen Epitaph in S. Honoré in Blois, gab ihm dabei den unzutreffenden Titel eines Comte de Bury; weitere Epitaphe befinden sich in Cour-sur-Loire und Brou [6]. Auch baute er für die Pères Recollets von Saint-Liesne les Melun. Nicht weit davon, in Vaux-à-Penil (Vaulx Apenil), wo schon sein Vater begraben lag, ließ er seine Frau bestatten, wünschte dasselbe für sich (sein Körper blieb aber dann bei den Feuillans in Paris), während sein Herz in Thieux, einem anderen Besitz der Gegend von Melun, ruhen sollte.

Sein Vater erhielt darüber hinaus einen Kenotaph in Paris, wo Charles gar drei Familienkapellen stiftete bzw. ausstattete: in der Pfarrkirche seines rue de Beauvais beim Louvre gelegenen Familienhauses [7], Saint-Germain l'Auxerrois, und in zwei der vornehmsten Begräbnisstätten der Stadt – beide wurden in der Revolution zerstört –: bei den Célestins und den Feuillans[8]. Die erste und persönlichste Kapelle dürfte jene in S. Germain gewesen sein[9]: neben dem Altar zwei Reliefs, die Heiligen Karl Borromäus

---

[5] Bibl. Nat. Ms. fr. 3886, S. 63–77: «Copies des Chartes ...»

[6] F. Lesueur, Les Eglises du Loir & Cher, Paris 1969, S. 239. – Tissier de Mallerais, Le Château de Bury, Ms. 1963, Thèse de l'Ecole des Chartes, Paris. – P. Dufay, Le Château de Bury à l'époque des Rostaing, in: Mémoires de la Société des Sciences et Lettres du Loir & Cher, 1901, S. 9–23. – H. de Castel, Les barons de Brou de la maison de Rostaing, in: Bulletin de la Société Buroise 73, 1887. – P. Dupré, Le Château et les seigneurs d'Onzain, in: Bulletin de la Société des Sciences et Lettres du Loir & Cher, 1873, S. 4–25. – L. de la Saussaye, Blois et ses environs, Blois 1862[3]. – M. Naudin, Notes historiques sur le Château de Bury, in: Sociéte des Sciences et Lettres du Loir & Cher, 1836, S. 143–172.

[7] Auch das Hôtel verschwand bald nach Charles' Tod, als es der König 1664 zur Erweiterung des Louvre aufkaufte.

[8] A. Boinet, Les Eglises Parisiennes, I, Paris 1958, S. 285. – M. Baurit & J. Hillairet, S. Germain l'Auxerrois, Paris 1955, S. 233. – Sainte-Beuve, Le tombeau des Rostaing à S. Germain l'Auxerrois, in: Bulletin de la Société d'Histoire de l'Art Français, 1950, S. 64. – Inventaire Général des Richesses d'Art de la France. Paris. Monuments Réligieux, I, S. 8. – A.-L. Millin, Antiquités Nationales, Paris 1790, I/5, S. 15–21, I/3, S. 119. – Piganiol de la Force, Description Historique de la Ville de Paris, Paris 1765, II, S. 465, IV, S. 200, 225. – G. Brice, Nouvelle description de Paris, Paris 1725, I, S. 187, 278, II, S. 297.

[9] Im Testament Charles' (Archives Nationales, Minutier Central, étude XLV Le Vasseur, no. 209) als *chapelle de Canonysation Notre-Dame* bezeichnet, später *Chapelle de la Vierge*, dann *de la Paroisse*, ist sie die 2. Chorkapelle. In diese Kirche überführte auch 1824 ein Nachkomme Reste aus den beiden anderen Anlagen aus Lenoirs Musée des Monuments Français (7. Chorkapelle *des Saints Patrons* oder *Saint Germain*).

und Anna darstellend, weiße Büsten von Familienmitgliedern. Sie war 1647 fertig; Brice und Piganiol beschreiben sie als eine der reichst dekorierten der Kirche, doch sei die Skulptur schlecht.

Die bedeutendste und *la plus ornée* der Kirche war jene bei den Feuillans (Abb. 161, 165): 1612 erworben, wurde sie 1640–1645 weitgehend ausgestattet, doch datiert ein Vertrag für die Büsten erst von 1659. Sie enthielt die knienden Standbilder von Tristan und Charles, die Herzurne seiner 1635 verstorbenen Gattin auf einer Säule und vier ähnlich angebrachte Büsten, darstellend die Vorfahren Gaston, Antoine und Jean sowie Louis-Henri oder Charlotte (beide Kinder von Charles). Brice und Piganiol bewundern besonders den seltenen Marmor der Säulen; Millin gibt eine genaue Beschreibung und druckt die Inschriften ab[10].

Inschriften, Wappen und Büsten auf Säulen bilden die wiederkehrenden Elemente dieser Ensembles. Für die letzte Kapelle, jene bei den Célestins, in welcher sich eine Inschrift von 1653 befand[11], waren zwar höchstwahrscheinlich Büsten vorgesehen, wurden aber nicht ausgeführt. Brice sagt nämlich von dieser Kapelle, die hinter jener der Orléans lag: *il y en a une petite, que Charles marquis de Rostaing a fait construire, mais qui ne contient rien du tout de curieux.* Piganiol weiß dazu eine ganze Geschichte zu erzählen: *Les armes de cette famille, et celles de ses alliances sont l'unique ornement de cette Chapelle. La famille des Rostaing a toujours été si entêté de noblesse, qu'elle offrit aux PP. Feuillans de faire reconstruire leur Maître Autel, dont le dessin est assez pauvre, aux conditions d'y placer ses armoiries en 60 endroits. La pieté de ces pères refusa d'être complice d'une vanité si déplacée et si peu chretienne. Pour s'en dédommager, elle a fait décorer dans la même église une Chapelle asses petite où est leur sépulture, & où l'on voit plus de 20 écussons de leurs armoiries, et presqu'en aussi grand nombre que celle du Cardinal de Richelieu dans l' Eglise de la Sorbonne.*

Charles – denn er ist der Urheber all dessen – hatte wahrhaft eine Manie für Wappen. Auch sein Testament zeugt davon: er hinterließ Saint-Germain eine Summe zur Anfertigung von Meßgewändern *garny de mes armoyries avec mes alyances completes* zum Gebrauch in seiner Kapelle sowie seinen Freunden und Testamentsvollstreckern Geschirr mit seinem Wappen[12]. Charles mag nekrophil und geschwätzig gewesen sein, Wappen zuviel Bedeutung beigemessen haben, doch kann man seiner Zielstrebigkeit eine gewisse Anerkennung nicht versagen. Haftet nicht schon langen Inschriften und Wappen, vereint in einer Kapelle, als solchen ein gewisses Pathos an? Kenotaphe und Herzgrab sind darüber hinaus prätentiös, denn nur in der nächsten Umgebung des Thrones geziemten sich solche Formen[13]. Man wird Charles zustimmen können, wenn er in seinem

---

[10] MILLIN wiederholt weitgehend PIGANIOL (beide zit. Anm. 8) und gibt anläßlich der Feuillans eine genaue Beschreibung, Familiengeschichte usw.; sein ästhetisches Urteil über das Herzgrab der Anne Hurault ist sehr negativ; er bildet die wichtigsten Bestandteile der Kapelle ab.

[11] M. F. GUILHERMY: Inscriptions de France, Paris 1873, I, S. 466.

[12] Zum Testament siehe Anm. 9. – Mlle DE SAINTE-BEUVE (zit. Anm. 8) dürfte sich etwas täuschen, wenn sie von 39 Testamenten spricht – es handelt sich vielmehr um eine Reihe von Kodizillen zum Testament von 1639. Erst in seinem letzten Lebensjahr ging Charles 23mal zum Notar, vorher anscheinend kaum.

[13] Sie sind zahlreich in S. Pierre Célestin vertreten, einer bevorzugten Grabstätte der Orléans und Tremoïlle. Wollte sich nicht Charles dieser illustren Reihe auch noch lokal anschließen, als er 1652 dort eine kleine und ungünstig gelegene – dafür aber jener der Orléans verbundene – Kapelle erwarb, wo seine „Bedürfnisse" doch schon durch die beiden anderen hätten erfüllt sein sollen. SAINTE-BEUVE (zit. Anm. 8) berichtet auch den interes-

Testament schreibt *que je puys dyre sans me louer que j'ay augmenté de toute ma vie en bien faysances par les roys et honneur en quoy j'ai souvens reçu selon le ran de ma mayson et selon les dygnytés que mon pere a possedé* ... Mit den Grabkapellen suchte er zu beweisen, *Que sa maison, passe, en France | Pour la maison d'un Duc et Pair* [14] und die Inschriften erinnerten ständig an die Größe des Hauses; jene bei den Célestins schließt nach Aufzählung aller Ehre einbringenden Familienverbindungen: *y ayant encores beaucoup d'autres personnes de grande condition de ce Royaume qui sont proches parens desdits Seigneurs et Dames de Rostaing, Robertet & Hurault, Priez Dieu pour eux* [15]. Der Anblick der Wappen sollte jenen Schauer von Größe und Geschichte den Sinnen übertragen.

Es ist erstaunlich, was solche Inschriften enthalten können, außer der Lebensgeschichte etwa genaue Angaben über Meßstiftungen, ihren Preis und die dazu notariell abgeschlossenen Verträge, oder kennzeichnende Episoden aus dem Leben Tristans, *qui fut nommé par le Roy Henry III à la dignité de Mareschal de France par Brevet du mois de May 1589. Signé Ruiz sieur de Beaulieu, secretaire d'Estat,* sowie die bedauernde Schlußbemerkung, daß das Dekret wegen des plötzlichen Todes des Königs nicht durchgeführt wurde. Man braucht aber nur die Grabinschrift des Louis Potier, Herzog von Gêvres, oder des Grafen von Trevelec in derselben Kirche – ersterer übrigens vom Verfasser des Textes Ménardiere signiert – lesen, um festzustellen, daß Charles damit keineswegs allein dastand [16].

Erstaunlicher ist es, daß Rostaing es nicht mit der Anbringung der Inschriften bewenden ließ, sondern auch an ihre Verbreitung dachte. So kann man ein mit Wappen und Schrift ornamental geordnetes Blatt finden «Inscription que hault et puissant Seigneur Messire Charles Marquis et Comte de Rostaing a fait poser dans sa Chapelle Sainct Martin des Célestins de Paris près de l'Arsenal en Septembre 1653, agé de 80 ans» [17]. Aber nicht nur die Inschriften ließ Charles in einem «Recueil mémorial des fondations que Messire Charles, marquis de Rostaing et Mme Anne Hurault son Epouse ont faictes ...» von 1656 drucken, sondern auch die «Copies des Chartes ...», jene Urkunden, welche zur Errichtung der Grafschaft Rostaing von 1642 führten [18].

Das heißt, seine Meriten in der Art öffentlicher Bekanntmachung „affichieren". Für eine andere Gattung der Propaganda war der Hauspoet Henri Chesneau zuständig. Seine historischen und allegorischen Panegyriken kommen aus der gleichen Einstellung und lassen vermuten, daß er – auch als Jurist – ebenfalls der Erfinder jener „Dokumen-

---

santen Fall, daß sich Pigalle vergeblich auf das Beispiel des Tristan de Rostaing berief, als er für den Marschall von Sachsen statt des Grabmals in Straßburg einen Kenotaph in Paris errichten wollte.

[14] So heißt es in dem später zu besprechenden «Triomphe Armorial», S. 18, noch viel deutlicher *Que ces Couronnes à Foison | Tant Marquisalles que Comtalles | Qui Brillent dans cette Maison | Puissent telles, être Ducalles.*

[15] Die Inschriften der Grabkapellen sind teilweise abgedruckt bei MILLIN (zit. Anm. 8), GUILHERMY (zit. Anm. 11) und É. RAUNIÉ, Épitaphier du vieux Paris, recueil général des inscriptions funéraires des églises, couvents etc., 4 Bände, Paris 1890–1914.

[16] MILLIN (zit. Anm. 8), I/3, S. 25, 44.

[17] Bibl. Nat. Ms. fr. 20786, f. 508. – Vgl. GUILHERMY (zit. Anm. 11), S. 473.

[18] Die verschiedenen Publikationen dieser historischen Bemühungen, teils heute nicht mehr auffindbare Unika, sind in der Literatur zu Bury besprochen, zusammengestellt bei TISSIER DE MALLERAIS (zit. Anm. 6): Recueil Mémorial des fondations que Messire Charles ..., Paris 1642. – Recueil Mémorial de l'érection de Bury en comté de Rostaing, Paris 1650. – Recueil Mémorial des lettres et patentes du changement de nom ... Paris 1656.

tenpublikationen" sei. Er dichtete Stanzen auf Florimond Robertet, erfand für ihn eine «Oraison funèbre», und fügte in ein Werklein „Bury Rostaing" das Inventar ein, welches Michèle Gaillard nach dem Tode ihres Gatten, des Ministers Robertet, 1632 habe anfertigen lassen, und das – wenn nicht ganz erfunden – doch nur einen kleinen Kern historischer Wahrheit enthält[19].

Charles de Rostaing eignet sich Robertet an, geistig und auch materiell durch Erwerb des berühmten Schlosses Bury; daß dieses herabgekommen und leer war, wird durch den „Inventar" wettgemacht. Doch führt die Aktion weiter: Robertet war von Clément Marot und Ronsard besungen worden – Rostaing hat seinen Chesneau. Sicher handelt es sich dabei um einen Anachronismus, denn es ist eher in der Renaissance geläufig, daß sich ein mittelhoher Herr seinen privaten Lobschreiber hält als hundert Jahre später; und der Qualitätsunterschied zwischen alt und neu reizt Dufay in seinem Artikel über Bury zu Spott. Endlich: das Schloß Robertets war von Ducerceau in drei Stichen («Les plus excellens bâtimens de France», 1579) wiedergegeben worden (Abb. 153, 155) – Rostaing beschäftigt nun erneut Stecher mit der Darstellung von Bury.

Bury erscheint klein, als Bildchen gerahmt, auf dem Titelblatt des «Recueil mémorial des fondations ...» (Abb. 160), und noch kleiner auf der Rückseite des Titelblattes der «Copies des Chartes ...» unter dem Reif der Grafenkrone in einer Komposition aus Porträtbüste, Wappen und Ordenskette.

Es handelt sich dabei um die Hauptansicht des Schlosses, Ducerceaus «Elevation de tout le lieu du costé de l'entrée» (Abb. 153). Von seiner Auffassung der sachlichen Kavaliersperspektive scheinen die späteren Stecher abhängig zu sein[20]: Jean Boisseau «Chasteau du Comté de Bury nommé en 1642 le comté de Rostaing», mit Wappen geschmückt, zeigt auch denselben Zustand wie Ducerceau. Zubauten im Nebenhof erscheinen auf zwei unbedeutenden und unsignierten Stichen (einer davon Merian) sowie auf solchen von Cottart und Silvestre. Lassen schon bei Boisseau Text und Wappen an eine Auftragsarbeit denken, wird das dann bei Silvestre noch wahrscheinlicher und bei Cottart sicher.

Der Text ist bei Israel Silvestre verräterisch: «Veue et Perspective de l'entreé du Chasteau de Bury en Blaisois, basty par Messire Florimond Robertet, Ministre et seul Secretaire d'Estat en France soubs les Roys Charles 8, Louis 12 et François 1. Et faict eriger en Comté, et nommer le Comté de Rostaing, par ...» (Abb. 154); für das Wappen ist ein Platz ausgespart, aber nicht ausgefüllt[21]. Silvestre versucht als einziger, einer modernen Vedute näherzukommen, Materie und Umraum, Licht und Schatten zu geben sowie den Horizont tieferzulegen. Ein zweiter Stich (Abb. 156) zeigt dann die Garten-

---

[19] Zur Diskussion über diese Frage: P. LESUEUR, Le Château de Bury et l'architecte Fra Giocondo, in: Gaz. d. Beaux-Arts 67, II, 1925, S. 337, 357. – P. DUFAY, in: Mémoires de la Societé des Sciences et Lettres du Loir & Cher, 1901, S. 9. – DELAROA, Oraison Funèbre de Florimond Robertet, Paris 1878. – G. DUPLESSIS, in: Bulletin des Antiquaires de France, 1869, S. 126 – zusammenfassend TISSIER DE MALLERAIS (zit. Anm. 6). Weitere Gedichte über Robertet, Bury und die Loire in einer Handschrift des Fonds de l'Ordre du St. Esprit (Bibl. Nat. Mss. Clairambault 1113 f., 9–30).

[20] Alle Stiche mit Ausnahme der Copie des Chartes ... in der Topographie des Cabinet des Estampes Bibl. Nat., Va 81/II.

[21] Es wäre noch zu klären, inwieweit Silvestres Vedutenserien Auftragsarbeiten sind; die auffallend große Zahl der Ansichten von Tanlay oder Schloß und Hôtel Liancourt spricht wenigstens für diese Fälle dafür. Die Maße: 130×250 mm.

seite, und diesmal sprechen die Abweichungen von Ducerceau deutlicher für Augenschein des Künstlers; er ist 1650 datiert, und wieder weist der Text auf einen Auftrag [22].

Cottart stellt in drei Blättern eines bei ihm sonst nicht üblichen Formats [23] Bury (Abb. 157), Onzain (Abb. 159) und Court (Abb. 158), die Loire-Schlösser der Rostaing, dar. Eigenartigerweise abstrahiert er – und das besonders bei Bury – in Richtung auf eine schematische kartographische Darstellung, geht also von Ducerceau weg in eine andere Richtung als Silvestre [24].

Wir sehen, wie für Charles de Rostaing materieller Akt, ob Erwerb, Bau oder Ausstattung einerseits, Publikation in Wort und Bild andererseits, ineinandergreifen.

Sicher das abstruseste Beispiel dafür bildet ein Stich von Silvestre, Pendent zum «Recueil mémorial des fondations ...». Der lange Titel lautet: «Reliquaire des Devotions et Genealogies qui sont representés dans les trois chapelles que Messire Charles Marquis et Comte de Rostaing a fait faire dans Paris, les 4 parties ou il y a des Dauphins c'est ce qui est dans la Chapelle de Rostaing de St. Bernard des Feuillans, rue neufve S. Honoré, les 4 autres parties ou sont des Lyons, c'est ce qui est dans la Chapelle de Rostaing de S. Germain l'Auxerrois et les 21 autres parties ou sont des Aigles c'est ce qui est dans la Chapelle de Rostaing de S. Pierre Celestin de l'Arsenal qu'Henry Chesneau a fait graver par Israel Sylvestre 1658» (Abb.162). Wie Hauszeichen *à l'enseigne de* ... erlauben die Tiere, sich in dem siebengeschossigen, vielteiligen Aufbau zurechtzufinden, wie Wasserspeier hält jedes von seinem Posten Ausschau. Reliquiar: es ist leicht zu verstehen, wie das gemeint ist, auch erinnert die Kleinteiligkeit und die Vielfalt der Darstellungen durchaus an einen derartigen kunstgewerblichen Gegenstand. Und schließlich, warum soll man nicht ein graphisches Reliquiar akzeptieren nach all den graphischen Triumphbögen, als Variante zu den bekannten graphischen Trauergerüsten mit stufenartigem Aufbau? Der ungewohnte „Concetto" hat sicherlich die künstlerische Qualität nicht gefördert, so gesehen resultiert daraus eines der wenigst anziehenden Werke Silvestres: ein unplastisches Gewimmel, noch dazu in der Mitte aufgerissen durch das hervorgehobene Bild des Titelheiligen der jeweiligen Kirche als Statue vor dieser. Bemüht man sich dann, aus der Nähe die einzelnen Teilchen zu betrachten, ist ihr Mitteilungswert groß und beschränkt sich nicht auf die Kapellen; am meisten erfährt man über die Kirche der Célestins. Außer dem Titelheiligen sind jedesmal wiedergegeben: die Hauptansichten der Grabkapelle und deren Abschlußgitter bzw. Eingangswand sowie der Hochaltar der Kirche; bei den Célestins sieht man überdies wahrscheinlich die Orléans-Kapelle (Lilienwappen), welche jener der Rostaing vorgelagert war, weitere Räumlichkeiten und Bilder (Ölberg, Moses mit den Gesetzestafeln) und Ausstattung der Kirche.

Die mit «La Sepulture» bezeichnete Ansicht der Kapelle bei den Feuillans stach Jean LePautre nochmals in großem Format (Abb. 161) und Jean Marot übernahm sie etwas vereinfacht [25].

---

[22] «Fasce du Chasteau de Bury Rostaing du costé de Blois, lequel a pour ses despendances Cour sur Loire et le Comté Donzain 1650.»

[23] Ungefähr 260 × 400 mm (variieren); größer auch als die Veduten von Silvestre.

[24] Ob es sich hier um bewußtes Altertümeln auf Wunsch des Auftraggebers oder nicht eher um eine Eigenart des der Vedute ungewohnten Stechers Cottart handelt, soll offen bleiben. Für letztere Annahme spricht eine Art Entwicklung und Normalisierung von Bury über Onzain zu Cour.

[25] Beschriftung bei Marot: *Representation de la Sepulture que Messire Charles Marquis et Comte de Rostaing a fait faire dan l'Eglise des Feuillans St. Bernard de Paris pour luy et a la memoire de Messire Tristan Marquis de Rostaing son*

Zwischen dem posthumen Triumph, den LePautre ihm bereitete, und der Darstellung von Charles' Ehre bezeugenden Objekten an der Loire und in Paris gilt es noch zu erwähnen, daß Pierre Cottart seinem Gönner die erste Auflage seiner Serie der Pariser Kirchenfassaden widmete: «Recueil de plusieurs pièces d'architecture qui sont à Paris et aux environs. Dedié a hault et puissant seigneur Messire Charles Marquis et Comte de Rostaing par son tres humble serviteur Pierre Cottart. 1650» heißt es auf dem mit recht grob gezeichneten Karyatiden und Eroten geschmückten Titelblatt [26] (Abb. 176). 1650 ist das Datum von Silvestres Bury-Stich und könnte auch für die entsprechende Serie Cottarts zutreffen. Das zweite Blatt des Recueil nimmt ein schwerfälliger Brief des Künstlers an seinen Gönner ein. Weil sie sicher aussprechen, was jener hören wollte, wie auch wegen ihres Inhalts sollen einige Passagen mitgeteilt sein: ... *Le très favorable acueil que Jay Tousjours eu pres de vostre Illustre grandeur, et les graces que vostre beauté liberalle a espendue sur moy* ..., er widme ihm also in Dankbarkeit *les petites pièces d'architecture*, die er aber mit Genauigkeit ausgeführt habe, denn *vostre Excellence Monseigneur, quy Pose de la cognoisance de Toutte sorte de science, et quy a un amour particulier pour celle de l'architecture, Et pour ceux quy la professe, en Poura Faire le Juiment* ... ; folgen *Lilustre Entiquité de vos Ayeuls, Et vostre vertu en donne les preuves outre les Magnifiques Ouvrages que vous Avez fait faire quy embelisse une partie des Temples et Eglises de cette Ville De paris, sans le nombre Infiny de Fondations Pieuse et devottes,* ... ; er bittet um Protektion und verspricht Größeres für die Zukunft. Charles de Rostaing dürfte also wegen guter Bezahlung bei den Stechern beliebt gewesen sein. Hat er darüber hinaus Cottart bei einem seiner Unternehmen schon als Architekten beschäftigt? Betonung des Interesses für Architektur und Dankbarkeit, welche schwerlich auf die Bezahlung für drei mittelgroße und wenig durchgearbeitete Stiche zurückgehen kann, lassen die Hypothese zu [27].

Bedeutsamer als die Graphik dürfte für Charles doch das Wort gewesen sein. Daß die Schriften ihren bildlichen Pendants zeitlich vorausgehen, haben wir bisher an zwei Beispielen gesehen (1645 gegen 1650, 1656 gegen 1658). Beim «Reliquaire» trat Henri Chesneau als Besteller auf und durfte auch neben der Inschrift klein sein eigenes Wappen anbringen lassen. Er ist der „Erfinder" der bildlichen Darstellungen.

Dufay nennt ihn abschätzig einen Lakeien des Charles de Rostaing und Elementarlehrer der Kinder. Das ist übertrieben und im Detail unrichtig; doch kann man seiner negativen Beurteilung von Chesneaus Dichtkunst durchaus zustimmen. Die Verse sind kläglich, die „Concetti" trocken, dünn und unzusammenhängend. Von Chesneaus Wer-

---

Pere Chevalier des deux Ordres du Roy 1640; bei LePautre: *Representation de la sepulture que Charles Marquis et Comte de Rostaing fit faire dans sa chapelle des Feuillans de Paris Rue neufve St. Honoré 1640 ou il fonda 1645 une messe tous les iours et quatre Services l'année en perpetuité pour faire prier Dieu pour luy et pour Tristan Marquis de Rostaing son Père Chevalier des deux Ordres du Roy dessus representez*. Die Inschriftentafeln der beiden Statuen geben die Daten 1581 und 1637 an. Der Stich dürfte um 1658 (Silvestres «Reliquiaire») bis 1660 («Trophées medalliques») zu datieren sein, was auch stilistisch durchaus stimmt. Ein gestochenes Porträt zeigt Charles gar als *Gouverneur de l'Ile de France †1660* (Bibl. Nat. Oa 18 f. 40).

[26] Für die Ausgabe von 1660 mußte wohl im letzten Moment wegen des Todes des Adressaten der Titel verändert werden, hastig wurden Schrift und Wappen ausgekratzt und unglücklich durch *Recueil des plus beaux Portails de plusieurs Eglises de Paris 1660* ... ersetzt; spätere Auflagen sind Louvois und Colbert de Villacerf gewidmet. – R.-A. WEIGERT, Inventaire des Fonds Français. Graveurs du XVIIe siècle, III, Paris 1954.

[27] L. HAUTECOEUR, Histoire de l'Architecture Classique en France, II, Paris 1948, S. 133, nimmt an, daß Cottart Schloß Cour errichtet habe.

ken kennen wir außer den Inschriften, den dokumentarischen Publikationen und den Kompositionen über Robertet und Bury den «Triomphe Armorial» von 1646, die «Vers historiques. Le Roy» von 1659 und die Konzeption graphischer Werke: das «Reliquiaire des Devotions et Généalogies...» 1658 und «Trophées medalliques...» 1660/61.

Führen ihn auch Lexika und Literaturgeschichten nicht, beweist schon ein Blick auf diese Liste, daß er als Poet von seinem Herrn ernst genommen wurde und sich selbst ernst nahm [28]. Auch war das Verhältnis der beiden effektiv anders als es sich Dufay vorstellte: immer wieder kam Charles in seinem Testament und den Kodizillen auf seinen *bon fydelle afectyonné et ynoncent serviteur Henry Chesneau* zurück, bedachte ihn reich, denn er habe selbstlos gedient [29]. Sonst erfährt man nur, daß Chesneau aus La Garnache im Poitou stammte und seit 1630 bei Rostaing weilte [30].

Außer einem dichterischen Ausflug in gesellschaftlich höhere Sphären, zu Ehren der Königinmutter und des leitenden Ministers («Vers historiques. Le Roy»), hat Chesneau wohl ausschließlich Rostaing gedient. Nicht als freischaffender Panegyriker, sondern als treuer Hausgenosse. Die Summen, die ihm für seine Publikationen nötig waren, bekam er wahrscheinlich jeweils zugeteilt. Ein Rätsel bleibt dabei die bei weitem kostspieligste und bedeutendste Bestellung, die «Trophées medalliques» von LePautre. Chesneau widmete sie dem Andenken und Ruhm seines Herrn und der Familie Rostaing (sie sind 1660 und 1661 datiert – Charles starb am 4. Jänner 1660). Die Beischriften klingen, als handle es sich um eine Dankestat; aber war ihm trotz der Wohltaten Charles' eine solche Ausgabe auch nur möglich? Doch wissen wir noch zuwenig über die Preise der Stecher. Im Testament des Gönners findet sich jedenfalls kein Hinweis. Es wäre möglich, daß an LePautre noch von Charles de Rostaing selbst ein Auftrag erging, bezahlt wurde, die Details aber noch nicht festgelegt waren und Chesneau ihn dann modifizierte, das Seine hinzutat, um seinem Herrn ein würdiges Totenmal zu setzen und sich bei den Kindern – die ihren Platz in der Serie haben – weitere Beschäftigung zu sichern.

Bevor jedoch abschließend dieser Zyklus bsprochen wird, müssen wir unsere Aufmerksamkeit noch kurz dem «Triomphe Armorial» zuwenden, der in gewisser Hinsicht sein Vorläufer ist.

Die Vorrede des Werkes hebt an mit: *Aux mémoires perpetuelles de Tristan et Charles de Rostaing, Pere et Fils*... Die Verse selbst geben sich als Erläuterung zweier anonymer, künstlerisch wertloser Stiche, der zum ersten Teil die Tugenden der beiden Rostaing, jener zum zweiten das große Allianzwappen darstellend. Davon ist nur der erste für uns

---

[28] Spricht ihn doch die Muse an: *Enfin Henry, mon cher Henry | De qui ie suis la bien aymée: | Ainsy que tu me rends animée: | Ie tiens, te dis, & te diray, | Tant qu'avecque toy ie seray: | Que la Roue des Rostaing Ronde, | Porte, & portera tousiours: | La plus belle forme du Monde | Et aura un triomphant cours* (Triomphe Armorial, 28).

[29] Testament s. Anm. 9. Er erhält Häuser und Gelder zur Wahl; den Erben wird auferlegt, ihn nicht zu behelligen, denn Chesneau habe nie Lohn erbeten oder erhalten, ihm jedoch das Leben gerettet und ihn in der Krankheit aufopfernd gepflegt.

[30] So aus dem Testament und Versen des Dichters. Vielleicht ist er einer Buchhändler-Sippe verwandt, die im 16. und 17. Jh. in Anjou, Maine und Paris ansässig war. Besonders verlockend wäre es, in ihm einen Bruder des Augustin Chesneau zu erblicken, der 1657 einen «Orpheus Eucharisticus...» mit Vignetten von Albert Flamen veröffentlichte, 1667 auf Französisch als «Emblêmes sacrez...» erschienen (Dictionnaire de Biographie Française, 1859).

interessant, denn in der Anhäufung kaum verbundener Einzelvorstellungen dürfte er Chesneaus Erfindungsgabe gut kennzeichnen.

Auf einem von Eroten gebreiteten Teppich rollt das Rostaing-Rad [31], darüber hängt, die Fläche des Blattes füllend, ein Wappenbaldachin von Trophäen bekrönt; Teppich, Rad und Fläche sind dicht von Emblemen besetzt. Außen umschlingt ein Schriftband das Ganze, auf welchem der volle Titel des Werkes verzeichnet ist: «Triomphe armorial divin, et humain de lillustre Tristang de Rostaing dont le cœur a esté imité par les heroiques mouvemens de Charles de Rostaing son filz duquel les vertus simpriment en tous lieux» (Abb. 163).

Zwischen Wappen mit Krone und Ordenskette oben und dem Rad unten reihen sich in der Achse das Porträtmedaillon Tristans und die Büste Charles', letztere einem Herzen eingeschrieben, welches mit dem Monogramm TMDR (Tristan Marquis De Rostaing) besetzt ist – ein Vorgeschmack der Qualitäten der Assoziation von Wort und Bild. Eroten auf dem Tuche verstreut tragen Kartuschen, die über dem obligatorischen Rad Embleme beinhalten, und in der anderen Hand befindet sich ein Band mit dem die Embleme erklärenden Wort; ähnlich sind Speichen und Nabe des großen Rades ausgestattet [32]. Die bekrönenden Trophäen stehen auf der einen Seite für *Allemaigne*, auf der anderen für *France*; sie und eine kleine Weltkugel übersteigt in der Mitte der Ruhmesgenius: er trägt zum Rostaing-Rad die Worte *Admiration* und *Perfection*.

Es kommen nur Objektkombinationen vor, nicht figürliche oder szenische Allegorien. Dem naiven Gebrauch dieses Apparates entsprechen die Verse; als Beispiel nur jene zu den Wilden Männern zu seiten des Wappens: *Ces Sauvages, nommez Supports | Armez de Massues noueuses: | Qui sont velus par tout le corps | Et dont les mines sont afreuses: | nous interprettent qu' autrefois, | Il furent vaincus dans les bois: | Par les Rostaings surnommés braves, | Qui au lieu d'abuser du sort, | Firent ces pauvres gens Esclaves: | Plustost que de les mettre à mort. | Leur Instinct de Férocité | D'abord leur dit ietter des larmes: | De se voir en Captivité, | Desous de si pesantes Armes: | Mais comme ils vient les Rostaing, | Pour eux Extremement Benings: | Leurs veux aussi tost ce tarirent, | Et leurs Esprits & cœurs Pœureux: | Tres-humblement ce repentirent | De s'estre estimé Malheureux.*

Chesneau hat sich im weiteren nicht mehr sehr entwickelt. Gewiß, das Programm der «Trophées medalliques» ist umfangreicher und ambitiöser geworden, aber nicht viel tiefer durchgearbeitet. Eigenheiten seines Stils erkennt man wieder, etwa die Vorliebe für Wortpaarungen [33]. Chesneaus Wort als solches hat aber an Bedeutung verloren, im Grunde wurde sogar seine Erfindung akzessorisch, denn die Essenz ist nun bildlicher Natur und gehört LePautre. Die Kluft zwischen Anlaß und Resultat scheint groß.

Die Serie besteht aus 1 + 14 Blatt. Während bei den 14 Stichen im Folioformat der lange Titel jedesmal auf *Henry Chesneau 1661* endet, lautet der des doppelt großen Einzelblattes «Trophée Medallique à la mémoire perpetuelle du hault et puissant seigneur

---

[31] Das Wappen der Rostaing hat folgende Form: «d'azur, à la roue d'or, surmontée d'une fasce ou trangle aussi d'or».

[32] Die Tugenden auf dem Baldachin: links *Capacité, Franchise Honneur, Hazart, Debvoir, Salut*, rechts *Jugement, Silence, Diligence, Foy, Retraitte, Reflexion;* auf dem Rad *Prevoiance, Eloquence, Solidité, Pureté, Liberalité*. Die oberen wären vielleicht paarweise zu gruppieren von *Capacité – Jugement* bis *Salut – Reflexion*.

[33] S. Anm. 32; aber auch *Allemaigna – France* im selben Stich, *Père et Filz, Duc et Pair, divin et humain* im zugehörigen Text.

Messire Charles Marquis et Comte de Rostaing par Henry Chesneau 1660. Les fleuves representent l'abondance, le Vaisseau un bon port, les dragons les ennemis, l'armée les employs, les amours les soins, Les Elephans, les Trophées, la Couronne la Victoire. Et tout le reste toutes sortes d'honneurs. Que ce Heros pour qui sont ces Emblesmes, a merittez par ses vertus extresmes» (Abb. 166).

Es könnte also dieses Prunkblatt das ursprüngliche Projekt darstellen, die anderen dann dessen Ausweitung; bzw. der Erfolg jener der Gesamtfamilie und Charles dargebrachten Trophäe könnte zur Bestellung einer genealogischen Folge (in der Charles an entsprechender Stelle erneut auftritt) geführt haben. Auf Grund der Daten wäre letztere auf keinen Fall mehr Idee Charles', sondern die seiner Söhne oder des getreuen Poeten. Ein Argument spricht dafür: die Titel der Folge erklären nicht mehr die Allegorien wie beim Stich von 1660 – und wie wir es von den Versen des «Triomphe Armorial» her kennen –, sondern geben bloß die Themen an; das trägt auch der Unabhängigkeit des Bilderfinders LePautre besser Rechnung.

Die 14 Stiche bilden einen Zyklus, dessen Abfolge sich rekonstruieren läßt [34]. Die Titel der Stiche:

1. *Trophées Medalliques des Seigneurs de Rostaing Dediez au génie du Grand Charles Marquis et Comte de Rostaing. Par Henry Chesneau 1661* (Abb. 164);
2. *Trophée Medallique Maritime et Naval autrement la pièce de Castor et Pollux à la mémoire perpetuelle de Ramond de Rostaing qui assiega et prit Barcelone l'An 800* . . . (Abb. 172);
3. *Trophée Medallique et Impérial autrement la pièce de Cybele et d'Orphée à la mémoire perpetuelle des Seigneurs de Rostaing D'Alemagne* . . . (Abb. 169);
4. *Trophée Medallique et Divin autrement la Pièce de toutes les Lois à la mémoire Perpetuelle de deux Chevaliers de Rostaing très Vigilans hommes de Mer pour la cause de Jesus Christ vray Triomphant et Restaurateur des Ruines du Monde. Les Nobles Rostaing Vainquirent en tout ce qu'ilz entreprirent Pour les Progrez de la Foy Et le Service du Roy* . . . (Abb. 174);
5. *Trophée Medallique Sincere et de Changement d'Habitation autrement la pièce de Bacchus de Mercure et des Sacrificateurs à la Memoire Perpetuelle de Raoul de Rostaing. Ce genereux Rostaing d'un Courage invincible Docte Sage et Courtois Neut point de passion plus forte et plus sensible Qu'a servir les François dont il meritteroit d'avoir une Colonne D'un Eternel soutien Ainsi que son Ayeul qui dompta Barcelone Pour le Roy Très Chrestien* . . . (Abb. 167);
6. *Trophée Medallique Royal et Universel Autrement la Pièce des Neuf Muses A la memoire perpetuelle des Seigneurs de Rostaing de France qui sont mortz au champ de Mars Acompagnans les Cesars Temoing l'Estime de leurs Armes Dont mile Amours chantent les Charmes* . . . (Abb. 173);
7. *Trophée Medallique Abondant et Valeureux De la maison de Foix ou des Enfans tirent et savourent du laict au Son du Tambour de Biscaye Autrement la pièce de Phoebus Flore Ceres Pomone Vulcan Venus et Cupidon. à la memoire perpetuelle d'Anthoine de Rostaing Originaire de Languedoc et de Guyenne ou ses Ancestres firent fortune* . . . ;

---

[34] Die Stiche sind 1–12 numeriert, und zwei bleiben ohne Zahl. Da diese Anordnung sinnwidrig ist, kann man sie nur daraus erklären, daß die Gewohnheit der Stecher, in Einheiten von sechs Stück zu verlegen, mechanisch durchgeführt wurde. Ich berücksichtige die zwei Exemplare der Pariser Nationalbibliothek Lm [3795] und Ed 42a; Konkordanz: 1 (1), 2 (4), 3 (3), 4 (2), 5 (5), 6 (–), 7 (7), 8 (–), 9 (6), 10 (8), 11 (9), 12 (10), 13 (11), 14 (12). Die Maße: 335×240 mm bzw. 520×665 mm; vgl. das «Reliquiaire» von Silvestre 355×242 mm.

8. *Trophée Medallique Sublime Pompeux et Heroique Autrement la pièce de Diane et des Nymphes A la memoire perpetuelle de Gaston de Rostaing l'un des plus sçavants Gentile hommes de France qui composa des Livres en Six Langues differentes* ... (Abb. 170);
9. *Trophée Medallique et de Resolution Magnanime Autrement la pièce de Jupiter de Neptune et de Pluton qui font chasser par des Amours de Geans Ennemis de la Patrie à la memoire perpetuelle de Jean de Rostaing et de Jeanne de Chartres son Epouse qui Triomphèrent sur les Ruynes de leur maison de Forest* ... (Abb. 171);
10. *Trophée Medallique Genealogique et de Commandement d'Armée autrement la pièce d'Hercule et de Junon à la memoire perpetuelle de Tristan de Rostaing qui fit engoufrer les Ligueurs qui jouoient l'estat* ... ;
11. *Trophée Medallique Dextreme Pitié Martial splendide curieux et poetique autrement la pièce de Janus et de Pallas à la memoire perpetuelle de Charles de Rostaing* ... ;
12. *Trophée Medallique Romain et de Solidité d'Esprit Autrement la pièce des Trois Parques de Mars d'Esculape et de Themis A la memoire perpetuelle de Louis Henry de Rostaing* ... (Abb. 168);
13. *Trophée Medallique Hieroglyphique et Victorieux autrement la pièce de Saturne et Damphitrite à la memoire perpetuelle de François de Rostaing* ... ;
14. *Trophée Medallique de Recompences de la Foy dans l'Eternité autrement la pièce des Demi Dieux à la memoire perpetuelle de Marguerite Renée de Rostaing Marquise de Lavardin Exemple de Vertu et de parfaite Economie* ...

Die Kombinationen von Beiworten und von Allegorien scheint teilweise seltsam, ironische Kommentare zu der Bedeutung von *sincere et de changement d'habitation* für den naturalisierten Einwanderer oder *splandide curieux et poetique* zu Charles selbst bieten sich an.

Doch wenden wir uns wieder dem ernstgemeinten Zweck des Unternehmens zu: eine Familiengeschichte wird konstruiert, zum Teil mit falscher Präzision, zum anderen mit absichtlicher Vagheit. Diese Absicht rechtfertigt die hier vorgeschlagene Reihung: Am Anfang steht der heldenhafte Gefolgsmann Karls des Großen (2); die Lücke vom 9. Jahrhundert zum 14. Jahrhundert wird durch den Hinweis auf die deutschen Rostaing [35] im allgemeinen (3) einerseits, durch Kreuzfahrer – das ist wohl die einzig mögliche Deutung von (4) – andererseits geschlossen; (5) und (6) (parallel zu den anonymen deutschen Rostaing) füllen das 14. Jahrhundert, welches ja reichlich Gelegenheit bot, auf dem Schlachtfeld zu sterben [36]; Antoine (7) schließlich ist nicht der schon bekannte, sondern vielleicht der Vater von Gaston.

Es würde zu endlosen Kombinationen führen, das „Programm" im einzelnen analysieren zu wollen. Als vorherrschendes Prinzip läßt sich das der Häufung von Inhalten

---

[35] *Les blonds Allemands Beliqueux / Aus famille inépuisables* (Triomphe Armorial, 29).

[36] Es kann also nur der unbedeutende Ludwig X. (1314–1316) gemeint sein – allerdings paßt «le Débonnaire» wenig zu diesem Sohn Philipp Augusts, der meist als «le Hutin» (der Zänker) bezeichnet wird. Auf das 14. Jh. deutet vielleicht auch die Darstellung der «Loy salique» auf dem Stich, die 1317 für die Regelung der Thronfolge in Anspruch genommen wurde. Laut Bibl. Nat. Ms. 5485 kam Raoul (5) unter «Louis le Débonnaire» nach Frankreich; so wird gewöhnlich Ludwig der Fromme bezeichnet, doch steht auf Raouls Medaille die Jahrzahl 1324. Auf welche spezifischen Ereignisse im Leben der Rostaing sich die angegebenen Daten beziehen, bleibt meist unklar.

erkennen. Zwei Beispiele: Den namenlos gefallenen Kriegern von (6) werden zur Abrundung ihrer Persönlichkeit die neun Musen und *mille amours* zugeordnet; Raoul, der Neufranzose, hingegen erhält *Bacchus, Mercure et des Sacrificateurs* angewiesen, und zu seinem Charakterbild gehören weiters Freigiebigkeit, Mut, Weisheit und Gelehrsamkeit sowie Höflichkeit.

Insgesamt wiegen kriegerische Tugenden und erfolgreiche Familienpolitik als Ruhmestitel vor. Doch wählen wir zur Illustration des Vorgehens den Vertreter des Geistigen, Gaston, *Comte de Gironde 1452* (8). Er schrieb nach Auskunft der Legenden Bücher in sechs Sprachen (von denen sich kein einziges nachweisen läßt) über durchaus sinnvoll dem Nationalcharakter zugeordnete Gegenstände: in Griechisch *Les Mervveilles des Anciens*, in Latein *Les Perfections des Loix*, in Deutsch *L'Astrologie veritable et cabuleuse*, in Italienisch *Les Sciences en Général*, in Spanisch *Les Morale et Politique*, in Englisch *Les Utilitez et Inutilitez*. Hätte er nicht auf Französich «Les Gloires et les Honneurs» schreiben sollen? Wenn nun die Devise des *docte Gaston* dem Wunsch nach schönen Kindern Ausdruck gibt, fragt man sich nach der Bedeutung der ihm zugeordneten Gottheiten Diana und Nymphen und dem Zusammenhang all dessen. In den meisten Fällen allerdings ist der Sinn wenigstens einiger Inhaltskombinationen einsichtig: Tristans Triumph (10) ist *généalogique et de commandement d'armée*: ersteres ehrt ihn als Begründer der Nebenlinie der Familie, letzteres feiert ihn als Sieger über die Liga, und Herkules, Ruhm, Geschichte schließen sich gut an – doch Juno, ist sie eine Anspielung auf seine Herrin Katharina von Medici? *abondant et valeureux* (7), verweist sowohl auf die Heimat Foix als auch auf den *lustre de la maison*, wozu Phöbus und die anderen Gottheiten mit ihren Gaben beitragen könnten.

Natürlich erweitern die vielen Details auch unsere Kenntnis von Realien zur Familiengeschichte: außer zweifelhaften wie den oben erwähnten, oder der Einnahme von Barcelona 802 durch Ramond (2), welcher zudem schon Historiker gewesen sein soll [37], wahrscheinlichere, wie daß (9) Jean zum engeren Kreis des Anne de Montmorency gehört habe, oder endlich solche über die lebenden Kinder von Charles de Rostaing. Bei Louis Henry und François ist das Religiöse betont, bei letzterem außerdem auf gewisse politische Erfolge angespielt; Marguerite Renée wird als heldenhafte Mutter vorgestellt, da ihr Mann, Henry II de Beaumanoir, bald nach der Geburt des Sohnes starb.

Wappen spielen – wie zu erwarten – eine große Rolle: das Rad auch als Sonnenrad interpretiert [38], dazu das dreitürmige Kastell der deutschen Rostaing. Den meisten Personen teilt Chesneau Devisen zu, wohl nicht überliefert, sondern von ihm passend erfunden – auch die der Zeitgenossen könnte ja er für sie erstellt haben.

Chesneau besaß einen reichen Schatz an Devisen, Emblemen, Allegorien und Figuren, doch scheint dieses Wissen zu eklektisch, um es auf spezifische Quellen zurückführen zu können [39]. Man bedenke dabei, daß jene Periode die größte Produktion an einschlägi-

---

[37] Das Datum jedenfalls ist nicht ganz falsch: Barcelona wurde am 25. Dezember 801 vor der Armee Karls des Großen nach langer Belagerung eingenommen.

[38] *Tantost cette Muse me dit | Que cette Roue es semblable: | au grand Phoebus qui resplandist, | dessus Nostre globe habitable* ... (Triomphe Armorial, 23).

[39] Das Verzeichnis der Bücher im Testament Charles' gibt auch keinerlei Hinweis.

gen Werken in Frankreich brachte. Chesneau komponiert auch diesmal keine vollen emblematischen Figuren, sondern setzt zeichenhaft Objekte und Gottheiten nebeneinander. Ripa kann nur einige Details davon erklären, die französische – schon abstrahierende – Version von Baudoin nichts. Unser Autor erfindet nach der geläufigen Methode selbst ad hoc für seine Zwecke. So bedeuten im «Triomphe Armorial» zwei Augen und eine Burg die *Retraitte*, in die sich Tristan, vorübergehend in Ungnade, beobachtend zurückzieht. Auf die komplette Abhängigkeit des Bildzeichens vom Text in diesem Werk folgt als nächste Stufe die erläuternde Legende des großen Stiches von 1660, in welcher direkt gesagt wird, *les fleuves representent l'abondance* ... ; in unserer Serie endlich werden die Themen bloß angegeben und für ihren Zusammenhalt auf die zwingende Kraft der Darstellung vertraut.

Demgegenüber schuf LePautre ein ungewohnt dichtes Gefüge aus traditionellen Elementen, dem stereotypen Beiwerk allegorischer Darstellungen, reinem Ornament, als auch den Bausteinen von Titelkupfern, Thesenblättern und sonstigen Ehrenstichen. Da gibt es Rahmenleisten und Fruchtgehänge, Sockel und Inschriftentafeln, Medaillons und Kartuschen, Trophäen und Kandelaber jeder Art, Exedren und Säulenstellungen sowie gemusterte Flächen, Genien und Putten, Delphine, Wilde Männer und Flußgottheiten; endlich unabhängige Szenen in den großen Medaillons, in plötzlich sich öffnenden Freiräumen, auf durch eine Mauer abgetrennten Hintergründen, oder in von hereinziehenden Wolken unregelmäßig umrissenen Reliefräumen. Insgesamt erleben wir großen graphischen Prunk.

Die Bedeutung unserer Serie, was sie aus der Gattungstradition heraushebt, ist jedoch die Intensität der Verlebendigung aller Formen einerseits, der räumlichen Verspannungen andererseits. Mehr als sonst wird aus der von paraarchitektonischen und ornamentalen Prinzipien geleiteten Zusammensetzung heterokliter Bedeutungsträger mit Rahmen- und Bindeelementen ein bildmäßiges Gefüge.

Frontales Vorzeigen und symmetrische Entsprechung sind Grundgesetze der Gattung. LePautre begnügt sich aber weder mit einem einfachen Flächenmuster noch mit einem monumentalen Einzelobjekt räumlicher (Apside usw.) oder plastischer (Ehrenpforte usw.) Ordnung, sondern verflicht in komplizierter und wechselnder, auch von Stich zu Stich verschiedener Weise Fläche und Tiefe, schafft also ein reich rhythmisiertes Ganzes. Diese spezifische Leistung konnte vielleicht nur aus der Einstellung französischer Kunstübung erbracht werden und stellt eine Vorstufe des mit Raum und Fläche spielerisch verfahrenden Ornamentstiches des 18. Jahrhunderts dar.

Es war schon die Rede von Festdekor, dessen graphischer Wiedergabe und graphischen Pendants. Letztere sowie auch bereits erwähnte Titel- und Widmungsblätter, auch graphische Arrangements etwa abzubildender Münzen und Medaillen umreißen den Bereich, in dem wir LePautres Serie einzuordnen haben. Daß sich aus Münzen und Medaillen besonders suggestiv und ergiebig für symbolische Anspielungen eine triumphale Geschichtsdarstellung aufbauen ließ, zeigen Beispiele von «Le immagini delle donne auguste intagliate ... ; con le vite, et Ispositioni die Enea Vico, sopra i riversi delle loro medaglie antiche» 1557 über Bosses «Antiqua Stemmata Regis Chrstianissimi ...» (Duplessis Nr. 1166) bis zu «Médailles de Louis le Grand sur les principaux évènements du Règne ... par l'Academie des Medailles et des Inscriptions» 1702. Die Male, welche Mattheus Greuter im Stich den Päpsten Pius V. und Sixtus V. mit Hilfe eines architektonischen Arrangements ihrer Münzprägungen setzte, gaben wohl Le-Pautre die entscheidende Anregung: zwischen medaillonbestückten Pfeilern thront dort im Mittelfeld der Papst oder hält ein Engel ein trophäenartiges Gehänge (Abb. 175).

Außer Medaillen können auf Ehrenblättern auch Wappen, Devisen, Porträts von Vorgängern oder Vorfahren, Kartuschen mit Bildchen von Taten und Ereignissen um den Helden gesammelt werden; Bogen und Vorhang, Sarkophag, Thron, Säulenhalle und Exedra bilden die architektonischen Accessoires seiner Schaustellung; Scheinszenen werden aus den Hauptelementen der Allegorie arrangiert. Da sich keine kontinuierliche Entwicklung auf unser Beispiel hin aufzeigen läßt, seien hier nur einige wichtige Beispiele aus der ersten Hälfte des 17. Jahrhunderts genannt: mehrere Stiche auf Ludwig XIII., als Sieger aus einem Bogen sprengend, gerahmt von seinen Namensvorgängern und deren Devisen, oder als Bezwinger von La Rochelle umkränzt von den Episoden dieser Tat; ebenso mehrere Stiche zu Ehren der Herrscherfamilie von Savoyen, insbesondere einer für den 1641 verstorbenen Kardinal Karl Emanuel; endlich eine Kommemoration des 1646 dahingegangenen Thomas Howard, Herzog von Arundel, von Wenzel Hollar nach Cornelis Schut [40].

Die Thesenblätter, ab den zwanziger Jahren häufig, von Künstlern wie Melan, Chauveau, LeBrun gefertigt, sind sehr großteilig und relativ wenig differenziert angelegt; der Typus erreicht seinen Höhepunkt erst in den sechziger und siebziger Jahren mit den monumentalen Allegorien auf Ludwig XIV. und reduziert sich ab den achtziger Jahren auf die großformatige Wiedergabe eines berühmten Kunstwerkes oder des Bildnisses des Gönners. Während sich LePautre noch 1645 bei einem Stich für Egide Le Maistre ganz innerhalb der Grenzen des Typus hält, nimmt er bei einem 1653 von dem Prälaten Etienne Du Pont dem König als Friedensbringer nach der Einnahme von Arras gewidmeten Blatt schon die bildschaffende Freiheit der späteren Serie voraus [41] (Abb. 177).

In die Nachfolge LePautres könnte man etwa Silvestres Titelblatt der Publikation des Versailler Festes von 1664 oder den Stich Edelincks von 1683 nach Lebrun zu Ehren des Ferdinand von Fürstenberg, Bischof von Münster und Paderborn, setzen. In engerem Sinn betrifft das aber eine Serie zu Ehren der habsburgischen Kaiser: Peter Schubert von Ehrenbergs «Triumphans novem Seculorum Imperii Romani Germanici ...» 1725.

Immer wieder bemerkten wir, wie Charles de Rostaing und jene, die ihn feierten, Formen und Symbole usurpierten, die Herrschenden und dem innnersten Kreis um sie vorbehalten schienen. Wie die gesamte Persönlichkeit von Charles wohl als ein Relikt der Welt von 1600 anzusehen ist [42], erscheint auch solche Anmaßung als Anachronis-

---

[40] Bibl. Nat. Est. Pe 3/3, 6, 168–9; Pe 16/111.

[41] Bibl. Nat. Est. AA 6 Thèses; Pd. 18.

[42] Charles paßt nicht schlecht zu jenem Herrn, dem er in seiner Jugend diente, Charles de Bourbon, Comte de Soissons (1556–1612): er wird beschrieben als egozentrisch, voll maßloser Prätention, auf Zeremonie und würdige Erscheinung bedacht. Der Kreis um jenen zeitweiligen Thronprätendenten könnte für ihn bestimmend geworden sein, denn der Staatskanzler Etienne d'Aligre (Alygre), den er zunächst gemeinsam mit dem Procureur Général Melyan (?) zu seinem Testamentsvollstrecker einsetzte, entstammte ihm ebenfalls.

mus, der spätestens nach der Fronde keinen Platz mehr hatte. Um so eigenartiger berührt der Gegensatz zwischen jener Eingebung und ihrem zeitlich letzten Ausdruck bei LePautre, wo schließlich eine künstlerisch hochwertige und in mancher Hinsicht zukunftweisende Leistung vorliegt. Das Eindringen und die Ausbreitung des nicht zum Bild zusammentretenden bloß Kuriosen, von wuchernden unplastischen Vorstellungen, im Bereich der Graphik sowie deren Aufsaugung durch eigentlich künstlerische Interessen, sind selbst wieder wichtige Symptome des geschichtlichen Ablaufs.

Abbildungsnachweis. Kunsthistorisches Institut der Universität Wien: Abb. 166; alle anderen Abb.: Archiv des Autors.

LUDOVICO BURNACINIS ENTWÜRFE FÜR DIE WIENER PESTSÄULE

VON GERTRAUT SCHIKOLA

Die Pestsäule am Wiener Graben (Abb. 178) ist zum Prototyp einer stattlichen Reihe von Wolkenpyramiden geworden, die man in der Folge zu Pestzeiten in den Städten und Dörfern der Habsburgischen Länder errichtete. Da für sie kein unmittelbares Vorbild bekannt ist, beruft man sich in diesem Zusammenhang gern auf jenen Passus einer zeitgenössischen Beschreibung, demzufolge J. B. Fischer v. Erlach im Laufe der Planung geraten haben soll, man möge doch für dieses Denkmal etwas „Ungemeines" erfinden[1]. Es scheint, daß tatsächlich eine Intervention Fischers der Anlaß dazu war, den vorgesehenen Entwurf abzuändern und eine neue Lösung zu suchen, zu der Ludovico Burnacini maßgeblich beigetragen hat. Das Resultat dieser Bemühungen, die heutige Pestsäule, ist also ein Werk mehrerer Künstlerpersönlichkeiten, an dem die verschiedenen Entwurfsphasen und auch äußere, praktische Erwägungen ihre Spuren hinterlassen haben. Abgesehen davon, daß zu überlegen wäre, was Fischer mit seiner Bemerkung wirklich beabsichtigt haben könnte, muß man sich die Frage stellen, worin das Außergewöhnliche des Denkmals eigentliche liege, wenn es gerechtfertigt sein soll, dies besonders zu betonen.

Zwei verworfene Projekte Burnacinis (Abb. 181, 182, 183), die zwar schon lange bekannt sind, aber nie eingehend betrachtet wurden[2], können die Neuartigkeit der damals möglich gewordenen Lösungen deutlicher zeigen als das ausgeführte Werk. Ihre Analyse mag schließlich dazu beitragen, auch manche Züge des vollendeten Denkmals besser zu verstehen.

Als im Jahre 1679 in Wien die Pest wütete, erwartete man vom Kaiser eine Votivgabe, die das Abflauen der Seuche gewährleisten sollte. Leopold I. entschloß sich, zu diesem Zweck eine Säule zu Ehren der Hl. Dreifaltigkeit auf einem öffentlichen Platz errichten zu lassen[3]. Er wollte also der Trinität eine Denkmal[4] setzen, und dies war

---

[1] A. HAUSER, Die Dreifaltigkeitssäule am Graben in Wien, in: Ber. u. Mitt. d. Altertumsvereines zu Wien, 21 (1882) S. 82, hatte in Auszügen eine „Beschreibung deß zu Ehren der Allerheiligsten Dreifaltigkeit allhie auff dem Graben auffgerichten dreyeckichtenweissen Marmorsteinenen Pyramidis" vom 1.6.1692 bekanntgemacht (S. 93 f. u. S. 104 ff.), die sich als Manuskript im Archiv des Innenministeriums befand. Man hielt diesen Text bisher für verloren, da das Manuskript 1927 verbrannte. Er erschien jedoch unter demselben Titel 1692 auch als Buch in Wien, ein Exemplar befindet sich in der Nationalbibliothek. Der hier erwähnte Passus: S. 5 des Buches.

[2] Die Zeichnungen Burnacinis wurden 1909 von E. TIETZE-CONRAT, Beiträge zur Geschichte der Grabensäule, 2: Zeichnungen Burnacinis zur Grabensäule, in: Kunstgesch. Jb. d. k. k. Zentralkomm., 3 (1909) Beiblatt, Sp. 160, publiziert. Ihre Einstellung zu den ersten Entwürfen zeigt sich, wenn sie im Hinblick auf die Ausführung bemerkte: „Burnacini hat in einem Zuge mit der Überfülle der Figuren aufgeräumt, die einen chaotischen Eindruck bewirkten." Dieser Auffassung ist bisher nicht widersprochen worden.

[3] H. AURENHAMMER, Johann Bernhard Fischer von Erlach. Katalog der Ausstellung Graz, Wien, Salzburg 1956/57, Wien 1956, Kat.-Nr. 2, S. 38 ff., mit Literaturangaben. – G. SCHIKOLA, Wiener Plastik der Renaissance

zu jener Zeit kaum anders als in Form einer echten Denksäule vorstellbar, etwa in der Art der Wiener Mariensäule auf dem Hof. Solche Ehrensäulen waren im 17. Jahrhundert nicht selten anzutreffen. Fast immer erhob sich auf einem mehr oder weniger reich geschmückten Postament eine Säule, seltener ein Pfeiler, und die Statue des Heiligen, der Madonna oder der Trinität bekrönte die Spitze. Sollte das Denkmal besonders prunkvoll werden, konnten Assistenzheilige oder Engel die Säule umgeben oder auf dem Sockel placiert werden.

Der noch heute übliche Name „Pestsäule" für das schließlich ausgeführte Monument am Wiener Graben (Abb. 178), das mit einer Säule recht wenig gemein hat, ist aufschlußreich und erinnert noch an diese Situation. Tatsächlich entsprach nämlich der erste Entwurf, den Johann Frühwirth als Provisorium in Holz ausführte[5], dem eben besprochenen Schema (Abb. 179). Alte Abbildungen[6] zeigen die Dreifaltigkeit auf einer korinthischen Säule. Diese erhob sich auf einem hohen Sockel, auf dem neun Engelsfiguren als Vertreter der neun Chöre die Säule umstanden.

Charakteristisch für diese Art von Denkmälern ist die repräsentative Darstellungsweise der zu verherrlichenden Gestalt. Sie wird deutlich sichtbar an einer ausgezeichneten Stelle postiert und in einer zeitlosen Situation, gleichsam in ihrer Idealform,

---

und des Barocks, in: Plastik in Wien, Geschichte der Stadt Wien, VII, 1, Wien 1970, S. 102 ff. – Die von HAUSER (zit. Anm. 1) benützten und auszugsweise publizierten Archivalien befinden sich zum Teil im Hofkammerarchiv (N.-Ö. Herrschaftsakten, W 61/B 14) und im Diözesanarchiv (Pfarrakten von St. Peter). Das Material, das sich im k. k. Ministerium des Inneren, jetzt Verwaltungsarchiv, fand, ging beim Brand des Justizpalastes 1927 verloren.

[4] Die Verwendung der Bezeichnung „Denkmal" läßt hier vielleicht einige Bemerkungen angebracht sein. Im Reallexikon zur deutschen Kunstgeschichte (Bd. 3, Stuttgart 1954, Sp. 1257 ff., Artikel v. H. KELLER) wird unter „Sakralem Denkmal" jede Art von Votiven verstanden, wie sie das ganze Mittelalter hindurch vielfach als Ersatz für das damals kaum mögliche profane Denkmal zu fungieren hatten. In formaler Hinsicht fehlte gerade das, was wir heute als echten Denkmalcharakter antiker Tradition ansehen. Dagegen haben vielleicht bereits in der Frühzeit des Christentums öffentlich aufgestellte Kultbilder existiert, die antiken Monumenten nachempfunden waren. (W. F. VOLBACH, J. LAFONTAINE-DOSOGNE, Byzanz und der christliche Osten. Propyläen Kunstgeschichte, Bd. 3, Berlin 1968, S. 41.) Mit dem Wiederaufleben des Denkmals im engeren Sinn nehmen auch religiöse Stiftungen wieder jenen echten Denkmalcharakter an. Daß die vorwiegend in Italien aufkommenden Statuen der Stadtheiligen an der Geschichte der Wiederbelebung des antiken Säulenmonuments selbst beteiligt waren, hat W. HAFTMANN, Das italienische Säulenmonument, Leipzig, Berlin 1939, bes. S. 140 ff., gezeigt. Im Zuge der Gegenreformation wurde der Typus des Säulenmonuments immer häufiger für Votivzwecke aufgegriffen, und damit wurde der Denkmalcharakter dieser Gebilde in den Vordergrund gerückt, was auch dem Bestreben der Kirche, propagandistisch in die Breite zu wirken, entgegenkam. Als Denkmal in diesem Sinn sei die Wiener Pestsäule verstanden.

[5] E. TIETZE-CONRAT, Beiträge zur Geschichte der Grabensäule in Wien, 1: Die hölzerne Votivsäule, in: Kunstgesch. Jb. d. k. k. Zentralkomm., 3 (1909) Beibl., Sp. 157. – Die von E. TIETZE-CONRAT, Die Pestsäule am Graben in Wien (Österr. Kunstbücher, 17, Wien, o. J.) erwähnten Vorschläge für eine kaiserliche Stiftung sind in einem Schreiben der N.-Ö. Regierung an die Geheimen und Deputierten Räte vom 26. 9. 1679 (Diözesanarchiv Wien, Pfarrakten von St. Peter) enthalten, allerdings ist nicht ersichtlich, ob Tietze-Conrat sich auf dieses Dokument bezog.

[6] Die Holzsäule ist durch mehrere Stiche überliefert, die sie meist dekoriert während einer der Festdekorationen des Grabens wiedergeben. Eine Aufzählung gibt A. ILG, die Fischer von Erlach, 1: Leben und Werke Joh. Bernh. Fischer's von Erlach des Vaters, Wien 1895, S. 184, Anm. 160. Außerdem der Stich aus F. A. GRONER, Uni trino Deo ..., Wien 1682, und der hier abgebildete Stich von I. M. Lerch (Museum der Stadt Wien, Inv.-Nr. 31299). Im Sockel der Holzsäule waren Laternen eingebaut, die durch Gitter Licht spendeten. Ein erhaltenes Beispiel einer solchen Praxis wäre die Mariensäule in Frauenkirchen im Burgenland.

wiedergegeben; hier die Dreifaltigkeit als Gnadenstuhl[7]. Die Assistenzfiguren umgeben die Säule stets in gleichmäßiger Reihung und sind in keinen direkten Bezug zum Hauptgegenstand gestellt. Formal könnten sie ebensogut für sich allein stehen, und auch ikonographisch haben sie keine notwendige Bindung an das zentrale Thema[8]. In unserem Fall haben die Engelschöre an sich nichts mit der Pest zu tun, sie könnten höchstens als helfend und beschützend im weitesten Sinne eingestuft werden. Ihr Zusammenhang mit der Dreifaltigkeit liegt nur darin, daß sie häufig zu deren Verherrlichung auftreten. Das Ereignis, das zur Errichtung der Denksäule führte, ist nur in Inschriften erwähnt, auf seine anschauliche Darstellung verzichtet man. Auch der Stifter wird nicht bildlich vorgestellt.

Es darf jedoch nicht unerwähnt bleiben, daß dieser erste Entwurf gar nicht mehr aktuell war, als Fischer v. Erlach Gelegenheit hatte, seine Einwände geltend zu machen. Denn als man daran ging, das provisorische Holzdenkmal dem Gelübde des Kaisers entsprechend in Marmor umzusetzen, betraute man mit der Ausführung Matthias Rauchmiller[9]. Von ihm konnte man kaum erwarten, daß er sich mit einer steinernen Kopie des Frühwirthschen Modells begnügen werde. Sein Entwurf, der noch immer nicht der endgültige bleiben sollte, unterscheidet sich tatsächlich in einigen Punkten recht wesentlich von den bisher üblichen Ehrensäulen. Er ist uns durch eine Medaille überliefert (Abb. 180), die vermutlich anläßlich der Erneuerung des Gelübdes des Kaisers 1682 geprägt wurde[10]. Man kann auf dem kleinen Bildchen deutlich den dreiflügeligen Sockel wahrnehmen, der in seiner Grundform noch heute das Postament des Denkmals bildet und als Symbol der Dreifaltigkeit gelten kann. Eng verbunden mit dieser Form des Sockels ist die neue Anordnung der Engel. An jedem der drei Flügel sollten nun in halber Höhe je zwei aufrechte Gestalten auf volutenförmigen Kragsteinen stehen, die am unteren Sockelabsatz angefügt waren, während je ein sitzender Engel oben Platz finden sollte. Rauchmiller hatte so jeweils drei Figuren zu einer Gruppe zusammengefaßt, in welcher der sitzende Engel oben den Hauptakzent gebildet hätte und von zwei etwas niedriger stehenden flankiert worden wäre. Damit ist die gleichmäßige Reihung, die einer älteren Stilstufe entsprach, zugunsten einer rhythmischen Komposition aufgegeben, was einen Schritt weiter in der Entwicklung zum Hochbarock bedeutet. Als Rauchmiller 1686 starb, war der Sockel bereits vorhanden, nur die Kragsteine wurden später auf Vorschlag Fischers v. Erlach abge-

---

[7] Für die Dreifaltigkeit wählte man die Form des Gnadenstuhles wohl deshalb, weil berühmte Pest-Kultbilder, wie des Gnadenbild auf dem Sonntagsberg, diesen Typus aufwiesen. Vgl. AURENHAMMER (zit. Anm. 3), S. 39.

[8] Die inhaltliche Selbständigkeit verlieren sie nur, wenn sie, wie etwa die Engelsputten der Mariensäule auf dem Hof, den Rang von Attributen einnehmen.

[9] „Beschreibung . . ." (zit. Anm. 1), S. 4, zitiert bei HAUSER (zit. Anm. 1), S. 94.

[10] Wien, Kunsthist. Museum, Münzkabinett, Sammlung Brettauer Nr. 1435. Rückseite: SS./TRIAS/REFVGIVM/VIENNEN/SIVM, ein anderes Exemplar zeigt auf der Rückseite eine Madonna mit Kind mit der Umschrift S: MARIA CELLENSIS. Beide undatiert. Vgl. E. HOLZMAIR, Katalog der Sammlung Dr. Josef Brettauer, Wien 1937, Nr. 1453. Die Angabe: (1679) in diesem Katalog dürfte aus dem Stiftungsjahr der ersten Pestsäule erschlossen sein. Ob damals der Entwurf Rauchmillers schon feststand, ist fraglich. 1681 muß er bereits existiert haben, denn am 8. 8. 1681 ergeht ein Paßgesuch für Marmor an die Hofkammer, in dem Blöcke für 6 stehende und 3 sitzende Figuren angeführt sind. (Hofkammerarchiv, N.-Ö. Herrschaftsakten, W 61/B 14, zitiert bei HAUSER [zit. Anm. 1], S. 92). Ein weiterer Anlaß für die Prägung der Medaille wäre die feierliche Wiederholung des kaiserlichen Gelübdes im Jahre 1682.

schlagen. Außerdem waren zwei stehende und ein sitzender Engel fertig[11]. Soviel wir diesen erhaltenen Statuen entnehmen können, waren Rauchmillers Engel völlig in sich gekehrte Wesen, die keinen direkten Kontakt mit der Dreifaltigkeit aufnahmen, sie blickten nicht einmal zu ihr empor. Auch untereinander in der Gruppe blieb jeder für sich. Sie sind in keiner Aktion begriffen, und das zeitliche Moment spielt hier gar keine Rolle.

In dieser Hinsicht geht Rauchmiller also kaum über den ersten Entwurf hinaus. Das Kultbild sollte wieder der Gnadenstuhl sein, nur diesmal in Kupfer getrieben und vergoldet. Er hätte zwar nicht mehr eine echte Säule bekrönt, wäre aber doch auf einem sich verjüngenden, pfeilerartigen Gebilde mit korinthischem Kapitell zu stehen gekommen. Seine pyramidale Form hätte allerdings Sockel und Pfeiler viel stärker zu einer Einheit verschmelzen lassen, während bei der alten Säule die Elemente völlig isoliert waren. Immerhin trifft Fischers Kritik: *... weillen die Säullen auf denen Dörffern fasst allzu gemein werden wollen ...* – so hatte er in dem erwähnten Bericht seine Abänderungsvorschläge begründet[12] – auf diesen fortschrittlicheren Entwurf im Grunde immer noch zu.

Ganz anders wirken dagegen die Zeichnungen Burnacinis, die wenige Jahre später entstanden sein müssen, nachdem Fischer angeregt hatte, neue Entwürfe zu verfertigen[13]. Dabei muß die Bedingung bestanden haben, den bereits vorhandenen Sockel ohne wesentliche Veränderungen beizubehalten, so daß er in den Plänen weggelassen werden konnte. Das ikonographische Programm kann dagegen nicht festgelegt gewesen sein, da die Projekte in dieser Hinsicht variieren.

Insgesamt sind vier Zeichnungen Burnacinis erhalten, die in der Theatersammlung der Österreichischen Nationalbibliothek aufbewahrt werden und ursprünglich mit einer großen Anzahl von verschiedensten Entwürfen seiner Hand zu einem Klebeband vereinigt waren[14]. Davon sind die beiden auf Cod. min. 29, fol. 63a/3 (Abb. 181) und fol. 58a/2 (Abb. 183) festgehaltenen Ideen besonders interessant, während fol. 63a/2 (Abb. 182) eine Skizze zu fol. 58a/2 darstellt und fol. 65b/1 (Abb. 184) der Ausführung bereits sehr nahe kommt.

Fol. 63a/3 (Abb. 181) zeigt einen pyramidalen Aufbau aus Wolken und Figuren. Auf dem Boden kniet ein Kaiser, sicherlich ist Leopold I. gemeint, dem ein heiliger Herrscher, vermutlich sein Namenspatron, assistiert. Zu ihnen fliegt ein Engel mit

---

[11] „Beschreibung ..." (zit. Anm. 1), S. 5, zitiert bei HAUSER (zit. Anm. 1), S. 94.

[12] Ebendort, zitiert bei HAUSER (zit. Anm. 1), S. 104.

[13] Die neuen Entwürfe müssen im Zuge der energischen Wiederaufnahme der Arbeiten nach dem Tode Rauchmillers (5. 2. 1686) entstanden sein. Am 12. 3. 1687 wurden neue Mittel bewilligt, am 30. 7. 1687 erfolgte die Grundsteinlegung. Am 10. 9. 1688 erbittet Kardinal Leopold von Kollonicz, Bischof von Raab, die durch die Planänderung überflüssig gewordenen Stücke. (HAUSER, zit. Anm. 1, S. 94 ff.; Hofkammerarchiv, N.-Ö. Herrschaftsakten, W 61/B 14; vgl. auch „Beschreibung ..." zit. Anm. 1, S. 6 f.)

[14] Cod. min. 29, fol. 58a/2, 63a/2, 63a/3 u. 65b/1. Nur zwei der Zeichnungen (fol. 58a/2 u. 65b/1) sind signiert, es besteht jedoch kein Grund, die Autorschaft bei den anderen beiden anzuzweifeln. Die Technik ist unterschiedlich, fol. 63a/3 ist eine lavierte Federzeichnung, die anderen Blätter sind Bleistiftzeichnungen; auch das Stadium der Durchführung ist verschieden. Mit Ausnahme der flüchtigen Skizze auf fol. 63a/3, die zu fol. 58a/2 gehört, gibt es für alle Blätter Vergleichbares unter den Entwürfen des Sammelbandes. F. HADAMOWSKY, Kataloge der Handzeichnungen der Theatersammlung der Nationalbibliothek, Bd. 2, Wien 1930, S. 8 f. – F. BIACH-SCHIFFMANN, Giovanni und Ludovico Burnacini. Theater und Feste am Wiener Hof, Berlin, Wien 1931, S. 129.

einem Spruchband herab, zwei weitere Engel schweben über der Gruppe. Wieder etwas höher kniet ein betender Heiliger, wahrscheinlich ein Pestheiliger, vielleicht Karl Borromäus, dessen Blick steil nach oben gerichtet ist und so zu der frontal knienden Madonna überleitet. Sie hat die gefalteten Hände betend erhoben. Über ihr thront die Hl. Dreifaltigkeit; Christus befindet sich aber nicht wie üblich an der Seite des Vaters, sondern ist von seinem Thron gleichsam ein wenig herabgestiegen und ruht nun mit dem Kreuz im Arm auf einem etwas tieferen Wolkenballen. Er wendet sein Antlitz den Menschen zu und streckt seine Linke zu Gottvater auf der Weltkugel aus. Über Gottvater schließlich schwebt die Taube des Hl. Geistes.

Was uns hier vorgeführt wird, ist die bildliche Darstellung der Erhörung des Gebetes des Kaisers. Die niederschwebenden Engel bringen eben die Antwort auf seine Bitte, die durch Heilige und die Madonna unterstützt wird, und Christus, der seinen Platz an der Seite Gottvaters verlassen hat, um der leidenden Menschheit zu Hilfe zu kommen, gibt zu verstehen, daß das Gebet nicht umsonst war.

Maria tritt hier nur in der Rolle der Fürbitterin auf, nicht als Immakulata, wie in späteren Pestsäulen, und auch nicht im Zusammenhang mit einer Marienkrönung, wie E. Tietze-Conrat vermutete[15]. Es könnte in dieser Darstellung der zweifachen Fürbitte ein Einfluß der Interzessionsbilder vorliegen, die gelegentlich zu Trinitätsdarstellungen vervollständigt worden waren[16]. Panofsky hat in diesem Zusammenhang auf eine Zeichnung Berninis in Leipzig hingewiesen, die beweist, daß diese Vorstellungen auch im 17. Jahrhundert noch geläufig waren[17].

Der geschilderte Vorgang läuft in einer höchst bewegten Komposition ab. Den beiden inhaltlichen Komponenten, dem emporgesandten Gebet und der Erhörung von oben, entspricht ein ständiger Wechsel von Aufwärts- und Abwärtsbewegungen, die schließlich doch in einem Zug nach oben münden und den Blick des Betrachters zur Dreifaltigkeit lenken. Die Augen des Kaisers sind auf den ersten herabschwebenden Engel gerichtet, unterstrichen von der rechts außen beginnenden Diagonale seines Mantels und der Kontur seines Begleiters. Der Engel nimmt mit seinem Körper eine entgegengesetzte Schräge ein und lenkt derart zu jenem über dem Kaiser hinüber. Auch dieser betont mit seiner Blickrichtung und mit den Linien seiner Flügel den Weg von oben herab, während die Achse seines Oberkörpers und die Geste seines rechten Armes ihre Fortsetzung im nächst höheren Engel finden, der zwar auch noch nach unten blickt, dessen Rechte aber in einem Bogen genau in die Rückenkontur des Heiligen darüber mündet. Hier findet wieder eine Richtungsänderung jener Kurve statt, die wie ein Zickzackband die Komposition durchläuft. Der Heilige und die Madonna blicken nun beide in ihrer Fürbitte nach oben, nur der herabfallende weite Mantel der Madonna bildet noch einmal ein retardierendes Moment, dann wird der Blick des Betrachters zur Dreifaltigkeit emporgeführt. Der ondulierenden Kurve,

---

[15] Tietze-Conrat (zit. Anm. 2), Sp. 161.

[16] Für diesen Hinweis danke ich Dr. A. Rosenauer. — E. Panofsky, Imago Pietatis, in: Festschrift für Max J. Friedländer zum 60. Geburtstage, Leipzig 1927, S. 261, im bes. S. 283. — Interzessionsbilder wurden auch mit der Pest in Verbindung gebracht, vgl. D. Koepplin, in: Lexikon der christlichen Ikonographie, hrsg. v. E. Kirschbaum, Bd. 2, Rom usw. 1970, S. 346.

[17] Panofsky (zit. Anm. 16), S. 293 f. — H. Brauer u. R. Wittkower, Die Zeichnungen des Gianlorenzo Bernini, Berlin 1931, S. 166 f. u. Taf. 128.

in der sich die Komposition entwickelt, fügen sich auch die Gestalten der Trinität ein, denn die Bewegung schwingt mit Christus noch einmal nach links aus und leitet dann zu Gottvater nach rechts über. Die Taube schwebt zuletzt genau in der Mitte[18].

Das Bemerkenswerte an diesem Entwurf ist, daß hier ein Geschehen dargestellt ist, und zwar der Anlaß für die Errichtung des Denkmals. Es ist keine besonders dramatische Szene, aber doch ein Handlungsablauf, in dem das zeitliche Moment eine Rolle spielt. In diesen epischen Vorgang ist nicht nur der Stifter als handelnde Persönlichkeit mit einbezogen, sondern auch die gefeierte Dreifaltigkeit. Die göttlichen Personen, denen zu Ehren das Denkmal gesetzt wurde, sind nicht in ihrer zeitlosen Idealgestalt wiedergegeben, sondern nehmen aktiv an einem Ereignis teil und sind in einem bestimmten Augenblick dargestellt. Der Handlungsprozeß wird damit verdeutlicht und leichter erfaßbar, gleichzeitig ergibt sich aber für die Trinität eine gewisse Einbuße an Signifikanz, da sie nicht mehr genau einem der geläufigen Darstellungstypen entspricht. Die Trinität ist aus der Komposition auch nicht mehr herauslösbar, ebensowenig wie die anderen beteiligten Figuren für sich allein bestehen könnten. Die Personen agieren in einer einheitlichen Szenerie, die bruchlos von der irdischen in die himmlische Zone übergeht. Sie ist ohne Zuhilfenahme architektonischer Elemente rein illusionistisch gestaltet. So ist das Gebilde als Ganzes zum Schauplatz der Handlung geworden.

Burnacini war als Fest- und Theaterdekorateur wohl prädestiniert für die Realisierung derartiger Gedanken. Auf die mannigfaltigen Beziehungen der Wiener Pestsäule zum Theater wurde bereits öfter hingewiesen. In Burnacinis Inszenierungen gab es selbstverständlich wie in fast allen zeitgenössischen Aufführungen die aus Wolken gebildeten Schauplätze himmlischer Erscheinungen. Ferner verwendete er in seinen Bühnenbildern denkmalartige Erhöhungen von Figuren auf Pflanzengebilden, Waffen und Trophäen, wobei architektonische Elemente völlig ausgeschaltet waren[19]. Auch die Einbeziehung des Kaisers in persona in einem Festspiel, das seiner Glorifizierung diente, war üblich. Es ist überliefert, daß Leopold I. in gewissen Stücken selbst agierte[20]. Schließlich wäre hier eine Festdekoration des Grabens zu erwähnen, in deren Rahmen ein plastisches Bildwerk des knienden Kaisers vor der damals noch hölzernen Pestsäule aufgestellt war[21]. Schon zu dieser Zeit spielte also der Gedanke eine Rolle, die Fürbitte des Kaisers, wenn auch nur für kurze Zeit, anschaulich festzuhalten.

Der andere Entwurf Burnacinis (Cod. min. 29, fol. 58a/2 und fol. 63a/2) ist in einer flüchtigen Ideenskizze (Abb. 182) und in einem sehr ausgearbeiteten Blatt (Abb.

---

[18] Diese Art der Komposition würde eine Übernahme aus der Malerei nahelegen, wo sich tatsächlich sehr ähnliche Schemata finden, aber vorwiegend im 18. Jahrhundert, etwa bei Daniel Gran.

[19] Cod. min. 29, fol. 41b, vgl. BIACH-SCHIFFMANN (zit. Anm. 14), Abb. 45 u. S. 64. – Reiterstandbild Leopolds I. auf Trophäen in einer Szene von „Il Pomo d'Oro", ebenda, Abb. 19 u. S. 54.

[20] Z. B. bei der Aufführung von „Re Gilidoro" (Il re Gilidoro, favola drammatica ... di A. AMALTEO, rappresentata ... in Vienna 1659, vgl. BIACH-SCHIFFMANN, zit. Anm. 14, S. 234) oder bei dem Roßballett anläßlich der Vermählungsfeierlichkeiten von 1667, vgl. L. PÜHRINGER-ZWANOWETZ, Ein Triumphdenkmal aus Elfenbein: Die Reiterstatuetten Kaiser Leopolds I. und König Josephs I. von Matthias Steinl, in: Wr. Jb. f. Kunstgesch., 19 [23] (1962) S. 104 f.

[21] F. A. GRONER, Uni trino Deo ..., Viennae 1682, deutsche Ausgabe u. d. T.: Beschreibung der herrlichen Zubereitung ..., Wien 1682, mit Stich von I. M. Lerch. (Beschreibung der Feierlichkeiten und Festdekoration anläßlich der Wiederholung des Gelübdes 1682.)

183) überliefert. Wieder handelt es sich um eine pyramidale Komposition aus Wolken und Figuren. In der ausgeführten Bleistiftzeichnung ist die Grundfläche im Verhältnis zum Schaft der Pyramide etwas breiter geworden, es findet also eine raschere Verjüngung im unteren Teil statt. Auf dem Boden liegen diesmal die Körper der Pestkranken und Toten, über denen vier weibliche Allegorien knien bzw. stehen. Zu Füßen der linken knienden Frau liegt eine Krone, und die fast wörtliche Übereinstimmung dieser Gestalt mit der Venezia aus dem Hochaltar der Santa Maria della Salute in Venedig [22], dem Altar einer Kirche, die ebenfalls anläßlich einer Pestepidemie gestiftet wurde, läßt darauf schließen, daß es sich um die Austria handelt. Die entsprechende Figur in Venedig ist durch den Dogenhut, der vor ihr auf einem Polster liegt, als Venezia gekennzeichnet. Austria wendet sich an eine stehende weibliche Gestalt, die einen Kelch in der Hand hält und wahrscheinlich den Glauben personifizieren soll [23]. Diese begleiten zwei weitere, durch Attribute nicht näher charakterisierte Frauen. Es könnte die demütige Liebe und die nach oben weisende Hoffnung gemeint sein, allerdings treten sie formal stark hinter dem Glauben zurück. Über die Kniende hält der Glaube wie schützend die Hand, während die andere im Hintergrund steht und die Verbindung zur oberen Zone herstellt, indem sie einerseits auf die Austria herabblickt, andererseits mit der rechten Hand wie im Schutzengelgestus nach oben weist, wo Christus mit dem Kreuz aus den Wolken niedersteigt. Gottvater thront an der Spitze der Pyramide, die Taube schwebt unter ihm. Kleine Engelskinder bevölkern wie im anderen Entwurf die Wolkenballen, durch die sich die Strahlen, die von Gottvater ausgehen, den Weg bahnen. Wieder ist die Bitte um Abwendung der Pest dargestellt, diesmal in Form ihrer Überwindung durch den Glauben.

Die Komposition ist in dieser Zeichnung auf dem Dreieck aufgebaut. Von den horizontal gelagerten Leibern der Toten und Kranken wird über die knienden und stehenden Frauengestalten zu Christus hinaufgeführt, der dem von Gottvater abwärtsweisenden Bewegungsstrom angehört. Dem Aufwärtsstreben ist also auch hier eine Bewegung von oben herab entgegengestellt; die beiden Richtungen sind aber nicht ineinander verwoben, sondern in zwei Zonen getrennt voneinander durchgeführt. Das transitorische Moment der Szene wird von der Komposition, die hier im gesamten schon durch die Unterordnung unter das Dreieck ruhiger und statischer wirkt, nicht so stark betont. Dagegen ist die Dreifaltigkeit intensiver an der Handlung beteiligt. Christus hat ja seinen Platz an der Seite Gottvaters ganz verlassen und ist den Leidenden schon ein gutes Stück Weges entgegengekommen. Die Trinität wird der Darstellung vollkommen integriert, da die Distanz zwischen ihr und der übrigen Szene aufgehoben wird. Allerdings weicht sie in dieser Variante noch stärker von der Tradition ab und wird damit auch noch schwerer erkennbar.

Die Reihenfolge, in der die beiden Entwürfe besprochen wurden, soll nicht ihre Chronologie festlegen. Welches der beiden Projekte früher entstanden ist, läßt sich nämlich schwer entscheiden. Keinesfalls kann das Stadium der Zeichnung als Kriterium herangezogen werden. Vielleicht könnte man als Indiz für die Priorität von

---

[22] N. IVANOFF, Monsù Giusto ed altri collaboratori del Longhena, in: Arte Veneta, 2 (1948) S. 115. – C. SEMENZATO, La scultura veneta del Seicento e del Settecento, Venedig 1966, S. 20 ff.

[23] C. RIPA, Iconologia, Rom 1603, Repr. Hildesheim 1970, S. 149. Es könnte auch „Religio" gemeint sein, vgl. Lexikon der christl. Ikonographie (zit. Anm. 16), Bd. 1, S. 577.

fol. 63a/3 (Abb. 181) anführen, daß die Dreifaltigkeit hier noch nicht so stark aufgelöst ist wie auf fol. 58a/2 (Abb. 183)[24]. Außerdem scheint die Gesamtform der Pyramide in der Skizze (fol. 63a/2, Abb. 182) von fol. 63a/3 übernommen zu sein, denn die Wolkenmassen bilden eine unnötig breit ausladende Folie für die Gestalt Christi. Man könnte sich vorstellen, daß die Figuren der Skizze in eine vorgegebene (von fol. 63a/3 übernommene) Gesamtform eingeordnet wurden. Erst im ausgeführten Blatt (fol. 58a/2) bilden Figurenkomposition und Pyramidenform wieder eine organische Einheit.

Andererseits wäre fol. 58a/2 (Abb. 183) dem Hochaltar von Santa Maria della Salute näher, der vermutlich für die Wiener Pestsäule mehr als eine motivische Anregung bieten konnte. Der Altar Juste Le Courts ist der Madonna geweiht, die in der Mitte auf Wolkenballen erhöht erscheint. Gleichzeitig ist aber der Anlaß der Stiftung, die Abwendung der Pest von Venedig, dargestellt. Die Allegorie der Venezia erfleht die Hilfe Marias, während die Personifikation der Pest, von einem kleinen Putto bedroht, davoneilt. Die Madonna bleibt allerdings statuenhaft isoliert, obwohl sie sich der Venezia gnädig zuwendet. Die Möglichkeit, den Anlaß der Stiftung in Verbindung mit dem Patrozinium des Altars in gleicher Wertigkeit und in einer einzigen Szene darzustellen, entspricht genau dem Verfahren an der Wiener Pestsäule. Daß auch in einem späteren Stadium Zitate aus diesem Werk übernommen wurden, wird noch gezeigt werden. Burnacini war kurz zuvor, 1683, in Venedig und wird den neuerrichteten Altar der venezianischen Kirche sicher gesehen haben[25]. Erstaunlich bleibt, daß die Figur der Venezia als Austria erst in der ausgeführten Zeichnung auftaucht. Eine direkte Übernahme stand also nicht am Beginn der Entwürfe, sondern ergab sich auf jeden Fall erst im Laufe der Arbeit, und dies ist auch bei der chronologischen Ordnung der Zeichnungen Burnacinis zu bedenken. Läge uns das ausgearbeitete Blatt (Abb. 183) nicht vor, könnte man die entsprechende Figur der Skizze (Abb. 182) sogar als knienden Kaiser deuten. Damit wäre dann wieder ein Anschluß der Skizze an Blatt 63a/3 (Abb. 181) gegeben, wo ebenfalls Leopold I. die Bitte vorbringt. Diese Überlegungen sollen aber nicht mehr als Vermutung bleiben.

Die plastische Realisierung einer solchen Szene führt zumindest in der barocken Kunst zur Ausbildung einer eindeutigen Hauptansicht. Wenn das Bildwerk leicht verständlich sein soll, muß es von einem Standpunkt aus erfaßt werden können, und dies verleitet zu einer bildhaften Darstellungsweise. Burnacinis Entwürfe sind ausschließlich auf eine Vorderfront hin ausgerichtet. Er war wohl auch von seinen Bühnendekorationen her eine solche Kompositionsweise gewohnt[26]. Wie die Rückseite seiner Gebilde ausgesehen hätte, läßt sich nur aus Andeutungen erschließen: man kann an den Rändern der Wolkenpyramide auf fol. 63a/3 (Abb. 181) an einigen Stellen Engel ausnehmen, die in verlorenem Profil oder ganz von hinten gesehen sind und der

---

[24] TIETZE-CONRAT (zit. Anm. 2), Sp. 161, nimmt die umgekehrte Reihenfolge an und führt als Argument an, daß die Dreifaltigkeit auf fol. 63a/3 der Ausführung näher steht.

[25] BIACH-SCHIFFMANN (zit. Anm. 14), S. 44.

[26] Burnacini bediente sich natürlich der perspektivischen Fluchten, die das Bühnenbild seiner Zeit bestimmten. Im übrigen entwickelt sich seine Inszenierung aber frontal zum Beschauer und nimmt auf volle Sichtbarkeit Rücksicht. Dies war jedoch die allgemeine Gepflogenheit seiner Generation, erst zur Zeit Giuseppe Galli Bibienas ändert sich das.

Rückseite des Denkmals angehören. Dieser Entwurf wäre also vermutlich ringsum mit Engeln besetzt gewesen, sie hätten aber nicht mehr wesentlich zum Inhalt der Darstellung dazugehört. Dieser bildhaften Gestaltungsweise entspricht es auch, daß die Komposition sich vorwiegend in einer Ebene entwickelt und daher weitgehend „bildparallel" verläuft. Es gibt Bewegungszüge von oben nach unten, von links nach rechts und jeweils umgekehrt, aber die Tiefenerstreckung ist nur gelegentlich ausgenützt, etwa im Engel über dem Kaiser auf fol. 63a/3 (Abb. 181). Die wenigen Figurenüberschneidungen auf diesem Blatt hätten auch in der plastischen Ausführung nicht viel zu einer tiefenräumlichen Illusion beigetragen, da die einzelnen Körper zu sehr in ein Kompositionsmuster eingebunden sind, das in der Fläche zu lesen ist.

Blatt 58a/2 (Abb. 183) hat etwas mehr Räumlichkeit. Aus den Körpern der Leichen ist eine Plattform gebildet, auf der sich die Figuren in Schichten hintereinander aufhalten können. Dieses Geschlinge von Leibern und Gliedmaßen hat Parallelen in zwei Zeichnungen Burnacinis mit Pestszenen, wo ganz ähnliche Kompositionen mit sehr tief gewähltem Blickpunkt eine Art Vordergrundskulisse bilden[27]. Auch bei Christus ist durch die Schrägstellung des Kreuzes ein Entgegenkommen angedeutet. Trotzdem bleibt die Bildhaftigkeit der Szene stark betont. Die Wolkenmasse wirkt z. B. als Folie, an die Christus gebunden scheint. Die Dreieckskomposition wäre zwar eher pyramidal zu nennen, aber doch mit einer eindeutigen Vorderansicht.

Demgegenüber waren die früheren Denksäulen viel stärker auf Allansichtigkeit bedacht, wenn natürlich auch sie ein „Vorne" besaßen. Schon Fischer von Erlach hatte übrigens eine solche Schauseite gefordert, als er empfahl, den Sockel des Monuments, der vorher mit einer Ecke nach vorn wies, zu drehen und die Breitseite zur Hauptansicht zu machen[28].

Burnacinis Entwürfe schöpfen die Möglichkeiten der barocken Plastik, einen Augenblick einer Handlung mit ihrem Schauplatz dreidimensional darzustellen, voll aus. Sie schließen damit an eine von anderen Formgelegenheiten her bekannte Erscheinung an: Der barocke Altar war schon früher zum Theatrum geworden, auf dem der Plastik die Aufgabe zufiel, einen Hergang auch in seiner zeitlichen Dimension zu erfassen. Der Brunnen hatte gleichfalls längst einen Schauplatz illusioniert und szenische Elemente aufgenommen, und auch im Grabmal sind derartige Ideen realisiert worden. Nur das Denkmal hat bisher diese Entwicklung nicht voll mitgemacht[29]. Dies ist vielleicht auch nicht verwunderlich, da dem Denkmal ja von seiner Bestimmung her ein Zug zum Überzeitlichen innewohnt und es das Dauernde betonen soll, als ein Werk, das über die Zeiten hinweg das Gedenken an bestimmte Personen und Ereignisse wachhalten soll.

---

[27] Z. B. Cod. min. 29, 57a/1 u. 2. BIACH-SCHIFFMANN (zit. Anm. 14), S. 136.

[28] „Beschreibung..." (zit. Anm. 1), S. 6, HAUSER (zit. Anm. 1), S. 104. Auf der Medaille ist bereits Rauchmillers Sockel mit der Breitseite nach vorn gedreht, Fischers Forderung wäre demnach überflüssig. Vielleicht war man sich über die Aufstellung noch nicht im klaren, denn der Sockel war zwar fertig, aber noch nicht versetzt.

[29] Das zeitliche Element hatte Bernini in seinem Konstantinsdenkmal hereingenommen. Er zeigt den Kaiser im Augenblick der Kreuzesvision und erweitert damit das Bildwerk zur „Historie", wie H. KAUFMANN es ausdrückt (Giovanni Lorenzo Bernini. Die figürlichen Kompositionen, Berlin 1970, S. 281.) – Etwa gleichzeitig mit der Pestsäule waren die Reiterdenkmäler der Kaiser aus Elfenbein entstanden, die ebenfalls szenische Elemente enthalten. (PÜHRINGER-ZWANOWETZ, zit. Anm. 20.)

Damit ist vermutlich einer der Gründe genannt, warum Burnacinis Entwürfe nicht zur Ausführung angenommen wurden. Man empfand wohl eine so bildhafte Darstellung mit solch betont erzählendem Charakter als nicht repräsentativ genug. Überdies mag der Wunsch mitgespielt haben, die bereits fertigen oder schon angefangenen Engel aus dem Konzept Rauchmillers zu verwenden, denn diese hätten ja in beiden Versionen mit ihrem ganz neuen Figurenrepertoire höchstens an der Rückseite Platz finden können.

Burnacinis letzte Zeichnung (fol. 65b/1, Abb. 184) kommt nun beiden möglichen Einwänden weitgehend entgegen. Er verzichtet wieder auf die Darstellung eines Geschehens, dafür gelingt es ihm aber sicherlich, den Denkmalcharakter besser zu betonen. Das Monument hat nun ein festes Gerüst in architektonischer Form erhalten: eine schlanke, dreiseitige Pyramide bildet den Kern des Aufbaus. Sie ist einerseits als Symbol der Dreifaltigkeit zu verstehen, hat aber auch rein formalen Wert, indem sie das freie Wolkengebilde einer gewissen Ordnung unterwirft. Außerdem gehört sie zu jenen architektonischen Elementen, denen – wie etwa auch der Säule oder dem Obelisken – abgesehen vom jeweiligen Symbolcharakter eine überhöhende Rolle zukommt.

An der Spitze triumphiert die Dreifaltigkeit, Christus thront nun an der Seite Gottvaters, die Taube schwebt über ihnen. Die Gruppe ruht auf einer breiten Wolkenbank und wird von einer Wolkenmasse hinterfangen, so daß sich eine starke Ausweitung an der Spitze der Pyramide bildet und die Dreifaltigkeit wie in einer Gloriole schwebt. Die gefeierten Gottheiten erfahren somit wieder die ihnen gebührende Hervorhebung. Selbstverständlich ist die Trinität in dieser Form viel rascher zu identifizieren, handelt es sich doch um den damals repräsentativsten und am weitest verbreiteten Typus [30]. Der architektonische Kern ist von Wolkenbändern umgeben, auf denen die bereits vorgesehenen Engel in drei Zonen Platz finden. Jeder der Engel hat eine eigene Standfläche bekommen, ist in voller Gestalt sichtbar und statuarisch aufgefaßt. Damit ist die Komposition wieder statisch geworden. Auf fol. 63a/3 (Abb. 181) hatte die der Malerei entlehnte, unvollständige Wiedergabe der Engel den Eindruck des Schwebens begünstigt und zur Dynamik der Komposition beigetragen. Die Engel symbolisieren nun wie zuvor die neun Chöre und fungieren nur als Verherrlichung der Dreifaltigkeit, ohne an einer Handlung aktiv teilzunehmen [31]. Da sie gleichmäßig ringsum angeordnet sind, ist die Allansichtigkeit des Denkmals wieder stärker gewahrt. Nur die beiden Engel der mittleren Zone wenden sich einander zu und betonen so die Hauptansicht bis zu einem gewissen Grade. Die Pyramide ist aber mit einer Kante nach vorn gekehrt, wovon man später wieder abkam [32].

Im Laufe der Ausführung wurde dann doch noch einiges aus Burnacinis ersten Entwürfen übernommen (Abb. 178). In dieser Phase war für die plastische Realisie-

---

[30] Der Typus der triumphierenden Dreifaltigkeit in der Glorie war seit Tizian über Rubens auch in der barocken Plastik zum verbreitetsten Typus geworden. Vgl. W. BRAUNFELS, Die heilige Dreifaltigkeit, Düsseldorf 1954, S. XXXII ff.

[31] Burnacini gibt zwar freie Variationen der Engel Rauchmillers, es sind aber sicher die bereits fertiggestellten gemeint.

[32] Die Übereckstellung muß sich auch auf den Sockel bezogen haben, so daß Burnacini hier die Forderung Fischers wieder negiert. Vgl. Anm. 28.

rung Paul Strudl verantwortlich [33], der auf Grund seiner eigenen Einstellung und berninesken Schulung für Burnacinis Pläne weitgehendes Verständnis aufbringen konnte. Er signiert am Postament „Paulus Strudel S.C.R.M. Arch. Sculp. invenit. feci. sculpsit", und die erhaltenen Dokumente ließen sich so auslegen, daß Strudl aus eigener Initiative Änderungen vorgenommen hätte, allerdings wohl im Einvernehmen mit Burnacini, der zusammen mit Wolfgang Wilhelm Prämer und Giovanni Pietro Tencalla Inspector des Werkes war.

Zunächst ist die Gruppe Fides-Pest zu erwähnen, die an der unteren Stufe des Sokkels angefügt wurde. Obwohl Strudl dies sehr geschickt bewerkstelligte, merkt man doch, daß es sich um eine spätere Zutat handelt, da die plastische Gruppe die Reliefs des Sockels beträchtlich überschneidet. Inhaltlich ist dasselbe Thema aufgegriffen, das Burnacini in seiner „zweiten" Entwurfszeichnung gestaltet hatte: Der Glaube überwindet die Pest. Der Anschluß an den Hochaltar von Santa Maria della Salute ist nun noch deutlicher als zuvor. Es sind die Personifikation der Pest und der kleine Putto mit der Fackel übernommen [34].

Einen Absatz höher kniet der Kaiser [35]. Seine Gesten drücken aus, daß er sein Volk der Dreifaltigkeit empfiehlt. Es ist der alte Typus des knienden Stifters, der nun in einem bestimmten Augenblick dargestellt ist und sich auf eine konkrete Situation bezieht. Er nimmt Kontakt mit dem Betrachter auf und verbindet die verschiedenen Zonen. Eine ähnliche Funktion hat der von Paul Strudl neuangefertigte Engel in der Mitte der Vorderfront. Er ist aktiv beteiligt, denn er schreitet eben heran, kommt auf den Beschauer zu und blickt ihn an. Gleichzeitig vermittelt er zwischen der himmlischen Zone mit der Dreifaltigkeit und der irdischen mit dem betenden Kaiser. Was Burnacini im einen Entwurf durch den Engel mit dem Spruchband, der die Erhörung des Gebetes brachte, und im anderen Entwurf durch den herabsteigenden Christus ausgedrückt hatte, ist auch hier angedeutet: eine Antwort auf die Bitte des Kaisers. Außerdem trägt der Engel dazu bei, die Schauseite des Denkmals, die durch Hinzufügung der Pestgruppe und des Bildnisses des Kaisers viel stärker betont wurde, auch im oberen Teil der Wolkenpyramide hervorzuheben.

[33] „Beschreibung..." (zit. Anm. 1), S. 7, zitiert bei HAUSER (zit. Anm. 1), S. 104. Strudl wird erstmals in einer Kostenaufstellung vom 9. 12. 1689 genannt, aus weiteren Dokumenten geht hervor, daß er die Fides-Pest-Gruppe, das Bild des Kaisers, den Engel mit der Krone und die Engel mit den Schrifttüchern an den Ecken des Postaments entwarf und ausführte (erstmals erwähnt in einer Rechnung vom 6. 6. 1692) und daß er sich in den Streitigkeiten um die Bezahlung auf die Inspectoren berief, die auf seiner Seite standen. (Hofkammerarchiv, N.-Ö. Herrschaftsakten, W 61/B 14, HAUSER, S. 95 ff.)

[34] A. SPITZMÜLLER, Die Brüder Strudl als Plastiker. Ein Beitrag zur Geschichte der Hofkunst Kaiser Leopolds I., ungedr. Diss. Wien 1927, S. 68.

[35] Ein Bildnis des Kaisers muß schon früher geplant gewesen sein, denn Bischof Kollonicz erwähnt es in seinem Ansuchen (vgl. Anm. 13). In der beiliegenden Bewilligung heißt es allerdings, es sei noch nicht angefangen gewesen. Es war auch auf einem heute verschollenen Bozzetto (A. E. BRINCKMANN, Barockbozzetti, Bd. 4, Frankfurt/M. 1924, S. 16; weitere Photos im Kunsthist. Inst. d. Univ. Wien) vorgesehen, der in seinem Wolkenaufbau und der Anordnung der Engel zwar von der Ausführung abweicht, aber mit Burnacinis letztem Entwurf doch zusammenhängt. TIETZE-CONRAT, Die Pestsäule (zit. Anm. 5), S. 7, nimmt an, daß die Idee dieses Modells vor der endgültigen Zeichnung Burnacinis liegt, sie geht aber immer von der Vorstellung einer geradlinigen Entwicklungsreihe zum ausgeführten Werk hin aus, die sich hier sicher nicht aufrechterhalten läßt. – Zur Darstellung des betenden Kaisers, die ein besonderes Anliegen war, vgl. PÜHRINGER - ZWANOWETZ (zit. Anm. 20), S. 97 f.

So ist letzten Endes doch die Andeutung einer Handlung geblieben. Der Anlaß des Denkmals ist auch jetzt bildlich dargestellt, wie dies bei Burnacini der Fall war. Der Schauplatz ist zwar nicht einheitlich, die einzelnen Zonen entsprechen verschiedenen Realitätssphären, aber es gibt gewisse Verbindungen durch Gesten und Blicke. Die Fides-Pest-Gruppe, die am stärksten erzählenden Charakter hat, ist am wenigsten in das Gesamtgefüge integriert, sie ist eher als Erläuterung zu verstehen. Alles, was sich oberhalb des Sockels erhebt, ist jedoch eine einheitliche, konkrete Örtlichkeit. Das Monument als solches wurde zum Schauplatz, zum Himmel.

Wollte man sich schließlich noch Rechenschaft geben, wie weit Fischers Anregung für Burnacini maßgebend war, läßt sich vielleicht so viel feststellen: Fischer hatte gefühlt, daß Rauchmiller, obwohl er das alte abgegriffene Schema verändert und weiterentwickelt hatte, mit seinem Projekt nicht ganz auf der Höhe der Zeit stand. Er muß sich eine wesentlichere Neuerung, nicht bloß eine Variante der Denksäule, vorgestellt haben. Andere Vorschläge, die damals gemacht wurden, sind uns nur unvollkommen überliefert. Zwei Zeichnungen, die heute verschollen sind, beschrieb A. Ilg ausführlich[36], ein kleiner undeutlicher Stich dürfte der Reflex eines weiteren Entwurfs sein[37]. Alle Pläne sehen ein freies, pyramidales Gebilde aus Wolken oder architektonischen Elementen vor, das den Figuren Platz bieten sollte. Der kleine Stich zeigt die Trinität auf der Weltkugel, die von zwei Gestalten, eine ist als Engel gekennzeichnet, gestützt wird. Das Tragen bzw. Zeigen des Bildes ist eine Idee, die von Berninis Altarentwürfen herzuleiten ist. Die plastische Darstellung einer ganzen Szene dürfte jedoch der persönliche Beitrag Burnacinis sein, denn in Fischers Œuvre wird die Abbildung eines Geschehens nie in solcher Ausschließlichkeit zur zentralen Idee eines Werkes erhoben[38]. Burnacini hat somit die radikalste Konsequenz aus Fischers Anregung gezogen.

Obwohl Burnacinis Ideen in der Ausführung nur begrenzt realisiert worden waren, wirkten sie in allen jenen Wolkenpyramiden weiter, die zum Schauplatz einer Fürbitte oder einer agierenden Dreifaltigkeit wurden[39]. Andere Werke der folgenden Jahre, wie etwa die Apotheosen Permosers, gewisse Nepomukdarstellungen, die „Standbilder" der Prager Karlsbrücke und ähnliche, freiplastisch illusionistische Darstellungen von Szenen, gehören in dieselbe Richtung und zeigen, daß sich die große Nachfolge der Wiener Pestsäule nicht allein aus dem Vorbildcharakter der kaiserlichen Stiftung erklärt, sondern auch daraus, daß in ihr eine entwicklungsgeschichtliche Tendenz anklingt.

Abbildungsnachweis. Historisches Museum der Stadt Wien: Abb. 179; Kunsthistorisches Museum, Wien: Abb. 180; alle anderen Abb.: Bildarchiv der Österreichischen Nationalbibliothek.

---

[36] ILG (zit. Anm. 6), S. 130 ff.

[37] In: Trauer-Gerüst zu Ehren deß... Römischen Kaisers... Leopold I. ... Grätz, Widmannstätter 1705.

[38] Einschränkend wäre Fischers Brunnenentwurf mit zwei Fischern, die ein Netz ziehen (v. B. FISCHER V. ERLACH, Historische Architektur, 4. Buch, Taf. 19), zu nennen. Bei der Josephssäule am Hohen Markt gelang es ihm, szenische Elemente und Denkmalcharakter in idealer Ausgeglichenheit zu vereinigen. (Vgl. AURENHAMMER, zit. Anm. 3, Kat.-Nr. 40, S. 134 f.)

[39] M. REISSBERGER, Die Dreifaltigkeitssäule von Stockerau, ungedr. Institutsaufnahmsarbeit 1968, Kunsthist. Institut d. Univ. Wien, S. 99 ff., bes. S. 112 u. 114.

DIE KOLLEGIENKIRCHE IN SALZBURG
IHR VERHÄLTNIS ZUR RÖMISCHEN ARCHITEKTUR DES 17. JAHRHUNDERTS

VON HERMANN FILLITZ

Mit der Kollegienkirche hat Johann Bernhard Fischer von Erlach sein bedeutendstes kirchliches Bauwerk vor der Wiener Karlskirche geschaffen. Sie ist die römischste unter seinen Kirchen, und dennoch wirken in ihr unverwechselbar in der Doppelturmfassade mit dem giebelbekrönten Mittelteil – nur in der Fernsicht kommt der Dreiklang von Türmen und Kuppel zur vollen Wirkung – und in der Steilheit des Kirchenschiffs gegenüber der saalartigen Breite der römischen Barockkirchen lokale Traditionen fort.

Die Daten der Kirche sind hinreichend bekannt[1]: Im Dezember 1694 beschloß Fürsterzbischof Ernst Graf Thun den Bau der Kirche, die als Universitätskirche dienen sollte. Obwohl diesem Entschluß schon Vorplanungen vorausgegangen waren, wurde erst am 12. März 1696, also einundeinhalb Jahre später, mit den Grundaushebungen begonnen; die feierliche Grundsteinlegung fand am 6. Mai 1696 statt. Am 20. November 1707 wurde die Kirche geweiht.

Auch nach dem Beginn der Bauarbeiten war man sich aber trotz der langen Vorbereitung über die Grundform noch nicht völlig einig; dafür zeugt die Skizze des Grundrisses (Carolino-Augusteum, Inv.-Nr. 1837/49; Abb. 192)[2]. Sie hält das Ergebnis einer Beratung fest, nachdem schon die Erd- und Mauerarbeiten für die zwei Kapellen gegen Osten, also die heutige Wiener Philharmoniker-Gasse zu, begonnen und damit wichtige Fixierungen gegeben waren. Der linke Teil der Skizze gibt eine Vorstellung, wie Fischer sich den Bau ursprünglich gedacht hatte: einander symmetrisch kreuzend, Lang- und Querhaus, wobei das Querhaus schmäler konzipiert war; in den Ecken waren vier ovale Kapellen geplant; von ihnen waren die beiden westlichen schon im Bau; an diese Raumkombination war der Chor angesetzt; die Fassade war flach gedacht, wie vor allem auch der Fassadenriß im Salzburger Museum Carolino-Augusteum (Abb. 189) bezeugt. Die Änderungen, die von seiten der Geistlichkeit gegenüber Fischers ursprünglichem Plan vorgeschlagen wurden, hatten, dem Text der Skizze zufolge, eine Vergrößerung der Kirche zum Ziel. Die Erweiterung des Chores erwies sich später als undurchführbar – unter anderem konnte man die dafür notwendigen

---

[1] Vgl. H. Aurenhammer, Katalog der Ausstellung „Johann Bernhard Fischer von Erlach", Graz-Wien-Salzburg 1956/57, Kat.-Nr. 25 (S. 90 ff.); hier ist auch die ganze ältere Literatur ausgewiesen. Davon am wichtigsten: M. Dreger, Zu den Salzburger Kirchenbauten Fischers von Erlach, in: Wr. Jb. für Kunstgesch. (1929) S. 302 ff., bes. S. 313 ff. – H. Sedlmayr, Johann Bernhard Fischer von Erlach, Wien-München 1956, bes. S. 108 ff. – H. Aurenhammer, Johann Bernhard Fischer von Erlach, Wien 1957, S. 21 f.

[2] Aurenhammer, Katalog (zit. Anm. 1), S. 92 f., Nr. 2. – Österr. Kunsttopographie, Bd. 9, Salzburg–Wien 1912, S. 236.

Grundstücke nicht erwerben. Für die künstlerische Konzeption des ausgeführten Baues brachten diese Vorschläge aber zwei wesentliche Neuerungen:

a) Die Breite des Querhauses wurde der des Langhauses angeglichen;
b) vor dem Langhaus ist an der Eingangsseite eine querovale Vorhalle angedeutet.

Die erste Änderung bewirkt eine größere Ausgewogenheit der Proportionen des Innenraumes. Die zweite scheint im Zusammenhang mit dem konsequenten Gleichgewicht, das durch die Kuppel als Zentrum des Baues gegeben ist, und mit der körperhaften Ausbuchtung der Fassade zu stehen. Die Länge vom Zentrum der Vierung zum Scheitel der Apsis entspricht nämlich der Länge von der Vierung zum äußersten Punkt der Ellipse der Vorhalle. Für die sich vorwölbende Vorhalle sind Ansatzpunkte gegenüber der ursprünglich flach konzipierten Fassade zum erstenmal in der ovalen Vorhalle festzustellen[3]. Diese Änderungen, die letztlich offenbar praktischen Wünschen des Bauherrn entsprangen, leiteten jene neue künstlerische Disposition ein, der die Kollegienkirche ihre außerordentliche Stellung verdankt.

Weder der Grundriß noch die Fassade der ursprünglichen Fassung lassen diese Bedeutung ahnen. Der erste Grundriß Fischers – aber eben nur dieser – entspricht einem Typus, der schon im ersten Viertel des 17. Jahrhunderts in Rom in Rosato Rosatis S. Carlo ai Catinari vorgebildet war. Er wirkte beispielgebend – so etwa auf Lemerciers Kirche der Sorbonne in Paris[4]. Mit dieser letzteren teilt die Kollegienkirche die Bestimmung als Kirche einer Universität, und daher erklärt sich die gleichartige Widmung der vier Kapellen an die Patrone der vier Fakultäten. Sonst aber sind keine Gemeinsamkeiten zwischen den beiden Kirchen, die auf eine unmittelbare Beziehung Fischers zur Sorbonne-Kirche hinweisen, zwingend festzustellen.

Die schon erwähnte flache Doppelturmfassade (Rißzeichnung Carolino-Augusteum 965/49, Abb. 189)[5], läßt sich aus der Kontinuität der Doppelturmfassade erklären, und zwar basiert sie auf der des Salzburger Domes. Für die Breitlagerung, die Gliederung durch die Kolossalordnung, die großen Fenster und das lastende, die Horizontale betonende Kranzgesims scheint Madernos Fassade von St. Peter in Rom anregend gewirkt zu haben. Die drei Risalite werden durch die Turmaufsätze und den verhältnismäßig zarten Giebel betont. Es bewegt sich also anscheinend die erste Konzeption der Kollegienkirche, nach der mit der Ausführung des Baues begonnen wurde, auf traditionellen Bahnen. Der Versuch, römische Vorbilder mit lokalen zu verbinden,

---

[3] Die punktierte Andeutung der ovalen Vorhalle in der Grundrißskizze des Carolino-Augusteums ist nicht in dem Sinne zu interpretieren, als wäre in Fischers erstem Plan mit flacher Fassade keine Vorhalle – in der Art etwa von San Carlo ai Catinari – vorgesehen gewesen. Man muß sich die Skizze wohl so ergänzt denken, daß dem Langhaus noch die beiden Türme und eine querrechteckige Vorhalle, ähnlich wie beim Salzburger Dom, vorzusetzen sind. Das ergibt sich aus einer Zusammensicht der Grundrißskizze mit dem noch zu besprechenden Fassadenriß. Ich verdanke manche wertvolle Anregung der Diskussion nach meinem Vortrag über die Kollegienkirche am 4. Juni 1971 in der Bibliotheca Hertziana in Rom. An dieser Diskussion, die unter der Leitung von Wolfgang Lotz stattfand, haben sich vor allem Ursula Nilgen, Werner Oechslin, Rudolf Preimesberger und Hartwig Röttgen beteiligt.

[4] Der Grundriß von S. Carlo ai Catinari ist abgebildet z. B. bei SEDLMAYR (zit. Anm. 1), Abb. 286, der ihn freilich mit der Ausführung der Kollegienkirche verbinden will (S. 110). – Für die Sorbonne-Kirche vgl. A. BLUNT, Art and Architecture in France 1500 to 1700, Pelican History of Art, Harmondsworth 1953, S. 139, Fig. 13.

[5] AURENHAMMER, Katalog (zit. Anm. 1), S. 93, Nr. 4. – Österr. Kunsttopographie, Bd. 9 (zit. Anm. 2), S. 242.

bestimmt die künstlerische Tendenz. Die geniale, zukunftweisende Idee des vollendeten Bauwerkes ist noch nicht zu erkennen.

Die Beschäftigung mit den Änderungswünschen, die die Grundrißskizze (Abb. 192) erschließt, ist aber auch nicht als eine selbständige Ideenkette Fischers zu verstehen, nicht als eine Weiterentwicklung gegenüber der einfachen Übernahme eines bekannten Grundrißtypus in der ersten Phase der Planung, sondern als eine neuerliche und viel intensivere Auseinandersetzung mit römischen Baugedanken. Dieses Weiterdenken römischer Vorbilder ist hier in einer Klarheit faßbar wie sonst selten bei Fischer und scheint geeignet, zumindest für diesen Bau konkret das immer wieder postulierte Verhältnis zu Bernini und Borromini zu korrigieren. Denn was hier in Salzburg nun entstand, basiert gerade nicht auf diesen beiden Meistern, sondern ist vornehmlich das Ergebnis einer Auseinandersetzung Fischers mit Pietro da Cortona und Carlo Rainaldi.

Hans Sedlmayr hat in seinem Buch über Fischer mit Recht auf die Innenwand der Kollegienkirche gegen die Vorhalle zu (Abb. 186) als eine Variation zur Fassade von Pietro da Cortonas SS. Luca e Martina aufmerksam gemacht[6]. Das ist aber nicht die einzige Gemeinsamkeit der beiden Kirchen, sondern eher als Hinweis auf eine möglicherweise innigere Verbindung der beiden Bauten zu deuten. Gegenüber der allgemein für den ausgeführten Bau als Vergleich zitierten Kirche S. Carlo ai Catinari zeichnet sich der Grundriß der Kollegienkirche durch seine ganz konsequente Symmetrie aus (Abb. 191). Die Kuppel bildet den absoluten Mittelpunkt der Anlage, deren besonderes Charakteristikum außerdem noch die bauliche Entsprechung von Eingangsseite und Chor – vor allem in der Fenster- und Gewölbezone – ist. Diese Eigenheit hat die Kollegienkirche weder mit S. Carlo ai Catinari noch mit der Sorbonne-Kirche, sondern mit SS. Luca e Martina[7] gemeinsam. In dieser frühen Kirche Cortonas ist die Kuppel ebenfalls Zentrum einer symmetrisch ausgewogenen Anlage. Während aber bei Cortona zwischen Lang- und Querhaus nur eine geringe Längendifferenz gegeben ist und alle vier Arme apsidial schließen, ist in der Kollegienkirche das Langhaus betont. Cortona ging es um das Gleichgewicht zwischen einer zentralen Kuppelanlage und dem Langhausbau, ein Problem, das seit den Zentralbauplänen für St. Peter immer wieder die Architekten von der Planung des Gesù an beschäftigt hat.

Auch Cortona konnte sich schon auf ältere Projekte stützen. So hat der vor ihm mit Entwürfen für SS. Luca e Martina beschäftigte Ottavio Mascherino für den Dom von Frascati ein Projekt vorgelegt, bei dem Lang- und Querhaus einander symmetrisch durchschneiden und das Langhaus in Osten und Westen apsidial schließt[8]. Cortonas Kirche – die einzige, in der dieser Baugedanke in Rom verwirklicht wurde – hat aber auch weitergewirkt: 1661 legte Carlo Rainaldi dem Papst Alexander VII. ein Projekt für die beiden Marienkirchen der Piazza del Popolo vor, in dem die städtebauliche Planung und der Grundriß der beiden Schwesterkirchen in einer ersten Version festgehalten sind[9]. Dieser Grundriß stützt sich auf die Projekte Mascherinos und Corto-

---

[6] SEDLMAYR (zit. Anm. 1), S. 110.

[7] Für diese Kirche vgl. vor allem die Publikation von K. NOEHLES, La chiesa dei SS. Luca e Martina nell'opera di Pietro da Cortona, Roma 1969, auf die auch im folgenden mehrfach zu verweisen sein wird.

[8] Vgl. NOEHLES (zit. Anm. 7), S. 53, Fig. 40.

[9] R. WITTKOWER, Carlo Rainaldi and the Roman Architecture of the full Baroque, in: The Art Bulletin, 19 (1937), S. 242 ff. (bes. S. 278 ff.). – H. HAGER, Zur Planungs- und Baugeschichte der Zwillingskirchen auf der Piazza del Popolo, in: Röm. Jb. f. Kunstgesch., 11 (1967/68), S. 189 ff. – NOEHLES (zit. Anm. 7), S. 147, Fig. 120.

nas. Gegenüber Cortona zeichnet sich der Plan Rainaldis durch die stärkere Differenzierung zwischen Lang- und Querhaus und durch die vier seitlichen Kapellen aus, gegenüber Mascherino durch die gleichartigen apsidialen Schlüsse der vier Arme des Kirchenbaues. Hier ist Fischers Ausführungsplan der Kollegienkirche anzuschließen und damit fügt er sich in eine römische Entwicklungsreihe ein.

In sie gehört aber auch die so entscheidende körperhafte Fassade der Kollegienkirche. Weder bei Bernini noch bei Borromini lassen sich dafür Ausgangspunkte fixieren. Man darf etwa die bewegte, geschwungene Fassade von S. Carlino nicht mit der körperhaften Erscheinung der Kollegienkirche verwechseln. Im einen Fall, bei Borrominis S. Carlino, ist die Fassade dem Kirchenbau vorgeblendet. Ihre Schwingung bezieht sich nur auf die Fassade selbst und findet keine Begründung in dem dahinter befindlichen Bauwerk. Im anderen Fall handelt es sich um eine Durchdringung des Innenraumes mit dem Äußeren. Der Mittelteil der Fassade reflektiert den Schluß des Langhauses, der die kraftvolle Körperhaftigkeit dieses essentiellen Fassadenteiles zu begründen scheint. Die körperhafte Gestaltung der Fassade hat wieder bei Cortonas SS. Luca e Martina eine erste Grundlage: zwei flache mit Pilastern gegliederte Risalite flankieren den sich vorwölbenden Mittelteil. Die räumliche Konzeption dieser Fassade wird noch deutlicher, wenn man berücksichtigt, daß der Entwurf Cortonas nicht komplett ausgeführt wurde: weggefallen sind nämlich die Verbindungsteile von der Fassade zum Querhaus [10]. Dadurch hätten die seitlichen Risalite der Fassade die Funktion von Gelenken zwischen den verschiedenartig gestalteten Wandpartien gehabt.

Die nächste – und entscheidende – Entwicklungsstufe ist wieder bei Carlo Rainaldi zu finden, und zwar bei der ersten Planung für die Fassade von S. Maria in Campitelli, die in G. F. Travanis Medaille zur Grundsteinlegung der Kirche 1662 festgehalten ist (Abb. 190)[11]. Hier wölbt sich die Fassade kräftig vor; diese Wölbung steht mit dem projektierten ovalen Kuppelraum dahinter in enger Beziehung. Der Körper der Kirche wird in der Fassade seitlich abgestützt von zwei diagonal angeordneten Flügeln, deren nach vorn gerichtete Schmalseiten durch je zwei Säulen gegliedert sind. Über dem Gesims stehen jeweils zwei Statuen. Das Gesims läuft über alle Teile der Fassade durch, ausgenommen nur den gesprengten Giebel über dem Mittelportal; die Doppelsäulen der Flügel korrespondieren mit denen des gewölbten Mittelteiles der Fassade. Neu ist auch die kolossale Ordnung. Rainaldis Projekt ist über Cortona hinaus im Sinne des Körperhaften und im Sinne der engen Beziehung von Außenbau und Innenraum weiterentwickelt. Gerade das verbindet Fischers Kollegienkirche mit dem Projekt Rainaldis. Die sich vorwölbende Mittelpartie, entsprechend dem sich apsidial ausbuchtenden Langhaus, wird seitlich durch die Türme, die ähnlich wie die Flügelbauten Rainaldis gegenüber dem Mittelteil zurückgestuft sind, abgestützt.

Natürlich unterscheidet sich Fischers Kollegienkirche von den römischen Vorbildern gerade durch die seitlichen Türme gegenüber den Risaliten bzw. Flügelbauten, durch das Zurücktreten der Kuppel und die Betonung der Fassade durch die hohe

---

[10] E. Hubala, Entwürfe Pietro da Cortonas für SS. Luca e Martina in Rom, in: Zeitschr. f. Kunstgesch., 25 (1962), S. 125 ff. – Noehles (zit. Anm. 7), S. 124, Fig. 88, S. 137, Fig. 103.

[11] Wittkower (zit. Anm. 9), S. 278 ff., Abb. 45. – Noehles (zit. Anm. 7), S. 147, Fig. 119. Soweit ich sehe, hat bisher nur W. Buchowiecki in: Handbuch der Kirchen Roms, Bd. 2, Wien 1970, S. 535, auf die Möglichkeit der Bedeutung dieses Projektes von Rainaldi für die Fassade der Kollegienkirche hingewiesen.

Attikazone und den sie bekrönenden Giebel. Dafür ist die Tradition der Doppelturmfassade verantwortlich. Sie ist begründet in der des Salzburger Domes und vorgebildet im ersten erhaltenen Riß von der Fassade der Kollegienkirche. Dieser traditionelle Typus wurde aber bei der Ausführung im Sinne der körperhaften Gestaltung der Außenansicht bei Rainaldis S. Maria in Campitelli entscheidend neugeformt. Von Rainaldis S. Maria in Campitelli scheint auch der geschwungene mächtige Giebel angeregt zu sein (Entwurfzeichnung im Archiv der Kirche). Auch dort stehen übrigens am Ansatzpunkt Engel, die sich einem auf der Spitze des Giebels zu ergänzenden Kreuz zuwenden [12].

Gegenüber Rainaldis Projektion für S. Maria in Campitelli mit den zur Gliederung verwendeten kräftig vortretenden Doppelsäulen erscheint Fischers Fassade geschlossener: die Tore und die großen Fenster sind zwischen flache Kolossalpilaster eingespannt. Wurde hier eine Anregung von Michelangelos Chorgestaltung an St. Peter verwertet und ist damit in anderer Weise die Vorbildlichkeit der römischen Basilika – vielleicht einem Wunsch des Bauherrn folgend – wieder betont wie auch im ersten uns bekannten Fassadenriß [13]?

Rainaldis Projekt für S. Maria in Campitelli wurde aber für die Kollegienkirche noch einmal und noch genauer zum Vorbild: für den Tabernakel, der leider später dem heutigen ungünstigen Hochaltar weichen mußte. Fischers Entwurfzeichnung ist in der Agramer Universitätsbibliothek erhalten [14]. Auf der Innenansicht der Kollegienkirche von Johann Ulrich Kraus und auf dem Längsschnitt der „Historischen Architektur" ist er zu sehen (Abb. 185 und 187). Er war ein zentraler Kuppelbau mit seitlich konvex vorschwingenden Flügelbauten, mit Doppelsäulen an der vorderen Schmalseite, die gleichartigen Säulenpaaren des Kuppelbaues entsprechen; über dem Gesims standen jeweils zwei Heiligenfiguren. Bis zur Gliederung der seitlichen Wandsegmente mit den kleineren Toren zeigen sich die Entsprechungen dieses Zentralbaues von Fischer mit dem Entwurf Rainaldis. Nur auf den gesprengten Giebel verzichtete Fischer von Erlach auch hier. Die vorschwingenden Flügel hatte Rainaldi bereits im Tabernakel in S. Maria della Scala, Rom, verwirklicht [15].

Die engen Beziehungen von Grundriß und Fassade der Kollegienkirche zu römischen Bauten bzw. Bauprojekten Cortonas und Rainaldis fordern, daraufhin auch den Aufriß des Innenraums zu untersuchen. Drei Merkmale fallen auf:

---

[12] R. WITTKOWER (zit. Anm. 9), S. 282, Abb. 50. – Mit S. Maria di Campitelli teilt die Kollegienkirche auch die Lage. In beiden Fällen zieht die Straße bzw. der langgestreckte Platz an der Kirche vorbei, führt also nicht auf die Fassade hin; das heißt, man sieht die Kirchenfront zuerst von der Seite her.

[13] SEDLMAYR (zit. Anm. 1), S. 23, will das „hauchzarte" Relief der Fassade als Reflex der Gliederung des Leopoldinischen Traktes der Wiener Hofburg sehen.

[14] SEDLMAYR (zit. Anm. 1), S. 88 und 195, Abb. 129. – AURENHAMMER, Katalog (zit. Anm. 1), S. 96, Nr. 13, Taf. 30 a.

[15] Abb. bei F. FASOLO, L'opera di Hieronimo e Carlo Rainaldi, Roma (1960), Taf. 32, und G. EIMER, La Fabbrica di S. Agnese in Navona I. Acta Universitatis Stockholmiensis, Bd. 17, Taf. 26. – George Kunoth hat in seiner Untersuchung der „Historischen Architektur" für den Tabernakel der Kollegienkirche auf Giovanni B. Montanos „Tabernacoli moderni" als Vorbild verwiesen (G. KUNOTH, Die Historische Architektur Fischers von Erlach, Düsseldorf 1956, S. 137 und Abb. 124). In diesem Zentralbau mit der Addition verschiedenartiger Architekturelemente wird man aber kaum mehr sehen können als eine Vorstufe des Typus, der im Hochbarock im Sinne komplizierter räumlicher Verschränkungen weiterentwickelt wurde.

1. die sich wiederholende Gliederung durch die kolossalen Pilaster, die Türöffnungen in die Seitenkapellen und die darüber befindlichen Ädikulen mit den Balkons gegen das Kirchenschiff;

2. die zwei markant hervortretenden isolierten Säulen, die den Chor wie eine Theaterbühne vom Kirchenschiff absondern;

3. die farbige Beschränkung. Die Kirche ist innen weiß gefärbt, was mehrfach zu der These führte, es sei die von Anfang an geplante Freskierung aus irgendwelchen Gründen unterblieben, wobei man sich auf die 1715 mit Markus Remi geführten Verhandlungen einer Ausmalung berufen kann[16]. Dagegen hat schon H. Aurenhammer darauf verwiesen, daß der Längsschnitt in der „Historischen Architektur" keine Hinweise auf eine Ausmalung liefert[17]. Es wäre demnach zu fragen, ob die Verhandlungen zur Freskierung nicht schon zu einer Phase der Umgestaltung gehören, von der glücklicherweise nur die Altäre ausgeführt wurden.

Das Gliederungssystem des Innenraumes wurde mit der römischen Triumphalarchitektur und mit Berninis Lösung der Kuppelpfeiler von St. Peter in Verbindung gebracht[18]. Im ersten Fall fehlt die Zweigeschossigkeit, im anderen ist zu beachten, daß es sich um Nischen, nicht aber um torartige Verbindungen zweier Räume handelt.

Dagegen gibt es in Cortonas SS. Luca e Martina an derselben Stelle des Langhauses ebenfalls von kolossalen Pilastern flankierte Türöffnungen, darüber Nischen, deren ursprünglich vorgesehene Form nur noch auf Ciro Ferris Stich zu sehen ist[19]. Verändert ist der Eindruck vor allem dadurch, daß die Öffnungen in die Nebenräume, da diese nicht ausgeführt wurden, vermauert sind. Auch die dem Chorraum zu gelegenen geänderten Balkons geben ein Cortonas Projekt gegenüber unrichtiges Bild[20]. Berücksichtigt man all das, dann führt die Ähnlichkeit des architektonischen Motivs an derselben Stelle des Innenraumes von Kollegienkirche und SS. Luca e Martina wohl soweit, daß man auch hier eine Beschäftigung Fischers mit dieser Kirche Cortonas postulieren muß.

Die weiße Färbung der Kollegienkirche ist in römischen Kirchen des 17. Jahrhunderts oft zu finden; sie findet auch in SS. Luca e Martina eine – wenngleich nicht die einzige – Stütze[21]. Sie ist bei der Kollegienkirche aber auch für die optische Steige-

---

[16] SEDLMAYR (zit. Anm. 1), S. 180. S. 110 nimmt er an, daß die Fresken von Rottmayr ausgeführt werden sollten; Hinweise dafür sind aber nicht bekannt.

[17] AURENHAMMER (zit. Anm. 1), S. 96, Nr. 12.

[18] SEDLMAYR (zit. Anm. 1), S. 109. – AURENHAMMER, Katalog (zit. Anm. 1), S. 91 und S. 95 f., Nr. 10.

[19] NOEHLES (zit. Anm. 7), S. 255, Fig. 195.

[20] Ebenda, S. 321, Fig. 264. Der dort abgebildete Längsschnitt der Kirche ist in einem für diese Untersuchung nicht unwichtigen Detail unrichtig: Die Balkons auf der dem Eingang zu liegenden Seite des Langhauses sind nur so breit wie die Umrahmung der Türöffnung, sie umgreifen aber nicht die angrenzenden Pilaster.

[21] Man wird diesbezüglich auch an einen Einfluß Palladios denken müssen. Mit ihm verbindet Fischers Werk vor allem die Funktion der Wand, das Verhältnis der Säulen und Pilaster zu ihr und die Verbindung von Kuppel, Pendentifs und Vierungspfeiler (vgl. dafür vor allem San Giogio Maggiore in Venedig). Details wie die beiden übereinandergestellten Nischen können dabei aus der allgemeinen Beschäftigung Fischers mit dem Werk Palladios erklärbar sein. Dagegen ist es falsch, gerade in den beiden isolierten Säulen am Eingang zum Chor der Kollegienkirche ein Motiv Palladios zu sehen – wie im folgenden noch zu zeigen ist, hängt dieses Motiv engstens mit römischen Anregungen zusammen.

rung zum Chor hin wesentlich, der durch jede farbige Akzentuierung an einer anderen Stelle der Kirche entwertet werden müßte, bzw. es müßte zu Konflikten zwischen den farbigen Höhepunkten und der eigenartigen Gestaltung des Chores kommen. Wenn der heutige Eindruck der Kirche nicht grundsätzlich täuscht – wir haben aber dafür als Dokumente den Längsschnitt in der „Historischen Architektur" und die Innenansicht im Stich von Kraus –, dann stehen der architektonisch gegliederte Kirchenraum und der empfindsam auf malerische Effekte komponierte Chor einander kontrastierend gegenüber. Nur die beiden die Trennung markierenden Säulen und der frei stehende Altar mit dem als Zentralbau gestalteten Tabernakel heben sich als architektonische Elemente von der Chorwand mit dichtem Gewölk ab, das sich bis zu den Säulen vorschiebt und ursprünglich – wenn der Stich von Kraus stimmt, woran zu zweifeln aber kein Grund besteht – die Apsiswand noch mehr füllte als heute [22]. Diese Polarisierung von Kirchenschiff und Chor ist eine neue Idee gegenüber den römischen Kirchenbauten des 17. Jahrhunderts. Sie wird erst in Pozzos Wiener Universitätskirche eine Parallele finden [23]. Man hat die malerische Wirkung des Chors, ohne den Zusammenhang mit dem Ganzen der Architektur, mit Berninis Cathedra Petri in Verbindung gebracht [24]. Was diese betrifft, muß man sie jedenfalls in einem weiteren Zusammenhang sehen. So wie die Cathedra ausgeführt ist und wie sie auch Fischer schon sah, flutet durch das Fenster die himmlische Sphäre in das Innere der Kirche; mit ihr schwebt die Cathedra zur Erde. So scheint sich die Vorstellung von der lichterfüllten Sphäre außerhalb des das Irdische verkörpernden Kirchenraumes zu ergeben. Von einer solchen Gestaltung unterscheidet sich aber die Bühnenidee Fischers [25]. Wie immer man das Problem der Cathedra sieht, gerade darin liegen wesentliche Unterschiede. Die optische Begrenzung der Cathedra-Komposition bilden die Säulen des Ciboriums über dem Petrus-Grab, wie auch aus einer Zeichnung Berninis zu sehen ist [26], das heißt, es ergibt sich eine räumliche Verspannung, der die Kontrastwirkung in der Kollegienkirche entgegengerichtet ist. Genau diese Lösung der Kollegienkirche ist aber bei

---

Es wäre notwendig, die Frage, wieweit Fischer von Palladio abhängig ist, einmal grundsätzlich zu untersuchen; über das Thema und den möglichen Umfang der vorliegenden Studie ginge das weit hinaus. Ansätze dazu sind in R. K. Donins Büchern „Vincenzo Scamozzi und der Einfluß Venedigs auf die Salzburger Architektur", Innsbruck 1948, S. 182 ff. (besonders S. 188 ff.), und „Venedig und die Baukunst von Wien und Niederösterreich", in: Forschungen zur Landeskunde von Niederösterreich, Bd. XIV, 1963, S. 114 ff., zu finden, doch handelt es sich hier hauptsächlich um Vergleiche von Einzelmotiven.

[22] Hängen diese Veränderungen mit den Umgestaltungen anläßlich der Errichtung des neuen Altars zusammen?

[23] B. Grimschitz, Die Universitätskirche in Wien. Kirchenführer Nr. 392. Schnell u. Steiner, 2. Aufl., München 1956 .– B. Kerber, Andrea Pozzo. Beitr. zur Kunstgeschichte, Bd. 6, Berlin 1971.

[23] B. Kerber, Andrea Pozzo. Beitr. zur Kunstgeschichte, Bd. 6, Berlin 1971.

[24] Sedlmayr (zit. Anm. 1), S. 110.

[25] Wenn man K. Rossachers These folgt (Das fehlende Zielbild des Petersdomes: Berninis Gesamtprojekt zur Cathedra Petri, in: Alte und moderne Kunst, 12 (1967), Heft 95, S. 2 ff.), daß Bernini in das Fenster die Transfiguration geplant habe, dann haben die plastische Auflösung des Chores in der Kollegienkirche und die Cathedra Petri wohl eine gemeinsame Wurzel; anders ist aber der Realitätsgrad: bei Fischer die sich vom Kirchenschiff absondernde Bühne, die das Aufschweben Marias in die hellste Lichtzone der Verklärung als Schauspiel erleben läßt, bei Bernini die reale Reliquie des Petrus-Thrones, die zur Erde, das heißt in den Raum der Kirche gesenkt wird.

[26] H. Bauer und R. Wittkower, Die Zeichnungen des Gianlorenzo Bernini, Berlin 1931, Taf. 74b.

Cortona zu finden: nämlich in seiner Dekoration zum vierzigstündigen Gebet für S. Lorenzo in Damaso[27]. Von der strengen Architektur im Kirchenraum sondert die Bühnenwand das Wolkengebilde des zum Bühnenraum gewandelten Chores ab; in den Wolken schwebt die Monstranz. Auch hier greifen die Wolken in den „Zuschauerraum" über.

Sicherlich ist der Vergleich nicht so zu verstehen, daß der nun dank den Forschungen Noehles bekannte Entwurf Cortonas das unmittelbare Vorbild Fischers war. Er verkörpert aber die Idee, die Cortona für S. Lorenzo in Damaso verwirklichte, einen Typus der kirchlichen Festdekoration in Rom, der dann auch auf die fest gebaute Architektur Einfluß gewann. In diese Reihe gehört auch Berninis Cathedra. Dafür ist schließlich auf Pozzos Projekt für die Gestaltung des Chores im Gesù zu verweisen, bei dem die Säulen ebenfalls zur Trennung von Chor und Kirchenschiff verwendet werden sollten, wie ähnlich später auch in seiner Wiener Universitätskirche. Dieses noch während des Baues der Kollegienkirche in seiner „Perspectiva pictorum et architectorum" publizierte Projekt kommentiert er kennzeichnenderweise: „Il primo è stato di servirmi di esso per apparato delle quarant'ore nel Gesù di Roma."[28]

In dieser Entwicklung hat auch die Trennung von Kirchenraum und Chor und dessen bühnenartige Wirkung in der Kollegienkirche ihren Platz. Gerade solch eine Gestaltung fordert, dem Kirchenraum, der sich durch größte architektonische Klarheit auszeichnet, den bühnenartigen Chor möglichst klar gegenüberzustellen. Jede Illusionsmalerei in den Gewölben müßte diese empfindsame, sehr von der Beleuchtung abhängige Konzeption um ihre Wirkung bringen. Man kann sich das Innere der Kollegienkirche also nur so denken, wie es der Längsschnitt in der „Historischen Architektur" zeigt, nämlich als einen weiß ausgemalten Raum, für den offenbar einmal mehr letztlich Fischers Beschäftigung mit römischen Architekturproblemen und dabei die Festdekoration und ihre Auswirkung auf die festgebaute Architektur wesentlich waren.

Schließlich ist die Gliederung des Kuppeltambours, soweit ich sehe, mit Cortonas Werken zu vergleichen. Die drei gestuften Pilaster bzw. bei den Fenstern in der Hauptachse die eingestellten Säulen sind im Kuppeltambour von SS. Luca e Martina und bei S. Carlo al Corso wiederzufinden[29].

Die wesentlichen Neuerungen der Kollegienkirche sind also von der intensiven Auseinandersetzung Fischers mit Cortona und mit Rainaldi abhängig, das heißt von Künstlern, deren Werke er sicherlich genau kannte: SS. Luca e Martina war ihm als Akademiekirche bestens bekannt; Rainaldis Entwürfe mußten ihm, dem Schüler Fontanas, der die beiden Marienkirchen auf der Piazza del Popolo am Eingang zum Corso schließlich baute, ebenfalls vertraut sein. S. Maria in Campitelli war bei Fischers An-

---

[27] K. NOEHLES, Architekturprojekte Cortonas, in: Münchner Jb. der bild. Kunst, 3. Folge, 20 (1969), S. 186 ff., und DERSELBE, La Chiesa dei SS. Luca e Martina (zit. Anm. 7), S. 30, Fig. 21.

[28] A. Pozzo, Perspectiva pictorum et architectorum, 2. Teil, Rom 1698, Fig. 71.

[29] NOEHLES (zit. Anm. 7), S. 217, Fig. 157. – R. WITTKOWER, Art and Architecture in Italy. 1600 to 1750; Pelican History of Art, 2. Aufl., Harmondsworth 1965, Taf. 84a, b. – H. AURENHAMMER (zit. Anm. 1), S. 96, Nr. 10, verweist für die Betonung der in der Hauptachsen gelegenen Fenster durch flankierende Säulen auf Pozzos Scheinkuppel in S. Ignazio, Rom, die Pozzo auch in beiden Bänden seiner „Perspectiva pictorum et architectorum" publiziert (Bd. I, Rom 1693, Fig. 91).

kunft in Rom im Bau, die vorausgehenden Phasen der Bauplanung, nur wenige Jahre zurückliegend, waren ihm sicherlich leicht zur Kenntnis gekommen.

So gesehen, entpuppt sich die Kollegienkirche als das Ergebnis einer konsequenten Weiterentwicklung römischer Baugedanken. Nicht die Kompilation verschiedenartiger Details erklärt die Eigenart dieses Meisterwerkes, nicht die Kombination römischer und französischer Elemente, sondern primär Fischers Verständnis für die römische Architektur, die er weiterdenkt und weiterentwickelt – im organischen Sinn also anschließend an römische Vorbilder. So erklären sich auch der kühle, vornehme Charakter, für den freilich auch die Auseinandersetzung mit Palladio wesentlich ist, und die klare Logik dieses grandiosen Kirchenbaues, die viele Besucher heute befremden. Das gab anscheinend schon im 18. Jahrhundert bald nach der Vollendung der Kirche Anlaß zu Änderungsversuchen im Sinne eines gewohnteren bunteren Bildes[30].

Abbildungsnachweis. Museum Carolino Augusteum, Salzburg: Abb. 185, 189, 192; Dr. E. Frodl-Kraft: Abb. 186; Kupferstichkabinett des Kunstmuseums Basel: Abb. 187, 188, 191; Bibliotheca Hertziana, Rom: Abb. 190.

---

[30] Der vorliegende Aufsatz basiert auf Vorarbeiten während meines Aufenthaltes in Rom 1965—67. Dank der Gastfreundschaft der Bibliotheca Hertziana konnte ich ihn im Herbst 1970 fertigstellen.

DIE ALLEGORIE DER MALEREI
VON JACOB VAN SCHUPPEN

VON GÜNTHER HEINZ

Jacob van Schuppen hat mit seinem Programm, das er als Direktor der kaiserlichen Akademie für die Erneuerung des Kunstunterrichtes und die Rangerhöhung der nunmehr in einer hohen Doktrin erzogenen Künstler vorlegte, eine scharfe Entgegnung der Zünfte herausgefordert und damit deutlich seine Idee des akademischen Künstlers dem Zerrbild vom ungebildeten Maler gegenübergestellt. Die Polemik, die mit nicht geringer Heftigkeit geführt wurde und insbesondere das erste Jahrzehnt seines Direktorates belastete, ist mehrfach Gegenstand der wissenschaftlichen Untersuchung gewesen, sei es als entscheidend wichtiges Kapitel in der Geschichte der kaiserlichen Akademie[1], sei es als Beispiel für die Gedankengänge, die in den zahlreichen tendenziösen Allegorien der Künste ihren gelehrten Ausdruck gefunden haben[2]. Weniger bekannt hingegen ist es, daß Van Schuppen selbst seine Ideen, die Rettung der verfolgten Künste in Minervas Protektion und ihren wahren Rang im Reich Apolls, zugleich seinen Haß gegen den Unverstand in zwei Monumentalgemälden zur Schau gestellt hat (Abb. 196). Der energische Verfechter von akademischer Lehrmeinung und akademischer Freiheit hat die beiden allegorischen Bilder in den zwanziger Jahren – gerade in der Zeit, als seine Neugestaltung der Akademie die Gemüter der Wiener Kunstschaffenden erhitzt hatte – für die Decke des großen neunachsigen Saales der kaiserlichen Bildergalerie gemalt. Diese gemalte Polemik entstand somit unter dem Patronat des Grafen Gundakar Althann, der als Oberhaupt der Akademie Van Schuppens Protektor war. Es liegt daher die Vermutung nahe, daß es Althann war, der mit der Neuordnung und Aufstellung der kaiserlichen Galerie nicht nur das historische Mäzenatentum des Erzhauses anschaulich machen, sondern gerade die Förderung der wahren Kunst in der Gegenwart und somit die Akademie glorifizieren wollte. Als Le Fort du Plessis die neue architektonische Gestalt der Räume in der Stallburg entwarf[3], hatte er diesem übergeordneten Gedanken Rechnung zu tragen. Wenn er hierbei auch nicht ganz konsequent verfahren konnte, so war er doch bemüht, diesen Glorifikationen in der Folge der Deckenbilder eine unmißverständliche Wirkung zu sichern. Nach der Anordnung, die uns im Prodromus[4] überliefert ist, dienten die Deckenbilder der

---

[1] Vgl. C. v. Lützow, Geschichte der kais.-kön. Akademie der Bildenden Künste, Wien 1877, S. 11 ff.

[2] Vgl. A. Pigler, Neid und Unwissenheit als Widersacher der Kunst, in: Acta Historiae Artium, 1 (1954) S. 215–235.

[3] Vgl. A. Stix, Die Aufstellung der ehedem kais. Gemäldegalerie in Wien im 18. Jahrhundert. Museion 3, Wien 1922.

[4] Prodromus oder Vorlicht des eröffneten Schau- und Wunder-Prachtes aller deren an dem kaiserl. Hof Om Allerhöchst Seiner kaiserl. königl. und kathol. Majestät unsers glorwürdigst Regierenden Monarchens Carl des Sechsten Haupt- und Residentz-Stadt Wienn sich befindlichen Kunst-Schätzen und Kostbarkeiten, Wien 1735.

Räume des Westtraktes in ihrem teils allegorischen, teils historischen Inhalt der Verherrlichung von Mitgliedern des Erzhauses, deren Interesse an den Künsten als vorbildhaft angesehen wurde: Karl V., Leopold Wilhelm, Leopold I. Hier befanden sich – nicht in chronologischer Reihenfolge – das Mittelstück der großen, von Jan Erasmus Quellinus für die Hofburg geschaffenen Deckendekoration mit der Krönung Karls V., die große Allegorie Van Thuldens von 1655, die eine Verherrlichung Leopold Wilhelms in dem Gedanken der Rückkehr des Friedens bedeutet[5], und schließlich als letztes Stück des historischen Rückblickes Liberis Allegorie des Tugendhelden, der von Consilium und Industria in den Himmel geführt wird, womit die Erinnerung des Vaters des regierenden Kaisers geehrt wurde. Alle diese älteren Stücke fanden hier eine zweite Verwendung in einem neugeschaffenen Sinnzusammenhang[6]. Die krönende Fama Karls VI., die Glorifikation seiner Galerieschöpfung, seines Verständnisses für das überkommene Kunsterbe und seiner eigenen Sammeltätigkeit, war nicht mehr Thema in der Folge dieser Deckenbilder; sie bildete den glänzenden Abschluß der Galerie in dem großen Repräsentationsstück Solimenas, das eigens für diesen Platz gemalt worden ist. Ebensowenig konnte die kaiserliche Förderung der Künste selbst, ein mit der Neubelebung der akademischen Lehre gerade aktueller Gedanke, mit bereits vorhandenen älteren allegorischen Bildern der Künste dargestellt werden[7]. So wurde der dreiteilige Hauptsaal des Nordtraktes, der die Hauptstücke der flämischen Malerei, wie z. B. das Venusfest von Rubens, enthielt und zweifellos einer der eindruckvollsten Räume der Galerie war, dazu ausersehen, auch der Schauplatz der Verherrlichung der Künste unter dem Patronat des Kaisers zu sein, der hier als Jupiter über dem Kampfplatz der Ideen thronte. Aus dem im Prodromus publizierten Grundriß der Galerie sind die Stellen zu entnehmen, wo die beiden allegorischen Bilder in die Decke eingefügt waren[8], in denen Van Schuppen seine modernen Gedanken verkündete, womit die kaiserliche Galerie selbst in das neu erstellte Programm künstlerischen Schaffens einbezogen schien[9]. Ebenso bildete Storffer beide Plafonds ab, die

---

[5] In demselben Raum befand sich als Mittelstück der Hauptwand das große Reiterporträt Leopold Wilhelms, wodurch noch besonders die Glorifikation des Galeriegründers hervorgehoben worden ist.

[6] Die Allegorie von Liberi auf Leopold I. befand sich ebenso wie Van Thuldens Werk vorher in der kaiserlichen Galerie, das Bild von Quellinus dürfte damals aus der Hofburg entfernt worden sein, ebenso wie die zahlreichen Plafondbilder von Strudel, die aber nicht wiederverwendet, sondern auf den Galerieböden deponiert wurden.

[7] So ist dem Inventar der kaiserlichen Galerie von 1772 zu entnehmen, daß sich unter den von Strudel gemalten Deckenbildern Allegorien der Künste befanden: unter den auf den Galerieböden verwahrten Stücken etwa die Nr. 920, 921 und 960.

[8] Nach der „Erklärung des hierbey gefügten geometrischen Grund-Risses" im „Prodromus" sind es die Säle 11, 12, 13 und 14, welche die älteren Deckenbilder beherbergen, während eigenartigerweise für den großen dreiteiligen Saal, 7, 8 und 9, kein Deckenbild angegeben ist; überhaupt ist keines der großen Hauptstücke angeführt, die nach dem Zeugnis des Storfferschen Bildinventars von 1733 dort gewesen sein müssen. Vgl. Letztes Inventarium Deren in der Kayserlichen Gallerie sich befindlich nachfolgenden Malereyen Anno 1733, Nr. 1 und Nr. 74.

[9] Die in den Jahren der Neuaufstellung der Galerie aktuelle Thematik dieser Plafonds könnte den Schluß nahelegen, daß mit der Neuordnung der kaiserlichen Bildersammlung auch an eine engere Verbindung mit dem ebenfalls neu organisierten künstlerischen Lehrbetrieb und dem Kunstschaffen selbst gedacht war. Die Galerie hätte demnach eine eigene Wirksamkeit als Sammlung beispielgebender Vorbilder entfalten können und wäre nicht nur als feststehendes Monument des Kunsterbes des Kaiserhauses anzusehen gewesen; es wäre daher an eine Parallele zur Hofbibliothek zu denken. Allerdings läßt sich eine lebhaftere Beziehung zu den

in seinem Inventar vereinfachend als „Ein groß Historien-Stück in Blafont, die Picturam vorstellend, von Schüppen" und „Ein groß Stuck in Blafont, die Sculpturam vorstellend, von Schüppen" bezeichnet werden (Abb. 193, 194).

Als die Bilder der kaiserlichen Galerie im Jahre 1776 die Räume der Stallburg verließen, wurden auch alle Deckenbilder aus ihrer dekorativen Umrahmung gelöst und somit auch die beiden Plafonds Van Schuppens abgenommen. Es gelang aber offenbar nicht, die großen Leinwande unbeschädigt von der Decke abzulösen, was den Gedanken nahelegt, daß diese Allegorien zum Unterschied von den übrigen Deckenbildern, unmittelbar auf den Verputz aufgezogen waren, wie dies auch bei den Deckenbildern der Fall ist, die Van Schuppen für den großen Saal des Dietrichsteinschen Stadtpalastes gemalt hat[10]. Die „Aufnahme der Malerei in das Reich Apolls" ist bei dieser Manipulation in zwei Stücke zerrissen worden, auch die Randstreifen gingen verloren[11]. Das Gegenstück hat diesen Eingriff überhaupt nicht überstanden und ist nur noch in Storffers Miniatur im Inventar von 1733 überliefert[12]. Als man im Jahre 1910 an eine neuerliche Verwendung des übriggebliebenen, auf einer Rolle im Depot der kaiserlichen Galerie aufbewahrten Stückes als Deckenbild in der Neuen Hofburg dachte, war die Erinnerung sowohl an die ehemalige Bestimmung als auch an den Autor gänzlich erloschen[13].

Es war für die Verfechter des akademischen Gedankens seit Generationen eine selbstverständliche Forderung, daß die bildenden Künste der Dichtung und den Wis-

---

Kunstschaffenden, auch zur Akademie selbst, nicht nachweisen. Auch Küchelbecker berichtet darüber nichts. Für ihn ist die Galerie in der Stallburg ein in sich abgeschlossenes Schaustück, das er geradezu noch in der Art des älteren Typus einer Kunstkammer beschreibt (Johann Basilii Küchelbeckers Allerneueste Nachricht vom Römisch kayserl. Hofe nebst einer ausführlichen Historischen Beschreibung der kayserlichen Residentz-Stadt Wien und der umliegenden Oerter, Hannover 1730).

[10] Diese Technik wurde speziell in Paris bevorzugt, da sie dem Maler ein eingehenderes Arbeiten, einen flüssigeren Farbauftrag ermöglicht und damit dem Werk der Malerei eine größere Selbständigkeit gegenüber der Dekoration verleiht. Das bedeutendste Beispiel, der große Plafond Lemoynes im Herkulessaal in Versailles, entstand übrigens etwa zu derselben Zeit wie Van Schuppens Arbeiten in Wien.

[11] Es fehlt von der Originalleinwand links ein etwa 15 cm, rechts ein 30 cm und oben ein 50 cm breiter Streifen. Es endet das Original heute knapp oberhalb des Kopfes der rechten Grazie. Die Köpfe der beiden anderen sind verloren, ebenso ihre ursprünglich erhobenen Arme mit dem Lorbeerkranz. Apoll wies ursprünglich auf ein himmlisches Gebäude hin, das links in der Höhe im Hintergrund erschien, offenbar der himmlische Palast, der der vergöttlichten Malerei zugewiesen wird. Von diesem Motiv ist nichts mehr zu sehen; ein etwa erhaltener Rest ist vollständig unter der Übermalung verschwunden.

Die heutigen Ausmaße mit allen Ergänzungen und Anstückungen betragen 520 × 405 cm, gegenüber dem beiläufig errechneten Maße des ursprünglichen Originals von 470 × 435 cm, das jetzt nur noch 420 × 390 cm mißt.

[12] Das Gebäude der Stallburg war in der zweiten Hälfte des 18. Jhs. einer fortschreitenden Verwahrlosung ausgesetzt. Wassereinbrüche haben die Aufstellung der Galerie ihres ursprünglichen Glanzes beraubt und verschiedentlich Schäden angerichtet. Es ist daher möglich, daß die beiden Plafonds, und vielleicht der zweite noch stärker als der erste, bereits damals ruiniert wurden.

[13] Über Auftrag des Erzherzog-Thronfolgers sollten einige Räume der Neuen Hofburg mit alten Deckenbildern geschmückt werden. Es wurden damals vor allem die Strudelschen Deckenbilder für geeignet erachtet, aber auch der Schuppensche große Plafond für den großen Mittelsaal im Mezzanin gegen den Garten zu vorgesehen. Er wurde zu dieser Zeit restauriert und auf das vorgesehene Format vergrößert. Da man nicht mehr wußte, woher das Stück ursprünglich stammte, wurde für die Ergänzungen das Storffersche Inventar nicht zu Rate gezogen; daher ist die Gruppe der Grazien nicht richtig ergänzt worden. Im ganzen ist die Restaurierung großzügig – auf die Sicht aus einiger Distanz berechnet – von dem Restaurator Steinling im Jahr 1913 durchgeführt worden. Jedoch ist der Plafond nicht an den vorgesehenen Platz gelangt, sondern im Depot verblieben.

senschaften ebenbürtig zu erachten seien, eine Forderung, die in zahlreichen allegorischen Darstellungen seit dem 16. Jahrhundert ihren sichtbaren Ausdruck gefunden hat: Die Künste werden auf dem Parnaß in den Kreis der Musen aufgenommen oder sie erscheinen im Reich Minervas im theatrum sapientiae. Wie die Auffassung seit Zuccaros Abhandlungen von den Künstlern selbst verfochten wurde, so ist sie ebenso von den Monarchen des Erzhauses seit der Ära Rudolphs II. vertreten worden: Sprangers Allegorie der triumphierenden Minerva im Kreis der Künste und Wissenschaften, Sandrarts großes polemisches Bild „Minerva und Saturn beschützen die Künste gegen den Neid der Ungebildeten"[14] geben unmißverständlich Zeugnis für die Meinung, daß im Künstler der Gebildete und nicht der Handwerker zu sehen ist. Dies ist erst recht deutlich hervorgetreten, als die Organisation der Akademien den gehobenen Rang für ihre Mitglieder in Anspruch nehmen konnte. Van Schuppen verfolgte also einen wohlbekannten Gedankengang weiter, als er die Aufnahme der Malerei in das Reich Apollos darstellte, wobei nun die von Merkur geleitete und von den Grazien gekrönte vergöttlichte Gestalt der Pictura auch ihre Gefolgschaft in die höheren Regionen führt (Abb. 195), während die Dämonen des Unverstandes in den Abgrund stürzen. Ebenso hat das Bildthema „Minerva richtet die verfolgten Künste auf" (Abb. 194), das auf dem zweiten, heute verlorenen Plafond dargestellt war, seine Geschichte[15]. Es war ja bereits mit Sandrarts Kunstallegorie in der kaiserlichen Galerie vertreten und hatte vor allem mit Lairesses Stich weite Verbreitung gefunden. Minerva erscheint hier als die Beschützerin der wahren Kunst und der richtigen Doktrin, somit als das verständige Leitbild, auf welches der akademische Unterricht ausgerichtet ist. Merkur bändigt die Dämonen des Neides, der Genius des Ruhmes entreißt die vorbildhaften Werke der Vergangenheit dem Zugriff der Zeit, Jupiter – der hier im Zenit der Komposition erscheint – beherrscht das ganze Geschehen.

Die Programme der beiden Deckenbilder Van Schuppens waren zweifellos zur Zeit ihrer Entstehung in allen ihren Einzelheiten verständlich und konnten von jedem, der die Situation der Künste in Wien kannte, nicht nur als eine allgemeine Wiedergabe des Themas, sondern ganz im besonderen als Manifestation des akademischen Geistes, als Bilder des Kampfes der kaiserlichen Akademie gegen die Wiener Zünfte ausgelegt werden. Van Schuppen wendet sich hier an die Autorität des Kaisers, der als Jupiter das Schicksal der Künste bestimmt[16]. Dieser selbst will die Künste nunmehr im Reich der Weisheit sehen, er selbst nimmt sie in den Kreis der Musen auf und löst sie damit aus den Gebundenheiten des Handwerkes; man wird kaum fehlgehen, auch in Apoll den Kaiser selbst zu erblicken[17]. In den Jüngern der vergöttlichten Malerei waren unmißverständlich die Zöglinge und Mitglieder der Akademie

---

[14] Vgl. A. PIGLER, Barockthemen, Budapest 1956, S. 480.

[15] Vgl. A. PIGLER, Neid und Unwissenheit (zit. Anm. 2).

[16] Auch im Prodromus findet sich die Identifikation, da dem Galeriewerk die Devise „Ab Iove surgat opus" vorangestellt wird, beziehungsweise der Kaiseradler im Herzschild den Spruch „Iovis omnia plena" trägt.

[17] Als Beschützer der Künste und Wissenschaften erscheint Karl VI. in der Gestalt des Sonnengottes bekanntlich in dem von Gottfried Bessel konzipierten allegorischen Fresko der Kaiserstiege in Göttweig. Die Bedeutung Apollos im Hinblick auf die Person Karls VI. wird auch von Ad. v. Albrecht in seinem Programm für die Fresken der Hofbibliothek betont. Vgl. W. BUCHOWIECKI, Der Barockbau der ehemaligen Hofbibliothek in Wien, ein Werk J. B. Fischers von Erlach, Wien 1957, S. 93 f., 114.

zu erblicken, während in den Dämonen des Unverstandes sich die Wiener Handwerksmeister erkennen mochten.

Dem Besucher der Galerie konnte überdies die deutliche Absicht des Malers schon deswegen nicht entgehen, da er wegen der geringen Höhe der Säle den Sturz der Akademiegegner in unmittelbarer Nähe sozusagen direkt über seinem Kopf erblicken mußte. Gerade bei diesem Motiv hat Van Schuppen die Kunstgriffe heftiger Verkürzung angewendet, um die Illusion des Betrachters anzuregen, obwohl ihm als vor allem der klassischen Formenwelt zuneigenden Akademiker die konsequente Illusionsmalerei gar nicht sonderlich liegen mochte. Der Gedanke räumlicher Grenzenlosigkeit ist seiner Kunst fremd und daher auch die Polarität von unendlichem Himmelsraum und punktförmig bestimmter Sicht des betrachtenden Auges. Der akademische Kunstverstand bedarf nicht der reinen Untersicht, um den Olymp gegenwärtig zu haben.

Van Schuppen wählte aber auch nicht die eigentlich klassische Lösung des *quadro riportato* und ebensowenig das Kompositionssystem der „idealen Ebene". Vielmehr war es seine Absicht, die Spannung, die zwischen dem Bildraum und dem meßbaren Raum des Betrachters besteht und die immer in der Zone um den Bildrand, wo die Wahrnehmung des „wirklichen" Raumes endet und die Vorstellung des durch die Kunst des Malers suggerierten beginnt, am stärksten fühlbar wird, durch ein ausdrucksvolles und möglichst nahsichtiges Motiv zu überbrücken. Der Hauptteil der Komposition aber sollte in möglichst reiner und klar überschaubarer Form gestaltet werden, womit sowohl dem optischen Subjektivismus des Betrachters Rechnung getragen werden konnte als auch die allgemeingültigen Formprinzipien einer neuen klassischen Kunst zur Anschauung gelangten, die Klarheit und Geschlossenheit in der Struktur der Einzelgestalt fordern und deren durch eine berechnete Untersicht bedingte Verkürzung mit all ihren Formüberschneidungen nicht gestatten können. Einen Ausgleich und somit auch eine „klassische" Lösung des Problems des Deckenbildes hatte in vorbildlicher Weise Lesueur in dem Plafondbild „Phaeton und Apoll" im Hotel Lambert gefunden. Unter den zahlreichen Kompositionen, in denen sich Maler des 17. Jahrhunderts mit dieser schwierigen Aufgabe auseinandergesetzt haben, scheint gerade dieses Werk des französischen Klassikers dem Streben Van Schuppens am nächsten gestanden zu sein. Der Maler des 18. Jahrhunderts fand hier den Kompositionsgedanken, der zwar dem Hauptthema – der olympischen Szene – volle Klarheit und allen einzelnen Gestalten ihre geschlossene ideale Erscheinung bewahrte, der aber ebenso dem Auge des Betrachters den unmittelbaren Sprung in die Illusion des Bildraumes ermöglichte. Denn in diesem Werk, wie später in Van Schuppens Deckenbildern, ist die kritische Zone des Bildrandes durch die heftige Bewegung der mächtigen verkürzten Gestalten des äußersten Vordergrundes bewältigt. Lesueur konnte daher – desgleichen sein „klassisch" denkender Nachfahre – darauf verzichten, die künstlerisch entscheidende Aufgabe der Gestaltung jenes Bereiches, in dem die illusionsschaffende Kraft der Malerei der natürlichen Wahrnehmung begegnet, der Phantasie des Quadraturisten und dessen szenographischer Virtuosität zu überlassen.

Van Schuppen hat nicht nur die Kompositionsgedanken, sondern auch die Figurentypik Lesueurs studiert; so haben seine Erinnerungen an die Gestalten und Gruppen der «chambre des muses» im Hotel Lambert die gelösten Haltungen einiger seiner Musen, der Thalia vor allem, deutlich beeinflußt. Die Festigkeit des Striches und die Bestimmtheit der Zeichnung aller Formen weisen hingegen nicht auf das Vorbild Lesueurs, sondern lassen viel deutlicher das Studium der Werke Poussins, vor allem dessen Schöpfungen der fünfziger Jahre, erkennen. Es war Van Schuppens Grundsatz der künstlerischen Arbeit, jede Gestalt, jede Einzelheit in einer klar umrissenen und geschlossenen Form festzulegen und daher nichts Ungefähres, nur Erahntes und genial Angedeutetes der Phantasie des Betrachters zu mitstrebender Ergänzung zu überlassen. So ist es charakteristisch für seine zeichnende und gänzlich unmalerische Gestaltungsweise, daß er die Gesichter in vereinfachender Beschränkung auf die wesentlichen Teile allen Nuancenreichtums und somit auch allen individuellen Ausdrukkes beraubte, nur um eine klarere Disposition der Einzelform zu erzielen: Augen, Nase, Mund erscheinen oft im Verhältnis zum Ganzen erheblich vergrößert, was ebenfalls nur zur Hebung des idealistisch-allgemeingültigen Typus geschieht, nicht aber zugunsten des spontanen Ausdrucks. Man möchte fast annehmen, daß der geborene Bildnismaler sich in den Monumentalwerken dem höheren Prinzip zuliebe geradezu Gewalt angetan habe. Dieses höhere Streben ist dem übermächtigen Vorbild Poussins zu danken, dessen Spätwerke gerade für diese Stufe eines gehobenen Formalismus eine gültige Lehre bedeuten. Auch in Einzelheiten, wie dem schweren Faltenwurf der Draperien, der nichts von „barockem" Schwung zeigt, hat das Studium der Malweise und Formgebung Poussins seinen deutlichen Niederschlag gefunden, nicht aber ist Van Schuppen hierbei Lesueur oder gar dem bewegten Faltenstil der Hauptmeister der französischen Monumentalmalerei – Vouet und Lebrun – gefolgt, deren Einfluß auf seine Kunst überhaupt recht gering gewesen sein dürfte[18].

Mit dem Zurückgreifen auf das Vorbild der großen französischen Klassiker – über ein halbes Jahrhundert der Malereigeschichte hinweg – hat Van Schuppen bewußt seine Auffassung der Monumentalmalerei derjenigen der in Wien tätigen Italiener und auch der Einheimischen gegenübergestellt; vielleicht wollte er an so bedeutungsvoller Stelle überhaupt ein Beispiel für eine nach strenger Lehrmeinung gearbeitete Plafondmalerei geben. Allerdings hätte er nicht nur in Wien, sondern auch in Paris mit dieser seiner Schöpfung auf zahlreiche Gegnerschaft stoßen müssen, da er noch zu sehr später Stunde neuerlich die Stimme in dem bereits seit einem Vierteljahrhundert beruhigten akademischen Streit erhob, um für den Poussinismus ein sichtbares Bekenntnis abzulegen. Jedenfalls scheint der Nachhall dieses Werkes gering gewesen zu sein. Nur im Schwarzenbergschen Galeriefresko von Gran läßt sich eine geringe Annäherung an Van Schuppens Formenwelt spüren. Selbst als sich der Geschmack seit den siebziger Jahren dem reinen Klassizismus zugewendet hatte, konnte er, der doch ein Vorkämpfer des klassischen Ideals gewesen war, eine höhere Schätzung nicht erfahren, wofür die Verwüstung seiner beiden großen Deckenbilder der kaiserlichen Galerie

---

[18] Geringe Anklänge an Vouets Kompositionen im Hotel Seguier und an Lebruns Plafond in Vaux beschränken sich auf Einzelmotive: Die Gestalt Apolls mit dem ausgestreckten Arm ist derjenigen in Lebruns Prospekt für das Deckenbild des großen Salons nicht unverwandt; das unvermittelte Vorsetzen der schwebenden Gestalten vor die vergoldete Quadratur, wie es im Mittelfeld der Decke des Eroica-Saales zu sehen ist, hat ebenfalls bei Lebrun Vorstufen. Möglicherweise hat auf Van Schuppens kompositionelle Disposition der Figurengruppen, speziell auf den bewegten Dämonensturz des Vordergrundes der Titanensturz Vouets im Hotel Seguier auch als Anregung gedient, nicht nur das stillere Werk Lesueurs.

gerade in diesen Jahren ein betrübliches Zeugnis ablegt. Es mag dies darin begründet sein, daß Van Schuppens Werk bei aller Bemühung um eine doktrinäre klassische Malerei doch zuviel barocke Elemente enthielt, die den purifizierten klassizistischen Geschmack stören mußten. Der Maler hatte die Idee der Formschönheit ja eben aus den Bildern der Meister des 17. Jahrhunderts, nicht aber aus der nun geforderten direkten Nachahmung der Antike selbst geschöpft.

Es ist überdies bezeichnend, daß nicht alle seine Monumentalmalereien auf der gleichen Stufe der im Poussinismus geläuterten Formgebung stehen wie der Galerieplafond mit der „Aufnahme der Malerei". Diesem am nächsten kommen die Gewölbefresken in der Kirche Mariä Heimsuchung, die auch zur selben Zeit entstanden sein dürften (Abb. 198)[19]. Der gleiche Typus der menschlichen Gestalt, dieselbe Art der vereinfachenden Formung der Gesichter mit den übergroßen Augen, auch dieselbe Behandlung des schweren Faltenwurfes zeigen ein ähnliches Verhältnis zum klassischen Vorbild, wie es an den Figuren des Galerieplafonds zu sehen ist. Der Kontrast zu dem unmittelbar benachbarten Kuppelfresko Pellegrinis ist begreiflicherweise nicht gering. Es wird damit allerdings auch offenbar, daß Van Schuppen in der Freskotechnik keine glückliche Hand bewies; das Werk erscheint nicht nur neben der schwungvollen Malerei des Venezianers hart und trocken, sondern verhältnismäßig leer auch gegenüber seinen eigenen Leinwandbildern in derselben Kirche. Von diesen beiden Lateralbildern ist eines – das Bild der Verkündigung – ebenfalls ein gutes Beispiel für seine klassisch bestimmte Lehrmeinung, während das Gegenstück – das Bild der Anbetung der Hirten – mehr von seiner künstlerischen Herkunft, mehr von der flämischen Anregungsquelle, bewahrt. So ist auch in den Bildern im Eroica-Saal vielmehr von Van Schuppens Auseinandersetzung mit barocken Vorbildern enthalten (Abb. 197). Hier wird die Erinnerung an Vouets Spätwerk wachgerufen, dessen Formenwelt in den Allegorien der Künste, ihren großangelegten und zugleich dekorativ gefälligen Haltungen nachwirkt. Die im ganzen kräftigere Malweise sowie einige der lebensvolleren Gestalten weisen auch auf das flämische Ideal hin, dem Van Schuppen früher mehr Neigung entgegenbrachte. Ein Vergleich zwischen zwei im Motiv und in der Körperhaltung äußerst verwandten Figuren, den Gestalten des Ruhmes auf dem Malereiplafond und im Mittelfeld der Decke des Eroica-Saales, zeigt deutlich, um wieviel diese dem kräftigeren flämischen Figurenideal und der flämischen Malweise näher steht als jene, obwohl gerade die genauen kompositionellen Übereinstimmungen des Bildgedankens den Beweis liefern, daß beide Werke von derselben Hand stammen. Die Bilder des Eroica-Saales dürften demnach wahrscheinlich früher entstanden sein, möglicherweise sind sie überhaupt das erste große Werk, das Van Schuppen in Wien gemalt hat[20]. Es scheint demnach, daß die klassische Doktrin im Fortschreiten seiner

---

[19] Im Gewölbe des Presbyteriums eine Verherrlichung des Glaubens, in der Quadratur vier Paare von Engelputten; im Gewölbe über der Orgelempore eine Gruppe von Engeln im Mittelfeld und ebenso vier Paare von Engelputten in der Quadratur. Dieses Fresko ist durch Feuchtigkeitsschäden in der Wirkung stark beeinträchtigt.

[20] Eine genaue chronologische Reihung der großen Malwerke Van Schuppens ist mit Sicherheit nicht zu erstellen. Es ist anzunehmen, daß der kaiserliche Auftrag nicht wesentlich vor der Ernennung zum kaiserlichen Kammermaler, 1723, erfolgt ist, wahrscheinlich überhaupt erst nach diesem Datum. Die Galeriesäle waren 1720 offenbar noch nicht fertig aufgestellt und dekoriert, als die Seitenräume bereits zugänglich waren. Das Zentralstück des letzten Saales, Solimenas Repräsentationsbild, ist erst 1728 geliefert worden. Es ist daher verständ-

Tätigkeit in Wien immer klarer seine Ausdrucksweise als Monumentalmaler bestimmt hat. Dies gilt aber nicht für die Altarbilder und noch weniger für die Bildnisse. So ist z. B. das Altarbild des hl. Lucas in der Karlskirche zweifellos später entstanden als die Allegorien im Lobkowitzpalais, zeigt aber doch eine sehr verwandte Haltung: Für das Thema des Altarbildes hat der Akademiedirektor offenbar die eingehende Gestaltung des Stofflichen als angemessen erachtet, die der Erscheinung des Heiligen, die hier dem Idealbild eines Philosophen der Alten Welt entspricht, etwas vom Charakter einer belebten Statue verleiht. Das Interesse an malerischer Gestaltung ist stärker in den stillebenhaften Details und besonders in dem hier wiedergegebenen Staffeleibild – der Geschichte des Samariters, die der hl. Lukas eben malt – zu erkennen, das in seiner freien Pinselführung an die präromantischen malerischen Leistungen von Joseph Parrocel erinnert.

Die Schulung im „Rubenismus" seines Oheims hat schließlich die gesamte Bildnismalerei Van Schuppens bestimmt, die dementsprechend am wenigsten von klassischer Doktrin enthält; vielleicht ist hier nur noch die feste, den Gegenstand präzis bezeichnende Malweise der Tribut an den Grundsatz der unbedingten Klarheit künstlerischer Mitteilung, die den Klassiker auszeichnet.

Jacob van Schuppen hat sein Schaffen auf diese Weise nach einem doppelgesichtigen Prinzip geordnet, gleichsam nach dem Gedankengang der doppelten Wahrheit. Es war ihm somit möglich, die widerstreitenden Auffassungen von der richtigen und von der ausdrucksvollen Malerei in ein – wenn auch etwas äußerliches – System zu bringen, und in dieser Form einer Synthese ist auch der Grundgedanke seiner akademischen Lehre zu sehen.

Abbildungsnachweis. Kunsthistorisches Museum, Wien: Abb. 193, 194, 195, 196; Bildarchiv der Österreichischen Nationalbibliothek: Abb. 197; Bundesdenkmalamt, Wien: Abb. 198.

---

lich, daß zwischen der Fertigstellung des 1. und 2. Bandes des Bildinventars ein Zeitraum von 10 Jahren verstrich, während der letzte Band dann bereits in 3 Jahren folgen konnte. Daß auf dem einen Plafond die „Schüler" eine auffallende Rolle spielen, muß nicht unbedingt als sicherer Beleg aufgefaßt werden, daß das Werk erst 1726 entworfen wurde, als Van Schuppen als Direktor der Akademie Haupt des künstlerischen Lehrbetriebes geworden war, doch ist der thematische Zusammenhang mit den Akademieallegorien zu deutlich, als daß man die Entstehung allzuweit von diesem entscheidenden Datum abrücken könnte. Die Dekoration der Galeriesäle war 1730 abgeschlossen; ein sicherer terminus ante für die Plafonds ist allerdings erst in Storffers Inventar von 1733 gegeben, in dem beide Werke abgebildet sind. Für die Datierung der Bilder im Palais Dietrichstein-Lobkowitz gibt die Quadratur einen Hinweis: Diese stammt – nach ihrem Stil zu schließen – von Chiarini und muß daher vor 1726 vollendet gewesen sein, in welchem Jahr der Künstler Wien für immer verließ. Zanotti erwähnt dieses Werk zwar nicht, berichtet aber, daß Chiarini in den letzten 3 Jahren seines letzten Wiener Aufenthaltes nur kleinere Arbeiten ausgeführt habe. Es wäre daher anzunehmen, daß die Quadratur 1720–1723 oder auch etwas früher entstanden wäre und zur selben Zeit wohl auch die Figurenbilder, die mit jener eine künstlerische Einheit bilden. Die Bemalung der Gewölbe der Kirche der Heimsuchung erfolgte seit der Mitte der zwanziger Jahre; Pellegrini schuf das Kuppelfresko 1725–1727, um 1730 war die Ausstattung vollendet. Also ergibt sich als hypothetische Chronologie: 1. Die Bilder im sogenannten Eroica-Saal des Palais Dietrichstein-Lobkowitz (um 1720–1723 oder kurz vorher); 2. die beiden Deckenbilder in der kaiserlichen Galerie (nach 1723, vor 1730); 3. die Fresken und Leinwandbilder in der Kirche der Heimsuchung (nach 1725, vor 1730); 4. das Altarbild des hl. Lucas in der Karlskirche, das wahrscheinlich gleichzeitig mit den übrigen Altarbildern dieser Kirche in den Jahren um 1730 geschaffen wurde.

18*

DIE „GROSSE" UND DIE „KLEINE" FORM IN DER MALEREI DES NATURALISMUS
BEMERKUNGEN ZUR KUNST WILHELM LEIBLS

VON FRITZ NOVOTNY

Die Kunst Leibls hat in der Malerei des 19. Jahrhunderts, des „Jahrhunderts des Naturalismus", ihre besondere Stellung nicht allein dadurch, daß einige seiner Werke einen äußersten, nicht überbotenen Grad von Naturalismus aufweisen, sondern daß sie zugleich und innerhalb dieses Naturalismus ein Höchstmaß künstlerischer Vollendung demonstrieren. Es sind dies einige Bilder aus seiner sogenannten „Holbein-Periode". Diese Bilder aus dem Jahrzehnt von 1875 bis 1885 stehen zwischen Werken einer früheren und einer abschließenden Schaffensperiode, die sich beide durch eine ausdrücklich malerische, „tonige" Gestaltungsweise von jenen wesentlich unterscheiden (Abb. 199). Auch diese Position der Gruppe streng naturalistischer Bilder im Gesamtwerk des Malers drängt zu mehreren Fragen nach dem Wesen und der Bedeutung dieses Naturalismus, doch bieten sich diese Werke, fast durchwegs Hauptwerke, auch für sich allein betrachtet einer eingehenderen Analyse des Naturalismus in der Malerei als exemplarische Fälle, als Musterbeispiele für eine Gattung an.

Voraussetzung für eine solche Betrachtung ist, daß es sich beim „Naturalismus", dem Wort wie der Sache, die es benennt, um etwas in einer gewissen Weise Beunruhigendes handelt, um etwas, das zum Nachdenken reizt oder sogar nötigt. Denjenigen Betrachter, den ein bestimmtes naturalistisches Werk durch seine Intensität, durch seine Geschlossenheit und Eindeutigkeit, kurz: durch seine Qualität als Kunstwerk, festhält, braucht keine immanente Problematik, brauchen keine Fragen nach dem Zustandekommen der starken Wirkung zu kümmern. Es wirkt da eben die Einheit eines solchen Werks – von den hier gemeinten Bildern Leibls vor allem das mit den „Drei Frauen in der Kirche" (Abb. 201) – mit der Überzeugungskraft großer Kunst, als „Kunstwerk aus einem Guß", und zum wesentlichen Teil gerade durch seinen Naturalismus. Denn die Wirrnis, das Ineinander von Natur und Kunst mit dem Ergebnis „Kunstwerk" ist und bleibt als Grunderlebnis faszinierend, auch ohne jeden Versuch, ein Prinzip, das Gestaltungsprinzip zu erkennen.

Die Erfahrung aber zeigt, daß ein solches Verhältnis des Betrachters zum naturalistischen Kunstwerk nicht die Regel ist. Häufiger provoziert vielmehr diese Art von Malerei die – nur neugierige oder bereits skeptische – Frage: Was macht ein eindeutig, ein extrem naturalistisches Werk zum Kunstwerk? Das ist die neugierige Form der Frage, mit dem skeptischen Unterton aber lautet sie: Wie kann ein naturalistisches Bild dennoch ein Kunstwerk sein? Dies ist die abschließende Form der Grundfrage, in ihr sind bereits einzelne andere Fragen eingeschlossen, wie die: Ist nicht ein äußerster Gehalt an Naturalismus hinderlich für den schöpferisch-künstlerischen Gehalt? Wäre es so, dann wäre ein extrem naturalistisches Werk ein Kunstwerk geringerer Ordnung, verglichen mit „freieren" Formen der Wirklichkeitswiedergabe. Dem widerspricht aber die doch unleugbare Existenz vollwertiger naturalistischer Kunstwerke. Dann bleibt es eben bei der Fragestellung: Wie behauptet sich die schöpferische Gestaltung gegen die Macht einer naturalistischen Wiedergabe? Es ist klar, daß sich in einer solchen Frage an das naturalistische Kunstwerk die zeitbedingte Haltung zum Naturalismus ausspricht, daß damit eine Wertung in verschiedenen Abstufungen zum Ausdruck kommt. Diese Abhängigkeit vom Relativismus einer historischen Wertung soll aber hier außer acht bleiben, jene Fragen sollen so weit wie möglich auf einen Sachverhalt ohne Wertung bezogen werden.

Man folgt nur der schlichtesten Logik, wenn man im naturalistischen Kunstwerk, so wie in jedem anderen auch, das Kriterium des eigentlich, des spezifisch Künstlerischen in der Form findet. Dabei fragt es sich, ob es eine für die naturalistische Malerei charakteristische formale Gestaltungsweise gibt. Auf den ersten Blick ist in unserem Fall, bei den naturalistischen Bildern Leibls, nichts dergleichen festzustellen, zumindest in keiner der Kategorien, nach denen wir die Bildstruktur im großen gewohnterweise analytisch zu erfassen, ihre Besonderheit und ihre Grade zu benennen versuchen, das heißt zunächst in der Komposition in Fläche und Raum. In dieser Hinsicht sind die Figurenbilder Leibls aus seiner „Holbein-Periode" offensichtlich sehr bewußt und im herkömmlichen Sinn aufgebaut. Sie alle sind, man darf sagen: „vorbildlich komponiert". In dem Bild „Drei Frauen in der Kirche" ist die Komposition, der Bildaufbau aus den großdimensionierten Elementen, den Figuren und ihren Umrissen, von einer geradezu klassischen Geschlossenheit. Das Diagramm der Figurenumrisse, das Kurvenspiel ihres Zusammenklangs mit der Umrißkontur des Betstuhls und seinen geschnitzten Rokoko-Ornamenten, vor allem die Ähnlichkeit dieses Umrisses mit der nach unten sich keulig ausbreitenden Silhouette der mittleren Gestalt, ist das Musterbeispiel einer vollendet durchgebildeten Bildarchitektonik, kein Figurenbild klassizistischer Art könnte in dieser Hinsicht kompositionell fester gefügt sein. Es steht damit im Prinzip nicht anders bei der Figurenkomposition der anderen Bilder Leibls aus jener Schaffensphase, es gibt da nur die Abstufung nach der einfacheren Gegebenheit des Einfigurenbildes („Der Jäger"), des Zweifigurenbildes („Ungleiches Paar" [Abb. 200], „Der Sparpfennig") und der mehrfigurigen Komposition („Die Dorfpolitiker"). Mit dieser festen kompositionellen Bildstruktur aus den großen Teilformen hat Leibl sein naturalistisches Grundkonzept zu vereinen gewußt – in jedem Fall, soweit es die kompositionelle Anlage in der Bildebene betrifft. Nicht jedesmal gelang ihm dies in der Raumkomposition, im Bildaufbau aus den Figuren, den er doch mit der Forderung nach naturalistischer Richtigkeit in der Perspektive in Einklang zu bringen hatte. So kam es in jenem „Kirchenbild" zu der oft festgestellten Unrichtigkeit der Proportionierung, am auffälligsten in der Gestalt der vordersten Figur: Kopf und Hände der jungen Bäuerin stehen nicht im richtigen Verhältnis zur ganzen Figur. Das störte Leibl offenbar nicht, und es stört auch nicht den heutigen Betrachter, der das Bild als Kunstwerk erlebt, er empfindet die Ungenauigkeit vielmehr als die Übersteigerung einer Nahperspektive, die der Wirkung der Raumtiefe zugute kommt. Wohl aber störte den Maler selbst eine ähnliche, und stärkere, Unrichtigkeit in einem berühmten anderen Fall, nämlich bei der Komposition des Bildes „Die Wildschützen", das er deshalb zerschnitt.

Die Forderung nach perspektivischer Korrektheit kam also bei diesen Figurenbildern von Leibl mitunter mit dem Postulat der Bildkomposition in Konflikt. Darin mag man eine bezeichnende Eigenheit seines Naturalismus sehen – ein bedeutsames Merkmal ist das aber im ganzen besehen gewiß nicht. Eher gilt dies von der Tatsache, daß die Gestalten in den mehrfigurigen Bildern, dem „Kirchenbild", „Ungleiches Paar", „Die Dorfpolitiker", „Der Sparpfennig", „Bauernjägers Einkehr", durchwegs unterlebensgroß wiedergegeben sind. Diese Verkleinerung hat bei der Betrachtung der Originale immer von neuem ihre starke Wirkung, sie allein schon ist eine Einschränkung des naturalistischen Effekts, und man darf dabei an den berühmtesten Analogiefall denken, an die Bilder eines Geistesverwandten, an Vermeer van Delft. Diese Einschränkung eines monumentalen Bildaufbaus auf ein kleines Format bleibt, einmal erlebt, unausweichbar wirksam, noch vor allem und über allem andern, als die denkbar einfachste, fundamentale Transposition des intensivsten Naturalismus in die Sphäre des Künstlerischen. Ein Gegenbeispiel: Jacques-Louis Davids Bild des „Toten Marat" hat Naturgröße, das verlangte, so wie den krassen Naturalismus, offensichtlich die erstrebte politische Wirksamkeit der Darstellung. Ein wenig davon spricht ja auch bei den großen Formaten der Figurenbilder Courbets mit, allerdings gehört der Hang zum Kolossalen allein schon zum programmatischen Realismus seiner Malerei.

Die Komposition aus größer dimensionierten Formelelementen, das heißt dem Figuren- und überhaupt Gegenstandsumriß für die Fläche, dem Körpervolumen für die Raumillusion, ist also von Leibl in vollem Bewußtsein ihrer Bedeutung für das Ganze des Bildes durchgestaltet worden und wenigstens in den entscheidenden Fällen unberührt von dem kompromißlosen Streben nach strengstem Naturalismus[1]. Sie, die Komposition aus den großen Einzelelementen, allein schon ist ein Kriterium des Künstlerischen, aber ihre Feststellung reicht doch nicht aus, um das Wesentliche dieser extrem naturalistischen Malerei zu charakterisieren – das hieße ja gerade diejenigen Elemente der formalen Gestaltung hervorheben, die eben nicht mit dem Naturalismus zu tun haben. So wichtig der Hinweis auf die Bildstruktur aus den relativ großen Bauelementen – hier der Einfachheit halber kurz die „große" Form genannt – selbstverständlich auch ist, so gibt es daneben doch auch die Bildstruktur aus den kleineren Elementen, die „Kleinstruktur", die „kleine" Form. Es braucht wohl nicht eigens betont zu werden, daß ihr in der naturalistischen Malerei eine wichtige Rolle zufällt, allerdings eine von besonderer, nicht leicht erfaßbarer Art.

Für den oberflächlichen Blick scheint es nämlich eine solche „Kleinstruktur" in der naturalistischen Malerei gar nicht zu geben. Streng genommen schließt doch eine extrem naturalistische Darstellungsweise die Erkennbarkeit der handwerklichen, der im weiteren Sinn malerischen Struktur aus, und Leibl ist in dieser Hinsicht bis zur äußersten Konsequenz gegangen. Tatsächlich ist in seinen Bildern aus dem Jahrzehnt der „Holbein-Periode" in der Nachbildung der wirklichen Detailformen in einzelnen Bildpartien eine Kleinstruktur kaum zu erkennen, wie etwa in dem einen der erhaltenen Fragmente des Bildes „Bauernmädchen mit Nelke", dem Detail mit dem Mieder

---

[1] Als Beispiel einer eingehenderen Beschreibung der Komposition eines der Hauptwerke sei E. HANFSTAENGLS kleine Monographie über „Die Dorfpolitiker" (Werkmonographien zur bildenden Kunst in Reclams Universal-Bibliothek, Nr. 33), Stuttgart 1958, angeführt.

und dem Schultertuch (Abb. 205), oder in dem bravourösen filigranhaften Laubwerk der Weide in dem Bildnis des jungen Freiherrn v. Perfall („Der Jäger").

Tatsächlich aber stellt sich bei genauerem Zusehen heraus, daß auch Leibl ein solches Verleugnen der malerischen wie der zeichnerischen Struktur nicht völlig durchgehalten hat, obwohl er darin so weit ging wie kein anderer Maler vor ihm. Es zeigt sich, daß auch er bei seinem Streben nach einem „unbedingten" Naturalismus vor der Entscheidung zwischen zwei Grundmöglichkeiten der Darstellungsweise: einer zeichnerisch-linearen und einer malerischen stand (so grob der Kontrast damit auch bezeichnet ist). Die Entscheidung mußte, dem empirischen Sehen folgend, zur Seite des Zeichnerischen fallen. Derselbe Maler, der von Anfang an, und durch die Lehre Courbets bestärkt, sich der „offenen" Form einer „malerischen Malerei" zugewendet hatte (Abb. 199), war nun auf die Seite des Zeichnerischen gedrängt, freilich zu einer so weit wie möglich verheimlichten, nicht ausdrücklich zeichnerischen Aussageweise. Bisweilen aber tritt in Einzelheiten, in einzelnen Bildstellen dieses Zeichnerische hervor. Eine solche Einzelheit ist zum Beispiel in dem am weitesten naturalistisch durchgebildeten Gemälde, dem „Kirchenbild", zu erkennen, und zwar in der Art, wie der Saum und die Faltenenden der Schürze der jungen Bäuerin gebildet sind (Abb. 201); eine ähnliche Stelle findet sich in den „Dorfpolitikern" in der Wiedergabe der Papierblätter in der Hand des vorlesenden Bauern. Das ist sogar eine Art von verhaltener, zarter graphischer Stilisierung, die, bewußt oder unbewußt, an klassische Vorbilder anklingt, an Holbein oder Dürer, allgemein: an den letzten Nachklang der graphischen Darstellungsweise des ausgehenden Mittelalters, der großen Niederländer des 15. Jahrhunderts und der deutschen Renaissance. Viel deutlicher noch und gar nicht verhalten gibt es solche Anklänge in dem Bild der „Wildschützen". Die etwas klischeehafte Bezeichnung „Holbein-Periode" besteht insoweit zu Recht.

Einmal auf solche Einzelheiten der „kleinen" Form aufmerksam geworden, wird man sie auch an anderen Stellen, weniger ausgeprägt, noch mehr „verheimlicht", in diesen Bildern entdecken, so zum Beispiel in der an die Grenze des Möglichen gelangten minutiösen Wiedergabe der Hände, einem für Leibl zu aller Zeit besonders wichtigen Objekt, man darf sagen: Thema. Man kann von einer gleichsam mikroskopischen Feinheit der „kleinen" Form sprechen.

Erst wenn die Beziehung zwischen den beiden schöpferischen Kategorien, der „großen" Form, die nicht unmittelbar mit dem Naturalismus zu tun hat, und der „kleinen", die hier das wesentliche Aussagemittel ist, erkennbar wird, ist man dem Geheimnis dieser Malerei auf der Spur. Es geht hier, bei dieser Relation der analytisch isolierten Elemente und ihrem Zusammenwirken zur Einheit des Bildes, doch um ein ganz allgemein gültiges Faktum, allerdings ist es bei einer naturalistischen Darstellungsart wie dieser besonders schwer zu durchschauen.

Demgegenüber gibt es einen Überfluß an Beispielen, in denen der Zusammenhang der „großen" mit der „kleinen" Form, der größer dimensionierten mit den in unzählbaren Graden abgestuften kleineren Formelementen, offen zutage tritt. Seit Fritz Burger vor sechzig Jahren in seinem 1913 erschienenen Buch „Cézanne und Hodler" den Begriff der Ähnlichkeitsbeziehungen („Grenzrelationen") in der Forminterpretation von Kunstwerken aus verschiedenen Zeiten angewendet hat, wurde das Verhältnis der großen Teilelemente zu den kleinen im Bildaufbau, das Gleichgerichtete beider im Bildganzen, in der Kunstbetrachtung bewußter erkannt, und schon 1899 hatte Signac in seiner Schrift «D'Eugène Delacroix au Néo-Impressionnisme» eine Ähnlichkeitsrelation zwischen den größeren kompositionellen und den kleineren Aufbauelementen, eine Konformität der beiden als Prinzip, als programmatische Forderung für die Malerei, im besondern für den Neoimpressionismus, aufgestellt. Ihm ging es eben um Malerei, es gilt aber auch für die graphische Ausdrucksweise. Es genügt hier sicherlich, nur flüchtig ein paar Beispiele in Erinnerung zu rufen: in einer extrem zeichnerischen Form, der graphischen Struktur etwa einer Zeichnung von Altdorfer oder von Wolf Huber, ist der Zug der großen Linien, der Konturen, und der graphischen Details, der Schnörkel, von derselben Gattung, nur in den Dimensionen verschieden; jeder beliebige „echte" Zeichner könnte als Beispiel angeführt werden, die Zeichnung eines holländischen Landschaftsmalers des 17. Jahrhunderts wie die Graphik irgendeines Manieristen, eine Zeichnung von Rembrandt so gut wie eine von Van Gogh, aber auch jede zeichnerische Form mittelalterlicher Malerei, kurz alle nicht ausdrücklich naturalistische Darstellung. Das Analoge im Bereich der Malerei ist die Malerei mit sichtbarem Pinselstrich, mit „offener" Struktur, die „malerische Malerei". Das Gewichtsverhältnis zwischen den großen und den kleinen Aufbauteilen hat selbstverständlich auch hier viele Möglichkeiten, denn es handelt sich eben um ein allgemein auftretendes Phänomen, zugleich um ein allgemein geltendes Kriterium für den künstlerischen Wert. Im historischen Entwicklungsablauf hat schließlich im Impressionismus des 19. Jahrhunderts die Kleinstruktur ein Übergewicht bekommen (aber auch, nebenbei bemerkt, in der Spätphase einiger der größten Maler aus der Vergangenheit: Tizian, Velázquez, Rembrandt, Hals, Goya). Das bedeutete selbst im späten Impressionismus nicht das Aufgeben der Komposition von traditioneller Art überhaupt, sondern nur eine Gewichtsverlagerung, bis zu einer Umkehrung der Werte der „großen" und der „kleinen" Form in der Gesamtheit der Bildstruktur. Nun war jede Gattung von Komposition anwendbar, auch mitunter die der klassischen Art, nur war die Komposition im großen gleichgültiger geworden, sie war es, die nun, wenn auch nicht verleugnet, so doch zumindest verschleiert war. Das bedeutete auch nicht unbedingt einen Verlust an Stabilität für das Bildganze, dessen Festigkeit beruhte nunmehr im wesentlichen auf der Struktur aus kleinen Teilen, am eindringlichsten, mächtigsten aber kurz danach und bereits in einem neuen Geist in der Malerei Cézannes. Diese bekannten Dinge sind hier nur kurz erwähnt, weil die Durchsichtigkeit der Situation in allen solchen Fällen mit dem spezifischen Charakter des naturalistischen Kunstwerks so sehr, wenigstens oberflächlich, kontrastiert.

Wenn auch im streng naturalistischen Bild im gleichen Sinn das Verhältnis der großen zu den kleinen Formgebilden schließlich entscheidend ist – da es eben ein allgemeines Phänomen betrifft –, so ist hier doch dieses Verhältnis von anderer, eigener Art. Um es noch einmal zu sagen: dort wo der entscheidende Formwert eindeutig klar hervortritt, in der „großen" Form, der Komposition, bleibt er dem Naturalismus fern, und das für den Gehalt an Naturalismus Entscheidende hinwieder, die „kleine" Form, ist geheimnisvoll verborgen. Wir kommen schließlich doch wohl zu der Überzeugung, daß „klein" im Gegensatz zu „groß" auf die „kleine" Formstruktur nicht mehr sinngemäß anwendbar ist – es gibt hier im Grunde kein „klein", auch die minutiöse, die „mikroskopische" Form behauptet sich gegen die Bedrohung durch das naturalistisch

Illustrative einer solchen Wirklichkeitswiedergabe, diese minimale Struktur büßt auch in der hier wiederholt hervorgehobenen „Verhüllung" – durch sie unterscheidet sie sich von solchen früher zitierten Fällen einer offen zutage tretenden Kleinstruktur – zumeist nichts von ihrer Macht ein. Dies bedeutet aber auch etwas für die „große" Form, die Komposition: die zweifellos zumeist dominierende, auf jeden Fall oberflächlich auffallende kompositionelle Anlage ist ja trotzdem von sehr unterschiedlicher Art von Fall zu Fall, verschieden in der Rangordnung, dem Gewicht der Formelemente im Bildganzen.

Das Besondere der „kleinen" Form im Naturalismus in Grad und Art tritt begreiflicherweise in der reinen Zeichnung in Schwarzweiß etwas unkomplizierter auf als in der Malerei. In einer kleinen Anzahl von Zeichnungen und in den meisten seiner neunzehn Radierungen hat Leibl in den Jahren nach 1874, also in der „Holbein-Periode", eine seiner gleichzeitigen Malerei im Wesen entsprechende, vom gleichen Ehrgeiz nach der äußersten naturalistischen Präzision geleitete Form angewendet, das heißt eine Kleinstruktur aus Schraffen von nicht mehr überbietbarer Feinheit und Dichte; die beiden Zeichnungen von 1879: „Bildnis der Mutter" und die zu diesem Porträt gehörigen „Hände der Mutter" (Abb. 202, 203)[2], und die „Bäuerin, in einem Gebetbuch lesend", von 1878, sind die eindringlichsten Beispiele. Es ist erklärlich, daß es nicht viele Zeichnungen dieser Art von Leibl gibt. Ein extremer, „totaler" Naturalismus wie der seine ließ sich schließlich nur in der Malerei, nicht in der einfacheren Dimension des Schwarzweiß verwirklichen. Es gibt außer dieser Gattung noch später entstandene Zeichnungen, die allein schon im Technischen (Kohle oder schwarze Kreide) Produkte einer ausgeprägt malerischen, nur zu geringerem Grad lineargraphischen Gestaltungsweise sind. So weit geht die Entsprechung in seiner Zeichenkunst zu dem Nacheinander von präzisem Naturalismus und einer lockeren, freieren malerischen Form. Es gibt außerdem noch eine Reihe von überraschenden Studienzeichnungen, vor allem für das „Wildschützen"-Bild, voll von unerwartet impulsiven, ausdrucksgeladenen Abbreviaturen, wie sie in seiner Malerei nur ganz selten, in Bildern von Studiencharakter, vorkommen. Im ganzen betrachtet, im Gesamtbild seiner Kunst, steht aber die Zeichnung, obwohl durchwegs von ebenbürtiger Meisterschaft, an zweiter Stelle neben dem, was er mit der Malerei zu erreichen strebte und vermochte.

Der Vorrang der Malerei in der Grundhaltung zeigt sich bei Leibl auch in einer besonders charakteristischen Weise in der Art der Umrißbildung selbst in den Gemälden der „Holbein-Periode". Da steht auch in diesen Bildern einer mitunter bis zu der erwähnten graphischen Stilisierung intensivierten Zeichnung eine Konturierung gegenüber, die ebenfalls in den Bereich der Kleinstruktur gehört: eine Umrißführung von äußerster Empfindsamkeit, das hauchzarte Pulsieren eines Umrisses, der als das Aneinandertreffen zweier Farben aufgefaßt ist (Abb. 204). So spielen graphische Steigerung des Umrisses und seine Dämpfung zusammen, wechselweise, aber auch ineinander; es ist ein geheimes, doch immerhin nachspürbares Oszillieren im Bereich

---

[2] „Von dieser Zeichnung sagte Leibl, als sie fertig war: ‚Ich halte das Herzsolo der Kunst in der Hand'. – Lt. Mitteilung von Leibls Nichte, Lulu Kirchdorffer an E. Waldmann im Brief vom 24. Februar 1930" (E. WALDMANN, Wilhelm Leibl als Zeichner, München 1942, S. 24).

der Strukturteile von kleinsten Dimensionen. Das ist Leibls persönliche Lösung des Antagonismus zwischen Zeichnung und Malerei. Sie wurde zu einem wesentlichen Prinzip in der ausdrücklich „offenen" malerischen Gestaltungsweise des ganzen „Leibl-Kreises" (Schuch, Trübner u. a.), war aber freilich in der Anwendung bei den einzelnen Malern jeweils verschieden.

Als Leibl ungefähr seit der Mitte der achtziger Jahre sich wieder einer ausgeprägter malerischen Darstellungsweise zuwandte, war der strenge Naturalismus seiner „Holbein-Periode" in Frage gestellt. Naturalistisch blieb seine Malerei trotzdem, denn auch die malerische Form der kleinen Teile ist zurückhaltend und verhältnismäßig verborgen, so wie vordem die „kleine", minutiöse, dem Graphischen nahe Formstruktur. Geändert, verringert hat sich vor allem die Strenge und Dominanz der Komposition. So zeigt ein Bild wie die Genreszene „Bauernjägers Einkehr" aus dem Jahre 1893 nicht mehr eine so bezwingende Komposition „im alten Stil", obwohl auch dieses Bild unzweifelhaft bewußt komponiert ist, ebenso auch das „Interieur mit Spinnerin", von 1892, und die bedeutenden drei Kücheninterieurs aus den letzten Schaffensjahren, 1895–1898. Die Raumausschnitte aller dieser Bilder sind ungezwungener, sie haben den Charakter des „zufälligen" Ausschnitts aus der Wirklichkeit im Sinne des Impressionismus, und zunehmend tritt die malerische Faktur hervor. Von allen diesen Werken würde man nicht zu jenen beunruhigenden Fragen nach dem Wesen des Naturalismus, in Hinblick auf die Wechselbeziehung, das Zusammenwirken der „großen" und der „kleinen" Form, gedrängt. Zu aller Sachlichkeit der Bild gewordenen Anschauung, die jede Anekdotik der üblichen Gattung ausschließt, der Bilderzählung keine selbständige Wirkung gewährt, zu dieser Sachlichkeit und ständig bannenden Stille tritt nun ein Zug zauberhafter, sanfter Stimmung, ein neuer Klang von Stille und „Entrücktheit", den Wilhelm Hausenstein in einer meisterhaften Analyse dieser Spätwerke festgestellt hat[3]. Sehr naheliegend und berechtigt ist die Frage, ob dieser neue Zug von Vergeistigung und Verinnerlichung etwas „Höheres" bedeutet als die großartige Nüchternheit – erstaunlicherweise ein positiver Anteil am Innersten dieser Malerei – in den früheren Bildern seiner streng naturalistischen Schaffensphase. Dieser neue Inhalt in den Spätwerken mag uns Heutige mehr berühren, fraglos aber ist, daß diese späte Form mit der vorangehenden aufs engste zusammenhängt, daß diese die Voraussetzung für den Spätstil ist, daß es sich keineswegs um eine radikale Abkehr handelt. Man wird dabei an die Entwicklung in der Kunst von Frans Hals erinnert, die für Leibl so viel bedeutete, an die Beziehung der naturalistischen Gruppenbilder, der Offiziersmahlzeiten und Schützenstücke mit ihrer überwältigenden strahlenden Buntheit zu den dumpfen, dunklen letzten Bildern: auch da erscheinen die frühen Werke als eine Voraussetzung zu den späten, so enge und tiefe Zusammenhänge bestehen zwischen beiden, daß eine abschätzende Wertung fragwürdig wird[4]. Es ist im Grunde übrigens ebenso bei einigen der großen Maler der Vergangenheit, die vorhin erwähnt wurden, bei Tizian, Rembrandt, Goya; es sind Durchbrüche zu einer freien,

---

[3] W. HAUSENSTEIN, Bauernküche in Oberbayern, in: Zwiebelturm, I, 1946, Nr. 1 (Erstdruck unter dem Pseudonym Johann Armbruster in: Frankfurter Zeitung vom 1. Januar 1940).

[4] Vgl. F. NOVOTNY, Bei Betrachtung der Frans-Hals-Ausstellung in Haarlem 1962, in: Alte und moderne Kunst, 7 (1962) Nr. 64/65, S. 26 (wiederabgedruckt in: Über das „Elementare" in der Kunstgeschichte und andere Aufsätze von Fritz Novotny, Wien 1968, S. 139).

kühnen, offenen Form, zu einer neuen Bildgestalt und Gewalt, die aber dennoch in allem Vorhergehenden in ihrer Malerei ihre Vorbedingung haben.

Seit man die Malerei mit der offenen Struktur von ihren Höchstleistungen im 19. Jahrhundert her als das erkannt hat, was sie an sich und in ihrer historischen Bedeutung ist, kam es begreiflicherweise immer wieder zu einer generellen Einschätzung dieser „malerischen" Gestaltungsweise als einer „höheren" Form, also zu einer doktrinären Auffassung. So wurde berechtigterweise eine Gattung *wegen* eines bestimmten Darstellungsprinzips in ihrer besonderen Bedeutung hingestellt, ohne zu sehen, daß auch die grundverschiedene naturalistische Gattung, *trotz* einem anderen Prinzip, eine Höchstform erreichen kann. Es gibt im „Fall Leibl" selbst in seiner Darlegung durch Julius Meier-Graefe neben der bewundernswert weitausgreifenden Interpretationskunst etwas von jener doktrinären Gebundenheit. In Leibls Bildnissen von der „malerischen" Art sieht Meier-Graefe, mit vollem Recht, Höchstleistungen der Gattung, so vor allem in dem Porträt des Bürgermeisters Klein vom Jahre 1871 (Abb. 199), den Werken aus der „Holbein-Periode" aber steht er nur mit einer flüchtigen Ablehnung gegenüber [5].

Von einer zentralen Kraft in der Kunst Leibls war hier nicht die Rede, nämlich von der Rolle der Farbe in seinem Naturalismus. Zu betrachten wäre dabei, als Parallele zur sonstigen Kleinstruktur, die minimale Abweichung von der realen Gegenstandsfarbe und die trotzdem geglückte Einbindung in das koloristische Konzept. Nicht weiter reicht diese Parallele, denn soweit das, was wir unter Struktur zu verstehen haben, für die Farbe überhaupt Geltung hat, kann dies ja nur den Farbauftrag, die Pinselführung betreffen. Das unendlich weite Feld der Wirkung der Farbe an sich fällt nicht unter den Begriff der Struktur, sondern gehört einer gänzlich anderen, eigenen Sphäre an.

Es ging bei diesen Bemerkungen einzig um das Phänomen, das mit dem Titel dieses Versuchs umschrieben ist, um einen engen Ausschnitt also selbst noch innerhalb der Beschränkung auf die Form. Auch von dem in einem naturalistischen Kunstwerk wie überall schließlich entscheidenden Wert der Qualität ist hier nicht die Rede, da diese sich doch bekanntlich der begrifflichen Fassung entzieht. Nicht unternommen wurde auch das Wagnis, über das Wesen des Naturalismus überhaupt, in einem weiteren Verstande, der auch die außerkünstlerischen Triebkräfte einbegreift, etwas auszusagen – nur eine Frage dazu sei hier nochmals zur Diskussion gestellt: ob und wie der Naturalismus als eine allgemein bestimmte Haltung dem Schöpferischen förderlich oder hinderlich sein kann. Daß er hinderlich sein kann, muß gewiß nicht besonders unterstrichen werden, es ließen sich nicht wenige Beispiele anführen – wichtiger ist die Frage nach einem auf das Schöpferische einwirkenden Antrieb, der vom Naturalismus ausgehen kann. Sie ist gewiß positiv zu beantworten, das steht jedenfalls für das Erlebnis des Künstlers bei der Entstehung eines solchen Werkes als eine Selbstverständlichkeit fest. Und was den Standpunkt des Betrachters betrifft, so ist es ebenfalls eine Selbstverständlichkeit, daß jeder Versuch, dem *spezifisch* Künstlerischen auf

---

[5] J. MEIER-GRAEFE, Entwicklungsgeschichte der modernen Kunst, Bd. II, München 1920³, S. 285 ff. – Zu dem Bildnis des Bürgermeisters Klein (S. 296): „... steckt etwas von Rembrandt; nicht nur rembrandthafte Form, auch rembrandthafter Instinkt ... Leibl ... gehört zu den unendlich wenigen Künstlern unserer Zeit, von deren Werken wir an die Sphäre Rembrandts denken dürfen."

den Grund zu kommen, schließlich bei den Eigenheiten der formalen Gestaltung landet. Das enthebt uns aber nicht der Einsicht, daß beim Erleben eines naturalistischen Kunstwerks das mehr oder weniger bewußte Messen an der Natur, daß Assoziationen aus unserem Erlebnis der Realität unabweisbar sind. Das mag der Analytiker als ein notwendiges Übel empfinden – wie ja auch das „Heraussezieren" formaler Eigentümlichkeiten ein notwendiges Übel ist –, aber nur so: indem man das Erlebnis der Illusion und das Nacherleben des Vorgangs der Entstehung des Werkes nicht gewaltsam ausschließt, wird man schließlich dem naturalistischen Kunstwerk gerecht.

Es braucht wohl auch nicht betont zu werden, daß das eine Phänomen, um das es hier am Beispiel eines Malers des späten Naturalismus, eines der größten Maler seines Jahrhunderts, geht, im Prinzip ebenso auch an anderen Werken naturalistischer Malerei von gleicher Strenge, Eindeutigkeit und Dichte, wie an der Kunst Jan van Eycks oder Holbeins demonstriert werden könnte. Zum Schluß nur noch eine Frage, eine rhetorische: die naturalistische Kunst, die doch, so sollte man meinen, die geheimnisloseste Gattung von Kunst ist – ist sie nicht, richtig besehen, gerade umgekehrt eine besonders rätselvolle?

Abbildungsnachweis. Sämtliche Abbildungen nach Photos der Museen.

EIN TIBETISCHES ROLLBILD MIT DER DARSTELLUNG DES „GROSSEN WUNDERS VON ŚRÂVASTÎ"

VON HERBERT FUX

Unter den tibetischen Kunstwerken, die das Österreichische Museum für angewandte Kunst der bekannten Exner-Schenkung zu danken hat, befinden sich vier Tempelfahnen, von denen bisher eine publiziert wurde[1]. Diese Studie soll ein zweites Exemplar vorstellen, das nicht nur wegen seiner künstlerischen Qualität beachtenswert erscheint.

Das Than-ka ist in der üblichen Weise von roten und gelben „Regenbogen"-Streifen eingefaßt und mit einer Montierung aus dunkelblauem Brokat versehen. Rollstab und Schutzschleier fehlen; im übrigen sind die Seidenteile, mit Ausnahme einiger Flecken und des ausgeblaßten Rot der „Regenbogen"-Rahmung in einem guten Zustand. Die Größe des auf Leinwand gemalten Bildes beträgt 55 × 83 cm. Seine Farben sind, trotz etlicher Abreibungen und Absplitterungen vor allem an den Knickstellen, vorzüglich erhalten. Eine Inschrift auf der Rückseite unterhalb der Tragleiste lautet „ches gčig-pa", zu deutsch „der erste Tag"[2].

Schon der Aufbau der Komposition mit der Anordnung von kleinen figürlichen Szenen rund um die dominierende Gestalt des Buddha in der Mitte macht klar, daß wir es mit einer belehrenden Malerei zu tun haben, die Episoden aus dem Leben des Erleuchteten wiedergibt (Abb. 208). Der in strenger Frontalität thronende Buddha ist dabei nicht wie bei den mandalaartigen Darstellungen durch bestimmte mudrâs ausgezeichnet und aus dem Handlungsablauf herausgehoben, sondern durch den großen Mangobaum in seiner Rechten in die Schilderung des Geschehens mit einbezogen[3].

Illustriert ist das „mahâ-prâtihârya von Śrâvastî" mit einer Fülle an Details, die sowohl den Sanskrit- als auch den Pâli-Überlieferungen, die in einigen Belangen divergieren, entsprechen[4]. Um den Bildinhalt zu deuten, ist es daher notwendig Texte beider Versionen heranzuziehen.

Da der Sanskrit-Kanon unter den erstaunlichen Begebenheiten, die sich in Śrâvastî ereigneten, die Geschichte des Mangobaumes nicht vermerkt, ist zunächst die Pâli-Tradition zu berücksichtigen, die unter anderem in der deutschen Übersetzung des

---

[1] Fux, S. 18–24. – Einige Hinweise zur allgemeinen Literatur über die tibetische Kunst und Ikonographie siehe ebenda, Anm. 1 und 6.

[2] Von Prof. Dr. F. Bischoff, dem ich für die Lesung und Übersetzung zu danken habe, als Tag nach dem Neumond interpretiert.

[3] Zu den beiden Wiedergabemöglichkeiten vgl. Hummel, Geschichte, S. 52.

[4] Zur Sanskrit-Tradition siehe Burnouf, S. 162 ff. – Schiefner, S. 293 (gibt nur einen Hinweis auf Burnouf). – Rockhill, S. 79 f. – *Divyâvadanâ*, S. 143 ff., und Tucci, S. 458 (Übersetzung in Auszügen aus dem, *Byan c'ub sems dpai rtogs pa brjod pa dpag bsam gyi ak'ri šin*, der ins Tibetische übertragenen *Avadâna Kalpalatâ* des Kṣemendra). Für die Pâli-Version: Hardy, S. 300 f. – *Jâtakatthavannanâ*, Nr. 483, S. 263 ff. – Dutoit, Nr. 483, S. 316 ff. – Burlingame, 14, 2, S. 35 ff. – Zum Vergleich beider Traditionen: Foucher, Miracle, S. 9 f. (Englisch in Foucher, Beginnings, S. 151 ff.). – Siehe auch derselbe, Vie, S. 281 ff.

Jâtaka von der Sarabha-Gazelle von Dutoit, aus der die folgenden Zitate stammen, vorliegt [5]. Die Tîrthyas, die sechs Hauptwidersacher des Buddha in Râjagṛha wollten mit ihrer Wunderkraft den Erleuchteten übertreffen. *Als dies die Mönche hörten, meldeten sie dem Erhabenen: „Herr, die Irrgläubigen wollen ein Wunder tun." Der Meister erwiderte: „Ihr Mönche, sie sollen es nur tun; auch ich werde ein Wunder tun." Da Bimbisâra [6] davon hörte, kam er herbei und fragte den Erhabenen: „Herr, werdet Ihr ein Wunder tun?" „Ja, o Großkönig", war die Antwort. ... Bimbisâra fragte weiter: „Wo aber, Herr, werdet Ihr das Wunder tun?" „Zu Sâvatthi [7] am Fuße eines Gandamba-Baumes."* [8]

Als der Vollendete fortgegangen war ... *um am Stadttore von Sâvatthi ... ein doppeltes Wunder zu tun zur Vernichtung der Irrgläubigen,* ... schloß sich ihm um Zeuge der Ereignisse zu werden eine große Menschenmenge an. *Die Häupter der anderen Sekten aber sagten: „An dem Orte, wo der Asket Gotama ein Wunder tut, wollen auch wir ein Wunder tun"; und sie folgten mit ihren Anhängern ... nach* [9].

Dieser Zug bildet den Vorwurf für die Figurengruppe links vom Mangobaum, mit dem von bhikṣus flankierten Buddha vor dem Ehrenschirm, hinter dem die sechs Häretiker, Pûraṇa-Kâśyapa, Maskari, Sohn des Gośâlî, Sañjaya, Sohn des Vairâṭî, Ajita-Keśakambala, Kakuda-Kâtyâyana und Nirgrantha, der Sohn des Jñâtṛ, auftauchen. Unter den Begleitern befindet sich auch ein König, der wohl als Prasenajit, der Herrscher von Kośala angesprochen werden darf (Abb. 206) [10].

In Śrâvastî angekommen, versicherte der Erleuchtete Prasenajit, daß er ein Wunder vollbringen werde *und auf die weitere Frage: „Wann, o Herr?" erwiderte er: „Von heute an nach sieben Tagen, am Âsâḷhi-Vollmondfeste." Der König fuhr fort: „Ich lasse einen Pavillon anfertigen, Herr"; doch der Meister versetzte: „Genug, o Großkönig; an der Stelle, wo ich das Wunder tun werde, wird Gott Sakka einen zwölf Yojanas großen Edelsteinpavillon errichten."* [11]

Wie noch zu zeigen, schließt unsere Darstellung in dieser Beziehung an die Sanskrit-Fassung an, nach der Prasenajit das Gebäude erbaut, dessen Standort der Buddha zwischen Śrâvastî und dem Jetavana bestimmt hatte [12].

Das in einem Hain gelegene Jetavanakloster, einer der Lieblingsplätze Śâkyamunis ist durch das mit Wolkenkragen und flammendem Kleinod auf dem Dach versehene kleine Bauwerk inmitten der Baumgruppe rechts von der Zentralfigur vertreten. Auf seiner Terrasse ist der Gesegnete zu bemerken, darunter die bei Prasenajit [13] wegen der Herausforderung zum Wunder vorsprechenden Asketen, eine ebenfalls der Sanskrit-Überlieferung gemäße Szene (Abb. 207) [14].

---

[5] Dutoit, S. 316 ff. – Vgl. Burlingame, S. 38 ff.

[6] Der in Râjagṛha regierende König des Reiches Magadha.

[7] Das Pâli-Wort für Śrâvastî.

[8] Dutoit, S. 317. – Siehe auch Burlingame, S. 40 und Foucher, Beginnings, S. 152, Anm. 1.

[9] Dutoit, S. 318. – Vgl. Burlingame, S. 40.

[10] Bei dieser und bei den Gestalten des Königs mit den Tîrthyas und unter den Anbetenden auf der rechten Seite des Bildes fehlt der Schnurrbart. Auf dem zum Vergleich herangezogenen Thaṅ-ka in Paris (Siehe S. 290 f. und Abb. 209) sind alle Wiedergaben des Königs bartlos.

[11] Dutoit, S. 318. – Vgl. Burlingame, S. 40.

[12] Siehe S. 288 und Burnouf, S. 171 und 175. – Vgl. auch Foucher, Beginnings, S. 149, Anm. 2 und S. 183 sowie derselbe, Vie, S. 283.

[13] Vgl. Anm. 10.   [14] Burnouf, S. 169.

Zum weiteren Verständnis ist wieder die Pâli-Legende notwendig: Durch einen Ausrufer machte der König täglich bekannt: *"Der Meister wird am Tore von Sâvatthi am Fuße eines Gaṇḍamba-Baumes ein die Andersgläubigen vernichtendes Wunder tun am siebenten Tage von heute an."* Da dachten die Irrgläubigen: *"Am Fuße eines Gaṇḍamba-Baumes will er es ja ausführen"; sie gaben ihren Anhängern Geld und ließen in der Nachbarschaft von Sâvatthi alle Mangobäume abhauen*[15].

Die Tat ist auf dem Bild nicht berücksichtigt, aber eine andere Begebenheit aus der Vorgeschichte, über die uns die Sanskrit-Version unterrichtet. Die entsprechende Stelle des *Divyâvadâna* lautet bei Burnouf: *Prasênadjit ... avait un frère nommé Kâla, beau, ... plein de foi (dans le Buddha), bon et doué d'un cœur vertueux. Un jour qu'il sortait par la porte du palais de Prasênadjit, une des femmes renfermées dans la demeure royale, qui se trouvait sur la terrasse, ayant vu le jeune prince, jeta en bas une guirlande de fleurs, qui tomba sur lui*[16]. Als der König davon erfährt, läßt er ihm auf der Straße die Hände und Füße abschlagen. *En voyant Kâla ... ainsi maltraité, la foule du peuple se mit à pleurer. Pûraṇa*[17] *et les autres ascètes vinrent aussi en cet endroit, et les amis du jeune homme leur dirent: Voici le temps d'agir ...; faites appel à la vérité de votre croyance, pour rétablir Kâla ... dans son premier état*[18]. Doch Pûraṇa erklärte, daß es die Aufgabe des Śramaṇa Gautama sei, den Jüngling zu retten, da dieser einer seiner Anhänger wäre. Nachdem Kâla den Erleuchteten angerufen hatte, sendet der Buddha seinen Schüler Ânanda, der die Heilung vollbringt, *... que le corps du prince reprit sa forme première*[19].

Prasenajit ist links unten in der Ecke auf der Terrasse seines Palastes thronend abgebildet und rechts davon die sechs Ketzer. Kâla, kenntlich durch die blutenden Arme und Beine, sitzt auf dem Boden, neben ihm betend Ânanda (Abb. 210).

Der Tag des Wunders – ich folge wieder DUTOIT und dem Pâli-Kanon – war gekommen. *Am frühen Morgen verließ der Meister sein Kloster, um in Sâvatthi seinen Almosengang zu machen. Als nun der Gärtner des Königs, Gaṇḍa*[20] *mit Namen, dem Könige eine ganz reife, große Mangofrucht von der Größe eines Wasserkruges brachte, sah er den Meister am Stadttore und gab ihm diese, indem er dachte: "Diese ist nur für den Vollendeten passend." Der Meister nahm sie an und verzehrte sie, ihm zur Seite sich niederlassend. Dann sprach er zu Ânanda: "Ânanda, gib diesen Kern dem Gärtner, daß er ihn an dieser Stelle einpflanzt; so wird es ein Gaṇḍamba werden." Der Thera tat so; der Gärtner aber hob die Erde aus und pflanzte den Kern ein.*

In demselben Augenblick zerbrachen die Wurzeln den Kern und brachen hervor; es zeigte sich ein roter Sproß so groß wie ein Pflugkopf, und unter den Augen einer großen Volksmenge erwuchs mit einem Stamm, der fünfzig Ellen hoch war, mit Ästen, die gleichfalls fünfzig Ellen lang waren, ein Mangobaum von hundert Ellen. Sogleich entstanden an ihm Blumen und Früchte, und er stand da umringt von Bienen, mit goldfarbenen Früchten beladen, ...[21].

Die dazugehörige Illustration (Abb. 208) konzentriert sich auf den Buddha und den

---

[15] DUTOIT, S. 318. – Vgl. auch BURLINGAME, S. 40.
[16] BURNOUF, S. 173 f.
[17] Pûraṇa Kâśyapa, die hervorragendste Persönlichkeit unter den sechs Sektenführern.
[18] BURNOUF, S. 174.
[19] Ebenda, S. 174 f. – Vgl. auch TUCCI, S. 458.
[20] Vgl. Anm. 8.
[21] DUTOIT, S. 319. – Vgl. auch BURLINGAME, S. 41.

Baum, die durch ihre Größe besonders hervorgehoben werden. Unter den vom Wunder Ergriffenen und den Anbetenden vor dem Lotosthron erkennen wir links den König Prasenajit und noch einmal in der Mitte kniend und mit gefalteten Händen, gleich seinem von Ânanda begleiteten Bruder Kâla ihm gegenüber. Mit dem König rechts ist wahrscheinlich ebenfalls Prasenajit gemeint [22]. Der Gärtner Ganda scheint am Fuße des Baumes auf, mit einem Tuch vor dem Mund, damit sein Atem den in einer Schale dargebotenen Mangokern nicht berühre.

Der Sanskrit-Text läßt die übernatürlichen Handlungen in anderer Weise beginnen: *... Bhagavat entra dans une méditation telle, que dès que son esprit s'y fut livré, on vit sortir du trou dans lequel se place le verrou (de la porte), une flamme qui allant tomber sur l'édifice destiné à Bhagavat, le mit en feu tout entier. Les Tîrthyas aperçurent l'édifice de Bhagavat qui était la proie des flammes, et à cette vue ils dirent à Prasênadjit ...: L'édifice où Bhagavat doit faire ses miracles ... est tout entier la proie des flammes; va donc l'éteindre. Mais le feu, avant que l'eau l'eût touché, s'éteignit de lui-même sans avoir brûlé l'édifice; et cela eut lieu par la puissance propre du Buddha et par la puissance divine des Dêvas* [23].

Wie bereits angeführt [24], erbaut nach der Pâli-Tradition der Götterkönig Sakka (Indra) beziehungsweise sein „himmlischer Baumeister" Vissakauma den Pavillon, und zwar erst nach der Vollendung des Mangobaumwunders [25]. Die aus dem Gebäude auf dem Than-ka herausschlagenden Flammen machen daher deutlich, daß es sich um die von Prasenajit gestiftete Halle handelt (Abb. 208).

Das Jâtaka Nr. 483 gibt keine weiteren phantastischen Leistungen des Meisters vor seiner Predigt an die versammelten Menschenmassen mehr an, wohl aber der Pâli-Kommentar zum Dhammapada [26] und noch reichhaltiger die Sanskrit-Aufzeichnung, die von einem Licht wie Gold, einem Erdbeben, einem Blumenregen und von anderen Erscheinungen berichtet [27].

Alors Bhagavat ... fit apparaître en outre des miracles nombreux; de la partie inférieure de son corps jaillirent des flammes, et de la supérieure s'échappa une pluie d'eau froide. Ce qu'il avait fait à l'occident, il l'opéra également au midi; il répéta dans les quatre points de l'espace; ... [28].

Auch dieser Teil der Legende findet auf dem Rollbild seinen Niederschlag (Abb. 211): in den beiden Buddhagestalten oberhalb des Pavillons. Die rechts mit dem Meditationsgestus, mit der dhyânamudrâ, ist unten von Wellen umgeben, während die Flammen aus dem Oberkörper lodern. An der linken – sie hält die Hände in der abhayamudrâ, in der Haltung „Freisein von Furcht" und in der dhyânamudrâ – ist es genau umgekehrt, gleich der burmesischen Überlieferung, die davon spricht, daß der Buddha abwechselnd Feuer und Wasser aus seinem Ober- und Unterleib hervorgehen ließ [29].

---

[22] Vgl. Anm. 10.
[23] BURNOUF, S. 177.
[24] Siehe S. 286.
[25] DUTOIT, S. 319. – In der Version bei BURLINGAME, S. 40 wird nur die Ankündigung des Buddha erwähnt, daß ihm Sakka einen Pavillon errichten werde.
[26] Ebenda, S. 42 ff.
[27] BURNOUF, S. 177 f. und S. 183.
[28] Ebenda. – Vgl. auch BURLINGAME, S. 46.
[29] BIGANDET, S. 207. – Siehe auch FOUCHER, Beginnings, S. 157 und BURLINGAME, S. 46.

Damit war der spektakulären Ereignisse noch nicht genug. ... *Bhagavat conçut une pensée mondaine ... Alors Çakra, Brahmâ et les autres Dieux ... disparurent du monde des Dêvas ... et vinrent se placer en face de Bhagavat ... Brahmâ et d'autres Dieux saluèrent ses pieds ...; et allant se placer à sa droite, il s'y assirent. Çakra et d'autres Dieux ... allèrent se placer à sa gauche et s'y assirent. Les deux rois des Nâgas, Nanda et Upananda, créèrent un lotus à mille feuilles, de la grandeur de la roue d'un char, entièrement d'or, dont la tige était de diamant, et vinrent le présenter à Bhagavat. Et Bhagavat s'assit sur le péricarpe de ce lotus, les jambes croisées, le corps droit, et replaçant sa mémoire devant son esprit. Au-dessus de ce lotus, il en créa un autre; et sur ce lotus Bhagavat parut également assis. Et de même devant lui, derrière lui, autour de lui, apparurent des masses de bienheureux Buddhas, créés par lui, qui s'élevant jusqu'au ciel des Akanichṭas, formèrent une assemblée de Buddhas, tous créés par le Bienheureux. Quelques-uns de ces Buddhas magiques marchaient, d'autres se tenaient debout; ceux-là étaient assis, ceux-ci couchés; quelques-uns atteignaient la région de la lumière, et produisaient de miraculeuses apparitions de flammes, de lumière, de pluie et d'éclairs; ...*[30].

Śakra (Indra) und Brahmâ sowie Nanda und Upananda sind zwar nicht vorhanden, die Vervielfältigungen des Vollendeten in ihren verschiedenen Positionen – liegend, wandelnd und sitzend [31] – sind jedoch so ausführlich dargestellt, daß die Bilderzählung wiederum den beschriebenen Vorgängen gerecht wird (Abb. 211).

Um den Gegensatz zu der Pracht des Palastes des Buddha zu unterstreichen, ist auf dem Than-ka in der Ecke rechts unten das für die Tîrthyas bestimmte Gebäude nur als einfache Plattform wiedergegeben (Abb. 210). Beide Traditionen vermerken seine Zerstörung durch einen gewaltigen Sturm, der die Sektenführer in alle Richtungen zerstreute [32], ferner noch die Erschaffung eines Doppelgängerbuddhas, mit dem der Erleuchtete diskutierte [33], und schließlich die Predigt an die für den Glauben gewonnene Menschenmenge [34].

Das ikonographische Thema des mahâ-prâtihârya von Śrâvastî wurde ab der Frühzeit in der indischen Kunst des öfteren behandelt [35]. Im Gegensatz zu den sich auch bei vielfigurigen Kompositionen auf die Hauptgeschehnisse beschränkenden indischen Darstellungen bringt das tibetische Rollbild wesentlich mehr Einzelheiten der Legende. Der erzählende Charakter kommt ungleich stärker zur Geltung, entsprechend der von dem Tempelbanner vertretenen Richtung der lehrhaften lamaistischen Malerei.

Im religiösen Leben Tibets nimmt das Wunder von Śrâvastî eine wichtige Stellung ein, und es wird seiner in jährlich wiederkehrenden hohen Festen gedacht [36]. Unter den bisher veröffentlichten Than-kas gibt es aber nur wenige, die seine Geschichte zum Inhalt haben. Etwa ein Exemplar im Besitz des Istituto Italiano per il Medio ed Estremo Oriente in Rom [37] und ein ganz eng verwandtes Rollbild aus der Sammlung

---

[30] BOURNOUF, S. 183 f. – Vgl. auch BURLINGAME, S. 46.
[31] Es fehlt der stehende Buddha.
[32] BURNOUF, S. 185 f. – BURLINGAME, S. 42. – Vgl. auch TUCCI, S. 458.
[33] BURNOUF, S. 188. – BURLINGAME, S. 47.
[34] BURNOUF, S. 188. – DUTOIT, S. 320. – BURLINGAME, S. 47.
[35] Vgl. z. B. hierzu das angegebene Material bei HACKIN, Scènes, S. 61, Anm. 1, II (verwendet u. a. FOUCHER, Miracle, S. 1–78 = DERSELBE, Beginnings, S. 147–184). – MEUNIÉ, S. 48 f. und MARSHALL, S. 78, 94 ff. und 108.
[36] TUCCI, S. 460.
[37] Ebenda, Tfbd., Pl. 105.

Baron A. von Stael-Holstein [38], die die Vorsprache des Königs Prasenajit bei Bhagavat, die Heilung des verletzten Kâla durch Ânanda [39], den in Flammen und Wasser erscheinenden Buddha, seine mehrfache Projektion und das die Tîrthyas hinwegfegende Unwetter mit anderen Episoden verbinden. Die vielen Reflexionen Śâkyamunis finden sich weiters auf zwei Beispielen im Musée Guimet, einmal im Beisein von Göttern und Menschen, unter Einbezug der Verjagung der Asketen durch Pâñcika, dem Oberhaupt der yakṣas [40], zum anderen mit Gabenbringern und den vom Wunder Ergriffenen [41]. Eine dritte Tempelfahne in derselben Kollektion verdient in unserer Untersuchung besondere Beachtung, da sich ihr Bildaufbau mit dem des Thaṅ-ka in Wien weitgehend deckt (Abb. 209) [42].

Die im Kultischen begründete Einengung der schöpferischen Kräfte des tibetischen Malers ist hinreichend bekannt. Seine starke Bindung an den ikonographischen Kanon, der Gebärden, Haltung und Gestik, nebst genauen Maßeinheiten für die Gestalten des Pantheons vorschreibt, erlaubt lediglich eine bescheidene Variationsbreite eigene Intensionen auszudrücken. Etwas mehr Spielraum ist dem persönlichen Schaffen bei den szenischen Illustrationen und bei den Landschaftsmotiven zugebilligt, aber selbst in diesem Fall werden zuweilen ganze Kompositionen oder Teile daraus weitertradiert und kopiert. Die Veränderungen dabei, die nicht das Bildgefüge, sondern nur die mannigfachen Details betreffen, sind das Ergebnis einer Freiheit, die den Künstlern – es können ein Zeichner und ein Maler gemeinsam an einem Werk sein – verbleibt, mit Hilfe von Linie und Farbe die übernommene Formenwelt abzuwandeln. Hierfür bietet der Vergleich zwischen dem Wiener und dem Pariser Tempelbanner einen anschaulichen Beweis.

Die symmetrisch angelegte Gesamtkomposition stimmt im wesentlichen überein, obwohl das Exemplar des Österreichischen Museums für angewandte Kunst im Format um ein weniges mehr in die Höhe gestreckt ist. Dies und vor allem der größer gegebene Buddha mit dem Mangobaum bewirken allerdings Unterschiede im Maßstab der einzelnen Elemente sowie partielle Verschiebungen in deren Verhältnis zueinander.

Der zentrale Buddha auf dem Lotosthron demonstriert, abgesehen von der jeweils anders gearteten stilistischen Handschrift, jene zuvor angedeutete knappe Möglichkeit zu einer individuellen Gestaltung. Den ikonographischen Anweisungen ist völlig Genüge geleistet, und trotzdem machen sich hier und dort subtile Ungleichheiten bemerkbar. In der Zeichnung von Gesicht, Brust und Händen, im Nimbus [43] und im Faltenwurf des Gewandes. Außerdem sind auf dem Thaṅ-ka des Musée Guimet die Handflächen und die Fußsohlen dunkler gehalten und mit dem dharmacakra, mit dem

---

[38] GORDON, Abb. 5-R. – Das Thaṅ-ka stammt ebenso wie TUCCI, Tfbd. Pl. 105, aus einer Serie von einunddreißig Illustrationen zum *Byaṅ c'ub sems dpai rtogs pa brjod pa dpag bsam gyi ak'ri śiṅ*. Zum Vergleich der einander sehr ähnlichen Bildzyklen siehe TUCCI, Tfbd., Pl. 100–130, und GORDON, Abb. bei S. 110 und 1-R bis 15-L.

[39] Für eine Wiedergabe des Kâla mit Ânanda siehe auch HACKIN, Scènes, S. 59.

[40] Ebenda, S. 59 ff. – DERSELBE, Guide, S. 73, F. – DERSELBE, Mythologie, Fig. 5.

[41] MEUNIÉ, Pl. XLII.

[42] Ebenda, Pl. XLI.

[43] Zur Farbsymbolik siehe HUMMEL, Gloriolen, S. 90–107.

Rad der Lehre, versehen. Das Stoffmuster differiert und ebenso die Detailausführung des Lotosthrones, dessen herabhängende Draperie in Paris mehrmals das chinesische Schriftzeichen für „Langes Leben", Shou, und in Wien ein männlicher Fo-Löwe ziert. Die übrigen Wiedergaben des Gesegneten sind ebenfalls nicht vollkommen identisch.

Bei den anderen Figürchen weicht zunächst ihre Anzahl voneinander ab. Auf dem Exemplar in Frankreich ist die Gruppe des „Zuges nach Śrâvastî" um einen Begleiter zur Linken des Erleuchteten gegen den Mangobaum hin vermehrt. Zusätzlich tauchen ferner eine Gestalt an der Tür des Pavillons unterhalb des gaṇḍamba auf, zwei ganz außen am Rand rechts unter den zusammen mit dem König das Wunder Bestaunenden und über dem Palast des Prasenajit ein Bärtiger mit einem Rhinozeroshornbecher in der Hand. Dafür sind links vom Jetavanakloster anstatt drei bloß zwei Anbetende zu sehen.

Die Stellungen und Bewegungen entsprechen im allgemeinen einander, wenngleich auch in dieser Beziehung zahlreiche kleinere Varianten in den Kopf- und Handhaltungen oder in den Körperponderationen zu beobachten sind. Es erübrigt sich, sämtliche Verschiedenheiten aufzuzählen, doch sei pars pro toto auf Gaṇḍa, auf die Figur links von der Blumenträgerin, auf den knienden Kâla mit Ânanda und den eine Blüte Spendenden rechts vom Lotossockel verwiesen. Nicht minder deutlich wird die individuelle Note jedes Künstlers in den Gesichtszügen und in den Gewandfalten sowie in der Vielfalt der Stoffmuster.

In der Frage einer persönlichen Abwandlung machen die Architekturkulissen keine Ausnahme: das Jetavana, Prasenajits Palast und besonders augenfällig die Haupthalle, angefangen von dem „Schatzbehälter" (tib. mtsod-dbang) auf der Dachmitte, den Firstakroterien und dem Gratschmuck bis zu den Fenster und Flankentrakten.

Die Verteilung der landschaftlichen Requisiten unterliegt gleichfalls nur einer übergeordneten Richtlinie, die flexibel genug ist, Abwechslungen zuzulassen. Das gilt genauso für die Einzelformen der Berge, der Bäume, der Flammen, des Wassers usw. und für das gesamte dekorative Beiwerk.

Nicht zuletzt divergieren beide Rollbilder im Stil. Die Wiener Arbeit, der mehr Ursprünglichkeit anhaftet, ist die Leistung eines Meisters, der es im Rahmen der überlieferten Typen verstand, seinen Geschöpfen Lebendigkeit und individuellen Ausdruck zu verleihen. Die Formensprache des Gegenstückes in Paris wirkt hingegen etwas steifer. Die Figuren sind mehr stilisiert, der graphische Charakter stärker betont und die Freude an der Schilderung der realistischen Einzelheiten gesteigert.

Beide Tempelfahnen gehen ohne Zweifel auf den gleichen Bildtypus zurück. Ihre verschiedenen Auffassungen sind daher um so interessanter, da sie das Ausmaß und die Grenzen der dem tibetischen Künstler zugestandenen Freiheit innerhalb der Traditionsgebundenheit zeigen.

Der der ausführenden Persönlichkeit anheimgestellte „Aktionsradius" für ihr eigenes Gestaltungsvermögen läßt sich auch gegenüber den Malereien feststellen, die das Wunder von Śrâvastî auf andere Weise oder einen anderen Bildvorwurf behandeln. Dies bezieht sich auf standardisierte Erscheinungsformen, die in zahlreichen Versionen und Kombinationen vorkommen, für die ein paar Hinweise genügen mögen. So kehrt das frontale Abbild des Erleuchteten im „Lotossitz" (Abb. 208) - sieht man von den diversen mudrâs ab - in der Mitte von vielen Thaṅ-kas wieder, variiert im

Sinne der erwähnten Möglichkeiten [44]. Wir finden den sitzenden, seinen Kopf etwas zu seiner linken Schulter neigenden Buddha (Abb. 211) mit wechselnden mudrâs und âsanas [45], den Flammen und Wasser produzierenden (Abb. 211) [46] und den schreitenden Śâkyamuni (Abb. 211) [47]. Der vor einem kleinen Tempelchen sitzende Gautama mit den ihm Lauschenden (Abb. 207), von dem eine Unmenge im einzelnen voneinander abweichenden Wiedergaben existieren, gehört zum ständigen Repertoir [48].

Unabhängiger konnte der Künstler mit Figuren verfahren, für die zwar ausgeprägte Muster vorhanden, die aber nicht dem Pantheon zuzurechnen waren. Manche Gestalten unter den Anbetenden [49] werden zwar ziemlich stereotyp wiederholt und nur relativ geringfügig geändert. Die freie Umsetzung bei Beibehaltung eines geläufigen Schemas können jedoch z. B. der thronende König in seinem Palast (Abb. 210) [50] demonstrieren, oder noch deutlicher die Ketzer, für die eine bestimmte Darstellungsart bestand, die dem jeweiligen Handlungsablauf angepaßt wurde [51]. Wie weit dabei die Eigenständigkeit selbst in einer Szenenformel gehen kann, führen uns die vor dem Palast des Prasenajit stehenden Tîrthyas im Vergleich mit anderen Rollbildern vor Augen (Abb. 210) [52]. Variable Versatzstücke, die nur den allgemeinen Regeln unterworfen waren, bildeten endlich die architektonischen und landschaftlichen Motive.

Wie in der tibetischen Kunst häufig, kommen auf unserem Tempelbanner – selbstverständlich gleichermaßen auf dem Exemplar im Musée Guimet – die chinesische und die indische Einflußsphäre zu Wort. Die zuletzt genannte vor allem in den ikonographisch festgelegten Manifestationen des Buddha. Der Vorliebe für Profilansichten begegnen wir in den Miniaturen der Râjputen und von diesen beeinflußt in der indopersischen Buchkunst, die ebenfalls dem tibetischen Kunstwollen entsprechend verarbeitete Anregungen beisteuerte. Das betrifft beispielsweise den Typus der Asketen [53] oder den auf älteren indischen Grundlagen beruhenden Versuch durch Übereinanderstaffelungen und Überschneidungen, trotz des flächigen Charakters, eine gewisse Raumillusion zu erzeugen [54]. Den auf manchen Tempelfahnen in der Landschaftsgestaltung

---

[44] Vgl. etwa Hackin, Mythologie, Fig. 3–5, 7. – Meunié, Pl. XLII. – Tucci, Tfbd., Pl. 14, 24, 29, 30, 36, 39, 42, 49 und 100–132. – Hummel, Geschichte, Abb. 54. – Gordon, Frontipiece, Abb. bei S. 104, 110 und 1-R–15-L. – Olschak, Abb. S. 85. – Pott, Abb. S. 184, 243 – *Tibetische Kunst*, Abb. IV, 4.

[45] Z. B.: Grünwedel, Nr. 56. – Hackin, Mythologie, Fig. 9 und 10. – Tucci, Tfbd., Pl. 90, 95. – Gordon, Abb. 6-L.

[46] Hackin, Mythologie, Fig. 4. – Tucci, Tfbd., Pl. 105. – Gordon, Abb. 5-R.

[47] Hackin, Mythologie, Tf. bei S. 160. – Tucci, Tfbd., Pl. 15, 103–106, 111. – Gordon, Abb. 3-R–6-R, 11-R.

[48] Z. B. Hackin, Mythologie, Tf. bei S. 160. – Tucci, Tfbd., Pl. 103–106, 108–114, 117, 118, 120–125, 127. – Gordon, Abb. 3-R–6-R, 8-R–14-R, 2-L, 3-L, 5-L–10-L, 12-L.

[49] Vgl. u. a. einzelne Figürchen für den Typus des Sitzenden im strengen Profil bei: Meunié, Pl. XLII. – Tucci, Tfbd., Pl. 88, 89, 105, 106, 149, 168. – Gordon, Abb. 5-R, 6-R–8-R, 7-L.

[50] Vgl. z. B. Tucci, Tfbd., Pl. 104–106, 111, 115, 118, 127, 130. – Gordon, Abb. 1-R–13-R, 15-R, 1-L–3-L, 5-L, 8-L–10-L, 12-L, 14-L, 15-L.

[51] Vgl. z. B. Hackin, Mythologie, Fig. 5, 34, 36. – Tucci, Fig. 95, Tfbd., Pl. 87, 104, 105, 107, 116, 124. – Gordon, Abb. 4-R, 5-R, 7-R, 1-L, 9-L.

[52] Tucci, Tfbd., Pl. 105. – Gordon, Abb. 5-R.

[53] Vgl. Sattar Kheiri, Abb. 25. – Goetz, Tf. 42, Nr. 116. – Ashton, Pl. 129, Nr. 667. – Wellesz, Pl. 26 und 32. – Wilkinson, Pl. 10. – Welch, Pl. 4, Fig. 7.

[54] Vgl. hierzu den „Zug nach Śrâvastî" am linken Bildrand (Abb. 206) mit Ashton, Pl. 130, Nr. 672.

angewendeten rein chinesischen Prinzipien [55] entsprechen nur die Berge und Wolken. Bei den Bäumen dagegen gemahnt die helle Umrandung der Blätter an eine schon im Hamzaroman geübte Manier [56]. Sie ist auch in der Râjputenmalerei zu belegen [57], die für das Schema der rosettenförmig geschichteten Blattkronen vorbildlich wurde [58].

Außer den genannten Bergen und Wolken sind eine Vielzahl von stark chinesisch berührten Elementen anzuführen: die Architektur, die lamaistische Tempelbauten im chinesischen Stil widerspiegelt, die Gesichtszüge der im Kontrast zu den Häretikern sinisierten Figürchen, ihre Trachten, die Ornamente und die Stoffmuster. An chinesische Gepflogenheiten schließen die Flammen und das Wasser an, ebenso die Päonie, die Lotosblüte, der Ehrenschirm und die Gefäßformen.

Weitere Einwirkungen von China her machen sich in der ausgewogenen, zurückhaltenden Farbigkeit bemerkbar, im Linienfluß und in der Feinheit der Zeichnung [59] mit den präzisen Detailwiedergaben.

Alle diese Merkmale sind kennzeichnend für die sinotibetische Schule des 18. Jahrhunderts, der das Than-ka des Österreichischen Museums für angewandte Kunst mit dem „Wunder von Śrâvastî" zugeordnet werden muß.

Abkürzungen zu den Fußnoten:

ASHTON	L. Ashton (Hrsg.), The art of India and Pakistan, a commemorative catalogue of the exhibition held at The Royal Academy of Arts London, 1947/48, London 1950.
BIGANDET	P. Bigandet, The life or legend of Gaudama, the Buddha of the Burmese, Rangoon 1866.
BURNOUF	E. Burnouf, Introduction à l'histoire du Buddhisme indien, I, Paris 1844.
BURLINGAME	E. W. Burlingame, Buddhist legends translated from the original Pâli text of the Dhammapada commentary, 30, Cambridge, Mass. 1921.
Divyâvadâna	*Divyâvadâna*, hrsg. von E. B. Cowell und R. A. Neil, XII, Cambridge 1886.
DUTOIT	J. Dutoit, Jâtakam. Das Buch der Erzählungen aus früheren Existenzen Buddhas, 4, Leipzig 1912.
EGGER	G. Egger, Der Hamza Roman. Eine Moghul-Handschrift aus der Zeit Akbars des Großen, in: Schriften d. Bibl. d. Öst. Mus. f. angew. Kunst, 1, Wien 1969.
FOUCHER, Miracle	A. Foucher, Le grand miracle du Buddha à Çrâvastî, in: Journ. asiat., 10. Ser., XIII, 1909, S. 1–78.
FOUCHER, Beginnings	A. Foucher, The great miracle at Çrâvastî, in: The beginnings of Buddhist art and other essays in Indian and Central-Asian archaeology, Paris-London 1917, S. 147–184 (Übersetz. d. Aufs. im Journ. asiat., 10. Ser., XIII, 1909, S. 1–78).
FOUCHER, Vie	A. Foucher, La vie du Bouddha d'après les textes et les monuments de l'Inde, Paris 1949.
FUX	H. Fux, Śambhala und die Geschichte des Kâlacakra. Ein lamaistisches Than-ka aus dem Österreichischen Museum für angewandte Kunst, in: Alte und mod. Kunst, 107 (1969) S. 18–24.

---

[55] Dies ist z. B. bei dem Than-ka mit Śambhala aus der Exner-Sammlung der Fall. – Siehe Anm. 1.

[56] Siehe GLÜCK, Tf. 7 (= EGGER, Abb. 4.) und passim. – Vgl. ferner ASHTON, Pl. E, Nr. 632. – Auch HUMMEL (Geschichte, Anm. auf S. 52.) fühlt sich bei den Pflanzen auf tibetischen Bildern oft an Moghulminiaturen erinnert.

[57] LEE, Pl. 30, Nr. 23.

[58] Ebenda. – SATTAR KHEIRI, Abb. 38 (vgl. auch die Moghulminiatur ebenda, Abb. 29.). – KARL KHANDALAVALA, Fig. J, 2. – ASHTON, Pl. 101, Nr. 521.

[59] Die chinesische Goldlinientechnik ist nur in Spuren vorhanden. Als Ersatz dient Gelb.

Glück	H. Glück, Die indischen Miniaturen des Haemzae-Romanes, Wien 1925.
Goetz	H. Goetz, Bilderatlas zur Kulturgeschichte Indiens in der Großmoghul-Zeit, Berlin 1930.
Gordon	A. K. Gordon, The iconography of Tibetan Lamaism, (Rev. ed.), Rutland, Vermont und Tôkyô 1960.
Grünwedel	A. Grünwedel, Buddhistische Kunst in Indien, Berlin und Leipzig 1920.
Hackin, Scènes	J. Hackin, Les scènes figurées de la vie du Buddha d'après des peintures tibetaines, in: Mém. conc. l'Asie orient., II, Paris 1916.
Hackin, Guide	J. Hackin, Guide-Catalogue du Musée Guimet. Les Collections Bouddhiques. Inde centrale et Gandhâra, Turkestan, Chine septentrionale, Tibet, Paris-Brüssel 1923.
Hackin, Mythologie	J. Hackin, Mythologie du Lamaisme, in: Mythologie asiatique illustrée, Paris 1928, S. 121–162.
Hardy	Sp. Hardy, A manual of Buddhism in its modern development, London 1880.
Hummel, Gloriolen	S. Hummel, Die Gloriolen in der lamaistischen Malerei, in: Asiat. Stud. Zeitschr. d. Schweizer. Gesellsch. f. Asienkunde, IV (1950) S. 90–107.
Hummel, Geschichte	S. Hummel, Geschichte der tibetischen Kunst, Leipzig 1953.
Jâtakatthavannanâ	*Jâtakatthavannanâ*, hrsg. von V. Fausbøll, IV, London 1887.
Karl Khandalavala	Karl Khandalavala, Pahârî miniature painting, Bombay 1958.
Lee	E. Lee, Rajput painting, New York-Tôkyô (1960).
Marshall	J. Marshall, The Buddhist art of Gandhâra. The story of the early school, its birth, growth and decline, in: Mem. of the Dep. of Archaeol. in Pakistan, I, Cambridge 1960.
Meunié	J. Meunié, Shotorak, in: Mém. de la Délég. Archéol. Française en Afghanistan, X, Paris 1942.
Olschak	Bl. Chr. Olschak, Religion und Kunst im alten Tibet, Zürich 1962.
Pott	P. H. Pott, Tibet, in: Kunst der Welt, A. B. Griswold - Ch. Kim - P. H. Pott, Burma, Korea, Tibet, Baden-Baden 1963, S. 153–247.
Rockhill	W. W. Rockhill, The life of the Buddha and the early history of his order. Derived from Tibetan works in the Bkah-Hgyur and Bstan-Hgyur, London 1884.
Sattar Kheiri	Sattar Kheiri, Indische Miniaturen der islamischen Zeit, Berlin o. J.
Schiefner	A. Schiefner, Eine tibetische Lebensbeschreibung Çâkjamuni's, des Begründers des Buddhathums, im Auszuge mitgetheilt, in: Mém. prés. a l'Acad. Imp. des Sciences de St. Pétersbourg. Div. savants, VI, St. Petersburg 1851.
Tibetische Kunst	Tibetische Kunst, Kat. zur Ausst. in Zürich und Luzern, 1969.
Tucci	G. Tucci, Tibetan painted scrolls, II und Tfbd., Rom 1949.
Welch	St. C. Welch, Mughal and Deccani miniature paintings from a private collection, in: Ars Orient., 5 (1963) S. 221–233.
Wellesz	E. Wellesz, Akbar's religious thought reflected in Mogul painting, London 1952.
Wilkinson	J. V. S. Wilkinson, Mughal painting, London 1948.

Abbildungsnachweis. Nach Meunié Pl. XLI: Abb. 209; alle anderen Abb.: Österreichisches Museum für angewandte Kunst, Wien (L. Neustifter).

ABBILDUNGEN

1. Florenz, Bibl. Laurenziana; Plut. VI, 23; Tetraevangelion: fol. 15ᵛ

2. Florenz, Bibl. Laurenziana; Plut. VI, 23; Tetraevangelion: fol. 64ᵛ

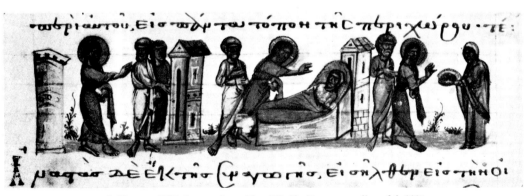

3. Florenz, Bibl. Laurenziana; Plut. VI, 23; Tetraevangelion: fol. 111ʳ

4. Paris, Bibl. Nationale; Grec 74, Tetraevangelion: fol. 15r

5. Paris, Bibl. Nationale; Grec 74, Tetraevangelion: fol. 66r

6. Paris, Bibl. Nationale; Lat. 8846, Psalter: fol. 3r

7. München, Bayer. Staatsbibl.; Clm 4453, Evangeliar Ottos III.: fol. 149ᵛ

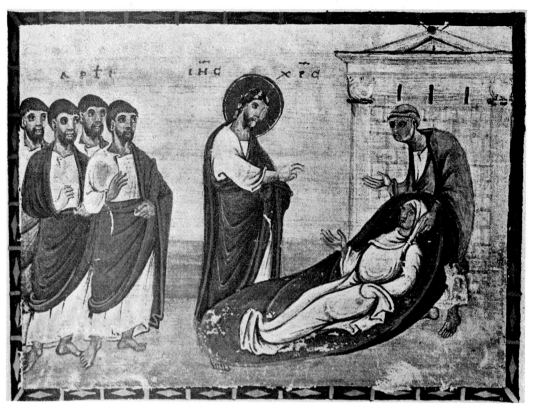

8. Trier, Stadtbibl.; Ms. 24, Codex Egberti: fol. 22ᵛ

9. Paris, Bibl. Nationale; Grec 54, Evangeliar: fol. 114ᵛ

10. Paris, Bibl. Nationale; Grec 510, Homilien des Gregor von Nazianz: fol. 170r

11. Paris, Bibl. Nationale;
Grec 923, Sacra Parallela des
Johannes Damascenus: fol. 211r

12. Darmstadt, Hessische Landes- u. Hochschulbibl.; Cod. 1640,
Evangeliar der Hitda von Meschede: fol. 77r

14. Beschneidung Christi

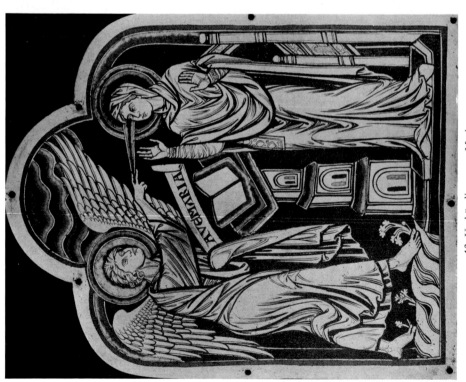

13. Verkündigung an Maria

Klosterneuburg, Emailaltar des Nikolaus von Verdun, 1181

16. Geburt des Samson

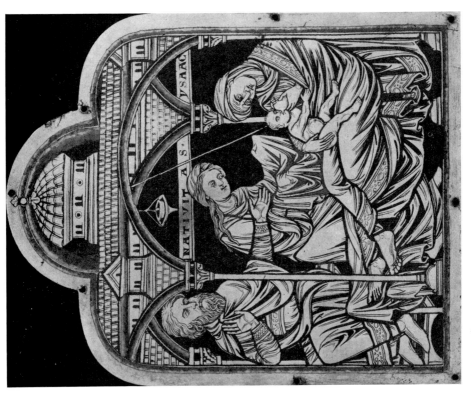

15. Geburt des Isaak

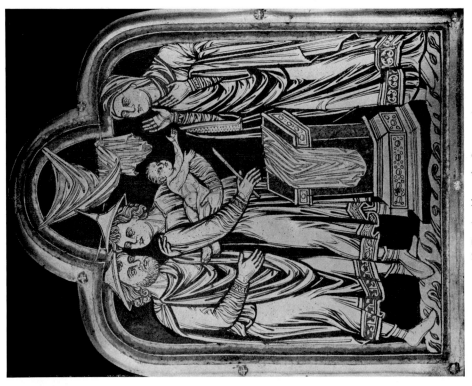

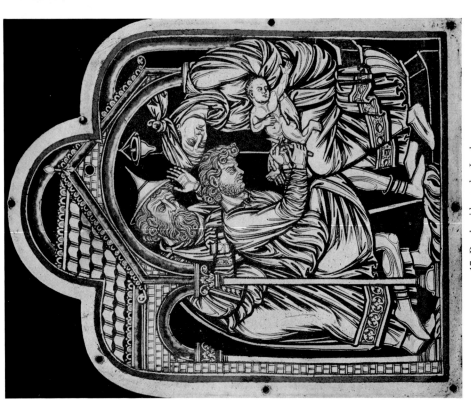

17. Beschneidung des Isaak
18. Beschneidung des Samson

Klosterneuburg, Emailaltar des Nikolaus von Verdun, 1181

20. Taufe Christi

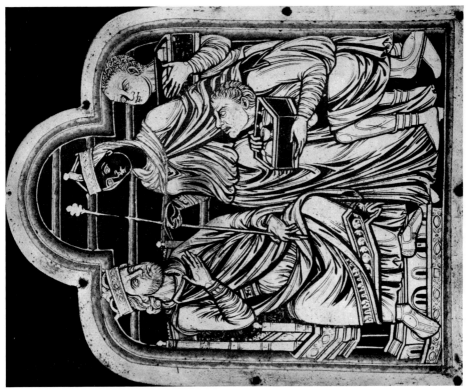

19. Salomon und die Königin von Saba

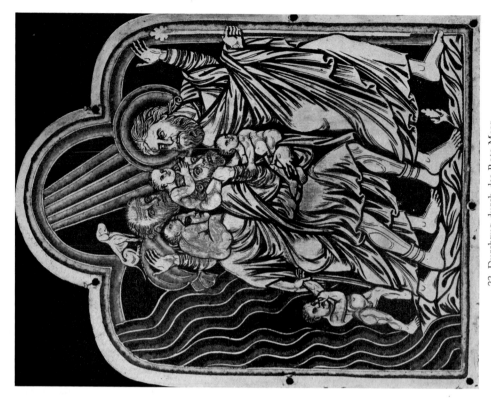

22. Durchzug durch das Rote Meer

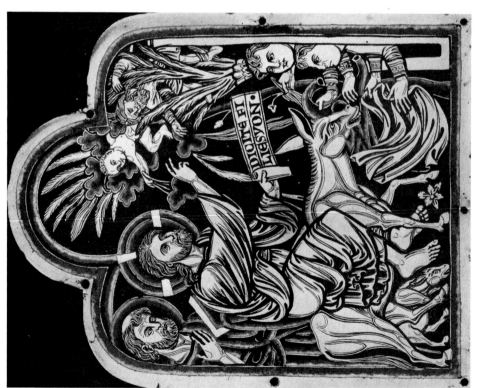

21. Einzug Christi in Jerusalem

Klosterneuburg, Emailaltar des Nikolaus von Verdun, 1181

NIKOLAUS VON VERDUN

24. Moses zieht nach Ägypten

23. Geburt Christi

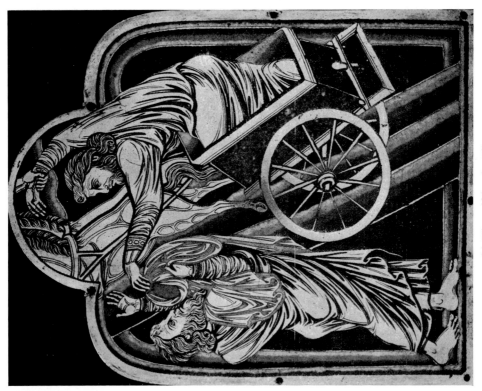

26. Himmelfahrt des Elias

25. Samsons Kampf mit dem Löwen

Klosterneuburg, Emailaltar des Nikolaus von Verdun, 1181

NIKOLAUS VON VERDUN

28. Paris, Nationalbibliothek, Einband zum Psalter Karls des Kahlen, ca. 860–870; Detail der Vorderseite, Nathan vor David und Bathseba

27. Christus in der Vorhölle

31. Fenster Nord II, Bahn R, unterer Teil, Schaubild von „Laon"

32. Fenster Süd II, Bahn T, unterer Teil, Schaubild von „Soissons"

29. Reims, Kathedrale, Hochchor, Fenster I, Bahn 2 S, unterer Teil, Schaubild von „Reims"

30. Südliches Querschiff, Fensterbahn 0 E, unterer Teil, Schaubild von „Reims"

KIRCHENSCHAUBILDER IN DEN HOCHCHORFENSTERN VON REIMS

31

32

35. Fenster Süd V, Bahn Z, Bekrönungsengel des Schaubildes von „Tournai"

33. Fenster Nord III, Bahn 2 P, Bekrönungsengel des Schaubildes von „Châlons"

34. Fenster Süd III, Bahn V, Bekrönungsengel des Schaubildes von „Beauvais" (?)

KIRCHENSCHAUBILDER IN DEN HOCHCHORFENSTERN VON REIMS

38. Fenster Süd IV, Bahn 2 X, Bekrönungsengel des Schaubildes von „Noyon"

36. Fenster Nord V, Bahn 2 N, Bekrönungsengel des Schaubildes von „Morinie" (?)

37. Fenster I, Bahn 2 S, Bekrönungsengel des Schaubildes von „Reims"

39

40

41

42

KIRCHENSCHAUBILDER IN DEN HOCHCHORFENSTERN VON REIMS

◄ 39. Fenster Süd III, Bahn V, Schaubild von „Beauvais" (?) und Jakobus major
  ◄ 40. Fenster Nord IV, Bahn 2 O, oberer Teil, Apostel Matthäus
    ◄ 41. Fenster Süd VI, Bahn 0 A, oberer Teil, anonymer Apostel
◄ 42. Nord II, Bahn R, Ausschnitt aus dem Schaubild von „Laon", Majestas Dei
      43. Süd IV, Bahn 2 X, oberer Teil, Apostel Bartholomäus
      44. Hochchor, Fenster Süd V, Bahn Z, oberer Teil, Apostel Markus
      45. Fenster Nord II, Bahn R, oberer Teil, Apostel Paulus

43 44 45

46. Baldachin-Tabernakelturm aus dem Kreuzigungsfenster im Mittelchor von St. Stephan in Wien, um 1340 – 47. Figurentabernakel aus dem Riß für das Westportal und die Vorhalle des Regensburger Domes; Akademie d. b. Künste, Wien, Inv.Nr. 16871 – 48. Apostel Andreas unter Baldachin-Tabernakelturm aus dem Chor der ehem. Stiftskirche Königsfelden, um 1325/30 – 49. Figuren- und Strebewerkstabernakel aus einem Turmaufriß („Rahnriß" für den Freiburger Münsterturm, Fribourg, Archives d'État)

DER BILDRAUM IN DER GLASMALEREI DES 14. JAHRHUNDERTS

50   51   52
   53   54

50. Kluge Jungfrau aus dem Chor der Stadtpfarrkirche von Friesach, um 1280 – 51. Hl. Johannes Ev., Ausschnitt aus einer großen retabelartigen Komposition im Ostfenster der Klosterkirche Heiligkreuztal, um 1310/20 – 52. Architekturscheibe aus einer größeren retabelartigen Komposition vom Anfang des 14. Jhs. (ehem. Wiener Neustadt Dom?); Graz, Landesmuseum Joanneum – 53. Reliquiar in Form eines dreiteiligen Tabernakelturmaufbaues, Aachen, Münster, Schatzkammer – 54. Ausschnitt aus dem Retabel in der ehem. Stiftskirche von Oberwesel

56. Zweigeschossiger Baldachin aus Maria a. Gestade in Wien, um 1340/50 (die zugehörige figurale Scheibe ist verloren)

55. Die drei Frauen am Grabe aus dem Ostfenster des Mittelchores in Maria Straßengel, um 1340/50

57. Maestro di Sta. Caecilia, Ausschnitt aus der Pala di Sta. Caecilia in den Uffizien, nach 1308

58. Altar von Schloß Tirol mit geöffneten Flügeln, um 1370/72

59. Erfurt, Dom, Passionsfenster

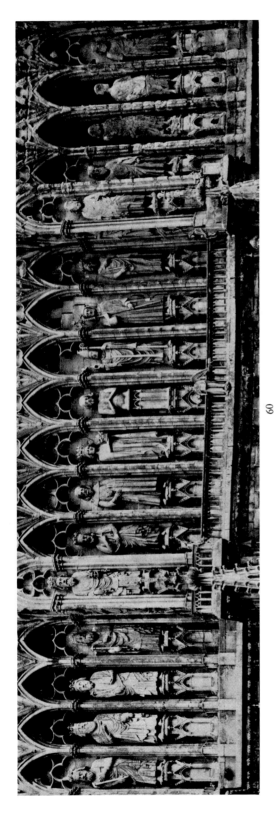

60

62

61

BEMERKUNGEN ZUR KÖNIGSGALERIE DER KATHEDRALE VON REIMS

60. Reims, Kathedrale, Königsgalerie. Statuen Nr. 22–42 (Westfassade)
61. Könige Nr. 3–10 (Nordturm, Ostseite)
62. Könige Nr. 58, 59 (Südturm, Ostseite)
63. Reims. Kopf des Königs Nr. 48
64. Gloucester, Kathedrale. Kopf der Grabfigur Edwards II. Um 1330/35
65., 66. Reims. Köpfe der Könige Nr. 57 und Nr. 47

GERHARD SCHMIDT

67., 68. Reims. Könige Nr. 47., 48 und 51, 52 (Südturm, Südseite)

69. Paris, Notre-Dame, Chorschranken. Christus erscheint den Aposteln (Ausschnitt). Nach 1318

70. Saint-Denis. Grabfigur Philipps V. 1327/29

71. Reims. Könige Nr. 49, 50 (Südturm, Südseite)

72. Dayton (Ohio), Dayton Art Institute. König aus einer Epiphaniegruppe. Um 1340

72

71

70

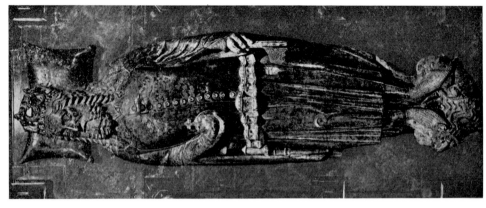

75. Krakau, Kathedrale. Grabfigur Kasimirs III. Bald nach 1370

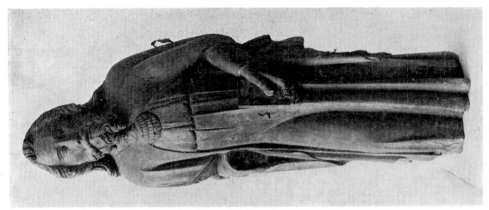

74. Brüssel. Musées royaux d'art et d'histoire. Hl. Jakobus. Um 1360/70

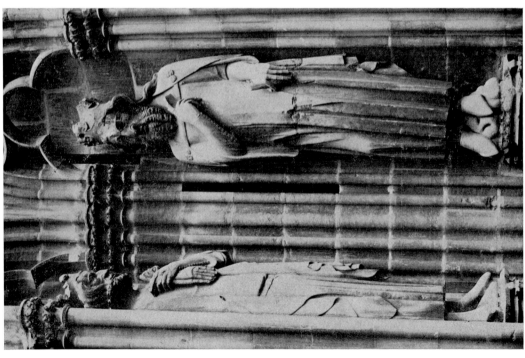

73. Reims. Könige Nr. 61, 62 (Südturm, Ostseite)

78. Reims. Kopf des Königs Nr. 62

76, 77. Mecheln, Rathaus. Geschnitzte Balkenenden: Der trunkene Noe, Aristoteles und Kampaspe. 1375/76

79. Reims. Kopf des Königs Nr. 61

80. Brüssel, Musée communal. Relief mit Blattmaske und knienden Rittern, linke Hälfte. Um 1350/60

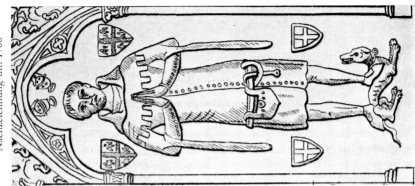

83. Bonport (Eure), Abtei. Ritzgrabplatte des Simonnet du Bois († 1354). Nachzeichnung um 1700

82. Morlaix (Finistère). Vierge ouvrante, Detail: Geißelung Christi. Um 1365/70

81. Reims. Kopf des Königs Nr. 63

84. Jan van Eyck, Flügelaltärchen, Gesamtansicht. Dresden, Staatliche Kunstsammlungen

85. Die aufgedeckte Inschrift in der unteren Rahmenhohlkehle der Mitteltafel des Dresdener Eyck-Altärchens, originalgroß

JAN VAN EYCKS WAHLWORT „ALS ICH CAN"

87. Oberer Rahmen des rechten Flügels des Dresdener Eyck-Altärchens, etwa zwei Drittel der Originalgröße

88. Jan van Eyck, Die Madonna in der Kirche, seitenverkehrter Ausschnitt. Berlin-Dahlem, Gemäldegalerie der Staatlichen Museen

86. Die hl. Katharina, leicht vergrößerter Ausschnitt aus dem rechten Flügel des Dresdener Eyck-Altärchens

90. Jan van Eyck, Der dem Betrachter zugewandte Kopf eines Gerechten Richters, seitenverkehrter Ausschnitt aus dem äußersten linken Flügel des Genter Altars

91. Jan van Eyck, Der hl. Franziskus, Ausschnitt aus der kleinen Darstellung der Stigmatisation des Heiligen. Philadelphia, Pennsylvania Museum of Art

89. Der betende Stifter, etwa auf das Zweifache vergrößerter Ausschnitt aus dem linken Flügel des Dresdener Eyck-Altärchens

92. Wien, St. Stephan, Ansicht mit ausgebautem Nordturm von Friedrich von Schmidt

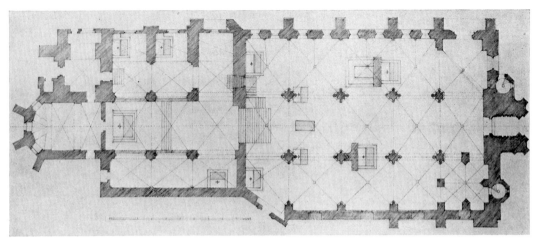

94

93

DIE BAUTÄTIGKEIT KAISER FRIEDRICHS III.

93. Wien, St. Stephan, Westempore mit Strebebogen. Aufnahme nach den Zerstörungen von 1945

94. Melk, Stiftskirche, vorbarocker Bau. Vorzeichnung des Minoriten Sandri für den Stich in: Anselm Schramb, Chronicon Mellicense 1702. Melk, Stiftsarchiv

96. Wiener Neustadt, Burg, Wappenwand ▲

95. Erstes Reitersiegel Rudolfs IV., Revers

97. Michael Pacher, Thronende Madonna mit Christkind, hl. Michael und hl. Martin, Mittelstück des Täfelchens. London, National Gallery (Rep. mit freundlicher Genehmigung der Trustees, National Gallery, London)

98. Französisch (Dijon?), um 1400, Madonna mit Christkind, zwei Heiligen und Stifter (Ausschnitt). Tournai, Privatbesitz

99. Matteo Jaquerio, Thronende Madonna mit Christkind und Stifter, Fresko. San Antonio in Ranversa

100. Hans Klocker, Flügelaltar in Pinzon bei Bozen, Schrein

101. Hans Klocker, Krippenaltar aus Tramin, Schrein. Bayerisches Nationalmuseum, München

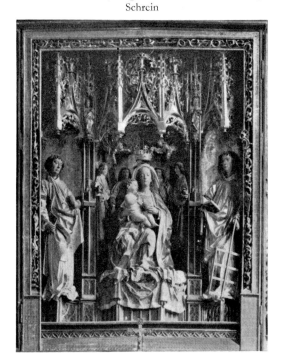

102. Michael Pacher, Thronende Madonna mit Christkind, hl. Michael und hl. Martin, Gesamtbild des Täfelchens. London, National Gallery (Rep. mit freundlicher Genehmigung der Trustees, National Gallery, London

103. Meister von Uttenheim, Hl. Martin und hl. Wolfgang, von einem Apostelaltar. Innsbruck, Tiroler Landesmuseum Ferdinandeum

104. Meister von Uttenheim, Hl. Ingenuin und hl. Albuin, von einem Apostelaltar. Innsbruck, Tiroler Landesmuseum Ferdinandeum ▶

105. Michael Pacher, Flügelaltar in Gries bei Bozen, Oberer Teil des Schreins

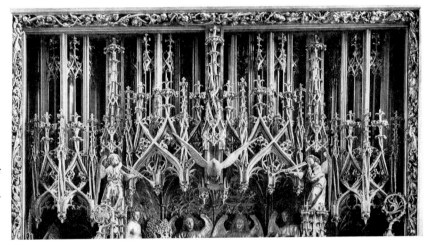

106. Michael Pacher, Flügelaltar in St. Wolfgang, Oberer Teil des Schreins

107. Michael Pacher, Kirchenväteraltar aus Neustift. Bayerische Staatsgemäldesammlung, Alte Pinakothek

108. Innichen, ehem. Stiftskirche, Schauwand des pseudoromanischen Südportals mit den (gleichzeitig entstandenen) Pacherfresken

109. Innichen, ehem. Stiftskirche, Außenansicht des Langhauses von Südwesten (mit den spätgotischen Strebepfeilern), aufgenommen vor 1920

110. Innichen, ehem. Stiftskirche, zwei säulentragende Löwen vom romanischen Lettner, in dritter Verwendung (seit 1900) am Nordportal

111. Innichen, ehem. Stiftskirche, Innenansicht des Südportals mit dem zugehörigen Wandabschnitt der Außenmauer des südlichen Seitenschiffes

112. Innichen, ehem. Stiftskirche, Südportal, seitliche Ansicht der schräg abgedeckten Rahmenpilaster von oben

PORTALSCHAUWAND AN DER SÜDSEITE DER STIFTSKIRCHE VON INNICHEN

113. Innichen, ehem. Stiftskirche, romanisches Maiestasrelief, wiederverwendete Brüstungsplatte im Tympanon des Südportals

114. Innichen, ehem. Stiftskirche, Südportal, rechtes Gewände (Ausschnitt) und angesetztes Pilasterkapitell mit archaisierender Inschrift

115. Ghirlandajo, Erscheinung des hl. Franziskus in Arles. Rom, Gabinetto Nazionale delle Stampe

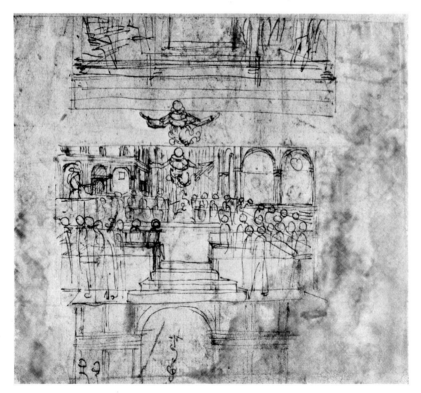

116. Erscheinung des hl. Franziskus in Arles (Verso von Abb. 115)

117. Ghirlandajo, Einblick in die Cappella Sassetti, Florenz, Sta. Trinita

118. Ghirlandajo, Vorzeichnung für das Fresko mit der Bestätigung der Franziskanerregel in der Cappella Sassetti, Berlin, Kupferstichkabinett

119. Ghirlandajo, Bestätigung der Franziskanerregel, Cappella Sassetti, Florenz, Sta. Trinita

120. P. P. Rubens, Auferstehung Christi, Entwurf für das Missale Romanum von 1614, London, British Museum

121. Raffael, Auferstehung Christi, Vorstudie für den unteren Teil, Oxford, Ashmolean Museum

122. Jörg Breu der Jüngere, Auferstehung Christi, Holzschnitt, Wien, Albertina

123. Jörg Breu der Jüngere, Opfer Abrahams, Holzschnitt, Wien, Albertina

124. Raffael, Auferstehung Christi, Zeichnung, Bayonne, Musée Bonnat

125. Raffael, Studienblatt, Oxford, Ashmolean Museum

126. Tintoretto, Abendmahl. Venedig, S. Marcuola

128. Tintoretto, Abendmahl. Venedig, Privatbesitz

127. Inschrift. Detail aus Abb. 130

FRÜHE BILDER DES ABENDMAHLS VON JACOPO TINTORETTO

129. Tintoretto, Abendmahl. Venedig, S. Simeone Grande

130. Tintoretto, Abendmahl. Paris, Saint-François Xavier

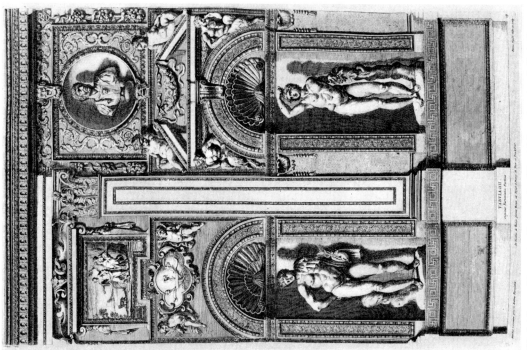

132. Stich von Pietro Aquila nach der Wanddekoration der Galleria Farnese mit den ursprünglich in den Nischen aufgestellten Antiken

131. Wanddekoration der Galleria Farnese, Ausschnitt. Rom, Palazzo Farnese

133. Kolorierter Stich von Giovanni Volpato nach der inneren Längswand der Galleria Farnese

134. Entwurf Giovanni Albertis für eine Wanddekoration der Galleria Farnese; Berlin-Dahlem, Kupferstichkabinett

135. Kolorierter Stich von Giovanni Volpato nach der nördlichen Schmalwand der Galleria Farnese

136. Lukretia, Bronzestatuette aus dem Umkreis des älteren Artus Quellinus. Wien, Kunsthistorisches Museum, Sammlung für Plastik und Kunstgewerbe, Inv.Nr. 9999

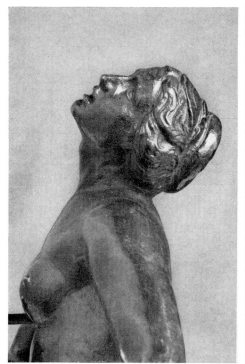

137. Lukretia, Bronzestatuette aus dem Umkreis des älteren Artus Quellinus; Detail. Wien, Kunsthistorisches Museum, Sammlung für Plastik und Kunstgewerbe, Inv.Nr. 9999

138. Artus Quellinus der Ältere, Meeresnymphe, Terracotta; Detail eines Modells (?) für den Ostgiebel des Amsterdamer Stadthauses. Amsterdam, Rijksmuseum, Skulpturensammlung

139. Lukretia, Bronzestatuette aus dem Umkreis des älteren Artus Quellinus; Detail. Wien, Kunsthistorisches Museum, Sammlung für Plastik und Kunstgewerbe, Inv.Nr. 9999

140. Artus Quellinus der Ältere, „Die Gerechtigkeit", Terracotta; Modell zur monumentalen Bronzestatue auf dem Ostgiebel des Amsterdamer Stadthauses, Detail. Amsterdam, Rijksmuseum, Skulpturensammlung

144. Artus Quellinus der Ältere, „Die Gerechtigkeit"; Terracotta-Modell zur monumentalen Bronzestatue auf dem Ostgiebel des Amsterdamer Stadthauses. Amsterdam, Rijksmuseum.

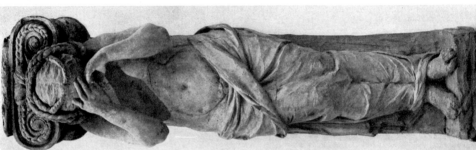

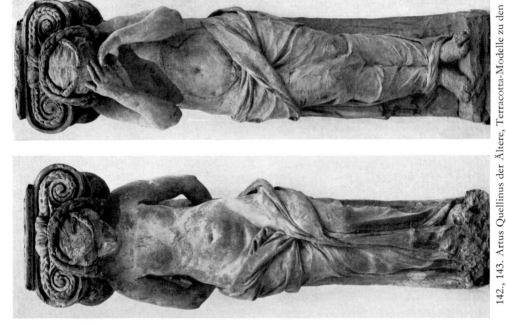

142., 143. Artus Quellinus der Ältere, Terracotta-Modelle zu den Marmor-Karyatiden im Gerichtssaal des Amsterdamer Stadthauses. Amsterdam, Rijksmuseum, Skulpturensammlung

141. Lukretia, Bronzestatuette aus dem Umkreis des älteren Artus Quellinus. Wien, Kunsthistorisches Museum, Sammlung für Plastik und Kunstgewerbe, Inv.Nr. 9999

145. Hans van Mildert, Honos, Antwerpen, Musée Plantin-Moretus

146. P. P. Rubens, Entwurf für die Statue des Honos, Antwerpen, Musée Plantin-Moretus

WERNER KITLITSCHKA

148. P. P. Rubens, Entwurf für die Statue des hl. Norbert, New York, Privatsammlung

147. Hans van Mildert, hl. Norbert, Zundert, St. Trudo

HANS VAN MILDERT UND DIE NIEDERL. PLASTIK DES FRÜHBAROCK

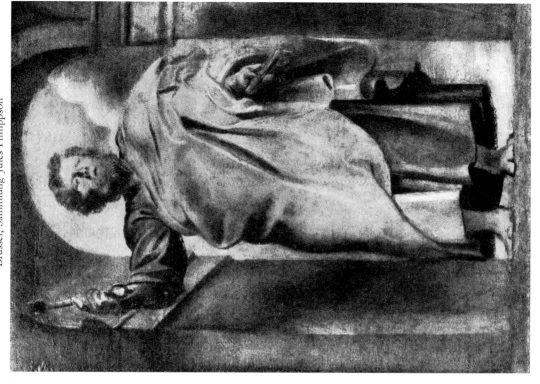

150. P. P. Rubens, Apostel Petrus, Detail der Skizze, Brüssel, Sammlung Jules Philippson

149. Hans van Mildert, hl. Petrus, Antwerpen, Kathedrale

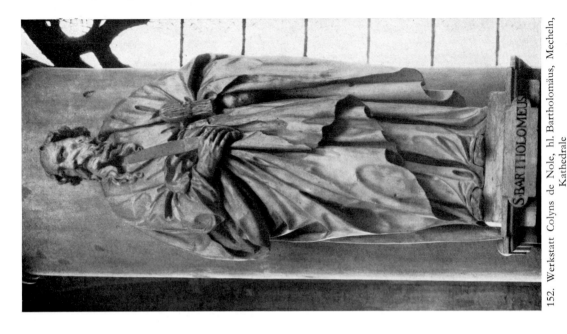

152. Werkstatt Colyns de Nole, hl. Bartholomäus, Mecheln, Kathedrale

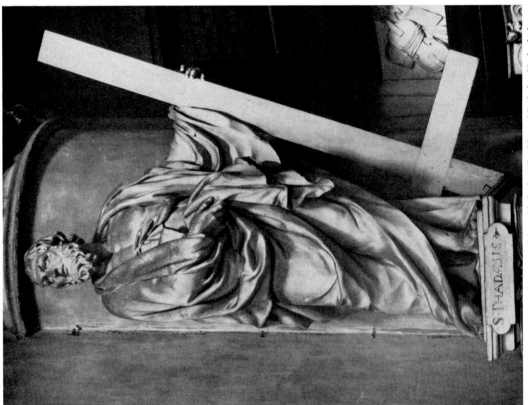

151. Hans und Cornelis van Mildert, hl. Judas Thaddäus, Mecheln, Kathedrale

GARMS, GRAPHISCHE BLÄTTER FÜR CHARLES DE ROSTAING

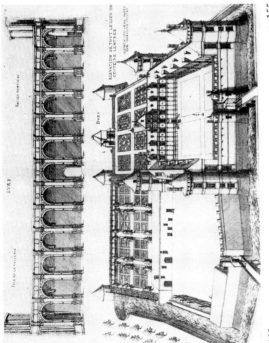

153. Jacques Androuet DuCerceau, Schloß Bury, Hofseite, Stich, Paris, Bibl. Nat.

154. Israel Silvestre, Schloß Bury, Hofseite, Stich, Paris, Bibl. Nat.

155. Jacques Androuet DuCerceau, Schloß Bury, Gartenseite, Stich, Paris, Bibl. Nat.

156. Israel Silvestre, Schloß Bury, Gartenseite, Stich, Paris, Bibl. Nat.

158. Pierre Cottart, Schloß Court sur Loire, Stich, Paris, Bibl. Nat.

160. Recueil Memorial des fondations…, Titelblatt, Stich, Paris, Bibl. Nat.

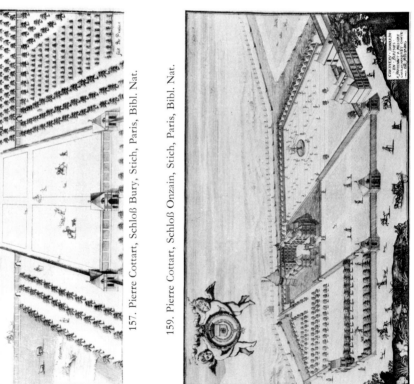

157. Pierre Cottart, Schloß Bury, Stich, Paris, Bibl. Nat.

159. Pierre Cottart, Schloß Onzain, Stich, Paris, Bibl. Nat.

GRAPHISCHE BLÄTTER FÜR CHARLES DE ROSTAING

162. Israel Silvestre, Reliquaire des Devotions..., Stich, Paris, Bibl. Nat.

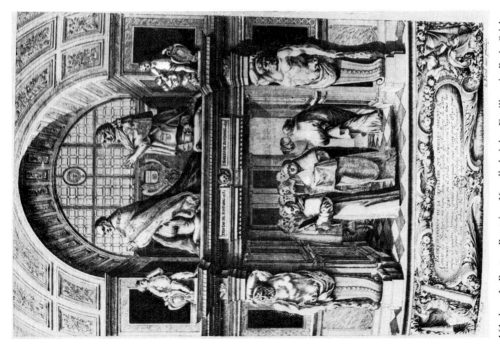

161. Jean LePautre, Rostaing-Kapelle bei den Feuillans in Paris, Stich, Paris, Bibl. Nat.

164. Jean LePautre, Trophées Medalliques, (1), Stich, Paris, Bibl. Nat.

163. Triomphe Armorial..., Stich, Paris, Bibl. Nat.

166. Jean LePautre, Trophée Medallique, Stich, Paris, Bibl. Nat.

165. Paris, Kirche der Feuillans, Herzgrab der Anne Hurault, nach Millin V/3

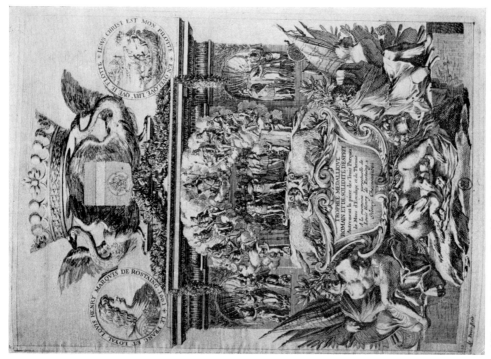

168. Jean LePautre, Trophées Medalliques, (12) Stich, Paris, Bibl. Nat.

167. Jean LePautre, Trophées Medalliques, (5) Stich, Paris, Bibl. Nat.

GRAPHISCHE BLÄTTER FÜR CHARLES DE ROSTAING

170. Jean LePautre, Trophées Medalliques, (8), Stich, Paris, Bibl. Nat.

169. Jean LePautre, Trophées Medalliques, (3), Stich, Paris, Bibl. Nat.

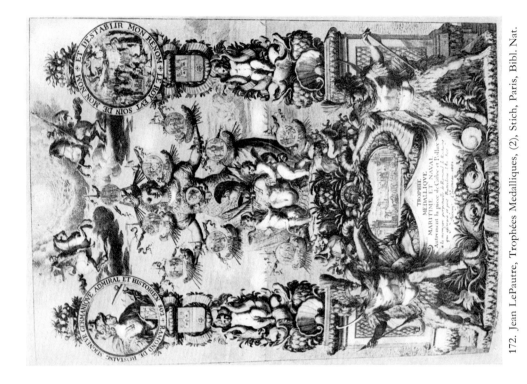

172. Jean LePautre, Trophées Medalliques, (2), Stich, Paris, Bibl. Nat.

171. Jean LePautre, Trophées Medalliques, (9), Stich, Paris, Bibl. Nat.

GRAPHISCHE BLÄTTER FÜR CHARLES DE ROSTAING

174. Jean LePautre, Trophées Medalliques, (4), Stich, Paris, Bibl. Nat.

173. Jean LePautre, Trophées Medalliques, (6), Stich, Paris, Bibl. Nat.

175. Matthaeus Greuter, Pii V. P. M. Numismata, Stich, Paris, Bibl. Nat.

176. Pierre Cottart, Recueil de plusieurs pièces d'architecture..., Titelblatt, Stich, Paris, Bibl. Nat.

177. Jean LePautre, Ex zelo Stephani Du Pont... 1653, Stich, Paris, Bibl. Nat.

178. Pestsäule am Graben in Wien. Stich von Joh. Ulrich Krauß

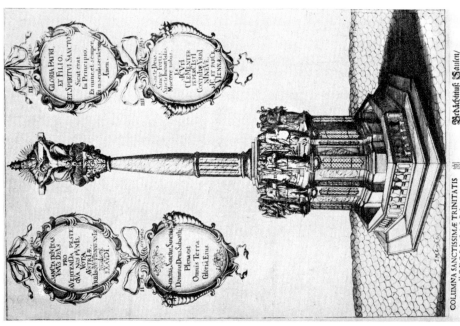

179. Provisorische hölzerne Pestsäule. Stich von I. M. Lerch, 1679. Wien, Hist. Museum der Stadt Wien, Inv.Nr. 31299

180. Medaille der Pestsäule. Wien, Kunsthist. Museum, Münzkabinett, Sammlung Brettauer 1453

181. L. Burnacini, Entwurf für die Pestsäule. Wien, Österr. Nationalbibliothek, Theatersammlung, Cod. min. 29, fol. 63a/3 ▸

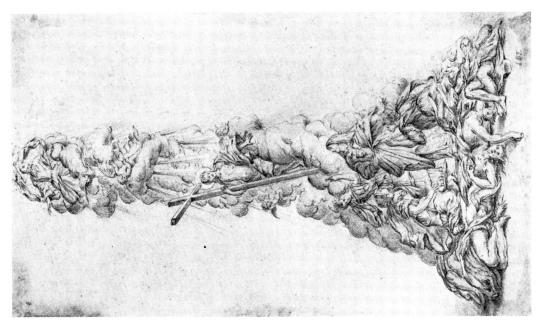

183. L. Burnacini, Entwurf für die Pestsäule. Wien, Österr. Nationalbibliothek, Theatersammlung, Cod. min. 29, fol. 58a/2

182. L. Burnacini, Skizze zur Pestsäule. Wien, Österr. Nationalbibliothek, Theatersammlung, Cod. min. 29, fol. 63a/2

184. L. Burnacini, Entwurf für die Pestsäule. Wien, Österr. Nationalbibliothek, Theatersammlung, Cod. min. 29, fol. 65 b/1

185. Kollegienkirche innen. Stich von J. U. Kraus nach Ae. Roesch, 1723

186. Kollegienkirche innen. Blick gegen den Eingang

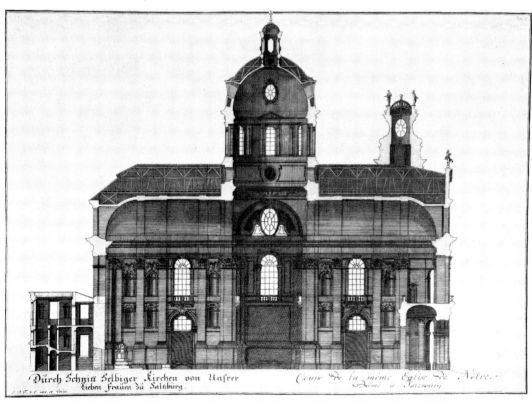

187. Kollegienkirche, Längsschnitt. Aus Fischer von Erlachs Historischer Architektur

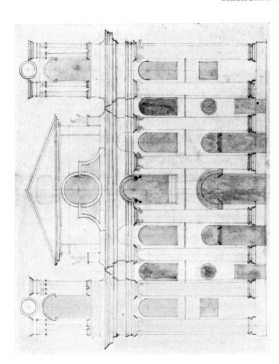

189. Kollegienkirche, Fassadenriß des 1. Projektes. Salzburg, Museum Carolino Augusteum, Inv.Nr. 965/49

188. Kollegienkirche, Fassade. Aus Fischer von Erlachs Historischer Architektur

190. Sta. Maria in Campitelli, Rom. G. B. Travani. Medaille zur Grundsteinlegung nach

DIE KOLLEGIENKIRCHE IN SALZBURG

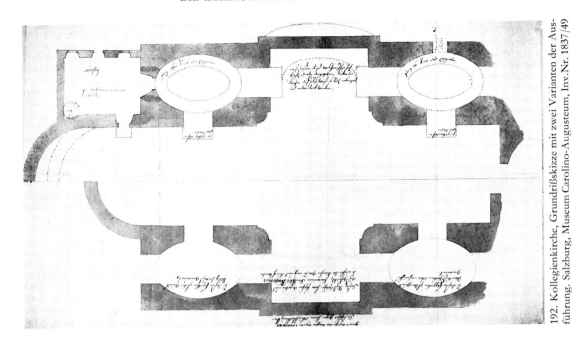

192. Kollegienkirche, Grundrißskizze mit zwei Varianten der Ausführung. Salzburg, Museum Carolino-Augusteum, Inv.Nr. 1837/49

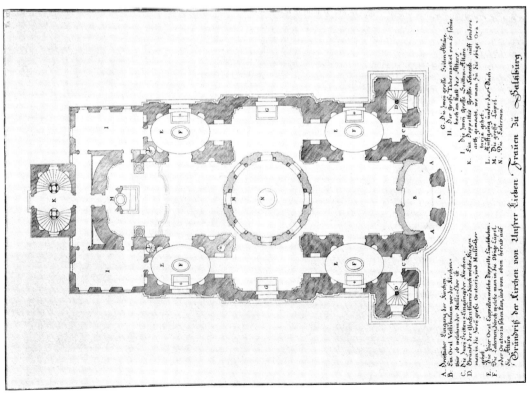

191. Kollegienkirche, Grundriß. Aus Fischer von Erlachs Historischer Architektur

193. Die Allegorie der Malerei;
Miniatur in Ferdinand Storffers Bildinventar
nach dem Plafond von Jacob van Schuppen.
Wien, Kunsthistorisches Museum

194. Minerva und die Künste;
Miniatur in Ferdinand Storffers Bildinventar
nach dem Plafond von Jacob van Schuppen.
Wien, Kunsthistorisches Museum

195. Jacob van Schuppen, Die Allegorie der Malerei (Ausschnitt). Wien, Kunsthistorisches Museum

196. Jacob van Schuppen, Die Allegorie der Malerei.
Wien, Kunsthistorisches Museum

198. Jacob van Schuppen, Allegorie des Glaubens. Wien, Kirche der Heimsuchung Mariae

197. Jacob van Schuppen, Die Festungsbaukunst. Wien, Palais Dietrichstein-Lobkowitz

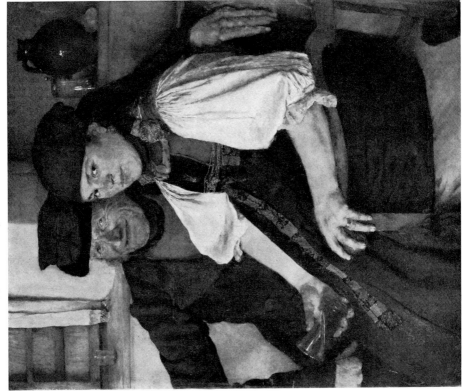

200. Wilhelm Leibl, Ungleiches Paar, 1876/77. Frankfurt a. M., Städelsches Kunstinstitut

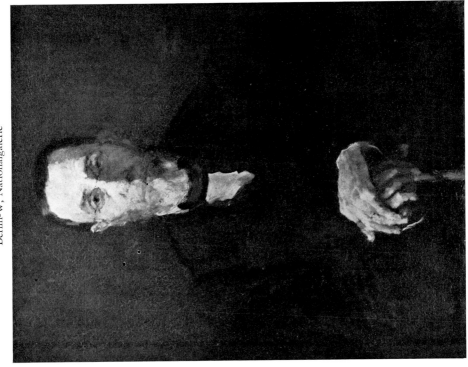

199. Wilhelm Leibl, Bildnis des Bürgermeisters Klein, 1871. Berlin-W, Nationalgalerie

201. Wilhelm Leibl, Drei Frauen in der Kirche, 1878–82. Hamburg, Kunsthalle

„GROSSE" UND „KLEINE" FORM IN DER MALEREI DES NATURALISMUS

202., 203. Wilhelm Leibl,
Bildnis der Mutter des
Künstlers, 1879. Berlin-O,
Staatliche Museen,
Kupferstichkabinett

205. Wilhelm Leibl, Das Mieder, Fragment des Bildes „Bauernmädchen mit Nelke", ca. 1880. Köln, Wallraf-Richartz-Museum

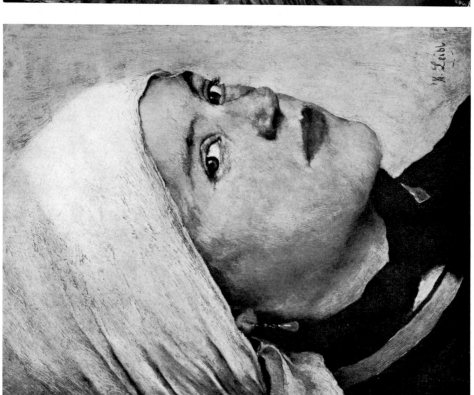

204. Wilhelm Leibl, Bauernmädchen mit weißem Kopftuch, 1876/77. München, Bayerische Staatsgemäldesammlungen

206. Thaṅ-ka, Österr. Mus. f. angew. Kunst, Wien, Zug nach Śrāvastī, Ausschnitt

207. Thaṅ-ka, Österr. Mus. f. angew. Kunst, Wien, Jetavanakloster und Asketen vor Prasenajit, Ausschnitt

208. Thaṅ-ka, Österr. Mus. f. angew. Kunst, Wien (Inv.Nr. 36320, Mal. 203), Slg. Exner, 55 cm × 83 cm, 18. Jahrh.

TIBETISCHE DARSTELLUNG DES „GROSSEN WUNDERS VON ŚRÂVASTÎ"

209. Thaṅ-ka, Musée Guimet, Paris (nach J. Meunié, Shotorak, Paris 1942, Pl. XLI), 18. Jahrh.

210. Thaṅ-ka, Österr. Mus. f. angew. Kunst, Wien, Prasenajit, Kâla und Ânanda, Tîrthyas, Ausschnitt

211. Thaṅ-ka, Österr. Mus. f. angew. Kunst, Wien, Flammen- und Wasserwunder, Vervielfältigungen des Buddha, Ausschnitt

ERNST GULDAN
Eva und Maria
EINE ANTITHESE ALS BILDMOTIV
376 Seiten, 1 Farbtafel, 196 Abbildungen, Leinen

Die vergleichende Zusammenschau von Eva und Maria, den beiden großen Muttergestalten des Alten und Neuen Bundes, ist seit den Tagen der Kirchenväter in lückenloser Tradition lebendig geblieben. Der Widerhall, aber auch die Verwandlung, die dieser Gedanke in der Bildwelt erfahren hat, ist Thema des Buches.
... ein Standardwerk moderner kunst- und geistesgeschichtlicher Interpretation ...
Christliche Kunstblätter, Linz

ALOIS RIEGL
Historische Grammatik der bildenden Künste
Aus dem Nachlaß herausgegeben von Karl M. Swoboda und Otto Pächt
317 Seiten, Leinen

Riegl geht von der Metapher aus, daß jedes Kunstwerk seine eigene Kunstsprache redet, „wenn auch die Elemente der Kunst natürlich andere sind als diejenigen der Sprache. Gibt es aber eine Kunstsprache, so gibt es auch eine historische Grammatik derselben, natürlich auch nur im metaphorischen Sinn ..." Eine epochemachende Arbeit, die die ganze Kunstwissenschaft fruchtbar zu erneuern berufen ist.
Literarischer Pressedienst, München

KARL M. SWOBODA
Kunst und Geschichte
VORTRÄGE UND AUFSÄTZE
Mitteilungen des Instituts für österreichische Geschichtsforschung, Ergänzungsband XXII
272 Seiten, 73 Abbildungen und 15 Textabbildungen, 1 Faltkarte, Br.

Die Verbindung der beiden Disziplinen Kunst und Geschichte, das Verständnis der Kunstgeschichte als Geistesgeschichte sind dem Verfasser wesentliches Anliegen. In den *Salzburger Nachrichten* nannte Ernst Köller das Werk eine „kunstgeschichtliche Pflichtlektüre".

VERLAG HERMANN BÖHLAUS NACHF. WIEN-KÖLN-GRAZ

CHRISTOPH F. LEON

Die Bauornamentik des Trajansforums
UND IHRE STELLUNG IN DER FRÜH- UND MITTELKAISER-
ZEITLICHEN ARCHITEKTURDEKORATION ROMS

Publikationen des Österreichischen Kulturinstituts in Rom, I/4
312 Seiten, 465 Abbildungen und 8 Textabbildungen, Br.

Ausgehend von der flavischen und frühkaiserzeitlichen Architekturdekoration wird hier die Bauornamentik des Trajansforums zum erstenmal zusammenfassend dargestellt. Grundlegend hiefür ist der nach Perioden, Ornamentformen und Baugliedern systematisch geordnete Tafelteil, in dem eine Fülle von Varianten stadtrömischer Ornamentformen gebracht wird. Ein vorwiegend entwicklungsgeschichtliche Aspekte betonendes Werk und eine ausgezeichnete Grundlage für weitere Forschungen.

RENATE WAGNER-RIEGER

Die italienische Baukunst zu Beginn der Gotik
Publikationen des Österreichischen Kulturinstituts in Rom, I/2
I. Teil: Oberitalien. XII, 170 Seiten, 55 Abb. u. 27 Textabb., Br.
II. Teil: Süd- und Mittelitalien. XII, 272 Seiten, 76 Abbildungen und 31 Textabbildungen, Br.

Wagner Rieger hat sich von jener wertenden Methode klar distanziert, welche in der Gotik dieses Landes bloß fremdes Gewand über italienisch-romanischem Formengut sieht ... *Christliche Kunstblätter, Linz*

Die Verfasserin gibt eine auf der ganzen Beschreibung zum Teil wenig bekannter Bauten fußende Darstellung dieser Epoche; sie füllt damit eine Lücke aus, was man selten mit so gutem Gewissen behaupten kann.
Neue Zürcher Zeitung

HANS KOEPF

Die gotischen Planrisse der Wiener Sammlungen
Studien zur österreichischen Kunstgeschichte, Band 4
VIII, 60 Seiten, 99 Tafeln, 3 Falttafeln, Leinen

... wohl die großartigste Quellenedition, welche die jüngste Bauforschung des Mittelalters zu verzeichnen hat ... *Neue Zürcher Zeitung*

VERLAG HERMANN BÖHLAUS NACHF. WIEN-KÖLN-GRAZ